100% 합격
해커스금융

필수계산문제집 (PDF)

N992X295U131P940

해커스금융 사이트(fn.Hackers.com) 접속 후 로그인 ▶ 우측 상단의 [교재] 클릭 ▶
좌측의 [무료 자료 다운로드] 클릭 ▶ 본 교재 우측의 필수계산문제집 [다운로드] 클릭 ▶
위 쿠폰번호 입력 후 이용

▲
무료자료 다운로드
바로가기

이론정리+문제풀이 무료 인강

해커스금융 사이트(fn.Hackers.com) 접속 후 로그인 ▶ 우측 상단의 [무료강의] 클릭 ▶
과목별 무료강의 중 [금융투자자격증] 클릭하여 이용

* 본 교재 강의 중 일부 회차에 한해 무료 제공됩니다.

▲
무료강의
바로가기

무료 바로 채점 및 성적 분석 서비스

해커스금융 사이트(fn.Hackers.com) 접속 후 로그인 ▶ 우측 상단의 [교재] 클릭 ▶
좌측의 [바로채점/성적분석 서비스] 클릭 ▶ 본 교재 우측의 [채점하기] 클릭하여 이용

▲
바로 채점&성적 분석
서비스 바로가기

무료 시험후기/합격수기

해커스금융 사이트(fn.Hackers.com) 접속 후 로그인 ▶ 상단메뉴의 [금융투자] 클릭 ▶
좌측의 [학습게시판 → 시험후기/합격수기] 클릭하여 이용

▲
합격수기
바로가기

20% 할인쿠폰

최종핵심문제풀이 동영상강의

PRT4Y6EXQHXFJ

해커스금융 사이트 (fn.Hackers.com) 접속 후 로그인 ▶ 우측 상단의 [마이클래스] 클릭 ▶
좌측의 [결제관리 → My 쿠폰 확인] 클릭 ▶ 위 쿠폰번호 입력 후 이용

* 유효기간: 2025년 12월 31일까지(등록 후 7일간 사용 가능, ID당 1회에 한해 등록 가능)
* 투자권유자문인력 최종핵심문제풀이 강의에만 사용 가능(이벤트/프로모션 강의 적용 불가)
* 이 외 쿠폰 관련 문의는 해커스금융 고객센터(02-537-5000)로 연락 바랍니다.

합격의 기준, 해커스금융 **fn.Hackers.com**

금융자격증 1위* 해커스금융
무료 바로 채점&성적 분석 서비스

한 눈에 보는 서비스 사용법

Step 1.
교재에 있는 모의고사를 풀고
바로 채점 서비스 확인!

Step 2.
[교재명 입력]란에
해당 교재명 입력!

Step 3.
교재 내 표시한 정답
바로 채점 서비스에 입력!

Step 4.
채점 후 나의 석차, 점수,
성적분석 결과 확인!

실시간 성적 분석 결과 확인

개인별 맞춤형 학습진단

**실력 최종 점검 후
탄탄하게 마무리**

합격의 기준, 해커스금융 fn.Hackers.com

바로 이용하기 ▶

해커스

증권투자
권유자문인력

최종핵심정리문제집

해커스금융

▋이 책의 저자

민영기

학력
동국대학교 일반대학원 졸업(박사, 북한화폐경제전공)
세종대학교 산업경영대학원 졸업(경영학 석사)

경력
현 | 해커스금융 온라인 및 오프라인 전임교수
    금융투자협회 등록교수
    한국생산성본부 등록교수
    동국대학교 일반대학원 석사과정 연구교수
    성공회대학교 연구교수
전 | 상명대학교 리스크관리·보험학과 외래교수
    세종대학교 산업대학원, 도시부동산대학원 외래교수

강의경력
현 | 해커스금융 동영상강의
전 | 삼성증권, 씨티은행, 하나대투증권, 메리츠증권,
    현대해상 강의(펀드투자상담사)
    국민은행, 기업은행, 신한생명, 알리안츠생명 강의
    (투자설계, 부동산설계)
    EBS강의(2006년), RTN(부동산TV) 출연(2011, 2009, 2007년)

저서
해커스 투자자산운용사 최종핵심정리문제집
해커스 금융투자분석사 최종핵심정리문제집
해커스 외환전문역 I 종 최종핵심정리문제집
해커스 증권투자권유대행인 최종핵심정리문제집
해커스 펀드투자권유대행인 최종핵심정리문제집
해커스 증권투자권유자문인력 최종핵심정리문제집
해커스 파생상품투자권유자문인력 최종핵심정리문제집
해커스 펀드투자권유자문인력 최종핵심정리문제집

송영욱

학력
숭실대학교 경영대학원 졸업(경영학 석사)
경희대학교 법학과 졸업(법학사)

경력
현 | 해커스금융 온라인 및 오프라인 전임교수
    금융투자협회 등록교수
    한국생산성본부 등록교수
    중소기업청 등록교수
전 | 교보증권, 교보생명, 외환은행 근무

강의경력
현 | 해커스금융 동영상강의
전 | 대학생 대상 금융실무 및 취업특강(2007~2016년)
    메가넥스트 금융마케팅 온라인 및 오프라인 강의
    새빛에듀넷 펀드·증권·자산관리과정 온라인 및 오프라인 강의
    한국생산성본부 대학생 대상 금융아카데미과정 강의
    한국거래소 상장기업 KRX IR EXPO 펀드 및 자산관리 특강

저서
해커스 금융투자분석사 최종핵심정리문제집
해커스 증권투자권유대행인 최종핵심정리문제집
해커스 펀드투자권유대행인 최종핵심정리문제집
해커스 증권투자권유자문인력 최종핵심정리문제집
해커스 파생상품투자권유자문인력 최종핵심정리문제집
해커스 펀드투자권유자문인력 최종핵심정리문제집
해커스 한 권으로 끝내는 공기업 기출 일반상식

서문

방대한 학습량과 높은 난이도... 합격의 열쇠는?

합격의 비법을 제대로 담은 교재로 학습하는 것!

타 교재는 실전 대비를 위한 문제를 충분히 수록하지 않았거나, 합격을 좌우하는 계산문제를 쉽게 해결할 방법이 없거나, 핵심 내용만 빠르게 정리할 수 있는 학습 자료가 부족하여 제대로 시험을 준비하기엔 턱없이 부족했습니다.

「해커스 증권투자권유자문인력 최종핵심정리문제집」은

1. **시험에 꼭 나오는 핵심 개념을 정리하고, 출제가능성이 높은 문제를 수록**하여, 단기간에 효과적으로 실전에 대비할 수 있습니다.

2. **상세한 해설을 제공**하여 확실한 문제 이해가 가능하며, 문제를 푸는 것만으로도 핵심 개념이 정리되어, 이 책 한 권으로도 증권투자권유자문인력 시험에 충분히 대비할 수 있습니다.

3. **실전모의고사 2회분을 수록**하여 시험 전 실력을 최종 점검하고, 실전 감각을 극대화할 수 있습니다.

「해커스 증권투자권유자문인력 최종핵심정리문제집」과 함께 증권투자권유자문인력 시험을 준비하는 수험생 모두 합격의 기쁨을 느끼고 더 큰 목표를 향해 한걸음 더 나아갈 수 있기를 바랍니다.

목차

제1과목

증권분석

제2과목

증권시장

제3과목

금융상품 및 직무윤리

제4과목

법규 및 세제

책의 특징

1 핵심 정리부터 실전 마무리까지 단기 완성

시험에 자주 나오는 핵심 개념을 정리하여 기초를 탄탄히 다지고, 출제가능성이 높은 문제를 수록하여 단기간에 효과적으로 실전에 대비할 수 있습니다.

2 최신 출제 경향을 분석하여 출제가능성이 높은 문제 수록

베스트셀러 1위 달성 노하우를 바탕으로 시험에 출제가능성이 높은 문제를 엄선해서 수록하여, 실전 감각을 높일 수 있습니다.

3 중요도에 따른 우선순위 학습 가능 및 맞춤형 학습플랜 제공

문제에 중요도를 ★~★★★로 표시하여, 중요한 내용부터 우선적으로 학습할 수 있습니다. 또한 5·7·10·20일 완성 학습플랜을 제공하여 원하는 학습 기간에 따라 맞춤형 학습할 수 있습니다.

4

확실한 핵심 개념 정리를 위한 상세한 해설 제공

모든 문제에 대해 상세한 해설을 제공하여 어려운 문제도 충분히 이해할 수 있고, 문제를 푸는 것만으로도 개념이 정리되어 보다 확실하게 시험에 대비할 수 있습니다.

5

철저한 실전 대비를 위한 '실전모의고사 2회분' 및 '필수암기공식 30' 수록

시험 전 최종 마무리를 위해 '실전모의고사 2회분'을 수록하였으며, 계산문제를 빠르고 정확하게 풀 수 있도록 시험에 꼭 나오는 공식을 엄선한 '필수암기공식 30'을 수록하였습니다. 또한 정답 및 해설에 있는 '바로 채점 및 성적 분석 서비스' QR코드를 스캔하여 취약점을 파악하고 보완할 수 있습니다.

6

시험장 필수 자료 '필수계산문제집' 제공(fn.Hackers.com)

해커스금융(fn.Hackers.com)에서는 출제가능성이 높은 공식과 계산문제를 함께 수록한 '필수계산문제집'을 제공합니다. 시험 직전까지 이를 활용하여 공식을 암기하면 계산문제에 매우 효과적으로 대비할 수 있습니다.

책의 구성

해커스 **증권투자권유자문인력** 최종핵심정리문제집

학습전략·출제예상 비중·핵심포인트

효율적인 학습을 위한 학습전략과 출제예상 비중 및 핵심포인트를 수록하였습니다. 핵심포인트에서는 핵심포인트별 중요도를 제시하여 중점적으로 학습해야 하는 부분을 한눈에 확인할 수 있습니다.

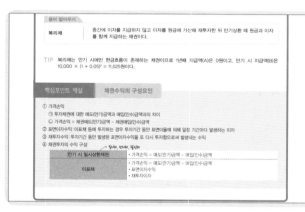

핵심포인트 해설

문제에 대한 핵심 개념을 충분히 이해할 수 있도록 핵심포인트 해설을 수록하여 문제를 푸는 것만으로도 핵심 개념을 확실히 정리할 수 있습니다. 또한 본문 내용 중 생소한 용어는 '용어 알아두기'를 통해 헷갈리는 전문용어를 바로 확인할 수 있습니다.

출제예상문제

☑ 다시 봐야 할 문제(틀린 문제, 풀지 못한 문제, 헷갈리는 문제 등)는 문제 번호 하단의 네모박스(□)에 체크하여 반복학습하시기 바랍니다.

01
중요도 ★★
채권의 기본적 특성과 거리가 먼 것은?
□
① 채권은 발행자격의 법적 제한 없이 이사회 결의를 통하여 자율적으로 발행할 수 있다.
② 채권은 발행 시 약속에 확정이자율 또는 이자율 결정 기준에 따라 이자가 확정적으로 지급되는 채무증서이다.
③ 채권발행에 의한 자금조달은 한시적이며 원리금에 대한 상환기간이 정해져 있다.
④ 채권은 CD, CP 등에 비하여 장기상환기간을 가지고 있다.

출제예상문제

출제가능성이 높은 문제를 수록하여 실전에 철저히 대비할 수 있습니다. 또한 모든 문제에 중요도(★~★★★)를 표시하여 중요한 문제부터 우선적으로 학습할 수 있습니다. 뿐만 아니라, 문제 번호 하단의 네모박스(□)에 다시 봐야 할 문제를 체크하여 복습 시 활용할 수 있습니다.

필수암기공식 30

계산문제에서 고득점할 수 있도록 시험에 자주 나오는 핵심 공식 30개를 엄선하였습니다. 이를 시험 직전까지 활용하면 실전에서 계산문제를 보다 빠르고 정확하게 풀 수 있습니다.

실전모의고사

실전모의고사 2회분을 수록하여 실력을 점검하고 실전 감각을 극대화하여 시험 전 최종 마무리할 수 있습니다.

실전모의고사 정답 및 해설

실전모의고사에 대한 상세하고 꼼꼼한 해설을 제공하여, 해설만으로도 문제와 관련된 개념을 확실히 이해하고 정리할 수 있습니다.

자격시험 안내

증권투자권유자문인력이란?

투자자를 상대로 증권에 대하여 투자권유 또는 투자자문 업무를 수행하거나 단기금융집합투자기구의 집합투자증권에 대하여 투자권유 업무를 수행하는 인력을 말합니다.

※ 관련 투자자보호교육을 사전에 이수한 후 해당 자격시험에 합격한 자만이 업무 수행 가능

증권투자권유자문인력 자격시험 안내

■ 시험일정

구 분	시험일	시험시간	원서접수일	합격자발표
제28회	4/28(일)	10:00 ~ 12:00	4/1(월) ~ 4/5(금)	5/9(목)
제29회	10/20(일)	10:00 ~ 12:00	9/23(월) ~ 9/27(금)	10/31(목)

* 자세한 시험일정은 '금융투자협회 자격시험센터(license.kofia.or.kr)'에서도 확인할 수 있습니다.

■ 시험과목 및 문항수, 배점

시험과목		세부과목명	문항수	배 점	과락기준
제1과목	증권분석	경기분석	6	15	8문항 미만 득점자
		기본적 분석	5		
		기술적 분석	4		
제2과목	증권시장	유가증권시장	8	20	10문항 미만 득점자
		코스닥시장	3		
		채권시장	7		
		기타 증권시장	2		
제3과목	금융상품 및 직무윤리	금융상품분석·투자전략	13	30	15문항 미만 득점자
		영업실무	5		
		직무윤리·투자자분쟁예방	12		
제4과목	법규 및 세제	자본시장 관련 법규	20	35	18문항 미만 득점자
		한국금융투자협회규정	4		
		회사법	6		
		증권세제	5		
합 계			100	100	

■ 시험 관련 기타 정보

시험주관처	금융투자협회
원서접수처	금융투자협회 자격시험센터(license.kofia.or.kr)에서 온라인 접수만 가능
시험시간	120분
응시자격	사전교육을 이수한 금융회사 직원만 응시 가능
문제형식	객관식 4지선다형
합격기준	응시과목별 정답비율이 50% 이상인 자 중에서, 응시과목의 전체 정답비율이 70%(70문항) 이상인 자

시험 당일 유의사항

■ 고사장 가기 전

시험 당일 준비물	• 응시표, 규정신분증(주민등록증, 운전면허증, 여권), 계산기, 검정색 필기도구(연필 제외, 컴퓨터용 사인펜 권장)를 반드시 준비합니다. 참고 규정신분증 이외에 모바일 신분증, 학생증(대학, 대학원), 사원증, 각종 자격증, 임시 운전면허증, 전역증명서 등을 지참할 경우에는 시험에 응시할 수 없습니다.

■ 시험 시작 전

고사장 도착	• 시험 시작 20분 전까지 고사장에 입실 완료해야 합니다. 시험 시작 이후에는 고사장 입실 및 시험 응시가 불가합니다. • 시험이 시작되기 전에 응시표, 신분증, 계산기, 필기도구를 제외한 모든 소지품을 가방에 넣고 자리에 앉아 대기합니다.

■ 시험 시작 후

시험 문제풀이 및 답안지 마킹	• 시험지를 받으면 시험지의 인쇄상태를 확인한 후, 문제풀이를 시작합니다. • 시험 종료 후에 답안지 마킹을 할 경우 부정 처리되어 불이익을 당할 수 있으므로, 반드시 시험 종료 전에 마킹을 완료해야 합니다.

시험 종료	• 시험 종료 후, 시험지와 답안지 모두 제출합니다. 참고 고사장 퇴실은 시험 종료 40분 전부터 가능합니다.

단기 합격전략

단기 합격을 위한 학습전략

제1과목 증권분석

증권상품들의 여러 가지 분석 방법을 이해하고 암기해야 합니다.
- **제1장 경기분석**에서는 경기변동의 개념과 측정, 경기가 변동하는 원인 및 특징을 정확하게 이해해야 합니다.
- **제2장 기본적 분석**에서는 주식의 가격을 구하는 계산문제가 출제되므로 각종 비율의 특징이나 기본적인 공식을 암기해야 합니다.
- **제3장 기술적 분석**에서는 다우이론, 엘리엇 파동이론 및 캔들차트 분석에 대한 내용을 철저히 숙지해야 하며, 각종 지표에 대한 주요 용어 및 해석 기준과 방법, 기본적인 계산방법 등을 암기해야 합니다.

제2과목 증권시장

유가증권시장과 채권시장이 가장 중요하며 각 시장별 특징과 거래제도를 중심으로 학습해야 합니다. 채권시장의 경우 계산문제가 자주 출제되므로 해커스금융(fn.Hackers.com)에서 제공하는 '필수계산문제집'을 반드시 풀어보는 것이 좋습니다.
- **제1장 유가증권시장**은 발행시장과 유통시장의 구조, 상장제도, 공시제도, 매매제도를 중심으로 학습해야 합니다.
- **제2장 코스닥시장**은 코스닥시장의 특징, 상장폐지제도, 유가증권시장과 다른 점을 중심으로 학습해야 합니다.
- **제3장 채권시장**에서는 채권의 종류, 가격, 투자전략에 관한 이론을 숙지하고 계산문제에 철저히 대비해야 합니다.
- **제4장 기타 증권시장**은 코넥스시장의 상장요건 및 특례, K-OTC시장의 등록·지정 요건 및 해제절차를 중심으로 학습해야 합니다.

제3과목 금융상품 및 직무윤리

다양한 금융상품의 특성 및 수익률 산출방법을 정확하게 이해하고, 금융투자업종사자의 각종 의무 및 투자자보호제도를 중심으로 학습해야 합니다.
- **제1장 금융상품분석**에서는 은행과 금융투자회사를 중심으로 학습해야 하며, 특히 예금보험제도와 금융상품의 내용을 꼼꼼히 읽고 금융투자상품별 공통점과 차이점을 비교할 줄 아는 것이 중요합니다.
- **제2장 투자전략**에서는 여러 가지 수익률(산술평균수익률, 기하평균수익률, 내부수익률 등)의 산출방법 및 자산배분전략과 모델(전략적·전술적 자산배분전략, 블랙리터만의 자산배분 모델 등)의 내용을 잘 정리하도록 합니다.
- **제3장 영업실무**는 투자권유 및 고객상담 시 요령을 중심으로 학습해야 합니다.
- **제4장 직무윤리·투자자분쟁예방**은 투자자보호 관련 규정과 분쟁처리절차를 중심으로 학습해야 합니다.

제4과목 법규 및 세제

내용이 방대하고 전문용어가 많으므로 다양한 문제를 풀어보면서 암기하는 것이 효율적입니다.
- **제1장 자본시장 관련 법규**는 증권시장 및 직무윤리와 중복되는 부분이 많고, 금융법의 기본이 되는 법이므로 법규 과목 중 가장 집중하여 학습해야 합니다.
- **제2장 한국금융투자협회규정**은 금융투자전문인력, 증권인수, 약관규제 등을 중심으로 학습하는 것이 좋습니다.
- **제3장 회사법**은 분량이 많고 어려우므로 증권시장과 관련된 부분을 중심으로 학습하는 것이 효과적입니다.
- **제4장 증권세제**는 소득세와 금융투자상품 관련 세금제도를 중심으로 학습하는 것이 효과적입니다.

D-1 마무리 학습 TIP

· '실전모의고사 2회분'을 풉니다.
· '필수암기공식 30'을 보며 핵심 공식을 정리하고, 금융소비자보호법 주요 내용을 익힙니다.
· 해커스금융(fn.Hackers.com)에서 무료로 제공되는 '필수계산문제집'을 다운받아 문제를 풀고 공식을 암기하여, 계산문제에 철저하게 대비합니다.

학습자가 가장 궁금해하는 질문 BEST 4

Q1 증권투자권유자문인력 시험에 합격하기 위해서는 얼마 동안 공부를 해야 할까요?

A 20일 정도 공부하면 충분히 합격할 수 있습니다.

본 교재는 모든 문제에 중요도(★~★★★)를 표시하여 중요한 내용부터 우선적으로 학습할 수 있습니다. 중요도 높은 내용 위주로만 학습한다면 20일보다 더 빨리 시험 대비를 마칠 수 있습니다.

Q2 증권투자권유자문인력 시험을 독학으로 대비할 수 있을까요?

A 네, 독학으로 시험에 대비할 수 있습니다.

증권투자권유자문인력 시험에 대비하기 위해서는 핵심 개념 및 공식을 암기하고, 시험과 유사한 문제를 많이 풀어보는 것이 중요합니다. 따라서 본 교재를 통하여 시험에 출제가능성이 높은 핵심 개념을 정리하고 출제예상문제와 실전모의고사를 풀어본다면, 독학으로도 충분히 시험에 대비할 수 있습니다.

Q3 이전에 증권투자상담사 자격증을 취득했는데, 증권투자권유자문인력 자격증을 추가로 취득해야 하나요?

A 아니요, 증권투자상담사 자격증을 취득했다면, 증권투자권유자문인력 자격증은 취득할 필요가 없습니다.

증권투자상담사 자격증 취득자는 동일시험 기합격자로 간주되어 증권투자권유자문인력 시험 응시제한 대상에 해당합니다.

Q4 증권투자권유자문인력 시험은 누구나 응시할 수 있나요?

A 아니요, 증권투자권유자문인력 시험은 사전교육을 이수한 금융회사 직원만이 응시할 수 있습니다.

2015년부터 기존의 펀드·증권·파생상품투자상담사 자격시험이 금융회사 종사자 대상 투자권유자문인력 적격성 인증시험으로 전환되었고, 일반인이 응시 가능한 '투자권유대행인' 시험이 신설되었습니다.

자신에게 맞는 학습플랜을 선택하여 본 교재를 학습하세요.

이때 해커스금융(fn.Hackers.com) 동영상강의를 함께 수강하면 더 효과적이에요.

5일 완성 학습플랜

교재에 수록된 문제 중 중요도가 가장 높은 별 3개(★★★) 문제를 중심으로 5일 만에 시험 준비를 마칠 수 있어요.

1주	1일 ☐	**제1과목 증권분석** 별 3개(★★★) 문제 중심	제1장 경기분석 제2장 기본적 분석 제3장 기술적 분석	p.20~57 p.58~91 p.92~119
	2일 ☐	**제2과목 증권시장** 별 3개(★★★) 문제 중심	제1장 유가증권시장 제2장 코스닥시장 제3장 채권시장 제4장 기타 증권시장	p.122~185 p.186~207 p.208~259 p.260~281
	3일 ☐	**제3과목 금융상품 및 직무윤리** 별 3개(★★★) 문제 중심	제1장 금융상품분석 제2장 투자전략 제3장 영업실무 제4장 직무윤리·투자자분쟁예방	p.284~331 p.332~367 p.368~399 p.400~459
	4일 ☐	**제4과목 법규 및 세제** 별 3개(★★★) 문제 중심	제1장 자본시장 관련 법규 제2장 한국금융투자협회규정 제3장 회사법 제4장 증권세제	p.462~557 p.558~583 p.584~629 p.630~661
	5일 ☐	**마무리**	필수암기공식 30* 제1·2회 실전모의고사 풀이	p.662~669 p.670~748

* 해커스금융(fn.Hackers.com)에서 무료로 제공하는 '필수계산문제집'과 함께 학습하면 더욱 효과가 좋습니다.

7일 완성 학습플랜

교재에 수록된 문제 중 중요도가 높은 별 3개(★★★)와 별 2개(★★) 문제를 중심으로 7일 만에 시험 준비를 마칠 수 있어요.

1주	1일 ☐	**제1과목 증권분석** 별 3개(★★★), 별 2개(★★) 문제 중심	제1장 경기분석	p.20~57
			제2장 기본적 분석	p.58~91
			제3장 기술적 분석	p.92~119
	2일 ☐	**제2과목 증권시장** 별 3개(★★★), 별 2개(★★) 문제 중심	제1장 유가증권시장	p.122~185
			제2장 코스닥시장	p.186~207
			제3장 채권시장	p.208~259
			제4장 기타 증권시장	p.260~281
	3일 ☐	**제3과목 금융상품 및 직무윤리** 별 3개(★★★), 별 2개(★★) 문제 중심	제1장 금융상품분석	p.284~331
			제2장 투자전략	p.332~367
	4일 ☐		제3장 영업실무	p.368~399
			제4장 직무윤리·투자자분쟁예방	p.400~459
	5일 ☐	**제4과목 법규 및 세제** 별 3개(★★★), 별 2개(★★) 문제 중심	제1장 자본시장 관련 법규	p.462~557
			제2장 한국금융투자협회규정	p.558~583
	6일 ☐		제3장 회사법	p.584~629
			제4장 증권세제	p.630~661
	7일 ☐	**마무리**	필수암기공식 30*	p.662~669
			제1·2회 실전모의고사 풀이	p.670~748

* 해커스금융(fn.Hackers.com)에서 무료로 제공하는 '필수계산문제집'과 함께 학습하면 더욱 효과가 좋습니다.

10일 완성 학습플랜

교재의 모든 내용을 10일간 집중적으로 학습할 수 있어요.

* 해커스금융(fn.Hackers.com)에서 무료로 제공하는 '필수계산문제집'과 함께 학습하면 더욱 효과가 좋습니다.

20일 완성 학습플랜

교재의 모든 내용을 20일간 차근차근 학습할 수 있어요.

1주	1일 ☐	제1과목 증권분석	제1장 경기분석	p.20~57
	2일 ☐		제2장 기본적 분석	p.58~91
	3일 ☐		제3장 기술적 분석	p.92~119
	4일 ☐	제2과목 증권시장	제1장 유가증권시장	p.122~185
	5일 ☐		제2장 코스닥시장	p.186~207
2주	6일 ☐		제3장 채권시장	p.208~259
	7일 ☐		제4장 기타 증권시장	p.260~281
	8일 ☐	제3과목 금융상품 및 직무윤리	제1장 금융상품분석	p.284~331
	9일 ☐		제2장 투자전략	p.332~367
	10일 ☐		제3장 영업실무	p.368~399
3주	11일 ☐		제4장 직무윤리·투자자분쟁예방	p.400~459
	12일 ☐			
	13일 ☐	제4과목 법규 및 세제	제1장 자본시장 관련 법규	p.462~557
	14일 ☐			
	15일 ☐		제2장 한국금융투자협회규정	p.558~583
4주	16일 ☐		제3장 회사법	p.584~629
	17일 ☐		제4장 증권세제	p.630~661
	18일 ☐	마무리	필수암기공식 30*	p.662~669
	19일 ☐		제1·2회 실전모의고사 풀이	p.670~748
	20일 ☐		제1·2회 실전모의고사 복습	p.670~748

* 해커스금융(fn.Hackers.com)에서 무료로 제공하는 '필수계산문제집'과 함께 학습하면 더욱 효과가 좋습니다.

제1과목
증권분석

[총15문항]

제1장
경기분석

학습전략

경기분석은 제1과목 전체 15문제 중 총 6문제가 출제된다.
경기분석의 경우 증권투자권유자문인력 시험에서 가장 기초가 되는 실력을 테스트한다. 주로 거시경제의 가장 큰 관심사인 경기에 관한 내용을 다룬다.

출제예상 비중

경기예측방법 20%

경기변동이론과
경기안정화 정책 20%

30% 경기변동의 개념

30% 경기변동의 원인과 특징

핵심포인트

다음 중 경기에 대한 설명으로 거리가 먼 것은?

① 경기순환의 구분에는 2분법과 4분법이 있다.

② 도시가계소비지출, 회사채유통수익률은 경기종합지수 중 선행종합지수에 해당한다.

③ 경기실사지수가 100을 초과하면 경기를 낙관적으로 보는 기업의 비율이 반대의 경우보다 더 많다는 것을 의미한다.

④ 실물적 균형경기변동이론은 경기변동의 지속성을 잘 설명한다.

TIP 도시가계소비지출과 회사채유통수익률은 후행종합지수에 해당한다.

핵심포인트 해설   **경기변동(경기순환)의 개념**

(1) 경기와 경기변동
  ① 경기 : 한 경제의 총체적인 활동수준
  ② 경기변동 : 거시경제지표들의 종합적인 움직임

(2) 경제통계시계열

개 념		• 시계열모형은 통계숫자의 시간적 변화에 따른 과거의 자료를 바탕으로 미래를 예측하기 위해 설계된 모형
변동요소	추세변동	• 인구증가나 기술진보 등의 장기적인 요인에 의해 발생되는 변동요인 • 10년 이상 상승 또는 하강하는 변동으로, 추세선이 진폭이 없는 직선 또는 곡선의 형태를 보여주는 것
	순환변동	• 경기가 상승하거나 하강함에 따라 나타나는 변동요인
	계절변동	• 1년을 주기로 매년 계절적 요인에 따른 주기적 변동요인
	불규칙변동	• 천재지변이나 노사분쟁 등 일정한 기준에 의해 설명할 수 없는 단기적이고 우발적인 요인에 따른 변동요인

정답 | ②

02

다음 중 경기순환과정 관련 용어에 대한 설명으로 잘못된 것은?

① 기준순환일 : 정점 또는 저점의 시점
② 순환진폭 : 정점과 저점 간의 차이
③ 순환주기 : 저점에서 시작하여 다음 정점까지의 기간
④ 성장순환 : 장기적 성장추세선 중심으로 나타나는 경기의 기복

TIP 순환주기(Cycle)는 저점에서 다음 저점까지 또는 정점에서 다음 정점까지의 기간을 의미한다.

핵심포인트 해설　　**경기순환과 경기순환과정**

(1) 경기순환(Business Cycle)
　거시경제지표로 요약되는 총체적 경제활동이 경제의 장기성장추세를 중심으로 상승과 하강을 반복하는 현상

(2) 경기순환과정
　① 순환과정

　　㉠ 순환주기(Cycle) : 저점(Trough)에서 다음 저점까지 또는 정점(Peak)에서 다음 정점까지의 기간
　　㉡ 순환진폭(Amplitude) 혹은 순환심도 : 순환의 강도를 의미하는 정점과 저점 간의 차이
　② 국 면
　　㉠ 4국면 : 호황(Boom), 회복(Recovery), 후퇴(Recession), 불황(Depression)
　　㉡ 이분법 : 저점에서 정점까지를 확장국면(Expansion), 정점에서 저점까지를 수축국면(Contraction)

정답 | ③

국민소득계정(NIPA)과 국내총생산(GDP)에 관한 설명으로 잘못된 것은?

① 국민소득계정(NIPA)은 총체적인 실물경제의 흐름을 나타내는 대표적인 거시경제지표이다.

② 국민소득계정(NIPA)은 한국은행이 분기별·연도별로 추계한다.

③ 국내총생산(GDP)이란 한 국민경제에서 일정 기간 동안에 생산된 재화와 서비스의 부가가치를 합계한 것이다.

④ 국내총생산(GDP)은 소비와 투자, 순수출입으로 구성되며, 소비에서 정부소비는 제외된다.

TIP   국내총생산(GDP)에는 정부소비가 포함된다.

핵심포인트 해설   **국민소득계정(NIPA)과 국내총생산(GDP)**

① 국민소득계정(NIPA) : 한국은행이 분기별·연도별로 추계하며, 명목가격 및 불변가격 기준으로 나누어 작성
② 국내총생산(GDP) : 국내총생산에 대한 지출구성

```
                         ┌ 소 비 ┬ 민간소비
                         │       └ 정부소비
       국내총생산(GDP) ─┤ 투 자 ┬ 고정투자 ┬ 설비투자
                         │       └ 재고투자 └ 건설투자
                         ├ 수 출
                         └ 수 입
```

정답 | ④

04

산업활동과 관련된 경제지표에 관한 설명으로 잘못된 것은?

① 자료의 대부분을 한국은행이 추계한다.

② 종류로는 산업생산, 생산자재고, 제조업 평균가동률 등이 있다.

③ 국민계정의 보조지표 역할을 하며 단기적인 경제흐름을 파악하는 데 유용하다.

④ 자료의 성격상 선행성을 갖는 지표의 경우 경제전망에 중요한 정보를 제공한다.

TIP 산업활동 관련 자료의 대부분을 통계청이 추계하며, 월별·분기·연도별로 작성한다.

핵심포인트 해설 **산업활동과 관련된 경제지표**

개 요	• 대부분 통계청이 추계, 월별·분기·연도별로 작성
종 류	• 산업생산, 생산자재고, 제조업 평균가동률 • 출하 및 판매 : 생산자출하, 내수용소비재출하, 도·소매판매 • 투자 : 기계류 내수출하, 기계류 수입액, 국내기계수주, 국내건설수주, 건축허가면적 • 고용 : 취업자 증가율, 실업률
특 성	• 국민계정의 보조지표 역할 • 단기적인 경제흐름을 파악하는 데 유용함 • 선행성을 갖는 지표의 경우 경제전망에 중요한 정보 제공

정답 | ①

다음 설명에 해당하는 것은?

> 상품 및 상품성격의 일부 서비스 가격을 조사대상으로 하고 있어 전반적인 상품의 수급동향을 반영한 물가지수이다.

① 소비자물가지수(CPI : Consumer Price Index)
② 생산자물가지수(PPI : Producer Price Index)
③ GDP 디플레이터(GDP Deflator)
④ 국제수지(BOP : Balance Of Payment)

TIP   소속 상품군의 가격변동을 대표할 수 있고, 가격시계열의 유지가 가능한 품목을 조사대상으로 하는 생산자물
가지수(PPI)에 대한 설명이다.

핵심포인트 해설   물가지수

(1) 개 요
　① 물가의 변동을 파악하기 위하여 작성되는 지수
　② 기준시점의 물가수준을 100으로 하여 종합지수의 형태로 나타냄
　③ 물가의 움직임을 측정하기 위한 척도로 각종 정책의 지표 또는 디플레이터로 이용

(2) 대표적인 물가지수
　→ 경기변동에 크게 민감하지 않음
　① 소비자물가지수(CPI)
　　　㉠ 도시가계의 평균생계비 내지 구매력의 변동을 측정하는 지수
　　　㉡ 조사대상 품목이 최종소비재와 서비스이므로 임금의 비중이 상대적으로 높음
　② 생산자물가지수(PPI)
　　　㉠ 상품 및 상품성격의 일부 서비스 가격을 조사대상으로 하고 있어 전반적인 상품의 수급동향을 반영한 물가지수
　　　㉡ 소속 상품군의 가격변동을 대표할 수 있고, 가격시계열의 유지가 가능한 품목을 조사대상으로 함
　③ GDP 디플레이터(GDP Deflator)
　　　㉠ 국민경제 전체의 물가압력을 측정하는 지수
　　　㉡ GDP 디플레이터 $= \dfrac{\text{명목GDP}}{\text{실질GDP}} \times 100$

정답 | ②

06

거시경제지표의 통화량에 대한 설명으로 옳은 것은?

① 통화량의 변화는 단기적으로는 물가 변화에, 장기적으로는 시차를 두고 실물부문에 영향을 미친다.

② 상대적 파급효과의 크기는 경제구조, 경기상황 등과 관계없이 동일하게 영향을 준다.

③ 통화지표는 유동성에 의해서 M1, M2, Lf, L로 분류된다.

④ M1은 '현금통화 + 요구불예금'이다.

용어 알아두기

통화지표	시중에 유통되고 있는 돈의 양을 나타내는 척도이다.

TIP ① 단기적으로는 실물부문에, 장기적으로는 시차를 두고 물가 변화에 파급효과를 미친다.
② 상대적 파급효과의 크기는 경제구조, 경기상황 등에 따라 다르다.
④ M1은 '현금통화 + 요구불예금 + 수시입출식 저축성예금'이다.

핵심포인트 해설　　　**통화지표**

(1) 개 요　→ 통화량의 영향 : 단기적 ⇨ 실물부문, 장기적 ⇨ 물가
　① 통화량을 측정하는 기준이 되는 지표
　② 적정수준의 통화량을 유지하기 위해서는 통화량의 크기와 변동을 파악할 필요가 있음
　③ 통화를 효과적으로 조절하기 위한 척도로서 통화신용정책의 기초자료가 됨
　④ 나라의 실정에 맞는 지표를 중심지표로 선정한 후 통화정책의 수단으로 사용
　⑤ 금융시장의 변화를 반영하는 새로운 통화지표를 지속적으로 만듦
　⑥ 분류 : 협의통화(M1) + 광의통화(M2) + 금융기관유동성(Lf) + 광의유동성(L)

(2) 통화지표별 포괄범위
　① M1 : 현금통화 + 요구불예금 + 수시입출식 저축성예금
　② M2 : M1 + 기간물 정기 예·적금 및 부금 + 시장형 상품(CD, RP, CMA, 표지어음) + 실적배당형 상품 + 금융채 + 기타(투신사 증권저축 및 종금사 발행어음)
　　[참고] 단, 장기(만기 2년 이상) 제외

정답 | ③

통화유통속도에 대한 내용으로 잘못된 것은?

① '통화유통속도(V) = $\dfrac{\text{명목GDP}}{\text{통화량(M)}}$'이다.

② 사전적 추계가 가능하다.

③ 우리나라의 경우 통화유통속도가 장기적으로 하락하는 추세이다.

④ '통화 증가율(MG) = GDP 디플레이터 상승률(PG) + 실질GDP 증가율(YG) − 유통 속도 변화율(VG)'이다.

TIP   통화유통속도는 사후적 추계만 가능하다.

핵심포인트 해설   **통화유통속도(Velocity of Money)**

① 명목GDP를 통화량으로 나눈 값

② 일정량의 통화량이 1분기 또는 1년간 몇 번을 회전하여 명목GDP에 해당하는 만큼의 거래를 뒷받침하였는지를 측정

③ 사후적인 추계만 가능하므로 경기 변화 및 인플레이션 압력 등을 예측하는 데 유용하지 않음

④ 우리나라 통화유통속도는 장기적으로 하락하는 추세임

⑤ 공 식   → 자금흐름 속도를 반영

    ㉠ 통화유통속도(V) = $\dfrac{\text{명목GDP(P·Y)}}{\text{통화량(M)}}$ (P : GDP 디플레이터, Y : 실질GDP)

    ㉡ M = $\dfrac{\text{P·Y}}{\text{V}}$

    ㉢ MG = PG + YG − VG

      (MG = 통화 증가율, PG = GDP 디플레이터 상승률, YG = 실질GDP 증가율, VG = 유통속도 변화율)

정답 | ②

08

거시경제지표의 금리에 대한 설명으로 잘못된 것은?

① 대표적인 시장금리로는 콜금리가 있다.

② 금리는 자본의 한계수익률, 현재 소득과 미래 소득의 교환비율, 장기적인 명목성장률, 자금시장의 수급상황을 반영하여 결정된다.

③ 금리는 금융시장이 발달할수록 중요성이 커진다.

④ 자본축적이 진행됨에 따라 자본의 한계수익률이 상승하면서 실질금리는 하향하는 추세이다.

용어 알아두기

금 리	돈을 빌리는 대가로 지불하는 자금의 가격이다.

TIP   자본축적이 진행됨에 따라 자본의 한계수익률이 하락하면서 실질금리는 하향하는 추세이다.

핵심포인트 해설   **금 리**

① 자금의 용도, 기간, 위험요소, 차입자의 신용도 등에 따라 금리 수준이 다르게 결정됨

② 최근에는 콜금리(Call Rate)의 중요성이 부각됨

③ 콜시장은 금융기관 간 자금거래가 이루어지는 시장(초단기 또는 단기금리 형성)

④ 일반적으로 자본의 한계수익률, 현재 소득과 미래 소득의 교환비율, 장기적인 명목성장률, 자금시장의 수급상황을 반영하여 결정

⑤ 우리경제가 선진화되고 자본축적이 진행됨에 따라 자본의 한계수익률이 저하되면서 실질금리의 하향추세가 전망됨

⑥ 경제의 명목성장률과 명목금리 수준이 일치할 때 장기적인 균형상태에 접근함

⑦ 금융시장이 발달할수록 금리의 만기구조(Term Structure)의 중요성이 높아질 것으로 예상되며, 만기구조가 미래의 인플레이션에 대한 예측력이 있는 것으로 여겨짐

⑧ 우리나라는 콜금리, 양도성예금증서(CD) 유통수익률, 국고채수익률 등이 대표적인 시장금리임

정답 | ④

경기변동의 원인에 대한 내용으로 올바른 것은?

① 케인즈는 민간기업의 투자지출 변화에 의한 공급측면의 충격을 경기변동의 원인이라 고 하였다.
② 슘페터는 불완전 정보 상황에서 경제주체들의 기대가 경기변동의 원인이라고 하였다.
③ 루카스는 기술이나 생산성 변화와 같은 공급측면의 충격이 경기변동의 원인이라고 하였다.
④ 프리드먼은 통화량 변화와 같은 화폐적 충격이 경기변동의 원인이라고 하였다.

TIP   ① 케인즈는 민간기업의 투자지출 변화에 의한 수요측면의 충격을 경기변동의 원인이라고 하였다.
② 루카스는 불완전 정보 상황에서 경제주체들의 기대가 경기변동의 원인이라고 하였다.
③ 슘페터는 기술이나 생산성 변화와 같은 공급측면의 충격이 경기변동의 원인이라고 하였다.

핵심포인트 해설　　**경기변동의 원인과 특징**

(1) **경기변동의 원인**
　① 수요측면의 충격 : 케인즈 ⇨ 동물적 감각(Animal Spirit) 중시, 임금과 가격의 경직성
　② 화폐적 충격 : 프리드먼(M. Friedman) ⇨ 통화당국의 자의적인 통화량 조절
　③ 불완전 정보 : 루카스(R. Lucas) ⇨ 합리적 기대 + 불완전 정보 = 판단 오류
　④ 공급측면의 충격 : 슘페터(J. Schumpeter) ⇨ 생산요소의 새로운 결합 또는 기술혁신
　⑤ 정치적 변수, 해외부문의 충격

(2) **경기변동의 특징** → 지속성, 변동성, 공행성

특 징	• 경기변동의 핵심적 문제 : 지속성(Persistence)과 변동성(Volatility) • 경기변동의 공행성(Comovement) 　· 경제변수들이 서로 안정적인 관계를 가지고 일정한 방향으로 함께 움직이는 특성 　· 경기순환과정에서 생산·고용·투자·소비 등 경제지표들과 산업부문별 생산·고용·투자 등에서 나타나는 공통된 움직임
원인진단	• 유발투자의 역할 강조(케인즈학파) • 임금과 가격의 경직성을 근거로 경기변동의 지속성을 설명 • 자본재 투자에서 건설기간을 강조하는 견해도 있음

정답 | ④

10

우리나라 경기순환의 특징에 대한 설명으로 잘못된 것은?

① 전 기간을 거쳐 가장 큰 영향을 미친 것은 건설투자였다.

② 경기순환의 두 번째 요인은 해외부문이었다.

③ 통화는 대체로 경기를 변동시키는 방향으로 운용되어 왔다.

④ 농업생산은 총생산에서 차지하는 비중이 꾸준히 감소되어 왔다.

TIP 통화는 대체로 경기를 안정시키는 방향으로 운용되어 왔다.

핵심포인트 해설 **우리나라의 경기순환의 특징**

(1) 우리나라의 경기순환

① 전 기간을 거쳐 가장 큰 영향을 미친 것은 건설투자

② 경기순환의 두 번째 요인은 해외부문

③ 통화는 대체로 경기를 안정시키는 방향으로 운용됨

④ 농업생산은 총생산에서 차지하는 비중이 꾸준히 감소되어 옴

(2) 경기지표

① 순환심도 : 확장기의 평균 순환심도는 9%, 수축기는 -10%

② 변동성 : 1980년대 이후 현저히 줄어듦

③ 공행성

  ㉠ 동행 : 산업생산, 제조업가동률지수, 전력사용량 등

  ㉡ 선행 : 건축허가면적, 기계수주액, 수출신용장 내도액 등

  ㉢ 후행 : 기계류수입액, 가계소비지출

정답 | ③

케인즈학파의 경기변동이론에 대한 설명으로 잘못된 것은?

① 경기순환은 기업가의 투자심리 또는 동물적 감각(Animal Spirit) 등에 의해 결정되는 안정적인 지출에 의하여 발생한다.

② 승수효과(Multiplier Effect), 가속도원리(Acceleration Principle)를 결합하여 경기순환을 설명하였다.

③ 승수효과(Multiplier Effect)란 독립투자 또는 내구재 소비의 증가(감소)가 추가적인 생산 또는 소득증가(감소)를 가져오는 효과이다.

④ 가속도원리(Acceleration Principle)란 생산변동이 다시 투자변동을 유발하는 효과를 말한다.

TIP 경기순환은 기업가의 투자심리 또는 동물적 감각 등에 의해 결정되는 독립투자 및 소비자의 내구소비재에 대한 불안정한 지출에 의하여 발생한다.

핵심포인트 해설　　**거시경제학의 흐름과 케인즈학파의 경기변동이론**

(1) 거시경제학의 개요
　① 산출물, 통화량, 물가, 금리 등 총량변수 간의 관계에 관하여 연구하는 경제학의 한 분야
　② 1930년대 대공황 : 당시의 고전학파 경제학으로는 비자발적 실업을 설명하지 못함 ⇨ '케인즈경제학(거시경제학)'이 탄생
　③ 경기순환을 촉발시키는 원인과 지속적인 호황 및 불황을 가져오는 메커니즘을 설명하는 것이 거시경제학의 소임임

(2) 케인즈학파의 경기변동이론
　① 경기순환은 기업가의 투자심리 또는 동물적 감각(Animal Spirit) 등에 의해 결정되는 독립투자 및 소비자의 내구소비재에 대한 불안정한 지출에 의하여 발생
　② 승수효과(Multiplier Effect), 가속도원리(Acceleration Principle)를 결합하여 경기순환을 설명
　　㉠ 승수효과(Multiplier Effect) : 독립투자 또는 내구재 소비의 증가(감소)로 인한 생산 또는 소득증가(감소)가 소비지출의 증가(감소)를 유발함으로써 추가적인 생산 또는 소득증가(감소)를 가져오는 효과
　　㉡ 가속도원리(Acceleration Principle) : 생산변동이 다시 투자변동을 유발하는 효과

정답 | ①

프리드먼을 중심으로 하는 통화주의(Monetarism)자들의 경기에 관한 주장과 거리가 먼 것은?

① 1982년 이후 화폐유통속도가 하락하면서 이론에 의구심이 제기되었다.
② 통화공급이 불안정하기 때문에 경기변동이 생긴다.
③ 독립투자 및 내구소비재에 대한 불안정한 지출이 경기순환의 주원인이다.
④ 정부는 준칙에 입각한 금융정책을 실시해야 한다.

용어 알아두기

통화주의	정책수단 중 통화정책이 가장 중요하다는 주의이다.

TIP 케인즈학파의 주장이다.

핵심포인트 해설   **통화주의자의 경기변동이론**

① 경기순환의 원인 : 지출요소는 안정적이나 통화공급이 불안정하기 때문
② 경제는 자연산출 수준으로 회귀하려는 경향이 있음
③ 정부의 자의적인 통화량 조절 정책을 반대함
④ 정책당국은 통화공급량을 경제의 적정 성장속도에 맞추어 일정 비율로 증가시켜야 함
⑤ 정부가 준칙에 입각한 금융정책을 실시할 것을 요구함
⑥ 1982년 이후 화폐유통속도가 하락하면서 이론에 의구심이 제기됨

정답 | ③

새고전학파의 경기변동이론에 대한 설명으로 잘못된 것은?

① 루카스 비판(Lucas Critique)에 의하면 정부의 정책변화는 민간의 기대를 변화시킨다.

② 루카스는 기존의 소비함수나 투자함수의 방법론적 오류를 지적했다.

③ 균형경기변동이론에서는 소비함수, 투자함수를 임의로 설정하지 않는다.

④ 확실성하에서 적응적 기대를 하는 개별경제주체의 최적화행동의 결과로서 소비함수와 투자함수를 도출한다.

TIP 불확실성 하에서 합리적 기대를 하는 개인 혹은 기업의 최적화행동의 결과로서 소비함수와 투자함수를 도출한다.

핵심포인트 해설　　**새고전학파의 경기변동이론**

루카스 비판	• 정부의 정책변화가 민간의 기대를 변화시킴 • 기존의 소비함수나 투자함수의 방법론적 오류를 지적함
균형경기 변동이론	• 소비함수, 투자함수를 임의로 설정하지 않음 • 불확실성하에서 합리적 기대를 하는 개인 혹은 기업의 최적화행동의 결과로서 소비함수와 투자함수를 도출함 • 즉, 소비함수와 투자함수는 개별경제주체의 최적화와 시장청산의 결과로서 도출됨

정답 | ④

새케인즈학파의 경기변동이론에 대한 설명으로 잘못된 것은?

① 임금과 가격의 경직성 및 승수−가속도원리를 새고전학파로부터 받아들였다.
② 경제주체들의 최적화행동 및 신축적인 가격조정을 통한 완전경쟁적 시장균형에 입각하여 경기변동을 설명하였다.
③ 경기변동과 관련된 생산물, 노동, 대부시장에서 나타나는 불완전성을 주목한다.
④ 가격조정 메커니즘의 불완전성을 미시적 기초에 근거하여 합리적으로 규명하는 것을 추구하고 있다.

TIP 임금과 가격의 경직성 및 승수−가속도원리는 케인즈학파로부터 계승하였다.

핵심포인트 해설　　새케인즈학파의 경기변동이론

① 케인즈 전통을 따르는 학자들이 받아들인 것
　　㉠ 새고전학파의 방법론 : 경제주체들의 최적화행동 및 신축적인 가격조정을 통한 완전경쟁적 시장균형에 입각함
　　㉡ 케인즈학파의 계승 : 임금과 가격의 경직성 및 승수−가속도원리
② 임금과 가격의 경직성이 이론적 가정이 아니라 경제주체들의 최적화행동의 결과임을 증명함
③ 총수요충격이 가격조정이 아닌 생산수준 변화를 유발할 수 있음을 밝힘
④ 경기변동과 관련된 생산물, 노동, 대부시장에서 나타나는 불완전성을 주목함
⑤ 개별시장에서 관찰되는 가격조정 메커니즘의 불완전성을 미시적 기초에 근거하여 합리적으로 규명하는 것을 추구함

정답 | ①

다음 중 준칙과 재량(Rule vs Discretion)**에 대한 내용으로 잘못된 것은?**

① 프리드먼 등 통화주의자들은 재량보다는 준칙을 선호한다.
② 일반적으로 재량적 통화정책보다 준칙에 의한 정책이 효과적이다.
③ 신뢰성 구축은 통화정책의 효율적인 운영을 위한 전제조건이다.
④ 준칙적 통화팽창은 실물부문의 성장효과 없이 인플레이션만 증가시킨다.

TIP 재량적 통화팽창은 실물부문의 성장효과 없이 인플레이션만 증가시킨다.

핵심포인트 해설   **경기안정화 정책**

시차와 경기정책	구 분	내부시차	외부시차
	통화정책	짧 음	긺
	재정정책	긺	짧 음

• 순조세 : 조세수입에서 정부의 이전지출을 공제한 것 → 경기순응적이며 이것을 자동안정화장치라고 함

준칙과 재량
• 통화주의자 : 준칙 > 재량
 · 통화를 재량적으로 사용하는 것에 반대
 · 통화공급을 증가시킬 경우 경제는 이미 불황을 벗어나오고 있을 수 있으며, 오히려 통화공급의 증가가 경기과열과 물가상승만 야기
• 케인즈학파 : 재량 > 준칙
 · 재량에 의한 통화정책은 단기적으로 인플레이션을 통한 경제성장 효과에 집착할 수 있는 유인이 있음
 · 민간 경제주체들은 합리적으로 기대를 형성하므로 반복해서 속지 않음

우리나라 물가안정목표제도
• 1998년부터 물가안정목표제(Inflation Targeting) 시행
• 정책수행목표를 사전에 밝힘으로써 통화정책의 투명성과 독립성을 강화하고 신뢰성을 구축
• 신뢰성 확보는 물가안정목표제를 실시하는 가장 근본적인 이유임

정답 | ④

16

통화정책(Monetary Policy)**의 파급경로 중 은행대출**(양적 측면)**에 영향을 미쳐 실물경제에 파급되는 과정에 영향을 주는 것은?**

① 금리경로   ② 자산가격경로   ③ 환율경로   ④ 신용경로

TIP   신용경로는 은행예금 및 대출 등에 영향을 미쳐 소비 및 투자에 영향을 준다.

핵심포인트 해설   **통화정책의 파급경로**

정답 | ④

통화정책(Monetary Policy)**의 파급경로 중 금리경로에 대한 설명으로 잘못된 것은?**

① 우리나라는 금리가 자유화되어 있어 금리경로가 작동될 수 있는 기본 조건을 갖추었다.

② 금리경로의 첫 번째 단계는 통화정책이 금융시장 내에서 단기금리, 장기금리 및 은행금리로 순차적으로 파급되는 과정이다.

③ 금리경로의 두 번째 단계는 전반적인 금리변화가 소비, 투자 등 실물부문으로 파급되는 과정이다.

④ 현재 한국은행은 7일물 CD금리를 기준금리로 선택하고 있다.

TIP 현재 한국은행은 7일물 RP매각에 적용되는 RP금리를 기준금리로 선택하고 이를 운용목표로 삼고 있다.

핵심포인트 해설　　**경로에 따른 통화정책의 효과**

금리경로	• 통화공급 확대 ⇨ 단기금리 하락 ⇨ 장기금리와 은행금리 하락 ⇨ 기업투자와 가계소비 증가 ⇨ 총생산의 증대 • 통화정책이 금융시장 내에서 단기금리, 장기금리, 은행금리에 순차적으로 파급되는 과정	
자산가격경로	토빈의 q이론	• 토빈의 q : 주식시장에서 평가된 기업의 시장가치를 기업의 실물자본 대체비용으로 나눈 비율 · q > 1 : 경영성과 상승 및 투자 증가 · q < 1 : 경영성과 하락 및 투자 없음 ⇨ M&A대상
	부(富)의 효과	• 일반인들이 보유하고 있는 주식가격의 변화가 소비에 영향을 줌 • 부의 효과는 부동산과 같은 실물자산의 가치변동을 통해서도 나타남
환율경로	• 환율변동은 기업이나 금융기관들의 외화자산과 부채의 가치를 변화시켜 재무구조에 중대한 영향을 미침	
신용경로	• 직접경로, 간접경로 • 은행예금 및 대출 등에 영향을 미쳐 소비 및 투자에 영향을 줌	

정답 | ④

18

경기예측방법에 대한 설명으로 잘못된 것은?

① 경제모형에 의한 예측방법에는 시계열모형, 거시경제계량모형이 있다.
② 경기지표에 의한 예측방법에는 BSI, CSI 등이 있다.
③ 경기지표에 의한 예측방법은 독립변수와 종속변수의 관계가 아니라 과거의 경험적 사실에 의존하여 경기를 예측한다는 단점이 있다.
④ 설문조사에 의한 예측방법은 정성분석의 성격이 강하고, 조사대상 경제주체의 주관적인 예측만 반영한다는 단점이 있다.

TIP 설문조사에 의한 예측방법에는 BSI, CSI 등이 있으며, 경기지표에 의한 예측방법에는 DI, CI 등이 있다.

핵심포인트 해설   경기예측방법의 분류 및 경기확산지수(DI)

(1) 경기예측방법의 분류
　① 경기지표에 의한 경기예측 : 경기종합지수(CI), 경기확산지수(DI)
　② 설문조사에 의한 경기예측 : 기업경기실사지수(BSI), 소비자동향지수(CSI) 등
　③ 경제모형에 의한 경기예측 : 시계열모형, 거시경제계량모형

(2) 경기확산지수(DI : Diffusion Index) → 깊이를 표현하지 못하고, 현 경기국면 및 전환점을 판단할 때만 사용

계산식	• 경기확산지수(DI) = $\dfrac{\text{전월 대비 증가지표 수} + (0.5 \times \text{보합지표 수})}{\text{구성지표 수}} \times 100$
해 석	• DI > 50% : 경기상승국면　　• DI = 50% : 경기전환점　　• DI < 50% : 경기하강국면
종 류	• 역사적 확산지수(HDI : Historical Diffusion Index), 당면적 경기확산지수(Current Diffusion Index), 누적 경기확산지수(CDI : Cumulated Diffusion Index) → 보완적으로 사용
유용성	• 현재의 경기국면을 판단하거나 전환점을 포착하는 데 유용 • 경기종합지수 등 다른 경기지표를 작성하는 기초가 되는 동시에 보완수단으로 이용
한 계	• 지표 자체가 과거의 경험에 의존한 시계열의 통계적 종합에 불과함 • 선행·동행·후행계열의 분리가 곤란하여 진정한 예측수단으로서 한계가 있음

정답 | ②

19

경기종합지수(CI)의 해석에 관한 설명으로 잘못된 것은?

① 경기종합지수의 전월 대비 증가율이 양(+)인 경우 경기상승을 의미한다.
② 경기종합지수의 전월 대비 증가율이 음(−)인 경우 경기하강을 의미한다.
③ 경기변동의 방향과 진폭을 알 수는 있으나 전환점은 알 수 없다.
④ 경기변동의 단기적인 예측이 가능하며, 월간 경기변동의 미세한 부분까지 파악할 수 있다.

TIP 경기종합지수(CI)는 경기순환변동의 방향이나 진폭뿐 아니라 전환점까지 파악할 수 있다. 이 점이 경기확산지수와 다르다.

핵심포인트 해설   경기종합지수(CI)의 해석

(1) 지표의 해석
① 경기종합지수의 전월 대비 증가율이 양(+)인 경우 : 경기상승
② 경기종합지수의 전월 대비 증가율이 음(−)인 경우 : 경기하강
③ 경기확산지수와 달리 경기순환변동의 방향이나 진폭 또는 전환점을 동시에 파악할 수 있음
④ 현재의 경기상태를 비교적 정확히 반영함
⑤ 경기변동의 단기적인 예측이 가능하며, 월간 경기변동의 미세한 부분까지 파악할 수 있음

(2) 해석의 유의점
① 선행지수가 연속 3개월간 반대로 움직였으나 실제로 경기전환이 아닌 경우에는 종합적인 판단 필요
② CI(Composite Index)는 장기적인 경제성장 추세와 경기의 상승 및 하강 움직임을 동시에 포함하고 있음을 감안
③ 경기의 움직임은 CI의 전월 대비 증감률 크기 및 부호(+, −)에 따라 판단할 수 있음

정답 | ③

20

다음 중 경기선행종합지수의 구성지표가 아닌 것은?

① 경제심리지수
② 코스피지수
③ 재고순환지표
④ CP유통수익률

TIP CP유통수익률은 후행지표 중 금융을 구성하는 항목이다.

핵심포인트 해설 **경기종합지수(CI)의 구성지표**

선행지표	동행지표	후행지표
재고순환지표	비농림어업취업자수	취업자수
경제심리지수	광공업생산지수	생산자제품재고지수
기계류 내수 출하지수	서비스업생산지수	소비자물가지수변화율(서비스)
건설수주액(실질)	소매판매액지수	소비재수입액(실질)
수출입물가비율	내수출하지수	CP유통수익률
코스피지수	건설기성액(실질)	–
장단기금리차	수입액(실질)	

정답 | ④

경기확산지수(DI)와 경기종합지수(CI)에 대한 설명으로 거리가 먼 것은?

① 경기확산지수(DI)의 목적은 경기변동의 방향 및 전환점을 파악하는 것이다.
② 경기종합지수(CI)의 목적은 경기변동의 방향 및 전환점, 속도를 파악하는 것이다.
③ 경기확산지수(DI)는 경기변동의 파급도를 측정할 수 있다.
④ 경기종합지수(CI)는 경기변동의 양적인 크기 변화를 파악하기 곤란하다.

용어 알아두기

경기종합지수 | 주요 경제지표의 움직임을 가공·종합하여 지수형태로 나타낸 것이다.

TIP 경기종합지수(CI)는 경기변동의 양적인 크기 변화를 파악할 수 있다.

핵심포인트 해설 **경기확산지수(DI)와 경기종합지수(CI)의 비교**

구 분	경기확산지수(DI)	경기종합지수(CI)
작성목적	• 경기변동의 방향 및 전환점 파악	• 경기변동의 방향, 전환점 및 속도 파악
작성방법	• 구성지표 수에 대한 증가지표 수의 비율로 작성	• 구성지표의 증감률을 가공·종합하여 작성
특 징	• 경기변동의 파급도 측정 가능 • 경기변동의 양적인 크기 변화 파악 곤란	• 경기변동의 파급도 측정 불가 • 경기변동의 양적인 크기 변화 파악 가능
지수해석	• 지수를 직접 이용하여 경기방향 및 전환점 측정 · 0 ~ 50 미만 : 경기수축국면 · 50 : 경기전환점 · 50 초과 ~ 100 : 경기확장국면	• 지수의 증감률 분석을 통하여 경기방향 및 속도 측정 · 정점 ~ 저점 : 경기수축국면 · 저점 ~ 정점 : 경기확장국면

정답 | ④

22

기업경기실사지수(BSI)에 대한 내용으로 거리가 먼 것은?

① 전반적인 경기동향을 파악하고자 하는 단기경기예측수단의 하나이다.

② 피구(Pigou)나 케인즈의 심리적 경기이론을 근원으로 하고 있다.

③ 후진국에서 주로 사용하고 있다.

④ 조사방법으로는 판단조사와 계수조사가 있다.

용어 알아두기

기업경기실사지수(BSI)	경기동향에 대한 기업가들의 판단·예측·계획의 변화 추이를 관찰하여 지수화한 지표이다.

TIP 기업경기실사지수(BSI)는 선진국에서 주로 사용하고 있다.

핵심포인트 해설   **기업경기실사지수(BSI : Business Survey Index)**

$$기업경기실사지수 = \frac{(긍정적\ 응답업체\ 수 - 부정적\ 응답업체\ 수)}{전체\ 응답업체\ 수} \times 100 + 100$$

① 선진국에서 널리 활용됨

② 조사방법에는 판단조사와 계수조사가 있음

③ 장점 : 전통적인 경제통계가 포착하기 어려운 정보의 계량화가 가능하므로, 경기분석 시 활용이 증가하는 추세

④ 단점

   ⊙ 그 기간의 단기적 변동방향만을 파악할 수 있을 뿐, 경기의 진전상태(현재 경기상태의 수준·위치)에 대한 판단이 곤란함

     ⇨ 대책 : 일정 시점을 기준으로 매기의 BSI를 누적시킨 BSI를 계산하여 이를 도표 등으로 분석할 필요 있음

   ⊙ 여건 변화에 민감한 반응을 보여, 상승국면에서는 사실 이상으로 높게, 하향국면에서는 사실보다 낮게 나타나는 경향이 있음

정답 | ③

소비자동향지수(CSI)에 대한 설명으로 잘못된 것은?

① 소비자의 구매의도나 구매태도 및 전망 등을 설문조사하여 작성한다.
② 경기수축기에는 BSI보다 일정 기간 선행하는 특성을 가진다.
③ 경기확장국면 및 경기정점을 예측하는 데 유용한 지표로 활용한다.
④ 0 ~ 200 사이의 값을 가지며 100 이상인 경우 경기를 긍정적으로 보는 사람이 많다는 것을 의미한다.

TIP 경기수축국면 및 경기저점을 예측하는 데 유용한 지표로 활용한다.

핵심포인트 해설 **소비자동향지수(CSI : Consumer Sentiment Index)**

① 소비자의 구매의도나 구매태도 및 전망 등을 설문조사함
② 경기수축기에는 BSI보다 일정 기간 선행하는 특성을 가짐
③ 경기수축국면 및 경기저점을 예측하는 데 유용한 지표로 활용

BSI	CSI	경기판단
0 < BSI < 100	0 < CSI < 100	수축국면
BSI = 100	CSI = 100	경기전환점
100 < BSI < 200	100 < CSI < 200	확장국면

정답 | ③

24

경제심리지수(ESI)에 대한 설명으로 잘못된 것은?

① 장기평균 50을 중심으로 50 이상이면 경제심리가 양호한 것이고, 50 이하이면 위축된 것이다.

② 기업과 소비자의 경기상황을 종합적으로 반영하기 위해 고안되었다.

③ 기업경기실사지수(BSI)와 소비자동향지수(CSI)를 합성하여 산출한다.

④ 경제심리지수의 원계열에서 계절 및 불규칙 변동을 제거하여 순환변동치를 함께 산출한다.

TIP 장기평균 100을 중심으로 100 이상이면 경제심리가 양호한 것이고, 100 이하이면 경제심리가 위축된 것이다.

핵심포인트 해설　　**경제심리지수(ESI)**

① 기업과 소비자의 경기상황을 종합적으로 반영하기 위함

② 기업경기실사지수(BSI)와 소비자동향지수(CSI)를 합성하여 산출

③ 장기평균 100을 중심으로 100 이상이면 경제심리 양호, 100 이하이면 경제심리 위축

④ 경제심리지수의 원계열에서 계절 및 불규칙 변동을 제거하여 순환변동치를 함께 산출

⑤ 작성방법을 확정하여 2012년 6월부터 대외공표를 시작

정답 | ①

출제예상문제

☑ 다시 봐야 할 문제(틀린 문제, 풀지 못한 문제, 헷갈리는 문제 등)는 문제 번호 하단의 네모박스(□)에 체크하여 반복학습하시기 바랍니다.

01 중요도 ★

□ 경기순환과정에서 순환주기(Cycle)에 대한 설명으로 올바른 것은?

① 경기의 정점 또는 저점이 발생한 구체적인 시점을 의미한다.
② 저점에서 다음 저점까지 또는 정점에서 다음 정점까지의 기간을 의미한다.
③ 정점과 저점 간의 차이를 의미한다.
④ 순환의 강도를 의미한다.

02 중요도 ★★

□ 가상의 국가 A에서는 빵과 구두만 생산한다. 어느 해 A에서는 빵 20개, 구두 6켤레를 생산하였다. 당해 연도 빵 가격은 10원, 구두 가격은 20원이었고, 기준연도 빵 가격은 5원, 구두 가격은 10원이었다. 다음 중 올바른 것은?

	명목GDP	실질GDP	GDP 디플레이터
①	160	160	100
②	160	260	62
③	320	160	200
④	320	260	125

03 중요도 ★★

□ 협의의 통화(M1)에 해당하지 않는 것은?

① 요구불예금   ② CMA
③ 현 금   ④ MMDA

04
중요도 ★

다음 통화지표 중 M1과 M2에 동시에 해당하는 것은 모두 몇 개인가?

㉠ 기간물 정기 예·적금	㉡ CD	㉢ RP	㉣ MMDA	㉤ CMA

① 1개   ② 2개   ③ 3개   ④ 4개

05
중요도 ★★★

물가지수에 대한 설명으로 거리가 먼 것은?

① 대표적인 물가지수로는 소비자물가지수(CPI), 생산자물가지수(PPI), GDP 디플레이터 (GDP Deflator) 등이 있다.

② 소비자물가지수는 도시가계의 평균생계비 내지 구매력 변동을 측정하는 지수이다.

③ 생산자물가지수는 전반적인 상품의 수급동향을 반영한다.

④ GDP 디플레이터는 실질GDP를 명목GDP로 나누어 계산하며, 물가압력을 측정하는 지수로 사용되고 통화공급 목표설정 시에도 이용된다.

정답 및 해설

01 ② 경기순환과정

순환과정	• 순환주기(Cycle) : 저점(Trough)에서 다음 저점까지 또는 정점(Peak)에서 다음 정점까지의 기간 • 순환진폭 혹은 순환심도 : 순환의 강도를 의미하는 정점과 저점 간의 차이
국 면	• 4국면 : 호황(Boom), 회복(Recovery), 후퇴(Recession), 불황(Depression) • 이분법 : 저점에서 정점까지를 확장국면(Expansion), 정점에서 저점까지를 수축국면(Contraction)

02 ③ • 명목GDP = 10원 × 20개 + 20원 × 6켤레 = 200 + 120 = 320

• 실질GDP = 5원 × 20개 + 10원 × 6켤레 = 100 + 60 = 160

• GDP 디플레이터 = $\frac{320}{160}$ × 100 = 200

03 ② 협의의 통화와 광의의 통화

협의의 통화(M1)	광의의 통화(M2)
• 현금통화 + 요구불예금 + 수시입출식 저축성예금(은행 저축예금 및 MMDA)	• M1 + 기간물 정기 예·적금 + 시장형 상품(CD, RP, CMA, 표지어음 등) + 실적배당상품 + 금융채 + 투신사 증권저축 + 종금사 발행어음 • 유동성이 낮은 만기 2년 이상 금융상품 제외

04 ① M1과 M2에 동시에 해당하는 것은 MMDA뿐이다.

05 ④ GDP 디플레이터는 실질GDP를 명목GDP로 나누어 계산하는 것이 아니라 명목GDP를 실질GDP로 나누어 계산한다.

06

중요도 ★

소비자 물가지수에 대한 설명으로 가장 거리가 먼 것은?

① 소비자가 일상 소비생활에서 구입하는 재화의 가격과 서비스요금의 변동을 조사한 것이다.

② 가계소비지출에 포함되는 모든 품목을 조사대상으로 한다.

③ 조사대상 품목의 수요는 경기변동에 크게 민감하지 않다.

④ 도시가계의 평균생계비 또는 구매력의 변동을 측정하는 지수이다.

07

중요도 ★★

통화유통속도에 대한 설명으로 가장 거리가 먼 것은?

① 명목GDP를 통화량으로 나눈 값이다.

② EC방식에 의한 연간 통화 증가율 목표설정에 중요한 변수로 사용된다.

③ 우리나라의 경우 장기적으로 하락하는 추세에 있다.

④ 경기변화 및 인플레이션 압력 등을 예측하는 데 유용하다.

08

중요도 ★★★

GDP 디플레이터 상승률의 전망치가 연 4%, 실질GDP 증가율의 전망치가 연 3%, 통화유통속도 변화율의 전망치가 연 −2%일 때, EC방식에 의한 연간 통화 증가율의 목표치로 옳은 것은?

① 7%　　　　② 9%　　　　③ 11%　　　　④ 13%

09

중요도 ★★★

금리에 대한 설명으로 잘못된 것은?

① 자금의 용도, 기간, 위험요소, 차입자의 신용도 등에 따라 달라진다.

② 한국은행이 조절하는 정책금리는 RP금리이다.

③ 일반적으로 자본의 한계수익률, 자금시장의 수급상황 등에 의해 결정된다.

④ 경제가 선진화될수록 실질금리는 높아지게 된다.

10

중요도 ★★★

경제변수와 주가의 관계에 대한 설명으로 잘못된 것은?

① 주가가 상승하면 국민의 금융자산가치가 증대되고, 이는 소비지출의 증가로 이어져 국민소득의 증가를 가져온다.

② 주가가 상승하면 기업의 자금조달비용 감소로 설비투자 확대 및 가격경쟁력 제고가 이루어져 경기활성화에 따른 국민소득의 증가를 가져온다.

③ 토빈의 q이론은 주가 상승속도가 기업보유 자산가치의 상승률보다 낮으면 기업이 투자지출을 증가시킨다는 이론이다.

④ 일반적으로 통화량 증대는 이자율 하락을 초래하여 주가 상승의 요인이 될 수 있다.

정답 및 해설

06 ② 가계소비지출에 포함되는 모든 품목이 아니라 대표 품목(489개)을 조사대상으로 한다.

07 ④ 통화유통속도

- 통화유통속도(V) = $\dfrac{\text{명목GDP}}{\text{통화량(M)}}$
- 사후적인 추계만 가능하므로 경기변화와 인플레이션 압력 등을 예측하는 데 이용하기 어려움
- 우리나라의 경우 통화유통속도는 장기적으로 하락하는 추세

08 ② 통화 증가율(MG) = GDP 디플레이터 상승률(PG) + 실질GDP 증가율(YG) − 유통속도 변화율(VG)
= 4% + 3% − (−2%) = 9%

09 ④ 경제가 선진화될수록 자본의 한계수익률이 저하되면서 실질금리는 낮아지게 된다.

10 ③ 토빈의 q이론은 주가 상승속도가 기업보유 자산가치의 상승률보다 높아야 기업이 투자지출을 증가시킨다는 이론이다.

11 중요도 ★

우리나라 경기순환과정에 대한 설명으로 옳은 것은?

① 전 기간을 거쳐 가장 큰 영향을 미친 것은 건설 부문이다.
② 70년대 이후 수축기보다 확장기가 짧았다.
③ 농업 부문이 점차 영향을 많이 미치기 시작하였다.
④ 해외 부문의 영향은 미미하였다.

12 중요도 ★

각 경제학파가 주장하는 경기변동의 원인으로 잘못된 것은?

① 새고전학파 : 예상치 못한 통화량의 변동
② 새케인즈학파 : 생산성 또는 기술의 변화
③ 통화주의자 : 불안정한 통화공급
④ 케인즈학파 : 독립투자 및 내구소비재에 대한 불안정한 지출

13 중요도 ★★

다음에서 설명하는 경제학파로 옳은 것은?

- 투자는 기업가의 미래 수익에 대한 기대를 반영하고, 기대는 기업가의 투자심리 혹은 동물적 감각(Animal Spirit)에 크게 의존
- 임금과 가격의 경직성에 따른 불안정한 투자

① 케인즈학파   ② 통화주의학파
③ 고전학파   ④ 합리주의학파

14 중요도 ★

케인즈학파의 경기변동이론에 대한 설명으로 가장 거리가 먼 것은?

① 가속도원리란 생산변동이 투자변동을 유발하는 것이다.

② 피구효과란 독립투자의 증가가 소득의 증가를 가져오는 효과이다.

③ 경기순환의 원인은 기업가의 독립투자 및 소비자의 내구소비재 지출의 변화이다.

④ 경기변동이란 총수요측면의 교란요인에 의하여 발생하는 불균형현상이다.

15 중요도 ★

통화주의자의 경기변동이론에 대한 설명으로 잘못된 것은?

① 대표적인 학자로는 프리드먼(M. Friedman)과 슈워츠(A. Schwartz)가 있다.

② 경기조절을 위하여 총수요 관리가 필요하다고 보는 점에서는 케인즈학파의 사고방식과 동일하다.

③ 정부가 재량에 입각한 금융정책을 실시할 것을 요구한다.

④ 정책 당국은 통화공급량을 경제의 적정 성장속도에 맞추어 해마다 일정한 비율로 증가시켜야 한다.

정답 및 해설

11 ① ② 수축기보다 확장기가 길었다.
　③ 농업 부문은 꾸준히 감소하여 별다른 영향을 미치지 못하였다.
　④ 경기순환의 두 번째 요인은 해외 부문으로, 해외 부문의 영향은 컸다.

12 ② 생산성 또는 기술의 변화는 새고전학파(실물적 경기변동이론)의 주장이다.

13 ① 케인즈학파의 경기변동이론에 대한 설명이다.

14 ② 독립투자의 증가가 소득의 증가를 가져오는 효과는 승수효과이다.

15 ③ 정부가 준칙에 입각한 금융정책을 실시할 것을 요구한다.

16 통화주의자의 경기변동이론에 대한 설명으로 잘못된 것은?

① 화폐유통속도가 안정적이라는 가정하에 세워진 이론이다.

② 1980년대 나타난 화폐유통속도의 불안정은 이론적 근거에 의구심을 갖게 했다.

③ 통화량 증가는 1년 정도의 시차를 가지면서 생산량 증가로 이어진다.

④ 통화공급이 안정적이나 지출요소가 불안정하기 때문에 경기순환이 발생한다.

17 경기안정화 정책에 대한 설명으로 가장 거리가 먼 것은?

① 시차로 인하여 총수요관리를 통한 경기안정화 정책은 부적절할 수도 있다.

② 통화정책의 경우 내부시차는 짧으나 외부시차는 길고 가변적이다.

③ 자동안정화장치의 내부시차는 없다고 할 수 있다.

④ 케인즈학파는 경기안정화 정책이 총공급에 영향을 미침으로써 경기변동을 완화시킬 수 있다고 본다.

18 경기안정화 정책에 대한 설명으로 가장 거리가 먼 것은?

① 시차로 인해 총수요관리정책은 부정확하고 부적절할 수도 있다.

② 재정정책은 내부시차가 길고 외부시차는 짧고, 통화정책은 내부시차는 짧지만 전파경로가 길어 외부시차는 길고 가변적이다.

③ 외부시차란 정책시행 시점부터 경제에 효과를 미칠 때까지 걸리는 시간을 말한다.

④ 통화정책의 경우 경제가 호황이 되면 조세수입이 증가하고 실업지출이 감소하여 경기과열을 억제하는 효과가 있다.

19 중요도 ★★★
경기안정화 정책의 시차에 대한 설명으로 가장 거리가 먼 것은?

① 경기변동을 야기하는 충격발생을 인지하고 이에 대하여 정책대응을 할 때까지 걸리는 시간을 내부시차라고 한다.
② 자동안정화장치의 외부시차는 0이라고 할 수 있다.
③ 경기안정화 정책이 실시된 시점부터 경제에 효과를 미칠 때까지 걸리는 시간을 외부시차라고 한다.
④ 시차로 인하여 총수요관리를 통한 경기안정화 정책은 부적절할 수도 있다.

20 중요도 ★★★
통화정책의 파급경로에 대한 설명으로 거리가 먼 것은?

① 환율경로는 국내 금리를 떨어뜨려 경상수지를 악화시킨다.
② 신용경로는 은행대출규모를 변화시켜 경제활동에 영향을 주며, 긴축통화정책 시 대출가용자산이 줄어들어 실물경제가 위축된다고 본다.
③ 금리경로는 단기·장기금리에 영향을 주어 결국 실물경기에 파급효과를 제공한다.
④ 자산가치와 주가를 변동시켜 토빈의 q에 영향을 준다.

정답 및 해설

16 ④ 지출요소는 안정적이지만 통화공급이 불안정하기 때문에 경기순환이 발생한다고 주장하였다.
17 ④ 케인즈학파는 경기안정화 정책이 총수요에 영향을 미침으로써 경기변동을 완화시킬 수 있다고 본다.
18 ④ 재정정책의 경우 경제가 호황이 되면 조세수입이 증가하고 실업지출이 감소하여 경기과열을 억제하는 효과가 있고, 반대로 불황이 되면 조세수입은 감소하고 실업수당 등 이전지출이 증가하여 경기회복을 부양시키는 효과가 있다.
19 ② 자동안정화장치의 경우 내부시차가 0이다.
20 ① 국내 금리 하락은 환율 상승으로 연결되어 경상수지를 개선시킨다.

21

통화정책의 파급경로 중 신용경로에 대한 설명으로 거리가 먼 것은?

① 은행의 자금조달방식이 다양해지면서 신용경로의 중요성이 커지고 있다.

② 통화정책의 효과가 양적 변수인 은행대출에 영향을 줌으로써 실물경제에 파급되는 과정을 말한다.

③ 신용경로는 주로 신용이 취약한 중소기업이나 개인들에게 작동한다.

④ 금융시장이 낙후되었거나 신용규제가 있는 국가일수록 신용경로가 중요한 역할을 한다.

22

통화정책 중 금리에 대한 내용으로 잘못된 것은?

① 통화공급 확대는 단기금리 및 장기금리를 하락시키며, 기업투자와 가계소비를 증가시킨다.

② 통화정책은 금융시장 내에서 단기금리, 장기금리 및 은행금리에 동시에 영향을 준다.

③ 전반적인 금리변화가 소비, 투자 등 실물부문으로 파급된다.

④ 한국은행의 경우 7일물 RP금리를 기준금리로 선택하고 있다.

23

투자이론 중에서 주식시장을 명시적으로 고려한 이론은?

① 한계효율이론

② 가속도이론

③ 토빈의 q이론

④ 불균형투자이론

24

토빈(J. Tobin)의 q이론에 대한 설명으로 거리가 먼 것은?

① 주식의 가격변화가 투자에 미치는 영향에 관한 이론이다.

② 주가가 상승하면 q가 상승한다.

③ 통화정책의 파급경로 중 금리경로를 설명할 수 있는 이론이다.

④ 토빈의 q는 기업의 시장가치를 기업의 실물자본 대체비용으로 나눈 비율을 말한다.

25 중요도 ★★★

경기지표에 의한 경기예측에 대한 설명으로 가장 거리가 먼 것은?

① 경기확산지수(DI)가 80%이면 경기하강국면이다.

② 경기종합지수(CI)는 경기변동의 방향, 국면, 전환점뿐만 아니라 변동속도까지도 동시에 분석이 가능하다.

③ 경기확산지수(DI)는 경제통계지표 간의 변화방향만을 종합하여 작성한다.

④ 경기종합지수(CI)는 주로 동행지수 순환변동치를 이용하여 현재의 경기국면을 판단한다.

26 중요도 ★★

경기확산지수(DI)에 대한 내용으로 잘못된 것은?

① '경기확산지수 $= \dfrac{\text{전월 대비 증가지표 수} + (0.5 \times \text{보합지표 수})}{\text{구성지표 수}} \times 100$'이다.

② DI > 50%이면 경기는 상승국면에 있다.

③ 선행·동행·후행지표로 예측한 다음에 지표를 선정한다.

④ 경제통계지표 간의 변화방향만을 종합하여 지수화한 것이다.

정답 및 해설

21 ① 은행의 자금조달방식이 다양해질수록 신용경로의 중요성은 작아진다.

22 ② 통화정책은 금융시장 내에서 단기금리, 장기금리 및 은행금리에 순차적으로 영향을 준다.

23 ③ 토빈의 q이론은 투자에 대한 주가변화의 영향을 분석한 것이다.

24 ③ 토빈의 q이론

- 투자에 대한 주가변화(자산가격)의 영향을 분석한 것
- 자산가격경로를 설명할 수 있는 이론임
- 토빈의 q는 주식시장에서 평가된 기업의 시장가치를 기업의 실물자본 대체비용으로 나눈 비율임
  - q > 1 : 경영성과 상승 및 투자 증가
  - q < 1 : 경영성과 하락 및 투자 없음 ⇨ M&A대상

25 ① 경기확산지수의 해석

- DI > 50% : 경기상승국면
- DI = 50% : 경기전환점
- DI < 50% : 경기하강국면

26 ③ 전체 경제의 변동과 밀접한 대응성을 가지고 움직이는 지표를 선정한 후, 선행·동행·후행지표로 예측한다.

27 중요도 ★★
통계청이 발표하는 경기종합지수 중 선행종합지수의 구성지표가 아닌 것은?

① 구인·구직비율
② 광공업생산지수
③ 건설수주액
④ 장·단기금리차

28 중요도 ★★★
경기종합지수(CI)에 대한 내용으로 잘못된 것은?

① 각 지표의 전월 대비 변화율을 통계적으로 종합·가공하여 산출한다.
② 전월 대비 증가율이 (+)인 경우 경기가 상승, (−)인 경우 경기가 하강한다.
③ 증감률의 크기에 의하여 경기변동의 진폭을 알 수 있다.
④ 경기변동의 방향, 국면, 전환점만 분석한다.

29 중요도 ★★
기업경기실사지수(BSI)에 대한 설명으로 가장 거리가 먼 것은?

① 기업가의 경기동향 판단, 예측 등을 조사하여 지수화한 것이다.
② 단기 경기예측수단의 하나이다.
③ BSI가 80이면 수축국면을 의미한다.
④ BSI는 최소 0, 최대 100의 값을 갖는다.

30 중요도 ★★★
40개의 기업체 중에서 26개 업체는 긍정적, 14개 업체는 부정적인 조사결과가 나왔다면 기업경기실사지수(BSI)는 얼마인가?

① 70
② 100
③ 120
④ 130

31 중요도 ★★★

소비자동향지수(CSI)에 대한 설명으로 잘못된 것은?

① 소비자에 대한 주관적 예측만을 반영한다는 문제점이 있다.

② 경기확장기에 있어서 기업경기실사지수보다 일정 기간 선행하는 특성을 갖고 있다.

③ 100 이상이면 확장국면, 100 이하이면 수축국면을 나타낸다.

④ 확장국면에서는 실제보다 높게, 수축국면에서는 실제보다 낮게 나타나는 경향이 있다.

32 중요도 ★★★

경제심리지수(ESI)에 대한 설명으로 잘못된 것은?

① 기업과 소비자의 경기상황을 종합적으로 반영하기 위해 산출하는 지표이다.

② 정확성을 위해 직접 별도의 설문조사를 통해서 지수를 산출한다.

③ 장기평균 100을 중심으로 대칭적으로 분포하고 표준편차가 10이 되도록 작성한다.

④ 지수가 100을 상회하면 민간의 경제심리가 과거 평균보다 나은 수준으로 해석된다.

정답 및 해설

27 ② 광공업생산지수는 동행종합지수의 구성지표이다.

28 ④ 경기변동의 방향, 국면, 전환점, 변동속도를 동시에 분석하여 경기조정정책 수립의 기초자료를 제공한다.

29 ④ 기업경기실사지수(BSI)

개 요	• 전반적인 경기동향을 파악하고자 하는 단기 경기예측수단의 하나 • 피구(A. C. Pigou)나 케인즈(J. M. Keynes)의 심리적 경기이론 • 선진국에서 널리 활용
해 석	• 기업경기실사지수 : 최소 0, 최대 200의 값 • 지수가 100 초과 : 경기긍정 ⇨ 확장국면 • 지수가 100 미만 : 경기부정 ⇨ 수축국면

30 ④ BSI = (26 − 14)/40 × 100 + 100 = 130

31 ② 경기수축기에 있어서 기업경기실사지수보다 일정 기간 선행하는 특성을 갖고 있어 경기수축국면 및 경기저점을 예측하는 데 유용한 지표로 활용되고 있다.

32 ② 직접 별도의 설문조사를 통해서 이루어지지는 않지만 BSI와 CSI를 합성해서 산출한다.

제 2 장
기본적 분석

학습전략

기본적 분석은 제1과목 전체 15문제 중 총 5문제가 출제된다.

기본적 분석에서는 주식의 가치를 평가하는 매우 중요한 사항을 다룬다. 경기분석에서 공부한 것을 바탕으로 경제지표와 주가 간의 기본적인 관계를 숙지해야 하며, 기본이 되는 경제지표에 대해서도 알고 있어야 한다. 처음 공부할 때는 경제지표와 주가 간의 관계가 혼동될 수 있으나 차근차근 이해하고 반복하다 보면 쉽게 점수를 얻을 수 있다.

출제예상 비중

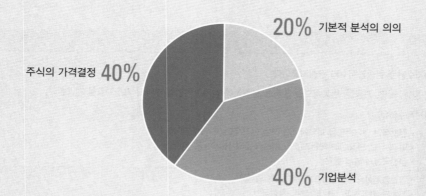

20% 기본적 분석의 의의

주식의 가격결정 40%

40% 기업분석

핵심포인트

구 분	핵심포인트	중요도	페이지
기본적 분석의 의의 (20%)	01 기본적 분석과 기술적 분석	★★	p. 60
	02 경제분석	★★	p. 61
기업분석 (40%)	03 양적 분석(재무제표 분석)	★★	p. 63
	04 재무비율분석	★★★	p. 65
	05 시장가치비율분석	★★★	p. 70
주식의 가격결정 (40%)	06 주식의 배당평가모형	★★★	p. 72
	07 주식평가모형과 할인율	★★	p. 74
	08 PER 평가모형	★★★	p. 75
	09 PBR 평가모형	★★	p. 76
	10 EV / EBITDA	★	p. 77

기본적 분석과 기술적 분석에 대한 설명으로 옳은 것은?

① 기본적 분석은 과거 주가의 체계적 패턴(Systematic Pattern)을 찾아내어 초과이익 (Abnormal Return)을 얻으려는 투자전략이다.

② 기술적 분석은 증권의 내재가치(Intrinsic Value)를 찾아내어 과소평가된 주식을 매입하고 과대평가된 주식을 매도하려는 투자전략이다.

③ 기본적 분석과 기술적 분석은 모두 기본적으로 증권시장의 비효율성을 가정하고 초과 이익을 얻으려는 투자전략이다.

④ 일반적으로 상승장(Bull Market)에서는 기본적 분석이 잘 맞고 하락장(Bear Market) 에서는 기술적 분석이 잘 맞는 것으로 알려져 있다.

용어 알아두기

불마켓	증권의 가격이 상승하고 있는 시장을 말한다.
베어마켓	증권의 가격이 하락하거나, 하락할 것이라 예상되는 시장을 말한다.

TIP ① 기술적 분석에 대한 설명이다.
② 기본적 분석에 대한 설명이다.
④ 기본적·기술적 분석은 시장의 상승·하락과는 관계없다.

핵심포인트 해설 **기본적 분석과 기술적 분석**

(1) 기본적 분석과 기술적 분석 비교

구 분	기본적 분석	기술적 분석
목 표	좋은 종목 선정	매매시점 포착
분석대상	내재가치(Value)	가격(Price)
활용수단	재무제표	차 트
정 보	현재정보(공개정보)	과거정보
특 징	시장변화 원인파악	시장변화 방향파악

(2) 분석목표 및 방법

구 분	분석목표	분석방법	
기본적 분석	내재가치(본질가치) 발견	Bottom-Up 방식	기업분석 ⇨ 산업분석 ⇨ 경제분석
		Top-Down 방식	경제분석 ⇨ 산업분석 ⇨ 기업분석
기술적 분석	수요·공급의 변화예측	추세분석, 패턴분석, 지표분석, 시장구조이론	

정답 | ③

02

경제분석에 대한 설명으로 거리가 먼 것은?

① 경기종합지수(CI)는 경기상태를 객관적으로 지표화한 것이다.

② 통화량의 증가는 단기적으로 주가에 긍정적인 영향을 미친다.

③ 피셔효과(Fisher Effect)란 이자율 하락으로 다시 화폐수요의 증가가 나타나 이자율이 상승하는 현상이다.

④ 유동성효과란 통화량 증가에 따라 단기적으로 이자율이 하락하는 현상이다.

TIP 소득효과에 대한 설명이다.

핵심포인트 해설   경제현상과 주가 (1)

(1) 경기전망과 주가
① 경기순환 : 경제활동에 따라 경기가 고점에서 저점에 이르는 반복되는 순환
② 경기종합지수(CI : Composite Index) : 경기상태를 객관적으로 지표화함 ⇨ 선행지표, 동행지표, 후행지표로 분류

(2) 통화량과 주가
① 통화지표 : 협의통화(M1), 광의통화(M2), 금융기관 유동성(Lf), 광의 유동성(L)
② 통화량과 주가의 관계(단기, 유동성효과)
　㉠ 기업부문 : 통화량 증가 ⇨ 자금 확보 ⇨ 시설투자 ⇨ 수익성 향상 ⇨ 주가 상승
　㉡ 민간부문 : 통화량 증가 ⇨ 자금 확보 ⇨ 주식 매입 ⇨ 증시 활황 ⇨ 주가 상승
③ 화폐공급의 증가가 이자율에 미치는 효과 ⟶ 중·장기 효과, 소득효과, 피셔효과를 잘 구별할 것
　: 소득효과(중기, 이자율 상승) ⇨ 피셔효과(장기, 이자율 상승) ⇨ 주가 하락
　㉠ 유동성효과 : 통화량의 증가에 따라 단기적으로 이자율이 하락하는 현상
　㉡ 소득효과 : 이자율 하락으로 다시 화폐수요의 증가가 나타나 이자율이 상승하는 현상
　㉢ 피셔효과(Fisher Effect) : 화폐공급의 증가로 인플레이션이 발생하면 명목금리가 상승하는 현상
④ 통화량 증가는 단기적으로는 주가에 긍정적인 영향을 주지만, 장기적으로는 이자율을 상승시켜 주가에 부정적인 영향을 줌

정답 | ③

경제지표와 주가 간의 관계에 대한 설명으로 잘못된 것은?

① 통화량의 증가는 단기적으로는 주가에 긍정적인 영향을 주고, 장기적으로는 주가에 부정적인 영향을 준다.

② 금리가 상승하면 자금조달이 축소되어 설비투자가 축소되므로 주가는 하락한다.

③ 물가가 완만한 상승세를 보이면 주가에 부정적 영향을 주어 하락하게 된다.

④ 스태그플레이션(Stagflation)이 계속되는 경제하에서는 비용인상형 인플레이션(Inflation)이 발생하여 기업수지에 부정적인 영향을 미친다.

TIP 완만한 물가 상승은 기업수지 개선에 도움이 되어 주가가 상승한다.

핵심포인트 해설 **경제현상과 주가 (2)**

(1) 금리와 주가
① 이자율 상승 ⇨ 자금조달 축소 ⇨ 설비투자 축소 ⇨ 주가 하락
② 이자율 하락 ⇨ 자금조달 확대 ⇨ 설비투자 확대 ⇨ 주가 상승

(2) 물가와 주가
① 완만한 물가 상승 ⇨ 실물경기 상승 ⇨ 기업수지 개선 ⇨ 주가 상승
② 급격한 물가 상승 ⇨ 금융자산 회피 ⇨ 실물자산 선호 ⇨ 주가 하락
③ 디스인플레이션 ⇨ 저물가, 저금리 ⇨ 금융자산 선호 ⇨ 주가 상승
④ 스태그플레이션 ⇨ 비용 인상, 구매력 약화 ⇨ 기업수지 악화 ⇨ 주가 하락

(3) 환율과 주가
① 환율 하락 ⇨ 수출 감소, 수입 증가 ⇨ (수익성 악화) ⇨ 주가 하락
② 환율 상승 ⇨ 수출 증가, 수입 감소 ⇨ (수익성 향상) ⇨ 주가 상승

(4) 원자재가격과 주가
① 원자재가격 상승 ⇨ 국내제품가격 상승 ⇨ 판매 저조 ⇨ 주가 하락
② 원자재가격 하락 ⇨ 국내제품가격 하락 ⇨ 판매 증대 ⇨ 주가 상승

(5) 외국인 투자자와 주가
→ 외국인 투자자는 환헷지율을 감안하기 때문에 주가가 올라가도 손해를 볼 수 있고, 주가가 떨어져도 이익을 얻을 수 있음
① 환율 상승 > 주가 상승 ⇨ 주식 매입 (×)
② 환율 하락 > 주가 하락 ⇨ 주식 매입 (○)

정답 | ③

04

재무제표에 대한 설명으로 잘못된 것은?

① 재무제표는 재무상태표와 손익계산서만을 의미한다.
② 기업의 순자산은 총자산에서 총부채를 차감한 것이다.
③ 주가수익비율(PER)은 주당순이익의 몇 배가 주가로 나타나는가를 의미한다.
④ 영업이익에서 영업외수익을 가산하고, 영업외비용을 차감한 금액을 법인세차감전순이익이라고 한다.

용어 알아두기

재무제표	기업의 영업실적이나 재무상태를 기업의 외부관계자에게 전달하는 재무보고의 핵심적인 형태이다.

TIP 재무제표에는 재무상태표, 손익계산서, 이익잉여금처분계산서, 현금흐름표 등이 있다.

핵심포인트 해설 **재무제표 작성원칙**

역사적 원가주의	모든 자산과 부채는 거래가 발생된 시점에서의 현금 또는 현금등가액으로 평가되는 것을 말하며, 취득원가주의 또는 원가주의라고도 함
수익인식의 원칙	일반적으로 수익획득과정이 실질적으로 완료되는 교환거래가 나타났을 경우에 인식된다는 것으로 수익실현의 원칙이라고도 함
대응의 원칙	일정 기간에 실현된 수익과 이 수익을 획득하기 위하여 발생한 비용을 결정하여 이를 서로 대응시켜 당기순이익을 산출해야 한다는 원칙

정답 | ①

재무상태표(대차대조표)**의 작성기준으로 잘못된 것은?**

① 재무상태표는 자산 및 부채로 구성된다.
② 1년을 기준으로 하여 자산은 유동자산 또는 비유동자산, 부채는 유동부채 또는 비유동부채로 구분하는 것을 원칙으로 한다.
③ 자산의 항목과 부채 또는 자본의 항목을 상계함으로써 그 전부 또는 일부를 재무상태표상에서 제외하여서는 안 된다.
④ 재무상태표에 기재하는 자산과 부채의 항목배열은 유동성 정도에 따라 배열함을 원칙으로 한다.

용어 알아두기

재무상태표	일정 시점에서 현재 기업이 보유하고 있는 재산이 어느 정도인지 파악하는 것이다.

TIP 재무상태표는 자산, 부채, 자본으로 구성되며 자본은 자본금, 자본잉여금, 이익잉여금, 자본조정으로 구분된다.

핵심포인트 해설　　　**재무제표의 종류**

(1) 재무상태표
　① 자산, 부채, 자본의 세 가지 항목으로 구성됨
　② 자산은 왼쪽(차변), 부채와 자본은 오른쪽(대변)에 기록
　③ 자산은 부채와 자본의 합계와 그 크기가 일치
　④ 총자본(총자산과 일치) = 부채(타인자본) + 자본(자기자본)

(2) 손익계산서
　① 일정 기간 동안 기업이 경영활동을 얼마나 잘 했는지를 파악하기 위하여 작성하는 재무제표
　② 매출 총이익 = 매출액 − 매출원가
　③ 영업이익 = 매출 총이익 − 판매비와 일반관리비
　④ 법인세차감전순이익 = 영업이익(손실) + 영업외수익 − 영업외비용
　⑤ 당기순이익 = 법인세 차감 전 순이익 × (1 − 법인세율)

(3) 이익잉여금(또는 결손금) 처분계산서
　당기순이익(또는 손실)의 사용용도를 나타낸 재무제표

(4) 현금흐름표
　일정 기간 동안 기업이 영업활동에 필요한 자금을 어떻게 조달했으며, 조달한 자금을 어디에 사용했는지를 명확하게 보여주기 위하여 작성하는 재무제표

(5) 자본변동표
　자본의 크기와 변동에 관한 정보를 제공

정답 | ①

06

재무비율에 관한 설명으로 거리가 먼 것은?

① 과거 회계정보를 사용한 분석
② 결산기가 다른 기업과의 비교가 용이
③ 손익계산서와 재무상태표의 시간적 차이
④ 상이한 회계처리기준

TIP 재무비율분석은 재무제표의 입수가 용이하나, 결산기가 다른 기업과 상호 비교하기가 곤란하다.

핵심포인트 해설　　**재무비율분석**

개 요	• 재무상태표나 손익계산서의 항목들을 비교하여 산출한 재무비율을 분석하는 것 • 과거나 현재의 비율과 산업평균치나 경쟁회사의 비율과 비교하여 재무상태를 평가하는 분석도구로 사용
한 계	• 재무제표의 기본 목적이 기업의 미래이익을 예측하기 위한 것인데, 비율분석은 과거의 회계정보에 의존 • 재무제표가 일정 시점이나 일정 기간을 중심으로 작성되어 있어서 회계기간 동안의 계절적 변화를 나타내지 못함 • 결산기가 다른 기업과 상호 비교하기가 곤란함 • 합리적 경영을 하고 있는 동종 산업에 속하는 기업들 사이에도 경영방침이나 기업의 성격에 따라 재무비율에 큰 차이가 있음 • 재무비율 상호 간에 연관성이 없으며 종합적인 결론을 내릴 수 없음 • 표준비율 설정이 어려움

정답 | ②

다음 중 기업의 수익창출능력을 측정하는 지표를 모두 고른 것은?

ㄱ 자기자본이익률　　　ㄴ 유동비율　　　ㄷ 총자본이익률
ㄹ 총자산회전율　　　ㅁ 매출액영업이익률　　　ㅂ 총자산증가율

① ㄱ, ㄴ, ㄷ　　　　　　② ㄱ, ㄷ, ㅁ
③ ㄴ, ㄷ, ㄹ　　　　　　④ ㄴ, ㄹ, ㅂ

TIP　유동비율은 안정성 지표, 총자산회전율은 활동성 지표, 총자산증가율은 성장성 지표이다.

핵심포인트 해설　　　**재무비율분석 분류**

→ '수·안·활·성'으로 암기

재무비율분석 분류	종 류
수익성(~이익률)	총자본이익률, 자기자본이익률, 매출액순이익률, 매출액영업이익률
안정성(~비율)	유동비율, 부채비율, 고정비율, 이자보상비율
활동성(~회전율)	총자산회전율, 고정자산회전율, 재고자산회전율
성장성(~증가율)	매출액증가율, 총자산증가율, 영업이익증가율

정답 | ②

08

어느 기업의 총자본이익률(ROI)이 전년도에 비하여 크게 향상되었다. 다음 중 총자본이익률이 높아진 이유로 거리가 먼 것은?

① 전년에 비하여 총자본이 크게 증가하였다.
② 전년에 비하여 매출액순이익률이 크게 향상되었다.
③ 전년에 비하여 당기순이익이 크게 증가하였다.
④ 전년에 비하여 매출액은 비슷하나, 총자본회전율이 크게 상승하였다.

TIP '총자본이익률(ROI) = $\dfrac{당기순이익}{총자본}$ × 100(%) = 매출액순이익률 × 총자본회전율'이므로, 총자본이 증가할수록 총자본이익률은 감소한다.

핵심포인트 해설 　　수익성 지표

(1) 개 념
기업의 수익창출 능력을 측정하는 지표

(2) 공 식

① 총자본이익률(ROI : Return On Investment) = $\dfrac{당기순이익}{총자본}$ × 100(%)

　　　　 = $\dfrac{당기순이익}{매출액} \times \dfrac{매출액}{총자본}$ × 100(%)

　　　　 = 매출액순이익률 × 총자본회전율

② 자기자본이익률(ROE : Return On Equity) = $\dfrac{당기순이익}{자기자본}$ × 100(%)

　↳ 가장 중요한 수익성 지표이므로 확실히 암기할 것

　　　　 = $\dfrac{당기순이익}{매출액} \times \dfrac{매출액}{총자본} \times \dfrac{총자본}{자기자본}$ × 100(%)

　　　　 = 매출액순이익률 × 총자본회전율 × 재무레버리지

③ 매출액순이익률 = $\dfrac{당기순이익}{매출액}$ × 100(%)

④ 매출액영업이익률 = $\dfrac{영업이익}{매출액}$ × 100(%)

정답 | ①

기업의 단기채무지급능력, 즉 유동성을 측정하는 대표적 비율로 옳은 것은?

① 유동비율　　　　　　　　　② 부채비율
③ 고정비율　　　　　　　　　④ 이자보상비율

용어 알아두기

유동성 (Liquidity)	기업·금융기관 등 경제주체가 갖고 있는 자산을 현금으로 바꿀 수 있는 능력이다.

TIP 유동비율은 기업의 단기채무지급능력을 측정하는 대표적 비율이다.

핵심포인트 해설　　**안정성 지표**

(1) 개 념

기업이 안정성을 지니고 있다는 것은 부채를 상환하는 데 있어 별 무리가 없으며 또한 국내외적으로 잦은 경기변동에 적절하게 대처할 수 있는 능력이 있다는 것을 의미

(2) 공 식

① 유동비율 $= \dfrac{\text{유동자산}}{\text{유동부채}} \times 100(\%)$

　⇨ 기업의 단기채무지급능력, 즉 유동성을 측정하는 대표적 비율

② 부채비율 $= \dfrac{\text{타인자본}}{\text{자기자본}} \times 100(\%)$

　⇨ 기업의 자본구성이 얼마나 건전한지를 파악할 수 있음

③ 고정비율 $= \dfrac{\text{비유동자산}}{\text{자기자본}} \times 100(\%)$

　⇨ 자본사용의 적절성을 평가하기 위한 비율

④ 이자보상비율 $= \dfrac{\text{영업이익}}{\text{이자비용}} \times 100(\%)$

　⇨ 기업의 영업이익이 지급해야 할 이자비용의 몇 배에 해당하는가를 나타내는 비율로서, 높을수록 좋음

정답 | ①

활동성 비율을 나타내는 지표와 거리가 먼 것은?

① 총자산회전율　　　　　　　　② 고정자산회전율

③ 재고자산회전율　　　　　　　④ 이자보상비율

TIP 활동성 비율은 기업자산의 활용 정도를 알아보고자 하는 것으로 손익계산서의 매출액을 재무상태표에 있는 각 자산의 항목들로 나누어 계산한다. 이러한 활동성 비율을 나타내는 지표로는 총자산회전율, 고정자산회전율, 재고자산회전율이 있다.

핵심포인트 해설　　　**활동성 지표와 성장성 지표**

(1) 활동성 지표 → 분자는 항상 매출액임

기업자산의 활용 정도를 알아보고자 하는 것으로 손익계산서 매출액을 재무상태표에 있는 각 자산의 항목으로 나누어 계산

① 총자산회전율 $= \dfrac{\text{매출액}}{\text{총자산}}(\text{회})$

② 고정자산회전율 $= \dfrac{\text{매출액}}{\text{고정자산}}(\text{회})$

③ 재고자산회전율 $= \dfrac{\text{매출액}}{\text{재고자산}}(\text{회})$

(2) 성장성 지표 $\left(\dfrac{\text{당기} - \text{전기}}{\text{전 기}}\right)$

① 매출액증가율 $= \dfrac{\text{당기 매출액} - \text{전기 매출액}}{\text{전기 매출액}} \times 100(\%)$

② 총자산증가율 $= \dfrac{\text{당기말 총자산} - \text{전기말 총자산}}{\text{전기말 총자산}} \times 100(\%)$

③ 영업이익증가율 $= \dfrac{\text{당기 영업이익} - \text{전기 영업이익}}{\text{전기 영업이익}} \times 100(\%)$

정답 | ④

시장가치비율분석과 관계가 적은 지표는?

① 주가수익비율　　　　　　　　② 토빈의 q
③ 배당수익률　　　　　　　　　④ 영업이익증가율

TIP 영업이익증가율은 재무비율이다.

핵심포인트 해설　　　　**시장가치비율과 관련된 지표**

(1) 시장가치비율과 관련된 지표 → 가급적 모두 암기해야 함

구 분	산 식	내 용
주가수익비율 (PER)	$\dfrac{주\ 가}{주당순이익}$	기업수익력의 성장성, 위험, 회계처리방법 등 질적인 측면이 총체적으로 반영된 지표
주가순자산비율 (PBR)	$\dfrac{주당시장가치}{주당장부가치}$	PBR이 낮은 것은 주식시장에서 저평가되었다는 것을 의미
주가현금흐름비율 (PCR)	$\dfrac{주\ 가}{주당현금흐름}$	PER이 높더라도 PCR이 낮으면 해당 주식에 대한 현재주가가 낮은 것으로 판단
주가매출액비율 (PSR)	$\dfrac{주\ 가}{주당매출액}$	이익은 (−)일 수 있으나 매출액은 (−)가 거의 없으므로 PSR은 PER의 약점을 보완해 줌
배당수익률	$\dfrac{1주당\ 배당금}{주\ 가}$	성장기업의 경우 주가가 상승하므로 상대적으로 배당수익률은 낮아지게 됨

(2) 반드시 함께 비교해야 할 지표

① 주당순이익(EPS) = $\dfrac{당기순이익}{발행주식\ 수}$

② 배당률 = $\dfrac{주당배당금}{액면금액}$

③ 배당성향 = $\dfrac{현금배당}{당기순이익} \times 100(\%)$

정답 | ④

주가수익비율(PER : Price Earnings Ratio)**에 대한 설명으로 잘못된 것은?**

① 당해 연도에 당기순이익이 음(−)인 경우 일반적으로는 사용하지 않는다.
② 주당순이익(EPS)이 증가하거나 주가가 높다면 PER은 올라간다.
③ 이익이 너무 높거나 낮으면 올바른 분석을 할 수가 없다.
④ PER이 낮을수록 저평가된 기업이다.

용어 알아두기

PER	주가가 그 회사 1주당 수익의 몇 배가 되는가를 나타내는 지표이다.

TIP   주가가 높거나 주당순이익이 감소하면 PER은 올라간다.

핵심포인트 해설   **주가수익비율(PER)의 해석**

(1) PER이 높은 경우
　① 주당순이익은 평균수준이지만 주가가 높은 경우 : 현재 이익보다 주가가 높다는 뜻이므로 시장에서 장래성을 인정받고 성장하는 기업의 경우
　② 주가는 평균수준이지만 주당순이익이 낮은 경우 : 경영에서 이익(주당순이익)이 낮아 PER이 높아진 경우

(2) PER이 낮은 경우
　① 주당순이익은 평균수준이지만 주가가 낮은 경우 : 모기업 부도 등 외부요인이 있는 경우
　② 주가는 평균수준이지만 주당순이익이 높은 경우 : 주식발행 물량이 적고 성장에 한계가 있거나 업계 경기 부진예상(예상수익률) 등의 영향이 있는 경우

정답 | ②

B사의 주식에 대하여 다음과 같은 자료를 입수하였다. 이 주식의 배당금은 300원이고 앞으로도 배당은 증가하지 않을 것으로 예상된다면 이 주식의 가치로 옳은 것은?

> • 주당 배당 : 300원   • 무위험이자율 : 4%   • 위험프리미엄 : 5%

① 3,000원   ② 3,333원

③ 4,250원   ④ 5,000원

용어 알아두기

배 당
(Dividend) | 기업이 일정 기간 동안 영업활동을 하여 발생한 이익 중 일부를 주주들에게 나누어 주는 것이다.

TIP • 주가 $= \dfrac{배당금}{요구수익률}$

• 요구수익률 $= 4\% + 5\% = 9\%$

∴ 주가 $= \dfrac{300}{0.09} = 3{,}333$원

핵심포인트 해설   **주식평가모형**

배당평가모형	• 제로성장모형 : 성장성이 없는 경우
	$$P_0 = \dfrac{D}{k_e}$$ (P_0 = 주가, D = 배당금, k_e = 요구수익률)
	→ 가장 중요
	• 항상성장모형 : 성장성이 일정한 경우
	• 초과성장모형 : 초과성장기간의 배당금을 직접 구하여 일반식에 적용해야 함
이익평가모형	• 매기의 평균적인 주당이익수준이 일정하다고 가정할 때, 매기의 이익흐름은 평균적으로 E수준이고, 자본환원율이 k_e라고 한다면 이론적인 주식가치는 아래와 같음
	$$P_0 = \dfrac{E}{k_e}$$

정답 | ②

14

A기업의 당기배당액(D_0)이 1,000원, 영구적 이익성장률(g)이 12%, 요구수익률(k)이 16%일 때 내년의 예상주가(P_0)로 옳은 것은?

① 18,000원　　　　　　　　② 20,000원

③ 25,000원　　　　　　　　④ 28,000원

TIP　$P_0 = \dfrac{D_0(1 + g)}{k - g} = \dfrac{1,000(1 + 0.12)}{0.16 - 0.12} = 28,000원$

핵심포인트 해설　　항상성장모형

(1) 기본가정
① 성장에 필요한 자금을 내부자금만으로 조달함
② 기업의 이익과 배당이 매년 일정한 비율(g)로 계속 성장
③ 요구수익률(할인율)이 일정하며, 요구수익률(k)이 성장률보다 큼
④ 이익흐름은 영속적이고, 투자자금의 재투자수익률(ROE)이 항상 일정함
⑤ 사내유보율(f)과 배당성향 또한 일정함
⑥ 결과적으로 내부자금만으로 성장할 경우의 성장률도 변함이 없음

(2) 공식
→ 성장성이 일정한 경우
항상성장모형으로 주가를 구할 때 어느 하나의 값이 주어지지 않은 경우, 아래의 공식들을 통하여 유추할 수 있어야 함

$$P_0 = \frac{D_1}{k - g} = \frac{D_0(1 + g)}{k - g}$$

① (배당)성장률(g) = 사내유보율(f) × 자기자본이익률(ROE) (단, 사내유보율 = 1 − 배당성향)

② 기대수익률(k) = 배당수익률($\dfrac{D_1}{P_0}$) + 배당성장률(g)

③ 배당성향 = $\dfrac{배당(D_1)}{주당순이익(EPS)}$

④ 자기자본이익률(ROE) = $\dfrac{주당순이익(EPS)}{주당자기자본}$

(3) 정률성장배당모형에서 유추할 수 있는 내용
① 배당이 클수록 주가는 상승함
② 요구수익률이 클수록 주가는 하락함
③ 배당성장률이 클수록 주가는 상승함

정답 | ④

항상성장모형에서 A기업은 40%의 배당성향, 10%의 자기자본이익률(ROE)을 계속 유지하고 있다. 20X9년 초 A기업의 주가(P_0)가 20,000원이고 20X9년 말 주당 배당(D_1)이 1,000원이라고 예상할 때 A기업의 20X9년도 기대수익률로 옳은 것은?

① 10% ② 11%

③ 15% ④ 30%

TIP 기대수익률 = 배당수익률 + 배당성장률 = $\dfrac{D_1}{P_0}$ + (1 − 배당성향) × ROE

$= \dfrac{1,000}{20,000}$ + (1 − 0.4) × 0.1 = 0.11

∴ 기대수익률 = 11%

핵심포인트 해설 **주식평가모형과 할인율**

① '할인율 = 자본비용 = 요구수익률 = 기대수익률'을 의미함

　㉠ 자본비용 : 기업이 자본을 사용하는 대가로 자본 제공자들에게 지급하는 비용

　㉡ 요구수익률 : 투자자들이 기업에게 자금을 빌려주는 대신에 요구하는 일정한 대가

　㉢ 기대수익률 공식

> 기대수익률 = 배당수익률 + 배당성장률
>
> $= \dfrac{D_1}{P_0}$ + (1 − 배당성향) × ROE

② 자본자산결정모형(CAPM)이론의 증권시장선(SML)에 의해서 결정되는 할인율 사용

> $k = E(R_j) = R_f + [E(R_m) − R_f] × β$
>
> 할인율 = 요구수익률 = 무위험수익률 + 위험프리미엄

정답 | ②

16

어느 주식에 대한 자료가 다음과 같을 때 이 주식의 기대주가수익비율(PER)로 옳은 것은?

- 기대배당성향 : 45%   • 요구수익률 : 11%   • 기대성장률 : 6%

① 4.55   ② 6.35
③ 9.00   ④ 11.23

TIP $PER = \dfrac{기대배당성향}{k - g} = \dfrac{0.45}{0.11 - 0.06} = 9$

핵심포인트 해설   **PER 평가모형**

(1) PER의 의미

① 기업의 단위당 수익력에 대한 상대적 주가수준을 나타낸 것으로, 주식의 내재가치를 추정할 때 사용

② 기업수익력의 성장성, 위험, 회계처리방법 등 질적 측면이 총체적으로 반영된 지표로 그 증권에 대한 투자자의 신뢰도를 표현

③ 기초적 분석을 행하는 증권분석가들이 주식의 시장가격이 상대적으로 과대 또는 과소평가되었는지를 판단하는 지표로서 활용

(2) PER 결정요인

① 요구수익률, 주식의 위험도 : PER과 반비례

② 배당성향, 배당성장률, 이익성장률 : PER과 비례

(3) PER을 이용하여 주식의 이론적 가치를 추정하는 방법

$$P = PER \times EPS$$

(4) PER 계산방법

① 동류 위험을 지닌 주식군의 PER 이용 : PER은 수익력의 질적 측면을 나타내는 지표이므로, 위험이 비슷한 주식군의 경우에는 같은 수준의 PER이 유지될 것으로 가정

② 동종 산업평균 PER 이용 : 현실적으로 위험도와 영업성격이 비슷한 주식군은 주로 동종 산업 내의 경쟁업체이므로 산업평균 PER을 사용

③ 과거의 PER 이용 : 정상적 PER은 과거의 평균적인 신뢰도 수준을 유지하는 것으로 보고 과거평균 PER을 이용

④ 배당평가모형을 이용 : 주식의 이론적 균형가치는 배당평가모형에 의해 결정된다고 보고 이를 이용

$$PER = \frac{배당성향(1 + g)}{k - g} = \frac{기대배당성향}{k - g}$$

정답 | ③

주가수익비율(PER)과 자기자본이익률(ROE)의 곱으로 표현될 수 있는 것은?

① PBR(Price Book-value Ratio)   ② Tobin's q
③ PSR(Price Sales Ratio)   ④ PCR(Price Cash-flow Ratio)

TIP   PER × ROE = PBR이다.

핵심포인트 해설   PBR 평가모형

(1) PBR을 이용하여 주식의 이론적 가치를 추정하는 방법

$$P = PBR × BPS$$

(2) PBR이 1이 아닌 이유
① 시간성의 차이 : 주가는 미래를 반영하지만 주당순자산은 역사적 취득원가에 준하여 과거지향적임
② 집합성의 차이 : 주가는 기업을 총체적으로 반영하지만 BPS는 개별자산의 합임
③ 자산·부채 인식기준의 차이 : 일정한 회계 관습에 의한 제약이 있음

(3) PBR 공식

$$
\begin{aligned}
PBR &= PER × ROE \\
&= 자기자본순이익률 × \frac{P}{E} \\
&= \frac{순이익}{매출액} × \frac{매출액}{총자본} × \frac{총자본}{자기자본} × \frac{P}{E} \\
&= 마진 × 활동성 × 부채레버리지 × 이익승수
\end{aligned}
$$

(4) PBR의 유용성과 한계점
① 유용성 : PBR은 청산가치를 추정할 때 유용한 가치기준이 됨
② 한계점
 ㉠ 미래수익능력을 반영하지는 못해 계속기업을 전제로 한 평가기준이 되지 못함
 ㉡ 기업의 원천적 수익력을 평가할 수 없음

정답 | ①

18

다음 빈칸에 들어갈 올바른 내용이 순서대로 연결된 것은?

> ( )비율은 해당 업체의 내재가치(수익가치)와 기업가치를 비교하는 투자지표로, 기업의
> ( )를 ( )로 나눈 것이다.

① EV / EBITDA, 전체가치, EBITDA
② EV / EBITDA, 주주가치, EBITDA
③ EVA, 주주가치, EBIT
④ EVA, 전체가치, EBITDA

용어 알아두기

EBITDA	이자비용(Interest), 세금(Tax), 감가상각비용(Depreciation & Amortization) 등을 빼기 전 순이익을 의미한다.

TIP EV / EBITDA비율은 해당 업체의 내재가치(수익가치)와 기업가치를 비교하는 투자지표로, 기업의 전체가치를 EBITDA로 나눈 것이다.

핵심포인트 해설 EV / EBITDA

(1) 개념
해당 업체의 내재가치(수익가치)와 기업가치를 비교하는 투자지표로, 기업의 전체가치(Enterprise Value)를 EBITDA(Earnings Before Interest, Taxes, Depreciation & Amortization)로 나눈 것

(2) 계산
① EV = 시가총액 + 순차입금(= 총차입금 − 현금 및 투자유가증권)
② EBITDA는 이자비용, 법인세비용, 유·무형자산 감가상각비용 차감 전 순이익으로 세전 영업이익(EBIT)에 비현금비용을 합한 세전 영업현금흐름을 의미함

정답 | ①

출제예상문제

01

중요도 ★★

기본적 분석에 대한 설명으로 잘못된 것은?

① 지나치게 주관적인 것이 단점이다.

② 시장가격이 본질가치보다 크면 고평가된 것으로 본다.

③ 투자자의 요구수익률이 중요하다.

④ 매매시점 포착이 유용한 분석방법이다.

02

중요도 ★★

다음 중 기본적 분석과 거리가 먼 것은?

① 내재가치(Intrinsic Value) 또는 본질가치(Fundamental Value)

② 수요와 공급의 분석과 예측

③ Top-Down 방식

④ 저평가 종목의 발굴

03

중요도 ★★★

기본적 분석의 분석과정에서 일반적으로 따르는 Top-Down 방식을 바르게 나열한 것은?

① 기업분석 ⇨ 산업분석 ⇨ 경제분석

② 과거분석 ⇨ 현재분석 ⇨ 미래분석

③ 거시분석 ⇨ 미시분석 ⇨ 정밀분석

④ 경제분석 ⇨ 산업분석 ⇨ 기업분석

04 중요도 ★★★
다른 변수가 일정할 때 주가에 영향을 미치는 요인과 내용으로 잘못된 것은?

① 원자재가격이 상승하면 주가가 하락한다.
② 외국인투자자는 주가가 하락할 것으로 예상하더라도 환율 하락률이 주가 하락률을 상회하는 경우 주식을 매입한다.
③ 외국인투자자는 주가가 상승할 것으로 예상하더라도 환율 하락률이 주가 상승률을 초과하는 경우에는 주식을 매입하지 않는다.
④ 일반적으로 통화량 증가, 환율 상승은 주가 상승요인으로 작용하고, 이자율 상승, 원자재가격 상승은 주가 하락요인으로 작용한다.

05 중요도 ★★
경제변수와 주가와의 관계에 대한 설명으로 옳은 것은?

① 환율이 상승하면 외국인은 원화를 선호하게 되고 주가는 하락한다.
② 통화량이 증가하면 단기적으로는 주가에 긍정적인 영향을 주지만, 장기적으로는 이자율을 상승시켜 주가에 부정적인 영향을 주게 된다.
③ 이자율 및 원자재가격은 주가와 비례한다.
④ 주가는 경기후행지표이고 금리는 경기선행지표이다.

정답 및 해설

01 ④ 매매시점 포착이 유용한 것은 기술적 분석이다.
02 ② 수요와 공급에 의한 가격변화를 예측하는 것은 기술적 분석이다.
03 ④ Top-Down 방식은 '경제분석 ⇨ 산업분석 ⇨ 기업분석'의 순서를 따른다.
04 ③ 외국인투자자는 주가가 상승할 것으로 예상하더라도 환율 상승률이 주가 상승률을 초과하는 경우에는 주식을 매입하지 않는다.
05 ② ① 환율이 상승하면 외국인은 달러를 선호하게 되고 이는 증시자금유출로 이어져 주가는 하락하게 된다.
　　③ 이자율 및 원자재가격은 주가와 반비례한다.
　　④ 주가는 경기선행지표이고 금리는 경기후행지표이다.

06 주가와 경기변동의 관계에 대한 설명으로 잘못된 것은?

① 명목GDP 성장률과 주가 상승률은 관계가 없다.

② 통화량 증가가 장기적으로는 주가를 하락시키는 요인으로 작용할 수 있다.

③ 금리와 주가는 역상관관계를 가지고 있다.

④ 경기상승기의 완만한 물가 상승은 기업이윤 증가를 초래하여 주가 상승요인이 된다.

07 다음 중 다른 조건이 동일하다고 할 때 주가 상승요인이 아닌 것은?

① 환율 상승

② 경상수지 흑자

③ 인플레이션 지속

④ 통화안정증권 매입

08 주가를 예측하는 방법에 대한 설명으로 잘못된 것은?

① 기본적 분석방법에서는 그 주식을 발행한 기업의 가치에 의하여 주가가 결정된다고 본다.

② 기술적 분석방법에서는 수요와 공급에 의하여 주가가 결정되고, 이러한 수급은 정부정책에 의하여 결정된다고 본다.

③ Bottom-Up 방식은 '기업분석 ⇨ 산업분석 ⇨ 경제분석' 순으로 분석하는 것이다.

④ Top-Down 방식은 '경제분석 ⇨ 산업분석 ⇨ 기업분석' 순으로 분석하는 것이다.

09 통화량과 주가에 대한 설명으로 옳은 것은?

① 현재 우리나라 통화관리의 중심지표는 M1을 사용하고 있다.

② 화폐공급의 증가가 이자율에 미치는 효과에는 유동성효과, 소득효과, 피셔효과가 있다.

③ 피셔효과란 통화량 증가에 따라 단기적으로 이자율이 하락하는 현상을 말한다.

④ 소득효과란 화폐공급의 증가로 인플레이션이 발생하면 명목금리가 상승하는 효과를 말한다.

10 중요도 ★★

물가와 환율이 주가에 미치는 영향에 대한 설명으로 잘못된 것은?

① 우리나라에서는 인플레이션이 높을수록 주식수익률이 높아지는 경향이 있다.

② 환율이 인상되면 단기적으로는 주가 상승을 기대할 수 있으나, 장기적으로는 물가 상승을 초래하여 지속적인 주가 상승을 기대할 수 없다.

③ 환율 인상이 예상되면 수출 주력업종에, 환율 인하가 예상되면 내수시장 주력업종에 투자해야 한다.

④ 인플레이션 상태에서도 주식가치가 상승하여 물가 상승을 상쇄할 수 있는데, 이를 인플레이션 헤지(Hedge)라고 한다.

정답 및 해설

06 ① 주가는 경기회복국면에서 상승하기 시작하여 호황국면에서 본격적으로 상승하게 되고, 그 상승폭은 명목GDP 성장률과 거의 일치한다. 한편 경기상승기의 장기적인 물가 상승은 제조비용 상승에 따른 기업수지 악화로 주가 하락요인이 된다.

07 ③ 인플레이션이 장기간 지속되면 주가가 하락한다.

08 ② 기술적 분석방법에서는 수요와 공급에 의하여 주가가 결정되고, 이러한 수급은 시장참여자들의 심리상태에 의하여 결정된다고 본다.

09 ② ① 중심지표는 M2를 사용하고 있다.
③ 유동성효과에 대한 설명이다.
④ 피셔효과에 대한 설명이다.

10 ① 물가상승률이 높은 경우 주식이나 예금과 같은 금융자산보다는 부동산과 같은 실물자산에 대한 선호도가 높기 때문에, 우리나라에서는 인플레이션이 높을수록 주식수익률이 낮아지는 경향이 있다.

11 재무제표에 대한 설명으로 거리가 먼 것은?

중요도 ★★

① 재무상태표는 현재 기업의 모든 재산을 파악하기 위하여 작성하는 것인데, 차변에는 자본의 조달상황을 표시하고, 대변에는 이용상황을 표시한다.
② 손익계산서는 일정 기간에 기업의 경영활동을 평가하기 위하여 작성하는 것인데, 당기순이익만으로 영업활동을 평가하는 것은 바람직하지 않다.
③ 이익잉여금 처분계산서는 당기순이익의 사용용도를 나타낸 재무제표로, 이를 통하여 배당성향을 파악할 수 있다.
④ 현금흐름표는 기업의 자금조달 및 사용상황을 보기 위하여 작성하는 것인데, 이를 통하여 이익의 사용처, 채무상환방법, 순유동자본의 조달방법 등을 알 수 있다.

12 기업의 재무비율에 대한 설명으로 가장 올바른 것은?

중요도 ★★★

① 유동비율은 장기채무능력을 평가하기 위한 비율이다.
② 총자본이익률은 안정성을 평가하기 위한 비율이다.
③ 타인자본의 사용을 늘릴수록 재무레버리지 효과를 누릴 수 있으므로 기업의 안정성이 향상된다.
④ 이자보상비율은 영업이익을 이자비용으로 나눈 것이다.

13 A기업은 자산총계 5천만원, 매출액 1천만원, 영업이익 3백만원, 당기순이익 1백만원, 이자비용 1백만원이다. A기업의 이자보상비율로 옳은 것은?

중요도 ★★

① 300%   ② 400%   ③ 500%   ④ 600%

14

중요도 ★★

빈칸에 들어갈 내용을 순서대로 올바르게 나열한 것은?

- 자기자본이익률 $= \dfrac{(\quad)}{\text{자기자본}} \times 100\%$
- 토빈의 q $= \dfrac{(\quad)}{\text{추정 대체비용}}$
- 총자산회전율 $= \dfrac{(\quad)}{\text{총자산}}$

① 법인세차감전순이익, 기업시장가치, 매출액
② 경상이익, 매출액, 유동자산
③ 영업이익, 매출액, 유동자산
④ 당기순이익, 기업시장가치, 매출액

정답 및 해설

11 ① 재무상태표의 차변(자산계정)에는 자본의 이용상황을 표시하고, 대변(부채 및 자본계정)에는 조달상황을 표시한다.

12 ④ ① 유동비율은 단기채무능력을 평가하기 위한 비율이다.
② 총자본이익률은 수익성을 평가하기 위한 비율이다.
③ 타인자본의 사용을 늘릴수록 재무레버리지 효과를 누릴 수 있으므로 기업의 안정성이 낮아진다.

13 ① 이자보상비율 $= \dfrac{\text{영업이익}}{\text{이자비용}} \times 100\% = \dfrac{3\text{백만원}}{1\text{백만원}} \times 100\% = 300\%$

14 ④ • 자기자본이익률 $= \dfrac{\text{당기순이익}}{\text{자기자본}} \times 100\%$

• 토빈의 q $= \dfrac{\text{기업시장가치}}{\text{추정 대체비용}}$

• 총자산회전율 $= \dfrac{\text{매출액}}{\text{총자산}}$

15 중요도 ★★
다음 중 안정성 지표가 아닌 것은?

① 유동비율
② 주당순자산비율(PBR)
③ 고정비율
④ 부채비율

16 중요도 ★★
B기업의 목표 총자본이익률은 30%이다. 총자본회전율이 3회전일 경우 매출액순이익률로 옳은 것은?

① 0.1%
② 1%
③ 10%
④ 90%

17 중요도 ★★
다음 자료를 이용하여 계산한 A기업의 총자본이익률(ROI)과 매출액을 순서대로 올바르게 나열한 것은?

- 매출액순이익률 : 0.1
- 당기순이익 : 15억원
- 총자본 : 10억원
- 자기자본 : 6억원

① 150%, 100억원
② 150%, 150억원
③ 250%, 100억원
④ 250%, 150억원

18 중요도 ★★
시장가치비율에 대한 설명으로 잘못된 것은?

① 시장가치비율은 기업의 주식가격을 주당이익 및 장부가치와 관련시킨 비율이다.
② 수익성 외의 다른 면이 동일하다고 가정할 경우 한 기업의 주가수익비율이 비교대상기업보다 낮으면 그 기업의 주가가 상대적으로 저평가되어 있다고 본다.
③ 다른 조건이 동일한 경우 PER이 낮은 기업은 주식시장에서 주가가 저평가되어 있다고 본다.
④ 토빈의 q가 1보다 작으면 기업들에게 설비투자에 대한 동기를 부여한다.

19 중요도 ★★

총자본이익률(ROI : Return On Investment)**에 대한 내용으로 잘못된 것은?**

① 매출액순이익률과 총자본회전율을 곱한 비율이다.

② 총자본을 당기순이익으로 나누어 계산한다.

③ 기업의 생산활동에 투입된 자본이 효율적으로 운영이 되고 있는가를 측정하는 것이다.

④ 총자본 대신 총자산을 사용하여 총자산이익률(ROA : Return On Asset)이라고도 한다.

정답 및 해설

15 ② 안정성 지표에는 유동비율, 부채비율, 고정비율, 이자보상비율이 있다.

16 ③ 매출액순이익률 $= \dfrac{총자본이익률}{총자본회전율} = \dfrac{30\%}{3} = 10\%$

17 ② • 총자본이익률(ROI) $= \dfrac{당기순이익}{총자본} = \dfrac{15억원}{10억원} = 1.5$

　　• 매출액순이익률 $= \dfrac{당기순이익}{매출액} \Rightarrow 0.1 = \dfrac{15억원}{매출액}$

　　∴ 총자본이익률 = 150%, 매출액 = 150억원

18 ④ 토빈의 q는 회사의 부채 및 자기자본의 시장가치를 그 보유자산의 대체비용으로 나눈 비율을 의미한다. 토빈의 q가 1보다 크면 기업들에게 설비투자에 대한 동기를 부여하고, 1보다 작으면 기업들은 투자에 나서지 않게 된다.

19 ② 당기순이익을 총자본으로 나누어 계산한다.

20
2019년도 A기업의 당기순이익이 15억원이며, 총자본이익률은 10%, 총자본회전율이 2회
일 때 A기업의 매출액으로 옳은 것은?

① 75억원   ② 150억원
③ 300억원   ④ 600억원

21
빈칸에 들어갈 내용으로 가장 올바른 것은?

> (   )이 100% 미만이면, 영업활동을 통한 수익으로는 이자를 충당하지 못하였다는 의미
> 이다.

① 이자보상비율   ② 고정비율
③ 부채비율   ④ 자기자본비율

22
다음 자료를 이용하여 당기순이익을 계산하면 얼마인가?

> • 총자본이익률 : 4%   • 총자본회전율 : 2회   • 매출액 : 1,000,000원

① 20,000원   ② 40,000원
③ 60,000원   ④ 80,000원

23
자기자본이익률(ROE : Return On Equity)에 대한 내용으로 잘못된 것은?

① 순수한 자기자본의 효율적 운영 측면을 알아보고자 함이다.
② 당기순이익을 자기자본으로 나누어 얻을 수 있다.
③ '매출액순이익률 × 총자본회전율 × 자기자본비율'로 구성된다.
④ ROI에서 재무레버리지를 곱하면 ROE를 구할 수 있다.

24 중요도 ★

☐ A기업의 20X9년 순이익은 2억원이고, 순이익의 40%를 내부에 유보하여 재투자한다. 재투자수익률이 20%일 때 항상성장모형하에서 A기업의 성장률로 옳은 것은?

① 8%　　　　　② 20%　　　　　③ 40%　　　　　④ 80%

25 중요도 ★★★

☐ 항상성장모형에 대한 설명으로 거리가 먼 것은?

① 요구수익률이 높을수록 주가는 상승한다.
② 다음 기간의 배당이 클수록 주가는 상승한다.
③ 배당성장률이 높을수록 주가는 상승한다.
④ 요구수익률은 배당성장률보다 높다.

정답 및 해설

20 ③ 총자본이익률 = 매출액순이익률 × 총자본회전율 = $\dfrac{\text{당기순이익}}{\text{매출액}}$ × 총자본회전율 ⇨ 10% = $\dfrac{15\text{억원}}{\text{매출액}}$ × 2

∴ 매출액 = 300억원

21 ① 이자보상비율에 대한 설명이다.

22 ① • 총자본이익률 = 매출액순이익률 × 총자본회전율 ⇨ 4% = 매출액순이익률 × 2

⇨ 매출액순이익률 = 2%

• 매출액순이익률 = $\dfrac{\text{당기순이익}}{\text{매출액}}$ ⇨ 당기순이익 = 매출액순이익률 × 매출액 = 2% × 1,000,000원 = 20,000원

∴ 당기순이익 = 20,000원

23 ③ '매출액순이익률 × 총자본회전율 × 재무레버리지'로 구성된다.

24 ① 성장률 = 사내유보율 × 재투자수익률(ROE) = 0.4 × 0.2 = 0.08

∴ A기업의 성장률 = 8%

25 ① 요구수익률이 높을수록 주가는 하락한다.

26

중요도 ★★★

A주식의 배당금이 매년 2,000원으로 동일하고, 현재 요구수익률이 10%라고 할 때 배당 평가모형에 의한 A주식의 가치로 옳은 것은?

① 10,000원   ② 12,000원

③ 15,000원   ④ 20,000원

27

중요도 ★★★

배당성향이 50%, 자기자본이익률이 10%, 현재 EPS가 1,000원, 요구수익률이 20%일 때, 이 기업의 적정주가를 항상성장모형으로 구하면?

① 3,500원   ② 4,500원

③ 5,500원   ④ 6,500원

28

중요도 ★★

무위험수익률은 5%, 시장 포트폴리오 기대수익률은 10%, A기업의 할인율(요구수익률)은 11%일 때 자본자산결정모형(CAPM)이론에 따른 A기업의 β로 옳은 것은?

① 0.97   ② 1.20

③ 1.57   ④ 2.32

29

중요도 ★★★

주가수익비율(PER : Price Earnings Ratio)에 대한 설명으로 잘못된 것은?

① 주가가 높거나, 주당순이익(EPS)이 감소하면 PER은 올라간다.

② 높을수록 저평가되었다고 판단한다.

③ 이익이 너무 높거나 낮으면 제대로 된 분석이 어렵다.

④ 일반적으로 당해 연도에 이익이 없거나 손실이 발생한 경우 사용하지 않는다.

30 중요도 ★

적정주가나 미래주가를 추정할 때 정상적인 PER을 구하는 방법과 거리가 먼 것은?

① 서로 다른 위험을 지닌 주식군의 평균 PER을 이용하는 방법

② 동종 산업의 평균 PER을 이용하는 방법

③ 과거 수년간의 평균 PER을 이용하는 방법

④ 배당평가모형을 이용하여 PER을 구하는 방법

31 중요도 ★★★

배당 2,000원, 5%의 성장을 하며 50%의 배당성향을 유지하는 A회사의 요구수익률은 10%이다. A회사의 PER은 얼마인가?

① 5 ② 5.25 ③ 10 ④ 10.5

정답 및 해설

26 ④ 제로성장모형이므로 $\dfrac{2{,}000원}{0.1}$ = 20,000원이다.

27 ① P = $D_0(1 + g)/(k - g)$ = 500(1 + 0.05)/(0.2 - 0.05) = 3,500원
  • D_0 = EPS × 배당성향 = 1,000원 × 50% = 500원
  • g = 사내유보율 × ROE = 50% × 10% = 5%

28 ② 0.11 = 0.05 + (0.1 - 0.05) × β ∴ β = 1.2

29 ② 낮을수록 저평가되었다고 판단한다.

30 ① 적정주가나 미래주가를 추정할 때 정상적인 PER을 구하는 방법에는 동류 위험을 지닌 주식군의 PER을 이용하는 방법, 동종 산업의 평균 PER을 이용하는 방법, 과거 수년간의 평균 PER을 이용하는 방법, 배당평가모형을 이용하여 PER을 구하는 방법 등이 있다.

31 ④ PER = $\dfrac{배당성향 \times (1 + 이익성장률)}{기대수익률 - 이익성장률}$ = $\dfrac{0.5 \times (1 + 0.05)}{0.1 - 0.05}$ = 10.5

32

중요도 ★★

주가순자산비율(PBR : Price Book-value Ratio)에 대한 설명으로 잘못된 것은?

① 1주당 순자산이 주가를 몇 배 창출했는지를 나타낸다.

② 1보다 작으면 저평가된 기업으로 본다.

③ 시장가치 대 장부가치의 비율이다.

④ 주가를 1주당 총자산으로 나누어 계산한다.

33

중요도 ★★

PBR에 대한 설명과 거리가 먼 것은?

① 분자인 주가와 분모인 순자산은 시간상의 차이가 있을 수 있다.

② 분자인 주가는 기업의 전체 가치를 반영하지만, 분모인 순자산은 자산과 부채의 단순한 차이에 지나지 않는다.

③ 자산이나 부채의 장부가액은 일정한 회계 관습에 의하여 제약을 받을 수 있다.

④ 기업의 청산보다는 계속기업을 가정할 경우 유용한 평가기준이 될 수 있다.

34

중요도 ★★★

주가순자산비율(PBR)의 값이 1이 아닌 이유로 가장 거리가 먼 것은?

① 영속적으로 존재하는 기업을 전제로 하기 때문이다.

② 시간상의 차이가 있기 때문이다.

③ 집합성의 차이가 있기 때문이다.

④ 자산·부채 인식기준의 차이가 있기 때문이다.

35

중요도 ★★★

빈칸에 들어갈 말로 가장 올바른 것은?

□

$$PBR = 자기자본이익률 \times (\quad)$$

① 부채레버리지

② $\dfrac{매출액}{총자본}$

③ PER

④ PSR

제3장
기술적 분석

학습전략

기술적 분석은 제1과목 전체 15문제 중 총 4문제가 출제된다.
기술적 분석의 경우 상당히 도식화되어 있고 투자판단이 용이하기 때문에 주식투자를 하는 사람이라면
한 번쯤 독학했을 법한 내용으로 쉽게 접근할 수 있다.

출제예상 비중

지표분석 20%
10% 기술적 분석의 의의
10% 기술적 분석의 이론
20% 캔들차트 분석
패턴분석 20%
20% 추세분석

핵심포인트

기술적 분석에 대한 설명으로 잘못된 것은?

① 시장의 사소한 변동을 고려하지 않는다면 주가는 지속되는 추세에 따라 상당기간 움직이는 경향이 있다.

② 기술적 분석에서는 주가와 거래량의 과거 흐름을 분석하여 주가를 예측하려고 한다.

③ 추세의 변화는 수요와 공급의 변동에 의하여 일어난다.

④ 기술적 분석을 통해 시장의 변화 원인까지도 분석할 수가 있다.

TIP 기술적 분석은 시장의 변화 원인에 대한 분석보다는 변화 결과의 추세를 분석한다.

핵심포인트 해설 **기술적 분석**

개 념	• 과거 시세흐름과 패턴을 정형화하여 향후 주가를 예측하는 방법
기본가정	• 증권의 시장가치는 수요·공급에 의해서만 결정 • 주가는 지속되는 추세에 따라 상당기간 움직이는 경향이 있음 • 추세의 변화는 수요와 공급의 변동에 의하여 일어남 • 수요와 공급의 변동은 그 발생 이유에 상관없이 시장의 움직임을 나타내는 도표에 의하여 추적될 수 있으며, 도표에 나타나는 주가모형은 스스로 반복하는 경향이 있음
장 점	• 심리적 요인도 영향을 미치므로 계량화가 어려운 기본적 분석의 한계점을 보완 • 매매 시점 포착 • 변화의 방향 예측
단 점	• 주가추세나 패턴이 반복한다는 비현실적 가정 • 주관적 해석 • 시장변화의 원인은 분석 불가능

정답 | ④

02

기술적 분석에서 사용되는 도표에 대한 설명으로 잘못된 것은?

① 미국식 차트는 네 가지 대표주가 중 고가, 저가, 종가만을 표시한다.

② 일본식 차트는 시가, 고가, 저가, 종가의 네 가지 주가를 모두 표시한다.

③ 일본식 차트는 시가에 비하여 종가가 하락한 경우를 붉은색 혹은 백색의 양선(봉)형으로 표시한다.

④ 점수도표는 가격변동의 일정한 폭을 정해놓고 가격변동의 방향과 크기를 그려 나가는 것이다.

TIP 일본식 차트는 시가에 비하여 종가가 하락한 경우를 청색 혹은 흑색의 음선(봉)형으로, 시가에 비하여 종가가 상승한 경우는 붉은색 혹은 백색의 양선(봉)형으로 표시하여 구분 짓는다.

핵심포인트 해설　　**도표의 종류**

(1) 봉도표(Bar Chart)의 이해

종 류	• 미국식 차트 · 고가·저가·종가의 정보만으로 구성되어 있고, 시가에 대한 표시가 없어 시세의 강·약을 판별하기가 어려움 · 최근에는 시가를 포함한 봉도표를 작성하여 보다 유용한 정보를 제공함 • 일본식 차트 · 하루의 주가변동을 고가·저가·종가·시가의 네 가지로 표시 · 종가가 시가보다 상승한 경우는 붉은색 혹은 흰색(양봉)으로 표시하고 종가가 시가보다 하락한 경우는 청색 혹은 흑색(음봉)으로 표시 · 일본식 봉도표는 미국식 봉도표에 비해 상당한 정보를 제공하나, 작성이 복잡하고 이해가 어려움 · 일본식 봉도표는 봉의 모양이 양초의 형태를 띠고 있기 때문에 양초도표(Candle Chart)라고도 함
해 석	• 주가차트의 몸 : 일정 기간 동안 형성되는 주가의 움직임과 상승·하락 및 그 폭을 나타내며, 몸의 길이가 길수록 상승 또는 하락폭이 큼 • 고가선과 저가선 : 주가의 변동범위를 나타내는 것으로 고가와 저가 사이의 간격이 멀수록 주가변동폭이 큼 • 차트의 패턴형성 : 여러 개의 개별차트가 모여 주가흐름의 특징을 형성하고 이 패턴을 분석함으로써 주가변동의 전환시점을 찾아냄
분 석	• 상승반전신호(바닥권 : 양선) : 해머형, 역전된 해머형, 상승샅바형, 상승장악형, 상승잉태형, 관통형, 상승반격형, 샛별형, 하락쐐기형 • 하락반전신호(천장권 : 음선) : 교수형, 유성형, 하락샅바형, 하락장악형, 하락잉태형, 먹구름형, 하락반격형, 석별형, 까마귀형, 상승쐐기형

(2) 점수도표

시간 무시, 미세한 주가변화를 표시하지 않음

정답 | ③

시장의 내·외적인 여건이 호전될 것을 미리 감지한 전문투자자들이 개인투자자들의 실망 매물을 매입하면서 거래량이 점차 증가하는 국면에 해당하는 것은?

① 매집국면　　　　　　　　　② 상승국면
③ 분산국면　　　　　　　　　④ 침체국면

용어 알아두기

다우 이론	주가의 움직임과 주식시장의 추세를 기술적으로 분석한 이론으로, 추세분석의 고전이다.

TIP　매집국면에서 경기호전을 예측한 전문투자자들의 매수세가 쌓이기 시작하여 거래량이 점차 증가한다.

핵심포인트 해설　　**다우 이론**

(1) 일반적인 원칙
　① 평균주가 개념은 전체 주가흐름을 정확히 반영
　② 장기파동은 평균주가가 바로 전에 형성된 최고가를 돌파하여 상승할 때 만들어지며, 중기파동은 최저가를 하향돌파하기 전에 끝남
　③ 어떠한 종목의 평균주가변동은 다른 종류의 주가변동을 유발
(2) 장기추세 진행과정　→ 투자전략과 국면 구분에 중점을 둘 것
　　　　　　　　　　　　　　　　　　→ 기술적 분석가의 수익이 가장 큼
　① 강세국면 : 매집국면(강세 제1국면) ⇨ 상승국면(강세 제2국면) ⇨ 과열국면(강세 제3국면)
　② 약세국면 : 분산국면(약세 제1국면) ⇨ 공포국면(약세 제2국면) ⇨ 침체국면(약세 제3국면)
(3) 그랜빌의 투자결정과 투자행위　→ 자주 틀리고 있으니 내용을 철저히 숙지!

시장국면 투자자	강세시장			약세시장		
	제1국면(매집)	제2국면(상승)	제3국면(과열)	제1국면(분산)	제2국면(공포)	제3국면(침체)
일반투자자	공 포	공 포	확 신	확 신	확 신	공 포
전문투자자	확 신	확 신	공 포	공 포	공 포	확 신
투자전략	–	점차 매도	매 도	–	점차 매수	매 수

정답 | ①

04

엘리엇 파동이론(Elliott Wave Principle)에 대한 설명으로 잘못된 것은?

① 한 번의 가격움직임에는 모두 8번의 상하파동이 존재한다.
② 시장의 가격이 일정한 리듬으로 반복된다고 본다.
③ 2번, 4번, b파동은 조정파동으로 분류한다.
④ 일반적으로 거래량이 가장 많이 나타나는 것은 5번 파동이다.

용어 알아두기

엘리엇 파동이론	주가는 연속적인 8개의 파동이 사이클을 이루며 상승과 하락을 반복한다는 이론이다.

TIP 일반적으로 거래량이 가장 많이 나타나는 것은 3번 파동이다.

핵심포인트 해설   **엘리엇 파동이론**

→ 기본원리, 절대불가침의 법칙 중요!

개 요	• 주가는 상승 5파와 하락 3파로 움직이면서 끝없이 순환하는 과정
구 성	• 대파동 : 대파동 하나의 사이클(상승 1파와 하락 1파)은 소파동의 상승 5파와 하락 3파로 구성 • 소파동 : 소파동의 1파는 더욱 작은 파동의 상승 5파와 하락 3파로 구성 • 충격파동 : 전체시장의 움직임과 같은 방향(상승 1, 3, 5번/하락 a, c) • 조정파동 : 전체시장의 움직임과 반대 방향(상승 2, 4번/하락 b)
한 계	• 파동의 개념이 불명확함 • 융통성이 너무 많음 • 각 단계의 전환점을 확인하기가 어려움

정답 | ④

사께다 전법에 대한 설명으로 거리가 먼 것은?

① 삼공은 주가가 상승하는 과정에서 공간을 3회 연속으로 만드는 경우가 많다.

② 적삼병은 양선 3개가 연이어 형성되는 것으로 고가권에서 출현해야 의미가 있으며, 매수신호로 활용된다.

③ 흑삼병은 음선 3개가 연이어 형성되는 것으로 고가권에서 출현해야 의미가 있으며, 폭락을 의미한다.

④ 삼법은 매수·매도과정에서의 휴식을 의미한다.

용어 알아두기

사께다 전법	혼마 무네히사(本間宗久, 1717 ~ 1803년)가 고안한 삼공(三空), 삼병(三兵), 삼산(三山), 삼천(三川), 삼법(三法)으로 구성된 사께다 5법(酒田五法)으로 구성되어 있다.

TIP 적삼병은 양선 3개가 연이어 형성되는 것으로 저가권에서 출현해야 의미가 있으며, 매수신호로 활용된다.

핵심포인트 해설　　　**사께다 전법**

① 삼공 : 고가권 출현, 하락신호
② 삼 병
　　㉠ 적삼병 : 바닥권 출현, 상승신호, 양선 3개가 연이어 형성
　　㉡ 흑삼병 : 고가권 출현, 하락신호, 음선 3개가 연이어 형성
③ 삼산 : 하락전환신호
④ 삼천 : 상승전환신호
⑤ 삼법 : 휴식기간, 매입·매도시점 포착을 위한 관망

정답 | ②

캔들차트 분석에 관한 설명으로 잘못된 것은?

① 교수형은 주가 하락을 암시한다.

② 관통형은 주가 하락을 암시한다.

③ 상승장악형은 주가 상승을 암시하며, '음선 + 양선'일 경우 신뢰도가 높다.

④ 유성형은 주가 하락을 암시하며, 양선보다 음선의 신뢰도가 높다.

TIP 관통형은 두 개의 캔들차트로 구성되고 몸체가 긴 음(−)선이 출현된 후 다음 날 몸체가 긴 양(+)선이 나타나는 경우인데, 하락추세에서 상승전환신호로 본다.

핵심포인트 해설 　**캔들차트 분석 (1)**

　→ 캔들의 숫자 구별과 상승추세, 하락추세 구별이 좋요

(1) 한 개의 캔들차트
　① 우산형
　　㉠ 해머형 : 상승전환신호, 음선보다 양선의 경우 신뢰도가 높음
　　㉡ 교수형 : 하락전환신호, 양선보다 음선의 경우 신뢰도가 높음
　② 샅바형 : 샅바형은 우산형보다 신뢰도가 다소 떨어지는 경향이 있음
　③ 십자형 : 추세반전신호
　④ 유성형과 역전된 해머형
　　㉠ 유성형 : 하락반전 예고, 갭(Gap)을 동반하며, 음선의 신뢰도가 높음
　　㉡ 역전된 해머형 : 해머형보다 신뢰도가 떨어짐

(2) 두 개의 캔들차트
　① 장악형(에너지가 가장 강함) : 꼬리보다는 몸체 위주로 판단함
　　㉠ 상승장악 : 상승전환신호, '음선 + 양선'일 때 신뢰도가 높음
　　㉡ 하락장악 : 하락전환신호, '양선 + 음선'일 때 신뢰도가 높음
　② 먹구름형(하락전환)과 관통형(상승전환) : 장악형보다는 신뢰도가 떨어짐
　③ 잉태형 : 장악형의 반대, 고점에서의 십자잉태형은 강력한 하락전환신호
　④ 반격형 : 전일종가와 당일종가가 일치하는 반전패턴으로 신뢰도가 낮음

(3) 세 개 이상의 캔들차트
　① 별 형
　　㉠ 샛별형(Morning Star) : 상승전환신호
　　㉡ 석별형(Evening Star) : 하락전환신호
　② 까마귀형 : 주로 천장권에서 보이며 하락전환신호

정답 | ②

다음 중 캔들차트의 모양 가운데 상승전환을 나타내는 것은?

① 상승장악형　　　　　　　　② 하락반격형
③ 석별형　　　　　　　　　　④ 까마귀형

TIP 상승장악형이 발생한 이후에는 거래량의 증가와 더불어 주가의 상승세가 나타난다.

핵심포인트 해설　　　캔들의 해석

상승전환	• 좋은 의미, 바닥권 출현 시 신뢰 ↑, 양, 음 + 양, 음 + 양 + 양
	• 해머형, 역전된 해머형, 상승샅바형, 상승장악형, 상승잉태형, 관통형, 상승반격형, 샛별형, 하락쐐기형
하락전환	• 나쁜 의미, 천장권 출현 시 신뢰 ↑, 음, 양 + 음, 양 + 음 + 음
	• 교수형, 하락샅바형, 비석십자형, 유성형, 하락장악형, 먹구름형, 하락잉태형, 십자잉태형, 하락반격형, 석별형, 까마귀형, 상승쐐기형

정답 | ①

08

다음 중 두 개의 캔들차트로 구성된 상승전환신호에 해당하는 것은?

① 해머형   ② 십자형

③ 관통형   ④ 샛별형

TIP   해머형과 십자형은 하나의 캔들차트로 구성되고, 샛별형은 세 개의 캔들차트로 구성되어 있다.

핵심포인트 해설   캔들차트 분석 (2)

한 개 봉		두 개 봉		세 개 봉	
상승전환	하락전환	상승전환	하락전환	상승전환	하락전환
해머형	교수형	상승장악형	하락장악형	샛별형	석별형
역전된 해머형	유성형	상승잉태형	하락잉태형		까마귀형
상승샅바형	하락샅바형	관통형	먹구름형		
십자형 장족십자형 비석십자형		상승반격형	하락반격형		

정답 | ③

저항선과 지지선에 대한 설명으로 잘못된 것은?

① 주가는 특정한 범위 안에서 주가운동행위를 결정하는 경향이 있다.
② 저항선과 지지선 안에서 주가가 움직이다가 지지선을 하향돌파하는 경우 이 범위를 지지권이라 한다.
③ 매도세력에 의한 상승저항을 받고 있는 고점들을 연결한 선이 저항선이다.
④ 저항은 어느 일정한 기간의 매입세력에 대한 매도세력의 힘이다.

TIP 저항권이란 저항선과 지지선 안에서 주가가 움직이다가 지지선을 하향돌파하는 경우 이 범위를 말하며, 지지권이란 저항권과 반대개념으로 주가가 움직이다가 저항선을 상향돌파하는 경우 이 범위를 말한다.

핵심포인트 해설 　추세분석

(1) 추세분석 개요

개 념	• 일정 기간 동안에 같은 방향으로 움직이려는 경향을 보이는 것
장 점	• 패턴분석과 달리 객관적(구체적 거래전략을 사전에 결정) • 심리적 안정감 부여 • 추세가 큰 폭으로 전환 시 이익의 폭도 커지며 그 거래이익도 안정적으로 얻을 수 있음
한 계	• 사후적임

(2) 저항선과 지지선

① 저항선 : 고점 연결선, 매도세력이 우세
② 지지선 : 저점 연결선, 매수세력이 우세
③ 장기간, 최근에 형성된 저항, 지지선이 중요
④ 저항선 돌파 ⇨ 적극 매수, 지지선 돌파 ⇨ 적극 매도

(3) 추세선

① 상승추세선 : 저점이 상승, 지지선 중요
② 하락추세선 : 고점이 하락, 저항선 중요
③ 평행추세선 : 저점이 수평, 지지선 중요

정답 | ②

10

주가이동평균선의 기본적 성질에 대한 설명으로 거리가 먼 것은?

① 약세장에서는 주가가 이동평균선 아래에서 파동운동을 계속하면서 하락하는 것이 보통이다.

② 주가가 상승하고 있는 이동평균선을 하향돌파할 때는 조만간 반전하여 하락할 가능성이 크다.

③ 이동평균선은 기준기간이 짧으면 짧을수록 더욱 유연해진다.

④ 주가가 장기이동평균선을 돌파할 때는 주추세의 반전을 기대할 수 있다.

TIP 이동평균선의 기준기간이 길수록 양·음의 오차가 상쇄되면서 보다 유연한 모양이 나타난다.

핵심포인트 해설   **이동평균선(Moving Average)**

용 어	• 정배열 : 위로부터 현재주가, 단기 ⇨ 중기 ⇨ 장기이동평균선의 순서 • 역배열 : 위로부터 장기 ⇨ 중기 ⇨ 단기이동평균선, 현재주가의 순서 • 골든크로스 : 단기이동평균선이 장기이동평균선을 상향돌파할 경우 매수신호 • 데드크로스 : 단기이동평균선이 장기이동평균선을 하향돌파할 경우 매도신호
성 질	• 주가가 이동평균선을 돌파했을 때는 매매신호 • 이동평균선의 기준기간이 길수록 이동평균선이 유연(완만) • 주가가 이동평균선으로부터 멀리 떨어져 있을 때 회귀변화 → 가까워지려 함 • 주가가 장기이동평균선 돌파 시 주추세의 반전 기대 • 단기이동평균선은 매매시점 포착에, 장기이동평균선은 추세 파악에 이용
그랜빌의 투자전략	• 매입신호 → 매도신호는 반대 · 이동평균선이 하락한 뒤 보합이나 상승국면으로 진입할 경우 주가가 이동평균선을 상향돌파할 때 · 이동평균선이 상승하고 있을 때 주가가 이동평균선의 아래로 하락하는 경우(일시적 하락일 가능성이 큼) · 주가가 이동평균선 위에서 급격히 하락하다가 이동평균선 부근에서 반등 시 · 주가가 하락하고 있는 이동평균선을 하향돌파한 후 급락 시

정답 | ③

패턴분석에 대한 내용으로 잘못된 것은?

① 삼봉천장형의 경우 두 번째 봉우리가 좌우에 비해서 높게 나타난다.
② 원형천장형의 경우 주가가 거래량 추세와 반대로 나타난다.
③ 깃대형은 지속형 패턴이다.
④ 상승쐐기형은 상승반전을 의미한다.

TIP 상승쐐기형은 하락반전을 의미한다.

핵심포인트 해설 **패턴분석**

→ 반전형과 지속형 구별이 중요

(1) 종류
① 반전형 : 삼봉형, 원형 모형, V자 모형, 확대형
② 지속형 : 삼각형 모형, 깃대형, 다이아몬드형, 쐐기형, 직사각형 모형

(2) 반전형
① 삼봉형(Head and Shoulder Formation)
　㉠ 삼봉천장형(거래량 점차 감소) : 하락반전형　　　　　㉡ 삼봉바닥형(거래량 점차 증가) : 상승반전형
② 원형 모형(Rounding Formation)
　㉠ 원형천장형 : 하락추세로 반전　　　　　㉡ 원형바닥형 : 상승추세로 반전
③ V자 모형(V Formation or Spikes)
④ 확대형(Broadening Formation)

(3) 지속형
① 삼각형 모형(Triangle Formation)
② 깃대형
　㉠ 상승깃대형 : 상승직후　　　　　㉡ 하락깃대형 : 하락직후
③ 다이아몬드형
④ 쐐기형 : 추세의 천장권에서 형성
　㉠ 하락쐐기형 : 상승반전을 시사　　　　　㉡ 상승쐐기형 : 하락반전을 시사
⑤ 직사각형 모형(Rectangle Formation)
　㉠ 상승직사각형 모형 : 저항선을 돌파하면 기존 상승추세가 계속되는 상승국면 모형
　㉡ 하락직사각형 모형 : 지지선을 돌파하면 기존 하락추세가 계속되는 하락국면 모형

정답 | ④

12

다음은 어떤 패턴에 대한 설명인가?

- 주가의 추세가 급격히 반전될 때 나타나는 형태로서 소멸갭에 이어 돌파갭이 나타나면서 차트상에 섬과 같은 모습이 연출되는 반전 패턴을 뜻한다.
- 이 패턴은 비정상적일 정도로 많은 거래량이 수반될 때는 추세의 대반전일 가능성이 크고, 이 모양이 형성되는 것은 어느 경우라도 지금의 추세가 적어도 얼마 동안은 멈춘다는 것이다.

① 계속갭   ② 소멸갭

③ 돌파갭   ④ 섬꼴반전

TIP   ① 계속갭은 주가가 반전모형이나 강화모형에서 완전히 벗어나 예상했던 방향으로 급격한 변화를 보이는 과정에서 나타난다.
     ② 소멸갭은 추세반전이 이루어지기 직전에 나타나는 경향이 있다.
     ③ 돌파갭은 주가가 모형에서 완전히 벗어나서 결정적인 돌파를 할 때 나타난다.

핵심포인트 해설	갭, 되돌림

갭	• 보통갭 : 보합국면에서 발생, 의미가 모호한 갭, 강화모형에서 빈번하게 발생 • 돌파갭 : 중요한 변화가 시작됨을 예고(갭이 채워지지 않으며 거래량도 활발) • 계속갭 : 급격한 추세 지속과정 중간에 발생, 기존 추세가 더욱 가속화, 추세시작점과 종료점 중간에 주로 발생하여 가격 목표치 측정 가능 • 소멸갭 : 추세 막바지에 발생, 거래량 폭발, 기존추세의 반전을 예고 • 섬꼴반전 : 추세전환을 의미(비정상적일 정도의 많은 거래량이 수반될 때 등), 소멸갭과 돌파갭 동반, 추세가 얼마 동안 멈춘다는 신호
되돌림	• 의의 : 시장가격의 추세가 전개되는 과정에서 추세가 일단 움직임을 멈추고, 주된 추세의 움직임과는 시장가격의 움직임이 반대로 나타남 • 비율 : 일반적인 되돌림 비율은 50% • 트라이던트(Trident) 시스템 : 되돌림현상을 이용하는 거래기법(전체 움직임의 50%) · 매입시점 : 예상되는 새로운 추세의 25% 지점 · 매도시점 : 예상되는 새로운 추세의 75% 지점 · 천장이나 바닥권을 확인하는 데 주력하는 것이 아니라 언제 매매할 것인가에 관심

정답 | ④

다음 중 거래량 정보를 사용하는 지표로 옳은 것은?

① OBV
② 등락주선(ADL)
③ 상대강도지수(RSI)
④ 스토캐스틱

TIP 스토캐스틱과 RSI는 가격지표이고, 등락주선은 종목 수 관련 지표이다.

핵심포인트 해설 **지표분석 (1)**

→ 지표종류를 구별하고, 각 지표별 투자전략과 해석에 유의

지 표	유 형	특 징
OBV	거래량지표	• U마크·D마크, 주가횡보 시 유용
VR	거래량지표	• OBV 단점 보완, 바닥권 판단 유용 • 70% 이하(바닥), 150%(보통), 450% 초과(과열)
투자심리선	0 ~ 100%	• 상승일수 중시 • 25% 이하(바닥), 25 ~ 75%(중립지대), 75% 이상(과열)
상대강도지수 (RSI)	0 ~ 100%	• 상승폭 중시 • 25%(바닥), 75%(과열) • Divergence와 Failure Swing
스토캐스틱 기법 (Stochastics)	0 ~ 100%	• 고·저점부근 판단 • %K선, %D선 • %K 70 이상 : 상승추세, 85 이상 : 과도매수상태 • %K 30 이하 : 하락추세, 15 이하 : 과도매도상태
엔빌로프 (Envelope)	이동평균선	• 박스권 매매, 임의의 k%로 상·하한선 설정
볼린저 밴드 (Bollinger Band)	이동평균선	• 박스권 매매, 표준편차로 상·하한선 설정
MACD (MACD-OSC)	이동평균선	• 0선 이용, 시그널(MACD의 지수이동 평균)
등락주선 (ADL)	종목 수 관련	• 상승·하락 종목 수, 보합 종목은 무시 • 당일ADL = 전일ADL + (상승종목 수 − 하락종목 수)
등락비율 (ADR)	종목 수 관련	• ADL 단점 보완 • 70 ~ 75% : 바닥권, 안정지대, 매수신호 • 120 ~ 125% : 과열양상, 매도신호

정답 | ①

14

시장이 바닥권에 있음을 의미하는 기술적 지표로 올바른 것은?

① 스토캐스틱 90%   ② ADR 70%

③ VR 150%   ④ RSI 75%

TIP   ① 스토캐스틱 : 85% 이상이면 과열, 15% 이하이면 침체
       ② ADR : 120 ~ 125%는 과열, 70 ~ 75%는 침체
       ③ VR : 150%는 보통, 450% 초과하면 과열, 70% 이하이면 침체
       ④ RSI : 75% 수준이면 과열, 25% 수준이면 침체

핵심포인트 해설   **지표분석 (2)**

(1) OBV(On Balance Volume)
   ① 상승한 날의 거래량은 (+), 하락한 날의 거래량은 (-), 변동이 없는 날은 0으로 무시
   ② OBV와 주가 간의 관계
   ③ OBV 하락, 주가 상승 : 조만간 주가 하락

(2) VR(Volume Ratio) → 주가가 천장권일 때보다는 바닥권일 때 신뢰도가 더 높음
   ① 주가 상승일의 거래량과 주가 하락일의 거래량 간의 비율
   ② 거래량의 누적차가 아닌 비율로 분석한 것

(3) 투자심리선(PL : Psychological Line) → 단기적인 매매시점의 포착에 유리
   한정된 기간 동안 투자심리의 변화를 파악하여 시장과열 및 침체를 판단하는 기법

(4) 등락주선과 등락비율
   ① 등락주선(ADL : Advance Decline Line) = 상승 종목 수 - 하락 종목 수
   ② 등락비율(ADR : Advance Decline Ratio) = $\dfrac{\text{상승 종목 수}}{\text{하락 종목 수}} \times 100\%$

(5) 엔빌로프(Envelope)
   ① 위쪽 이동평균선은 저항선, 아래쪽 이동평균선은 지지선 역할
   ② 시장가격이 특정 추세중심선을 두고 일정 범위의 사이클을 그리며 움직인다고 전제

정답 | ②

시장가격이 상승추세를 나타낼 때는 종가가격이 최근 시장가격의 변동폭 중 최고점에서 형성되는 경향이 높고, 반대로 하락추세를 나타낼 때는 종가가격이 최근 시장가격의 변동폭 중 최저점에 형성되는 경향이 높다는 과거경험에서 비롯된 차트에 해당하는 것은?

① 볼린저 밴드(Bollinger Band)　　② 스토캐스틱 기법(Stochastics)
③ 상대강도지수(RSI)　　　　　　　④ 엔빌로프(Envelope)

TIP 스토캐스틱 기법은 주가가 움직이는 특성을 가장 잘 반영하는 지표 중 하나로서 일정 기간의 주가변동폭 중 금일 종가의 위치를 백분율로 나타내는 것이다.

핵심포인트 해설　　**지표분석 (3)**

(1) 볼린저 밴드(Bollinger Band)
　① 이동평균선을 중심으로 상하 일정한 표준편차 이내에서 주가가 움직인다는 원리 이용
　② 가격의 변동성을 반영한 추세추종형 지표

(2) 상대강도지수(RSI : Relative Strength Index)
　① 주식시장이 얼마나 강세인지 약세인지 나타내는 지표
　② RSI의 값이 0에 접근 : 더 이상 하락할 수 없는 수준까지 내려가고 있음
　③ RSI의 값이 100에 접근 : 더 이상 올라갈 수 없는 수준에 가까워지고 있음
　④ Divergence : 시장가격의 움직임과 RSI의 움직임이 서로 일치하지 않고, 반대 방향으로 나타나는 것을 의미 ⇨ 추세반전
　⑤ Failure Swing : RSI가 직전에 나타났던 최고점 또는 최저점 기록을 뚫지 못하고 진행방향을 바꾸는 것

(3) 스토캐스틱 기법(Stochastics)
　① 상승추세일 경우 : 매일의 종가가 최근의 가격변동폭 중 최고점 부근에서 형성
　② 하락추세일 경우 : 매일의 종가가 최근의 가격변동폭 중 최저점 부근에서 형성

정답 | ②

fn.Hackers.com

☑ 다시 봐야 할 문제(틀린 문제, 풀지 못한 문제, 헷갈리는 문제 등)는 문제 번호 하단의 네모박스(□)에 체크하여 반복학습하시기 바랍니다.

01 중요도 ★★★
□
기술적 분석의 기본가정에 대한 설명으로 가장 거리가 먼 것은?

① 도표에 나타나는 주가모형은 스스로 반복하는 경향이 있다.
② 시장의 사소한 변동을 고려하지 않는다면 주가는 지속되는 추세에 따라 상당기간 움직이는 경향이 있다.
③ 추세의 변화는 기업의 실적 기대치 변동에 의하여 발생한다.
④ 증권의 시장가치는 수요와 공급에 의해서만 결정된다.

02 중요도 ★★
□
차트 분석에 대한 설명으로 가장 거리가 먼 것은?

① 기술적 분석을 차트(도표) 분석이라고도 한다.
② 일본식 차트는 시가에 비하여 종가가 하락한 경우 청색 또는 흑색의 음선형으로 표시한다.
③ 일본식 차트는 시가, 고가, 저가, 종가를 모두 표시한다.
④ 점수도표는 매일매일의 주가변화를 그대로 나타낸다.

03 중요도 ★★
□
다우 이론에 대한 설명으로 가장 거리가 먼 것은?

① 다른 추세로 전환될 때까지 하나의 강세나 약세의 추세가 지속된다.
② 기술적 분석에 따라 주식투자를 하는 사람이 가장 많은 투자수익을 올릴 수 있는 국면은 강세 제3국면이다.
③ 침체국면에서는 투매양상이 나타나지만 시간이 경과할수록 주가의 하락폭은 작아진다.
④ 그랜빌은 다우 이론의 강세 제2국면에서 점진적 매도전략이 유효하다고 하였다.

04
중요도 ★★★

사께다 전법에 대한 설명으로 올바른 것은?

① 삼공에서 공(空)은 미국식 차트에서의 갭과 다른 의미이다.

② 적삼병은 주가가 고가권에서 음선이 3개 연속하여 나타나는 형태로 주가폭락으로 이어질 가능성이 크다.

③ 삼천은 주가가 단기바닥을 형성하는 전환모형으로 단기매매에 유용하다.

④ 삼법은 매도·매수하는 과정에서 휴식을 강조한다.

05
중요도 ★

엘리엇 파동이론에 대한 설명으로 올바른 것은?

① 충격파동은 전체적인 시장 움직임과 다른 방향으로 형성되는 파동이다.

② 충격파동은 2번·4번·b파동이라는 3개의 소파동으로 구성된다.

③ 1번 파동은 5개 파동 중에서 가장 강력하고 가격변동도 활발하게 일어나는 파동이다.

④ 2번 파동은 1번 파동을 38.2% 또는 61.8%로 되돌리며, 100% 되돌리는 경우는 없다.

정답 및 해설

01 ③ 추세의 변화는 수요와 공급의 변동에 의하여 일어난다.

02 ④ 점수도표는 매일매일의 주가변화를 그대로 나타내지 않는다.

03 ② 기술적 분석에 따라 주식투자를 하는 사람이 가장 많은 투자수익을 올릴 수 있는 국면은 강세 제2국면(상승국면)이다.

04 ④ ① 삼공에서 공(空)은 미국식 차트에서의 갭과 같은 의미이다.
② 흑삼병은 주가가 고가권에서 음선이 3개 연속하여 나타나는 형태로 주가폭락으로 이어질 가능성이 크다.
③ 삼천은 주가가 장기바닥을 형성하는 전환모형으로 장기매매에 유용하다.

05 ④ ① 충격파동은 전체적인 시장 움직임과 같은 방향으로 형성되는 파동이고, 조정파동은 전체적인 시장 움직임과 다른 방향으로 형성되는 파동이다.
② 충격파동은 1번·3번·5번·a·c파동이라는 5개의 소파동으로 구성된다.
③ 5개 파동 중 가장 강력하고 가격변동도 활발하게 일어나는 파동은 3번 파동이다.

06

중요도 ★★

엘리엇 파동이론상 조정파동에 해당하는 것으로만 모두 묶인 것은?

☐

| ㉠ 1번 파동 | ㉡ 2번 파동 | ㉢ 3번 파동 | ㉣ 4번 파동 |
| ㉤ 5번 파동 | ㉥ a파동 | ㉦ b파동 | ㉧ c파동 |

① ㉠, ㉢, ㉤

② ㉡, ㉣, ㉦

③ ㉠, ㉡, ㉦, ㉧

④ ㉡, ㉣, ㉥, ㉧

07

중요도 ★★

다음 내용에 해당하는 캔들차트 유형은?

☐

- 1개로 구성된 캔들차트이다.
- 주가가 장중에 등락을 거듭하다가 종가와 시가가 같아지는 경우이다.
- 상승추세에서 긴 양선 이후 출현하는 경우 추세전환신호로 높은 신뢰도를 갖는다.

① 해머형

② 유성형

③ 샅바형

④ 십자형

08

중요도 ★★

바닥권에서 양선이 나올 때 상승전환신호로 볼 수 있는 것으로만 짝지어진 것은?

☐

① 상승샅바형, 유성형, 샛별형

② 상승잉태형, 상승장악형, 상승쐐기형

③ 해머형, 하락쐐기형, 관통형

④ 해머형, 상승쐐기형, 샛별형

09 중요도 ★

추세분석에 대한 설명으로 가장 거리가 먼 것은?

① 추세분석은 한번 형성된 추세는 지속될 가능성이 있다는 가정에서 출발한다.

② 보합국면처럼 추세의 움직임이 급격하지 못할 경우 시장예측의 신뢰도가 낮아질 수 있다.

③ 저항선과 지지선 안에서 주가가 움직이다가 지지선을 하향돌파할 경우 이 범위는 저항권으로 바뀐다.

④ 상승추세선은 상승하는 주가운동 속의 고점을 연결한 선이다.

10 중요도 ★★★

주가이동평균선의 성질에 대한 설명으로 잘못된 것은?

① 단기이동평균선은 매매시점 포착에, 장기이동평균선은 추세 파악에 이용된다.

② 주가와 이동평균선들이 정배열 상태를 형성하면 약세시장이다.

③ 주가가 이동평균선을 상향돌파하면 매수신호로 인식한다.

④ 일반적으로 골든크로스가 발생하면 매수신호로 인식한다.

정답 및 해설

06 ② 조정파동은 2번·4번·b파동이고 나머지는 충격파동이다.

07 ④ 십자형에 대한 설명이다.

08 ③

상 황	방 향	관련 캔들유형
바닥권, 양선	상승전환신호	해머형, 관통형, 샛별형, 하락쐐기형, 상승살바형, 상승장악형, 상승잉태형, 상승반격형
천장권, 음선	하락전환신호	교수형(행잉맨형), 유성형, 석별형, 상승쐐기형, 먹구름형, 까마귀형, 하락살바형, 하락장악형, 하락잉태형, 하락반격형

09 ④ 상승추세선은 상승하는 주가운동 속의 저점을 연결한 선이다.

10 ② 주가와 이동평균선들이 정배열 상태를 형성하면 강세시장이다.

11

이동평균선의 분석방법에 대한 설명으로 옳은 것은?

① 주가 하락세에서 상승세로 전환될 경우 단기·중기·장기이동평균선의 순으로 상승한다.

② 주가 상승 시 위로부터 장기·중기·단기이동평균선의 순으로 배열되는 것을 정배열이라 한다.

③ 주가 상승 시에는 단기·중기·장기이동평균선을 저항선으로 삼아 상승하고, 하락 시에는 단기·중기·장기이동평균선의 순으로 이탈하게 된다.

④ 장기이동평균선이 단기이동평균선을 상향돌파할 때 이를 골든크로스(Golden Cross)라 하며 매수신호로 본다.

12

패턴분석에 대한 설명으로 거리가 먼 것은?

① 깃대형은 패턴의 형성기간 중에 거래량이 점차 감소하는 경향이 있다.

② 삼봉천장형은 대부분 머리 부분이 아닌 왼쪽 어깨에서 가장 많은 거래량이 발생한다.

③ 확대형은 시황이 혼란스럽고 심리적으로 불안한 상황으로 거래량이 감소하는 경우가 많다.

④ 다이아몬드형 패턴이 진행되는 동안 일반적으로 주가 상승 시 거래량이 증가하고 주가 하락 시 거래량이 감소한다.

13

패턴분석에 대한 설명으로 잘못된 것은?

① 삼봉천장형에서 왼쪽어깨의 거래량은 최고점인 머리 부분보다 크다.

② 원형천장형에서 거래량의 증감추세는 대체로 주가 움직임의 반대방향으로 움직인다

③ V자형 패턴에서 주가상승 시 거래량은 증가하고 주가하락 시 거래량은 감소한다.

④ 확대형은 천장권에서는 나타나지 않으며 바닥권에서 형성되는 경향이 있다.

14 중요도 ★★★

다음 중 패턴분석에 해당하는 것은?

① 삼봉천장형
② 저항선과 지지선
③ 이동평균선
④ P&F차트

15 중요도 ★★

다음 중 패턴과 그 유형이 올바르게 짝지어진 것은?

① 상승반전형 패턴 : 삼봉천장형
② 하락반전형 패턴 : V자형
③ 지속형 패턴 : 깃대형
④ 지속형 패턴 : 원형바닥형

정답 및 해설

11 ① ② 주가 상승 시 위로부터 단기·중기·장기이동평균선의 순으로 배열되는 것을 정배열이라 한다.
③ 주가 상승 시에는 단기·중기·장기이동평균선을 지지선으로 삼아 상승하고, 하락 시에는 단기·중기·장기이동평균선의 순으로 이탈하게 된다.
④ 단기이동평균선이 장기이동평균선을 상향돌파할 때 이를 골든크로스(Golden Cross)라 하며 매수신호로 본다.

12 ③ 확대형은 시황이 혼란스럽고 심리적으로 불안한 상황으로 거래량이 증가하는 경우가 많다.

13 ④ 확대형은 천장권에서 형성되는 경향이 있으며 투자심리가 민감하고 극도로 불안정한 상태에 있음을 의미한다.

14 ①

추세분석	패턴분석	지표분석
저항선	반전형 패턴(삼봉천장형, 원형바닥형 등)	OBV, VR, 등락주선, 등락비율, 투자심리선, P&F차트, 역시계곡선, 엔빌로프, 볼린저밴드 등
지지선	지속형 패턴(삼각형, 깃대형, 쐐기형 등)	
이동평균선	갭, 되돌림	

15 ③

반전형 패턴	• 상승반전형 : 삼봉바닥형, 원형바닥형, V자형 • 하락반전형 : 삼봉천장형, 원형천장형, 역V자형 • 확대형 패턴 : 보통 활황의 정점에서 하락반전하는 패턴으로 작용
지속형 패턴	• 삼각형, 깃대형, 다이아몬드형, 쐐기형, 직사각형 모형

16
중요도 ★★★
패턴분석에 대한 설명으로 잘못된 것은?

① 원형바닥형은 하락추세가 상승추세로 전환되는 과정에서 형성된다.

② 삼봉천장형은 세 개의 봉우리를 형성하는 동안 거래량이 점점 증가하는 특징이 있다.

③ 확대형은 상승추세의 말기적 현상으로 좁은 등락폭으로 움직이던 지수의 등락폭이 점점 확대된다.

④ 바닥 V형은 하락국면에서 상승국면으로 급속하게 변하면서 평균거래량이 증가하는 반전 패턴이다.

17
중요도 ★★
트라이던트 시스템에 대한 설명으로 거리가 먼 것은?

① 시장가격의 되돌림 움직임을 이용한다.

② 매입·매도시점을 결정하는 것을 목표로 한다.

③ 되돌림 움직임이 완전히 끝나는 것을 확인할 시간적 여유가 있다.

④ 매입시점은 새로운 추세의 75% 지점으로 결정된다.

18
중요도 ★
VR 지표에 대한 설명으로 잘못된 것은?

① OBV의 결점을 보완하기 위하여 거래량의 누적차가 아닌 비율로 분석한 지표이다.

② VR은 일정 기간의 주가 상승일의 거래량과 주가 하락일의 거래량의 비율을 백분율로 나타낸 것이다.

③ VR이 150%이면 과열신호이므로 경계신호가 된다.

④ VR은 천장권에서는 일률적으로 적용할 수 없지만, 바닥권을 판단하는 데 신뢰도가 높다.

19 중요도 ★

등락주선(ADL)과 주가의 관계에 대한 설명으로 잘못된 것은?

① ADL은 상승 종목 수에서 하락 종목 수를 뺀 것을 매일 누계하여 선으로 이어 작성하며, 주가의 선행지표로 이해된다.

② ADL선이 상승하는데도 종합지수가 하락할 경우 장세 하락과정으로 본다.

③ 종합지수가 이전의 최고치에 접근하고 있을 때 ADL선이 그 이전의 최고치보다 낮을 경우 약세국면으로 본다.

④ 보합종목을 고려하지 않아 선행지표 역할을 독자적으로 하지 못하고 종합지수와 비교해야 하는 번거로움이 있다.

정답 및 해설

16 ② 삼봉천장형은 세 개의 봉우리를 형성하는 동안 거래량이 점점 감소하는 특징이 있다.

17 ④ 매도시점은 새로운 추세의 75% 지점으로 결정된다.

18 ③ • VR이 70% 이하 : 침체, 단기매입신호
  • VR이 150% : 보통 수준
  • VR이 450% 초과 : 과열, 단기적 경계신호

19 ② ADL선이 상승하는데도 종합지수가 하락할 경우 장세 상승과정으로 본다.

중요도 ★★

20 다음 표는 A기업의 주가와 거래량이다. 1일부터 5일까지의 OBV는?

일 자	등락폭(원)	거래량(주)
1일	+100	700
2일	0	500
3일	−500	400
4일	+1,000	800
5일	−700	400

① −100　　　　② 100　　　　③ 500　　　　④ 700

중요도 ★

21 투자심리선에 대한 설명으로 올바른 것은?

① 25 ~ 70%는 경계지대이다.

② 70 ~ 75% 범위 내에서는 침체양상이다.

③ 75% 이상일 때 매도하는 전략이 바람직하다.

④ 최근 5일 중의 전일 대비 상승일 수를 누계하여 5로 나누어 백분율로 나타낸다.

중요도 ★★

22 기술적 지표와 지표를 도출하는 데 필요한 정보가 잘못 짝지어진 것은?

① 상대강도지수(RSI) – 일정 기간 동안의 주가 상승 종목 수

② 스토캐스틱 %K – 일정 기간 동안의 주가 최고치

③ 볼린저 밴드 – 추세중심선의 표준편차

④ MACD – 장·단기 지수이동평균

23 중요도 ★★
기술적 분석의 지표분석에서 다음은 어느 지표에 대한 설명인가?

> 일정 기준일 이후부터 전일의 종가에 비하여 오른 종목 수에서 내린 종목 수를 뺀 것을 매일 누계하여 그것을 선으로 이어 작성한 것이다.

① 등락주선(ADL)
② VR(Volume Ratio)
③ 볼린저밴드(Bollinger Band)
④ RSI(Relative Strength Index)

24 중요도 ★

'$\dfrac{14일간\ 상승폭의\ 계}{14일간\ 상승폭의\ 계\ +\ 14일간\ 하락폭의\ 계} \times 100$'이 나타내는 것은?

① MACD
② RSI
③ MAO
④ Bollinger Band

정답 및 해설

20 ④ OBV = 상승한 날 거래량 − 하락한 날 거래량(가격변동 없는 날 제외)
= 700 + 0 − 400 + 800 − 400 = 700

21 ③ 투자심리선 = $\dfrac{10일\ 동안\ 주가\ 상승일\ 수}{10} \times 100\%$
투자심리선이 75% 이상이면 과열상태(매도전략), 25% 이하이면 침체상태(매수전략)를 의미한다.

22 ① 상대강도지수(RSI)는 일정 기간 동안의 주가 상승폭을 이용한다.

23 ① 등락주선(ADL) = 상승 종목 수 − 하락 종목 수

24 ② RSI = $\dfrac{14일간\ 상승폭의\ 계}{14일간\ 상승폭의\ 계\ +\ 14일간\ 하락폭의\ 계} \times 100$

제 2과목
증권시장

[총 20문항]

제1장
유가증권시장

학습전략

유가증권시장은 제2과목 전체 20문제 중 **총 8문제**가 출제된다.

유가증권시장을 제대로 공부해놓으면 코스닥시장과 중복되는 부분이 많아 코스닥시장의 상당 부분을 미리 공부하는 효과도 있다. 이 영역에서는 증권의 발행형태, 상장기업의 혜택, 신규상장심사요건, 공시의 유형, 매매거래의 중단 등이 자주 출제되는 경향이 있다.

출제예상 비중

항목	비중
청산결제제도	5%
시장관리제도	5%
증권시장 및 발행시장 개요	10%
주식발행의 방법·절차	20%
상장제도	30%
기업내용 공시제도	10%
매매거래제도	20%

핵심포인트

증권시장에 대한 설명으로 잘못된 것은?

① 증권시장은 발행시장과 유통시장으로 구분된다.
② 발행시장과 유통시장은 상호의존적이고 보완적인 관계이다.
③ 자본시장법상 증권이란 내국인 또는 외국인이 발행한 증권으로서 추가지급의무를 부담하지 않는 것이다.
④ 증권시장은 증권사를 거쳐 연결되므로 간접금융방식의 자본시장이다.

TIP 증권시장은 증권을 매개로 하여 자금의 수요자와 공급자를 직접 연결하는 직접금융방식의 자본시장이다.

핵심포인트 해설   **증권시장**

증권시장	• 증권시장은 증권을 매개로 하여 자금의 수요자와 공급자를 직접 연결하는 직접금융방식의 자본시장을 말함 • 증권수요자 : 증권을 매개로 하여 필요자금을 조달함 • 증권공급자 : 증권을 타인에게 매도하여 공급한 자금을 회수함
발행시장	• 유가증권이 처음 발행되어 최초로 투자자에게 매각되는 시장 • 1차적 시장, 신규증권시장, 추상적인 시장, 자금조달시장
유통시장	• 발행시장에서 이미 발행된 유가증권이 투자자 상호 간 매매되는 시장 • 2차적 시장(협의의 증권시장) • 거래소시장(유가증권시장, 코스닥시장, 코넥스시장)과 장외시장으로 구분됨

정답 | ④

02

증권의 공모발행에 대한 설명으로 잘못된 것은?

① 모집은 50인 이상의 투자자에게 새로 발행되는 증권의 취득의 청약을 권유하는 것이다.
② 매출은 50인 이상의 투자자에게 이미 발행된 증권의 매매청약을 권유하는 것이다.
③ 모집을 하는 주체는 증권의 보유자이고, 매출하는 주체는 증권의 발행인이다.
④ 통상 50인 산정 시 제외되는 자는 전문가와 발행인의 연고자이다.

TIP 모집을 하는 주체는 증권의 발행인이고, 매출하는 주체는 증권의 보유자이다.

핵심포인트 해설 **증권발행(공모 vs 사모)**

의 의	• 발행시장에서 투자자를 구하는 방법에 따라 공모(모집과 매출)와 사모로 구분됨
공 모	• 모집 : 50인 이상의 투자자에게 새로 발행되는 증권의 취득의 청약을 권유하는 행위 • 매출 : 50인 이상의 투자자에게 이미 발행된 증권의 매수청약 또는 매도청약을 권유하는 행위
사 모	• 새로 발행되는 증권의 청약 중 모집에 해당하지 않는 것 • 사모의 발행주체는 특정소수(발기인, 전문가, 연고자 등)로 일반대중이 아니라는 점이 공모와 다름
50인 산출 시 제외되는 자	• 전문가 · 전문투자자 · 발행인에게 회계·자문 등의 용역을 제공하고 있는 회계사, 감정인, 변호사, 변리사, 세무사 등 · 중소기업창업투자회사 · 기타 발행인을 잘 알 수 있는 전문가로서 금융위원회가 고시하는 자 • 연고자 · 최대주주, 5% 이상 주주, 발행인의 임원, 우리사주조합원 · 발행인의 계열회사와 그 임원 · 발행인이 주권비상장법인인 경우 그 주주 · 발행인이 설립 중인 회사인 경우 그 발기인 · 발행인인 외국기업인이 종업원의 복지증진을 위해 국내계열회사의 임직원에게 주식을 매각하는 경우 그 국내계열사의 임직원 · 기타 발행인을 잘 알 수 있는 연고자로서 금융위원회가 고시하는 자

정답 | ③

증권의 발행형태 중 총액인수에 대한 설명이 잘못된 것은?

① 간접발행의 방법에 해당한다.
② 주관회사가 구성한 인수단이 발행위험을 부담한다.
③ 대부분 간접발행은 총액인수방식을 사용한다.
④ 인수수수료율이 낮다는 것이 장점이다.

TIP 총액인수방식은 인수기관의 위험부담이 가장 크므로 인수수수료율이 가장 높다.

핵심포인트 해설   증권발행(직접발행 vs 간접발행)

의 의		• 발행시장에서 발행에 따른 위험부담과 사무절차를 누가 담당하느냐에 따라 직접발행과 간접발행으로 구분됨
직접발행		• 발행주체가 자기책임과 계산으로 발행위험과 발행사무를 모두 부담하는 발행방법(= 직접모집 = 자기모집) • 발행위험이 적고 발행사무가 간단한 경우에만 가능한 방법
간접발행		• 발행주체는 수수료만 부담하고, 금융기관과 같은 발행기관이 발행위험과 발행사무를 부담하는 발행방법(= 모집발행) • 위험부담 및 발행사무 정도에 따라 모집주선, 잔액인수, 총액인수 방식이 있음
간접발행방법	모집주선 (위탁모집)	• 발행회사(또는 발기인)가 스스로 발행위험 부담 • 모집업무와 같은 발행사무는 발행기관에 위탁 • 간접발행방법 중 수수료가 가장 저렴
	잔액인수	• 발행기관에 발행 및 모집사무를 위탁하고 일정 기간 동안 모집을 한 다음 모집부족액이 발생하였을 경우 그 잔량에 대해서만 인수기관이 인수 • 인수수수료는 발행기관이 부담하는 위험의 정도가 클수록 높음
	총액인수	• 주관회사가 구성한 인수단이 발행위험(인수위험)과 발행 및 모집사무 모두를 담당 • 간접발행의 대부분은 총액인수 방식을 사용 • 인수기관의 부담이 가장 크므로 인수수수료율도 가장 높음

정답 | ④

04

유가증권시장 상장 준비단계의 절차와 가장 거리가 먼 것은?

① 외부감사인 지정
② 명의개서 대행계약 체결
③ 이사회 또는 주주총회의 결의
④ 상장예비심사청구서 제출

TIP 상장예비심사청구서가 제출되면 본격적인 상장 추진단계가 시작된다.

핵심포인트 해설   **기업공개 및 상장 절차**

의 의	• 기업공개 : 신규상장을 위한 공모행위로 상장을 위한 준비단계 • 상장 : 증권시장에서 거래될 수 있는 종목으로 지정하는 것
상장 준비단계	• 외부감사인 지정 • 대표주관계약의 체결 • 정관정비 • 명의개서 대행계약 체결 • 우리사주조합 결성 • 이사회 또는 주주총회의 결의 • 회계감리를 위한 상장예비심사청구계획 통보 • 상장신청 사전협의
상장 추진단계	• 상장예비심사청구서 제출 • 증권신고서 제출 • 예비투자설명서 및 투자설명서 제출 • 공모희망가격의 산정 • 기업설명회(IR) 및 수요예측과 공모가격 결정 • 청약과 납입 • 증자등기 및 증권발행실적 보고 • 주권발행 및 교부

정답 | ④

다음 중 유상증자에 대한 설명이 적절하지 않은 것은?

① 유상증자는 주식을 발행함으로써 자기자본을 증가시키는 것을 말한다.
② 가장 일반적인 유상증자 방법은 주주배정방식이다.
③ 주주우선공모방식의 경우 청약미달분이 발생하면 이사회 결의로 전문투자자를 대상으로 제3자배정으로 청약미달분을 해결한다.
④ 주권상장법인의 경우 일반공모방식은 이사회 결의로 가능하다.

TIP 주주우선공모방식의 경우 청약미달분이 발생하면 이사회 결의로 일반투자자를 대상으로 일반공모한다.

핵심포인트 해설 **유상증자의 의의 및 방식**

유상증자의 의의		• 의의 : 주식을 발행함으로써 자기자본을 늘리는 것 • 효과 : 기업의 재무구조 개선, 타인자본 의존도를 줄임
유상 증자 방식	주주 배정방식	• 신주의 인수권을 기존주주에게 부여하고 배정하는 방법(일반적 방법) • 실권주는 이사회 결의로 처리 • 이사회 결의에 의해 실권주를 배정받은 자는 증여로 보아 시가와의 차액에 대해 증여세를 부담 • 일반공모에 비해 발행비용이 적고, 비교적 절차가 간단함
	주주우선 공모방식	• 구주주와 우리사주조합에게 우선 배정하여 청약을 받고 그 청약미달분은 이사회 결의로 일반투자자를 대상으로 청약을 통해 일반공모하는 방법 • 주주배정방식과 일반공모방식을 혼합한 방식
	제3자 배정방식	• 회사의 정관, 주주총회의 특별결의 등에 의해 특정 제3자에게 신주인수권을 부여하는 방식 • 해외합작투자, 거래선 등 회사와 특별한 관계에 있는 자 등에게 신주인수권을 부여하는 경우가 대부분임
	일반 공모방식	• 구주주의 신주인수권을 완전히 배제하여 일반인에게 공모하는 방식 • 주권상장법인 및 코스닥주권상장법인의 경우 이사회 결의로 가능 • 유상증자 시가발행제도의 정착을 위해 꼭 필요한 증자방식
	직접 공모방식	• 인수인을 통하지 않고 발행회사가 직접 자기의 책임과 계산하에 신주를 공모하는 방식 • 비주권상장법인의 경우 발행가액의 적정성에 대하여 외부분석기관(증권사, 신용평가사, 회계법인)의 평가의무 • 비상장 금융기관이 주로 사용하는 방법

정답 | ③

06

주권상장법인의 혜택에 대한 설명 중 잘못된 것은?

① 유가증권시장 상장법인의 경우 우리사주조합원은 공모주식총수의 20%까지 우선배정 받을 권리가 있다.

② 발행주식총수의 1/2까지 의결권이 없거나 제한되는 주식을 발행할 수 있다.

③ 이사회 결의로써 금전으로 분기배당할 수 있다.

④ 법원의 인가 없이 이사회의 결의만으로 주식의 액면미달발행이 가능하다.

TIP 법원의 인가 없이 주주총회의 특별결의만으로 주식의 액면미달발행이 가능하다.

핵심포인트 해설　　**주권상장법인의 혜택**

자본시장법상 혜택	주식매수청구권	• 간이주식교환, 주식이전, 분할합병의 경우에도 주식매수청구권 인정
	우리사주조합원에 대한 우선배정권	• 유가증권시장 상장법인의 경우 우리사주조합원은 공모주식총수의 20%까지 우선배정받을 권리가 있음
	조건부자본증권	• 정관이 정하는 바에 따라 이사회 결의로 전환형·상각형 조건부자본증권 발행 가능
	무의결권주발행	• 발행주식총수의 1/2까지 의결권이 없거나 제한되는 주식발행 가능
	주식발행 및 배정 특례	• 주주 이외의 자에 대하여도 신주를 배정할 수 있도록 하여 자유로운 자금조달활동을 가능하게 함
	액면미달발행 특례	• 법원의 인가 없이 주주총회의 특별결의만으로 주식의 액면미달발행이 가능
	이익배당 특례	• 금전으로 분기배당 가능 • 적용대상 : 연 1회의 결산기를 정한 주권상장법인이 정관으로 정한 경우
	주식배당 특례	• 시가가 액면가 이상인 경우 이익배당총액에 상당하는 금액까지 주식배당 가능
세법상 혜택	양도소득세 비과세	• 유가증권·코스닥시장을 통한 주식양도차익 비과세(단, 대주주는 양도소득세 과세함)
	상속증여재산 평가기준	• 상속증여재산은 평가기준일 전후 각 2개월간 종가평균으로 평가함
기타 혜택	보증금	• 국가 등에 납부할 보증금, 공탁금 등을 상장증권으로 대신 납부할 수 있음
	주주총회 절차	• 주주총회 소집공고를 신문, 전자공시시스템에 공고함으로써 총회소집통지에 갈음할 수 있음

정답 | ④

유가증권시장의 상장에 대한 설명 중 잘못된 것은?

① 주권의 전부를 상장해야 한다.
② 증권발행인으로부터 상장신청이 있어야 가능하다.
③ 주권의 상장을 유예할 수도 있다.
④ 변경상장이란 주권상장법인과 주권비상장법인의 합병 등 사유로 인하여 주권비상장
 법인의 지분증권이 상장되는 것을 말한다.

TIP 우회상장에 대한 설명이다.

핵심포인트 해설   상장의 원칙 및 종류

원 칙	• 증권발행인으로부터 상장신청이 있을 것 • 주권의 전부를 상장할 것(예외 : 종류주식, 외국거래소에 일부 상장한 경우) • 특정한 사유 발생 시 주권의 상장유예 가능 • 재무에 관한 사항은 외부감사인의 감사보고서상 재무제표를 기준으로 함
종 류	• 신규상장 : 발행인이 상장되지 않은 주권을 처음 증권시장에 상장하는 것 • 추가상장 : 기 상장된 주권의 발행인이 새로이 주권을 발행하여 상장하는 것(사유 : 유·무상증자, 기업합병, 전환 　　　　　　 사채권 권리행사, 주식배당, 예탁증권발행) • 변경상장 : 당해 주권을 변경한 후 새로이 발행한 주권을 상장하는 것(사유 : 주권종목, 액면금액, 주식수량 등 　　　　　　 이 변경된 경우) • 재상장 　· 유 형

일반재상장	상장폐지일로부터 5년 이내 보통주권으로 재상장
분할재상장	보통주권의 분할 및 분할합병을 통한 재상장
합병재상장	보통주권의 합병에 의한 재상장

　· 신규상장요건보다는 완화된 요건으로 재상장
　· 코스닥시장에서는 합병재상장과 분할재상장만 인정(일반재상장 불허)
• 우회상장
　· 주권상장법인과 주권비상장법인의 합병 등 사유로 인하여 주권비상장법인의 지분증권이 상장되는 것
　· 발생원인 : 기업합병, 포괄적 주식교환, 자산·영업양수, 현물출자 등

정답 | ④

08

일반회사의 유가증권시장 상장 시 규모 및 분산요건에 대한 설명으로 잘못된 것은?

① 자기자본이 300억원 이상이어야 한다.
② 상장주식 수가 100만주 이상이어야 한다.
③ 일반주주 수가 700명 이상이어야 한다.
④ 일반주주지분이 25% 이상 또는 500만주 이상이면 주식분산요건에 해당한다.

TIP 일반주주 수가 500명 이상이어야 한다.

핵심포인트 해설 **유가증권시장 상장요건(규모 및 분산요건)**

규모요건	자기자본	• 300억원 이상일 것
	상장주식 수	• 100만주 이상일 것
분산요건	주식 수 (택1)	• 일반주주지분 25% 이상 또는 500만주 이상 • 총공모지분 25% 이상 또는 500만주 이상 • 공모지분 10% 이상 & 자기자본기준 일정 주식 수 이상 • 국내 외 동시공모 10% 이상 & 국내공모주식 수 100만주 이상
	주주 수	• 일반주주 500명 이상
	양도제한	• 발행주권에 대한 양도제한이 없을 것

정답 | ③

일반회사의 유가증권시장 상장 시 경영성과 및 안정성요건에 대한 설명이 잘못된 것은?

① 최근 매출액이 1,000억원 이상이고 기준시가총액이 2,000억원 이상이면 요건에 충족한다.

② 최근 이익액이 50억원 이상이고 기준시가총액이 2,000억원 이상이면 요건에 충족한다.

③ 설립 후 3년 이상 경과하고 계속적인 영업활동을 해야 한다.

④ 최근 사업연도 직전 2사업연도의 감사의견이 반드시 2년 연속 적정이어야 한다.

TIP 감사의견은 최근 적정, 직전 2사업연도 적정 또는 한정이어야 한다.

핵심포인트 해설   유가증권시장 상장요건(경영성과 및 안정성요건)

경영성과 (택1)	㉠, ㉡ 중 어느 하나에 해당할 것	㉠ 매출액 및 수익성
		• 매출액 : 3년 평균매출 700억원 & 최근 매출 1,000억원 이상
		• 수익성 : 다음 중 하나에 해당할 것
		  · 이익액 : 최근 30억원 & 3년 합계 60억원 이상
		  · 자기자본이익률 : 최근 5% 이상 & 3년 합계 10% 이상
		  · 자기자본 1,000억원 이상인 경우 : (최근 ROE 3% 이상 or 최근이익 50억 이상) & 최근 영업현금(+)
		㉡ 매출액 및 시가총액
		• 매출액 : 최근 매출액 1,000억원 이상
		• 시총액 : 기준시가총액 2,000억원 이상

	수익성 & 시가총액	• 수익성 : 최근 이익액 50억원 이상 • 기준시가총액 2,000억원 이상
	시가총액 & 자기자본	• 기준시가총액 5,000억원 이상 • 자기자본 1,500억원 이상
영업활동기간		• 설립 후 3년 이상 경과 & 계속적인 영업활동
감사의견		• 최근 사업연도 : 적정 • 최근 사업연도 전 2사업연도 : 적정 또는 한정(감사범위제한에 따른 한정의견 제외)

정답 | ④

10

상장증권의 매매거래 정지사유와 가장 거리가 먼 것은?

① 조회공시 답변공시 기한 내 불응
② 시장관리상 필요 시
③ 풍문·보도 관련 거래량 급변 예상
④ 변경상장 공시를 한 경우

용어 알아두기

주식병합	주식병합은 여러 개의 주식을 1개의 주식으로 합하는 것이고, 주식분할은 1개의 주식을 여러 개의 주식으로 나누는 것을 말한다.

TIP 변경상장 공시를 한다고 하여 매매거래를 정지시키는 것은 아니다.

핵심포인트 해설   **상장증권의 매매거래정지제도**

구 분	매매거래 정지사유	매매거래 정지기간
업무규정	매매거래 폭주로 인해 매매거래를 시킬 수 없다고 인정되는 경우	상황을 감안하여 거래재개시기 결정
	시장관리상 필요 시	
	투자경고종목 또는 투자위험종목 중 시장감시위원회가 요청한 경우	요청받은 기간
공시규정	조회공시 답변공시 기한 내 불응	조회공시 답변공시까지
	기업의 주가·거래량에 중대한 영향을 미칠 수 있는 중요내용 공시	당해 공시시점부터 30분
	불성실공시법인 지정(벌점 5점 미만 제외)	지정일 당일
	풍문·보도 관련 거래량 급변 예상	정지사유에 대한 조회결과 공시시점부터 30분이 경과한 때까지
상장규정	관리종목 지정	1일간
	위·변조 증권발생 확인	
	상장폐지기준 해당	정지사유 해소 인정 시까지
	주식병합 또는 분할·합병 등을 위한 구주권 제출 요구 시	
	상장폐지 실질심사대상 사실 확인	
	공익과 투자자보호 등	
	우회상장 관련 공시	확인서 제출 시까지

정답 | ④

다음 중 상장폐지사유와 가장 거리가 먼 것은?

① 2년 연속 매출액 50억 미만
② 2년 연속 자본잠식률 30% 미만
③ 2년 연속 감사보고서 감사범위제한으로 인한 한정
④ 2년 연속 일반주주 200인 미만

TIP 2년 연속 자본잠식률 50% 이상인 경우 상장폐지사유에 해당한다.

핵심포인트 해설 | 관리종목 지정 및 상장폐지 기준

구 분	관리종목 지정사유	상장폐지(퇴출)사유
매출액	• 최근년 매출액 50억원 미만	• 2년 연속 매출액 50억원 미만
자기자본	• 최근년 자본잠식률 50% 이상	• 2년 연속 자본잠식률 50% 이상 또는 최근년 자본잠식률 100%
주 가	• 보통주 액면가 20% 미달 30일간 지속	• 관리종목 지정 후 90일간 '연속 10일 & 누적 30일간 액면가 20% 이상' 조건을 충족하지 못한 경우
시가총액	• 시가총액 50억원 미만 30일간 지속	• 관리종목 지정 후 90일간 '연속 10일 & 누적 30일 50억원 이상'의 조건을 충족하지 못한 경우
사외이사	• 사외이사·감사위원회 구성요건 미충족	• 2년 연속 사외이사·감사위원회 구성요건 미충족
회생절차	• 회생절차개시 신청	• 상장적격성 실질심사로 이관
파 산	• 파산신청	• 법원의 파산선고 결정
감사의견	• 반기보고서 부적정, 의견거절 • 감사보고서 감사범위제한으로 인한 한정	• 감사보고서 부적정, 의견거절 • 2년 연속 감사보고서 감사범위제한으로 인한 한정
거래량	• 반기 월평균거래량이 유동주식수의 1% 미달	• 2반기 연속 반기 월평균거래량이 유동주식수의 1% 미달
지분분산	• 일반주주 200인 미만 • 일반주주지분 10% 미만	• 2년 연속 일반주주 200인 미만 • 2년 연속 일반주주지분 10% 미만
불성실공시	• 1년간 공시위반벌점 합계 15점 이상	• 상장적격성 실질심사로 이관
공시서류	• 분기·반기·사업보고서 미제출	• 2회 연속 분기·반기·사업보고서 미제출 • 사업보고서 제출기한 후 10일 내 미제출
기타 (즉시퇴출)	–	• 최종부도 또는 은행거래정지 • 해산사유 발생 • 정관 등에 주식양도제한을 두는 경우 • 우회상장규정 위반 시

정답 | ②

12

다음 중 유통시장 공시와 거리가 먼 것은?

① 발행실적보고서
② 사업보고서
③ 합병종료보고서
④ 임원 및 주요주주 등의 소유상황보고서

TIP 발행실적보고서는 발행시장 공시이다.

핵심포인트 해설 **공시의 요건 및 분류**

기업공시의 요건	• 정보의 정확성 및 완전성 • 공시의 신속성 및 적시성 • 공시내용 이해 및 접근 용이성 • 공시내용 전달의 공평성
발행시장 공시	• 증권신고서 • 투자설명서 • 발행실적보고서
유통시장 공시	• 정기공시 : 사업보고서, 반기보고서, 분기보고서 • 수시공시 • 주요사항보고서 • 자율공시 • 공정공시 • 기타공시

정답 | ①

주요경영사항 공시에 대한 설명 중 잘못된 것은?

① 수시로 발생하는 기업의 경영정보 중 투자판단에 중요한 영향을 주는 사실 또는 결정 내용을 적시에 공시하게 하는 제도이다.
② 투자자가 투자판단에 필요한 기업정보를 인지하고 투자여부를 결정할 수 있도록 하기 위한 제도이다.
③ 당일 공시사항은 사유 발생 당일 18시 이내에 공시해야 한다.
④ 주요거래처와 거래중단이 있는 경우 주요경영사항 공시대상이다.

TIP 당일공시사항은 사유 발생 당일 18시부터 다음 날 7시 20분 이내에 공시해야 한다.

핵심포인트 해설 **주요경영사항 공시**

의 의	• 수시로 발생하는 기업의 경영정보 중 투자판단에 중요한 영향을 주는 사실 또는 결정내용을 적시에 공시하게 하는 제도 • 중요성에 따라 당일 공시사항과 익일 공시사항으로 구분되어 운용됨
공시대상	• 영업정지, 주요거래처와의 거래중단 등 영업 및 생산활동 관련 사항 • 증자·감자·이익소각·자기주식취득 및 처분 등 발행증권 관련 사항 • 신규시설투자·유형자산 취득 및 처분·타법인 출자결정 등 투자활동 관련 사항 • 채무인수·면제결정, 타인을 위한 담보제공·채무보증 등 채권·채무 관련 사항 • 재해, 횡령, 배임 등 기업손익에 중대한 영향을 미치는 사항 • 감사보고서 접수, 주식배당 결정, 회계위반 등 결산 관련 사항 • 합병, 영업양수도, 분할, 분할합병, 물적분할 등 지배구조 관련 사항 • 부도, 당좌거래정지, 파산 등 기업존립에 영향을 미치는 사항 • 증권발행 관련 소송, 주총무효소송 등 기업의 소송 관련 사항 • 주주총회 관련 사항

정답 | ③

공정공시에 대한 설명 중 잘못된 것은?

① 공시되지 않고 있는 중요정보를 특정인에게 선별적으로 제공하고자 하는 경우에 적용된다.

② 수시공시 관련 사항으로 그 신고기한이 경과되지 아니한 사항도 공정공시대상이다.

③ 정보대상에 접근이 가능한 상장법인의 직원도 공정공시정보 제공자에 해당한다.

④ 보도목적의 언론 취재에 응하여 언론사에 정보를 제공하는 경우 공정공시의무가 적용된다.

TIP 보도목적의 언론 취재에 응하여 언론사에 정보를 제공하는 경우에는 공정공시의무가 적용되지 않는다.

핵심포인트 해설   **공정공시**

의 의	• 의의 : 공시되지 않고 있는 중요정보를 특정인에게 선별적으로 제공하고자 하는 경우, 이를 모든 시장 참가자들이 알 수 있도록 그 특정인에게 제공하기 전에 공시해야 하는 제도 • 유효성 : 정보의 공평성 확보, 수시공시제도의 미비점을 보완함
공정공시대상	• 장래 사업계획 또는 경영계획(3년 이내) • 매출액, 영업손익 등에 대한 전망 또는 예측(3년 이내) • 정기보고서 제출 전 영업실적 • 수시공시 관련 사항으로 그 신고기한이 경과되지 아니한 사항
공정공시정보 제공자 및 제공대상자	• 공정공시정보 제공자 : 상장법인 및 그 대리인, 상장법인 임원(이사, 감사, 사실상 동등 지위자 포함), 정보대상 접근이 가능한 상장법인의 직원 • 공정공시정보 제공대상자 : 투자매매업자·투자중개업자·집합투자업자 및 그 임직원, 전문투자자 및 그 임직원, 언론사 및 그 임직원, 증권사이트 운영자 및 그 임직원, 공정공시대상 정보를 이용하여 증권매매가 예상되는 주주
공정공시 시한	• IR(기업설명회)의 경우 : IR 개시시점 전까지 공시 • 보도자료를 배포하는 경우 : 보도자료 배포 전까지 공시 • IR, 기자간담회 등의 진행 중 미신고 공정공시대상 정보 제공 시 : 행사종료 후 지체 없이 공시
공정공시의무 적용예외 사유	• 보도목적의 언론 취재에 응하여 언론사에 정보를 제공하는 경우 • 변호사, 회계사, 주관사, 대출계약한 금융기관 등 명시적인 비밀유지의무가 있는 자에게 정보를 제공하는 경우 • 금융위원회의 허가를 받은 신용평가기관이나 외국 신용평가기관에 정보를 제공하는 경우

정답 | ④

불성실공시법인에 대한 조치로 잘못된 것은?

① 한국거래소는 공시위반제재금을 부과할 수 있다.
② 불성실공시법인으로 지정된 경우 해당 주권의 매매거래를 1일간 정지시킬 수 있다.
③ 한국금융투자협회는 해당 법인에게 개선계획서를 요구할 수 있다.
④ 불성실공시법인의 지정 사실 및 부과벌점을 투자자에게 공표한다.

TIP 한국거래소는 해당 법인에게 개선계획서를 요구할 수 있다.

핵심포인트 해설 **불성실공시**

유 형	• 공시불이행 : 공시의무사항 기한 내 미신고, 공시내용이 허위인 경우 • 공시번복 : 이미 공시한 내용을 전면취소, 부인 또는 이에 준하는 내용으로 공시하는 경우 • 공시변경 : 이미 공시한 내용의 중요 사항을 변경하여 공시하는 경우
제 재	• 불성실공시법인으로 지정 • 매매거래정지 : 주권의 매매거래를 1일간 정지 • 불성실공시법인 지정사실 및 부과벌점 공표 • 공시위반제재금 부과 : 거래소가 2억원 한도 내에서 부과할 수 있음 • 개선계획서 제출 요구 : 거래소가 벌점 15점 이상인 법인에게 요구 • 공시책임자 및 공시담당자의 교육 : 의무적으로 이수해야 함 • 공시책임자 교체 요구 : 고의·상습적인 법인의 경우 교체 요구 가능 • 관리종목 지정(1년간 벌점 15점) 및 상장폐지

정답 | ③

16

위탁증거금에 대한 설명으로 잘못된 것은?

① 회원이 채권확보를 위한 담보를 해당 위탁자로부터 미리 징수하는 것이다.

② 대용증권은 현금에 갈음하여 위탁증거금으로 사용할 수 있도록 거래소가 지정한 증권이다.

③ 회원은 거래소가 산출·공표하는 증권의 대용가격 사정비율 이내에서 대용증권으로 징수할 수 있는 비율을 자율적으로 정할 수 있다.

④ 상장주식수가 5만주 미만인 종목의 매도주문을 수탁받은 경우 위탁증거금을 50% 이상 징수해야 한다.

용어 알아두기

대용증권	투자시장에서 증거금이나 보증금 등을 거래소에 납부해야 하는 경우에 현금대신 사용할 수 있는 증권을 말한다.

TIP 상장주식수가 5만주 미만인 종목의 매도주문을 수탁받은 경우 위탁증거금을 100% 징수해야 한다.

핵심포인트 해설　　**위탁증거금·대용증권**

(1) 위탁증거금의 의의

① 증권매매거래를 수탁하는 경우 결제이행을 담보하기 위해 징수하는 현금 또는 대용증권(징수율 등 징수기준은 회원 자율)

② 징수기준 지정 또는 변경 시 시행일로부터 5매매거래일 이내에 거래소에 통보해야 함(천재지변 및 경제급변의 경우 거래소가 일시적으로 최저징수율을 정할 수 있음)

(2) 대용증권의 산정방법

① 증권의 대용가격은 거래소가 발표하는 대용증권 산정기준 이내에서 회원사가 자율적으로 정할 수 있음

② 거래소의 대용증권 산정기준

대상 증권	기준시세	사정비율	산출주기
상장주권, DR	당일 기준가격	60 ~ 80%	일 별
ETF	당일 기준가격	70 ~ 95%	일 별
ETN	당일 기준가격	70%	일 별
상장채무증권	직전 5매매일 종가평균	80 ~ 95%	일 별
수익증권, 비상장뮤추얼펀드	직전 7일간 NAV평균	70 ~ 80%	월 별

(3) 위탁증거금 징수 특례(100% 징수해야 하는 경우)

① 상장주식수가 5만주 미만인 종목의 매도주문

② 투자경고종목 또는 투자위험종목으로 지정한 종목의 매수주문

③ 결제일에 매매대금 또는 매도증권을 납부하지 않은 투자자의 주문(미수동결계좌)

정답 | ④

유가증권시장의 매매거래시간 및 호가접수시간에 대한 설명 중 잘못된 것은?

① 매매거래일은 월요일부터 금요일까지이다. (휴장일 제외)
② 정규시장은 08:30부터 호가를 접수하고 9시부터 매매가 개시된다.
③ 장 개시 전 시간외시장의 호가접수시간과 매매거래시간은 같다.
④ 장 종료 후 시간외시장의 호가접수시간과 매매거래시간은 같다.

TIP 장 종료 후 시간외시장의 호가접수시간은 15:30 ～ 18:00(2시간 30분)이고, 매매거래시간은 15:40 ～ 18:00(2시간 20분)이다.

핵심포인트 해설 매매시간 및 호가단위

(1) 매매거래일 및 휴장일
① 매매거래 : 월요일 ～ 금요일
② 휴장일 : 토요일, 공휴일, 근로자의 날, 12월 31일

(2) 호가접수 및 매매거래시간

구 분		매매거래시간	호가접수시간
정규시장		09:00 ～ 15:30(6시간 30분)	08:30 ～ 15:30(7시간)
시간외시장	장 개시 전	08:00 ～ 09:00(1시간)	08:00 ～ 09:00(1시간)
	장 종료 후	15:40 ～ 18:00(2시간 20분)	15:30 ～ 18:00(2시간 30분)

정답 | ④

18

유가증권시장의 매매제도에 대한 설명 중 잘못된 것은?

① 거래소는 투자자의 매매편의를 위해 일반적으로 매매수량단위를 1주 단위로 운영하고 있으나, ELW의 경우에는 10주 단위로 매매거래하고 있다.

② 유가증권시장은 호가가격단위를 7단계로 운영하고 있다.

③ 호가가격단위 중 가장 높은 가격단위는 1,000원이다.

④ 주가가 35,000원인 경우 호가가격단위는 100원이다.

TIP 주가가 35,000원인 경우 호가가격단위는 50원이다.

핵심포인트 해설 **매매수량단위 및 호가가격단위**

(1) 매매수량단위

① 원칙 : 1주 단위로 매매함

② 예외 : ELW는 10주 단위로 매매함

(2) 호가가격단위

주가 가격	호가 가격단위 (유가증권시장/코스닥시장/코넥스시장/K-OTC시장)
2,000원 미만	1원
2,000원~5,000원 미만	5원
5,000원~20,000원 미만	10원
20,000원~50,000원 미만	50원
50,000원~200,000원 미만	100원
200,000원~500,000원 미만	500원
500,000원 이상	1,000원

정답 | ④

가격제한폭제도에 대한 설명 중 잘못된 것은?

① 유가증권시장에서 가격제한폭은 기준가격 대비 상하 30%이다.

② 가격제한폭은 주식, DR, ETF 등에 적용되고 ETN, 수익증권에는 적용되지 않는다.

③ 정리매매종목, ELW, 신주인수권증서, 신주인수권증권 등은 가격제한폭제도가 적용되지 않는다.

④ 레버리지ETF는 배율만큼 가격제한폭을 확대하였다.

TIP 가격제한폭 적용대상에는 주식, DR, ETF, ETN, 수익증권 등이 있다.

핵심포인트 해설 **가격제한폭제도**

의 의	• 가격의 급·등락을 완화하기 위한 제도 • 기준가격 대비 ±30%
주요내용	• 적용대상 : 주식, DR, ETF, ETN, 수익증권 • 주가당일변동 가능범위 : 기준가격 대비 상하 30% 이내에서 가장 가까운 호가가격단위에 해당하는 가격
기준가격	• 일반적인 기준가격 : 전일종가 • 유·무상증자, 주식배당, 주식분할·병합 등의 경우 : 적정 이론가격 • 신규상장, 자본금감소 종목 등 : 시초가 • ETF, ETN : 주당순자산가치(NAV)
30% 가격제한폭의 예외	• 정리매매종목, ELW, 신주인수권증서, 신주인수권증권 등은 가격제한폭을 적용하지 않음 • 레버리지ETF는 배율만큼 가격제한폭을 확대함

정답 | ②

호가의 종류에 대한 설명 중 잘못된 것은?

① 지정가주문은 가장 일반적인 주문형태로 투자자가 거래하고자 하는 최소한의 가격수준을 지정한 주문이다.

② 시장가주문은 종목, 수량을 지정하되 가격은 지정하지 않은 주문이다.

③ 조건부지정가주문은 선물·옵션 최종거래일에 한하여 프로그램매매를 위한 조건부지정호가 제출이 금지된다.

④ 최우선지정가주문은 주문접수 시 상대방 최우선호가의 가격으로 지정되는 주문형태이다.

TIP 주문접수 시 상대방 최우선호가의 가격으로 지정되는 주문형태는 최유리지정가주문이다.

핵심포인트 해설 **호가의 종류**

↳ 주문하는 가격

지정가주문	• 가장 일반적인 주문형태로 투자자가 거래하고자 하는 최소한의 가격수준을 지정한 주문 • 지정가주문에 부합하는 상대주문이 없는 경우 매매체결이 안 됨
시장가주문	• 종목, 수량을 지정하되 가격은 지정하지 않은 주문 • 체결가격과 무관하게 현재 시세로 즉시 매매거래를 하고자 하는 주문
조건부 지정가주문	• 접속매매시간(9:00 ~ 15:20) 중에는 지정가주문으로 매매에 참여하지만, 체결이 안 되면 종가결정을 위한 매매거래시간(장 종료 10분 전 단일가매매시간)에 자동으로 시장가주문으로 전환되는 주문 • 선물·옵션 최종거래일에 한하여 프로그램매매를 위한 조건부지정호가 제출 금지
최유리 지정가주문	• 주문접수 시 상대방 최우선호가의 가격으로 지정되는 주문형태 • 매도(매수)의 경우, 가장 높은 매수(매도)주문가격으로 주문
최우선 지정가주문	• 주문접수 시 자기 주문방향의 최우선호가의 가격으로 주문 • 매도의 경우, 가장 낮은 매도주문가격으로 주문 • 매수의 경우, 가장 높은 매수주문가격으로 주문
목표가주문	• 회원이 재량으로 투자자가 목표로 하는 가격에 최대한 근접하여 체결될 수 있도록 하는 주문형태 • 호가유형이 별도로 존재하지 않아 지정가, 시장가로 분할 제출
경쟁대량 매매주문	• 종목과 수량은 지정하되, 체결가격은 당일 거래량 가중평균가격으로 매매거래를 하고자 하는 주문형태 • 대량매매제도의 한 유형으로 별도의 시장에서 비공개로 이루어짐

정답 | ④

21

단일가매매에 대한 설명 중 잘못된 것은?

① 단일가매매는 일정시간 동안 접수한 호가를 하나의 가격으로 집중 체결하는 방식이다.

② 장 개시 최초가격 결정 시 30분간 호가접수 후 단일가매매를 한다.

③ 장 임시정지 후 재개 시의 최초가격을 결정할 때 재개시점부터 30분간 호가접수 후 단일가매매를 한다.

④ 단일가매매의 체결은 합치가격으로 체결 우선순위에 따라 매매가 체결된다.

TIP 장 임시정지 후 재개 시의 최초가격을 결정할 때 재개시점부터 10분간 호가접수 후 단일가매매를 한다.

핵심포인트 해설   **단일가격에 의한 개별경쟁매매(단일가매매)**

(1) 일반적인 매매체결 방법

경쟁매매	복수의 매도자와 매수자 간의 가격경쟁에 의한 매매거래
상대매매	매도자와 매수자 간의 가격협상에 의한 매매거래
경매매	단일 매도자와 복수 매수자, 복수 매도자와 단일 매수자 간의 경쟁입찰에 의한 매매거래

(2) 단일가매매 적용대상 및 호가접수시간
① 장 개시 최초가격 : 30분(08:30 ~ 09:00)
② 시장 임시정지 후 재개 시 최초가격 : 10분
③ 시장 매매거래중단(CB) 및 종목별 매매거래정지 후 재개 시 최초가격 : 10분
④ 장 종료 시 가격 : 10분
⑤ 시간외단일가 매매의 가격 : 10분 단위
⑥ 정리매매종목, 단기과열종목 : 30분 단위

(3) 단일가매매체결 방법
① 합치가격으로 체결 우선순위에 따라 매매체결됨
② 합치가격의 조건
  ㉠ 합치가격에 미달하는 매도호가와 이를 초과하는 매수호가의 전 수량
  ㉡ 합치가격의 호가 간에는 매도호가 또는 매수호가 어느 일방이 전 수량을 체결하고 타방 호가는 매매수량단위 이상의 수량
③ 합치가격이 2개 이상인 경우의 합치가격 결정
  ㉠ 직전의 가격과 동일한 가격이 있는 경우 그 가격
  ㉡ 직전의 가격과 동일한 가격이 없는 경우 가장 가까운 가격

정답 | ③

22

시가 등이 상·하한가로 결정되는 경우에는 단일가매매에 참여한 상한가 매수호가 또는 하한가 매도호가 간에는 동시에 접수된 호가로 간주되어 시간우선의 원칙을 배제하고 있다. 다음 중 시간우선의 원칙이 적용되지 않는 예외사항으로 가장 거리가 먼 것은?

① 시가결정
② 종가결정
③ VI 발동
④ 전산장애 또는 풍문 등에 의한 거래중단 후 재개

용어 알아두기

변동성완화장치 (VI)	VI(Volatility Interruption)은 주가가 급변할 때 이를 최소한으로 막기 위해 접속매매를 2분간 단일가매매로 전환시키는 것을 말한다.

TIP 종가결정 시, 시간외단일가매매 시에는 동시호가제도가 적용되지 않는다.

핵심포인트 해설 | **매매체결의 원칙 및 예외**

(1) 매매체결의 원칙
① 가격우선의 원칙
  ㉠ 매수호가의 경우 높은 호가가 낮은 호가에 우선하고, 매도호가의 경우 낮은 호가가 높은 호가에 우선함
  ㉡ 시장가호가가 지정가호가에 우선함(단, 상·하한가에서는 동일한 순위로 간주)
② 시간우선의 원칙
  ㉠ 먼저 접수된 호가가 나중에 접수된 호가에 우선함
  ㉡ 예외 : 동시호가가 적용되는 경우(시가결정, VI 발동, 전산장애 또는 풍문 등에 의한 거래중단 후 재개 등)

(2) 시간우선의 원칙 예외 경우 체결원칙
① 위탁자우선의 원칙 : 동시호가 시에는 회원사의 자기매매 주문보다 위탁자의 주문이 우선함
② 수량우선의 원칙 : 위탁매매 또는 자기매매 호가 간에는 주문수량이 많은 호가부터 우선적으로 수량을 배분하여 매매거래가 체결됨
③ 접수우선의 원칙 : 동일한 수량의 위탁주문 간에는 호가장에 접수순에 따라 배분함

정답 | ②

매매체결 방법의 특례에 대한 설명 중 잘못된 것은?

① 평가가격은 최초가격을 결정하기 위해 제출할 수 있는 호가범위의 기준이 되는 가격이다.
② 신규상장종목의 경우에는 공모가를 평가가격으로 본다.
③ 정리매매제도는 상장폐지가 확정된 종목에 대하여 상장폐지 전 환금의 기회를 부여하기 위하여 7일간 매매하도록 하는 제도이다.
④ 정리매매는 정규시장 매매거래시간에 접속매매의 방법으로 한다.

TIP 정리매매는 정규시장 매매거래시간(09:00 ~ 15:30) 중 30분 단위로 단일가매매의 방법으로 한다.

핵심포인트 해설　　**매매체결 방법의 특례**

(1) 신규상장종목 등의 최초가격 결정

의 의	• 신규상장종목 등은 거래소시장에서 형성된 가격이 없으므로 최초가격을 결정해야 함
평가가격 (기준가격)	• 최초가격을 결정하기 위해 제출할 수 있는 호가범위의 기준이 되는 가격 • 평가가격의 형태 · 신규상장종목 : 공모가 · 기업내용에 변화가 있는 경우(기업분할, 자본감소 등) : 이론가격 · 객관적 기준이 없는 경우 : 주당순자산가치
호가범위	• 신규상장 : 평가가격의 60 ~ 400% • 기업분할에 따른 재상장·변경상장, 종류주식 상장 : 평가가격의 50 ~ 200% • 제3자배정 유상증자, 합병, 영업양수 등을 통해 저가의 대규모 신주를 발행하는 경우 : 1원 ~ 200%

(2) 정리매매제도

의 의	• 상장폐지가 확정된 종목에 대하여 상장폐지 전 환금의 기회를 부여하는 제도
매매기간	• 매매거래일 기준 7일간
매매방법	• 정규시장 매매거래시간(09:00 ~ 15:30) 중 30분 단위로 단일가매매 • 가격제한폭 적용이 배제됨

정답 | ④

시간외종가매매에 대한 설명 중 잘못된 것은?

① 시간우선의 원칙만 적용된다.
② 거래시간은 08:30 ~ 08:40, 15:40 ~ 16:00 총 30분이다.
③ 장 종료 후 체결가격은 당일 종가, 장 개시 전 체결가격은 전일 종가이다.
④ 가격변동범위는 당일 종가의 ±10%이다.

TIP 시간외단일가매매에 대한 내용이다.

핵심포인트 해설　　　시간외종가매매 vs 시간외단일가매매

(1) 시간외종가매매

의 의	정규매매시간 종료 후 및 장 개시 전 일정 시간 동안 종가로 매매거래를 성립시키는 제도(시간우선의 원칙만 적용)
거래대상	주권, ETF, ETN, 외국주식예탁증권(당일 거래미형성 종목 제외)
거래시간	08:30 ~ 08:40, 15:40 ~ 16:00(30분)
체결가격	당일 종가(장 종료 후), 전일 종가(장 개시 전)
주문유형	종가주문
정정·취소	매매체결 전까지 취소 가능, 정정은 불가능
매매수량단위	1주

(2) 시간외단일가매매

의 의	장 종료 후 일정 시간 동안 10분 단위 단일가매매를 통하여 당일 종가 ±10% 이내의 가격으로 매매거래를 성립시키는 제도
거래대상	주권, ETF, ETN, 외국주식예탁증권(당일 거래미형성 종목 제외)
거래시간	16:00 ~ 18:00(120분)
매매방법	10분 단위 주기적 단일가매매
가격변동범위	당일 종가 ±10%(다만, 당일 상한가 이내)
매매수량단위	1주
주문유형	지정가주문

정답 | ④

장중대량·바스켓매매에 대한 설명 중 잘못된 것은?

① 회원이 대량 및 바스켓매매를 성립시키기 위하여 신청하는 경우에 매매를 성립시키는 제도이다.

② 체결가격은 당해호가접수 직전 형성된 가격으로 해야 한다.

③ 매매수량은 매매수량단위 5,000배(ETF·ETN : 500배) 이상 또는 수량과 가격을 곱한 금액이 1억원 이상이어야 한다.

④ 매매체결 전까지 정정 및 취소가 가능하다.

TIP 체결가격은 투자자 간 협상가격으로 하되, 당해호가접수 직전까지 형성된 최고·최저가격 이내이어야 한다.

핵심포인트 해설   **장중대량·바스켓매매**

의 의	회원이 대량 및 바스켓매매를 성립시키기 위하여 신청하는 경우 매매를 성립시키는 제도
거래대상	주권, ETF, ETN, 외국주식예탁증권
거래시간	09:00 ~ 15:30(390분)
체결가격	투자자 간 협상가격(당해호가접수 직전까지 형성된 최고·최저가격 이내)
주문유형	주문내용이 일치하는 매도·매수 쌍방주문
매매수량	매매수량단위 5,000배(ETF·ETN : 500배) 이상 또는 수량과 가격을 곱한 금액이 1억원 이상
매매체결	매도·매수 양당사자 간 합의한 가격으로 체결
정정·취소	매매체결 전까지 정정 및 취소 가능

정답 | ②

26

주식시장의 매매거래중단(CB)에 대한 설명 중 잘못된 것은?

① CB가 발동되면 증권시장의 모든 종목 및 주식 관련 선물·옵션 매매거래가 30분간 중단된다.

② 주가지수가 전일 종가 대비 각각 8%, 15%, 20% 이상 하락하여 1분간 지속되어야 발동할 수 있다.

③ 1일 2회 발동할 수 없다.

④ 장 종료 40분 전(14:50) 이후에는 발동하지 않는다.

TIP CB가 발동되면 증권시장의 모든 종목 및 주식 관련 선물·옵션매매거래가 20분간 중단된다. 20% 이상 하락하여 중단된 경우 당일 장이 종료된다.

핵심포인트 해설　　**매매거래의 중단**

(1) 주식시장의 매매거래중단(CB : Circuit Breakers)

발동요건	• 주가지수가 전일 종가 대비 각각 8%, 15%, 20% 이상 하락하여 1분간 지속 • 1일 1회에 한하여 발동하며, 장 종료 40분 전(14:50) 이후에는 발동 안 함
발동효과	• 증권시장의 모든 종목 및 주식 관련 선물·옵션매매거래 20분간 중단 • 20% 이상 하락하여 중단된 경우에는 당일 장 종료 • 신규호가접수가 중단된 경우에도 호가의 취소는 가능
발동해제	• 매매거래중단 후 20분 경과 시 매매재개 • 재개 시 최초의 가격은 재개시점부터 10분간 호가 접수하여 단일가매매방법에 의하여 결정하며, 그 이후에는 접속매매방법으로 매매체결

(2) 종목별 매매거래정지제도

매매거래 정지제도	• 풍문, 호가폭주 등으로 주권의 가격 또는 거래량이 급변하는 경우 일정 시간 매매를 정지한 후 재개시키는 제도
단일가매매 임의연장제도 (랜덤엔드)	• 단일가 결정 직전 예상체결가격 등이 급변하는 종목의 단일가매매 참여 호가시간을 연장하는 것
변동성완화장치 (VI)	• 동적VI : 단일가매매 시 2분간 호가접수시간 연장, 접속거래 시 2분간 매매거래 없이 호가를 접수하여 당해 호가 간 매매체결 • 정적VI : 주가가 10% 이상 변동하는 경우 2분간 단일가매매

정답 | ①

27

안정적 주가형성을 위한 시장관리제도에 대한 설명 중 잘못된 것은?

① 회원의 호가 제출 시 프로그램매매 해당여부를 입력하도록 하고 있다.
② 투자경고종목으로 지정되면 신용거래가 제한된다.
③ 코스피200선물가격이 5% 이상 변동하여 1분간 지속되면 Circuit Breakers가 발동된다.
④ 단기과열종목으로 지정되면 3일간 30분 단위 단일가매매방식으로 매매체결 된다.

TIP 코스피200선물가격이 5% 이상 변동하여 1분간 지속되면 Side Car가 발동된다.

핵심포인트 해설　　**안정적 주가형성을 위한 시장관리제도**

프로그램매매 관리제도	• 공시제도 　· 프로그램매매호가 구분 표시 : 차익거래, 비차익거래 구분 표시 • Side Car(프로그램매매호가의 효력 일시정지제도) 　· 발동기준 : 코스피200지수선물가격이 5% 이상 변동 & 1분간 지속 　· 발동효력 : 프로그램매매호가의 효력이 5분 동안 정지됨 　· 해제기준 : 효력 정지시점으로부터 5분 경과
단기과열종목 지정제도	• 지정요건 : 단기과열지표에 해당되는 종목이 10매매거래일 이내에 다시 단기과열지표에 해당하면 지정예 　　　　　 고하고, 그 후 10매매거래일 이내에 다시 단기과열지표에 해당하면 단기과열종목으로 지정함 • 단기과열종목으로 지정되면 3일간 30분 단위 단일가매매 방식으로 매매체결됨
시장경보제도	• 3단계 지정제도 : 투자주의종목 ⇨ 투자경고종목 ⇨ 투자위험종목 • 투자경고·위험종목에 대한 조치 　· 신용거래 제한 　· 위탁증거금 100% 징수(대용증권 사용 불가) 　· 매매거래 정지

정답 | ③

28

공정한 주가형성을 위한 시장관리제도와 거리가 먼 것은?

① 공매도 제한
② 자기주식매매 제한
③ 호가정보 공개
④ 위탁증거금 제한

TIP 위탁증거금제도는 공정한 주가형성을 위한 제도라기보다는 결제이행을 담보하기 위한 제도이다.

핵심포인트 해설 **공정한 주가형성을 위한 시장관리제도**

공매도 관리	• 차입공매도만 허용(무차입공매도 불허) : 신용대주거래, 대차거래 • 시장불안 방지를 위한 시장관리 방안 · 공매도호가 가격제한 : 원칙적으로 직전가격 이하의 가격으로 호가할 수 없음 · 시장안정을 저해할 경우 금융위원회의 승인을 받아 차입공매도 제한 가능 · 공매도 과열종목 지정제도 : 과열종목으로 적출되면 익일 1일간 공매도거래 금지 • 공매도거래의 투명성 강화 방안 · 현황공표 : 공매도거래 현황공표, 대차잔고 현황공표 · 공매도잔고 보고 및 공시(2영업일 오후 6시까지), 공매도 종합 포털 사이트 운영
자기주식 매매 제한	• 취득수량한도 : 제한 없음 • 취득방법 : 증권시장에서 매수, 장외에서 공개매수 • 취득기간 : 이사회 결의사항 공시 후 익일부터 3개월 이내 • 매매방법 · 자기주식매매거래계좌 설정 및 매매신청서 제출 · 호가 및 가격 제한, 수량 제한 · 시간외대량매매를 통한 자기주식매매 가능 · 신탁계약을 통한 자기주식매매 가능(취득 후 1개월간 처분금지) • 금융위원회의 승인을 받아 수량제한을 면제하는 특례조치 가능
호가정보 공개	• 접속매매 : 매도·매수별 최우선호가의 가격을 포함한 10단계 우선호가가격 및 수량 공개 • 단일가매매 : 예상체결가격 및 수량, 매도·매수별 예상최우선호가의 가격을 포함한 3단계 우선호가가격 및 수량 공개

정답 | ④

배당락에 대한 설명 중 옳은 것은?

① 배당락이란 해당 사업연도에 대한 기업의 신주를 배정받을 권리가 소멸하였음을 의미한다.

② 연말휴장일을 감안하면 12월 결산법인의 경우 주주확정을 위한 실제 기준일은 12월 30일(공휴일인 경우 직전 매매거래일)이다.

③ 12월 결산법인의 경우 배당을 받으려면 12월 29일까지는 주식을 매수해야 한다.

④ 배당락의 기준가격 조정은 주식배당 및 현금배당의 경우에 적용된다.

TIP ① 배당락이란 해당 사업연도에 대한 기업의 이익을 배당을 받을 권리가 소멸하였음을 의미한다.
③ 12월 결산법인의 경우 배당을 받으려면 12월 28일까지는 주식을 매수해야 한다.
④ 배당락은 주식배당의 경우에는 적용되나 현금배당의 경우에는 적용되지 않는다.

핵심포인트 해설 합리적인 매매거래 지원을 위한 시장관리제도

배당락 제도	• 의의 : 이익배당받을 권리가 소멸하였음을 투자자에게 공시하는 것 • 12월 결산법인의 경우 : 12/28(배당부종가), 12/29(배당락조치일), 12/30(주주확정기준일) • 배당락 기준가격 $= \dfrac{\text{배당부 종가} \times \text{배당 전 주식 수}}{\text{배당 후 주식 수}}$ • 기준가격 조정 : 주식배당의 경우 적용, 현금배당의 경우 미적용
권리락 제도	• 의의 : 증자에 따른 신주배정권리가 소멸되었음을 투자자에게 공시하는 것 • 권리락 조치시기 : 신주배정 기준일 전일(신주를 배정받으려면 신주배정 기준일 2일 전까지 주식을 매수해야 신주인수권을 부여받음) • 권리락 기준가격 $= \dfrac{(\text{권리부 종가} \times \text{증자 전 주식 수}) + \text{신주납입금액}}{\text{증자 후 주식 수}}$
착오매매 정정제도	• 의의 : 회원사가 위탁자의 주문을 착오주문 낸 경우 거래소가 체결내용을 정정하는 것 • 정정방법 · 종목·수량·가격·매매 구분 등의 착오매매 : 회원사가 자기상품으로 인수하여 정정 · 시스템장애에 의한 위탁매매·자기매매 구분 착오매매의 경우 구분에 맞게 정정 • 착오매매 발생 시 정정절차 · 당일부터 그 다음 매매일 15:30까지 정정신청서를 거래소에 제출 · 거래소는 건별로 즉시 정정확인 후 이를 반영한 결제자료 산출

정답 | ②

30

유가증권시장의 청산결제에 대한 설명 중 잘못된 것은?

① 청산은 거래소가 중앙거래당사자(CCP) 지위에서 매도·매수자 간 채권·채무를 차감하여 확정하고 결제가 이행될 때까지 결제를 보증하는 일련의 절차이다.

② 결제는 청산과정을 통해 확정된 CCP와 회원 간의 채무를 증권의 인도 및 대금지급을 통해 이행함으로써 매매거래를 종결시키는 것이다.

③ 우리나라는 원칙적으로 현금결제방식, 전량결제방식, 집중결제방식을 채택하고 있다.

④ 거래소의 결제이행재원은 손해배상공동기금, 결제적립금 및 거래소자산, 회원보증금 등이 있다.

TIP 우리나라는 원칙적으로 실물결제방식, 차감결제방식, 집중결제방식을 채택하고 있다.

핵심포인트 해설　　**청산결제제도**

청산 및 결제	• 청산 : 거래소가 채무인수방식으로 CCP 역할을 함 • 결제 : 실물·차감·집중결제방식을 채택함(원칙)
청산결제 절차	• 매매확인 • 거래소의 면책적 채무인수 • 종목별·회원별 매매수량 차감 및 결제증권·대금 확정 • 결제내역 통지 • 결제증권·대금 수수 • 결제지시 및 계좌대체 • 예탁결제원의 결제이행·불이행 결과 통지
결제리스크 관리제도	• 결제이행 재원 : 손해배상공동기금, 결제적립금 및 거래소자산, 회원보증금 등 • 거래소의 결제불이행 예방제도 　· 결제위험 파악관리 　· 결제이행 보증을 위한 유동성 공급 　· 결제가 현저히 곤란할 경우 현금 또는 유사종목의 증권으로 결제할 수 있는 특례를 마련함
결제불이행 시 거래소의 조치	• 일괄청산 • 결제를 불이행한 회원에 대한 구상권 행사 • 손해를 배상한 경우에는 그 사실을 금융위원회에 보고 • 결제를 불이행한 결제회원에 대하여 거래소 소속직원의 파견 가능 • 결제회원 파산 시 청산제도의 보호 및 결제완결성의 보장

정답 | ③

다음 중 증권시장에서 거래증거금을 부과하는 종목과 거리가 먼 것은?

① 상장주식
② ELW
③ ETF
④ REPO

TIP 당일 결제하는 일반채권 및 REPO, 다음 날 결제하는 국채는 증거금 부과대상에서 제외한다.

핵심포인트 해설   증권시장의 거래증거금

의 의	• 증권시장 거래증거금 제도 도입 : 종전 파생상품시장만 운용하던 거래증거금제도를 증권시장까지 확대함(2017년 9월) • 증권시장 거래증거금의 필요성 : 가격제한폭이 15%에서 30%로 확대되어 CCP의 결제 이행을 위한 위험관리수단을 확보할 필요가 있음
대상종목	• 대상종목 : 상장주식, 증권상품(ETF, ETN, ELW) • 제외종목 : 당일 결제하는 일반채권 및 REPO, 다음 날 결제하는 국채
산출방법	• 순위험증거금 : 순매수와 순매도 수량에 종목별 종가와 증거금률을 곱하여 산출함 • 변동증거금 : 장 종료 시점에서 각 그룹 내 종목별 순매수 및 순매도 포지션에 대한 당일 종가로 환산한 손익을 산출함
통지 및 납입	• 거래소는 매 거래일 20시까지 거래증거금 소요액을 증권사에 통지함 • 증권사는 다음 거래일 15시까지 해당 거래증거금을 납부해야 함 • 거래증거금 납부 수단 : 현금, 외화, 대용증권
위탁증거금의 사용제한	• 투자자의 위탁증거금을 보호하기 위해 거래증거금을 회원의 자산으로 납부하도록 함 • 이를 담보하기 위해 위탁증거금의 거래증거금 사용을 제한함
납부 불이행 시 처리	• 회원증권사가 거래증거금의 납부를 불이행하거나 불이행할 우려가 있는 경우 결제를 불이행한 것과 동일하게 처리함 • 일괄청산, 손실보전, 구상권 행사, 금융위원회 보고 등

정답 | ④

fn.Hackers.com

출제예상문제

☑ 다시 봐야 할 문제(틀린 문제, 풀지 못한 문제, 헷갈리는 문제 등)는 문제 번호 하단의 네모박스(□)에 체크하여 반복학습하시기 바랍니다.

01

중요도 ★

발행시장에 대한 설명 중 잘못된 것은?

□

① 통상 공모발행의 경우에는 간접발행의 형태를, 사모발행의 경우에는 직접발행의 형태를 취한다.

② 직접발행은 모집능력이 충분하거나, 상대적으로 발행위험이 적거나 발생사무가 비교적 간단한 경우에 이용한다.

③ 간접발행 중 총액인수방식이 가장 인수수료율이 낮다.

④ 주권상장법인의 경우 그 주주를 불특정인으로 보아 50인 이상인 일반주주를 대상으로 유가증권을 발행한다면 공모발행에 해당한다.

02

중요도 ★

유통시장에 대한 설명 중 잘못된 것은?

□

① 투자자들의 투자촉진을 통해 발행시장에서의 장기자본조달을 원활하게 한다.

② 유통시장에서 형성되는 증권의 가격은 발행시장에서 발행될 증권의 가격을 결정하는 근거가 된다.

③ 증권을 담보로 하는 차입을 용이하게 한다.

④ 증권시장은 한국거래소로 법정되어 있으며, 유가증권시장, 코스닥시장, 코넥스시장만 허용된다.

03

중요도 ★★★

발행시장의 형태에 대한 설명 중 잘못된 것은?

□

① 직접발행은 발행인이 자기의 책임과 계산으로 발행위험을 부담하고 발행사무를 모두 담당한다.

② 간접발행은 발행 및 모집사무 또는 발행위험을 전문기관에 맡기고 이에 따른 수수료를 부담한다.

③ 직접발행에는 모집주선, 잔액인수, 총액인수 방식이 있다.

④ 일반적으로 공모는 간접발행, 사모는 직접발행의 형태다.

04 발행시장에 대한 설명 중 올바른 것은?

중요도 ★★

① 사모발행은 발행비용이 저렴하고 발행절차가 투명하다.
② 공모발행은 직접발행의 형태를 하는 것이 보다 유리하다.
③ 현재 우리나라에서는 잔액인수방식이 대부분이다.
④ 직접발행은 발행자가 자기책임과 자기계산으로 발행하는 방법이다.

정답 및 해설

01 ③ 간접발행 중 총액인수방식이 인수기관의 부담이 가장 크므로 인수수수료율이 가장 높다.

02 ④ 자본시장법은 거래소 법정주의에서 거래소 허가주의로 개정하여 한국거래소와 유사한 다자간매매체결회사(대체거래시스템, ATS)의 설립이 가능하도록 하였다. 이에 따라 한국거래소가 개설한 유가증권시장, 코스닥시장, 코넥스시장 이외에도 다자간매매체결시스템을 설립할 수 있게 되어 거래소 이외의 장외거래가 가능하며 거래소시장과 경쟁할 수 있는 여건이 마련되었다.

03 ③ 간접발행에는 모집주선, 잔액인수, 총액인수 방식이 있다.

04 ④ ① 공모발행이 투명하다.
　　　② 공모발행은 주로 간접발행의 형태가 유리하다.
　　　③ 우리나라는 대부분 총액인수방식을 이용한다.

중요도 ★★★

자본시장법상 유가증권 상장 시 혜택에 대한 설명 중 잘못된 것은?

① 이사회 결의로 일반공모방식의 증자를 할 수 있다.

② 우리사주조합원은 공모주식총수의 20%까지 우선배정받을 권리가 있다.

③ 주식 관련 사채 이외에도 정관이 정하는 바에 따라 이사회 결의로 전환형 조건부자본증권, 상각형 조건부자본증권을 발행할 수 있다.

④ 시가가 액면가 이하인 경우에도 이익배당총액에 상당하는 금액까지 주식배당을 할 수 있다.

06

중요도 ★

상장 추진단계에 대한 설명 중 잘못된 것은?

① 일반적으로 증권신고서는 금융위원회가 수리한 날로부터 15일, 정정신고서는 금융위원회가 수리한날로부터 3일 경과한 후에 효력이 발생한다.

② 코스닥시장의 경우 대표주관회사는 공모물량의 3%(10억원 한도)를 의무적으로 인수해야 한다. (단, 대형법인은 의무인수제도 미적용)

③ 수요예측은 공모주식 중 일반청약자 배정분과 기관투자자 배정분을 대상으로 실시한다.

④ 유가증권시장에 상장하는 경우 우리사주조합에 20%의 우선배정권이 부여되지만, 코스닥시장에 상장하거나 외국기업이 상장하는 경우 우리사주조합에 대한 20%의 우선배정권이 부여되지 않는다.

중요도 ★★

유상증자의 방법에 대한 설명 중 잘못된 것은?

① 주주배정증자방식은 일반공모에 비해 발행비용이 적고, 인수기관의 역할은 발행사무에 국한되므로 모집위험은 발행회사가 부담한다.

② 주주우선공모증자방식은 구주주와 우리사주조합에게 우선 배정하여 청약을 받고 그 청약미달분은 이사회 결의로 일반투자자를 대상으로 청약을 통해 일반공모하는 방법이다.

③ 제3자배정증자방식은 회사의 정관, 주주총회의 특별결의 등에 의해 특정의 제3자에게 신주인수권을 부여하는 방식이다.

④ 일반공모증자방식은 가능하나 직접공모는 허용하지 않는다.

08

중요도 ★★

주주배정증자방식과 주주우선공모증자방식에 대한 차이를 설명한 것으로 잘못된 것은?

① 실권주위험 : 주주배정증자방식은 낮으나 주주우선공모증자방식은 높다.

② 실권주처리 : 주주배정증자방식은 이사회 결의로, 주주우선공모증자방식은 일반투자자 공모로 처리한다.

③ 실권주 이익에 대한 증여세 : 주주배정증자방식은 증여세를 부담하나 주주우선공모증자 방식은 면제된다.

④ 신주인수권증서 발행 : 주주배정증자방식이든 주주우선공모증자방식이든 모두 필요하다.

정답 및 해설

05 ④ 시가가 액면가 이상인 경우에만 이익배당총액에 상당하는 금액까지 주식배당을 할 수 있다.

06 ③ 수요예측은 공모주식 중 우리사주조합 배정분과 일반청약자 배정분을 제외한 기관투자자 배정분을 대상으로 실시한다.

07 ④ 일반공모방식뿐 아니라 직접공모도 가능하다.

08 ① 주주배정증자방식은 높으나 주주우선공모증자방식은 낮다.

구 분	주주배정증자방식	주주우선공모증자방식
배정권자	구주주	1차 : 구주주, 우리사주조합원 2차 : 일반투자자
실권주 발생위험	높 음	낮 음
실권주 처리방법	이사회 결의	일반투자자 공모
실권주 이익 증여세 부담	있 음	없 음
신주발행비용	기본증자비용	기본증자비용 + 인수 수수료
인수·모집 사무	발행회사	주관회사
효력시기	7일	10일

09 유상증자 발행가액 결정에 대한 설명 중 잘못된 것은?

① 주주배정방식과 주주우선공모방식의 경우에는 발행가격 할인율이 자율화되어 발행주체가 발행가액을 자유롭게 결정할 수 있다.

② 일반공모방식의 발행가액은 기준주가(청약일 전 제3거래일로부터 제5거래일까지의 가중산술평균주가)의 70% 이상으로 한다.

③ 제3자배정방식의 발행가액은 기준주가의 90% 이상으로 한다.

④ 기업구조조정을 위한 유상증자의 경우 발행가액 시 할인율 한도를 적용해야 한다.

10 무상증자에 대한 설명으로 잘못된 것은?

① 이사회 결의 또는 주주총회 결의로 자본잉여금 전부, 법정준비금 등을 자본에 전입하고 증가된 자본금만큼 신주를 발행하여 구주주에게 배정, 교부하는 방법이다.

② 자금조달을 하기 위한 방법 중의 하나로 총자산의 변화가 생긴다.

③ 자본구성의 시정, 사내유보의 적정화, 주주에 대한 자본이득의 환원을 목적으로 한다.

④ 재무제표상 항목변경을 통해 신주를 발행하는 것이다.

11 전환사채의 주식전환에 대한 설명 중 잘못된 것은?

① 전환사채권자가 전환권을 행사하면 부채가 감소하고 자본은 증가하나 자산의 변화는 없다.

② 전환사채를 공모로 발행한 경우 발행일로 3개월이 경과한 후부터 전환권을 행사할 수 있다.

③ 전환가액은 전환사채의 발행을 위한 이사회결의일 전일을 기산일로 한다.

④ 전환주식은 전환에 의하여 전환주식(구주식)이 소멸하고 신주식이 발행되며, 전환비율이 1:1이 아닌 경우 발행주식총수의 변경등기가 필요하다.

12 중요도 ★

다음 중 신주를 발행하는 경우가 아닌 것은?

① 유상증자 시
② 신주인수권부사채(BW)의 신주인수권 행사 시
③ 전환사채(CB)의 전환권 행사 시
④ 교환사채(EB)의 교환권 행사 시

13 중요도 ★

한국거래소에 대한 설명 중 잘못된 것은?

① 현행법상 우리나라에서 거래소는 한국거래소 1개만 존재할 수 있다.
② 한국거래소 시장 외에 상장주권 등의 매매체결업무를 수행하는 대체거래시스템(ATS)의 설립도 가능하다.
③ 한국거래소가 개설하고 있는 시장은 유가증권시장, 코스닥시장, 코넥스시장, 파생상품시장 등이다.
④ 한국거래소는 금융위원회로부터 금융투자상품거래의 청산업 인가를 받아 법적 청산기관으로서의 기능을 수행한다.

정답 및 해설

09 ④ 기업구조조정을 위한 유상증자는 부실기업의 자금확충을 위해 추진되기 때문에 대부분 제3자배정방식에 의하여 이루어진다. 이 경우 원활한 구조조정과 기업개선작업을 위하여 할인율 한도를 적용하지 않고 발행가액을 충분히 협의하여 결정할 수 있도록 하고 있다.

10 ② 무상증자는 자금조달을 목적으로 하지 않고, 총자산의 변화 없이 재무제표상의 항목변경을 통한 신주발행을 의미한다.

11 ② 일반적으로 주권상장법인이 전환사채를 발행한 경우 1년이 경과하면 전환권을 행사할 수 있으나, 공모로 전환사채를 발행한 경우에는 1개월이 경과한 후 전환권을 행사할 수 있다.

12 ④ 교환사채(EB)는 발행법인이 보유하고 있는 타법인 주식 또는 자기주식으로 교환할 수 있는 권리가 부여된 채권으로 신주를 발행할 필요가 없다.

13 ① 2014년 4월 자본시장법 개정으로 거래소 법정주의에서 허가주의로 변경되면서 다수의 거래소가 설립될 수 있는 기반이 마련되었다. 한국거래소는 감독기관이 아니라 자율규제기관이며, 그 기능에는 자본전환 기능, 공정가격형성 기능, 가격안정화·평준화 기능, 위험최소화 내지 보험적 기능 등이 있다.

14

상장의 효과와 거리가 먼 것은?

① 직접자금 조달기회 및 능력의 증대
② 기업홍보와 공신력 제고
③ 소유와 경영의 집중화
④ 투자자본의 회수효과

15

신규상장에 대한 설명 중 잘못된 것은?

① 공모상장은 분산요건을 충족하지 못한 기업이 일반투자자들을 대상으로 주권을 분산하고 자금조달 후 상장하는 형태다.
② 공모상장은 상장예비심사 결과 주권분산을 전제로 적격통보를 받은 기업이 모집 또는 매출로 주권분산해야 한다.
③ 직상장은 이미 분산요건을 갖춘 기업이 예비상장 심사 후 모집 또는 매출을 통한 주식분산을 하지 않고 주권을 바로 상장하는 형태의 신규상장이다.
④ 직상장은 상장 추진 중 자금조달이 수반되며 코스닥상장법인의 시장 이전은 불허된다.

16

신규상장 심사요건 중 질적 심사요건에 해당하는 것은?

① 영업활동 기간
② 주식양도의 제한
③ 상장예정주식 수
④ 기업의 계속성

17 중요도 ★★★

유가증권시장의 상장에 대한 설명 중 옳은 것은?

① 최종 공모가격은 수요예측의 결과를 감안하여 대표주관회사가 단독으로 결정한다.

② 상장과 관련하여 적용하는 재무내용에 관한 사항은 외감법에 의한 감사인의 감사보고서상 수정된 재무제표를 기준으로 한다.

③ 유가증권의 상장은 당해 유가증권 발행인으로부터 상장신청이 없는 경우에도 가능하다.

④ 우선주 등 보통주를 제외한 주식의 경우 반드시 종목별로 상장신청을 해야 한다.

정답 및 해설

14 ③ 상장의 효과에는 직접자금 조달기회 및 능력의 증대, 기업의 홍보효과 및 공신력 제고, 종업원의 사기진작 및 경영권 안정효과, 투자자본의 회수효과, 소유와 경영의 분리 가속화 등의 효과가 있다.

15 ④ 직상장은 상장 추진 시 자금조달이 수반되지 않는 형태이며, 코스닥상장법인의 시장 이전에 한하여 허용된다.

16 ④ 기업의 계속성을 제외한 나머지는 형식적 심사요건에 해당한다.

> [참고] 유가증권시장 신규상장 시 심사요건
>
> • 형식적 심사요건 : 영업활동 기간, 기업규모, 상장예정주식 수, 주식분산요건, 경영성과, 감사인의 감사의견, 재무제표 확정, 주식양도 제한 등
> • 질적 심사요건 : 기업의 계속성, 경영 투명성 및 안정성, 상법상 주식회사, 투자자보호 및 공익실현

17 ② ① 최종 공모가격은 수요예측의 결과를 감안하여 대표주관회사와 발행회사가 협의하여 결정한다.
③ 유가증권의 상장은 당해 유가증권 발행인으로부터 상장신청이 있어야만 가능하다.
④ 우선주 등 보통주를 제외한 주식의 경우 종목별로 상장신청을 하지 않을 수 있다.

18
중요도 ★★
유가증권시장에 상장될 수 있는 유가증권에 해당하지 않는 것은?

① ETF
② 신주인수권증권
③ 부동산투자회사증권
④ CD

19
중요도 ★★
상장의 원칙에 대한 설명 중 잘못된 것은?

① 발행인으로부터 상장신청이 있어야 한다.
② 이미 발행한 주식 중 일부의 상장을 신청할 수 있다.
③ 신주상장이란 증자, 합병, CB 또는 BW를 소유한 자의 권리행사 등으로 인하여 새로 발행한 증권을 상장시키는 것이다.
④ 상장 관련 재무내용은 외감법상 감사인의 감사보고서상 한정사항을 수정한 재무제표를 기준으로 한다.

20
중요도 ★
신규 상장절차에 대한 설명 중 잘못된 것은?

① 신규상장 신청 전에 거래소에 주권의 상장예비심사신청서를 제출하여 상장 적격 여부에 대한 심사를 받아야 한다.
② 상장위원회의 심의결과는 승인, 재심의, 미승인으로 구분된다.
③ 거래소는 상장예비심사청구인이 상장예비심사결과를 통보받은 날로부터 1개월 이내에 신규상장신청서를 제출하지 않은 경우 상장예비심사결과의 효력을 인정하지 않을 수 있다.
④ 상장의 종류에는 신규상장, 추가상장, 변경상장, 재상장, 우회상장 등이 있다.

21 중요도 ★★★
주권 상장의 유형별 내용으로 잘못된 것은?

① 신규상장 : 발행인이 처음으로 유가증권시장에 주권을 상장하는 것으로 공모상장과 직상장이 있다.

② 추가상장 : 이미 상장된 주권의 발행인이 새로 주권을 발행하여 상장하는 것으로 유·무상증자, 우선주 발행, 주식배당, 전환사채권 등의 권리행사, 예탁증서 발행 시 활용된다.

③ 변경상장 : 액면금액 등을 변경한 후 새로이 발행한 주권을 상장하는 것으로 상호변경, 액면분할·병합, 수량변경 시 활용된다.

④ 재상장 : 신규상장보다 완화된 요건을 적용하여 용이하게 다시 상장하는 것으로 상장폐지법인의 경우 상장폐지된 날로부터 3년 이내에 해야 한다.

정답 및 해설

18 ④ 유가증권시장에 상장될 수 있는 유가증권에는 주권(외국증권, 외국주식예탁증권 포함), 채무증권(채권, 외국채무증권 포함), 신주인수권증권·증서, ETF, 수익증권, 투자회사(Mutual Fund), 부동산투자회사, 선박투자회사, 워런트증권, 주가연계증권 등이 있다.

19 ② 이미 발행한 주식 전부를 상장해야 하며, 그 일부만을 상장신청할 수 없다. 다만, 예외적으로 우선주 등 보통주를 제외한 주식의 경우 종목별로 상장신청을 하지 않을 수 있다. 외국거래소에 이미 주권의 일부만 상장한 법인은 증권시장에 잔여분 전부를 상장신청해야 한다.

20 ③ 거래소는 상장예비심사청구인이 상장예비심사결과를 통보받은 날로부터 6개월 이내에 신규상장신청서를 제출하지 않은 경우 상장예비심사결과의 효력을 인정하지 않을 수 있다.

> 참고 상장절차
> • 상장신청 사전협의 : 상장예비심사신청서의 부실기재 등을 사전예방
> • 상장예비심사신청서 제출 : 신규상장 신청 전에 거래소에 제출
> • 예비상장심사 : 상장자격 심사(상장규정에 명시된 형식적 요건 및 질적 요건)
> • 신규상장심사 : 분산요건 심사(공모비율, 일반주주 수 등)

21 ④ 재상장은 상장폐지법인의 경우 상장폐지된 날로부터 5년 이내, 분할·분할합병에 의해 설립된 법인의 경우에는 설립등기일이 속하는 사업연도의 결산재무제표 승인을 위한 정기주주총회 전에 하여야 한다.

22 중요도 ★★★

다음 중 유가증권시장의 주권 신규상장심사 시 형식적 심사요건과 거리가 먼 것은?

① 영업활동기간 : 3년 이상일 것

② 기업규모 : 상장예정 보통주식총수가 300만주 이상이고 자기자본이 500억원 이상일 것

③ 일반주주 수 : 500명 이상일 것

④ 경영성과 : 매출액 요건뿐 아니라 수익성 요건도 충족해야 함

23 중요도 ★

상장예비심사결과 재심사의 사유로 잘못된 것은?

① 상장심사결과 통보일로부터 1개월 이내에 상장신청서를 제출하지 않은 경우

② 상장예비심사청구서에 허위의 기재가 발견된 경우

③ 예비사업설명서의 내용이 상장신청서와 다른 경우

④ 국내회계기준 위반으로 증선위로부터 고발, 증권발행제한, 과징금조치를 받은 경우

24 중요도 ★

다음은 공모상장의 절차이다. 빈칸 안에 들어갈 내용으로 올바른 것은?

> 주권상장예비심사청구서 제출 ⇨ 상장예비심사결과 통지 ⇨ 증권신고서제출(공모) ⇨ (   )
> ⇨ 상장승인 및 매매개시

① 주권신규상장신청서 제출

② 명의개서

③ 대표주관계약 체결

④ 우리사주조합 및 지주관리위탁계약

25 중요도 ★

유가증권시장의 상장단계에 대한 설명 중 잘못된 것은?

① 지분증권의 모집 또는 매출의 경우 신고서 수리 후 15일이 경과하면 효력이 발생한다.

② 증권을 모집 또는 매출하고자 하는 법인은 증권신고서 효력발생 전에 예비투자설명서를 작성하여 청약권유에 사용할 수 있다.

③ 코스닥시장 상장 공모의 경우에는 우리사주조합에 대한 20% 우선배정이 적용된다.

④ 최종 공모가격은 수요예측 결과를 감안하여 대표주관회사를 포함한 인수회사와 발행회사가 협의하여 자율적으로 정한다.

26 중요도 ★

유통시장에 대한 설명 중 잘못된 것은?

① 시장성과 유통성을 높여 발행시장에서 장기자본조달을 원활하게 한다.

② 직접금융시장으로 장기산업자금 조달을 위한 1차 시장이다.

③ 유가증권의 담보력을 증가시키고 공정하고 적정한 가격산정을 유도한다.

④ 발행시장에서 발행될 유가증권의 가격을 결정하는 기능을 한다.

정답 및 해설

22 ② 기업규모는 상장예정 보통주식총수가 100만주 이상이고 자기자본이 300억원 이상일 것을 요한다.

23 ① 예비상장심사 승인일로부터 6개월 이내에 주권신규 상장신청서를 제출하지 않은 경우 상장예비심사신청서를 다시 제출해야 한다.

24 ① 주권상장예비심사청구서 제출 ⇨ 상장예비심사결과 통지 ⇨ 증권신고서제출(공모) ⇨ 주권신규상장신청서 제출 ⇨ 상장승인 및 매매개시

25 ③ 코스닥시장 상장의 경우에는 우리사주조합에 대한 20% 우선배정의무가 없다.

26 ② 발행시장에 대한 내용으로, 유통시장은 2차 시장이다.

27

중요도 ★★

상장유가증권의 매매정지사유 및 매매정지기간이 잘못된 것은?

① 상장폐지기준에 해당 : 정지사유 해소 인정 시까지
② 관리종목 지정기준에 해당 : 매매일 기준 1일간
③ 상장유가증권의 위·변조 발생 : 매매일 기준 1일간
④ 풍문·보도 관련 거래량 급변 예상 : 정지사유에 대한 조회결과 공시시점부터 3시간이
   경과한 때까지

28

중요도 ★★

다음 중 상장폐지기준에 해당하는 것은?

① 분기보고서 기한 내 미제출
② 2회 연속 분기보고서 미제출
③ 최근년 매출액 50억원 미만
④ 최근년 자본잠식률 50% 이상

29

중요도 ★

상장폐지제도에 대한 설명이 잘못된 것은?

① 상장법인의 신청에 의한 신청폐지와 거래소의 직권에 의한 직권폐지가 있다.
② 상장폐지 유예제도가 없다.
③ 상장폐지가 결정된 종목은 최종매매기회를 위하여 7일 동안 정리매매를 할 수 있다.
④ 거래소는 투자자보호를 위하여 상장폐지기준에 해당될 우려가 있음을 예고할 수 있다.

30

중요도 ★★

기업내용 공시의 4가지 요건과 거리가 먼 것은?

① 정보의 정확성과 완전성
② 공시의 신속성 및 적시성
③ 공시내용의 이해 및 접근 용이성
④ 공시내용 전달의 간결성

31

중요도 ★

주권상장법인의 공시제도에 대한 설명 중 잘못된 것은?

① 수시공시에 해당하는 사업보고서, 반기보고서, 분기보고서는 법정기한 내에 반드시 제출하여야 한다.
② 거래소법인은 자기주식의 취득이나 공개매수하는 경우 별도로 이를 신고하여야 한다.
③ 유·무상증자, 주식배당의 결정, 은행거래의 정지, 영업의 정지 등은 당일 수시공시사항이다.
④ 유·무상증자 등 기업 재무구조의 변경을 초래하는 사항은 수시공시사항으로 이를 투자자에게 알려야 한다.

정답 및 해설

27 ④ 풍문·보도 관련 거래량의 급변이 예상되는 경우 정지사유에 대한 조회결과 공시시점부터 30분이 경과한 때까지 매매거래가 정지된다.

28 ② ①③④는 관리종목지정사유에 해당한다.

29 ② 보통주권 상장법인이 정리매매를 시작하기 전에 해당 사유가 해소되었음을 증명하는 감사인의 의견서를 제출하는 경우에 거래소는 상장공시위원회의 심의를 거쳐 반기보고서의 법정 제출기한까지 상장폐지를 유예할 수 있다.

30 ④ 공시의 4가지 요건은 정보의 정확성과 완전성, 공시의 신속성 및 적시성, 공시내용의 이해 및 접근 용이성, 공시내용 전달의 공평성 등이다.

31 ① 사업보고서, 반기보고서, 분기보고서는 정기공시에 해당한다.

32 중요도 ★★
자율공시에 대한 설명 중 잘못된 것은?

① 자율공시대상은 회사의 경영·재산 및 투자자의 투자판단에 중대한 영향을 미칠 수 있다고 판단되는 사항이다.

② 장래 계획에 관한 사항 또는 공시의무사항 외의 주요경영사항에 대하여 투자자에게 알릴 필요가 있다고 판단되는 주요경영사항도 자율공시대상이다.

③ 자율공시의 사유발생일 다음 날까지 자율적으로 공시할 수 있다.

④ 자율공시한 내용을 변경 또는 번복하더라도 불성실공시법인이 되는 것은 아니다.

33 중요도 ★★
조회공시에 대한 설명 중 잘못된 것은?

① 공시되지 않고 있는 중요정보를 특정인에게 선별적으로 제공하고자 하는 경우에 적용된다.

② 거래소가 주권상장법인의 기업내용에 관한 풍문·보도내용의 사실여부를 요구하는 공시이다.

③ 풍문 및 보도의 경우 조회공시를 요구받은 시점이 오전인 경우에는 오후까지, 오후인 경우에는 그 다음 날 오전까지 공시해야 한다.

④ 부도, 해산, 영업활동정지 등 퇴출기준에 해당하는 풍문 및 보도 등 조회공시 요구 시 매매거래정지조치가 취해지는 사항은 다음 날까지 공시해야 한다.

34 중요도 ★★
불성실공시의 대표적인 유형과 거리가 먼 것은?

① 공시불이행   ② 공시번복

③ 공시추가   ④ 공시변경

35 주권상장법인의 공정공시에 관한 설명으로 옳은 것은?

중요도 ★★

① 보도목적 취재에 응한 정보제공과 비밀유지 의무자에 대한 정보제공에 대하여 공정공시 의무가 적용된다.

② 공정공시정보 제공자는 주식상장법인 그 대리인 및 임원(사실상 임원 포함), 해당 회사 모든 직원이 해당된다.

③ 공정공시정보 제공대상자는 기관투자자, 언론사, 주식소유자 등이다.

④ 장래사업계획, 매출거래 등의 전망 또는 예측은 공정공시대상 정보에서 제외된다.

36 유가증권시장 공시제도에 대한 설명으로 가장 거리가 먼 것은?

중요도 ★

① 공정공시대상 정보는 경영계획, 매출액 등 경영실적에 대한 전망 또는 예측 등을 말한다.

② 공정공시의무 위반 시에는 불성실공시의 조치대상에 해당되지 않는다.

③ 공시번복에 해당하는 경우 불성실공시법인 지정예고를 하며 그 후 일정한 절차에 따라 불성실공시법인으로 지정될 수 있다.

④ 상장법인이 신규사업의 추진, 장래사업계획 등을 자진하여 공시할 수 있다.

정답 및 해설

32 ④ 자율공시한 내용을 변경 또는 번복하는 경우 불성실공시법인으로 지정된다.

33 ① 공정공시에 대한 내용이다.

34 ③ 불성실공시의 유형에는 공시불이행, 공시번복, 공시변경 등이 있다.

35 ③ ① 적용된다. → 적용되지 않는다.
② 공정공시정보 제공자는 주식상장법인 그 대리인 및 임원(사실상 임원 포함), 직원(관련 부서 직원에 한함)이 해당된다.
④ 공정공시대상 정보는 장래사업계획, 매출거래 등의 전망 또는 예측이다.

36 ② 공정공시의무 위반 시에는 불성실공시의 조치대상이 된다.

37

중요도 ★

주권상장법인의 공시에 대한 설명 중 잘못된 것은?

① 상장법인이 최대주주 등과 가지급금, 대여금 등의 거래를 한 경우 자진공시방법으로 그 사유발생일로부터 1일 이내에 공시하여야 한다.

② 장래계획을 자진하여 공시하는 것은 투자자의 판단을 흐리게 하므로 허용하지 않는다.

③ 공시사항은 전자문서에 의한 공시도 가능하다.

④ 주권상장법인은 공시의무사항 이외에 중요정보를 사유발생일로 1일 이내에 자율적으로 공시하여야 한다.

38

중요도 ★

거래소는 위탁증거금제도의 자율화에도 불구하고 증권시장의 불안정성을 완화할 수 있도록 예외적으로 위탁증거금을 100% 징수하도록 의무화한 경우가 있다. 다음 중 위탁증거금 100% 징수사유와 거리가 먼 것은?

① 투자주의종목으로 지정한 종목에 대한 매수주문

② 투자경고종목으로 지정한 종목에 대한 매수주문

③ 상장주식 수가 5만주 미만인 종목의 매도주문

④ 결제일에 매수대금 또는 매도증권을 납부하지 않은 투자자의 주문

39

중요도 ★★

유가증권시장에서 단일가격에 의한 개별경쟁매매 방법을 적용하는 경우가 아닌 것은?

① 주권상장법인의 자기주식 매매가격 결정 시

② 시가 결정 시

③ 장 종료 시의 가격결정 시

④ 주식시장의 매매거래 중단 후 재개하여 최초가격 결정 시

40 중요도 ★

매매거래수탁과 관련하여 거래소의 기준 범위 내에서 증권회사가 자율적으로 정할 수 있는 것은?

① 매매거래약관 ② 투자설명서
③ 가격제한폭 ④ 대용증권과 대용가격

41 중요도 ★★

유가증권시장에서의 매매거래 수탁거부사유가 아닌 것은?

① 내부자거래 등 불공정거래에 해당하는 주문
② 금지되는 공매도나 공매도호가의 가격제한에 해당하는 매도주문
③ 투자경고종목에 대한 시장가매매주문
④ 미수금이 있는 위탁자의 신규주문

정답 및 해설

37 ② 장래계획을 자진하여 공시하는 것도 가능하다.

38 ① 투자주의종목으로 지정한 종목에 대한 매수주문은 위탁증거금의 100% 징수가 의무화되어 있지 않다.

39 ① 단일가격에 의한 개별경쟁매매 방법 적용대상은 시가 결정 시, 장 종료 시의 가격 결정 시, 시장의 전부 또는 일부가 정지된 후 재개하여 최초가격 결정 시, 매매거래가 중단·정지된 후 재개하여 최초가격 결정 시 등이다.

40 ④ 대용증권은 거래소가 지정한 유가증권으로 거래소가 정한 비율 이하로 증권회사가 자율로 결정한다.

41 ③ 투자경고종목에 대한 시장가매매주문은 가능하다.

42 중요도 ★

매매거래 수탁에 대한 설명 중 잘못된 것은?

① 수탁방법은 문서, 전화뿐 아니라 전자통신에 의한 방법도 가능하다.

② 회원은 고객의 수탁을 거부할 수 없다.

③ 위탁증거금은 회원이 자율적으로 결정하되, 필요한 경우 거래소가 증거금의 최저징수율을 정할 수 있다.

④ 위탁수수료 징수방법도 자율적으로 결정하되, 변경 시 그 시행일로부터 5매매거래일 이내에 거래소에 보고하고 공표하여야 한다.

43 중요도 ★★

유가증권시장의 위탁증거금에 대한 다음 설명 중 잘못된 것은?

① 증권회사는 매도주문의 수탁 시 현금 또는 당해 매도증권을 위탁증거금으로 징수할 수 있다.

② 위탁증거금은 현금에 갈음하여 대용증권으로 징수할 수 있다.

③ 원칙적으로 위탁증거금의 징수율과 징수 방법은 증권회사가 자율적으로 정한다.

④ 거래소는 시장관리상 필요한 경우 위탁증거금의 최고징수율을 정할 수 있다.

44 중요도 ★★

다음 중 가격을 지정하나 미체결 잔량에 대하여는 장 종료 단일가매매 시 자동으로 시장가로 전환되는 호가인 것은?

① 조건부지정가   ② 최유리지정가

③ 최우선지정가   ④ 시장가

45
동시호가제도에 대한 설명 중 잘못된 것은?

① 시가 등이 상·하한가로 결정되는 경우 단일가매매에 참여한 매매호가에 대하여 시간상 우선순위를 배제하는 제도로서 시간우선원칙의 예외이다.

② 상한가 매수호가 간 또는 하한가 매도호가(시장가호가 포함) 간 호가가 동시에 접수된 것으로 간주한다.

③ 거래중단 후 최초가격이 상·하한가로 결정되는 경우에도 적용된다.

④ 동시호가의 경우 시간우선의 원칙과 가격우선의 원칙이 적용된다.

46
공매도호가에 대한 설명 중 잘못된 것은?

① 공매도는 주식을 보유하지 않고 매도하거나 차입한 주식을 매도하는 것이다.

② 공매도는 원칙적으로 금지되나 결제이행이 보장되는 경우만 예외적으로 허용된다.

③ 공매도는 원칙적으로 직전의 가격보다 낮은 가격으로 호가할 수 없다.

④ 가격이 상승하는 경우 직전가격으로 호가할 수 없다.

정답 및 해설

42 ② 회원은 투자자보호와 거래질서의 안정을 위하여 금지되는 공매도, 공매도호가의 가격제한에 해당하는 매도주문, 미수금이 있는 위탁자의 신규매매주문의 위탁, 불공정거래에 해당하는 주문에 대하여 수탁을 거부할 수 있고, 주문표에 거부이유를 표시해야 한다.

43 ④ 거래소는 시장관리상 필요한 경우 위탁증거금의 최저징수율을 정할 수 있다.

44 ① 조건부지정가는 가격을 지정하나 미체결 잔량에 대하여는 장 종료 단일가매매 시 시장가로 자동 전환되는 호가이다.

45 ④ 동시호가의 경우 위탁자우선의 원칙, 수량우선의 원칙이 적용된다.

46 ④ 가격이 상승하는 경우 직전가격으로 호가할 수 있다.

47 자본시장법상 공매도로 보지 않는 경우에 해당하는 것을 모두 고른 것은?

> ㉠ 매수계약 체결 후 결제일 전에 해당 증권을 다시 매도하는 경우
> ㉡ 주식 관련 채권의 권리행사, 유·무상증자, 주식배당 등으로 취득할 주식이 결제일까지 상장되어 결제가 가능한 경우 그 주식의 매도
> ㉢ 다른 보관기관에 보관하고 있는 증권의 매도
> ㉣ DR에 대한 예탁계약 해지로 취득할 주식 및 ETF 환매청구에 따라 교부받을 주식의 매도로서 결제일까지 결제가 가능한 경우

① ㉠, ㉡, ㉢   ② ㉠, ㉢, ㉣
③ ㉡, ㉢, ㉣   ④ ㉠, ㉡, ㉢, ㉣

48 유가증권시장의 유통시장에 대한 설명 중 잘못된 것은?

① 단일가매매 시 항상 동시호가방식으로 매매체결한다.
② 자기주식호가의 정정은 가능하나 취소는 불가하다.
③ 정리매매종목은 정규시장 매매거래시간 중 30분 단위 단일가매매 방법으로 매매되며 가격제한폭은 적용되지 않는다.
④ 주권, DR, ETF는 지정가, 시장가, 조건부지정가, 최유리지정가, 최우선지정가 주문이 모두 가능하다.

49 Side Car(프로그램매매호가의 효력 일시정지제도)에 대한 설명 중 옳은 것은?

① 선물거래종목 중 직전일의 거래량이 가장 많은 종목의 가격이 급변하는 경우 프로그램매매호가에 대하여 일정 기간 효력을 정지하는 제도이다.
② 선물가격이 기준가격 대비 5% 이상(코스닥시장 6%) 급변(하락에 한함)하여 1분간 지속되는 경우 프로그램매매호가를 정지시킨다.
③ 정지시간은 10분간이고, 1일 2회를 초과하여 발동할 수 없다.
④ 장 종료 1시간 전 이후에는 적용하지 않는다.

50 중요도 ★★

주식의 가격제한폭에 대한 설명 중 잘못된 것은?

① 기준가격은 원칙적으로 전일 종가이다.

② 주식, DR, ETF, 수익증권의 경우 가격제한폭은 ±30%이다.

③ 정리매매종목, 신주인수권부증서, ELW, 채권의 가격제한폭은 ±10%이다.

④ 장기휴장 이후 최초로 매매거래를 재개하는 경우 또는 시장급변 등으로 가격제한폭을 적용하기 곤란한 경우 그때마다 가격제한폭을 다르게 정할 수 있다.

51 중요도 ★

유가증권시장의 주가에 따른 호가가격 단위가 잘못된 것은?

① 주가가 500원인 경우 호가가격 단위는 1원이다.

② 주가가 5,000원인 경우 호가가격 단위는 10원이다.

③ 주가가 50,000원인 경우 호가가격 단위는 100원이다.

④ 주가가 500,000원인 경우 호가가격 단위는 500원이다.

정답 및 해설

47 ④ 모두 공매도로 보지 않는다.

48 ① 단일가매매 시간이라 하더라도 상·하한가 적용 시에만 동시호가방식을 적용한다.

49 ① ② 급변(하락에 한함)하여 → 상승 또는 하락하여
③ 정지시간은 5분간이고, 1일 1회만 발동된다.
④ 장 종료 40분 전(14시 50분) 이후에는 적용하지 않는다. Side Car 발동가능 시간은 09:05 ~ 14:50까지만 가능하다.

50 ③ 정리매매종목, 신주인수권부증서, ELW의 경우 균형가격의 신속한 발견을 위하여 가격제한폭을 적용하지 않고, 레버리지 ETF는 그 배율만큼 가격제한폭을 확대하여 적용하고 있다.

51 ④ 주가가 500,000원인 경우 호가가격 단위는 1,000원이다.

52 중요도 ★★
개별경쟁매매 시 매매체결우선의 4원칙에 대한 설명 중 잘못된 것은?

① 가격우선의 원칙 : 매수 시는 고가의 매수호가가 우선하고 매도 시는 저가의 매도호가가 우선한다.
② 시간우선의 원칙 : 단일가매매를 하는 경우로서 동시호가가 적용되는 경우에는 시간우선의 원칙을 배제한다.
③ 자기매매우선의 원칙 : 자기매매가 위탁매매에 우선한다.
④ 수량우선의 원칙 : 수량이 많은 호가가 적은 호가에 우선한다는 원칙으로 단일가매매시간에 동시호가인 경우 위탁매매호가 간에 적용된다.

53 중요도 ★★
다음은 단일가매매를 적용하는 경우이다. 그 시간이 잘못된 것은?

① 시가 결정 시 : 30분(08:30 ~ 09:00)
② 장 종료 시 : 10분(15:20 ~ 15:30)
③ 매매거래 정지 후 재개하여 최초가격 결정 시 : 5분간
④ 시간외단일가매매 : 10분 단위

54 중요도 ★★
동시호가가 적용되는 경우 시간우선의 원칙이 배제된다. 이 경우에 해당하지 않는 것은?

① 시가 결정 시
② 시장 임시정지, 매래거래중단 후 재개하여 최초가격 결정 시
③ 신규상장종목 최초가격 결정 시
④ 불성실공시로 인한 제재조치 시

55

□

중요도 ★★

시간외종가매매는 투자자에게 추가적인 매매거래의 기회를 제공하기 위하여 정규매매시간 종료 후 장 개시 전 일정 시간 동안 당일 종가로 시간우선의 원칙만 적용하여 매매거래를 성립시키는 제도이다. 이 제도에 대한 내용이 잘못된 것은?

① 대상증권은 주권 및 ETF이다.

② 호가접수시간과 매매시간은 같다.

③ 매매단위는 1주이다.

④ 호가의 정정은 불가능하나 매매체결 전까지 호가의 취소는 가능하다.

56

□

중요도 ★

시간외대량·바스켓매매는 매도·매수 쌍방호가에 대하여 회원의 신청이 있는 경우 당해 호가 간에 매매를 체결시켜주는 매매제도이다. 이 제도에 대한 내용이 잘못된 것은?

① 대상 증권은 주권, DR, ETF, ETN 등이다.

② 매매 쌍방의 합의된 대량매매가 시장충격 없이 원활히 처리될 수 있도록 한다.

③ 시간외바스켓매매는 다수종목을 대량매매하는 기관투자자들이 포트폴리오를 새로 구성하거나 해소하는 데 도움을 주기 위해 도입되었다.

④ 최소주문수량은 정규시장 매매수량단위의 1,000배 이상이어야 한다.

정답 및 해설

52 ③ 매매체결우선의 4원칙은 가격우선, 시간우선, 위탁자매매우선, 수량우선이다. 이 중 위탁자매매우선의 원칙은 위탁매매가 자기매매에 우선한다는 원칙으로 증권회사는 자기매매업과 위탁매매업을 동시에 수행하기 때문에 투자자보호를 위하여 고객이 위탁한 주문을 우선 전량 체결시킨 후에 자기매매호가를 체결시켜야 한다.

53 ③ 매매거래 정지 후 재개하여 최초가격 결정 시 10분간 단일가매매를 적용한다.

54 ④ 불성실공시로 인한 제재조치는 동시호가의 적용과는 관계가 없다.

55 ② 호가접수시간은 40분(장 개시 전 08:30~08:40, 장 종료 후 15:30~16:00)이고, 매매시간은 30분(장 개시 전 08:30~08:40, 장 종료 후 15:40~16:00)이다.

56 ④ 최소주문수량은 정규시장 매매수량단위의 5,000배 이상 또는 1억원 이상이어야 한다. 그리고 호가가격은 당일 가격제한폭 범위 이내여야 하며, 매매체결 전까지 정정 및 취소가 가능하다.

57 중요도 ★
경쟁대량매매제도에 대한 설명 중 잘못된 것은?

① 익명거래를 원하는 투자자의 일정 규모 이상의 대량호가를 정규시장호가와는 별도로 집중시켜 비공개로 매매거래를 체결하는 제도이다.
② 시간우선의 원칙이 배제되는 매매방식이다.
③ 체결되는 가격은 해당 종목의 거래량가중평균가격으로서 거래소가 장 종료 후에 산출하여 각 당사자에게 통보한다.
④ 경쟁매매의 호가수량 및 체결정보는 공개하지 않지만, 종목별로 경쟁대량매매를 위한 매매호가의 유무정보는 정규시장 매매거래시간 중에 한하여 공개하고 있다.

58 중요도 ★★
주권상장법인의 자기주식 취득 규제에 대한 설명이 잘못된 것은?

① 취득수량의 한도는 없으며, 취득재원이 충분하다면 이론상 100% 취득도 가능하다.
② 취득재원은 직전 사업연도 말 재무제표를 기준으로 상법상 이익배당한도에서 직전 사업연도말 이후 발생한 자기주식취득 및 처분금액과 주총에서 결의된 이익배당금액 등을 가감하여 산정한다.
③ 취득방법은 증권시장에서 매매를 통하여 취득할 수 있고, 장외에서 공개매수방법으로도 취득할 수 있다.
④ 자기주식의 취득 및 처분기간은 이사회 결의일로부터 1개월 이내이다.

59 중요도 ★★
주권상장법인의 자기주식매매에 대한 설명 중 잘못된 것은?

① 일일주문수량은 총 취득 예정수량의 5%에 해당하는 수량과 최근 1개월간 일평균거래량의 10%에 해당하는 수량 중 많은 수량 이내여야 한다.
② 특정 회원사에 자기주식매매거래계좌를 별도로 설정해야 하고, 동계좌에서는 자기주식 외의 종목을 거래할 수 없다.
③ 회원은 자기주식 매매당일에 주문을 접수한 후 장 종료 30분 이전까지 호가제출을 완료해야 한다.
④ 자기주식을 처분하는 경우 시간외대량매매의 방법으로도 가능하다.

60 중요도 ★
주권상장법인의 자기주식 취득 및 처분에 대한 설명 중 잘못된 것은?

① 자기주식매매를 위탁받은 회원은 자기주식매매신청서를 취득(처분) 전일 18시까지 거래소에 제출해야 한다.

② 지정가호가만 가능하고 호가정정은 허용되나 호가취소는 불가능하다.

③ 신탁계약을 통한 자기주식매매는 허용되지 않는다.

④ 금융위원회의 승인을 받아 수량제한을 면제하는 특례조치가 취해지면 자기주식의 일일주문수량은 취득신고 주식 수 이내까지 확대된다.

61 중요도 ★★
다음 중 권리락 및 배당락 조치에 대한 설명으로 잘못된 것은?

① 권리락은 신주인수권을 받을 권리가 소멸됨을 조건으로 하는 매매임을 주지시켜주는 시장 조치이다.

② 유가증권시장과 마찬가지로 코스닥시장 상장법인이 주식배당을 하는 경우 배당락 조치를 취한다.

③ 권리락의 조치일은 신주를 받을 수 있는 기준이 되는 신주배정기준일의 전날이다.

④ 배당락으로 인한 기준가격의 조정은 주식배당 및 현금배당에 대해서 적용된다.

정답 및 해설

57 ② 경쟁대량매매는 시간우선의 원칙이 적용되는 매매에 해당된다.

58 ④ 자기주식을 취득할 수 있는 기간은 이사회 결의사항 공시 후 익일부터 3개월 이내이고, 처분기간은 이사회 결의일 익일부터 3개월 이내이다.

59 ① 일일주문수량은 총 취득 예정수량의 10%에 해당하는 수량과 최근 1개월간 일평균거래량의 25%에 해당하는 수량 중 많은 수량 이내(단, 발행주식총수의 1% 이내)여야 한다.

60 ③ 신탁계약을 통한 자기주식매매도 가능하며 이 경우 자기주식 취득 후 1개월간 처분이 금지되고, 처분 후 1개월간 취득이 금지된다.

61 ④ 배당락은 주식배당을 하는 경우에만 적용된다.

62

매매결제와 관련된 설명 중 잘못된 것은?

① 결제증권 및 결제대금 수수업무는 증권예탁결제원이 수행한다.

② 결제이행을 보장하기 위한 장치로는 손해배상공동기금, 회원보증금, 결제적립금 등이 있다.

③ 현직 국내증권시장에서는 원칙적으로 한 회원이 매매한 전량 및 대금의 전액을 수수하는 전량결제방식을 취하고 있다.

④ 증권거래의 결제는 결제이행의 책임을 지고 있는 증권선물거래소에서 방법, 절차 등을 정하고 있다.

63

단기과열종목 지정제도에 대한 설명 중 잘못된 것은?

① 미확인된 특정 테마 등을 추종매매한 선의의 투자자에 대한 피해를 보호하기 위한 제도이다.

② 단기과열지표가 되는 것은 주가와 거래량이다.

③ 최초 단기과열지표에 해당하는 종목이 10매매거래일 이내에 다시 단기과열지표에 해당하는 경우 지정예고하고, 그 후 10매매거래일 이내에 다시 단기과열지표에 해당하는 경우 단기과열종목으로 지정한다.

④ 당일 종가가 지정일 전일의 종가보다 20% 이상 높으면 지정기간을 3매매거래일 연장한다.

64

투자경고종목, 투자위험종목의 거래상 제한에 대한 설명 중 잘못된 것은?

① 투자경고종목, 투자위험종목으로 지정 시 신규 신용거래가 금지된다.

② 투자경고종목, 투자위험종목을 매수할 경우 위탁증거금을 100% 납부해야 한다.

③ 투자위험종목으로 지정되더라도 대용증권으로 사용하는 것은 허용된다.

④ 투자위험종목 지정 후에도 주가가 지속적으로 상승하면 하루 동안 매매가 정지된다.

65 중요도 ★★★

Circuit Breakers 제도에 대한 설명 중 잘못된 것은?

① 지수가 일정 하락 시 시장전체의 매매를 중단함으로써 시황급변에 따른 손실을 방지하는 제도이다.

② 증권시장의 모든 종목 및 주식 관련 선물·옵션매매거래가 20분간 중단된다.

③ 20% 이상 하락하여 중단된 경우에는 당일 장이 종료된다.

④ 매매거래중단 후 60분 경과 시 매매거래를 재개한다.

66 중요도 ★

종목별 매매거래 정지제도에 대한 설명 중 잘못된 것은?

① 풍문, 호가폭주 등으로 주권의 가격 또는 거래량이 급변하는 경우 일정 시간 매매를 정지한 후 재개시키는 제도이다.

② 랜덤엔드는 단일가의 결정 직전 예상체결가격 등이 급변하는 종목의 단일가매매 참여 호가시간을 연장하는 제도이다.

③ 동적변동성완화장치(동적VI)는 단일가매매 시 2분간 호가접수시간 연장, 접속거래 시 2분간 매매거래 없이 호가를 접수하여 당해 호가 간 매매거래를 체결한다.

④ 정적변동성완화장치(정적VI)는 주가가 5% 이상 변동하는 경우 2분간 단일가매매를 하는 제도이다.

정답 및 해설

62 ③ 차감결제방식을 취하고 있다.

63 ② 단기과열지표가 되는 것은 주가, 회전율, 변동성이다.

참고 단기과열지표

- 주가 : 당일종가가 직전 40매매거래일 종가 평균 대비 30% 이상 상승
- 회전율 : 최근 2거래일 평균회전율이 직전 40매매거래일 회전율 평균 대비 500% 이상 증가
- 변동성 : 최근 2거래일 평균일중변동성이 직전 40매매거래일 일중변동성 평균 대비 50% 이상 증가

64 ③ 투자위험종목으로 지정되면 그 종목을 대용증권으로 사용할 수 없다.

65 ④ 매매거래중단 후 20분 경과 시 매매거래를 재개한다. 재개 시 최초가격은 재개시점부터 10분간 호가접수하여 단일가매매방법에 의하여 결정하며, 그 이후에는 접속매매방법으로 매매를 체결한다.

66 ④ 정적변동성완화장치(정적VI)는 주가가 10% 이상 변동하는 경우 2분간 단일가매매를 하는 제도이다.

67 중요도 ★★★

Side Car(프로그램매매호가의 효력일시정지제도)**에 대한 설명 중 잘못된 것은?**

① KOSPI선물가격이 기준가격 대비 5% 이상 변동하여 1분간 지속하는 경우 발동된다.

② 장 개시 후 5분이 경과한 시점부터 발동기준을 계산하며 1일 1회에 한하여 발동한다.

③ 상승의 경우에는 프로그램매수호가, 하락의 경우에는 프로그램매도호가의 효력을 5분간 정지된다.

④ 프로그램매매호가의 효력정지시점부터 10분이 경과하면 해제된다.

68 중요도 ★

대용증권은 유가증권의 활용도를 높이기 위해 현금에 갈음하여 증거금으로 사용할 수 있도록 거래소가 지정한 증권이다. 이에 대한 설명 중 잘못된 것은?

① 위탁증거금, 신용거래보증금, 공탁금, 담보증권으로 사용한다.

② 대용증권으로 활용할 수 있는 증권에는 상장주권(코스닥 포함), 상장채권, DR, ETF, 수익증권 등이 포함된다.

③ 대용증권의 가격은 기준시세에 대용가치를 인정해주는 사정비율을 곱하여 산출한다.

④ 상장주권의 대용증권 가격은 기준시세의 50%이다.

69 중요도 ★

거래소의 시장감시제도에 대한 설명 중 잘못된 것은?

① 이상매매의 심리 또는 감리를 위하여 필요한 경우 회원에 대하여 보고, 자료제출, 출석 및 진술을 요구할 수 있다.

② 감리방법에는 서면감리와 실지감리가 있다.

③ 사전에 불공정거래 가능성이 있어 보이는 경우 해당 회원에게 알려주는 불공정거래 사전 예고제도를 운영하고 있다.

④ 이상거래 심리 및 회원감리의 결과에 따른 조치로서 3개월 이내에 매매거래의 전부 또는 일부를 정지하거나 1억원 이하의 회원제재금을 부과할 수 있다.

70

중요도 ★

유가증권시장제도에 대한 설명 중 잘못된 것은?

① 증권시장의 불공정거래를 예방하고 그 규제를 효율적으로 수행하기 위해 자율규제기관이 거래소에 이상매매 심리 및 회원감리권을 부여하고 있다.

② 결산배당에 대하여 현금배당인 경우 배당락이 없다.

③ 권리락 조치는 신주인수권을 받을 권리가 소멸됨을 조건으로 하는 매매임을 투자자에게 주지시키는 조치이다.

④ 거래소의 분쟁조정에 의하여 조정이 성립된 경우 재판상 화해계약이 성립된 것으로 본다.

정답 및 해설

67 ④ Side Car는 프로그램매매호가의 효력정지시점부터 5분이 경과한 경우, 장 종료 40분 전인 경우, 프로그램매매호가의 효력 정지시간 중 Circuit Breakers 또는 임시정지되었다가 매매거래가 재개된 경우 등으로 해제된다.

68 ④ 상장주권의 대용증권 가격은 기준시세의 60 ~ 80% 수준이다.

69 ④ 이상거래 심리 및 회원감리의 결과에 따른 조치로서 6개월 이내에 매매거래의 전부 또는 일부를 정지하거나 10억원 이하의 회원제재금을 부과할 수 있다.

70 ④ 거래소의 분쟁조정에 의하여 조정이 성립된 경우 민법상 화해계약이 성립된 것으로 보나 재판상 화해가 성립한 것으로 보는 것은 아니다. 하지만 금융감독원의 분쟁조정 효력은 재판상 화해와 동일한 효력을 가지고 있다. 즉, 금융감독원 분쟁조정인 경우 당사자가 수락하면 그 효력은 재판상 화해와 동일한 효력을 가진다.

제 2 장
코스닥시장

학습전략

코스닥시장은 제2과목 전체 20문제 중 총 3문제가 출제된다.
코스닥시장은 유가증권시장의 제도가 대부분 동일하게 적용되고, 상장제도 등 일부 규정만 차이가 있다. 이 영역에서는 유가증권시장과 차이가 있는 신규상장조건, 상장폐지 사유 등이 자주 출제되는 경향이 있다.

출제예상 비중

매매거래제도 20%
공시제도 20%
10% 증권시장
50% 상장제도

핵심포인트

구 분	핵심포인트	중요도	페이지
증권시장 (10%)	01 한국거래소	★★	p. 188
상장제도 (50%)	02 일반기업 신규상장조건	★★★	p. 189
	03 기술기업 신규상장조건	★★	p. 190
	04 우회상장 심사제도	★★	p. 191
	05 재상장절차	★★	p. 192
	06 상장폐지	★★	p. 193
	07 상장적격성 실질심사	★★	p. 195
공시제도 (20%)	08 유통시장 공시제도	★★	p. 196
매매거래제도 (20%)	09 동시호가 시 체결수량 배분	★★	p. 197

코스닥시장을 개설한 한국거래소에 대한 설명 중 잘못된 것은?

① 한국거래소는 증권 및 파생상품의 공정한 가격 및 매매 등을 위해 설립된 법인이다.

② 자본시장법상 거래소 설립은 신고주의를 취하고 있다.

③ 회원이 아닌 자는 거래소 개설시장에서 매매할 수 없다.

④ 금융위원회로부터 금융투자상품거래 청산업의 인가를 받아 법적 청산기관으로서의 기능을 수행한다.

용어 알아두기

대체거래시스템	대체거래시스템(ATS : Alternative Trading System)은 한국거래소와는 별도로 증권을 매매할 수 있는 시스템을 말한다.

TIP 자본시장법상 거래소 설립은 허가주의를 취하고 있다.

핵심포인트 해설 **한국거래소**

의 의	• 증권 및 파생상품의 공정한 가격 및 매매 등을 위해 설립된 법인 • 개설시장 : 유가증권시장, 코스닥시장, 코넥스시장, 파생상품시장
법적성격	• 국내 유일의 거래소 기능(자본시장법상 거래소 설립은 허가주의) • 회원조직 : 회원이 아닌 자는 거래소 개설시장에서 매매가 불가함 • 자율규제기관
주요업무	• 증권 및 장내파생상품 매매 및 결제에 대한 업무 • 증권의 상장 및 상장법인 공시에 관한 업무 • 법령상 거래소가 운영할 수 있도록 한 업무 • 금융투자상품거래 청산업무(금융위원회로부터 금융투자상품거래 청산업의 인가를 받아 법적 청산기관으로서의 기능 수행) • 위 이외의 다른 업무를 할 수 없음
자본시장법상 금융투자상품시장의 범위	• 거래소시장(유가증권·코스닥·코넥스·파생상품시장) • 대체거래시스템(ATS) • 표준화된 장외시장 : K-OTC시장, 채권전문중개회사(IDB) 등

정답 | ②

02

일반기업의 코스닥시장 상장요건으로 잘못된 것은?

① 설립경과연수 요건은 면제된다.
② 자본잠식요건은 적용되지 않는다.
③ 소액주주가 500명 이상이어야 한다.
④ 최근 감사의견이 적정 또는 한정이어야 한다.

TIP 최근 감사의견이 적정이어야 한다.

핵심포인트 해설 **코스닥시장 상장요건(일반기업)**

(2019. 4. 17. 개정규정 기준)

구 분	일반기업(벤처 포함)		기술성장기업	
	수익성·매출액 기준	시장평가·성장성 기준	기술평가 특례	성장성 추천
주식분산 (택1)	• 소액주주 500명 25% 이상, 청구 후 공모 5% 이상(소액주주 25% 미만 시 공모 10% 이상) • 자기자본 500억 이상, 소액주주 500명 이상, 청구 후 공모 10% 이상 & 규모별 일정 주식 수 이상 • 공모 25% 이상 & 소액주주 500명			
경영성과 및 시장평가 등 (택1)	• 법인세차감전계속사업이익 20억원(벤처 : 10억원) & 시총 90억원 • 법인세차감전계속사업이익 20억원(벤처 : 10억원) & 자기자본 30억원(벤처 : 15억원) • 법인세차감전계속사업이익 있을 것 & 시총 200억원 & 매출액 100억원(벤처 : 50억원) • 법인세차감전계속사업이익 50억원	• 시총 500억 & 매출 30억 & 최근 2사업연도 평균 매출증가율 20% 이상 • 시총 300억 & 매출액 100억원 이상(벤처 : 50억원) • 시총 500억원 & PBR 200% • 시총 1,000억원 • 자기자본 250억원	• 자기자본 10억원 • 시가총액 90억원 • 전문평가기관의 기출 등에 대한 평가를 받고 평가결과가 A등급 & BBB 등급 이상일 것	• 상장주선인이 성장성을 평가하여 추천한 중소기업일 것
감사의견	• 최근사업연도 적정			
경영투명성 (지배구조)	• 사외이사, 상근감사 충족			
기타 요건	• 주식양도 제한이 없을 것 등			

참고 기술성장기업 : 전문기관 기술평가(복수) 결과 A등급 & BBB등급 이상인 기업

정답 | ④

상장주권의 보호예수기간이 다른 하나는?

① 코스닥 일반기업의 최대주주
② 코스닥 벤처기업의 특수관계인
③ 상장예비심사신청 전 1년 이내에 제3자배정으로 코스닥 일반기업의 주식을 취득한 자
④ 코스닥 기술성장기업의 최대주주

TIP ④는 12개월(1년)이고, ①②③은 6개월이다.

핵심포인트 해설 　　**상장주권의 보호예수**

(1) 의의 및 목적
① 의의 : 일정 요건에 해당하는 주주들의 주식매도를 일시적으로 제한하는 제도
② 목적 : 안정적인 수급을 통한 공정한 주가 형성도모, 내부자의 불공정한 차익거래로부터 소액투자자보호, 핵심주주들의 책임
　　　　경영 확립

(2) 보호예수기간

주주 구분	일반기업, 벤처기업	기술성장기업
최대주주 및 특수관계인	6개월	12개월
제3자배정으로 주식을 취득한 자 (상장예비심사신청 전 1년 이내)	6개월	12개월
최대주주 등의 소유주식을 취득한 자 (상장예비심사신청 전 1년 이내)	6개월	12개월
벤처금융 및 전문투자자 (투자기간 2년 미만에 한함)	1개월	1개월
상장주선인	3개월 (공모주식의 3%, 10억원 한도)	3개월 (공모주식의 3%, 10억원 한도)
SPAC상장예비심사신청일 현재 주주	합병기일 후 6개월	합병기일 후 6개월

정답 | ④

04

우회상장 심사제도에 대한 설명 중 잘못된 것은?

① 우회상장이란 비상장기업이 상장기업에 대한 기업결합(합병, 주식교환 등)과 경영권 변동을 통해 실질적 상장효과를 발생시키는 것을 말한다.

② 우회상장법인을 심사하는 것은 부실한 비상장법인의 우회상장을 원천적으로 차단하기 위한 것이다.

③ 신규상장에 준하는 형식적 요건, 질적 요건을 심사한다.

④ SPAC은 한계기업의 퇴출지연 및 시장건전성을 저해할 우려가 있다.

TIP SPAC은 재무구조가 투명하여 합병으로 인한 시장건전성의 저해 가능성이 낮다.

핵심포인트 해설　　우회상장 심사제도

의 의	• 우회상장이란 비상장기업이 상장기업에 대한 기업결합(합병, 주식교환 등)과 경영권 변동을 통해 실질적 상장효과를 발생시키는 것 • 우회상장 심사는 부실한 비상장법인의 우회상장을 원천적으로 차단하기 위한 제도 • 우회상장 관리대상 : 기업합병, 포괄적 주식교환, 영업양수, 자산양수, 현물출자 등
우회상장법인의 심사기준	• 신규상장에 준하는 형식적 요건 심사 • 신규상장에 준하는 질적 요건 심사 • 신규상장에 준하는 보호예수 실시
SPAC	• 의의 : 다른 법인과의 합병을 목적으로 설립한 기업인수목적회사 • 취지 : 우량한 비상장기업의 건전한 우회상장 기회 및 다양한 증시 진입수단 제공 • 특 징 　· 재무구조가 투명하여 합병으로 인한 시장건전성의 저해 가능성이 낮음 　· 기업결합을 통하여 공모자금 조달 및 재무구조개선 효과가 있음 　· 부실기업의 시장진입 가능성을 낮춤

정답 | ④

재상장절차에 대한 설명으로 잘못된 것은?

① 재상장신청인 중 상장폐지된 법인 및 인적분할에 의하여 설립된 법인은 재상장 신청 전에 상장예비심사를 받아야 한다.

② 분할·분할합병(물적분할은 제외)에 따라 설립된 법인은 분할·분할합병을 위한 이사회 결의 후 지체 없이 상장신청해야 한다.

③ 코스닥법인의 경우 자기자본 30억원 이상이어야 한다.

④ 분할·분할합병에 따라 신설된 법인의 주권을 상장하는 경우 영업활동기간은 이전대 상 영업부문 3년 이상이어야 한다.

TIP 분할·분할합병에 따라 신설된 법인의 주권을 상장하는 경우 영업활동기간에 대한 요건은 없다.

핵심포인트 해설　　**재상장**

의 의	• 상장폐지된 보통주권을 다시 상장하는 것 • 보통주권상장법인의 분할, 분할합병, 합병으로 설립된 법인의 보통주권을 상장하는 것
재상장 신청인	• 유가증권시장에서 상장폐지 후 5년이 경과하지 않은 주권의 발행인 • 주권상장법인의 분할 또는 분할합병에 따라 설립된 법인 • 주권상장법인 간의 합병에 의하여 설립된 법인
재상장 신청기간	• 상장폐지된 법인의 경우 : 상장폐지일로부터 5년 이내 • 분할·분할합병에 따라 설립된 법인 : 이사회 결의 후 지체 없이 신청해야 함
분할·분할합병에 따른 재상장요건	• 기업규모 : 자기자본 30억원 이상 • 경영성과 · 법인세차감전계속사업이익이 있을 것 · ROE 10% 이상 or 당기순이익 20억원 이상 or 매출액 100억원 이상 • 자본잠식이 없을 것 • 유통주식수 : 100만주 이상 • 감사의견 : 감사인의 검토보고서 및 감사보고서의 검토의견이 모두 적정일 것 • 기 타 · 재상장신청일 현재 사외이사 선임의무 충족 · 재상장신청일 현재 감사위원회 설치의무 충족 · 주식양도의 제한이 없을 것

정답 | ④

06

코스닥시장의 상장폐지(퇴출) 기준에 해당하는 것은?

① 최근년 매출액 30억원 미만
② 4년 연속 영업손실 발생 시
③ 보통주 시가총액이 40억원 미만 30일간 지속 시
④ 2년 연속 사외이사·감사위원회 구성요건 미충족

TIP ①②③은 관리종목 지정기준에 해당한다.

핵심포인트 해설 **코스닥시장의 상장폐지 기준**

매출액	• 2년 연속 매출액 30억원 미만
계속사업손실	• 관리종목 지정 후 자기자본 50% 이상 & 10억원 이상 계속사업손실 발생
영업손실	• 5년 연속 영업손실 발생
자본잠식	• 최근 사업연도 말 완전자본잠식
시가총액	• 관리종목 지정 후 90일간 연속 10일 & 누적 30일간 40억원 이상 조건을 충족하지 못한 경우
사외이사요건	• 2년 연속 사외이사·감사위원회 구성요건 미충족
회생절차·파산	• 회생절차 기각 시, 법원의 파산선고 결정 시
감사의견	• 감사보고서 부적정, 의견거절, 범위제한 한정
거래량	• 2분기 연속 분기월평균거래량이 유동주식수의 1%에 미달
지분분산	• 2년 연속 소액주주 200인 미만 or 소액주주 지분 20% 미만
공시서류	• 2년간 3회 분기, 반기, 사업보고서 미제출 • 사업보고서 제출기한 후 10일내 미제출
기타 (즉시퇴출사유)	• 최종부도 또는 은행거래정지 • 피흡수합병 등 해산사유 발생 • 정관 등에 주식양도제한을 두는 경우 • 유가증권시장의 상장을 위한 경우 • 우회상장의 경우 우회상장규정 위반 시

정답 | ④

코스닥상장법인이 거래소로부터 상장폐지 결정통지를 받은 경우 이의가 있으면 이의신청을 제기할 수 있으나 일부 사유에 해당하면 이의신청을 할 수 없다. 다음 중 그 일부 사유에 해당하는 것은?

① 정기보고서 미제출
② 주가가 액면가의 20% 미달
③ 사외이사 구성요건 미충족
④ 2년 연속 소액주주 200인 미만

TIP 코스닥시장의 경우 정기보고서 미제출, 자본잠식, 매출액 미달, 해산, 시가총액 미달, 최종부도, 은행거래정지, 계속사업손실, 장기간 영업손실, 거래량 미달, 신청에 의한 상장폐지 등의 사유로는 이의신청을 할 수 없다.

핵심포인트 해설   상장폐지 절차

예 고	• 거래소는 상장법인이 관리종목으로 지정되는 경우 해당 상장법인이 상장폐지사유에 해당될 우려가 있다는 사실을 상장폐지사유에 해당될 때까지 예고할 수 있음
심 의	• 상장폐지사유에 해당하면 그 사유와 근거, 이의신청할 수 있다는 내용을 해당 주권상장법인에게 서면으로 통지해야 함 • 해당 주권상장법인은 통지받은 날로부터 일정 기간(유가증권시장 15영업일, 코스닥시장 7영업일) 이내에 거래소에 이의신청 가능
이의신청 불가사유	• 유가증권시장 : 정기보고서 미제출, 자본잠식, 매출액 미달, 해산, 지주회사 편입, 주가 및 시가총액 미달 • 코스닥시장 : 정기보고서 미제출, 자본잠식, 매출액 미달, 해산, 시가총액 미달, 최종부도, 은행거래정지, 계속사업손실, 장기간 영업손실, 거래량미달, 신청에 의한 상장폐지
유 예	• 해당 상장법인이 정리매매 시작 전에 해당사유가 해소되었음을 증명하는 감사인의 의견서를 제출하는 경우 상장폐지 유예 가능 • 해당 상장법인의 반기재무제표에 대하여 감사인의 감사의견이 적정 또는 한정인 경우에 거래소는 상장폐지 사유가 해소된 것으로 봄 • 우회상장기준 위반에 해당하는 상장법인이 정리매매를 시작하기 전에 해당 거래 취소결의 또는 결정을 한 경우에도 상장폐지 유예 가능
정리매매	• 상장폐지가 결정된 종목은 7일 동안 정리매매를 할 수 있게 한 후 상장 폐지함

정답 | ①

08

코스닥시장의 상장적격성 실질심사에 대한 설명 중 잘못된 것은?

① 계속성 점검이 요구되는 기업을 대상으로 당해 기업의 상장을 유지하는 것이 적정한 지 여부를 판단하는 것이다.

② 심사결과 기업의 계속성, 투명성, 투자자보호 등을 종합적으로 고려하여 필요하다고 인정하는 경우 해당 보통주권의 상장을 폐지한다.

③ 자기자본의 1% 이상 횡령·배임혐의가 확인되면 상장적격성 실질심사의 대상이 된다.

④ 실질심사기준에 해당하면 즉시 당해 상장법인의 매매거래를 정지시키고 기업심사위 원회의 심의대상이 되는지 여부를 결정해야 한다.

TIP 자기자본의 5% 이상 횡령·배임혐의가 확인되면 상장적격성 실질심사의 대상이 된다.

핵심포인트 해설 **코스닥시장의 상장적격성 실질심사**

의 의	• 계속성 점검이 요구되는 기업을 대상으로 당해 기업의 상장을 유지하는 것이 적정한지 여부를 판단하는 것
대 상	• 불성실공시로 관리종목에 지정된 법인 ·관리종목지정 후 누계벌점이 최근 1년간 15점 이상 추가된 경우 · 관리종목지정법인이 추가로 불성실공시법인으로 지정된 경우 • 회생절차개시 신청법인으로 관리종목에 지정된 법인 · 회생절차개시신청 기각, 회생절차개시결정 취소 · 회생계획 불인가, 회생절차폐지 결정 시 • 상장신청서 및 첨부서류 내용 중 중요사항의 허위기재 또는 누락 • 상장폐지가 필요하다고 인정되는 경우 · 증자나 분할 등이 상장폐지요건을 회피하기 위한 경우 · 자기자본의 5% 이상 횡령·배임혐의 확인(임원은 3% or 10억원 이상) · 외감법상 분식회계의 중대한 위반이 확인된 경우 · 주된 영업의 정지(분기 3억원, 반기 7억원) · 자구감사보고서를 제출하여 상장폐지사유를 해소한 경우 · 자기자본의 50% 이상 손상차손 발생 시 · 관리·투자주의 환기종목의 경영권 변동, 제3자 배정 증자대금 6월 이내에 재유출 시
절 차	• 실질심사기준에 해당하면 즉시 당해 상장법인의 매매거래 정지 • 영업일 기준 15일 이내에 당해 사실이 기업심사위원회 심의대상이 되는지 여부 결정(추가조사 필요 시 15일 이내에서 연장 가능) • 기업심사위원회 구성 및 상장적격성 심사

정답 | ③

다음 중 유통시장 공시와 거리가 먼 것은?

① 투자설명서
② 분기보고서
③ 합병종료보고서
④ 임원·주요주주의 특정 증권소유상황보고서

TIP 투자설명서는 발행시장 공시에 해당한다.

핵심포인트 해설   **공시체계**

발행시장 공시		증권신고서, 투자설명서, 증권발행실적보고서
유통시장 공시	정기공시	사업보고서, 반기보고서, 분기보고서
	주요사항보고서	부도발생, 증자·감자 결정, 영업양수도, 합병, 분할 등
	기타공시	합병종료보고서, 자기주식취득·처분결과보고서, 주식매수선택권부여신고서, 시장조성·안정조작신고서 등
	지분공시	주식대량보유현황보고, 임원·주요주주의 특정 증권소유상황보고서
	수시공시	주요경영사항신고, 지주회사의 자회사에 대한 공시, 자율공시, 조회공시
	공정공시	장래사업계획·경영계획, 매출액 등 경영실적에 대한 전망

정답 | ①

10

동시호가 시 체결수량 배분 방법이 잘못된 것은?

① 주문수량이 많은 주문부터 적은 주문 순으로 수량단위를 배분한다.
② 단일가매매 호가접수시간에 접수된 일방의 주문이 전량 체결될 때까지 동일한 순서로 배분을 순차적으로 실시한다.
③ 동시호가가 적용된 주문수량이 전량 체결될 때까지는 정규시장에서도 동 배분방식을 계속 적용한다.
④ 1차 배분은 매매수량단위 500배로 한다.

TIP 1차 배분은 매매수량단위 100배로 한다.

핵심포인트 해설 **동시호가 시 체결수량 배분**

동시호가 시 체결수량 배분	• 주문수량이 많은 주문부터 적은 주문 순으로 수량단위를 배분함 • 단일가매매 호가접수시간에 접수된 일방의 주문이 전량 체결될 때까지 동일한 순서로 배분을 순차적으로 실시함 • 동시호가가 적용된 주문수량이 전량 체결될 때까지는 정규시장에서도 동 배분방식을 계속 적용함
단계별 배분방법	• 1차 : 매매수량단위 100배 • 2차 : 매매수량단위 500배 • 3차 : 매매수량단위 1,000배 • 4차 : 매매수량단위 2,000배 • 5차 : 잔량의 1/2 • 6차 : 잔량

정답 | ④

출제예상문제

01 중요도 ★
코스닥시장에 대한 설명 중 잘못된 것은?

① 거래소가 운영하는 증권시장이다.
② 중소기업, 벤처기업, 성장기업 중심의 시장이다.
③ 유가증권시장을 보완하는 시장이다.
④ 투자자의 자기책임원칙이 강조되는 시장이다.

02 중요도 ★★
다음 중 거래소의 휴장일과 거리가 먼 날은?

① 6월 30일
② 5월 1일
③ 12월 31일(공휴일 또는 토요일인 경우 직전 매매거래일)
④ 토요일

03 중요도 ★★
코스닥 신규상장 시 주식분산요건과 거리가 먼 것은?

① 주식의 분산비율은 기업의 규모별로 선택할 수 있다.
② 소액주주수가 100명 이상이어야 한다.
③ 주식분산은 일반적으로 모집·매출 방법으로 한다.
④ 자기자본이 500억원 미만인 경우 발행주식총수의 25% 이상을 소액주주에게 분산해야 한다.

04 중요도 ★★★

코스닥시장의 매매체결원칙에 대한 설명 중 잘못된 것은?

① 가격우선의 원칙에 의하여 저가의 매도호가는 고가의 매도호가에 우선한다.

② 단일가매매를 하는 경우로서 동시호가가 적용되는 경우 가격우선의 원칙이 적용되지 않는다.

③ 단일가매매시간에 접수된 호가가 동시호가인 경우 동시호가 간에는 위탁매매가 자기매매에 우선한다.

④ 위탁매매호가 간, 자기매매호가 간에는 호가별로 수량이 많은 호가가 수량이 적은 호가보다 우선한다.

05 중요도 ★★

코스닥시장 상장의 혜택에 대한 설명으로 가장 잘못된 것은?

① 일반공모증자가 용이해진다.

② 의결권이 없는 주식의 발행한도를 발행주식총수의 1/2까지 확대할 수 있다.

③ 주식의 포괄적이전·분할·분할합병의 경우 주식매수청구권이 인정된다.

④ 주식 관련 사채 발행은 이사회 결의로 가능하나 조건부자본증권의 발행은 주주총회 특별결의로 가능하다.

정답 및 해설

01 ③ 코스닥시장은 유가증권시장을 보완하는 시장이 아니라 독립된 경쟁시장이다.

02 ① 거래소의 휴장일은 공휴일, 근로자의 날(5월 1일), 토요일, 12월 31일(공휴일 또는 토요일인 경우 직전 매매거래일), 기타 시장관리상 필요하다고 인정하는 날이다.

03 ② 코스닥 신규상장 시 소액주주수는 반드시 500명 이상이어야 한다.

04 ② 단일가매매를 하는 경우로서 동시호가가 적용되는 경우 시간우선의 원칙이 적용되지 않는다.

05 ④ 주식 관련 사채 이외에도 정관이 정하는 바에 따라 이사회 결의로 전환형조건부자본증권, 상각형조건부자본증권의 발행도 가능하다.

06

중요도 ★★

코스닥 기술성장기업의 신규상장요건과 거리가 먼 것은?

① 설립 후 경과연수

② 자기자본

③ 지분분산

④ 기술성 평가

07

중요도 ★

주권상장법인의 상장절차에 대한 설명이 잘못된 것은?

① 명의개서 대행기관을 선정해야 한다.

② 예비심사가 승인되면 증권신고서를 제출해야 하며, 7일이 경과하면 효력이 발생한다.

③ 기관투자자 및 금융투자회사 등을 대상으로 수요예측을 실시해야 한다.

④ 증권신고서 효력발생 후 2일간 청약을 실시한다.

08

중요도 ★

다음 중 단일가매매가 적용되는 경우에 해당하지 않는 것은?

① 투자경고종목 지정 시

② 시장의 임시정지나 매매일시중단제도(Circuit Breakers) 발동 후 장 개시 시

③ 종목별 매매거래중단 또는 매매거래정지 후 장 개시 시

④ 정리매매 시

09 중요도 ★
접속매매에 대한 설명 중 잘못된 것은?

① 복수가격에 의한 개별경쟁매매를 의미한다.
② 시가단일가 매매 종료 후(시가 결정 후부터) 종가단일가 매매 전까지 적용된다.
③ 접속매매의 가격결정은 가장 낮은 매도호가가 다른 매도호가보다 우선 체결되고, 높은 매수호가가 다른 매수호가보다 우선 체결된다.
④ Circuit Breakers 발동 후 장 개시될 때 적용된다.

10 중요도 ★★
코스닥시장의 매매 관련 제도에 대한 설명 중 잘못된 것은?

① 호가의 종류에는 지정가, 시장가, 조건부지정가, 최유리지정가, 최우선지정가 등이 있다.
② FOK란 호가수량 중 접수 시점에 매매를 체결할 수 있는 수량에 대하여는 매매거래를 성립시키고 체결되지 않은 잔량은 즉시 취소하는 조건을 말한다.
③ 가격제한폭은 유가증권시장과 동일하게 ±30%이다.
④ 반대매매는 결제일 이전에도 가능하고, 유가증권시장과 코스닥시장 간에도 가능하다.

정답 및 해설

06 ① 코스닥 기술성장기업은 설립 후 경과연수, 일부 재무요건(이익, 매출액 등)이 적용되지 않는다.

07 ② 예비심사가 승인되면 증권신고서를 제출해야 하며, 15일이 경과하면 효력이 발생한다.

08 ① 단일가매매는 시간의 선후를 구분할 수 없는 경우 즉, 정규시장 개시 시(08:30 ~ 09:00), 정규시장 종료 시(15:20 ~ 15:30), 시장의 임시정지나 매매일시중단제도(Circuit Breakers) 발동 후 장 개시 시(10분간), 종목별 매매거래중단 또는 매매거래정지 후 장 개시 시(10분간), 정리매매 시(30분 단위), 시간외단일가매매 시 적용된다.

09 ④ 단일가매매가 적용된다.

10 ② 호가조건 중 IOC란 호가수량 중 접수 시점에 매매를 체결할 수 있는 수량에 대하여는 매매거래를 성립시키고 체결되지 않은 잔량은 즉시 취소하는 조건을 말한다. 한편 FOK는 호가수량을 접수 시점에 전량 매매체결할 수 있는 경우 매매거래를 성립시키고, 전량 체결을 충족시키지 못하는 경우 호가전량을 즉시 취소하는 조건을 말한다.

11

중요도 ★

코스닥시장의 위탁증거금 제도에 대한 설명이 잘못된 것은?

① 위탁증거금 수준에 대하여는 금융투자회사에서 자율적으로 결정한다.

② 과도한 투기적 매매거래에 대한 증권시장의 불안정성을 완화하기 위한 제도이다.

③ 상장주식수가 5만주 미만인 종목의 매도주문을 수탁한 경우 위탁증거금을 100% 징수하도록 의무화하였다.

④ 미수동결계좌의 경우 매수대금을 미납한 경우 다음 매매거래일로부터 45일간 매수금액 전부를 위탁증거금으로 징수해야 한다.

12

중요도 ★★

코스닥 상장법인 매매 시 거래비용에 대한 설명 중 잘못된 것은?

① 위탁수수료는 금융투자회사가 자율적으로 결정하며, 매수할 때뿐만 아니라 매도할 때도 징수한다.

② 위탁수수료는 거래가 체결되지 않으면 징수하지 않는다.

③ 증권거래세는 매수·매도 확정 시 매수·매도가격의 일정비율을 징수한다.

④ 손해를 보는 경우 또는 액면가 이하인 경우에도 증권거래세를 납부해야 한다.

13

중요도 ★★★

신규상장종목의 최초가격 결정 방법에 대한 설명 중 잘못된 것은?

① 신규상장종목은 당해 종목 평가가격의 일정 범위 내에서 매매개시 전 호가접수시간 중 제출된 매매호가에 의하여 체결된 최초가격을 기준가격으로 한다.

② 평가가격은 기준가격을 새로이 정할 때 최초가격을 결정하기 위해 제출할 수 있는 호가범위의 기준이 되는 가격을 말한다.

③ 일반 종목과 다른 점은 최초가격 결정 시의 호가범위를 넓게 설정하여 가격결정이 이루어질 수 있는 폭을 확대하였다는 점이다.

④ 신규상장종목의 호가범위는 70 ~ 130%이다.

14

중요도 ★

다음 중 코스닥시장의 권리락에 대한 설명으로 가장 거리가 먼 것은?

① 권리락이란 주주배정증자를 하는 경우 증자에 따른 신주배정권리가 소멸되었음을 알려주는 조치이다.

② 권리락 조치일은 신주를 받을 수 있는 기준이 되는 신주배정기준일 당일이다.

③ 신주배정기준일 2일 전까지 해당 주식을 매수한 투자자는 신주인수권을 가지게 된다.

④ 권리락 조치는 주주에게 신주를 배정하는 방법에 의한 증자의 경우에만 적용된다.

15

중요도 ★★★

매매일시중단제도(Circuit Breakers)에 대한 설명 중 잘못된 것은?

① 코스닥지수가 전일 대비 8%, 15%, 20% 이상 상승 또는 하락하여 1분간 지속되는 경우 발동한다.

② 증권시장의 모든 종목에 대하여 20분간 매매거래가 중단된다.

③ 재개 시 최초의 가격은 재개 시점부터 10분간 호가를 접수하여 단일가매매방법에 의하여 결정한다.

④ 1일 1회만 가능하고, 장 종료 전 40분 이후에는 발동하지 않는다.

정답 및 해설

11 ④ 미수동결계좌의 경우 매수대금을 미납한 경우 다음 매매거래일로부터 30일간 매수금액 전부를 위탁증거금으로 징수해야 한다. 매도증권을 미납한 경우에는 다음 매매거래일로부터 90일간 매도증권의 전부를 위탁증거금으로 징수해야 한다.

12 ③ 증권거래세는 매도 시에만 징수한다.

13 ④ 신규상장종목의 호가범위는 평가가격(기준가격)의 60 ∼ 400%이다.

14 ② 권리락 조치일은 신주를 받을 수 있는 기준이 되는 신주배정기준일 전일이다. 즉, 신주배정기준일 2일 전까지 해당 주식을 매수한 투자자는 신주인수권을 가지게 된다.

15 ① 코스닥지수가 전일 대비 8%, 15%, 20% 이상 하락하여 1분간 지속되는 경우 발동한다.

16 중요도 ★★

모든 단일가매매 시 가격결정을 위한 호가접수시간을 정규마감시간 이후 30초 이내의 임의시간까지 연장하여 매매체결 시점이 임의적으로 결정되도록 하는 제도는?

① 프로그램 매매
② Random End
③ Circuit Breakers
④ Side Car

17 중요도 ★★

코스닥시장의 기업내용 공시제도에 대한 설명으로 가장 거리가 먼 것은?

① 공개기업은 투자자로부터 필요한 자금을 조달하므로 그들에게 기업정보를 공개할 의무를 부담한다.
② 기업정보의 공개는 내부자거래 등 불공정거래를 예방하는 등의 순기능을 한다.
③ 장래 사업계획 또는 경영계획, 당기순손익 등에 대한 전망 등은 공정공시대상 정보이다.
④ 공시의무를 제대로 이행하지 못하는 경우 해당 기업은 자본시장법에 의한 과징금을 부과받지만 상장폐지는 부과받지 않는다.

18 중요도 ★

코스닥시장 공시에 대한 설명 중 잘못된 것은?

① 공시내용을 전달해주는 매체에는 전자공시시스템, 정보문의단말기, 거래소 홈페이지, 증권시장지 등이 있다.
② 조회공시의 경우 공시요구 시점이 오전인 경우 당일 오후까지, 오후인 경우 다음 날 오전까지 전자문서 등의 방법을 통해 공시내용을 거래소에 제출해야 한다.
③ 자율공시한 내용을 변경 또는 번복하는 경우 불성실공시법인으로 지정된다.
④ 공정공시대상 정보 중 전망 및 예측정보는 면책조항과 관계가 없다.

19

중요도 ★

투자경고종목, 투자위험종목에 대한 설명 중 잘못된 것은?

① 단기간에 주가가 급등한 종목에 대해 투자자의 주의를 환기시키고 불공정거래를 사전에 방지하기 위한 제도이다.

② 투자경고종목 지정 후에도 불공정거래 징후가 지속되면서 주가가 상승하는 경우 투자위험종목으로 지정될 수 있다.

③ 투자위험종목 지정 후에도 재차 주가가 상승하는 경우 해당 시장에서 매매거래가 정지될 수 있다.

④ 단기급등 외에 중·장기적 주가상승 등의 경우 투자경고종목으로 지정할 수 없다.

정답 및 해설

16 ② Random End(단일가 임의연장)는 모든 단일가매매 시 가격결정을 위한 호가접수시간을 정규마감시간 이후 30초 이내의 임의시간까지 연장하여 매매체결 시점이 임의적으로 결정되도록 하는 것으로서 허수성 호가에 의한 가격왜곡을 방지하기 위한 제도이다.

17 ④ 불성실공시와 관련하여 과거 1년간 누계벌점이 15점 이상 되는 경우 관리종목으로 지정되고, 이후 1년간 15점 이상 추가된 경우에는 상장폐지된다.

18 ④ 공정공시대상 정보 중 전망 및 예측정보는 면책조항을 적용한다. 따라서 전망 및 예측정보에 대한 공시내용이 사후에 실제치와 다른 경우 공시변경 및 공시번복에 따른 불성실공시법인으로 지정하지 않는다.

19 ④ 단기급등 외에 중·장기적 주가상승 등의 경우 투자경고종목으로 지정할 수 있다.

20 호가 종류 중 시장가주문에 대한 설명으로 잘못된 것은?

중요도 ★★

① 종목과 수량은 지정하나 가격은 지정하지 않는 주문이다.

② ELW도 시장가주문이 가능하다.

③ 일반적으로 시장가주문은 지정가주문에 우선하여 체결된다.

④ 상한가매수주문과 시장가매수주문은 시간우선의 원칙에 따라 우선순위가 결정된다.

21 호가에 대한 설명 중 잘못된 것은?

중요도 ★

① 회원이 거래소에 호가하기 전에는 호가의 적합성을 반드시 직접 점검하도록 의무화하고 있다.

② 정규시장의 호가접수시간에 접수된 호가는 시간외 시장에서는 그 효력을 인정하지 않으므로, 시간외시장에 참여하려면 별도의 호가를 제출해야 한다.

③ 호가를 정정하는 경우 시간상 우선순위는 정정호가접수 시점으로 변경된다.

④ 수량을 증가하는 방식으로 호가를 정정할 수 있다.

22 변동성완화장치(VI)에 대한 설명 중 잘못된 것은?

중요도 ★★

① 비정상적인 주가의 급등락이 우려되는 경우 단일가매매방식으로 매매체결방식을 변경하여 냉각기간을 제공한다.

② 동적VI는 특정 호가에 의한 순간적인 수급불균형이나 주문착오 등으로 인한 일시적 변동성의 완화에 효과적이다.

③ 정적VI는 특정 단일호가 또는 여러 호가로 야기되는 누적적이고 장기적인 가격변동을 완화하기 위한 장치이다.

④ 동적VI는 특정 호가에 의해 직전 체결가격보다 5% 이상 변동할 때 발동하며, 정적VI는 호가제출 시점 직전에 참조가격 대비 8% 이상 변동한 경우 발동한다.

23 중요도 ★★

코스닥시장의 Side Car에 대한 설명으로 잘못된 것은?

① 코스닥150지수 선물가격이 6% 이상 변동하고, 코스닥150지수가 3% 이상 상승 또는 하락하여 1분간 지속된 경우에 발동한다.

② 상승의 경우에는 프로그램매수호가, 하락의 경우에는 프로그램매도호가의 효력을 5분 동안 정지한다.

③ Side Car가 발동되면 신규취소 및 정정호가의 효력도 정지한다.

④ 프로그램매매호가의 효력정지 시점부터 3분이 경과하면 해제된다.

정답 및 해설

20 ② 시장가주문은 매매거래가 신속하게 이루어진다는 장점이 있으나, 상대방의 주문이 충분하지 않은 상태에서 현재가와 현저히 괴리된 가격으로 체결될 위험이 있다. 따라서 가격 제한폭이 없는 정리매매종목, 신주인수권증서, ELW, 신주인수권증권 등의 경우에는 시장가주문을 허용하지 않는다.

21 ④ 수량을 증가하는 방식으로 호가를 정정할 수 없고, 이를 위해서는 원하는 수량만큼 신규호가를 제출해야 한다.

22 ④ 동적VI는 특정 호가에 의해 직전 체결가격보다 일정비율(2 ~ 6%) 이상 변동할 때 발동하며, 정적VI는 호가제출 시점 직전에 참조가격 대비 10% 이상 변동한 경우 발동한다. VI가 발동하면 2분간 단일가매매로 전환된다.

23 ④ Side Car의 해제기준에는 프로그램매매호가의 효력정지 시점부터 5분이 경과한 경우, 장 종료 40분 전인 경우, 프로그램매매호가의 효력정지 기간 중 주식시장매매거래 중단(Circuit Breakers) 또는 임시정지된 경우에는 매매거래가 재개된 경우 등이 있다.

제 3 장
채권시장

학습전략

채권시장은 제2과목 전체 20문제 중 **총 7문제**가 출제된다.

채권시장의 경우 채권, 채권수익률, 듀레이션 등을 이미 알고 있는 학습자에게는 유리하나 그렇지않은 학습자에게는 매우 어렵게 느껴질 수 있는 부분이다. 채권의 의의와 구조를 파악하고 가격결정과 발행시장, 유통시장의 윤곽을 이해해야 한다. 또한, 채권의 수익과 위험을 측정하고 투자전략을 터득하는 것이 중요하다.

출제예상 비중

새로운 형태의 채무증권 20%

10% 채권의 기초

10% 발행시장과 유통시장

10% 채권시장의 분류와 특성

10% 채권투자분석

채권투자전략 20%

10% 채권투자의 위험도와 수익성 측정

수익률의 기간구조와 위험구조 10%

핵심포인트

채권에 대한 설명 중 잘못된 것으로 모두 묶인 것은?

> ㉠ 잔존기간은 채권발행일부터 원금상환까지를 의미한다.
> ㉡ 만기수익률이란 채권발행 시 발행자가 지급하기로 한 이자율을 의미한다.
> ㉢ 단가란 액면 10,000원당 시장에서 거래되는 가격이다.
> ㉣ 선매출이란 발행일 이전에 일정 기간 채권이 판매되는 것을 의미한다.

① ㉠, ㉡   ② ㉠, ㉣

③ ㉡, ㉢   ④ ㉢, ㉣

용어 알아두기

채권(Bond)	정부, 공공단체, 주식회사 등이 비교적 거액의 자금을 일시에 조달하기 위하여 발행하는 차용증서이다.

TIP ㉠ 채권발행일부터 원금상환까지의 기간은 만기기간이다.
     ㉡ 채권발행 시 발행자가 지급하기로 한 이자율은 표면이율이다.

핵심포인트 해설   채권의 기초

(1) 채권의 기본적 특성
　① 발행주체의 자격 및 발행요건 등이 법률로 제한됨
　② 일정 이자를 지급하는 증권
　③ 원금상환기한이 정해짐
　④ 장기증권

(2) 채권 관련 용어 → 우리나라의 경우 채권의 액면은 일반적으로 10,000원임
　① 액면금액 : 권면금액, 만기 상환원금
　② 표면이율 : 권면에 기재된 이율(연 단위 지급이자율, 발행자가 지급 약속한 이자율)
　③ 발행일 : 채권의 신규창출 기준일
　④ 매출일 : 실제로 채권이 신규창출된 날짜(발행일과 매출일이 다른 경우도 있음)
　⑤ 만기기간 : 채권발행일부터 원금상환까지의 기간
　⑥ 경과기간 : 채권발행일 또는 매출일부터 매매일까지의 기간
　⑦ 잔존기간 : 매매일부터 만기일까지의 기간
　⑧ 만기수익률 : 채권의 만기까지 보유 시 미래현금흐름 현재가치의 합을 채권의 가격과 일치시키는 할인율
　⑨ 단가 : 만기수익률에 의해 결정된 채권매매가격

(3) 채권가격과 채권수익률
　항상 역(−)의 방향

정답 | ①

02

보증 여부에 따른 채권의 종류에 대한 설명으로 잘못된 것은?

① 보증사채는 원금상환 및 이자지급을 발행회사 외의 제3자가 보장하는 회사채를 말한다.
② 보증사채의 보증자는 주로 금융기관이다.
③ IMF 금융위기 이후 신용문제가 대두되면서 대부분 무보증사채로 발행되고 있다.
④ 무보증사채를 발행하려면 3개 이상의 신용평가기관에서 신용평가를 받아야 한다.

TIP 무보증사채를 발행하려면 2개 이상의 신용평가기관에서 신용평가를 받아야 한다.

핵심포인트 해설　　　**채권의 종류**

① 발행주체에 따른 분류 : 국채, 지방채, 특수채(비금융 특수채 및 금융채), 회사채

구 분	발행주체	종 류
국 채	국 가	제1종 및 제2종 국민주택채권, 국고채권, 재정증권, 외국환평형기금채권 등
지방채	지방자치단체	도시철도공채, 지역개발공채
(비금융) 특수채	비금융 특별법인	토지개발채권, 한국전력공사채권, 한국도로공사채권, 서울지하철공사채권 등
금융채	금융기관	통화안정증권, 수출입은행채권, 산업금융채권, 중소기업금융채권 등

② 보증 여부에 따른 분류 : 보증사채, 무보증사채

보증사채	• 발행회사 외의 제3자가 원금상환 및 이자지급을 보장하는 회사채
무보증사채	• 발행회사가 자기신용을 근거로 발행하는 회사채 • 2개 이상의 복수 신용평가를 받아야 발행 가능 · 신용평가등급 : 투자등급(AAA ~ BBB), 투기등급(BB ~ D) · 우리나라는 대부분 무보증사채

③ 이자 및 원금지급방법에 따른 분류 : 복리채, 단리채, 할인채, 이표채

　㉠ 분 류

이표채	정해진 단위기간마다 이자를 주기적으로 지급(국채, 회사채, 일부 금융채)
할인채	만기까지 총 이자를 미리 공제하는 방식으로 선지급(통화안정증권, 대부분의 금융채)
복리채	만기까지 이자가 복리로 재투자되고 만기 시 원금과 이자가 함께 지급(국민주택채권, 지역개발채권)
단리채	단리 방식에 의해 이자가 원금과 함께 일시 지급(MBS)

　㉡ 할인채, 복리채, 단리채는 만기 전에는 투자자에게 현금이 지급되지 않음
　㉢ 만기 시 할인채는 액면금액(원금), 복리채는 원금 + 이자(재투자), 단리채는 원금 + 이자를 수령함

정답 | ④

금리변동부채권에 대한 설명 중 잘못된 것은?

① 발행 당시 표면이율에 의하여 결정되는 미래현금흐름이 확정되지 않는다.
② 일정 단위 기간마다 정해진 기준금리에 연동된 표면이율에 의하여 이자를 지급받는다.
③ 이자율이 지표금리의 변동에 연동되기 때문에 일반채권과 마찬가지로 시장수익률변동위험에서 벗어날 수 없다.
④ 금리변동부채권은 역금리변동부채권 등으로 변용되기도 한다.

용어 알아두기

금리변동부채권 | 채권의 지급이자율이 시중 실세금리의 변화에 따라 달라지는 채권이다.

TIP 금리변동부채권은 시장수익률의 변동에 따라 이자를 지급하므로 시장수익률변동위험에서 벗어날 수 있다.

핵심포인트 해설 **자산유동화증권(ABS)과 금리변동부채권(FRN)**

(1) 자산유동화증권(ABS : Asset-Backed Security)
 ① 발행사유 : 부실자산 조기정리, BIS비율 증대, 유동성 확보
 ② 기초자산 : 채권, 부동산, 은행대출 등 다양
  ㉠ Primary CBO : 신규로 발행된 회사채가 기초자산임
  ㉡ Secondary CBO : 기존에 발행된 회사채가 기초자산임
 ③ 자금이체 방법상의 분류
  ㉠ Pass-Through 방식 : 주식형, 수익과 위험이 투자자에게 모두 전가됨
  ㉡ Pay-Through 방식 : 채권형, 별도의 현금흐름을 투자자에게 지급
 ④ 발행자의 신용이 아닌 기초자산의 신용이 중요함
 ⑤ 신용보강
  ㉠ 내부적 신용보강 : 선·후순위 증권발행, 현금흐름 차액적립, 풋백옵션, 초과담보 등
  ㉡ 외부적 신용보강 : 지급보증, 신용공여 등
(2) 금리변동부채권(FRN : Floating Rate Note)
 ① 기준금리에 연동된 표면이율에 의해 이자 지급
 ② 발행 당시에는 이자지급금액을 알 수 없음
 ③ 일반채권에 비하여 수익률변동위험이 낮음
 ④ 시장금리 상승 시 투자자가 유리
 ⑤ 변형 FRN : Inverse FRN, Dual Indexed FRN, Digital Option FRN, Leveraged FRN, Flipper

정답 | ③

04

채권의 발행에 관한 잘못된 설명들로 모두 묶인 것은?

> ㉠ 발행된 채권을 채권수요자인 일반투자자에게 직접 매매하는 기관은 주관회사이다.
> ㉡ 간접모집에는 매출발행과 공모입찰발행이 있다.
> ㉢ 채권의 발행방법에는 크게 공모와 사모가 있다.
> ㉣ 인수모집에는 잔액인수방식과 총액인수방식이 있다.

① ㉠

② ㉠, ㉡

③ ㉠, ㉡, ㉢

④ ㉠, ㉡, ㉢, ㉣

TIP ㉠ 주관회사는 증권 발행회사와 인수조건 등을 결정하고 인수 및 청약업무를 통할하며 직접 매매하는 것은 아니다.
㉡ 매출발행과 공모입찰발행은 직접모집이다.

핵심포인트 해설 | **채권의 발행**

(1) 채권의 발행기관

주관회사	인수회사를 대표하여 증권 발행회사와 인수조건 등을 결정하고 인수 및 청약업무를 통할하는 회사 • 대표주관회사 : 발행회사로부터 증권의 인수를 의뢰받은 자로서 주관회사를 대표하는 회사
인수회사	발행인 또는 매출인을 위하여 증권의 모집·매출을 하는 회사 • 증권의 전부 또는 일부를 취득하거나 취득하는 것을 내용으로 하는 계약을 체결하는 것 • 증권의 전부 또는 일부에 대하여 이를 취득하는 자가 없는 때에 그 나머지를 취득하는 것을 내용으로 하는 계약을 체결하는 것

(2) 채권의 발행방법

채권의 발행방법에 대한 설명 중 가장 옳은 것은?

① 통화안정증권은 국채이다.
② 국채와 회사채는 총액인수방식으로 발행된다.
③ 회사채의 대부분은 총액인수방식에 의한다.
④ IMF 이후 채권자들의 원금보전에 대한 요구가 증가함에 따라 보증사채의 비중이 증가하고 있는 추세이다.

용어 알아두기

통화안정증권	한국은행이 통화량을 조절하기 위해 금융기관 또는 일반인을 대상으로 발행하는 증권이다.

TIP ① 통화안정증권은 특수채(금융채)로 분류한다.
② 국채는 주로 직접모집에 의하여 발행되며, 총액인수방식은 간접모집이다.
④ IMF 이후 회사채지급보증 금융기관들에 대한 신뢰도가 급격히 하락함에 따라 무보증사채가 차지하는 비중이 증가하고 있다.

핵심포인트 해설 | **채권의 발행방법**

(1) 사모와 공모

사 모	• 유동성이 낮은 회사채의 발행에 활용되는 방법
	• 불특정 다수인을 대상으로 하지 않고, 소수의 특정인(보험회사, 은행, 투자신탁회사 등의 기관투자가나 특정 개인)에 대하여 개별적 접촉을 통해 채권을 매각
공 모	• 불특정 다수인에게 채권을 발행하는 방법
	• 채권발행에 따른 제반업무 처리와 발행에 따른 위험을 누가 부담하느냐에 따라 직접모집과 간접모집으로 구분

(2) 직접발행과 간접발행

① 직접발행 : 발행자가 투자자에게 직접 채권을 매출
  ㉠ 매출발행 : 발행조건은 미리 지정하고 발행총액은 사후에 결정
  ㉡ 공모입찰발행 → 회사채 채용 (x)

입찰방식	• 가격입찰방식 : 높은 가격부터 순차적으로 낙찰하는 방식
	• 수익률입찰방식 : 낮은 수익률부터 순차적으로 낙찰하는 방식
낙찰방식	• 복수가격경매방식(Conventional), 단일가격경매방식(Dutch), 차등가격경매(낙찰)방식, 비경쟁입찰방식

② 간접발행 : 발행기관이 개입
  ㉠ 위탁발행 : 발행자가 위험부담
  ㉡ 잔액인수발행 : 발행기관이 총액에 미달한 잔액만 인수
  ㉢ 총액인수발행 : 발행기관이 발행채권을 모두 인수
      → 대부분의 회사채가 취하는 방식

정답 | ③

06

다음 중 국채의 낙찰방식에서 낙찰된 것 중 최고수익률(최저가격)로 낙찰분을 통일하여 발행하는 방식은?

① Conventional방식　　　　② Dutch방식
③ 평균가격입찰방식　　　　④ 역입찰방식

TIP　Dutch방식은 응찰수익률을 낮은 수익률(높은 가격)부터 배열하여 발행예정액에 달할 때까지 순차적으로 결정하되, 가장 높은 수익률(낮은 가격)로 낙찰분을 통일하여 적용하는 방식이다.

직접모집(발행)

매출발행		발행조건은 사전에 지정하고, 발행총액은 사후에 결정(산업금융채권 등 금융채)
공모입찰발행	발행조건을 사후에 경매방식으로 결정 → conventional방식 : 복수 발행조건, Dutch방식 : 단일 발행조건	
	복수가격경매방식 (Conventional방식)	응찰수익률을 낮은 수익률(높은 가격)부터 배열하여 발행예정액에 달할 때까지 순차적으로 낙찰자를 결정하되, 제시한 수익률을 차등적용하여 복수의 낙찰가격 발생
	단일가격경매방식 (Dutch방식)	응찰수익률을 낮은 수익률(높은 가격)부터 배열하여 발행예정액에 달할 때까지 순차적으로 낙찰자를 결정하되, 가장 높은 수익률(낮은 가격)로 통일적용하여 단일의 낙찰가격 발생
	차등가격경매방식 (낙찰방식)	최고낙찰수익률 이하의 응찰수익률을 일정 간격으로 그룹화하여 각 그룹별로 최고낙찰수익률을 적용
	비경쟁입찰	당일 경쟁입찰에서 가중평균 낙찰금리로 발행금리를 결정하고, 입찰자들은 희망 낙찰물량만을 제시(국채경쟁입찰에 참여할 수 없는 일반투자자들을 위한 제도)

정답 | ②

채권의 유통시장에 대한 설명 중 옳은 것들로만 모두 묶인 것은?

> ㉠ 채권거래는 집단경쟁매매를 통한 장외거래의 비중이 높다.
> ㉡ 장내거래는 상장채권으로 제한되어 있다.
> ㉢ 전환사채 및 일부 첨가소화채권은 장내거래를 원칙으로 하고 있다.
> ㉣ 국채시장의 활성화를 위해 국채전문유통시장을 두고 있다.
> ㉤ 장외거래 시에는 당일결제가 보편적이며, 결제불이행위험을 제거하기 위해 채권동시결제제도(DVP)에 의한 결제방식이 확산되고 있다.

① ㉠, ㉡, ㉢　　　　　　　　② ㉠, ㉣, ㉤

③ ㉡, ㉢, ㉣　　　　　　　　④ ㉢, ㉣, ㉤

TIP ㉠ 장외거래는 상대매매를 통한 채권거래를 말하며, 채권거래는 대부분 장외거래이다.
　　　㉤ 장외거래 시 결제는 매도자와 매수자가 협의하여 정하나, 익일결제가 보편적으로 이루어지고 있다.

핵심포인트 해설　　　**유통시장의 장내거래**

(1) 개 요
　① 집단경쟁매매를 통하여 이루어지는 거래
　② 대상 채권 : 상장채권 ⇨ 전환사채 및 일부 첨가소화채권은 장내거래를 원칙으로 함

(2) 구 분

일반채권시장	• 불특정 다수가 참여 • 매매시간 : 평일 9시 ~ 15시 30분 • 가격폭 제한 : 없음 • 매매수량단위 : 액면 1,000원 단위로 체결	• 가격우선·시간우선 원칙 • 매매방법 : 개별경쟁매매 • 위탁수수료 : 자율 • 호가수량단위 : 액면 10,000원 기준
국채전문유통시장(IDM)	• 국채딜러 간 경쟁매매시장(IDM : Inter-Dealer Market) • 국채에 대한 자기매매업을 허가받은 기관투자자(국채딜러), 연금, 보험, 기금 등의 기타 금융기관 및 일반투자자도 위탁 참여 가능 • 매매수량단위 : 10억원 • 익일결제	

정답 | ③

08

K-Bond시장에 대한 설명으로 잘못된 것은?

① 채권딜러들 간의 중개업무를 수행하기 위한 시장이다.
② 장외시장에서 시장참여자들의 채권거래를 지원하는 시장이다.
③ 한국금융투자협회가 운영하는 전자시스템이다.
④ 채권거래브로커, 딜러, 매니저, 트레이더 등이 주요 시장참여자이다.

TIP 채권딜러들 간의 중개업무를 수행하기 위한 시장은 IDB(Inter-Dealer Broker)시장이다.

핵심포인트 해설   유통시장의 장외거래 및 우리나라 유통시장 현황

(1) 장외거래

대고객 상대매매	• 대상 채권 : 상장 및 비상장채권 모두 가능 • 거래장소 : 증권사 영업소 내에서 상대매매함 • 결제방법 : 익일결제가 일반적이고 RP, 소매채권, MMF편입채권 등은 당일 결제 가능 • 수수료 : 일반적으로 수수료가 없음
채권딜러 간 장외시장	• Inter-Dealer Broker(채권 자기매매업자 간 중개회사)는 기관투자가 간 채권전용중개업자 • 채권딜러들 간의 중개업무를 수행하기 위한 시장
채권전문 자기매매업자	• 매도 및 매수수익률 호가를 동시에 제시 • 채권거래를 원활하게 함 • 회사채 5종목 및 금융채 2종목 이상을 포함한 9종목 이상의 채권에 대해 시장 조성
채권거래시스템 (K-Bond)	• 장외시장에서 시장참여자들의 채권거래를 지원하기 위해 한국금융투자협회가 운영하는 전자시스템 • 채권거래브로커, 딜러, 매니저, 트레이더 등이 주요 시장참여자임

(2) 우리나라 유통시장 현황
① 장외거래 중심
② 기관투자자 중심
③ 국채의 지표수익률로서의 중요성 증대
④ 새로운 채권 관련 상품의 도입

정답 | ①

우리나라의 채권시장에 대한 설명으로 잘못된 것은?

① 보험사는 고객자산의 수익성을 위해 적극적 운용성향을 가지고 있다.
② 연기금은 장기자금의 운용이라는 면에서 보험사와 유사하다.
③ 은행은 안정성을 추구하는 특성을 보인다.
④ 발행주체에 따라 국채, 지방채, 특수채, 회사채로 구분한다.

TIP 보험사는 자산 및 부채 듀레이션 매칭과 고객자산의 안정성을 위해 우량 장기물에 대한 투자를 선호한다.

핵심포인트 해설　　　**우리나라 채권시장의 특성**

① 발행주체에 따라 국채, 지방채, 특수채, 회사채로 구분됨
② 우리나라 채권시장의 발행잔액은 1997년 말 이후 연 10.4%의 성장을 이룸
③ 최근 국채와 회사채는 발행이 증가, 공사채는 감소되는 추세
④ 보험사는 자산 및 부채 듀레이션 매칭과 고객자산의 안정성을 위해 우량 장기물에 대한 투자를 선호
⑤ 연기금은 장기자금 운용이라는 면에서 보험사와 유사하나 보다 적극적임
⑥ 은행은 안정성을 추구하는 특성을 보임
⑦ 자산운용사들은 적극적 운용성향을 가짐. 적극적인 운용을 위해 장기채와 신용물을 운용
⑧ 외국인은 국채를 중심으로 투자하고 있음

정답 | ①

10

발행주체에 따른 채권에 대한 설명으로 잘못된 것은?

① 국채는 전문딜러제도를 이용해 발행한다.
② 지방채는 규모가 크고 거래도 활발하게 이루어진다.
③ 특수채는 안정성이 높고 장기물발행이 가능하다.
④ 회사채를 발행하기 위해서는 2곳 이상의 신용평가기관으로부터 신용등급을 받아야 한다.

TIP 지방채의 경우 지방개발의 재원은 주로 지방공기업의 채권발행으로 이루어지기 때문에 활성화되지 못하고 있다.

핵심포인트 해설　　**발행주체에 따른 채권의 분류**

국 채	• 국고채권, 재정증권, 외국환평형기금채권, 국민주택채권 등 • 국채전문딜러제도를 이용해 발행 • 전문딜러는 국고채 인수 등에 우선적 권리를 부여받지만 시장조성자의 의무도 부담
지방채	• 규모가 크지 않고 거래도 활발치 않음 • 지방개발의 재원은 주로 지방공기업의 채권발행으로 이루어지기 때문에 활성화되지 못함
특수채	• 주체는 산업은행, 수출입은행 등 금융공기업, 한국도로공사 등 비금융공기업 그리고 지방공기업 등 • 안정성이 높고 장기물의 발행이 가능 • 한국은행의 통화안정증권, 특수은행의 금융특수채, 공기업의 비금융특수채
회사채	• 민간기업이 발행 • 법적으로 금융기관채가 회사채로 분류되나, 실무적으로는 금융기관채는 은행채, 카드채, 캐피탈채로 구분 • 2곳 이상의 신용평가기관으로부터 신용등급을 받아야 함(ABS는 1곳 이상)

정답 | ②

다음 중 채권투자의 위험에 해당하는 것을 모두 묶은 것은?

㉠ 채무불이행위험		㉡ 가격변동위험	
㉢ 재투자위험		㉣ 인플레이션위험	
㉤ 유동성위험		㉥ 수의상환위험	
㉦ 부외거래위험		㉧ 금융기관위험	

① ㉠, ㉡, ㉢, ㉣, ㉤
② ㉠, ㉡, ㉢, ㉣, ㉤, ㉥
③ ㉠, ㉡, ㉢, ㉣, ㉤, ㉥, ㉦
④ ㉠, ㉡, ㉢, ㉣, ㉤, ㉥, ㉦, ㉧

TIP 채권투자의 위험으로는 채무불이행위험, 가격변동위험, 재투자위험, 유동성위험, 인플레이션위험, 환율변동위험, 수의상환위험이 있다.

핵심포인트 해설　　　**채권투자의 위험**

채무불이행위험	발행자가 원리금을 상환하지 않을 위험
가격변동위험	이자율변동으로 채권가격이 달라질 위험
재투자위험	이자율변동으로 재투자수익이 달라질 위험
수익률변동위험	가격변동위험과 재투자위험 ⇨ 상반 관계
유동성위험	보유채권 매각 시 수요부족으로 매각할 수 없을 위험으로, 거래의 기본단위가 큰 시장에서 소액투자자들이 노출되는 경향이 있음
인플레이션위험 (구매력위험)	물가상승으로 이자수입의 실질가치가 감소할 위험으로, 채권의 만기가 길수록 커지는 경향이 있으며 FRN에 투자 시 제거 가능
수의상환위험	발행자의 조기상환요구에 따라 당초에 기대한 수익률을 달성하지 못할 위험으로, 시장금리 하락 시 발생

정답 | ②

12

잔존만기가 2년 15일 남은 할인채의 액면가가 10,000원, 만기가 3년, 표면이율이 8%, 만기수익률이 10%일 때, 이 채권의 가격을 구하는 식으로 옳은 것은?

① 채권가격 $= \dfrac{10{,}000원}{(1 + 0.1)^2 \left(1 + 0.1 \times \dfrac{15}{365}\right)}$

② 채권가격 $= \dfrac{10{,}000원}{(1 + 0.1)^3} + \dfrac{800원}{(1 + 0.1)^3}$

③ 채권가격 $= \dfrac{10{,}800원}{(1 + 0.08)^2 \left(1 + 0.08 \times \dfrac{15}{365}\right)}$

④ 채권가격 $= \dfrac{10{,}000원}{(1 + 0.1)^{2 \times 15}}$

TIP 연 단위의 잔존기간은 복리로, 나머지 연 단위 미만의 잔존기간은 단리로 할인하여 채권가격을 계산한다.

핵심포인트 해설 만기 시 일시상환채권의 가격 계산

(1) 계산식

$$P = \dfrac{S}{(1 + r)^n \left(1 + r \times \dfrac{d}{365}\right)}$$

(P : 채권가격, S : 만기금액, r : 만기수익률, n : 잔존기간)

(2) 채권가격 계산 순서 → 복리채, 할인채 중심으로 대비

① 채권 종류를 파악 : 이표채, 할인채, 복리채, 단리채 등
② 미래현금흐름을 파악 : 액면과 액면에 표면이율을 적용하여 이자 계산
③ 채권수익률과 잔존기간을 고려하여 현금흐름을 할인

④ 연 단위의 잔존기간은 복리, 연 단위 미만의 잔존기간은 단리로 할인

정답 | ①

다음 조건을 지닌 이표채를 발행 당일에 유통수익률 8%로 매매하려고 할 때 관행적 방식에 의한 세전 단가를 구하는 식으로 옳은 것은? (단, 액면금액은 10,000원)

- 발행일 : 20X6년 6월 21일
- 만기일 : 20X9년 6월 21일
- 이자지급 단위기간 : 매 3개월 후급
- 표면이율 : 6%

① $P = \sum_{t=1}^{3} \dfrac{600}{(1+0.08)^t} + \dfrac{10,600}{(1+0.08)^3}$

② $P = \sum_{t=1}^{6} \dfrac{300}{\left(1+\dfrac{0.08}{2}\right)^t} + \dfrac{10,300}{\left(1+\dfrac{0.08}{2}\right)^6}$

③ $P = \sum_{t=1}^{12} \dfrac{150}{\left(1+\dfrac{0.08}{4}\right)^t} + \dfrac{10,150}{\left(1+\dfrac{0.08}{4}\right)^{12}}$

④ $P = \sum_{t=1}^{12} \dfrac{150}{\left(1+\dfrac{0.08}{4}\right)^t} + \dfrac{10,000}{\left(1+\dfrac{0.08}{4}\right)^{12}}$

TIP 매기의 표면이자(150원)를 이자지급 단위기간 복리로 할인하고, 만기 시 지급되는 액면도 할인하여 구한 후, 표면이자 할인액과 액면 할인액을 더한다. 이때 채권의 이자지급 단위기간이 3개월이므로 3개월 단위 복할인방식을 사용한다.

핵심포인트 해설   **복수현금흐름채권의 가격 계산**

(1) 계산식

$$P = \sum \frac{C_t}{(1+r)^n \left(1 + r \times \dfrac{d}{365}\right)} + \frac{S}{(1+r)^n \left(1 + r \times \dfrac{d}{365}\right)}$$

* 연 단위(이자지급 단위기간)의 잔존기간은 복리, 나머지 잔존기간은 단리로 할인

(2) 채권투자의 수익
① 매매손익
  ⊙ 채권의 매입(인수)금액과 채권의 매도(상환)금액과의 차이
  ⓒ 투자기간과 만기수익률의 변화가 원인
② 표면이자수익 : 발생이자금액 및 이자를 재투자하여 추가로 발생하는 이자부분

정답 | ④

14

다음 중 채권가격의 정리에 대한 설명으로 옳은 것은?

① 채권의 잔존만기가 길어질수록 동일한 수익률변동에 대한 가격변동폭은 작아진다.
② 채권의 수익률이 하락하면 채권가격은 상승한다.
③ 채권의 잔존만기가 길어짐으로써 증가하는 가격변동률은 체증한다.
④ 동일한 크기의 수익률변동이 발생하면 채권의 가격변동률은 수익률이 하락할 때와 상승할 때 모두 동일하다.

TIP ① 채권의 잔존만기가 길어질수록 동일한 수익률변동에 대한 가격변동폭은 커진다.
③ 채권의 잔존만기가 길어짐으로써 증가하는 가격변동률은 체감한다.
④ 동일한 크기의 수익률변동이 발생하면 채권의 가격변동률은 수익률이 하락할 때와 상승할 때가 동일하지 않다.

핵심포인트 해설 **채권가격의 정리(말킬의 정리)**

↳ 투자전략과 연결하여 숙지해야 함

제1정리	• 채권가격과 채권수익률과의 관계 • 채권수익률이 올라가면 채권가격은 떨어지고, 채권수익률이 내려가면 채권가격은 올라감 ⇨ 채권가격은 채권수익률과 반대 방향으로 움직임
제2정리	• 만기에 따른 채권가격의 변동률 • 채권의 잔존만기가 길수록 동일한 수익률변동에 대한 채권가격의 변동폭이 큼 • 수익률이 하락할 때 장기채권에 대한 투자를 증가시켜 시세차익을 극대화
제3정리	• 수익률변동에 따른 채권가격의 변동률 • 잔존만기가 길어짐에 따라 가격의 변동률은 체감 • 채권수익률의 변동에 따른 채권가격의 변동폭은 커지지만 그 변동률은 체감 • 채권가격변동은 체감적으로 증가하므로 시세차익을 높이는 데 만기가 너무 긴 채권의 필요성이 적음
제4정리	• 수익률의 변동방향에 따른 채권가격의 변동 : 볼록성(Convexity) • 만기가 일정할 때 수익률의 하락으로 인한 가격상승폭은 같은 폭의 수익률상승으로 인한 가격하락폭보다 큼 • 시장이자율이 하락할 때 채권투자의 성과가 더욱 큼
제5정리	• 표면이자율에 따른 채권가격의 변동 • 채권가격의 변동률은 표면이율이 높을수록 작아짐 • 이자지급주기가 짧아지는 경우 채권가격의 변동률은 작아짐 • 액면이자율이 낮은 채권으로 높은 매매차익을 얻으려고 하는 경우에 유리

정답 | ②

듀레이션(Duration)의 특징에 대한 설명 중 잘못된 것은?

① 만기 시 일시상환채권의 듀레이션은 채권의 잔존만기와 동일하다.
② 이표채의 듀레이션은 채권의 잔존만기보다 작다.
③ 채권의 시장수익률이 높을수록 듀레이션은 작아진다.
④ 이표채는 표면이율이 높을수록 듀레이션이 커진다.

용어 알아두기

듀레이션	채권에서 발생하는 현금흐름을 각 발생기간별로 가중하여 현재 가치화한 합을 채권의 가격으로 나눈 것이다.

TIP 이표채는 표면이율이 높을수록 듀레이션이 작아진다.

핵심포인트 해설　　　**듀레이션(Duration)**

(1) 개요
　① 정의
　　㉠ 채권에 투자된 원금의 가중평균 회수기간 ⇨ 연개념
　　㉡ 만기 및 표면이율에 의하여 결정되는 현금흐름의 크기, 만기수익률의 수준 등이 동시에 고려된 개념
　② 특징　　　　　　　　　　→ 채권이라는 금융상품을 이해하는 데 가장 중요한 개념이므로, 모르고 넘어가는 부분이 없어야 함
　　㉠ 만기 시 일시상환채권의 [듀레이션]은 채권의 잔존만기와 동일
　　㉡ 이표채는 표면이율이 낮을수록 듀레이션이 커지나, 듀레이션이 커지더라도 채권의 잔존만기보다는 작음
　③ 듀레이션의 결정요인
　　㉠ 표면이자율과의 관계 : 표면이자율이 높을수록 듀레이션은 작아짐
　　㉡ 만기와의 관계 : 만기가 길수록 듀레이션은 커짐
　　㉢ 만기수익률과의 관계 : 만기수익률이 높을수록 듀레이션은 작아짐
　　㉣ 이자지급과의 관계 : 이자지급 빈도가 증가하면 듀레이션은 작아짐

(2) 듀레이션 관련 공식
　① $D(듀레이션) = \sum_{t=1}^{n} \dfrac{CF_t \times t}{(1+r)^t} \times \dfrac{1}{P}$ (r : 채권의 만기수익률, t : 현금흐름 발생기간)

　② 수정듀레이션(Modified Duration) $= D_M = \dfrac{Duration}{(1+r)}$

　③ $\dfrac{\Delta P}{P}$ (채권가격 변동률) $= -\dfrac{Duration}{(1+r)} \times \Delta r = -D_M \times \Delta r$

　④ ΔP(채권가격 변동폭) $= -D_M \times \Delta r \times P$

정답 | ④

16

컨벡시티(볼록성)에 대한 설명으로 잘못된 것은?

① 듀레이션이 증가할수록 컨벡시티는 가속도로 증가한다.
② 만기수익률의 수준이 높을수록 컨벡시티는 증가한다.
③ 만기와 수익률이 일정하면 이표가 낮을수록 컨벡시티가 커진다.
④ 채권 현금흐름의 분산도가 클수록 컨벡시티가 높다.

용어 알아두기

컨벡시티(볼록성)	채권가격과 채권수익률 간의 관계를 나타낸 곡선이다.

TIP 만기수익률의 수준이 낮을수록 컨벡시티는 증가한다.

핵심포인트 해설　　　**볼록성(Convexity)**

> 볼록성(%) = 채권가격의 실제변동(%) − 채권가격의 예측변동(%)

(1) 볼록성의 특성
① 일반적으로 듀레이션이 긴 채권일수록 더 볼록함
② 수익률변동이 크면 클수록 볼록성의 효과는 더 커짐
③ 볼록성은 수익률이 상승하는 경우 듀레이션에 의해 측정한 가격의 하락폭을 축소시키고, 수익률이 하락하는 경우 듀레이션에 의해 측정한 가격의 상승폭을 확대시킴

(2) 볼록성의 효과
① 수익률의 변동이 큰 경우 듀레이션에 의해 추정한 가격변동률을 볼록성에 의한 가격변동률로 수정함으로써 실제의 가격변동률을 정확하게 산출할 수 있음
② 듀레이션에 의한 가격변동 산출에서 발생하는 추정오차를 볼록성을 통해 줄이고, 이를 통해 가격변동의 위험 측정 가능
③ 볼록성 효과로 인한 채권가격의 변동률

$$\frac{\Delta P}{P} = \frac{1}{2} \times C \times (\Delta r)^2$$

(ΔP : 채권가격의 변동폭, P : 채권가격, C : 볼록성, Δr : 만기수익률의 변동폭)

정답 | ②

잔존만기가 3년, 표면이율이 8%인 연 단위 후급 이표채의 만기수익률이 10%일 경우 채권의 가격은 9,502.63원이며 듀레이션은 2.78년이다. 채권의 만기수익률이 8%로 하락할 경우 듀레이션을 이용하여 추정한 채권가격의 변동률로 옳은 것은? (단, 가장 가까운 근사치를 구함)

① 5.6% 상승　　　　　　　　　② 5.6% 하락

③ 5.05% 상승　　　　　　　　④ 5.05% 하락

TIP　수정듀레이션 $= \dfrac{2.78}{(1 + 0.1)} ≒ 2.527$

　　$\dfrac{\Delta P}{P}$ (채권가격 변동률) $= -D_M \times \Delta r = -2.527 \times -0.02 = 0.05054$

　　∴ 5.05% 상승한다.

핵심포인트 해설　　　　듀레이션과 볼록성을 고려한 채권가격 변동률

$$\frac{\Delta P}{P} \text{(채권가격 변동률)} = (-D_M \times \Delta r) + \left[\frac{1}{2} \times \text{Convexity} \times (\Delta r)^2\right]$$

채권가격

듀레이션으로 측정한 가격과 수익률의 관계

볼록성

실제 채권가격과 수익률의 관계

가격 하락

금리 상승

채권수익률

정답 | ③

18

만기가 2년이고 액면 10,000원, 연 단위 5% 복리채의 1년째 지급액(A)과 만기 시 지급액(B)의 현금흐름으로 옳은 것은?

	A	B			A	B
①	500원	10,500원		②	500원	10,525원
③	0원	11,000원		④	0원	11,025원

용어 알아두기

복리채	중간에 이자를 지급하지 않고 이자를 원금에 가산해 재투자한 뒤 만기상환 때 원금과 이자를 함께 지급하는 채권이다.

TIP 복리채는 만기 시에만 현금흐름이 존재하는 채권이므로 1년째 지급액(A)은 0원이고, 만기 시 지급액(B)은 $10,000 \times (1 + 0.05)^2 = 11,025$원이다.

핵심포인트 해설 | **채권수익의 구성요인**

① 가격손익
  ㉠ 투자채권에 대한 매도(만기)금액과 매입(인수)금액과의 차이
  ㉡ 가격손익 = 채권매도(만기)금액 − 채권매입(인수)금액
② 표면이자수익 : 이표채 등에 투자하는 경우 투자기간 동안 표면이율에 의해 일정 기간마다 발생하는 이자
③ 재투자수익 : 투자기간 동안 발생된 표면이자수익을 또 다시 투자함으로써 발생되는 수익
④ 채권투자의 수익 구성

만기 시 일시상환채권 ← 복리채, 단리채, 할인채	• 가격손익 = 매도(만기)금액 − 매입(인수)금액
이표채	• 가격손익 = 매도(만기)금액 − 매입(인수)금액 • 표면이자수익 • 재투자이자

정답 | ④

채권수익률에 대한 설명으로 잘못된 것은?

① 만기수익률은 투자기간 중 실제로 실현된 이자수입과 이자의 재투자수익 그리고 자본손익의 합계액인 실현총수익에 대한 매입가격의 비율을 말한다.

② 연평균수익률은 단순평균수익률이기 때문에 이자의 이자, 투자기간 등을 반영하지 못한다.

③ 중도상환수익률의 산식은 만기수익률의 산식과 동일하나 만기까지의 기간이 다르다.

④ 발행수익률은 동일채권에 대하여 하나밖에 없지만, 유통수익률은 유통 시마다 다르다.

TIP   실효수익률에 대한 설명이다.

핵심포인트 해설   **투자수익률의 종류**

① 실효수익률 : 전체 투자기간(n년) 동안 발생된 최종 총수입에 대한 투자원금 대비 수익성을 복리로 측정한 수익률(복리개념의 수익률)

$$r_e = \sqrt[n]{\frac{FV}{P}} - 1 \Rightarrow FV = P(1 + r_e)^n$$

② 만기수익률(YTM) : 채권의 만기까지 단위기간별 원리금액에 의한 현금흐름의 현재가치의 합을 채권가격과 일치시키는 수익률
    ↳ 내부수익률(IRR)과 동일

③ 연평균수익률 : 전체 투자기간(n년) 동안 발생된 최종 총수입에 대한 투자원금 대비 수익성을 단리로 측정한 수익률(단리개념의 수익률)

④ 세전 수익률과 세후 수익률

정답 | ①

20

다음 중 채권투자수익에 대한 설명으로 옳은 것은?

① 할인채의 가격수익은 (+)이고 할증채의 가격수익은 (−)이다.
② 시장수익률이 하락하는 경우 가격수익은 (−)이다.
③ 보유기간이 길 경우 재투자수익이 총수익에 미치는 영향이 가장 적다.
④ 보유기간이 짧은 경우 시장수익률의 변화가 클수록 가격요소가 총수익에 미치는 영향은 감소한다.

TIP   ② 시장수익률이 하락하는 경우 가격이 상승하므로 가격수익은 (+)이다.
③ 보유기간이 길 경우 재투자수익이 총수익에 미치는 영향이 가장 크다.
④ 보유기간이 짧은 경우 시장수익률의 변화가 클수록 가격요소가 총수익에 미치는 영향은 증가한다.

핵심포인트 해설　　　　**만기수익률(YTM) 및 할인채와 할증채**

(1) 만기수익률(YTM)

$$P = \sum_{t=1}^{n} \frac{CF_t}{(1 + r)^t}$$

(P : 채권의 현재시장가격, CF_t : t기의 현금유입, r : 유통수익률)

① 유통수익률, 시장수익률, 내부수익률과 동일한 개념
② 채권의 만기까지 단위기간별 원리금액에 의한 현금흐름 현재가치의 합을 채권가격과 일치시키는 수익률
③ 만기수익률의 실현조건
　　㉠ 투자채권을 만기까지 보유하여야 함
　　㉡ 표면이자에 대하여 최초의 만기수익률로 재투자하여야 함
④ 만기 시 일시상환채권(단리채, 복리채, 할인채)의 경우 만기까지 보유 시 실효수익률과 만기수익률이 일치
⑤ 이표채의 경우 만기까지 보유하여도 시장금리의 변동에 따라 만기수익률과 실효수익률이 차이가 남
⑥ 이표채의 수익률 간의 관계
　　㉠ 만기수익률 < 재투자수익률 ⇨ 만기수익률 < 실효수익률 < 재투자수익률
　　㉡ 만기수익률 = 재투자수익률 ⇨ 만기수익률 = 실효수익률 = 재투자수익률
　　㉢ 만기수익률 > 재투자수익률 ⇨ 만기수익률 > 실효수익률 > 재투자수익률

(2) 할인채와 할증채의 가격수익
① 할인채 : 액면보다 싸게 발행하고 만기 시 액면을 수령하므로 가격수익이 양의 값을 가짐
② 할증채 : 액면보다 비싸게 발행하고 만기 시 액면을 수령하므로 가격수익이 음의 값을 가짐

정답 | ①

21

수익률곡선의 형태 중 고금리상태의 금융시장에서 단기채권의 수익률이 장기채권의 수익률보다 높은 형태인 것은?

① 낙타형   ② 상승형
③ 하강형   ④ 수평형

용어 알아두기

수익률곡선	다른 조건은 동일하고 잔존기간만 다른 채권 간의 채권수익률을 좌표에 표시하고 연결한 곡선이다.

TIP 고금리상태의 금융시장에서 단기채권의 수익률이 장기채권의 수익률보다 높은 형태의 수익률곡선은 하강형 수익률곡선이다.

핵심포인트 해설 　수익률곡선의 유형

'단기채권수익률 < 장기채권수익률'이 가장 일반적임

상승형	• 단기채권의 수익률보다 장기채권의 수익률이 높은 형태 • 일반적으로 금리가 낮은 수준의 안정된 금융시장에서 나타남
하강형	• 단기채권의 수익률이 장기채권의 수익률보다 높은 형태 • 고금리상태의 금융시장에서 나타남
수평형	• 단기채권의 수익률과 장기채권의 수익률 간 차이가 없는 형태 • 향후 수익률이 현재 수준과 다르지 않다고 예상될 때와 하강형에서 상승형 또는 상승형에서 하강형으로 변화할 때 일시적으로 나타남
낙타형	• 중기채의 수익률이 가장 높은 형태 • 자금상황의 일시적인 악화로 단기적으로 높아지지만 장기적으로 금리가 안정된다고 기대되는 상황에서 나타남

정답 | ③

22

수익률곡선 이론 중 불편기대가설에 대한 설명으로 잘못된 것은?

① 수익률곡선에는 미래의 단기수익률들에 대한 투자자의 기대가 반영되어 있다.
② 단기채와 장기채는 불완전대체관계에 있다.
③ 다양한 형태의 수익률곡선을 잘 설명할 수 있다.
④ 투자자들은 위험중립형 투자자이다.

TIP 단기채와 장기채는 완전대체관계에 있다.

핵심포인트 해설   **수익률곡선에 대한 이론**

① 불편기대가설 : 위험중립적, 완전대체관계, 다양한 형태로 형성
  ⊙ 장기채권의 수익률은 미래의 단기채권들에 예상되는 수익률들의 기하평균

$$_0R_n = \sqrt[n]{(1 + {_0R_1})\{1 + E({_1r_1})\}\{1 + E({_2r_1})\} \cdots \{1 + E({_{n-1}r_1})\}} - 1$$

  ⓛ 미래 금리상승(하락) 예상 ⇨ 상승형(하강형) 수익률곡선
  ⓒ 미래 금리불변 예상 ⇨ 수평형 수익률곡선
  ⓔ 장점 : 다양한 수익률곡선에 대하여 설명 가능
  ⓜ 단점 : 위험중립적 투자자를 전제로 하며, 시장참여자들의 미래에 대한 기대만이 반영되어 있다는 제한된 가정에 의존 ⇨ 오
    차 및 한계점이 있음
② 유동성선호가설 : 위험회피적, 상승형만 형성
    ↳ 유동성 포기에 따른 프리미엄, 단기 · 장기채 간 대체관계 성립 (X)
③ 시장분할가설 : 시장 대체관계가 존재하지 않으며, 기관투자의 헤징에 근거함
④ 선호영역가설 : 충분한 프리미엄이 존재한다면 영역을 벗어난 채권에도 투자

정답 | ②

채권투자전략에 대한 설명 중 옳은 것들로만 묶인 것은?

> ㉠ 면역전략은 투자기간과 잔존만기를 일치시키는 전략이다.
> ㉡ 인덱스전략은 구성종목의 숫자가 작을수록 추적오차가 감소한다.
> ㉢ 현금흐름일치전략은 일치시켜야 할 현금흐름이 단순할수록 효과적인 포트폴리오를 구성할 수 있다.
> ㉣ 상황대응적 면역전략에서는 최소한의 포트폴리오 목표수익률을 정한다.

① ㉠, ㉡   ② ㉡, ㉢
③ ㉢, ㉣   ④ ㉠, ㉢, ㉣

TIP ㉠ 면역전략은 투자기간과 듀레이션을 일치시키는 전략이다.
     ㉡ 인덱스전략은 구성종목의 숫자가 작을수록 추적오차가 증가한다.

핵심포인트 해설 　**채권투자전략**

↳ 적극적 투자전략, 소극적 투자전략 구분

적극적 투자전략	• 시장의 비효율성을 전제로 시장이자율을 예측하여 초과수익을 얻고자 하는 전략 • 수익률예측전략, 채권교체전략, 수익률곡선타기전략, 나비형 투자전략, 역나비형 투자전략
소극적 투자전략	• 시장의 효율성을 전제로 수익률변동위험을 극소화시키고 투자 당초의 목표이익을 보완하려는 방어적인 투자전략 • 만기보유전략, 인덱스전략, 현금흐름일치전략, 사다리형 만기운용전략, 아령형 만기운용전략, 면역전략

정답 | ③

24

다음 중 금리상승이 기대될 때 취할 수 있는 전략은?

① 변동금리채권을 고정금리채권으로 교체
② 듀레이션이 높은 채권으로 교체
③ 장기채권 매도, 단기채권 매수
④ 사다리형 포트폴리오 구축

TIP 금리상승 시 채권가격하락이 예상되므로 하락폭이 작은 단기채권으로 포트폴리오를 구성한다.

핵심포인트 해설 **적극적 투자전략 (1)**

(1) 수익률예측전략 ← 미래 채권수익률의 예측을 통하여 채권구성을 조정하는 전략
  ① 수익률하락 예상 시 : 채권가격은 상승하므로 듀레이션이 긴 채권에 투자
      ⇨ 장기채, 표면이자율이 낮은 채권(할인채)일수록 유리
  ② 수익률상승 예상 시 : 채권가격은 하락하므로 듀레이션이 짧은 채권에 투자
      ⇨ 단기채, 표면이자율이 높은 채권일수록 유리

(2) 채권교체전략
  ① 동종채권 간 교체전략 : 일시적인 가격불균형 발생 시 높은 수익률(낮은 가격)의 채권으로 교체
  ② 이종채권 간 교체전략 : 스프레드 확대·축소 이용
      ㉠ 스프레드의 일시적 확대/축소 ⇨ (낮아진) 수익률 채권 매도, (높아진) 수익률 채권 매수
      ㉡ 스프레드 원상회복 ⇨ 반대 포지션

정답 | ③

수익률곡선타기전략에 대한 설명으로 잘못된 것은?

① 수익률곡선이 우상향하고, 그 모양이 투자기간 동안 불변일 경우 사용 가능한 전략
이다.

② 단기채권과 장기채권만 보유하고, 중기채권은 매도하는 전략이다.

③ 롤링효과(Rolling Effect)는 잔존만기가 단축됨에 따라 수익률이 하락하는 장기채 효
과이다.

④ 숄더효과(Shoulder Effect)는 각 잔존연수마다 수익률의 격차가 일정하지 않고 만기
가 짧아질수록 수익률의 하락폭이 커지는 단기채 효과이다.

TIP 단기채권과 장기채권만 보유하고, 중기채권을 매도하는 전략은 나비형 투자전략이다.

핵심포인트 해설   적극적 투자전략 (2)

(1) 수익률곡선타기전략
  ① 수익률곡선이 우상향하고, 그 모양이 투자기간 동안 불변일 경우 사용 가능한 전략
  ② 롤링효과(Rolling Effect) : 잔존만기가 단축됨에 따라 수익률이 하락하는 장기채 효과임
  ③ 숄더효과(Shoulder Effect) : 각 잔존연수마다 수익률의 격차가 일정하지 않고 만기가 짧아질수록 수익률의 하락폭이 커지
          는 단기채 효과임

(2) 나비형 투자전략
  ① 수익률곡선이 중기물의 수익률상승, 장·단기물의 수익률하락 예상 시 취하는 전략
  ② 단기채권과 장기채권만 보유하고, 중기채권은 매도하는 전략

(3) 역나비형 투자전략
  ① 수익률곡선이 장·단기물의 수익률상승, 중기물의 수익률하락 예상 시 취하는 전략
  ② 중기채 중심의 채권만을 보유하는 전략

정답 | ②

26

다음 채권투자전략 중 일정 기간마다 현금흐름이 있어서 유동성이 높고, 일정 기간이 경과한 이후부터는 이 현금흐름을 장기채권에 다시 투자할 수 있어 수익률의 평준화를 기대할 수 있는 전략은?

① Bullet형 만기전략
② Barbell형 만기전략
③ 수익률곡선타기전략
④ 사다리형 만기전략

TIP   잔존기간별로 고르게 투자하는 전략은 사다리형 만기전략이다.

핵심포인트 해설   **소극적 투자전략**

(1) 만기보유전략
채권을 매입하여 만기까지 보유하는 전략(투자신탁, 연기금, 보험회사 등)

(2) 인덱스전략
① 채권시장 전체의 흐름을 그대로 따르는 포트폴리오를 구성하여 채권시장 전체의 수익률을 달성하려는 전략
② 구성종목의 숫자가 작을수록 추적오차가 증가함

(3) 현금흐름일치전략
① 채권에서 발생하는 현금흐름수입이 채권투자를 위하여 조달된 부채의 상환흐름과 일치하거나 상회하도록 채권 포트폴리오를 구성하는 전략
② 일치시켜야 할 현금흐름이 단순할수록 효과적인 포트폴리오를 구성할 수 있음

(4) 사다리형 및 아령형 만기운용전략
① 사다리형 만기운용전략 : 각 잔존기간별로 채권보유량을 동일하게 유지하여 이자율변동 시의 수익률과 위험을 평준화시키는 전략
② 아령형(바벨형) 만기운용전략 : 단기채, 장기채로만 만기를 구성하는 전략

(5) **면역전략**   *듀레이션과 만기를 일치시키는 것이 아니므로 주의할 것!*
① 수익률변동위험을 제거하고 투자목표를 달성하기 위한 전략
② 투자기간과 채권 포트폴리오의 듀레이션을 일치시킴으로써 수익률상승(하락) 시 채권가격하락(상승)분과 표면이자에 대한 재투자수익의 증대(감소)분을 상호 상쇄시켜 채권투자 종료 시 실현수익률을 목표수익률과 일치시키는 전략

정답 | ④

27

특정한 상황에 처할 경우 채권이 자본으로 전환되거나 상각되는 채권은?

① 자산유동화증권(ABS)
② 신종자본증권
③ 조건부자본증권
④ 이중상환청구권부채권

TIP 조건부자본증권은 금융회사의 심각한 재무적 위기 등 특정 상황이 발생하면 금융회사의 주식으로 전환되거나 일정한 비율의 손실이 발생한다.

핵심포인트 해설   **새로운 형태의 채무증권 (1)**

ABS	• 기초자산에서 발생하는 현금흐름으로 원리금의 상환을 표시한 증권 • 장점 : 발행사의 유동성확보, 자금조달수단 다양화, 비유동성자산의 처분, 조달비용 감소, 규제차익 향유 • 단점 : 부대비용이 크므로 대규모 발행만 가능, 위험의 일부가 자산보유자에게 잔존, 대규모의 경우 자산의 질이 악화, 자금조달에 시간 소요 • CBO, CLO, CDO, 합성CDO, ABCP, ABSTB, MBS 등
신종자본증권	• 자본의 성격이 강한 채권 • 후순위성, 만기의 영구성, 이자지급의 임의성이 강할수록 자본성이 높아짐 • 하이브리드채권과 동일한 개념 • 은행이나 금융지주회사가 발행하는 바젤Ⅲ상 자본으로 인정받는 채권으로 코코펀드와 유사한 개념
조건부자본증권	• 특정한 상황에 처할 경우 채권이 자본으로 전환되거나 상각되는 채권을 의미 • 바젤Ⅲ상 은행자본으로 인정, BIS비율 개선에 기여함 • 신종자본증권과 후순위채로 분류됨 • 후순위성이 강해 일반채권보다 높은 금리가 보장되나 은행의 BIS비율이 낮아질 경우 지분(주식)보다 먼저 상각(손해)될 수 있음

정답 | ③

28

교환사채(EB)에 대한 설명으로 잘못된 것은?

① 발행사가 보유한 주식으로 교환될 수 있는 권리가 부여된 사채이다.
② 발행사의 주식이 아닌 발행사가 보유한 주식으로 교환된다.
③ 주식 취득 시 신규자금이 지출되지 않는다.
④ 투자 여부는 패리티(Parity)로 판단한다.

TIP 패리티(Parity)로 투자판단 여부를 결정하는 것은 전환사채(CB)이다.

핵심포인트 해설 **새로운 형태의 채무증권 (2)**

이중상환 청구권부채권 (커버드본드)	• 은행이 채권을 발행하면서 보유하고 있는 자산을 담보로 제공하는 채권 • 은행이 정상적인 방법으로 자금을 조달하기 어려울 경우 보유채권의 담보를 제공하면서 자금을 조달하는 방법 • 일반적으로 담보가 제공되므로 조달금리는 일반채권보다 낮음
전환사채(CB)	• 일반채권이 일정 기간 동안 일정한 가격으로 발행기업의 주식으로 전환될 수 있는 권리가 부여된 채권 • 투자여부는 패리티에 의해 결정
신주인수권부사채 (BW)	• 일정 기간에 일정한 가격으로 발행사의 주식을 인수할 수 있는 권리가 보장된 사채 • 지분을 취득할 수 있다는 점은 전환사채와 유사 • 전환사채와는 달리 취득을 위한 신규자금이 필요
교환사채(EB)	• 발행사가 보유한 주식으로 교환될 수 있는 권리가 부여된 사채 • 발행사의 주식이 아닌 발행사가 보유한 주식으로 교환(CB와의 차이) • 주식 취득 시 신규자금이 지출되지 않음(BW와의 차이)
기업어음(CP)와 전자단기사채(STB)	• 기업어음 : 기업이 단기자금 조달을 위해 발행하는 융통어음 • 전자단기사채 : 전자방식으로 발행되는 만기 1년 이하의 채무증권 • STB의 경우 발행 시 증권신고서 제출이 필요없어 발행이 용이함

정답 | ④

자산유동화증권(ABS : Asset Backed Security)**에 대한 설명 중 잘못된 것은?**

① 자산유동화증권을 발행하는 주체를 자산보유자(Originator)라고 부른다.
② 기초자산에서 발생하는 현금을 그대로 투자자에게 이전하는 방식을 Pass-Through 방식이라 한다.
③ 자산유동화증권의 기초자산으로는 주택저당채권, 자동차 할부금융, 대출채권, 신용카드계정, 리스채권 등이 있다.
④ 자산유동화증권은 부외화의 효과를 거둘 수 있기 때문에 자기자본관리를 강화하는 방안으로 활용할 수 있다.

용어 알아두기

자산유동화증권 (ABS)	금융기관이 보유하고 있는 자산을 표준화하고 특정 조건별로 집합하여 이를 바탕으로 발행한 새로운 형태의 유가증권이다.

TIP 자산유동화증권을 발행하는 주체는 유동화전문회사로, 특수목적기구(SPC)라고 부른다.

핵심포인트 해설 **자산유동화증권(ABS)**

(1) 발행사유
부실자산의 조기정리, BIS비율의 증대, 유동성의 확보 등

(2) 기본구조
① 자산보유자(Originator) : 유동화자산을 보유한 각종 금융기관
② 투자자(Investor)
③ 유동화전문회사(SPC) : 자산유동화증권을 발행하여 투자자에게 판매하는 회사

(3) 기초자산
① Primary CBO : 신규로 발행된 회사채를 기초자산으로 한 ABS
② Secondary CBO : 기존에 발행된 회사채를 기초자산으로 한 ABS
③ MBS(주택저당증권) : 주택저당채권을 기초자산으로 하여 발행한 ABS

(4) 신용보강
① 발행자의 신용상태가 아닌 기초자산의 신용상태가 중요
② 신용보강방법 : 선·후순위 증권의 발행, 초과담보, 현금담보 등

정답 | ①

30

액면가가 10,000원인 A기업 전환사채의 시장가격은 15,000원이다. A기업의 현재 주가가 7,000원이고 전환사채의 전환가격이 5,000원이라면, 이 전환사채의 전환프리미엄(괴리)은 얼마인가?

① 1,000원

② 2,000원

③ 5,000원

④ 10,000원

용어 알아두기

전환가격	전환사채를 주식으로 전환할 때 전환대상 주식 1주당 지불하여야 할 가격이다.

TIP 전환가치(패리티가치) $= \dfrac{10,000}{5,000} \times 7,000 = 14,000$원

전환프리미엄(괴리) = 전환사채의 시장가격 − 전환가치 = 15,000 − 14,000 = 1,000원

핵심포인트 해설　　**전환사채 관련 지표**

① 전환주 수 : 일정한 액면금액당 전환되는 주식의 수

$$전환주 \ 수 = \frac{액면금액}{전환가격}$$

② 전환가치(패리티가치) : 전환된 주식들의 시장가치

$$전환가치(Conversion \ Value) = 패리티가치(Parity \ Value) = 주식의 \ 시장가격 \times 전환주 \ 수$$

③ 전환프리미엄(괴리) : 전환사채의 시장가격과 전환가치와의 차이

$$전환프리미엄 = 시장 \ 전환프리미엄 = 괴리 = 전환사채의 \ 시장가격 - 전환가치$$

④ 패리티(%) : 전환대상 주식의 시가대비 전환가격을 백분율로 나타낸 것으로, 전환사채를 전환할 경우에 전환차익이 발생하는가를 판단하는 지표(주식측면에서 본 전환사채의 이론가치)

$$패리티(Parity) = \frac{주식의 \ 시장가격}{전환가격} \times 100(\%)$$

정답 | ①

☑ 다시 봐야 할 문제(틀린 문제, 풀지 못한 문제, 헷갈리는 문제 등)는 문제 번호 하단의 네모박스(□)에 체크하여 반복학습하시기 바랍니다.

01 중요도 ★★
□ **채권의 기본적 특성과 거리가 먼 것은?**

① 채권은 발행자격의 법적 제한 없이 이사회 결의를 통하여 자율적으로 발행할 수 있다.
② 채권은 발행 시 약속한 확정이자율 또는 이자율 결정기준에 따라 이자가 확정적으로 지급되는 채무증서이다.
③ 채권발행에 의한 자금조달은 한시적이며 원리금에 대한 상환기간이 정해져 있다.
④ 채권은 CD, CP 등에 비하여 장기상환기간을 가지고 있다.

02 중요도 ★★
□ **다음 중 채권에 대한 설명으로 옳은 것은?**

① 채권의 단가는 액면 10,000원을 기준으로 산정·표시한다.
② 표면이율은 시장수익률, 유통수익률 또는 수익률이라고도 한다.
③ 채권의 발행으로부터 원금상환이 이루어지기까지의 기간을 잔존기간이라 한다.
④ 채권의 발행일 혹은 매출일로부터 매매일까지의 기간을 만기기간이라 한다.

03 중요도 ★
□ **발행주체에 따라 채권을 분류한 것으로 바르게 연결된 것은?**

① 국채 – 지역개발채권
② 특수채 – 신주인수권부사채권
③ 금융채 – 통화안정증권
④ 지방채 – 한국도로공사채권

04 중요도 ★★

채권의 발행 방법에 대한 설명 중 잘못된 것으로만 묶인 것은?

□

> ㉠ Dutch방식은 경쟁입찰방식 중 하나이다.
> ㉡ 무보증회사채는 매출발행의 비중이 가장 높다.
> ㉢ Conventional방식은 복수의 낙찰수익률이 생긴다.
> ㉣ 총액인수방식은 직접발행방식이다.

① ㉠, ㉡
② ㉡, ㉢
③ ㉡, ㉣
④ ㉢, ㉣

정답 및 해설

01 ① 채권은 발행자격의 법적 제한, 이자지급증권, 기한부증권, 장기증권이라는 특징을 갖고 있다. 채권은 누구나 발행할 수 있는 것이 아니라 발행주체의 자격요건 및 발행요건 등이 법으로 정해져 있다. 따라서 일반 차용증서와 달리 법적인 제약과 보호를 받게 된다.

02 ① ② 만기수익률에 대한 설명이다.
③ 채권의 발행으로부터 원금상환이 이루어지기까지의 기간을 만기기간이라 한다.
④ 채권의 발행일 혹은 매출일로부터 매매일까지의 기간을 경과기간이라 한다.

03 ③ 발행주체에 따른 분류

구 분	발행주체	종 류
국 채	국 가	제1종 및 제2종 국민주택채권, 재정증권, 국고채권(양곡기금채권, 외국환평형기금채권 통합)
지방채	지방자치단체	서울시 도시철도채권, 상수도공채, 지역개발채권
(비금융)특수채	특별법에 의하여 설립된 법인	토지개발채권, 한국전력공사채권, 한국도로공사채권, 수자원공사채권, 가스공사채권, 예금보험기금채권
금융채	금융기관	산업금융채권, 중소기업금융채권, 통화안정증권, 카드·리스·종금·할부금융채권
회사채	주식회사	보증사채, 무보증사채, 담보부사채, 전환사채, 교환사채, 신주인수권부사채, 옵션부사채

04 ③ ㉡ 회사채는 간접모집의 일종인 총액인수방식에 의하여 주로 발행된다.
㉣ 총액인수방식은 발행의 위험을 발행기관이 부담하는 간접발행방식이다.

05

중요도 ★

다음 설명에 해당하는 채권의 직접모집 방법으로 옳은 것은?

☐

> • 발행기관이 내부적으로 정한 내정수익률 이하에서 낮은 수익률 응찰분부터 발행예정액에 도달하기까지 순차적으로 낙찰자를 결정한다.
> • 이때 모든 낙찰자에게는 낙찰된 수익률 중 가장 높은 수익률이 일률적으로 통일적용되어 발행이 이루어진다.

① 단일가격(수익률)경매방식　　　　② 복수가격(수익률)경매방식

③ 비경쟁입찰　　　　　　　　　　　④ 매출발행

06

중요도 ★★

채권발행에 대한 설명으로 거리가 먼 것은?

☐

① Conventional방식은 모든 낙찰자에게 낙찰된 수익률 중 가장 높은 수익률이 일률적으로 통일 적용됨으로써 단일가격으로 발행이 이루어진다.
② Dutch방식은 직접공모방식이다.
③ 총액인수방식은 발행기관이 총액을 인수하여 기관들의 책임으로 매출하는 방식이다.
④ 위탁모집은 발행자가 위험부담을 진다.

07

중요도 ★

채권발행방법 중 사모발행에 대한 설명으로 잘못된 것은?

☐

① 위탁모집, 잔액인수, 총액인수의 방법이 있다.
② 소수투자자와 사적 교섭으로 채권을 매각하는 방법이다.
③ 투자자는 주로 기관투자자이며, 공모채보다 이자율이 높고 만기가 짧은 것이 일반적이다.
④ 유동성이 낮은 회사채의 발행에 주로 활용된다.

08 중요도 ★★

다음 채권신용등급 중 투자등급의 최하위등급은?

① AAA
② BBB(−)
③ BB
④ B

09 중요도 ★

채권발행자가 약속된 이자와 원금을 상환하지 않을 위험으로 옳은 것은?

① 채무불이행위험
② 가격변동위험
③ 재투자위험
④ 유동성위험

10 중요도 ★★

채권의 만기까지 현금흐름이 여러 번 발생하기 때문에 생기는 위험으로 투자 후 수익률의 변동성이 높을수록 증가하는 위험으로 옳은 것은?

① 채무불이행위험
② 인플레이션위험
③ 재투자위험
④ 가격변동위험

정답 및 해설

05 ① 단일가격(수익률)경매방식인 Dutch방식에 대한 설명이다.

06 ① Conventional방식은 최저수익률부터 발행예정액에 달할 때까지 순차적으로 낙찰자를 결정하는 방법으로, 제시한 수익률을 차등적용하여 복수의 낙찰가격이 생기게 된다.

07 ① 위탁모집, 잔액인수, 총액인수의 방법은 공모발행 중 간접모집의 방식이다.

08 ② BBB(−) 이상을 투자등급으로 하며, BB 이하는 투기등급으로 간주한다.

09 ① 발행사의 경영실적 악화에 따라 원금 및 이자상환이 불가능한 위험을 채무불이행위험이라고 한다.

10 ③ 채권의 만기까지 이자의 수령과 재투자라는 현금흐름이 있기 때문에 재투자위험이 발생한다. 수익률의 변동성이 높다면 중도에 지급받는 이자의 재투자수익률에 영향을 주게 된다.

11

다음 복리채권의 조건을 보고 시장수익률로 매매할 경우 관행적 방식에 의한 세전 매매 단가를 구하면?

> • 연 단위 복리채   • 만기상환금액 : 12,153원
> • 잔존만기 : 2년 73일   • 시장수익률 : 10%

① 9,846원   ② 10,525원

③ 10,846원   ④ 11,525원

12

만기 1년 단리채의 표면금리가 5%, 잔존만기가 200일이다. 채권수익률이 7%라고 가정 할 때 이 채권의 세전 매매단가를 구하면? (단, 액면금액은 10,000원)

① $P = \dfrac{10{,}000}{\left(1 + 0.05 \times \dfrac{200}{365}\right)}$

② $P = \dfrac{10{,}000}{\left(1 + 0.07 \times \dfrac{200}{365}\right)}$

③ $P = \dfrac{10{,}500}{\left(1 + 0.07 \times \dfrac{200}{365}\right)}$

④ $P = \dfrac{10{,}700}{\left(1 + 0.05 \times \dfrac{200}{365}\right)}$

13

만기일에 상환받는 금액이 가장 큰 채권은? (단, 액면금액은 모두 동일하다고 가정)

① 표면이율 6%, 만기 1년인 할인채

② 표면이율 5%, 만기 5년인 연 단위 복리채

③ 표면이율 5%, 만기 5년인 3개월 단위 복리채

④ 표면이율 6%, 만기 5년인 6개월 이자 후급 이표채

14

중요도 ★★

다음 조건의 채권을 2025년 6월 15일에 시장수익률 4.2%로 매입하여 만기일까지 보유하면 매 이자지급일에 액면 10,000원당 (   )원의 이자를 총 (   )회 수령하게 된다. 빈칸 안에 들어갈 말을 순서대로 나열한 것은?

• 발행일 : 2017년 7월 3일 • 만기일 : 2027년 7월 3일

• 표면이율 : 4% • 이자지급 단위기간 : 6개월 후급

---

① 200, 5 ② 220, 5

③ 200, 6 ④ 220, 6

---

11 ① $P = \dfrac{S}{(1 + r)^n(1 + r \times \frac{d}{365})} = \dfrac{12,153}{(1 + 0.1)^2(1 + 0.1 \times \frac{73}{365})} = 9,846.86$원

12 ③ 관행적 방식에 의한 만기 시 일시상환채권의 가격산정방법은 '$P = \dfrac{S}{(1 + r)^n(1 + r \times \frac{d}{365})}$'이다.

∴ $P = \dfrac{10,500}{(1 + 0.07 \times \frac{200}{365})}$

13 ③ 복리채의 경우 복리로 누적된 이자와 원금을 만기에 함께 수령하므로 동일한 조건의 할인채나 이표채보다 수령액이 크다. 또한 같은 5년 만기라도 1년에 한 번씩 부리하는 연 단위 복리채보다 3개월에 한 번씩 부리하는 복리채의 만기수령액이 더 크다.

14 ① 연 4%의 쿠폰을 연 2회 수령하므로, 액면 10,000원당 200원의 이자를 총 5회 수령하게 된다.

15 중요도 ★★★

다음 중 말킬의 채권가격의 정리에 대한 설명으로 거리가 먼 것은?

① 채권의 잔존만기가 길수록 금리변동에 따른 채권가격변동폭은 커진다.

② 채권의 잔존만기가 길수록 금리변동에 따른 채권가격변동폭은 커지나 그 변동률은 체감한다.

③ 만기가 일정할 때 채권수익률의 하락으로 인한 가격상승폭은 같은 폭의 채권수익률의 상승으로 인한 가격하락폭보다 작다.

④ 표면이자율이 높을수록 금리변동에 따른 가격의 변동률이 작다.

16 중요도 ★★★

말킬의 채권가격의 정리에 대한 설명으로 가장 거리가 먼 것은?

① 채권의 잔존만기가 짧을수록 동일한 수익률변동에 대한 가격변동률이 커진다.

② 표면이율이 낮을수록 동일한 수익률변동에 대한 가격변동률이 커진다.

③ 동일한 수익률변동에 대한 채권가격의 변동률은 수익률이 상승할 때와 하락할 때가 동일하지 않다.

④ 채권가격은 수익률과 반대방향으로 움직인다.

17 중요도 ★★★

채권가격과 채권수익률에 대한 설명으로 잘못된 것을 모두 고른 것은?

> ㉠ 채권가격은 수익률과 반대방향으로 움직인다.
> ㉡ 채권의 잔존만기가 길수록 동일한 수익률변동에 대한 가격변동률은 커진다.
> ㉢ 채권의 잔존만기가 길어짐으로써 발생하는 가격변동률은 체증한다.
> ㉣ 동일한 크기의 수익률변동이 발생한 경우 수익률이 하락할 때와 상승할 때가 동일하다.

① ㉠, ㉢　　　　　　　　　　② ㉡, ㉢

③ ㉡, ㉣　　　　　　　　　　④ ㉢, ㉣

18 중요도 ★★

채권가격 및 수익률에 관한 설명으로 잘못된 것은?

① 만기수익률의 변동에 따른 채권가격의 변동률은 만기가 길수록 크다.

② 만기가 일정하다면 수익률하락으로 인한 가격상승폭이 같은 폭의 수익률상승으로 인한 가격하락폭보다 크다.

③ 만기수익률이 변하면 표면이자율이 작을수록 채권가격은 하락한다.

④ 만기수익률이 변하면 채권가격의 변동폭은 만기가 길수록 커지고 변동률은 체감한다.

19 중요도 ★★★

다음 중 듀레이션에 대한 내용으로 거리가 먼 것은?

① 이표채의 듀레이션은 잔존만기보다 클 수 없다.

② 다른 조건이 동일하다면 표면금리가 낮을수록 듀레이션이 작다.

③ 다른 조건이 동일하다면 만기가 길수록 듀레이션도 크다.

④ 듀레이션은 현가로 산출된 가중평균만기이다.

정답 및 해설

15 ③ 만기가 일정할 때 채권수익률의 하락으로 인한 가격상승폭은 같은 폭의 채권수익률의 상승으로 인한 가격하락폭보다 더 크다.

16 ① 채권의 잔존만기가 길수록 동일한 수익률변동에 대한 가격변동률이 커진다.

17 ④ © 채권의 잔존만기가 길어짐으로써 발생하는 가격변동률은 체감한다.
　　② 동일한 크기의 수익률변동이 발생한 경우 수익률이 하락할 때와 상승할 때가 동일하지 않다.

18 ③ 만기수익률이 변하면 표면이자율이 작을수록 채권가격은 상승한다.

19 ② 다른 조건이 동일하다면 표면금리가 낮을수록 듀레이션은 크다.

20

중요도 ★★

아래 내용에 제시된 채권들은 연 단위 후급 이표채들이다. 듀레이션이 작은 채권부터 순서대로 바르게 나열된 것은?

구 분	표면이율(%)	잔존만기(년)	시장수익률(%)
채권 A	5	4	5
채권 B	6	4	5
채권 C	6	4	6
채권 D	6	3	6

① A < B < C < D
② D < A < B < C
③ D < B < A < C
④ D < C < B < A

21

중요도 ★★

컨벡시티의 특징으로 잘못된 것은?

① 동일한 듀레이션에서 컨벡시티가 큰 채권은 작은 채권보다 수익률의 상승이나 하락에 관계없이 항상 높은 가격을 지닌다.
② 채권의 컨벡시티는 듀레이션이 증가함에 따라 감소한다.
③ 수익률과 만기가 일정할 때 이표율이 낮을수록 채권의 컨벡시티는 커진다.
④ 만기수익률이 높을수록 컨벡시티는 감소한다.

22

중요도 ★★

잔존만기가 3년, 표면이율이 8%인 연 단위 후급 이표채의 만기수익률이 10%인 채권이 있다. 이 채권의 듀레이션은 2.78년, 채권가격은 9,502.63원, 채권의 볼록성은 8.94이다. 만기수익률이 10%에서 8%로 하락할 경우 볼록성에 기인한 가격변동폭은 얼마인가?
(단, 가장 가까운 근사치를 구함)

① 13원
② 15원
③ 17원
④ 19원

23 중요도 ★★★

A기업의 회사채 만기수익률이 8%에서 7%로 하락하였을 때 채권가격의 변화율로 옳은 것은? (단, 이 채권의 수정듀레이션은 2년, 볼록성은 2.4)

① 1.582% 상승   ② 1.582% 하락

③ 2.012% 상승   ④ 2.012% 하락

24 중요도 ★★★

수정듀레이션이 3.5년인 채권에 100억원을 투자하였을 때 이자율이 10%에서 8%로 하락하였다면 이 채권의 가치는 어떻게 변동하는가?

① 3.5억원 증가   ② 3.5억원 감소

③ 7억원 증가   ④ 7억원 감소

정답 및 해설

20 ④ 이표채의 듀레이션은 잔존만기가 짧을수록, 표면이율이 높을수록, 시장수익률이 높을수록 작게 나타난다. 실제 이들 채권의 듀레이션을 산출해 보면 채권 A = 3.72년, 채권 B = 3.68년, 채권 C = 3.67년, 채권 D = 2.83년이므로, D < C < B < A이다.

21 ② 채권의 컨벡시티는 듀레이션이 증가함에 따라 증가한다.

22 ③ 볼록성에 기인한 가격변동폭 = $\frac{1}{2} \times 8.94 \times (-0.02)^2 \times 9,502.63 ≒ 17$원

23 ③ $\frac{\Delta P}{P} = -D_M \times (\Delta r) + \frac{1}{2} \times C \times (\Delta r)^2 = -2 \times (-0.01) + \frac{1}{2} \times 2.4 \times (-0.01)^2 = 0.02012$

∴ 2.012% 상승한다.

24 ③ 채권가격 변동폭 = $-3.5 \times -0.02 \times 100$억원 = 7억원

25 중요도 ★★★

잔존만기가 3년 남은 할인채를 만기수익률 5%에 매입하여 2년이 경과한 후 만기수익률 7%에 매도하였다. 액면 10,000원 단위로 산정한 손익금액은 얼마인가? (단, 가장 가까운 값을 구함)

① 21원 이익
② 21원 손실
③ 707원 이익
④ 707원 손실

26 중요도 ★

일반채권의 투자손익으로 가장 거리가 먼 것은?

① 이자율변화에 의한 가격변동이익
② 양호한 경영성과로 인한 배당수익
③ 표면이자수익
④ 표면이자의 재투자수익

27 중요도 ★

유동성 프리미엄이론에 대한 설명으로 잘못된 것은?

① 투자자들은 만기가 길수록 증가하는 위험에 대해 유동성 프리미엄을 요구한다.
② 향후 이자율이 기간에 상관없이 일정할 것이라고 예상될 때에는 수익률곡선이 수평의 형태를 지닌다.
③ 유동성 프리미엄은 만기까지의 기간이 길수록 체감적으로 증가한다.
④ 장기채권수익률은 기대현물이자율에 유동성 프리미엄을 가산한 값의 기하평균과 같다.

28 중요도 ★★

잔존만기가 3년 남은 할인채를 수익률 10%에 매입하여 2년 경과 후 수익률 8%에 매도하였다면 액면 10,000원을 기준으로 할 때 손익은?

① 1,746원 이익

② 1,746원 손실

③ 1,523원 이익

④ 1,523원 손실

29 중요도 ★

표면이율이 8%인 할인채를 잔존만기가 3년 남은 시점에서 8,150원에 매입 후 만기상환 받았다. 이 투자의 연 단위 실효수익률로 옳은 것은?

① $\sqrt[3]{\dfrac{8,150 \times (1 + 0.08)^3}{10,000}} \times \dfrac{1}{3}$

② $\dfrac{10,000 - 8,150}{8,150} \times \dfrac{1}{3}$

③ $\sqrt{\dfrac{8,150 \times (1 + 0.08)^3}{10,000}} - 1$

④ $\sqrt[3]{\dfrac{10,000}{8,150}} - 1$

정답 및 해설

25 ③ • 매입단가(P_b) = $\dfrac{10,000}{(1 + 0.05)^3}$ ≒ 8,638

  • 매도단가(P_s) = $\dfrac{10,000}{(1 + 0.07)^1}$ ≒ 9,345

  ∴ 액면 10,000원당 707원(= 9,345 − 8,638)의 이익을 얻는다.

26 ② 배당수익은 채권의 수익이 될 수 없다.

27 ② 유동성 프리미엄이론에 의하면 미래의 이자율이 일정할 것이라고 예상한다 하더라도 수익률곡선은 유동성 프리미엄의 영향으로 인하여 우상향의 형태를 가진다.

28 ① • 매입단가(P_0) = $\dfrac{10,000}{(1 + 0.1)^3}$ ≒ 7,513

  • 매도단가(P_2) = $\dfrac{10,000}{(1 + 0.08)^1}$ ≒ 9,259

  ∴ 액면 10,000원당 1,746원(= 9,259 − 7,513)의 이익을 얻는다.

29 ④ 연 단위 실효수익률은 투자금액(P) 대비 투자 종료 시 실현된 금액(FV)을 복할인한 개념으로, $r_e = \sqrt[n]{\dfrac{FV}{P}} - 1$과 같은 산식에 의하여 산출된다. 이 채권은 할인채이므로 FV = 10,000원, P = 8,150원, n = 3이다.

30 중요도 ★

만기가 1년 남은 회사채가 105,000원에 매매되고 있다. 이 회사채의 액면금액은 100,000원, 액면금리가 10%이고 이자를 연 1회 지급한다고 할 때 만기수익률은? (단, 가장 가까운 근사치를 구함)

① 3.8%
② 4.7%
③ 8.2%
④ 10.5%

31 중요도 ★

이자율의 기간구조에 대한 설명 중 옳은 것은?

① 불편기대가설에 의하면 미래의 단기이자율이 현재의 단기이자율보다 높으면 수익률곡선은 수평이다.
② 불편기대가설에서 장기이자율이 매년 상승할 것이라고 기대되면 수익률곡선은 우하향한다.
③ 유동성선호가설에 따르면 모든 조건이 동일할 때 장기이자율은 유동성 프리미엄으로 단기이자율보다 낮아진다.
④ 시장분할가설은 기관투자자들의 경우 자산과 부채구조 등의 요인에 따라 수익률곡선에서 선호하는 만기가 분할되어 있다고 본다.

32 중요도 ★★

법적·제도적 요인 등에 의한 구조적 경직성이 존재함으로써 채권시장이 몇 개의 하위시장으로 분할되어 채권수익률과 잔존만기 간에 어떠한 체계적 관계도 존재하지 않는다는 수익률곡선에 대한 가설로 옳은 것은?

① 불편기대가설
② 유동성선호가설
③ 시장분할가설
④ 선호영역가설

33 중요도 ★

기간구조이론 중 불편기대가설에 대한 설명으로 잘못된 것은?

① 장기채권의 수익률은 미래의 단기채권들에 예상되는 수익률들의 기하평균과 같다.

② 미래 이자율이 일정할 것이라고 예상될 때 수익률곡선은 수평이다.

③ 미래 이자율이 상승할 것이라고 예상될 때 수익률곡선은 우상향한다.

④ 투자자를 위험회피형으로 가정한다.

34 중요도 ★★

채권투자전략에 대한 설명 중 잘못된 것은?

① 호황이나 금리상승이 예상될 때 채권의 만기구성을 단기화한다.

② 수익률곡선이 상승하는 경우에는 수익률곡선타기전략이 유효하다.

③ 이자율하락이 예상되면 단기채를 매각하고 장기채를 매입한다.

④ 이자율하락이 예상되면 액면이자율이 낮은 채권을 매각하고, 액면이자율이 높은 채권을 매입한다.

정답 및 해설

30 ② $P_0 = \Sigma \dfrac{I}{(1 + YTM)^n} + \dfrac{F}{(1 + YTM)^n} \Rightarrow 105,000 = \dfrac{10,000}{(1 + YTM)} + \dfrac{100,000}{(1 + YTM)} = \dfrac{110,000}{(1 + YTM)}$

(P_0 : 채권의 현재가치, I : 매기의 이자, YTM : 만기수익률, F : 액면가액, n : 잔존만기)

∴ YTM ≒ 4.7%

31 ④ ① 불편기대가설에 의하면 미래의 단기이자율이 현재의 단기이자율보다 높으면 수익률곡선은 우상향한다.

② 불편기대가설에서 장기이자율이 매년 상승할 것이라고 기대되면 수익률곡선은 우상향한다.

③ 유동성선호가설에 따르면 모든 조건이 동일할 때 장기이자율은 유동성 프리미엄으로 단기이자율보다 높아진다.

32 ③ 시장분할가설에 대한 설명이다. 시장분할가설에서는 단기채·중기채·장기채 시장이 별도로 형성되고, 수익률의 결정은 각 시장의 수급에 의하여 결정되기 때문에 수익률곡선은 불연속적이라고 본다.

33 ④ 불편기대가설

- 투자자를 위험중립형으로 가정
- 단기채권과 장기채권은 완전대체관계에 있음
- 미래 이자율을 정확하게 예상할 수 있다고 가정

34 ④ 이자율하락이 예상되면 액면이자율이 높은 채권을 매각하고, 액면이자율이 낮은 채권을 매입한다.

35

중요도 ★★★

채권가격의 상승 예상 시(채권수익률의 하락 예상 시) **적절한 전략은?**

① 장기채 비중을 낮춘다.
② 표면이자율이 낮은 채권의 비중을 높인다.
③ 듀레이션을 짧게 한다.
④ 금리선물매도포지션(Short Position)을 취한다.

36

중요도 ★★★

채권투자전략 중 소극적 투자전략에 해당하는 것은?

① 면역전략   ② 수익률예측전략
③ 채권교체전략   ④ 수익률곡선타기전략

37

중요도 ★★★

채권투자전략에 대한 설명으로 잘못된 것은?

① 시장이자율이 상승할 것이라고 예상될 때 표면금리가 낮은 채권의 보유비중을 늘리는 것이 좋다.
② 시장이자율이 하락할 것이라고 예상될 때 단기채보다는 장기채의 보유비중을 늘리는 것이 좋다.
③ 시장이자율이 상승할 것이라고 예상될 때 이자지급 횟수가 많은 채권의 비중을 늘리는 것이 좋다.
④ 시장이자율이 하락할 것이라고 예상될 때 할인채의 비중을 늘리는 것이 좋다.

38

중요도 ★★★

채권투자전략 중 수익률변동위험을 제거하고 투자목표를 달성하기 위해 투자기간과 채권 포트폴리오의 듀레이션을 일치시키는 전략은?

① 채권교체전략   ② 인덱스전략
③ 면역전략   ④ 현금흐름일치전략

39 중요도 ★★★

□ 현재 시중 실세금리가 낮은 수준이고 향후 금리가 서서히 상승할 것이라고 예상될 때 가장 적절한 투자방안은?

① 표면금리가 낮고, 잔존만기가 긴 채권에 투자
② 표면금리가 높고, 잔존만기가 긴 채권에 투자
③ 표면금리가 낮고, 잔존만기가 짧은 채권에 투자
④ 표면금리가 높고, 잔존만기가 짧은 채권에 투자

정답 및 해설

35 ② ① 장기채 비중을 높인다.
③ 듀레이션을 길게 한다.
④ 금리선물 매수포지션(Long Position)을 취한다.

36 ①

적극적 투자전략	소극적 투자전략
• 수익률예측전략 • 채권교체전략 • 수익률곡선타기전략 • 나비형 투자전략 • 역나비형 투자전략	• 면역전략 • 만기보유전략 • 인덱스전략 • 현금흐름일치전략 • 사다리형 만기운용전략 • 바벨형 만기운용전략

37 ①

구 분	금리상승 예상 시	금리하락 예상 시	금리 예상 불분명 시
만 기	• 단기채 비중 늘림	• 장기채 비중 늘림	
표면금리	• 표면금리 높은 채권을 늘림	• 표면금리 낮은 채권을 늘림	• 사다리형 포트폴리오 • 바벨형 포트폴리오
이자지급횟수	• 이자지급 횟수 많은 채권(이표채)	• 이자지급 횟수 적은 채권(복리채, 할인채)	
듀레이션	• 짧은 채권	• 긴 채권	

38 ③ 면역전략

• 수익률변동위험을 제거하고 투자목표를 달성하기 위한 전략
• 투자기간과 채권 포트폴리오의 듀레이션을 일치시킴으로써 수익률상승(하락) 시 채권가격하락(상승)분과 표면이자에 대한 재투자수익 증대(감소)분을 상호 상쇄시켜 채권투자 종료 시 실현수익률을 목표수익률과 일치시키는 전략

39 ④ 금리하락 시에는 표면금리가 낮은 장기채에 투자하여 변동성을 최대한 활용하고, 금리상승 시에는 표면금리가 높은 단기채에 투자하여 위험을 회피한다.

40

중요도 ★★★

수익률곡선타기전략에 대한 설명 중 잘못된 것은?

① 예상운용기간보다 만기가 긴 채권을 매입한다.

② 수익률곡선이 우상향일 때 가능하다.

③ 만기 이전에 채권을 매각하여 가격상승효과까지 기대한다.

④ 기간구조에 관한 순수기대이론이 옳다고 가정한다.

41

중요도 ★★★

다음 A기업의 주식과 관련된 채권 중 채권에 부가된 권리가 실행될 때 A기업으로 현금이 유입되는 것은?

① 전환사채(CB)　　　　　　　　② 신주인수권부사채(BW)

③ 교환사채(EB)　　　　　　　　④ 어느 것도 아님

42

중요도 ★★

채권의 만기일 이전에 당해 채권을 매입할 수 있는 권리를 채권발행자에게 부여한 채권은?

① 수의상환채권　　　　　　　　② 교환사채

③ 전환사채　　　　　　　　　　④ 비분리형 신주인수권부사채

43

중요도 ★

자산유동화증권(ABS)에 대한 설명으로 거리가 먼 것은?

① 유동화대상 자산에는 부동산, 자동차할부채권, 신용카드채권, 리스채권 등이 있다.

② Primary CBO는 신규발행한 회사채를 기초자산으로 하는 ABS, Secondary CBO는 기존에 발행된 회사채를 기초자산으로 하는 ABS를 의미한다.

③ Pay-Through방식은 기초자산에서 발생하는 현금흐름이 그대로 투자자에게 이전된다.

④ 내부적 신용보강방식에는 선·후순위 증권발행(일반적), 초과담보, 현금담보 등이 있고 외부적 신용보강방식에는 지급보증, 신용공여 등이 있다.

44 다음 중 자산유동화증권(ABS)에 대한 설명으로 잘못된 것은?

① 기업이나 금융기관이 보유하고 있는 자산을 표준화하고 특정 조건별로 집합하여 이를 바탕으로 증권을 발행하고 기초자산의 현금흐름을 상환하는 것이다.

② 유동화대상 자산은 유동성이 낮은 것이 특징이다.

③ 현금흐름의 예측과 자산의 양도가 가능하여야 한다.

④ 동질성이 적은 자산을 대규모로 집합하여 기초자산을 구성하는 것이 바람직하다.

정답 및 해설

40 ④ 수익률곡선타기전략은 유동성 프리미엄으로 인하여 수익률곡선이 우상향한다고 판단될 때 써야 하는 전략이다. 수익률곡선의 형태가 예측대로 유지되어야만 투자목표의 실현이 가능하다는 한계를 지니고 있다.

41 ② 신주인수권부사채(BW)의 신주인수권이 행사되는 경우 A기업으로 현금이 유입된다.

42 ① 수의상환채권(Callable Bond)은 채권의 만기일 이전에 당해 채권을 매입할 수 있는 권리를 채권발행자에게 부여한 채권이다.

43 ③ Pay-Through방식은 기초자산에서 발생하는 현금흐름을 기초로 하되, 유동화전문회사가 별도의 현금흐름을 투자자에게 지급한다.

44 ④ 동질성이 높은 자산을 대규모로 집합하여 기초자산을 구성하는 것이 바람직하다. 동질성이 결여된 자산으로 구성하면 현금흐름 예측의 정확성이 감소하므로 이에 수반되는 신용보강 및 평가에 따른 비용이 증가하게 된다.

45 자산유동화증권(ABS)에 대한 설명으로 가장 거리가 먼 것은?

① 자산보유자(Originator)는 자산유동화증권을 발행하여 투자자에게 판매하는 회사이다.

② 유동화를 통하여 자산의 부외화(Off-Balance) 효과를 거둘 수 있다.

③ 부실자산의 조기정리, BIS비율의 증대, 유동성확보 등의 사유로 발행한다.

④ 은행 등의 신용보증기관에 의한 지급보증은 외부적 신용보강방식이다.

46 신종자본증권에 대한 설명으로 잘못된 것은?

① 부채의 성격이 강한 채권이다.

② 후순위성, 만기의 영구성, 이자지급의 임의성이 강할수록 자본성이 높아진다.

③ 하이브리드채권과 동일한 개념이다.

④ 코코펀드와 유사한 개념이다.

47 커버드본드에 대한 설명으로 잘못된 것은?

① 은행이나 금융지주회사가 발행하는 코코펀드와 유사하다.

② 은행이 정상적인 방법으로 자금을 조달하기 어려울 경우 이용된다.

③ 보유채권의 담보를 제공하면서 자금을 조달하는 방법이다.

④ 일반적으로 담보가 제공되므로 조달금리는 일반채권보다 낮다.

48

기업이 단기자금 조달을 위해 발행하는 융통어음으로 옳은 것은?

① 전자단기사채(STB)　　　　　② 기업어음(CP)

③ 표지어음　　　　　　　　　④ 발행어음

정답 및 해설

45 ① • 자산보유자(Originator) : 유동화자산을 보유한 각종 금융기관
　　　• 유동화전문회사(SPC : Special Purpose Company) : 자산유동화증권을 발행하여 투자자에게 판매하는 회사

46 ① 신종자본증권은 자본의 성격이 강한 채권이며, 후순위성, 만기의 영구성, 이자지급의 임의성이 강할수록 자본성이 높아진다.

47 ① 커버드본드는 은행이 채권을 발행하면서 보유하고 있는 자산을 담보로 제공하는 채권이다. 은행이나 금융지주회사가 발행하는 코코펀드와 유사한 금융상품은 신종자본증권이다.

48 ② 기업어음에 관한 설명이다. 표지어음과 발행어음은 새로운 형태의 증권으로 볼 수 없는 전통적 금융상품이다.

제 4 장
기타 증권시장

학습전략

기타 증권시장은 제2과목 전체 20문제 중 **총 2문제**가 출제된다.

기타 증권시장은 코넥스시장과 K-OTC시장으로 구성되어 있다. 유가증권시장이나 코스닥시장에 비하여 아직 규모가 작고 거래량도 미미한 편이지만 점차 활성화되어 가는 추세이다. 코넥스시장은 상장제도, 공시제도, 매매제도를 중심으로, K-OTC시장은 등록·지정제도, 매매제도, 시장관리제도 등을 중심으로 공부해야 한다.

출제예상 비중

K-OTC시장 **50%**   **50%** 코넥스시장

핵심포인트

코넥스시장의 의의 및 특징에 대한 설명 중 옳은 것은?

① 중소기업 지원강화 및 창조경제 기반조성을 위한 중소기업 전용시장이다.
② 금융투자협회가 개설하는 증권시장이다.
③ 유가증권시장·코스닥시장과 같은 주권상장법인의 지위를 갖는 것은 아니다.
④ 사모형태의 상장은 불가능하다.

TIP ② 한국거래소가 개설하는 증권시장이다.
　　 ③ 유가증권시장·코스닥시장과 동일하게 주권상장법인의 지위를 갖는다.
　　 ④ 공모·사모·직상장 등 다양한 형태의 상장이 가능하다.

핵심포인트 해설 　　 **코넥스시장의 의의 및 지정자문인제도**

코넥스시장의 의의	• 중소기업 지원강화 및 창조경제 기반조성을 위한 중소기업 전용시장 • 거래소가 개설하는 증권시장 • 유가증권시장·코스닥시장과 동일하게 주권상장법인의 지위 가짐
코넥스시장의 특징	• 중소기업만 상장 가능 → 대기업 상장 (X) • 공모·사모·직상장 등 다양한 형태의 상장이 가능함 • 유가증권시장·코스닥시장에 비교하여 각종 부담을 완화시킴 • M&A 등 구조조정 지원 : 합병요건 완화, 대량매매·경매매제도 도입 • 지정자문인제도 도입
지정자문인 제도	• 의의 : 코넥스시장에 상장하려는 기업은 지정자문인이 있어야 함 • 역할 : 상장적격성 심사, 상장 후 자문·지도·공시·신고대리, 기업의 정보생성. 시장에서 유동성 공급 등 　　　 후견인의 역할을 함 • 코넥스상장기업은 상장기간 동안 지정자문인과의 선임계약을 유지해야 함(계약을 해지하는 경우 30영 　 업일 이내에 다른 지정자문인과 계약을 체결해야 함)

정답 | ①

02

일반기업의 코넥스시장 상장에 대한 설명 중 잘못된 것은?

① 거래소는 지정기관투자자를 지정한다.

② 지정자문인이 기업의 상장적격성을 판단하고 거래소에 의한 심사는 최소화하였다.

③ 코넥스시장 상장요건으로 외부감사인, 국제회계기준, 사외이사 선임의무 등이 있다.

④ 코넥스시장은 자금조달의 편의성 및 투자자금의 원활한 회수를 위하여 유가증권시장·코스닥시장과 달리 보호예수의무를 부과하고 있지 않다.

TIP 유가증권시장·코스닥시장은 의무적으로 증선위로부터 외부감사인을 지정받고, 한국채택국제회계기준(K-IFRS)을 도입하여야 하며, 사외이사 및 상근감사 선임의무가 있다. 그러나 코넥스시장에서는 이러한 의무가 면제된다.

핵심포인트 해설 　　코넥스시장의 상장제도

상장제도의 특징	• 지정기관투자자제도 도입 • 지정자문인의 상장적격성 판단 • 회계기준 및 지배구조 준수의무 완화 • 보호예수의무 완화 및 수수료 면제
상장요건	• 중소기업에 해당할 것 • 정관 등에 양도제한의 내용이 없을 것 • 최근 사업연도 감사의견이 적정일 것 • 지정자문인 1사와 선임계약을 체결할 것(특례상장은 제외) • 액면가가 100원·200원·500원·1,000원·2,500원·5,000원 중 하나일 것
상장절차 및 기간	• 상장절차 : 지정자문인 계약체결 ⇨ 외부감사 ⇨ 기업 실사 ⇨ 상장적격성 보고서 작성 ⇨ 신규상장 신청 ⇨ 신규상장 승인 ⇨ 매매거래 개시 • 상장소요기간 · 직상장의 경우 : 약 15영업일 · 공모·사모의 경우 : 직상장의 경우보다 소요기간이 늘어날 수 있음
특례상장제도	• 의의 : 스타트업기업·크라우드펀딩기업의 경우 지정자문인의 선임 없이 코넥스시장에 상장할 수 있도록 한 제도 • 특례상장기업(스타트업기업, 크라우드펀딩기업)은 상장일로부터 1년 이내에 지정자문인 계약을 체결해야 함 • 특례상장기업은 지정자문계약 6개월 경과 후부터 신속이전상장 가능 • 벤처금융 또는 전문투자자가 2년 미만 투자한 주식 등에 대하여 이전상장한 후 1개월간 매각이 제한됨

정답 | ③

코넥스시장의 상장폐지요건에 대한 설명 중 거리가 먼 것은?

① 재무상태 및 경영성과와 관련된 상장폐지요건을 적용하지 않는다.
② 지정자문인계약 여부를 퇴출요건에 추가하였다.
③ 특례상장 후 2개 사업연도 경과 후에도 지정자문인선임계약을 체결하지 않으면 즉시 상장폐지된다.
④ 2반기 연속(또는 3년 내 4회 이상) 기업설명회를 개최하지 않으면 위원회 심의 후 상장폐지된다.

TIP 2반기 연속(또는 3년 내 4회 이상) 기업설명회를 개최하지 않으면 즉시 상장폐지된다.

핵심포인트 해설　　**코넥스시장의 상장폐지 요건**

특 징	• 재무상태 및 경영성과와 관련된 상장폐지 요건을 적용하지 않음 • 지정자문인계약 여부를 퇴출요건에 추가함
즉시 상장폐지사유	• 특례상장기업의 상장 후 1년 경과 시까지 지정자문인 미선임 • 감사의견 부적정, 의견거절, 감사범위제한으로 인한 한정 • 공시서류 미제출(사업보고서 미제출) • 2반기 연속(또는 3년 내 4회 이상) 기업설명회 미개최 • 유가증권시장·코스닥시장 이전상장을 위한 상장폐지 신청 　· 최근 사업연도말 최대주주 등의 지분을 제외한 주식이 5% 미만된 경우(분산요건 미달) 　· 상장 이후 10년 경과 법인의 자본전액잠식 발생 　· 포괄적 주식교환으로 상장법인이 다른 법인의 완전자회사가 되는 경우 • 기 타 　· 어음·수표의 부도, 은행거래 정지 　· 해산사유(피흡수합병, 파산선고 등) 발생 　· 지정자문인 선임계약 해지 후 30영업일 내 미체결 　· 주식양도 제한
심의 후 상장폐지사유	• 불성실공시(최근 1년간 누계벌점이 15점 이상) • 회생절차개시 신청 • 상장 관련 서류의 허위기재 또는 누락 • 횡령, 배임, 회계부정, 주된 영업의 정지 등

정답 | ④

04

코넥스시장의 불성실공시 사유와 거리가 먼 것은?

① 공시의무사항을 기한 내에 신고하지 않은 경우
② 거짓 또는 잘못 공시, 주요사항을 기재하지 않고 공시한 경우
③ 조회공시 부인 후 1월 이내에 이와 상반되는 내용을 결정하는 경우
④ 공시변경을 한 경우

TIP 코넥스시장의 경우 불성실공시 사유로 공시변경은 적용하지 않는다.

핵심포인트 해설　　**코넥스시장 공시제도**

의무공시	• 투자자의 투자판단에 중요한 영향을 주는 현재 또는 미래에 대한 중요한 경영정보가 발생한 경우 코넥스시장 상장법인은 의무적으로 공시해야 함
조회공시	• 중요한 경영사항과 관련된 풍문 또는 보도가 있을 때 조회공시를 해야 함(단, 코스닥시장과 달리 주가 및 거래량 급변에 따른 조회공시는 적용하지 않음) • 거래소의 조회공시 요구를 받은 경우 확정, 부인, 미확정으로 구분하여 답변해야 함(조회공시 요구와 동시에 매매거래 정지도 가능) • 답변시한 : 조회공시 요구 시점이 오전인 경우 당일 오후까지, 요구 시점이 오후인 경우 다음 날 오전까지 답변해야 함(단, 매매거래정지가 수반된 경우 요구시점과 관계없이 다음 날 오후 6시까지 답변 가능)
자율공시	• 상장법인은 투자판단에 영향을 미칠 수 있는 사항에 대하여 자율공시 가능 • 코넥스시장은 코스닥시장에 비하여 의무공시대상은 축소된 반면 자율공시대상은 확대됨
불성실공시 사유	• 공시불이행 　· 공시의무사항을 기한 내에 신고하지 않은 경우 　· 거짓 또는 잘못 공시, 주요사항을 기재하지 않고 공시한 경우 • 공시번복 　· 이미 공시한 내용을 전면취소, 부인, 이에 준하는 내용 등 공시 　· 조회공시 부인 후 1월 이내에 이와 상반되는 내용을 결정하는 경우 • 공시변경은 미적용

정답 | ④

코넥스시장 매매제도에 대한 설명 중 잘못된 것은?

① 유동성공급자 지정을 의무화하였다.
② 호가종류를 2가지로 단순화하였다.
③ 프로그램매매제도를 도입하였다.
④ 특수한 매매의 경우 시간외종가매매 및 대량매매를 제한적으로 도입하였다.

용어 알아두기

유동성공급자	유동성이 거의 없는 종목에 대하여 매매호가를 제시하여 거래에 참여함으로써 증권의 가격을 형성하고 투자자의 매매를 유도하는 증권사를 말한다.

TIP 코넥스시장에서는 프로그램매매제도가 도입되지 않았다.

핵심포인트 해설   **코넥스시장 매매제도**

주요 매매제도	• 매매수량단위 : 1주 • 호가종류 : 지정가호가, 시장가호가 • 가격제한폭 : ±15%(단, 시간외 대량매매의 경우 ±30%) • 체결방식 : 연속경쟁매매방식(접속매매방식)

경매매제도	• 허용요건 : 매도측이 단수(1인)이고, 매수측이 복수인 경우에 한하여 경매매 가능
	• 신청요건
	  · 최소신청수량 : 상장주식총수의 0.5% 이상 매도로서 2,500만원 이상의 매도
	  · 가격범위 : 당일 가격제한폭(±15%) 이내
	  · 최저매도희망수량 : 최저매도희망수량 미만으로 매수주문 접수 시 전량 체결시키지 않음
	  · 신청방법 : 경매매 3거래일 전일에 매도인은 회원사를 통해 거래소에 경매매를 신청하고, 거래소는 해당
	    내용을 시장에 안내
	• 호가 및 매매체결 : 경매매는 당일 장 개시 전 시간외시장 중 매매호가 접수 후 08:30에 매매체결 됨(호가
	    현황은 공개되지 않음)
	• 경매매 제외사유
	  · 시가기준가종목의 매매거래 개시일
	  · 매매거래 정지된 종목의 매매거래 개시일
	  · 정리매매종목
	  · 배당락, 권리락, 분배락, 주식분할(또는 병합)종목

정답 | ③

06

다음 중 코넥스시장의 LP(유동성공급자)제도에 대한 설명이 적절하지 않은 것은?

① 원칙적으로 지정자문인이 유동성공급자 역할을 하도록 의무화 하였다.
② 코넥스시장의 LP가 되려면 투자매매업 인가를 받은 거래소 결제회원이어야 한다.
③ 코넥스시장의 LP가 되려면 최근 1년 이내에 관련 법규를 위반하여 형사제재 및 영업 정지 이상의 조치를 받은 사실이 없어야 한다.
④ 코넥스시장의 LP가 되려면 유동성 공급업무를 담당하는 직원을 지정해야 한다.

TIP 유가증권·코스닥시장의 경우 LP가 되려면 유동성 공급업무를 담당하는 직원을 지정해야 하고 유동성공급업무 평가가 연속 가장 낮은 등급을 받는 경우 결격사유가 된다. 하지만 코넥스시장의 LP에게는 이러한 자격요건이 적용되지 않는다.

핵심포인트 해설　　　**코넥스시장의 동시호가제도와 유동성공급자제도**

동시호가제도	• 시간우선원칙의 예외로서 코넥스시장에도 도입됨 • 시가 등이 상하한가로 결정될 때 단일가매매에 참여한 상하한가 호가를 동시에 접수된 호가로 간주하여 매매체결수량을 배분하는 제도 • 전산장애, 풍문 등으로 거래 중단 후 재개시의 최초가격이 상하한가로 결정되는 경우에도 적용됨
유동성공급자제도	• 코넥스시장의 경우 원칙적으로 지정자문인이 유동성공급자 역할을 하도록 의무화 함 • 코넥스시장의 경우 유가증권·코스닥시장에 비해 자격요건이 완화됨 • 코넥스시장 LP의 자격요건 　· 투자매매업 인가를 받은 거래소 결제회원이어야 함 　· 최근 1년 이내에 관련 법규를 위반하여 형사제재 및 영업정지 이상의 조치를 받은 사실이 없어야 함

정답 | ④

K-OTC 신규등록·지정에 대한 설명 중 잘못된 것은?

① K-OTC시장에서 주권을 거래하기 위해서는 해당 주권이 K-OTC시장에 등록 또는 지정되어야 한다.

② K-OTC시장 신규지정 시 해당 기업이 지정신청하고 지정신청절차를 밟아야 한다.

③ K-OTC시장 신규등록 시 최근 사업연도 매출액이 5억원 이상이어야 한다.

④ K-OTC시장 신규지정요건은 신규등록요건을 모두 충족하는 것은 물론 추가요건이 있다.

TIP K-OTC시장 신규지정에는 기업의 지정신청절차가 없으며, 협회가 금융감독원의 공시정보, 예탁결제원의 증권정보를 통해 신규지정요건 충족 여부를 직접 확인하여 해당되는 주권을 K-OTC시장에 지정할 수 있다.

핵심포인트 해설 **K-OTC 신규등록·지정**

(1) K-OTC 신규등록·지정의 의의 및 혜택

의의	• 등록 : 비상장기업의 신청에 의하여 K-OTC시장 거래자격 부여 • 지정 : 비상장기업의 신청 없이 협회가 직접 K-OTC시장 거래자격 부여
혜택	• 기업의 혜택 : 자금조달 원활, 기업 홍보효과 및 대외 신인도 제고, 코스닥상장 심사 시 우선심사권, 상장(심사)수수료 면제, 주식 추가분산의무 경감, 매각제한규제 완화 • 투자자 혜택 : 투자자금 회수 기회, 벤처기업 소액주주의 경우 양도소득세 비과세

(2) K-OTC 신규등록·지정의 요건

구 분	신규등록요건	신규지정요건
자기자본	• 자본전액잠식상태가 아닐 것	• 좌 동
매출액	• 매출액 5억원 이상일 것(크라우드펀딩기업은 3억원 이상)	• 좌 동
감사의견	• 적정일 것	• 좌 동
주식유통	• 통일규격증권을 발행할 것(또는 전자등록된 주식일 것) • 명의개서대행계약을 체결할 것 • 주식양도제한이 없을 것	• 좌 동
신규 지정 시 추가요건	—	• 최근 사업연도 사업보고서의 금융위원회 제출 및 공시 • 해당 주권 공모실적이 있거나 K-OTC시장에 지정 동의서를 제출했을 것 • 해당 주권이 증권시장에 상장되어 있지 않을 것

정답 | ②

08

K-OTC시장 매매거래제도에 대한 설명 중 잘못된 것은?

① 상대매매방식으로 거래된다.

② 정규시장만 있고, 단일가매매제도나 시간외매매제도는 없다.

③ 신용거래제도가 없다.

④ 가격제한폭은 상·하 15%이다.

TIP 가격제한폭은 상·하 30%이다.

핵심포인트 해설 **K-OTC시장 매매거래제도**

특 징	• 매매방식 : 상대매매 • 거래시간 : 정규시장만 있고, 시간외시장은 없음 • 위탁증거금 : 현금 또는 주식 100%(신용거래 없음) • 결제 전 매매 : 가능
매매제도	• 호가수량단위 : 1주(호가가격단위 : 1 ~ 1,000원까지 7단계로 세분화) • 불리한 호가접수 제한 : 5호가 가격단위를 초과하는 매매호가 거부 • 가격제한폭 : ±30%(단, 신규종목 최초 매매개시일에는 기준가격의 30 ~ 500% 범위 내에서 호가접 　　　　　　　수하여 매매체결시킴) • 기준가격 　· 등록·지정 후 최초 매매개시 기준가격 : 주당순자산가치 　· 최초 매매개시 이후 기준가격 : 직전 영업일의 거래량가중평균주가 • 기세제도 신설
매매비용	• 위탁수수료 : 금융투자회사 자율 • 증권거래세 : 양도가액의 0.18%(매매결제될 때 예탁결제원이 징수) • 양도소득세 : 10 ~ 30% 　· 중소기업 주식 : 10% 　· 중소기업 이외의 기업 주식 : 20% 　· 중소기업 이외의 기업 대주주가 1년 미만 보유한 주식 : 30% 　· 벤처기업 소액주주 : 양도소득세 비과세

정답 | ④

K-OTC시장에서 공모가액이 10억원인 경우 발행시장 공시 방법은?

① 금융위원회에 증권신고서를 제출해야 한다.
② 금융위원회에 소액공모공시서류를 제출해야 한다.
③ 금융위원회에 사업보고서를 제출해야 한다.
④ 금융위원회에 사업보고서 및 감사보고서를 제출해야 한다.

TIP 공모가액이 10억원 이상이면 금융위원회에 증권신고서를 제출해야 하고, 공모가액이 10억원 미만이면 금융위원회에 소액공모공시서류를 제출해야 한다.

핵심포인트 해설 **K-OTC시장의 발행시장 공시**

의 의	• 누구든지 증권을 공모(모집·매출)하는 경우 증권의 발행회사는 금융위원회에 발행공시를 하여야 함 • 등록·지정법인이 부담하는 자본시장법상 공시사항임
방 법	• 공모가액 10억원 이상 : 금융위원회에 증권신고서 제출 • 공모가액 10억원 미만 : 금융위원회에 소액공모공시서류 제출 • 소액출자자의 소액매출 시 특례 : 소액매출공시서류 및 감사보고서를 매출 3일 전까지 금융위원회 및 협회에 제출하면 소액공모공시서류 제출의무를 이행한 것으로 봄

정답 | ①

K-OTC시장의 유통시장 공시에 대한 설명으로 잘못된 것은?

① K-OTC 등록법인은 연 2회 정기공시를 해야 한다.

② K-OTC 지정법인은 협회에 대한 정기공시, 수시공시, 조회공시 의무가 있다.

③ 주요사항보고서는 K-OTC 등록법인이 협회에 신고해야 하는 법정공시로 수시공시 의무와는 성격이 다른 것이다.

④ 사업보고서 제출대상법인에 해당하는 경우 분기보고서는 제출하지 않아도 된다.

TIP   K-OTC 등록법인은 협회에 대한 정기공시, 수시공시, 조회공시 의무가 있으나, K-OTC 지정법인은 협회에 대한 정기공시, 수시공시, 조회공시 의무가 없다.

핵심포인트 해설   　　　K-OTC시장의 유통시장 공시

유 형	• 협회가 등록법인에 부과하는 K-OTC시장에서의 유통공시(지정법인은 협회에 대한 정기공시, 수시공시, 조회공시 의무 없음) • 자본시장법상 사업보고서 제출대상 법인이 금융위원회에 제출하는 유통공시
정기공시	• 대상 : K-OTC 등록법인은 연 2회 정기공시를 해야 함 • 방 법 　· 사업보고서 제출대상 법인에 해당하지 않는 경우 : 정기공시서류를 금융위원회와 협회에 제출해야 함 　· 사업보고서 제출대상 법인에 해당하는 경우 : 사업보고서 제출대상에 해당하는 등록법인은 사업보고서, 반기보고서를 협회에 제출해야 함(분기보고서는 제출하지 않아도 됨) 　· 지정법인은 협회에 사업보고서 등의 제출의무가 없음
수시공시	• 주권상장법인보다는 공시사항을 축소하여 운영하고 있음 • 당일 공시사항과 익일 공시사항으로 구분됨
조회공시	• 등록법인에 관한 풍문·보도가 있거나 주가급변 시 공시하도록 하는 제도
주요사항보고	• 사업보고서 제출대상 법인은 법인의 경영·재산 등에 대하여 중대한 영향을 미치는 사항이 발생한 경우 다음 날까지 주요사항보고서를 금융위원회에 제출해야 함 • 주요사항보고서 제도는 수시공시의무와는 성격이 다른 법정공시임

정답 | ②

K-OTC시장의 시장관리제도와 거리가 먼 것은?

① 불성실공시법인 지정제도
② 매매거래정지제도
③ 투자유의사항 공시제도
④ 단기차익반환제도

TIP K-OTC시장의 시장관리제도에는 불성실공시법인 지정제도, 매매거래정지제도, 투자유의사항 공시제도, 안내사항 공시제도, 부정거래행위 예방활동 등이 있다.

핵심포인트 해설   **K-OTC시장의 시장관리제도**

불성실공시법인 지정제도	• 유형 : 공시불이행, 공시번복, 허위공시 • 제재 : 매매거래정지, 투자유의사항 공시, 등록해제 조치 등 • 지정법인은 공시의무가 없으므로 불성실공시법인 지정대상이 아님
매매거래정지제도 (정지사유)	• 등록법인의 불성실공시, 지정법인의 반기보고서 미제출 • 정기공시서류 미제출 • 등록·지정해제사유 발생 • 등록법인에 대하여 등록해제사유에 해당하는 조회공시 요구 시 • 회생절차 개시 신청 또는 회생계획안 결의를 위한 집회소집 시 • 주식분할·병합, 액면주와 무액면주 상호전환을 위하여 주권제출 요구 시 • 호가 폭주 등 피할 수 없는 사유로 시장전체에 장애발생이 우려되는 경우 • 임직원 등의 횡령·배임과 관련된 혐의가 공시를 통해 확인되는 경우
안내사항 공시제도 (안내사항)	• 소속부 변경, 신규등록·지정, 변경(추가)등록, 매매거래정지·재개 • 임시휴장, 시장 임시정지, 매매시간 변경 등
투자유의사항 공시제도 (공시사유)	• 최근 사업연도말 현재 자본잠식 상태인 경우 • 최근 사업연도 매출액이 5억원 미만인 경우 • 감사의견이 부적정·의견거절·감사범위제한으로 인한 한정인 경우 • 법원에 회생절차개시를 신청한 경우·결정취소·폐지결정이 있는 경우 • 최근 결산기 정기공시서류 미제출 • 등록법인이 최근 2년간 불성실공시법인 지정이 4회 이상인 경우 • 등록법인 소액주주 주식분산기준에 미달(50인 미만 or 1% 미만)
부정거래행위 예방활동	• 협회는 부정거래행위 우려가 있는 계좌의 금융투자회사에 예방조치 요구 가능 • 금융투자회사가 예방조치한 경우 그 결과를 매분기 종료 후 다음 달 10일까지 협회에 통보해야 함

정답 | ④

K-OTC시장의 등록·지정 해제에 대한 설명 중 잘못된 것은?

① 주권이 K-OTC시장에서 거래되지 못하도록 거래대상에서 배제하는 조치이다.

② 최근 2개 사업연도에 연속하여 매출액이 5억원 미만이 되면 등록·지정해제사유에 해당된다.

③ 신청에 의한 해제는 지정법인만 가능하다.

④ 등록·지정해제 주권은 정리매매가 허용된다.

TIP 신청에 의한 해제는 등록법인만 가능하다.

핵심포인트 해설	K-OTC시장의 등록·지정 해제

의 의	• 등록·지정법인이 발행한 주권이 K-OTC시장에서 거래되지 못하도록 거래대상에서 배제하는 조치 (상장폐지와 같은 개념)
등록·지정해제 사유	• 기업이 부실화된 경우(자본잠식, 최근 2개 사업연도에 연속 매출액 5억원 미만 또는 최근 사업연도 매출액 1억원 미만 등) • 정기공시서류 미제출 • 조직변경, 경영방침변경 등(피흡수합병, 해산, 상장 등) • 등록법인 불성실공시법인 지정, 소액주주수 미달 • 지정법인의 사업보고서 제출면제사유가 발생한 경우 등
등록·지정해제 방법	• 협회에 의한 직권해제 : 등록·지정법인 모두 가능 • 신청에 의한 등록해제 : 등록법인만 가능하고 지정법인은 신청에 의한 해제절차 없음
등록·지정해제 주권의 정리매매	• 등록·지정해제 주권은 3영업일간 매매거래정지 후 10영업일을 초과하지 않는 범위 내에서 정리매매가 허용됨 • 증권시장에 상장하는 경우에는 매매거래정지 절차를 거치지 않음

정답 | ③

출제예상문제

☑ 다시 봐야 할 문제(틀린 문제, 풀지 못한 문제, 헷갈리는 문제 등)는 문제 번호 하단의 네모박스(□)에 체크하여 반복학습하시기 바랍니다.

01 중요도 ★★★
□ **코넥스시장의 상장요건과 거리가 먼 것은?**

① 중소기업에 해당할 것
② 정관 등에 양도제한의 내용이 없을 것
③ 지정자문인 1사와 선임계약을 체결할 것
④ 액면가가 500원 또는 5,000원 중 하나일 것

02 중요도 ★★
□ **코넥스시장 특례상장제도에 대한 설명으로 잘못된 것은?**

① 일정 요건을 충족하는 기술평가기업 또는 크라우드펀딩기업이 지정자문인의 선임 없이 코넥스시장에 상장할 수 있도록 하는 제도이다.
② 특례상장기업은 상장일로부터 2년 이내에 지정자문인 계약을 체결해야 한다.
③ 특례상장기업은 지정자문계약이 6개월 경과한 후부터 신속이전상장이 가능하다.
④ 특례상장에 동의한 벤처금융 또는 전문투자자가 2년 미만 투자한 주식 등에 대하여 이전 상장 후 1개월간 매각이 제한된다. 다만, 코넥스 상장기간이 1년 이상이거나, 1년 미만이라도 코넥스시장에서 주식을 취득한 경우 매각제한의무가 면제된다.

03 중요도 ★★
□ **코넥스시장의 특례상장대상 기업 요건을 모두 고르면?**

> ㉠ 증권선물위원회로부터 외부감사인을 지정받을 것
> ㉡ 지정기관투자자가 10% 이상의 지분을 보유하거나 30억 이상 투자(6개월 이상)할 것
> ㉢ 지정기관투자자가 특례상장 및 지분매각 제한에 동의할 것
> ㉣ 기술신용평가기관으로부터 일정 수준 이상의 기술등급을 확보할 것

① ㉠, ㉡, ㉢
② ㉠, ㉢, ㉣
③ ㉡, ㉢, ㉣
④ ㉠, ㉡, ㉢, ㉣

04 중요도 ★★

코넥스시장의 공시제도와 거리가 먼 것은?

① 공정공시
② 주요경영사항 의무공시
③ 조회공시
④ 자율공시

05 중요도 ★★

코스닥시장과 코넥스시장의 매매제도에 대한 비교 설명으로 잘못된 것은?

① 코스닥시장의 가격제한폭은 ±30%이나 코넥스시장의 가격제한폭은 ±15%이다.
② 코스닥시장의 호가종류는 6가지이나 코넥스시장의 호가종류는 3가지이다.
③ 매매수량단위는 코스닥시장과 동일하게 1주이다.
④ 매매체결방식은 코스닥시장과 동일하게 연속경쟁매매방식(접속매매방식)이다.

정답 및 해설

01 ④ 액면가가 100원·200원·500원·1,000원·2,500원·5,000원 중 하나이어야 한다. (무액면 주식은 발행 불가)

02 ② 특례상장기업은 상장일로부터 1년 이내에 지정자문인 계약을 체결해야 한다.

03 ③ 코넥스시장 특례상장대상 기업의 3요건은 투자유치(ⓒ), 투자자 동의(ⓒ), 기술력(ⓔ)이다.

04 ① 코넥스시장의 공시제도에는 주요경영사항 의무공시, 조회공시, 자율공시, 기업설명회 개최의무 등이 있다.

05 ② 코스닥시장의 호가종류는 6가지(지정가, 시장가, 최유리지정가, 최우선지정가, 조건부지정가, 경쟁대량매매호가)이나, 코넥스시장의 호가는 2가지(지정가, 시장가)이다.

06 코넥스시장의 경매매제도에 대한 설명 중 잘못된 것은?

① 코넥스시장의 경매매는 매도측(또는 매수측)이 단수이고 다른 한쪽은 복수일 때 이루어지는 매매에 적용된다.

② 거래소가 운영하는 대량매매네트워크(K-Blox)를 통해 최저 매도희망수량과 최저 입찰가격을 입력해야 한다.

③ 경매매는 당일 장 개시 전 시간외시장 중 매매호가 접수 후 08:30에 매매체결되나 호가현황은 공개되지 않는다.

④ 매매거래정지된 종목의 매매거래 개시일에는 경매매를 신청할 수 없다.

07 증권사는 처음 코넥스 거래를 시작하는 투자자가 코넥스시장의 특성 및 위험성을 충분히 인식할 수 있도록 투자자 유의사항을 개인별 1회 고지해야 한다. 그럼에도 불구하고 다음 보기에서 투자자 유의사항 고지하지 않아도 되는 자를 모두 고른 것은?

| ㉠ 자본시장법상 전문투자자 | ㉡ 창업투자조합 |
| ㉢ 우리사주조합 | ㉣ 창업기획자(엑셀러레이트) |

① ㉠, ㉡

② ㉠, ㉣

③ ㉠, ㉡, ㉣

④ ㉠, ㉡, ㉢, ㉣

08 코넥스상장법인의 기업설명회에 대한 설명 중 잘못된 것은?

① 코넥스상장법인은 분기마다 기업설명회를 개최해야 한다.

② 코넥스상장법인이 기업설명회를 개최하는 경우 일시, 장소, 설명회 내용 등을 공시해야 할 의무가 있다.

③ 코넥스상장법인은 기업설명회 개최 결과를 개최일 익일까지 거래소에 신고해야 한다.

④ 코넥스상장법인이 2반기 동안 연속하여 기업설명회를 개최하지 않거나, 3년 동안 4회 이상 개최하지 않은 경우 상장폐지사유에 해당한다.

09

중요도 ★★

K-OTC시장의 특징에 대한 설명 중 잘못된 것은?

① 증권시장에 상장되지 않은 주권의 장외매매거래를 위하여 운영되는 장외시장이다.

② 비상장주식의 직접금융을 통한 자금조달을 지원하고 주식의 환금성을 높인다.

③ 비상장기업에 투자한 초기 투자자금을 회수하고 재투자를 위한 자금을 조성할 수 있는 수단을 제공한다.

④ 안정적인 수익을 추구하는 투자자에게 유망주식을 상장 이전의 초기단계에서 투자할 수 있는 기회를 부여한다.

10

중요도 ★

K-OTC시장 신규등록절차로 빈칸 안에 들어갈 말을 순서대로 나열한 것은?

> ㉠ 외부감사
> ㉡ 정관정비
> ㉢ ( ) 체결
> ㉣ ( ) 제출
> ㉤ K-OTC시장 등록 신청
> ㉥ K-OTC시장 등록요건 심사 및 등록승인
> ㉦ K-OTC시장에서 매매개시

① 명의개서대행계약, 소액매출신고서류

② 명의개서대행계약, 증권신고서

③ 주관사선정계약, 소액매출신고서류

④ 주관사선정계약, 증권신고서

정답 및 해설

06 ① 코넥스시장의 경매매는 매도측이 단수(1인)이고, 매수측이 복수인 경우에 한하여 적용된다.

07 ④ 코넥스시장의 투자자 유의고지 면제대상자에는 ㉠, ㉡, ㉢, ㉣가 모두 해당되고 그 이외에도 중소기업창업투자회사, 개인투자조합, 전문엔젤투자자, 투자일임재산, 자산관리계좌를 통해 위탁하는 자 등이 포함된다.

08 ① 코넥스상장법인은 반기마다 기업설명회를 개최해야 한다.

09 ④ 고위험·고수익을 추구하는 투자자에게 유망주식을 상장 이전의 초기단계에서 투자할 수 있는 기회를 부여한다.

10 ① K-OTC시장 신규등록절차는 '외부감사 ⇨ 정관정비 ⇨ 명의개서대행계약 체결 ⇨ 소액매출신고서류 제출 ⇨ K-OTC시장 등록 신청 ⇨ K-OTC시장 등록요건 심사 및 등록승인 ⇨ K-OTC시장에서 매매개시' 순으로 진행된다.

11

K-OTC시장 신규등록요건과 가장 거리가 먼 것은?

① 자본전액잠식상태가 아닐 것
② 매출액이 5억원 이상일 것
③ 통일규격증권을 발행할 것
④ 최근사업연도의 사업보고서를 금융위원회에 제출하고 공시할 것

12

K-OTC시장 신규지정요건에 대한 설명 중 잘못된 것은?

① 증권을 모집 또는 매출(소액공모 포함)한 실적이 있거나 해당 법인이 K-OTC시장 지정동
  의서를 협회에 제출했어야 한다.
② 해당 주권이 증권시장에 상장되어 있지 않아야 한다.
③ 신규등록요건은 모두 충족하지 않아도 가능하다.
④ 최근 사업연도의 사업보고서를 금융위원회에 제출하고 공시해야 한다.

13

K-OTC시장의 매매제도에 대한 설명 중 잘못된 것은?

① 호가수량단위는 1주이고, 호가가격단위는 주권의 가격대별로 7단계로 세분화되었다.
② 매수호가 제출시점에 가장 낮은 매도호가보다 3호가 가격단위를 초과하여 높은 매수호가
  에 대하여 호가접수를 거부하고 있다.
③ 신규종목의 최초 매매거래개시일에는 기준가격의 30 ~ 500% 가격범위 내에서 호가를
  접수하여 매매를 체결시킨다.
④ 장 종료 시까지 거래가 형성되지 않더라도 호가가 있는 경우 이를 기준가격에 반영하는
  기세제도를 도입하였다.

14 중요도 ★★

K-OTC시장에서 거래하는 경우 매매비용에 대한 설명이 잘못된 것은?

① 위탁수수료율은 금융투자회사가 자율적으로 정한다.
② 증권거래세는 매매결제될 때 예탁결제원이 징수한다.
③ K-OTC시장에서 중소기업 주식을 매도하는 경우 양도소득세율은 20%이다.
④ 벤처기업 소액주주가 K-OTC시장에서 양도하는 경우 양도소득세가 비과세된다.

15 중요도 ★

K-OTC시장의 발행시장 공시에 대한 설명 중 잘못된 것은?

① 누구든지 증권을 공모(모집·매출)하는 경우 증권의 발행회사는 금융위원회에 발행공시를 하여야 한다.
② 공모가액이 10억원 이상인 경우 금융위원회에 증권신고서를 제출해야 한다.
③ 공모가액이 10억원 미만인 경우 금융투자협회에 투자설명서를 제출해야 한다.
④ 소액매출공시서류 및 감사보고서를 매출 3일 전까지 금융위원회 및 협회에 제출하면 소액공모공시서류 제출의무를 이행한 것으로 본다.

정답 및 해설

11 ④ 신규등록요건에 해당하지 않고 신규지정요건에 해당한다.

12 ③ 신규등록요건을 모두 동일하게 충족해야 한다.

13 ② 매수호가 제출시점에 가장 낮은 매도호가보다 5호가 가격단위를 초과하여 높은 매수호가에 대하여 호가접수를 거부하고 있다. 또한 매도호가 제출시점에 가장 높은 매수호가보다 5호가 가격단위를 초과하여 낮은 매도호가에 대한 호가접수를 거부하고 있다. (불합리한 호가제한)

14 ③ K-OTC시장에서 양도소득세율은 중소기업 10%, 대기업 20%이다.

15 ③ 공모가액이 10억원 미만인 경우 금융위원회에 소액공모공시서류를 제출해야 한다.

16 중요도 ★
K-OTC시장의 유통시장 공시에 대한 설명 중 잘못된 것은?

① 사업보고서 제출대상 법인에 해당하지 않는 경우 정기공시서류를 금융위원회와 협회에 제출해야 한다.
② 사업보고서 제출대상에 해당하는 등록법인은 사업보고서, 반기보고서 및 분기보고서를 협회에 제출해야 한다.
③ 지정법인은 협회에 사업보고서 등의 제출의무가 없다.
④ K-OTC법인의 수시공시는 주권상장법인보다는 공시사항을 축소하여 운영하고 있다.

17 중요도 ★
K-OTC시장의 불성실공시에 대한 설명 중 잘못된 것은?

① 불성실공시의 유형에는 공시불이행, 공시번복, 허위공시 등이 있다.
② 불성실공시의 제재로 매매거래정지, 투자유의사항 공시, 등록해제 조치 등이 있다.
③ 등록법인뿐 아니라 지정법인도 불성실공시법인 지정대상에 해당한다.
④ 지정법인이 사업보고서, 반기보고서를 기한 내에 금융위원회에 제출하지 않은 경우 매매거래정지, 투자유의사항 공시, 지정해제 등의 조치를 할 수 있다.

18 중요도 ★
K-OTC시장에서 매매거래 정지사유와 가장 거리가 먼 것은?

① 등록법인의 불성실공시
② 지정법인의 반기보고서 미제출
③ 등록·지정해제사유 발생
④ 매출액이 5억원 미만인 경우

19 중요도 ★
K-OTC시장에서 투자유의사항 공시사유와 거리가 먼 것은?

① 등록법인이 최근 2년간 불성실공시법인 지정이 3회 이상인 경우
② 감사의견이 부적정·의견거절·감사범위제한으로 인한 한정인 경우
③ 등록법인 소액주주 주식분산기준에 미달(50인 미만 또는 1% 미만)
④ 최근 사업연도 말 현재 자본잠식 상태인 경우

20
K-OTC시장의 등록·지정해제에 대한 설명으로 잘못된 것은?

① 등록·지정법인이 발행한 주권이 K-OTC시장에서 거래되지 못하도록 거래대상에서 배제하는 조치로 상장폐지와 같은 개념이다.

② 등록법인이 불성실공시법인으로 지정되거나 소액주주수가 미달인 경우 대상이 된다.

③ 협회에 의한 직권해제는 등록·지정법인 모두 가능하다.

④ 등록·지정해제 주권은 3영업일을 초과하지 않는 범위 내에서 정리매매가 허용된다.

21
K-OTC시장의 등록·지정해제 사유로 잘못된 것은?

① 최근 2개 사업연도 연속하여 매출액 5억원 미만인 경우

② 결산기에 정기공시서류를 제출하지 않고 그 다음 날부터 30일 이내에도 제출하지 않은 경우

③ 등록법인이 과거 2년 이내에 불성실공시법인으로 지정된 횟수가 3회 이상인 경우

④ 지정법인의 사업보고서 제출면제사유가 발생한 경우

정답 및 해설

16 ② 사업보고서 제출대상에 해당하는 등록법인은 사업보고서, 반기보고서를 협회에 제출해야 하나, 분기보고서는 제출하지 않아도 된다.

17 ③ 지정법인은 공시의무가 없으므로 불성실공시인 지정대상이 아니다.

18 ④ 투자유의사항 공시사유에 해당한다.

19 ① 등록법인이 최근 2년간 불성실공시법인 지정이 4회 이상인 경우에 투자유의사항 공시사유에 해당한다.

20 ④ 등록·지정해제 주권은 3영업일간 매매거래정지 후 10영업일을 초과하지 않는 범위 내에서 정리매매가 허용된다. 다만 증권시장에 상장하는 경우에는 매매거래정지 절차를 거치지 않는다.

21 ③ 등록법인이 과거 2년 이내에 불성실공시법인으로 지정된 횟수가 6회 이상인 경우 등록해제 사유에 해당된다.

제3과목
금융상품 및 직무윤리

[총30문항]

제1장
금융상품분석

학습전략

금융상품분석은 제3과목 전체 30문제 중 총 7문제가 출제된다.

금융상품분석의 경우 우리나라의 금융회사와 금융상품으로 구성되어 있고, 전체 영역에서 암기를 필수적으로 요구하며 응용력은 그리 필요하지 않다. 시간을 투입하여 반복 학습을 한다면 좋은 점수를 받을 수 있을 것이다.

출제예상 비중

30% 우리나라의 금융회사

금융상품 70%

핵심포인트

구 분	핵심포인트	중요도	페이지
우리나라의 금융회사 (30%)	01 은 행	★★★	p. 286
	02 비은행예금취급기관	★★	p. 288
	03 금융투자회사	★★★	p. 289
	04 기타 금융회사	★★★	p. 293
금융상품 (70%)	05 예금성 금융상품	★★★	p. 294
	06 투자성 금융상품	★★	p. 297
	07 주식워런트증권(ELW)	★★	p. 298
	08 주가지수연계증권(ELS)	★★★	p. 300
	09 기타 금융투자상품	★★★	p. 301
	10 보장성 금융상품	★	p. 303
	11 기타 금융상품	★★★	p. 304
	12 금융상품과 세금	★★	p. 312
	13 예금보험제도	★★★	p. 313

다음 중 일반은행에 포함되지 않는 것은?

① 중소기업은행 ② 부산은행
③ 하나은행 ④ 외국은행 국내지점

TIP 중소기업은행은 특수은행에 포함된다.

핵심포인트 해설 **우리나라의 금융기관**

금융회사		종 류
은 행	일반은행	시중은행, 지방은행, 외국은행 국내지점
	특수은행	한국산업은행, 한국수출입은행, 중소기업은행, 농협중앙회·수협중앙회
비은행예금 취급기관	상호저축은행	–
	신용협동기구	신용협동조합, 새마을금고, 상호금융
	우체국예금	–
금융투자업자	투자매매중개업자	증권회사, 선물회사
	집합투자업자	자산운용회사
	투자자문·일임업자	투자자문사
	신탁업자	은행/증권/보험/부동산 신탁회사
	종합금융회사	–
보험회사		생명보험회사, 손해보험회사, 우체국보험
기타 금융회사		금융지주회사, 여신전문금융회사, 벤처캐피탈회사, 증권금융회사, 한국무역보험공사, 한국주택금융공사, 한국자산관리공사, 한국투자공사, 한국정책금융공사
금융보조기관		한국거래소, 한국예탁결제원, 한국증권금융, 예금보험공사, 금융결제원, 신용보증기관, 신용정보회사, 자금중개회사

정답 | ①

02

다음 중 특수은행이 아닌 것은?

① 중소기업은행
② 농협중앙회
③ 한국산업은행
④ 신용협동조합

용어 알아두기

| 특수은행 | 특별한 법규에 의해 세워져 특별한 업무를 수행하는 은행이다. |

TIP 특수은행에는 중소기업은행, 농·수협중앙회, 한국산업은행, 한국수출입은행이 있다.

핵심포인트 해설 | 은 행

(1) 은행의 종류

일반은행	• 시중은행 : 은행법에 의한 설립, 전국이 영업구역, 신탁업법에 따른 신탁업무도 수행, 카드업법에 따른 카드업무, 방카슈랑스 • 지방은행 : 영업구역이 특정지역으로 제한 • 외국은행 국내지점 : 은행법에 의한 규제
특수은행	• 중소기업은행, 농·수협중앙회, 한국산업은행, 한국수출입은행 • 특별법에 의하여 설립 → 은행법에 의하여 설립됨 (X) • 조합형태인 농·수협을 제외하고는 정부가 자본금의 대부분을 출자하고 업무를 직접 통제

(2) 일반은행의 업무범위

고유업무	• 예금·적금의 수입 또는 유가증권, 그 밖의 채무증서의 발행 • 자금의 대출 또는 어음의 할인 • 내국환·외국환
부수업무	• 고유업무의 수행에 수반되는 업무로서 감독당국의 별도 인허가 없이 영위할 수 있는 업무
겸영업무	• 은행이 겸영업무를 직접 운영하려는 경우 금융위원회 신고가 필요

정답 | ④

다음 중 신용협동기구가 아닌 것은?

① 상호저축은행　　　　　　② 신용협동조합
③ 새마을금고　　　　　　　④ 상호금융

용어 알아두기

상호금융	농협·수협·축협의 단위조합을 통해 제한된 형태의 예금과 대출을 취급하는 것이다.

TIP 신용협동기구에는 신용협동조합, 새마을금고, 조직된 상호금융(지역농협, 지구별 수협 및 지역산림조합), 우체국 예금이 있다.

핵심포인트 해설　　　**비은행예금취급기관**

상호저축은행	• 소규모기업 및 서민의 금융 편의와 저축증대 목적(상호저축은행법에 의한 규제) • 사실상 일반은행의 고유업무와 유사 • 신용계, 신용부금, 예금 및 적금 수입, 대출, 어음할인 • 내·외국환, 보호예수, 수납 및 지급대행 등

신용협동기구	• 조합원 상호 간의 공동이익을 추구할 목적으로 운영
	• 종 류
	  · 신용협동조합
	  · 새마을금고　*상호저축은행 (X)*
	  · 조직된 [상호금융](지역농협, 지구별 수협 및 지역산림조합)

정답 | ①

증권회사가 수행하는 고유업무 중 성격이 다른 하나는?

① 위탁매매업무
② 매매 중개·대리업무
③ 위탁 중개·주선·대리업무
④ 자기매매업무

TIP 위탁매매, 매매 중개·대리, 위탁 중개·주선·대리업무는 모두 고객의 주문을 받아 증권사의 명의와 고객의 계산으로 금융투자상품의 매매를 행하는 위탁매매업무에 속한다. 반면, 자기매매업무는 자기명의와 계산으로 행해지므로 성격이 서로 다르다.

핵심포인트 해설 **투자매매·중개업자**

(1) 증권회사

직접금융시장에서 기업이 발행한 증권을 매개로 투자자의 자금을 기업에게 이전시켜 주는 기능을 수행하는 금융회사

위탁매매	• 금융투자상품의 투자중개업무, 매매주문을 성사시키고 수수료를 받는 업무 · 위탁매매 : 고객의 매매주문을 받아 증권회사의 명의와 고객의 계산으로 금융투자상품의 매매를 행하는 업무 · 매매 중개·대리 : 타인 간 금융투자상품의 매매가 성립되도록 노력하거나 고객을 대리하여 매매하고 일정 수수료를 받는 업무 · 위탁 중개·주선·대리
자기매매	• 자기명의와 계산으로 인적·물적 시설을 갖추고 지속적·반복적으로 금융투자상품을 매매하는 업무
인수·주선	• 인수 : 증권사가 신규 발행 증권을 매출할 목적으로 취득하는 업무. 모집, 사모, 매출의 3형태가 있음 • 주선 : 증권사가 제3자의 위탁에 의해 모집·매출을 주선하는 업무
펀드판매 및 자산관리	• 증권회사가 투자중개업자로서 펀드에서 발행하는 수익증권 등을 투자자에게 판매하는 업무
신용공여	• 증권회사가 증권거래와 관련하여 고객에게 금전을 융자하거나 유가증권을 대부하는 업무

(2) 선물회사

선물거래 및 해외선물거래에 대한 위탁매매 등 장내파생상품에 대한 투자매매 및 투자중개업무를 영위하는 금융회사

정답 | ④

집합투자기구에 대한 설명으로 잘못된 것은?

① 증권펀드는 집합투자재산의 50%를 초과하여 증권에 투자한다.

② 혼합자산펀드는 투자재산을 운용함에 있어서 증권, 부동산, 특별펀드 규정의 투자비율에 대한 제한을 받지 않는다.

③ 특별자산펀드는 환매가능 또는 환매금지형으로 설정할 수 있다.

④ 부동산펀드는 집합투자재산의 50%를 초과하여 부동산에 투자한다.

용어 알아두기

집합투자기구	쉽게 말해 '펀드(Fund)'로, 2인 이상에게 투자권유를 한 후 이들에게서 투자금을 유치한 뒤 투자에 의해 발생된 손익을 투자비율에 따라 나눠주는 간접투자금융상품이다.

TIP 부동산펀드, 특별자산펀드, 혼합자산펀드는 환매금지형으로만 설정할 수 있다.

핵심포인트 해설 　**집합투자기구 구분**

증권펀드	• 집합투자재산의 50%를 초과하여 증권에 투자하는 펀드(채권형, 혼합형, 주식형으로 분류되며 과거의 전통적인 펀드유형)
부동산펀드	• 집합투자재산의 50%를 초과하여 부동산에 투자하는 펀드 • 환매금지형
특별자산펀드	• 집합투자재산의 50%를 초과하여 특별자산에 투자하는 펀드 • 환매금지형
단기금융펀드	• MMF라고 하며 투자재산을 주로 단기금융상품에 투자·운용하는 펀드
혼합자산펀드	• 투자재산을 운용함에 있어서 증권, 부동산, 특별펀드 규정의 투자비율에 대한 제한을 받지 않는 펀드 • 환매금지형 • 투자대상 자산에 제한을 두지 않음

정답 | ③

06

위탁자의 운용지시에 따라 유가증권매매에 따른 대금 및 증권의 결제를 담당하는 기관은?

① 수익회사　　　　　　　　　② 판매회사

③ 위탁회사　　　　　　　　　④ 수탁회사

TIP　수탁회사는 위탁자의 운용지시에 따라 유가증권매매에 따른 대금 및 증권의 결제 등 신탁재산을 보관·관리하는 기관이다.

핵심포인트 해설	집합투자기구(펀드)

① 구조 : 수익자(고객), 위탁자(자산운용사), 수탁자(은행), 판매자(증권, 은행, 보험 등)

② 환매지급일 : MMF(익일), 채권형(3일), 주식형 & 혼합형(4일)

③ 운용대상에 따른 분류

　㉠ 증권집합투자기구 : 50% 초과 증권(주식, 채권)에 투자

주식형	자산총액의 60% 이상을 주식(주가지수선물·옵션 포함)에 운용하는 상품
채권형	→ 주식은 단 1%도 들어가서는 안 됨
	자산총액의 60% 이상을 채권(금리선물 포함)으로 운용하는 상품
주식혼합형	자산총액의 50% 이상, 60% 미만을 주식에 운용하는 상품
채권혼합형	자산총액의 50% 미만을 주식에 운용하는 상품

　㉡ 부동산집합투자기구 : 50% 초과 부동산 등에 투자

　㉢ 특별자산집합투자기구 : 50% 초과 특별자산에 투자

　㉣ 혼합자산집합투자기구 : 어떠한 자산이든 제한 없이 투자

　㉤ 단기금융상품집합투자기구(MMF) : 만기 6개월의 양도성예금증서, 만기 5년 이하의 국채, 만기 1년 이하의 지방채 등 단기금융
　　　　　　　　　　　　　　　　　상품에 투자

④ 적립식펀드 : 매달 일정 금액, 일정한 기간에 투자, 평균매입단가를 낮추는 효과를 볼 수 있음

⑤ 사모펀드 : 50인 미만 투자자로 구성, 전문투자형사모펀드(헤지펀드)와 경영참여형사모펀드(PEF)로 구분

정답 | ④

다음 중 자본시장법의 주요 내용으로 볼 수 없는 것은?

① 경제적 실질이 동일한 금융기능을 동일하게 규율한다.
② 투자권유대행인제도를 도입하였다.
③ 열거주의 규제방식을 도입하였다.
④ 부수업무의 Negative방식을 도입하였다.

TIP 포괄주의 규제방식을 도입하였다.

핵심포인트 해설 **자본시장법의 주요 내용**

기능별 규제	• 금융기능을 업무 – 상품 – 투자자로 구분 • 취급 금융기관 불문하고 경제적 실질이 동일한 금융기능을 동일하게 규율 • 진입, 건전성, 영업행위 규제를 기능별로 재정비
포괄주의 규제	• 투자성이 있는 모든 금융투자상품을 포괄 • 원칙 자유 + 예외 규제 • 실제는 예시적 열거주의
업무범위 확대	• 6개 금융투자업무의 내부겸영 허용 • 부수업무의 Negative방식 도입 • 투자권유대행인제도 도입 • 금융투자업 관련 모든 외국환업무 허용
투자자 보호강화	• 투자권유제도 도입(설명의무 신설 등) • 이해상충 방지체계 마련 • 투자자책임과 금융투자회사 책임을 동시에 강화 • 발행공시 적용범위 확대

정답 | ③

다음 중 금융지주회사에 관한 설명으로 잘못된 것은?

① 금융지주회사는 주식 또는 지분의 소유를 통하여 금융업을 영위하는 회사를 지배하는 것을 주된 사업으로 하는 회사이다.

② 금융지주회사는 금융 자회사와 비금융 자회사를 동시에 보유할 수 없다.

③ 지주회사의 자회사는 다른 자회사의 주식을 소유할 수 없으나 지주회사의 주식은 소유할 수 있다.

④ 순환출자, 상호출자를 금지해 자회사 간에 위험이 전이되는 것을 방지하고 있다.

TIP 지주회사의 자회사는 다른 자회사 또는 지주회사의 주식을 소유할 수 없다. 이것은 순환출자, 상호출자를 금지하여 자회사 간에 위험이 전이되는 것을 막기 위한 것이다.

핵심포인트 해설   기타 금융기관

(1) 금융지주회사

개 요	• 주식 또는 지분의 소유를 통하여 금융업을 영위하는 회사 또는 금융업의 영위와 밀접한 관련이 있는 회사를 지배하는 것을 주된 사업으로 하는 회사
특 성	• 비금융회사를 자회사로 지배할 수 없음(금산분리 원칙) • 지주회사의 자회사는 다른 자회사 또는 지주회사의 주식을 소유할 수 없음

(2) 여신전문금융회사

① 수신기능 없이 여신업무만 취급

② 신용카드회사, 할부금융회사, 리스회사 등이 있음

(3) 벤처캐피탈회사

개 요	• 고수익·고위험 사업을 시작하는 기업에 지분인수를 대가로 투자자금을 공급하거나 기업인수·합병·구조조정 등을 통해 수익을 추구
종 류	• 신기술사업금융회사, 중소기업창업투자회사

(4) 대부업자

개 요	• 소액자금을 신용도가 낮은 소비자에게 대부하거나 중개
특 성	• 최저자본금 등 진입요건, 영업지역 제한, 자금조달 규제 없음 • 3년마다 등록 갱신, 미등록업자는 대부중개, 채권추심 불가

(5) 증권금융회사

개 요	• 증권의 취득, 인수, 보유 및 매매와 관련하여 증권회사와 일반투자가에게 자금을 공급하거나 증권을 대여하는 증권금융업무를 전문적으로 취급하는 금융회사
특 성	• 증권인수자금대출, 증권유통금융, 증권담보대출, 금전신탁, 집합투자재산 수탁업무 등

정답 | ③

다음 중 은행의 금융상품에 대한 설명으로 잘못된 것은?

① 보통예금은 대표적 요구불예금으로 자유로운 입출금이 가능하나 금리가 낮다.
② 가계당좌예금은 주로 일반대중의 은행이용도를 높이고 현금선호경향을 낮추기 위하여 도입했다.
③ 당좌예금은 당좌수표 및 약속어음 등의 지급을 은행에 위임하고자 개설한다.
④ 당좌예금은 저축 기간과 금리를 미리 정하여 일정 금액을 예치한다.

용어 알아두기

요구불예금	예금주의 요구가 있다면 언제든지 지급할 수 있는 예금이다.

TIP 저축 기간과 금리를 미리 정하여 일정 금액을 예치하는 예금은 정기예금이다.

핵심포인트 해설　　**금융상품**

(1) 금융상품
　① 상품의 속성에 따라 예금성, 투자성, 보장성, 대출성 금융상품으로 나눔
　② 원금 손실 가능성에 따라 비금융투자상품과 금융투자상품으로 나눔

(2) 요구불예금

개 요	• 입출금이 자유로우나 저리
보통예금	• 대표적 요구불예금, 자유로운 입출금, 저리
당좌예금	• 당좌수표 및 약속어음 등의 지급을 은행에 위임하고자 개설 • 당좌대월(일정 한도의 초단기 신용)은 신용창출의 원천
가계당좌예금	• 신용상태가 양호한 개인 및 개인사업자 가입 가능 • 일반대중의 은행이용도↑, 현금선호경향↓, 신용사회 정착을 위해 도입, 전금융회사 중 1인 1계좌만 가능

→ 대부분 무이자로 운용

정답 | ④

10

다음 중 예금성 금융상품에 대한 설명으로 잘못된 것은?

① 정기예금은 저축 기간과 금리를 미리 정하여 일정 금액을 예치한다.

② 상호부금은 일정 기간 부금을 납입하면 대출받을 권리가 보장된다.

③ 정기예금은 저축 기간과 금리를 미리 정하여 일정 금액을 예치하는 장기 저축성 예금이다.

④ MMDA는 통상 500만원 이상 목돈을 1년 이상 장기로 운용할 때 유리하다.

TIP MMDA는 통상 500만원 이상 목돈을 1개월 이내 초단기로 운용 시 유리하다.

핵심포인트 해설　　**저축성예금**

정기예금	• 저축 기간과 금리를 미리 정하여 일정 금액을 예치하는 장기 저축성예금		
정기적금	• 가장 보편적인 장기 저축성예금, 6개월 이상 60개월 이내로 계약 기간 설정 • 일정 기간 후에 일정 금액을 지급할 것을 약정하고 일정액 적립		
상호부금	• 제도상 정기적금과 유사 • 일정 기간 부금을 납입하면 대출받을 권리가 보장됨		
MMDA	• 시장금리부 수시입출금식 예금 • 금액 제한 없이 통장개설, 예치금액에 따라 지급이자율을 차등 • 통상 500만원 이상 목돈을 1개월 이내 초단기로 운용 시 유리 • 가입대상 및 가입금액 : 제한 없음 ⇨ MMF·CMA와 경쟁상품		

구 분	예금자보호 여부	수 익
은행 MMDA	○	확정금리
증권사 CMA	×	실적배당
종금사 CMA	○	실적배당
자산운용사 MMF	×	실적배당

정답 | ④

주택청약종합저축에 대한 설명으로 가장 거리가 먼 것은?

① 주택청약을 하기 위해 만들어진 목적식 저축통장이다.
② 청약예금, 청약부금, 청약저축에 대한 신규가입은 중단되었다.
③ 국민인 개인이 금융기관별 1통장 개설이 가능하다.
④ 저축방식은 일시예치식과 적금식이 모두 가능하다.

TIP 가입대상은 국민인 개인, 외국인 거주자이며, 1인 1통장만 가입이 가능하다.

핵심포인트 해설   **주택청약종합저축**

개 요	• 민영주택 및 국민주택을 공급받기 위함
가입대상	• 국민인 개인, 외국인 거주자 • 1인 1통장
저축방식	• 일시예치식, 적금식
적립금액	• 매월 2만원 이상 50만원 이하의 금액을 자유롭게 적립
계약기간	• 입주자로 선정될 때까지(당첨 시)
소득공제	• 대상자 : 총급여액이 7,000만원 이하 근로자인 무주택 세대주 • 공제한도 : 해당 과세연도 납부분(연간 240만원 한도)의 40%(96만원)
예금자보호	• ×

정답 | ③

12

기초자산의 가격·이자율·지표·단위 또는 이를 기초로 하는 지수 등의 변동과 연계하여 미리 정하여진 방법에 따라 지급금액 또는 회수금액이 결정되는 권리가 표시된 것은?

① 수익증권
② 파생결합증권
③ 투자계약증권
④ 증권예탁증권

TIP 파생결합증권에 대한 설명이다. 대표적인 파생결합증권으로 주식워런트증권(ELW), 주가지수연계증권(ELS) 등이 있다.

핵심포인트 해설   **증권의 종류**

채무증권	국채증권, 지방채증권, 특수채증권, 사채권, 기업어음증권 그 밖에 이와 유사한 것으로서 지급청구권이 표시된 것
지분증권	주권, 신주인수권이 표시된 것, 법률에 의하여 직접 설립된 법인이 발행한 출자증권, 상법에 따른 합자회사·유한회사·익명조합의 출자지분, 민법에 따른 조합의 출자지분, 그 밖에 이와 유사한 것으로서 출자지분이 표시된 것
수익증권	금전신탁의 수익증권, 집합투자 투자신탁의 수익증권, 그 밖에 이와 유사한 것으로서 신탁의 수익권이 표시된 것
투자계약증권	특정 투자자가 그 투자자와 타인 간의 공동사업에 금전 등을 투자하고 주로 타인이 수행한 공동사업의 결과에 따른 손익을 귀속받는 계약상의 권리가 표시된 것
파생결합증권	기초자산의 가격·이자율·지표·단위 또는 이를 기초로 하는 지수 등의 변동과 연계하여 미리 정해진 방법에 따라 지급금액 또는 회수금액이 결정되는 권리가 표시된 것
증권예탁증권	상기 5종의 증권을 예탁받은 자가 그 증권이 발행된 국가 외의 국가에서 발행한 것으로서 그 예탁받은 증권에 관련된 권리가 표시된 것

정답 | ②

다음 내용의 빈칸 안에 들어갈 단어를 올바른 순서대로 나열한 것은?

> ㉠ 콜 워런트의 경우 기초자산 가격이 (   )하면 주식워런트증권의 가격은 (   )한다.
> ㉡ 풋 워런트의 경우 기초자산 가격이 (   )하면 주식워런트증권의 가격은 (   )한다.

	㉠	㉡
①	상승, 상승	하락, 상승
②	상승, 하락	하락, 상승
③	하락, 상승	상승, 하락
④	하락, 하락	상승, 상승

TIP ㉠ 콜 워런트의 경우 기초자산 가격이 상승하면 주식워런트증권의 가격은 상승한다.
　　 ㉡ 풋 워런트의 경우 기초자산 가격이 하락하면 주식워런트증권의 가격은 상승한다.

핵심포인트 해설　　**ELW의 이해**

(1) 가 격
　① 가격구조 : 가격 = 행사가치 + 시간가치
　② 가격결정 요인 : 투자자의 매수·매도에 의하여 결정
　　㉠ 기초자산의 가격
　　　- 콜 워런트 : 기초자산 가격 상승 ⇨ 주식워런트증권의 가격 상승
　　　- 풋 워런트 : 기초자산 가격 하락 ⇨ 주식워런트증권의 가격 상승
　　㉡ 권리행사가격 : 주식워런트증권 발행 이후 행사가격은 변하지 않음

(2) ELW 권리행사

구 분	만기평가가격 > 행사가격	만기평가가격 < 행사가격
콜 ELW	권리 행사	권리 포기
풋 ELW	권리 포기	권리 행사

(3) ELW 결제방식
　현금결제, 실물인수도

정답 | ①

14

주식워런트증권(ELW : Equity Linked Warrant)**에 대한 설명으로 잘못된 것은?**

① ELW는 특정 기초자산을 사전에 정한 일정 가격(행사가격)으로 미래 특정 시점(만기)에 사거나(Call) 팔 수 있는(Put) 권리를 갖는 증권이다.

② 콜 워런트는 기초자산의 가격 상승 시 이익이 발생할 수 있다.

③ 풋 워런트는 기초자산의 가격 하락 시 이익이 발생할 수 있다.

④ Exotic 워런트는 Loan으로 주식을 취득하는 개념의 투자형 상품이다.

용어 알아두기

주식워런트증권 (ELW)	특정 대상물(예를 들어 주식)을 사전에 정한 미래의 시기에 미리 정한 가격(행사가격)에 사거나(Call) 팔 수 있는(Put) 권리이다.

TIP Loan으로 주식을 취득하는 개념의 투자형 상품은 Installment 워런트이다.

핵심포인트 해설 · **ELW의 유형**

↗ 기초자산 가격 상승 시 이익   → 기초자산 가격 하락 시 이익

콜 ELW	• 기초자산을 권리행사가격으로 발행자로부터 인수하거나 그 차액(만기결제가격 – 권리행사가격)을 수령할 수 있는 권리가 부여된 ELW
풋 ELW	• 기초자산을 권리행사가격으로 발행자에게 인도하거나 그 차액(권리행사가격 – 만기결제가격)을 수령할 수 있는 권리가 부여된 ELW
Basket 워런트	• 다양한 주식들의 'Basket' 또는 'Portfolio'를 대상으로 하여 발행되며 특정산업에 속하는 기업들의 주식을 대상으로 발행되는 워런트
지수 워런트	• 주가지수를 대상으로 하여 발행하는 워런트 • 시장전체에 대한 헤지 내지는 특정 포지션을 취하려는 투자자들의 요구에 의해 주로 발행
Exotic 워런트	• 기초자산의 변동성 축소, 손익구조 변경을 통해 프리미엄을 낮추는 등 다양한 옵션기법을 활용한 워런트를 총칭 · Barrier 워런트 : 특정한 가격대(Barrier Level)를 설정하여 주가가 설정된 가격대에 도달하면, 워런트가 즉시 행사된 후 만료 · Corridor 워런트 : 특정한 가격대를 상하로 설정, 주가가 그 범위 내에서 움직일 경우 미리 정한 금액을 지급하고, 범위를 벗어날 경우 지급하지 않는 조건으로 발행
Installment 워런트	• 워런트 만기까지 기초자산 가격을 일정하게 구매할 수 있는 권리(Loan으로 주식을 취득하는 개념)를 가지고 있으며 만기 이전에 지급되는 배당금을 수취할 수 있는 상품

정답 | ④

금융상품 및 직무윤리

제 3 과목

해커스 증권투자권유자문인력 최종핵심정리문제집

주가연동 금융상품에 대한 설명 중 잘못된 것은?

① ELD와 ELS는 은행과 증권사가 자체 신용을 바탕으로 원금보장구조로 발행할 수 있다.

② 원금보장형 ELS 또는 ELD는 발행사인 증권사나 은행이 파산하지 않으면 원금이 보장된다.

③ ELF는 운용사가 집합투자기구의 운용을 직접 담당하므로 제한적으로 원금보장상품을 제공할 수 있다.

④ ELD는 은행이 부도나거나 지급정지되지 않는 한 원금보장이 가능하므로 보수적인 투자자에게 적합하다.

TIP 주가지수연계펀드(ELF)는 운용사가 집합투자기구의 운용을 담당하는 대리인이므로 실적배당상품인 ELF에 대하여 '원금보장'이라는 표현을 사용할 수 없고, '원금보존추구형'으로는 가능하다.

핵심포인트 해설　　주가지수연계증권(ELS)

① 특징 : 안정성, 수익성, 확장성, 다양성
② 수익실현 방식 : 낙아웃(Knock-Out)형, 불스프레드(Bull Spread)형, 디지털(Digital)형, RC(Reverse Convertible)형

낙아웃형	투자기간 중 사전에 정해둔 주가수준에 도달하면 확정된 수익으로 조기상환, 그 외는 만기 시 주가에 따라 수익이 정해짐
불스프레드형	만기시점의 주가수준에 비례하여 손익을 얻되, 최대수익 및 손실이 일정 수준으로 제한
디지털형	만기 시 주가가 일정 수준을 상회하는지 여부에 따라 사전에 정한 두 가지 수익 중 한 가지를 지급
RC형	미리 정한 하락폭 이하로 주가가 하락하지만 않으면 사전에 약정한 수익률 지급, 동 수준 이하로 하락 시 원금 손실 발생

③ 주가지수연동상품 비교　　→ 셋 중 유일한 예금자보호상품

구 분	ELD	ELS	ELF
취급기관	은 행	증권사	자산운용사, 투신사
상품형태	정기예금	유가증권	수익증권
원금보장	원금보장	원금의 일정비율(증권사)	원금손실 가능
수익결정	확정수익	확정수익	초과수익 가능
예금자보호 여부	보 호	비보호	비보호

④ 파생연계증권(DLS)와 파생연계펀드(DLF)

DLS	비상장증권의 일종으로 증권사에서 발행하고 판매함
DLF	DLS와 동일한 수익구조를 가지나 펀드상품임

정답 | ③

16

현금관리계좌(CMA)에 대한 설명으로 잘못된 것은?

① MMF형 CMA, RP형 CMA, MMW형 CMA, 종금형 CMA가 있다.
② 자금을 단기성 상품에 운용하는 수시입출금식 상품이다.
③ 모든 CMA는 예금자비보호상품이다.
④ CMA 명칭은 구체적으로 표기해야 하며 미래 예측수익률은 표시가 불가하다.

용어 알아두기

CMA	고객이 맡긴 예금을 어음이나 채권에 투자하여 그 수익을 고객에게 돌려주는 실적배당 금융상품이다.

TIP 종금형 CMA는 증권사 CMA와 유사하나 예금자보호상품이다.

핵심포인트 해설 **CMA**

> 실적배당상품임을 잊지 말 것

개 요	• 단기성 상품에 운용하는 수시입출금식 상품 • 결제 및 급여계좌 가능 • MMF형 CMA(Cash Management Account), RP형 CMA, MMW(Money Market Wrap Account)형 CMA, 종금형 CMA • 적합성 원칙 및 설명의무 준수 • 미래 예측수익률은 표시 불가 • CMA 명칭은 구체적으로 표기
MMF형	• MMF에 운용. 투자설명서 교부. 예금자비보호상품(손실 가능) • 시가와 장부가의 차이가 ±0.5%를 초과하거나 초과할 우려가 있는 경우 시가로 전환
RP형	• RP에 운용. 예금자비보호상품(손실 가능) • 수익률은 시장금리 상황 등에 따라 변동될 수 있음
MMW	• 투자일임형. 예금자비보호상품(손실 가능) • 단기성 상품(증권금융 예수금, 콜론, RP 등)에 운용. 투자설명서 교부
종금형	• 증권사 CMA와 유사하나 예금자보호상품

정답 | ③

자산종합관리계좌(Wrap Account)에 관한 설명 중 잘못된 것은?

① 고객과 긴밀한 관계가 형성된다.

② 매매횟수에 따라 수수료가 부과되고, 투자상담사의 독립성이 강화된다.

③ 일괄수수료 지불로 고객은 불필요한 서비스 대가에 대한 수수료를 지불할 수 있다.

④ 일반적으로 일임형·자문형·펀드형 랩어카운트 등으로 구분된다.

용어 알아두기

랩어카운트	여러 종류의 자산운용 관련 서비스를 하나로 싸서(Wrap) 고객의 기호에 적합하게 제공하는 자산종합관리계좌이다.

TIP 자산규모를 근거로 운용수수료를 부과하고, 투자상담사의 독립성이 약화된다.

핵심포인트 해설   랩어카운트

↳ 유형 : 일임형 랩어카운트, 자문형 랩어카운트, 펀드형 랩어카운트

구 분	장 점	단 점
고 객	• 증권사 및 영업직원과의 이익상충 가능성이 적음 • 소액으로 전문가 서비스 가능 • 고객수요에 맞는 주문형 상품 가능 • 거래 많아도 단일수수료 • 영업직원에 대한 의존 탈피	• 주가하락 시 상대적으로 수수료 부담 증가 • 일괄수수료로 불필요한 서비스 대가 지불
영업직원	• 고객과의 이익상충 가능성이 없음	• 증권회사에 대한 독립성이 약화 • 거래 기준 시보다 보수가 감소
금융투자회사	• 자산규모를 근거로 운용수수료를 부가함으로써 증권회사의 전략과 일치 • 안정적인 수익기반 확보 • 고객의 신뢰획득 가능 및 이익상충이 적음 • 고객과의 관계가 긴밀해져 장기고객으로 유도할 수 있음 • 투자상담사의 독립성이 약화되고, 소속의식이 강화됨	• 영업직원에 대한 재교육이 필요함 • Wrap 계정에 대응하기 위한 체제구축 필요 • 수수료 수입이 감소할 가능성 존재
투자자문업자	• 고객저변의 확대 • 수수료에 관계없이 신축적 운용 가능 • 일부 사무비용 절감	• 운용보수의 감소 • 시장상황에 관계없이 수수료 이상의 운용성적 요구 부담

정답 | ②

18

보장기간이 평생이며 사망원인에 관계없이 사망보험금이 지급되는 대표적인 보장성보험 상품은?

① 연금보험　　　　　　　　　② 종신보험
③ 변액보험　　　　　　　　　④ 건강보험

TIP 종신보험에 대한 설명이다. 종신보험은 획일적으로 만들어진 상품이 아니며 고객의 개인별 수요 및 재정상태를 충분히 파악한 뒤 보장 프로그램을 설계할 수 있다.

핵심포인트 해설　　　주요 보장성 금융상품

(1) 연금보험
　① 장래 노후생활 준비는 물론 장기 저축성 상품으로서도 큰 장점을 가진 상품임
　② 10년 이상 유지 시 보험차익에 대한 이자소득세를 비과세하는 혜택도 부여됨

(2) 종신보험
　① 보장기간이 평생(종신)이며 사망원인에 관계없이 사망보험금이 지급되는 대표적인 보장성보험 상품임
　② 획일적으로 만들어진 상품이 아니며 고객의 개인별 수요 및 재정 상태를 충분히 파악한 뒤 보장 프로그램을 설계함

(3) 건강보험
　① 개인의 의료비 부담 완화를 위해 정액 의료비를 지급하거나 실의료비를 보장하는 상품임
　② 종신보험과 마찬가지로 재무상황 및 필요성에 따라 맞춤형으로 설계해 각종 특약을 선택함으로써 다양한 보장을 받을 수 있음

(4) 변액보험
　① 보험의 기능에 투자의 기능을 추가한 일종의 간접투자 상품으로 보장도 받으면서 투자수익도 기대할 수 있는 보험상품임
　② 정액보험과 달리 변액보험은 지급되는 보험금이 투자수익에 따라 달라지는 것이 특징임
　③ 다른 간접투자상품과 달리 위험보장이 기본적으로 전제되며 특약을 통해 다양한 보장을 추가로 받을 수 있음
　④ 인플레이션으로 인한 보장자산가치 하락에 대한 보완기능이 가장 큰 특징임

(5) 연금저축보험 : 노후자금을 받을 수 있을 뿐만 아니라 시중 금리 변화를 반영하는 공시이율로 부리, 적립되어 일정한 고수익을 보장해주는 저축기능도 가지고 있음

(6) 장기저축성보험
　① 저축기능과 보장성 기능을 겸한 실세금리연동형 또는 금리확정형 상품임
　② 10년 이상 가입 시에는 비과세 혜택도 받을 수 있음

(7) CI보험
　① 갑작스런 사고나 질병으로 중병상태가 계속될 때 보험금의 일부를 미리 지급받을 수 있는 보험
　② 보험금 지급사유가 발생하면 사망보험금의 통상 50 ~ 80%를 미리 받을 수 있고, 사망 시 잔여액을 사망보험금으로 받을 수 있음

(8) 실손의료보험
　① 상해 또는 질병으로 인하여 입원, 통원치료 시에 발생한 의료비를 보장하는 실손보상형 보험임
　② 실제 발생한 진료비에 대해 '급여 중 환자 본인부담금 + 비급여 의료비 – 일정 수준의 본인부담금'의 금액을 실비로 보장하는 상품임

정답 | ②

개인종합저축계좌(ISA : Individual Savings Account)**에 대한 설명으로 잘못된 것은?**

① 저금리·저성장 시대에 개인의 종합적 자산관리를 통해 재산형성을 지원하려는 취지로 도입되었다.
② 한 계좌에서 다양한 금융상품을 담아 운용할 수 있다.
③ 여러 금융상품 운용결과로 발생한 총이익을 기준으로 세제혜택이 부여된다.
④ 기존 소득공제 장기펀드(소장펀드)나 재형저축보다 가입자격이 낮다.

TIP 일정 기간 경과 후 여러 금융상품 운용결과로 발생한 이익과 손실을 통산한 후 순이익을 기준으로 세제혜택이 부여된다.

핵심포인트 해설 | **개인종합저축계좌(ISA : Individual Savings Account)**

(1) ISA의 개요

목적	• 재산증식
특징	• 한 계좌에서 다양한 금융상품을 담아 운용 • 일정 기간 후 운용결과인 이익과 손실을 통산한 후 순이익 기준으로 세제혜택 • 기존 소장펀드나 재형저축보다 가입자격이 낮음
유형	• 중개형 • 신탁형 • 일임형
세제혜택	• 순이익 기준으로 가입자의 소득수준에 따라 200 ~ 400만원까지 비과세 • 비과세 한도를 초과하는 순이익은 저율(9.9%)로 분리과세

(2) ISA 가입요건과 세제혜택

구분	일반형	서민형	농어민형
가입요건	만 19세 이상 또는 직전년도 근로소득 있는 15~19세 거주자	총급여 5,000만원 또는 종합소득 3,500만원 이하 거주자	종합소득 3,500만원 이하 농어민
비과세 한도	200만원	400만원	400만원
비과세 초과분	분리과세(세율 9.9%)		
의무가입기간	3년		
중도인출	납입금 한도 내에서 횟수 제한 없이 가능		
납입한도	연간 2,000만원, 최대 1억원		

(3) ISA 종류와 특징

종류	중개형	신탁형	일임형
투자방법	투자자가 직접 상품선택		전문가 일임
보수 및 수수료	투자 상품별	신탁보수	일임수수료

정답 | ③

20

신탁에 대한 설명으로 가장 거리가 먼 것은?

① 수탁자가 신탁계약에 의해 신탁재산인 금전의 운용방법을 위탁자에게 지시하는 법률관계이다.

② 재산신탁은 통상 금전채권신탁, 유가증권신탁, 부동산신탁 등으로 구분한다.

③ 신탁이라는 법률관계가 성립하려면 신탁관계인, 신탁행위 및 신탁재산이라는 구성요소가 필요하다.

④ 재산을 중심으로 구성된 재산관계 제도의 일종이라고 할 수 있다.

TIP 신탁은 신탁설정자(위탁자)와 신탁을 인수하는 자(수탁자)와의 특별한 신임관계에 의하여 위탁자가 특정 재산권을 수탁자에게 이전하거나 기타 처분을 하고, 수탁자로 하여금 일정한 자(수익자)의 이익 또는 특정의 목적을 위하여 그 재산권을 관리·처분하게 하는 법률관계로서, 재산을 중심으로 구성된 재산관계제도의 일종이다.

핵심포인트 해설　　　**투자성금융상품**

(1) 신탁의 개요

위탁자(투자자)가 신탁계약에 의해 신탁재산인 금전의 운용방법을 수탁자(금융회사)에게 지시, 수탁자는 위탁자의 운용지시에 따라 신탁재산을 운용한 후 수익자에게 그 실적을 배당하는 상품

(2) 분 류

① 금전신탁 : 금전을 신탁재산으로 인수하는 형태를 총칭(특정금전신탁, 맞춤형 특정금전신탁, 분리과세 특정금전신탁 등)

② 재산신탁 : 신탁인수 시 신탁재산으로 유가증권·금전채권·부동산 등을 수탁하여 신탁계약 내용에 따라 관리·처분·운용한 후 신탁 종료 시에 금전 또는 신탁재산의 운용 현상 그대로 수익자에게 교부하는 신탁

(3) 재산신탁

① 금전채권신탁 : 일정한 금전의 급부를 목적으로 하는 양도 가능한 채권을 신탁

② 유가증권신탁 : 고객소유의 증권을 신탁재산으로 수탁

③ 부동산신탁 : 인수하는 신탁재산의 형태가 토지 및 그 정착물인 부동산이며 신탁목적에 따라 관리, 처분, 담보, 토지신탁으로 구분

정답 | ①

금전의 운용대상, 운용방법 등을 고객(위탁자)이 주체적으로 지정하는 단독 운용방식 신탁상품으로 옳은 것은?

① 금전채권신탁 ② 특정금전신탁
③ 불특정금전신탁 ④ 재산신탁

용어 알아두기

| 금전신탁 (Money Trust) | 신탁은행이 고객에게 금전을 예탁받아 이를 대출, 사채의 매입 등에 활용하고 일정 기간 후 원금 또는 수익을 수익자에게 내주는 것이다. 금전신탁은 특정금전신탁과 불특정금전신탁으로 나뉘며, 불특정금전신탁은 내용상 펀드와 중복되므로 2004년부터 판매되지 않고 있다. |

TIP 특정금전신탁에 대한 설명이다.

핵심포인트 해설 **금전신탁상품**

(1) 특정금전신탁 : 금전의 운용대상, 운용방법 등을 위탁자가 지정하는 단독 운용방식
  ① 투자자에게서 받은 금전을 고객이 지시하는 자산에 운용
  ② 투자자별로 펀드를 구성하기 때문에 투자자가 직접 투자하는 효과가 있음
  ③ 실적배당상품으로 원금보전이 불가함
  ④ 계약사항에 대해 별도의 계약서 발행

(2) 불특정금전신탁 : 위탁자가 금전의 운용방법을 특정하지 않고 수탁자에게 위임하여 수탁자가 임의로 합동운용한 후 신탁종료 시에 금전으로 환급하는 방식이며 2004년 7월부터 신규취급이 중지됨

(3) 금전신탁과 재산신탁 비교

구 분	금전신탁	재산신탁
주요기능	재산형성	재산관리
운용방식	합동운용/단독운용 (특정금전신탁은 단독운용)	단독운용만 가능
신탁재산 교부	현금교부원칙	운용현상대로 교부원칙

정답 | ②

22

부동산신탁에 관한 설명으로 잘못된 것은?

① 고객소유의 부동산을 수탁받아 운용한다.
② 신탁재산에 대한 강제집행 및 경매금지로 신탁재산의 안정성이 보장된다.
③ 관리, 처분, 담보목적 등으로 이용된다.
④ 신탁재산에 따른 재산세 및 종합토지세가 면제된다.

TIP 신탁재산에 따른 양도세, 등록세가 면제된다. (단, 재산세 및 종합토지세 제외)

핵심포인트 해설   **부동산신탁**

(1) 의 의
고객소유의 부동산을 수익자의 이익 또는 신탁계약에 정한 바에 따라 관리, 처분, 담보 및 개발을 목적으로 수탁받아 운용하고
신탁종료 시 그 현 상태로 교부하는 신탁상품

(2) 특 징
① 신탁재산의 안정성 : 신탁재산에 대한 강제집행 및 경매금지
② 신탁재산에 따른 양도세, 등록세 면제(재산세 및 종합토지세 제외)
③ 부동산관리의 편리성

(3) 종 류
① 부동산관리신탁
② 부동산처분신탁
③ 부동산담보신탁
④ 부동산토지신탁

정답 | ④

소득공제 장기펀드(소장펀드)에 대한 설명으로 잘못된 것은?

① 직전 과세연도의 종합소득이 3,500만원 이하인 근로소득자라면 누구나 가입할 수 있다.

② 납입한도는 연간 600만원이다.

③ 소득공제를 받기 위해서는 최소 5년 이상 가입하여야 한다.

④ 납입금액에 대해 소득공제를 해주는 상품이다.

TIP   가입 당시 직전 과세연도의 총급여액이 5,000만원 이하인 근로소득자라면 누구나 가입할 수 있다.

핵심포인트 해설   **소득공제 장기펀드(소장펀드)**

구 분		소장펀드	재형저축
상품 개요	도입목적	• 2030 젊은 층과 서민·중산층의 재산형성 지원 • 주식시장의 건전한 발전	• 서민·중산층의 재산형성 지원과 저축률 제고
	가입자격	• 총급여 5,000만원 이하 근로자	• 총급여 5,000만원 이하 근로자 • 종합소득 3,500만원 이하 사업자
	납입한도	• 연간 600만원	• 연간 1,200만원(분기당 300만원)
	가입기간	• 최소 5년 ~ 최장 10년	• 최소 7년 ~ 최장 10년
	운용제한	• 국내 주식 40% 이상 투자	–
세제혜택		• 납입액의 40% 소득공제(연 240만원 한도)	• 이자·배당소득세 비과세(농어촌특별세 1.5%는 부과)
세제혜택 효과		• 연간 600만원 납입 시 39.6만원(납입액 대비 6.6%)	• 연간 1,200만원 납입 시 7.56만원(납입액 대비 0.63%)
원금보장 여부		• 비보장(실적배당형)	• 보장(원금보장형)

정답 | ①

24

금융상품 중 가입 시 확정된 실세금리를 보장받는 상품끼리 묶은 것은?

| ㉠ CD | ㉡ 발행어음 | ㉢ CMA | ㉣ 표지어음 | ㉤ MMF |

① ㉠, ㉡, ㉢　　　　　　　　　　② ㉠, ㉡, ㉣

③ ㉡, ㉢, ㉤　　　　　　　　　　④ ㉡, ㉣, ㉤

용어 알아두기

CD	정기예금에 양도성을 부여한 것으로 무기명할인식으로 발행한다.
표지어음	금융기관이 기업으로부터 매입(할인)해 보유하고 있는 상업어음이나 외상매출채권을 다시 여러 장으로 쪼개거나 한데 묶어 액면금액과 이자율을 새로이 설정해 발행하는 어음이다.
발행어음	종금사나 증권금융사가 영업자금 조달을 위해 자체 신용으로 발행, 자발어음이라고도 한다.

TIP　CMA와 MMF는 가입 시 실세금리를 반영하는 것이 아니라 실적배당률에 따라 수익률이 결정된다.

핵심포인트 해설　　　**CD, 표지어음, 발행어음 비교**

실세금리 연동형 확정금리

양도성예금증서 (CD)	• 취급기관 : 발행은 은행이 하고 유통은 종합금융회사와 증권회사가 함 • 이자지급 : 예치기간에 액면금액이자를 액면금액에서 차감하여 발행한 후 만기지급 시 증서소지인에게 액면금액을 지급(할인식) • 만기 전에 은행에서의 중도해지는 불가능하고, 유통시장을 통해서 매각하여 현금화함
표지어음	• 금융기관이 표지어음의 발행인 및 지급인이 되므로 안정성이 높은 편이며, 만기 전 중도해지가 불가능하나 배서에 의한 양도는 가능
발행어음	• 의의 : 종합금융회사나 증권금융회사가 영업자금 조달을 위해 자체 신용으로 발행하는 융통어음 • 가입한도 : 제한 없음 • 실세금리 연동형 확정금리, 예금자보호대상 • 중도환매 가능하나 일정 수준의 중도해지 이자율 적용 • 기업어음(CP)에 비해 수익률은 다소 낮음

정답 | ②

다음 중 부득이한 경우 인정되는 연금저축 특별중도해지사유에 해당하지 않는 것은?

① 가입자의 사망
② 해외이주
③ 개인회생절차 개시 결정
④ 가입자의 결혼

TIP 가입자의 결혼은 연금저축 특별중도해지사유에 해당되지 않는다.

핵심포인트 해설　　연금저축

개 요		• 일정 금액을 적립하여 연금으로 원리금을 수령할 수 있는 장기 금융상품 • 취급기관별로 은행의 연금저축신탁(신규판매×), 보험사의 연금저축보험, 자산운용사의 연금저축펀드
가입대상		• 누구나
납입한도		• 연간 1,800만원 + ISA계좌 만기금액 + 1주택 고령가구 주택 다운사이징 차액(1억원 한도)
세액공제한도		• 연간 600만원 + ISA 만기 전환금액의 10%(연간 최대 300만원)
공제율		• 소득에 따라 16.5%, 13.2% 차등적용
연금수령	요 건	• 가입 후 5년 경과, 만 55세 이후
	과 세	• 연금 수령 시 : 연령별 차등적용 • 연금 외 수령 시(중도해지 등) 　· 기타소득세 16.5%(분리과세) 　· 부득이한 사유(특별중도해지사유) 해당 시 : 3.3 ~ 5.5%로 분리과세 　　(천재지변, 사망 또는 해외이주, 파산선고, 개인회생 등)

정답 | ④

주택연금(역모기지론)**에 관한 설명으로 가장 거리가 먼 것은?**

① 주택소유자가 주택에 저당권을 설정하고 금융기관으로부터 연금의 방식으로 노후생활자
금을 대출받는 것을 말한다.

② 종신방식, 확정기간방식, 대출상환방식 등이 있으며 대출금리는 변동금리이다.

③ 종신지급방식에서 가입자가 사망할 때까지 지급받은 주택연금 대출 원리금이 담보주택가
격을 초과하는 경우에는 초과 지급된 금액에 대해서 법정상속인이 상환해야 한다.

④ 주택연금은 주택소유자 또는 배우자 중 연장자가 만 55세 이상인 경우 신청이 가능하다.

용어 알아두기

주택연금	고령자가 자신이 소유한 주택을 담보로 제공하고 금융기관으로부터 노후생활자금을 매달 연금처럼 지급받는 대출이다.

TIP 주택연금 가입자가 사망할 때까지 지급받은 주택연금 대출 원리금이 담보주택가격을 초과하는 경우라도 지급된 금액을 법정상속인이 상환하여야 할 의무는 없다.

핵심포인트 해설　　**주택연금**

(1) 개 요
　주택을 소유하고 있으나 특별한 소득원이 없는 고령자가 주로 이용

(2) 특 징
　① 대상 : 부부 중 연장자가 만 55세 이상
　② 대상주택 : 공시가격 9억원 이하인 주택(주거용 오피스텔도 가능)
　③ 지급방식 : 종신방식, 확정기간방식, 대출상환방식 등
　④ 대출금리 : 3개월 CD금리 + 1.1%, COFIX + 0.85% 고정이 아닌 변동금리임
　⑤ 대출금 상환 : 계약 종료 시 담보주택 처분가격 범위 내

상환시점	상환할 금액	비 고
주택가격 > 대출잔액	대출잔액	남은 돈은 상속인에게 돌려줌
주택가격 < 대출잔액	주택가격	부족한 돈을 상속인에게 청구하지 않음

정답 | ③

27

다음 금융상품 중 절세유형이 비과세가 아닌 것은?

① 신협의 조합출자금
② 농어가목돈마련저축
③ 월 적립식 저축성보험
④ 연금저축

TIP 연금저축은 비과세가 아니라 세액공제가 되는 금융상품이다.

핵심포인트 해설   **절세 금융상품의 종류 및 절세유형**

(1) 금융상품의 세금
　① 세금감면혜택이 없는 일반저축상품 : 소득세(14%) + 주민세(1.4%) = 15.4% 과세
　② 절세금융상품은 세금 혜택 정도에 따라 비과세, 세액공제, 소득공제, 세금우대로 구분

(2) 절세 금융상품의 종류 및 절세유형

금융상품	판매회사	절세유형
ISA	은행, 증권사, 보험사	비과세·분리과세
비과세해외주식 투자전용펀드	은행, 증권사	비과세
연금저축(신탁 / 연금 / 보험)	은행, 증권사, 보험사	세액공제
퇴직연금(IRP / DC형) (가입자 추가 납입분)	은행, 증권사, 보험사, 근로복지공단	
주택청약종합저축	은 행	소득공제
저축성보험	보험사	비과세
저축성보험(기타)		
비과세종합저축	전 금융기관	
조합출자금	농협, 수협, 산림조합, 신협	
조합예탁금		세금우대
농어가목돈마련저축		비과세

28

투자자 A는 현재 B은행에 다음과 같은 금융상품을 가지고 있다. B은행이 파산하여 금융상품을 지급할 수 없게 되었을 경우 A가 보호받을 수 있는 금액은?

> • 정기예금의 원금 : 2,500만원   • 상호부금 : 3,000만원   • 양도성예금증서 : 2,000만원

① 2,500만원   ② 5,000만원

③ 5,500만원   ④ 7,500만원

TIP   보호한도는 원금과 소정의 이자를 포함하여 1인당 5,000만원이며, 양도성예금증서는 예금자보호대상이 아니다.

핵심포인트 해설   **예금보험제도**

(1) 개 요

① 예금보험제도 : 금융기관이 경영부실이나 파산 등으로 예금을 지급할 수 없을 때 제3자인 예금보험기관이 대신하여 예금을 지급해주는 제도

② 가입기관

   ⊙ 은행·증권회사(투자매매·중개업자)·보험회사·종합금융회사·상호저축은행 등 5개 금융권

   ⓒ 농·수협중앙회 및 은행법의 적용을 받는 외국은행의 국내지점

③ 보호금액 : 금융기관별 1인당 최고 5,000만원(원금 + 소정이자) → 약정이자 (×)

④ 보호상품 : 예금을 보호(실적배당상품 비보호)

보호	비보호
• 표지어음, 발행어음(자발어음)	• CD, RP, CP
• 개인연금, 퇴직연금	• 청약자예수금
• MMDA, 종금사 CMA, ELD	• MMF, 증권사 CMA, ELS, ELF
• 개인보험, 퇴직보험	• 변액보험

⑤ 보험금 지급사유 : 예금의 지급정지, 인가취소·해산·파산, 계약이전, 금융기관의 합병

(2) 예금보험금액의 한도

① 한도금액인 보호금액 5,000만원으로, 예금의 종류별 또는 지점별 보호금액이 아니라 동일한 금융기관 내에서 예금자 1인이 보호받을 수 있는 총금액

② 예금자 1인이라 함은 개인뿐만 아니라 법인도 대상

③ 예금의 지급이 정지되거나 파산한 금융기관의 예금자가 해당 금융기관에 대출이 있는 경우에는 예금에서 대출금을 먼저 상환(상계)시키고 남은 예금을 기준으로 보호

정답 | ②

예금자보호에 대한 설명으로 잘못된 것은?

① 상호금융은 예수금의 일정 비율을 기금으로 중앙회에 적립하고 있다.

② 새마을금고는 원리금을 합하여 최고 5,000만원까지 보장하고 있다.

③ 우체국예금 및 우체국보험금은 최고 5,000만원까지 원리금을 보장하고 있다.

④ 신용협동조합의 출자금은 보호대상에서 제외되고 있다.

TIP 우체국은 예금자보호법에 의한 보호대상기관이 아니나 국가가 우체국예금 및 우체국보험금 전액에 대하여
     지급을 보장하고 있다.

핵심포인트 해설　　　**예금자보호법이 적용되지 않는 기관의 예금자보호**

(1) 상호금융(지역 농·축협, 지구별 수협 및 지역산림조합)
　① 예수금의 일정 비율을 예금자보호기금으로 중앙회에 적립
　② 2001년부터 5,000만원까지 보호

(2) 새마을금고
　① 별도의 기금을 적립
　② 원리금을 합하여 최고 5,000만원까지 보장

(3) 우체국
　① 예금자보호법에 의한 보호대상기관이 아님
　② 국가가 우체국예금 및 우체국보험금 전액에 대하여 지급을 보장함

(4) 신용협동조합
　① 예금, 적금에 대하여 신용협동조합중앙회 내부의 예금자보호기금에 의해 최고 5,000만원까지 보호
　② 출자금은 보호대상에서 제외

정답 | ③

fn.Hackers.com

출제예상문제

☑ 다시 봐야 할 문제(틀린 문제, 풀지 못한 문제, 헷갈리는 문제 등)는 문제 번호 하단의 네모박스(□)에 체크하여 반복학습하시기 바랍니다.

01
□

중요도 ★★
다음 중 일반은행에 속하지 않는 것은?

① 시중은행
② 지방은행
③ 외국은행 국내지점
④ 산업은행

02
□

중요도 ★★★
다음 중 특수은행으로 모두 묶인 것은?

㉠ 농협중앙회	㉡ 한국산업은행	㉢ 한국수출입은행
㉣ 중소기업은행	㉤ 수협중앙회	㉥ 한국은행
㉦ 우체국	㉧ 새마을금고	

① ㉠, ㉡, ㉢, ㉣, ㉤
② ㉠, ㉢, ㉥, ㉦, ㉧
③ ㉡, ㉢, ㉣, ㉤, ㉥
④ ㉡, ㉤, ㉥, ㉦, ㉧

03
□

중요도 ★★★
다음 중 등록만으로 영위할 수 있는 금융투자업으로 옳은 것은?

① 투자매매업
② 투자일임업
③ 집합투자업
④ 신탁업

04
□

중요도 ★★
다음의 보기에 해당하는 금융회사로 옳은 것은?

• 금산분리의 원칙이 적용된다.
• 주식 또는 지분의 소유를 통하여 금융 관련 회사를 지배한다.
• 순환출자, 상호출자 등을 통해 자회사 간에 위험이 전이되는 것을 막는다.

① 금융투자업자
② 증권금융회사
③ 금융지주회사
④ 투자자문회사

05 중요도 ★★

고수익·고위험 사업을 시작하는 기업에 지분인수를 대가로 투자자금을 공급하거나 기업 인수·합병·구조조정 등을 통해 수익을 추구하는 금융기관으로 옳은 것은?

① 중소기업창업투자회사

② 여신전문금융회사

③ 대부업자

④ 증권금융회사

06 중요도 ★★★

대부업자에 관한 설명으로 잘못된 것은?

① 5년마다 등록을 갱신해야 한다.

② 최저자본금 등 진입요건, 영업지역 제한, 자금조달 등의 규제가 없다.

③ 미등록 대부업자는 대부중개, 채권추심이 불가하다.

④ 소액자금을 신용도가 낮은 소비자에게 대부하거나 중개한다.

07 중요도 ★★★

다음 중 요구불예금으로만 묶인 것은?

① 보통예금 – 당좌예금

② 공공예금 – 정기예금

③ 당좌예금 – 정기적금

④ 가계당좌예금 – MMDA

정답 및 해설

01 ④ 농·수협중앙회, 기업은행, 산업은행, 수출입은행은 특별법에 의하여 설립된 특수은행에 속한다.

02 ① 특수은행은 한국산업은행, 한국수출입은행, 중소기업은행, 농·수협중앙회이다.

03 ② 투자일임업과 투자자문업은 등록대상 금융투자업이고 나머지는 모두 인가대상이다.

04 ③ 금융지주회사에 대한 설명이다.

05 ① 벤처캐피탈회사에 대한 설명이다. 벤처캐피탈회사의 종류로는 신기술사업금융회사, 중소기업창업투자회사가 있다.

06 ① 3년마다 등록을 갱신해야 한다.

07 ① 정기예금, 정기적금, MMDA는 저축성예금이다.

08 중요도 ★★★

주택청약종합저축에 대한 설명으로 가장 적절한 것은?

① 소득공제의 대상자는 총급여액이 5,000만원 이하 근로자인 무주택세대주이다.

② 매월 5만원 이상 30만원 이하의 금액을 자유롭게 적립할 수 있다.

③ 계약기간은 국민주택 등을 신규청약하는 시점까지이다.

④ 주택청약종합저축은 예금자보호법에 의해 보호되지 않는다.

09 중요도 ★★

다음 중 지분증권으로 볼 수 있는 것은?

① 기업어음증권

② 유한회사의 출자지분

③ 신탁의 수익권이 표시된 증권

④ 정부에 대한 지급청구권

10 중요도 ★★★

다음 중 채무증권으로 볼 수 없는 것은?

① 신주인수권

② 사채권

③ 국채증권

④ 기업어음증권

11 중요도 ★★

다음 중 파생결합증권에 대한 설명으로 잘못된 것은?

① 공동사업의 결과에 따른 손익을 귀속받는 계약상의 권리가 표시된 것이다.

② 기초자산의 가격 등의 변동과 연계하여 지급금액 또는 회수금액이 결정되는 권리가 표시된 것이다.

③ 대표적인 상품으로 주식워런트증권(ELW)가 있다.

④ 대표적인 상품으로 주가지수연계증권(ELS)이 있다.

12 중요도 ★★
실세금리반영 금융상품과 거리가 먼 것은?

① 양도성예금증서(CD)
② 발행어음
③ 표지어음
④ 재형저축

13 중요도 ★
다음 중 은행의 예금상품에 관한 설명이 잘못된 것은?

① 보통예금은 가입대상, 예치금액, 예치기간, 입출금 횟수 등에 제한이 없다.
② 가계당좌예금은 신용상태가 양호한 개인이 수표발행을 위해 가입한다.
③ 저축예금은 개인을 대상으로 하며, 예치한도 및 예치기한에는 제한이 없다.
④ MMDA는 예치기간에 따라 이자율을 차등적용한다.

정답 및 해설

08 ④ ① 총급여액이 7,000만원 이하 근로자인 무주택세대주이다.
　　　 ② 매월 2만원 이상 50만원 이하의 금액을 자유롭게 적립할 수 있다.
　　　 ③ 계약기간은 입주자로 선정될 때까지(당첨 시)이다.

09 ② 기업어음증권, 지급청구권은 채무증권이다. 신탁의 수익권이 표시된 증권은 수익증권이다. 지분증권은 주권, 신주인수권이 표시된 것으로 법률에 의하여 직접 설립된 법인이 발행한 출자증권, 상법에 따른 합자회사·유한회사·익명조합의 출자지분, 민법에 따른 조합의 출자지분, 그 밖에 이와 유사한 것으로서 출자지분이 표시된 것이다.

10 ① 주권, 신주인수권은 지분증권이다.

11 ① 해당 설명은 투자계약증권에 해당하는 설명이다. 투자계약증권은 특정 투자자가 그 투자자와 타인 간의 공동사업에 금전 등을 투자하고 주로 타인이 수행한 공동사업의 결과에 따른 손익을 귀속받는 계약상의 권리가 표시된 증권이다.

12 ④ 실세금리반영 금융상품에는 양도성예금증서(CD), 발행어음, 표지어음, 금융채, 후순위채 등이 있다. 재형저축은 서민의 재산형성을 돕기 위한 적립식 장기 저축상품이다.

13 ④ MMDA는 예치금액에 따라 이자율을 차등적용한다.

14 중요도 ★★

단기금융상품에 대한 설명으로 잘못된 것은?

① 표지어음은 금융기관이 기업으로부터 매입하여 보유하고 있는 상업어음, 외상매출채권 등을 분할 또는 통합하여 새롭게 발행한 어음이다.

② 표지어음은 선이자를 지급하며, 중도해지가 가능한 상품이나 예금자보호상품은 아니다.

③ RP는 주로 국채·지방채·특수채에 투자한다.

④ RP는 예금자보호대상이 아니며, 만기 후에는 별도의 이자를 가산하여 주지 않는다.

15 중요도 ★★

신탁상품에 대한 설명으로 가장 거리가 먼 것은?

① 위탁자와 수탁자의 특별한 신임관계에 의해 수익자의 이익을 위하여 재산권을 관리·처분하게 하는 법률관계이다.

② 재산신탁은 크게 금전채권신탁, 유가증권신탁, 부동산신탁으로 나눌 수 있다.

③ 금전신탁은 운용하는 특성에 따라 특정금전신탁과 불특정금전신탁으로 나누어진다.

④ 불특정금전신탁은 합동운용방식을, 재산신탁은 합동운용방식을 취한다.

16 중요도 ★

예금과 금전신탁의 차이점에 대한 설명으로 잘못된 것은?

① 신탁은 예금과 달리 고유자산이 아니므로 은행계정이 아닌 신탁계정에 속한다.

② 예금은 계약관계인이 3면 관계이나, 신탁은 2면 관계이다.

③ 예금은 확정이자를 지급하나, 신탁은 실적배당한다.

④ 예금은 원리금 지급의무가 있으나, 신탁은 원본에 대한 보장의무가 없다.

17 중요도 ★

특정금전신탁에 대한 설명으로 가장 거리가 먼 것은?

① 투자자에게서 받은 금전을 고객이 지시하는 자산에 운용한다.

② 투자자별로 펀드를 구성하기 때문에 투자자가 직접 투자하는 효과가 있다.

③ 확정배당상품으로 원금보전이 가능하도록 설계한다.

④ 계약사항에 대해 별도의 계약서를 발행한다.

18 중요도 ★★
연금저축에 대한 설명 중 가장 적절한 것은?

① 자산운용사의 연금저축신탁, 증권사의 연금저축보험, 보험사의 연금저축펀드가 있다.

② 납입한도는 연간 1,800만원에 ISA계좌 만기금액이 차감된다.

③ 세액공제한도는 연간 400만원이다.

④ 공제율은 소득에 따라 16.5%, 13.2%로 차등적용 된다.

19 중요도 ★★★
연금저축에 대한 설명으로 잘못된 것은?

① 600만원 한도에서 소득공제가 적용된다.

② 연금저축 세액공제 혜택을 받으려면 5년 이상의 의무납입기간이 지나야 한다.

③ 부득이한 사유로 특별해지하더라도 기타소득세는 징수한다.

④ 가입대상은 제한이 없으며 누구나 가능하다.

정답 및 해설

14 ② 표지어음은 선이자를 지급하며, 중도해지가 불가능하고, 예금자보호상품이다.

15 ④ 금전신탁과 재산신탁의 운용방식

구 분	금전신탁	재산신탁
운용방식	합동운용/단독운용 (특정금전신탁은 단독운용)	단독운용만 가능

16 ② 예금의 계약관계인은 예금자·은행(2면 관계)이고, 신탁의 계약관계인은 위탁자·수탁자·수익자(3면 관계)이다.

17 ③ 실적배당상품으로 원금보전이 불가하다.

18 ④ ① 은행의 연금저축신탁, 보험사의 연금저축보험, 자산운용사의 연금저축펀드가 있다.
② 납입한도는 연간 1,800만원에 ISA계좌 만기금액이 더해진다.
③ 세액공제한도는 연간 600만원이고 ISA 만기 전환금액의 10%(연간 300만원)까지 가능하다.

19 ① 연금저축의 세제혜택은 소득공제가 아닌 세액공제 방식이다.

20 중요도 ★★★

주택연금(역모기지론)에 대한 설명으로 잘못된 것은?

① 대상 : 부부 중 연장자가 만 55세 이상
② 대상주택 : 공시가격 9억원 이하인 주택(주거용 오피스텔은 제외)
③ 지급방식 : 종신방식, 확정기간방식, 대출상환방식 등
④ 대출금리 : 고정이 아닌 변동금리

21 중요도 ★★

금융상품에 대한 설명으로 올바른 것은?

① ELS는 예금자보호법에 의하여 보호된다.
② CMA는 예탁금에 제한이 없고 인출 시 원금과 배당금을 지급한다.
③ MMDA는 만기 이전에는 인출할 수 없다.
④ CD는 중도해지가 가능하며, 유통시장을 통해서 매각하여 현금화할 수도 있다.

22 중요도 ★★★

**증권회사 등이 자산금액에 대하여 일정한 비율의 수수료를 받고 투자자에게 가장 적합한
투자전략 및 유가증권 포트폴리오 구축에 관한 상담을 해주는 상품으로 옳은 것은?**

① ABS
② CMO
③ Wrap Account
④ MBB

23 중요도 ★★

랩어카운트(Wrap Account)의 장·단점에 대한 설명 중 잘못된 것은?

① 금융투자회사는 안정적인 수익기반을 확보할 수 있으나 수수료 수입 총액은 감소할 가능
성이 있다.
② 영업직원은 고객과의 이익상충 가능성이 적으며, 증권사에 대한 독립성은 강화된다.
③ 고객은 소액으로 전문가의 서비스를 받을 수 있으나 주가하락 시 수수료 부담이 상대적으
로 증가한다.
④ 투자자문업자는 고객저변을 확대할 수 있으나 운용보수가 감소할 수 있다.

24

중요도 ★★★

ELS에 대한 설명 중 잘못된 것은?

① 주가나 주가지수의 성과에 따라 증권의 수익률이 달라지는 금융상품이다.

② 원금의 대부분은 국·공채 등 안전자산에 투자되고, 일부분은 옵션과 같은 파생상품에 투자되는데 파생상품의 수익변동에 따라 ELS의 수익이 변동된다.

③ 투자자가 중도상환 청구 시 발행사의 허락하에 중도상환이 가능하다.

④ ELS에서 발생하는 소득은 이자소득으로 과세하고, 개인은 15.4%의 세율로 원천징수하며, 법인은 22%의 세율로 원천징수한다.

25

중요도 ★★

ELS를 수익실현방식에 따라 구분할 때 그 유형에 해당하지 않는 것은?

① 원금보장형

② 불스프레드형(Bull Spread)

③ 디지털형(Digital)

④ 낙아웃형(Knock-Out)

정답 및 해설

20 ② 대상주택은 9억원 이하인 주택으로, 주거용 오피스텔도 가능하다.

21 ② ① ELS는 예금자보호법에 의하여 보호되지 않는다.

③ MMDA는 수시입출금상품이므로 만기 이전에도 인출할 수 있다.

④ CD(양도성예금증서)의 경우, 증서의 만기 전에 은행에서의 중도해지가 불가능하며, 다만 유통시장을 통해 매각하여 현금화할 수 있다.

22 ③ Wrap Account는 증권사가 일정한 비율의 수수료를 받고 고객에게 가장 적합한 투자전략 및 유가증권 포트폴리오 구축에 대한 상담 서비스와 부수적인 업무를 일괄처리하는 종합적인 자산운용 금융상품이다.

23 ② 영업직원은 고객과의 이익상충 가능성이 적으나 증권사에 대한 독립성은 약화된다.

24 ④ ELS에서 발생하는 소득은 배당소득으로 과세하고, 개인은 15.4%의 세율로 원천징수하며, 법인은 원천징수하지 않는다.

25 ① ELS는 수익실현방식에 따라 Knock-Out형, Bull Spread형, Digital형, Reverse Convertible형으로 구분된다.

26 중요도 ★★

주가지수연계증권의 특징으로 볼 수 없는 것은?

① 유동성 : 기초자산 가격하락 시 원금 전체의 손실 가능
② 수익성 : 기초자산 실적과 연계, 초과수익 향유 가능
③ 확장성 : 주가지수 움직임에 따라 사전에 약정된 수익률 확보
④ 다양성 : 다양한 상품 구성 가능

27 중요도 ★★

다음 중 주가지수연계증권(ELS)의 특징과 투자 유의사항에 대한 설명으로 잘못된 것은?

① 기초자산 가격이 상승하더라도 변동성 감소 시에는 ELS 평가가격은 다른 움직임을 보일 수 있다.
② 중도환매 시 원금손실 가능성이 있다.
③ 주가지수 움직임에 따라 사전에 약정된 수익률을 확보할 수 있다.
④ 원금 일부보장이나 비보장형은 판매할 수 없다.

28 중요도 ★

ELS의 유형에 대한 설명 중 잘못된 것은?

① Knock-Out형 : 만기 전에 한 번이라도 사전에 정해둔 주가수준에 도달 시 만기수익률이 확정된다.
② Bull Spread형 : 만기시점의 주가지수 상승률에 비례하여 수익률이 결정된다.
③ Reverse Convertible형 : 미리 정해둔 최저수익률까지 상승하지 않으면 주가지수가 일정 부분 하락하여도 약속 수익률이 지급되는 구조이다.
④ Digital형 : 만기 시 주가가 일정 수준을 상회하는지 여부에 따라 사전에 정한 두 가지 수익 중 한 가지를 지급하는 구조이다.

29

당사자 일방의 의사표시에 의하여 특정 주권의 가격 또는 주가지수의 변동과 연계해 미리 약정된 방법에 따라 주권의 매매 또는 금전을 수수하는 권리가 부여된 증서는?

① ELD(Equity Linked Deposit) ② ELW(Equity Linked Warrant)
③ ELS(Equity Linked Securities) ④ ELF(Equity Linked Fund)

30

일정 기간 경과 후에 일정한 가격으로 동일채권을 다시 매수하거나 매도할 것을 조건으로 한 금융상품인 것은?

① 양도성예금증서 ② 환매조건부채권
③ 표지어음 ④ 후순위채

정답 및 해설

26 ① 안정성 : 기초자산 가격하락 시에도 원금 또는 원금의 일정 부분 보장 가능

27 ④ 원금 일부보장이나 비보장형은 판매가 가능하다.

28 ③ Reverse Convertible형은 미리 정해둔 최저수익률까지 하락하지 않으면 주가지수가 일정 부분 하락하여도 약속 수익률이 지급되는 구조이다.

29 ② ELW(Equity Linked Warrant)에 대한 설명이다.

30 ② 환매조건부채권(RP)이란 금융기관이 일정 기간 후에 다시 사는 조건으로 채권을 팔고 경과 기간에 따라 소정의 이자를 붙여 되사는 채권이다.

31 중요도 ★★
주식워런트증권의 가격결정요인에 대한 설명 중 잘못된 것은?

① 주식워런트증권의 가격은 행사가치와 시간가치의 합으로 구성된다.
② 콜 워런트의 가격은 기초자산 가격이 상승할수록, 풋 워런트의 가격은 기초자산 가격이 하락할수록 상승한다.
③ 콜 워런트는 권리행사가격이 낮을수록, 풋 워런트는 권리행사가격이 높을수록 가격이 상승한다.
④ 변동성이 커지면 콜 워런트의 가격이 상승하고 풋 워런트의 가격은 하락한다.

32 중요도 ★★★
증권집합투자기구의 운용비율 연결이 잘못된 것은?

① 주식형 : 자산총액의 60% 이상
② 채권형 : 주식 10% 미만
③ 채권혼합형 : 주식 최고 50% 미만
④ 주식혼합형 : 주식 50% 이상 60% 미만

33 중요도 ★★★
집합투자기구 중 어떠한 자산이든 투자비율의 제한 없이 투자 가능한 것은?

① 증권집합투자기구　　　　　　　　② 혼합자산집합투자기구
③ 특별자산집합투자기구　　　　　　④ 부동산집합투자기구

34 중요도 ★★
집합투자기구별 상품의 특성에 대한 내용으로 잘못된 것은?

① 상장지수펀드(ETF)는 안정적인 수익률이 장점인 인덱스펀드에 환금성을 더했다.
② 단기금융상품펀드(MMF)는 최저 가입금액의 제한이 없고, 환금성이 높다.
③ 투자회사(Mutual Fund)는 주식회사로 설립되므로 실체형 회사이다.
④ 인덱스펀드는 시장평균 수익을 실현하는 것을 목표로 한다.

35

중요도 ★★★

양도성예금증서(CD)에 대한 설명으로 잘못된 것은?

① 정기예금에 양도성을 부여한 것이다.

② 중도해지가 가능하다.

③ 이미 발행된 CD의 경우 종합금융회사나 증권회사에서도 매입을 할 수 있다.

④ 이자지급은 액면금액에서 이자를 미리 차감하는 방식(할인식)으로 이루어진다.

36

중요도 ★★

변액보험에 대한 설명으로 올바르지 않은 것은?

① 보험의 기능에 투자의 기능을 추가한 일종의 간접투자 상품으로 보장도 받으면서 투자수익도 기대할 수 있는 보험상품이다.

② 정액보험과 달리 변액보험은 지급되는 보험금이 투자수익에 따라 달라지는 것이 특징이다.

③ 다른 간접투자상품과 달리 위험보장이 기본적으로 전제되며 특약을 통해 다양한 보장을 추가로 받을 수 있다.

④ 갑작스런 사고나 질병으로 중병상태가 계속될 때 보험금의 일부를 미리 지급받을 수 있다.

정답 및 해설

31 ④ 변동성이 커지면 콜·풋 워런트에 관계없이 모두 가격이 상승한다. 콜 워런트의 가격은 배당이 클수록 낮아지고, 풋 워런트의 가격은 배당이 클수록 높아진다.

32 ② 채권형 투자신탁은 자산총액의 60% 이상 채권에 투자한다.

33 ② 혼합자산집합투자기구에 대한 설명이다.

34 ③ 투자회사(Mutual Fund)는 주식회사로 설립되나 이는 서류상의 회사로 실체가 없다.

35 ② 양도성예금증서(CD)는 중도해지가 불가능하다.

참고 주요 실세금리반영 금융상품 비교

구 분	CD	RP	표지어음
취급기관	은행, 증권, 종금	은행, 증권, 종금	은행, 상호, 종금
이 자	할인식(선이자)	확정금리	할인식
중도해지	불가능	중도환매 가능	불가능
만기 후 이자	없 음	없 음	없 음
예금자보호 여부	비보호	비보호	보 호

36 ④ 갑작스런 사고나 질병으로 중병상태가 계속될 때 보험금의 일부를 미리 지급받을 수 있는 보장성 보험상품은 CI보험이다.

37

다음 중 연금보험에 대한 일반적 설명으로 잘못된 것은?

① 만기 생존 시에 연금이 지급되는 것이 원칙이다.

② 일정 기간 이상 저축 시 세액공제 혜택을 받고 목돈을 마련할 수 있는 상품이다.

③ 생명보험 고유의 위험보장기능보다는 저축기능을 강화한 상품이다.

④ 대표적 장기 보장성 상품이다.

38

변액보험에 대한 설명 중 옳은 것은?

① 높은 투자수익은 기대할 수 있으나 보장혜택이 없다는 것이 단점이다.

② 투자수익에 따라 보험료가 변동된다는 점이 특징이다.

③ 인플레이션으로 인한 보장자산가치 하락에 대한 보완기능이 있다.

④ 변액보험은 수익증권(펀드)의 일종이다.

39

개인종합저축계좌(ISA : Individual Savings Account)**에 대한 설명으로 잘못된 것은?**

① 순이익 기준으로 가입자의 소득수준에 따라 200 ~ 400만원까지 비과세한다.

② 신탁형 ISA는 가입자의 지시가 없어도 계좌에 편입된 상품을 교체할 수 있다.

③ 의무가입기간은 3년이며, 가입요건에 따라 일반형, 서민형, 농어민형으로 나뉜다.

④ 비과세 한도를 초과하는 순이익은 저율(9.9%)로 분리과세한다.

40

중요도 ★★★

소득공제 장기펀드(소장펀드)에 대한 설명으로 잘못된 것은?

① 서민층과 사회초년생인 2030세대가 목돈을 마련하기에 적합한 상품이다.

② 장기 적립식 투자 효과를 누리기 위해서는 시장 상황에 관계없이 꾸준히 매월 일정하게 투자하는 것이 바람직하다.

③ 가입한 후 5년이 지나지 않은 시점에 해지하는 경우 소득공제로 감면받은 세액 상당액을 추징받게 된다.

④ 이자소득 등에 대해 비과세 혜택을 주므로 큰 절세효과가 기대된다.

41

중요도 ★★★

다음 금융상품 중 총 3,000만원 한도에서 세금우대 혜택이 주어지는 금융상품은?

① 비과세종합저축

② 조합출자금

③ 조합예탁금

④ 농어가목돈마련저축

정답 및 해설

37 ④ 연금보험은 보험 본래의 기능인 보장성에 중점을 두기보다는 저축성을 강조한 상품이다.

38 ③ ① 변액보험은 보장도 받으면서 높은 투자수익도 기대할 수 있는 보험상품이다.
② 변액보험은 투자수익에 따라 보험금이 변동된다는 점이 특징이다.
④ 변액보험과 수익증권은 별개의 상품이다.

39 ② 신탁형 ISA는 가입자가 ISA에 담을 금융상품을 직접 선택, 금융회사는 가입자의 지시대로 상품을 편입·교체한다. 금융회사가 가입자의 지시 없이 가입자 계좌에 편입된 상품을 다른 상품으로 교체할 수 없다.

40 ④ 재형저축은 이자소득 등에 대해 비과세 혜택을 주는 반면, 소장펀드는 납입금액에 대해 소득공제 혜택을 주는 상품이다.

41 ③ 농협, 수협, 산림조합, 신협의 조합예탁금은 거래계좌의 한도를 합산하여 3,000만원 이하인 경우 세금우대 혜택이 주어진다.

42
중요도 ★★★

금융상품의 세금과 관련된 내용으로 가장 거리가 먼 것은?

① 금융소득에서 발생하는 세금은 원칙적으로 원리금이나 이자지급 시 원천징수하고 있다.

② 일반저축상품에서 발생한 금융소득은 소득세와 주민세를 합하여 16.4%의 세금이 부과되고 있다.

③ 절세 금융상품은 세금혜택의 정도에 따라 비과세, 세액공제, 소득공제, 세금우대로 구분된다.

④ 세금에 대한 감면 등의 특례는 대부분 조세특례제한법에 규정되어 있다.

43
중요도 ★★

비과세종합저축에 대한 설명으로 잘못된 것은?

① 세금우대종합저축은 신규 가입이 중단되었다.

② 이미 생계형비과세저축계좌가 있다면 유지는 가능하나 한도를 늘릴 수는 없다.

③ 1인당 5,000만원까지 가입할 수 있다.

④ 세금우대종합저축(2014년 이전 가입분)과 비과세종합저축을 중복 사용할 수 없다.

44
중요도 ★★★

다음 중 예금보험가입 금융기관에 해당하는 것은?

① 상호저축은행

② 신용협동조합

③ 상호금융

④ 우체국

45
중요도 ★★★

예금보험공사에 예금보험료를 납부하는 금융기관이 아닌 것은?

① 상호저축은행

② 종합금융회사

③ 새마을금고

④ 외국은행의 국내지점

46

중요도 ★★★

예금자보호법상 예금자보호에 대한 설명으로 잘못된 것은?

① 보험사고 발생 시 2001년 1월 1일부터는 원금과 이자를 포함하여 5천만원까지 보호된다.

② 보험회사 보험계약 가입자의 경우 사고보험금은 보장받으나 보험계약 해약 시 해약환급 금은 보호받지 못한다.

③ 예금자보호법상의 보호금액은 예금종류별 또는 지점별 보호금액이 아니라 동일한 금융기 관에서 예금자 1인이 보호받을 수 있는 금액이므로, 4개의 금융기관을 이용하는 고객은 최 고 2억원까지 보장받을 수 있다.

④ 예금지급정지, 금융기관 인허가 취소·해산·파산, 계약이전, 합병 등의 경우에 예금보험공 사가 예금대지급(보험금)을 하게 된다.

47

중요도 ★★★

투자자 A는 현재 B은행에 ELD 3,000만원, C증권사에 ELS 4,000만원, D종금사에 표 지어음 7,000만원을 가지고 있다. B은행, C증권사, D종금사가 모두 파산 시 투자자 A 가 예금보험공사로부터 보상받을 수 있는 금액은?

① 하나도 보상받을 수 없다.   ② 7,000만원

③ 8,000만원   ④ 10,000만원

정답 및 해설

42 ② 일반저축상품에서 발생한 금융소득은 소득세(14%)와 주민세(1.4% : 소득세액의 10%)를 합하여 15.4%의 세금이 부과되고 있다.

43 ② 이미 생계형비과세저축계좌가 있다면 유지가 가능하며, 한도를 늘릴 수도 있다.

44 ① 예금보험가입 금융기관은 은행, 투자매매업자 또는 중개업자, 보험회사, 종합금융회사, 상호저축은행 및 농·수협중앙회, 외국 은행 국내지점 등이다.

45 ③ 농·수협의 단위조합 및 새마을금고는 예금보험가입 금융기관이 아니다.

46 ② 보험회사 보험계약의 가입자는 해약환급금(사고보험금, 만기보험금 포함)에 기타 지급금을 포함하여 최고 5천만원(원금 + 이 자 기준)까지 보호받는다.

47 ③ ELD와 표지어음은 보호, ELS는 비보호상품이다. 따라서 B은행에서 3,000만원, D종금사에서 5,000만원을 받을 수 있으므로 총 8,000만원을 보상받을 수 있다.

제2장
투자전략

학습전략

투자전략은 제3과목 전체 30문제 중 **총 6문제**가 출제된다.

투자전략의 경우 자산배분과 포트폴리오, 즉 분산투자가 주된 내용이다. 매우 이론적이고 정밀한 사고가 요구되는 영역이라고 할 수 있다.

출제예상 비중

자산배분 모델의 종류 15%
15% 자산배분과 투자전략
자산배분전략의 종류 20%
50% 자산배분 설계와 실행

핵심포인트

자산배분(Asset Allocation)**의 중요성이 높아지는 이유와 거리가 먼 것은?**

① 투자대상 자산군이 증가하고 있기 때문이다.

② 투자위험관리의 필요성이 증대하고 있기 때문이다.

③ 투자수익률 결정에 자산배분이 절대적인 영향을 미친다는 인식이 높아지고 있기 때문이다.

④ 시장예측이나 증권선택이 총수익률에 미치는 영향이 높아지고 있기 때문이다.

용어 알아두기

자산배분	기대수익률과 위험수준이 다양한 여러 자산집단(Asset Class)을 대상으로 투자자금을 배분하여 최적의 자산 포트폴리오를 구성하는 일련의 투자과정이다.

TIP 시장예측이나 증권선택이 총수익률에 미치는 영향은 자산배분보다 낮다.

핵심포인트 해설   **자산배분**

(1) 중요성
　① 투자대상 자산군이 증가하고 있음
　② 투자위험관리의 필요성이 증대하고 있음
　③ 투자수익률 결정에 자산배분효과가 절대적인 영향을 미친다는 투자자들의 인식이 높아지고 있음

(2) 과 제
　① 분산투자(자산배분)의 방법
　② 개별종목의 선택
　③ 투자시점의 선택
　④ 통합적 투자관리(Integrated Investment Management)
　　㉠ 1단계 : 투자목표의 설정, 투자전략수립에 필요한 사전투자분석 실시
　　㉡ 2단계 : 투자전략적 관점에서 자산배분 실시
　　㉢ 3단계 : 투자전술적 관점에서 개별종목을 선택
　　㉣ 4단계 : 포트폴리오 수정과 투자성과의 사후통제

정답 | ④

벤치마크에 관한 설명 중 잘못된 것은?

① 자산운용자의 운용계획을 표현하는 수단인 동시에 투자자와의 커뮤니케이션수단이다.
② 벤치마크는 사후에 설정되어야 한다.
③ 벤치마크의 운용성과를 운용자가 추적하는 것이 가능하여야 한다.
④ 적용되는 자산의 바람직한 운용상을 표현하고 있어야 한다.

용어 알아두기

벤치마크	기준이 되는 점, 측정기준을 말하며, 주식시장에서 벤치마크란 펀드의 수익률을 비교하는 기준수익률로 펀드매니저의 운용능력을 평가하는 잣대로 사용된다.

TIP 벤치마크는 사전에 설정되어야 한다.

핵심포인트 해설   **투자목표 설정과 자산배분 설계**

(1) 투자목표의 설정
① 재무목표 설정 : 투자목표 설정 전에 해야 함
② 투자목표 설정 : 투자시계(Time Horizon), 위험수용도(Risk Tolerance Levels), 세금관계, 법적규제(제약), 투자자금의 성격, 고객의 특별한 요구사항, 투자목표

(2) 자산집단의 선정
① 분산가능성 충족 : 자산집단 내에 분산투자가 가능하도록 충분히 많은 개별증권이 존재해야 함
② 독립성 충족 : 하나의 자산집단은 다른 자산집단과 상관관계가 충분하게 낮아서 분산투자 시 위험의 감소효과가 충분히 발휘될 수 있는 통계적인 속성을 지녀야 함

(3) 벤치마크(Benchmark)

의 의	• 포트폴리오의 평가기준 • 투자자와 운용자 사이의 의사소통수단 • 반드시 운용 이전에 설정
조 건	• 구체적인 내용(자산집단과 가중치)이 자산을 운용하기 전에 명확할 것 • 적용되는 자산의 바람직한 운용상을 표현할 것 • 벤치마크 운용성과를 운용자가 추적하는 것이 가능할 것

정답 | ②

기대수익률의 측정방법에 대한 설명 중 잘못된 것은?

① 시나리오 분석법은 과거수익률을 사용하여 상관관계를 추정하는 방법이다.

② 추세분석법은 과거의 장기간수익률을 분석하여 미래의 수익률로 사용하는 방법이다.

③ 과거의 자료를 바탕으로 미래의 발생상황에 대한 기대치를 추가하여 수익률을 예측하는 방법으로 CAPM, APT 등이 있다.

④ 시장공통예측치 사용 방법은 시장 참여자들 간에 공통적으로 가지고 있는 미래수익률에 대한 추정치를 사용하는 방법으로 $\frac{1}{PER}$, 배당수익률 + EPS장기성장률 등이 사용되고 있다.

TIP 시나리오 분석법은 과거수익률을 사용하지 않고 여러 가지 경제변수의 상관관계를 고려하여 시뮬레이션함으로써 수익률을 추정하는 방법이다.

핵심포인트 해설　　　**기대수익률**

(1) 정 의

① 포트폴리오이론에서는 자산집단들의 투자가치를 기대수익과 위험, 두 가지 요인만 고려하여 평가

> 투자가치 = f(기대수익, 위험)

② 기대수익률은 각각의 자산집단의 투자에 따라 실제로 실현될 가능성이 있는 수익률의 값들을 평균한 값

(2) 측정방법

추세분석법	• 자산집단의 과거 장기간수익률을 분석하여 미래의 수익률로 사용하는 방법 • 역사가 짧은 경우에는 사용이 어려움
시나리오 분석법	• 여러 가지 경제변수의 상관관계를 고려하여 시뮬레이션함으로써 수익률을 추정하는 방법
펀더멘털 분석법	• 과거의 자료를 바탕으로 미래의 발생상황에 대한 기대치를 추가하여 수익률을 예측하는 방법 • 주식기대수익률 = 무위험이자율 + 주식시장 위험프리미엄 • 과거의 결과일 뿐 미래의 기대수익률로 사용하는 데 한계가 있음
시장공동예측치 사용법	• 시장 참여자들 간에 공통적으로 가지고 있는 미래수익률에 대한 추정치를 사용하는 방법 • 주식기대수익률 = $\frac{1}{PER}$ • 주식기대수익률 = 배당수익률 + EPS장기성장률

정답 | ①

04

A기업의 주식은 현재 한 주당 10,000원에 거래되고 있다. 투자자들은 연말까지 두 가지 가정 하에서 이 기업의 주가와 배당을 다음과 같이 예상하고 있다. 연말까지 보유 시 이 주식의 표준편차를 구한 것으로 옳은 것은?

경제상황	확 률	주 가	배 당
호 전	0.3	12,000	1,000
불 변	0.7	10,000	500

① 11.5%
② 12.5%
③ 13.5%
④ 14.5%

용어 알아두기

표준편차	통계집단의 단위의 계량적 특성값에 관한 산포도를 나타내는 도수특성값이다.
위험(Risk)	실제결과가 기대예상과 다를 가능성이다.

TIP $\sqrt{0.3 \times (30\% - 12.5\%)^2 + 0.7 \times (5\% - 12.5\%)^2} = 11.5\%$

핵심포인트 해설　　위 험

(1) 정 의
  ① 미래의 불확실성 때문에 투자로부터 발생할 것으로 예상되는 손실의 가능성
  ② 미래 기대수익률의 분산 및 투자수익의 변동 가능성, 기대한 투자수익이 실현되지 않을 가능성
  ③ 실제결과가 기대예상과 다를 가능성

(2) 위험의 측정
  ① 분산 혹은 표준편차로 측정함
  ② 분산은 평균수익률로부터의 편차의 제곱들을 평균한 값으로 변동성의 크기를 측정한 것
    ㉠ 분산$(\sigma^2) = \sum [r_i - E(R)]^2 \times p_i$
    ㉡ 표준편차$(\sigma) = \sqrt{\sum [r_i - E(R)]^2 \times p_i}$
  ③ 투자결정의 기준으로 평균기대수익률과 분산만을 고려한다는 것은 수익률의 확률분포가 정규분포인 것을 가정한 것
  ④ 표준정규분포의 신뢰구간
    ㉠ (평균) ± 1 × (표준편차) : 68.27%
    ㉡ (평균) ± 2 × (표준편차) : 95.54%
    ㉢ (평균) ± 3 × (표준편차) : 99.97%

정답 | ①

다음 중 평균·분산기준(Mean-variance Criterion)에 의거한 효율적 포트폴리오가 될 수 없는 것은?

포트폴리오	기대수익률	표준편차
A	14%	35%
B	6%	8%
C	9%	20%
D	11%	16%

① A   ② B   ③ C   ④ D

용어 알아두기

평균·분산기준 | 투자자들이 수익률의 평균(기대수익)과 분산에 의하여 투자기회를 선택한다는 가설이다.

TIP C는 D보다 수익률은 작으면서 위험(표준편차)이 크므로 지배원리에 의하여 효율적 자산이 될 수 없다.

핵심포인트 해설   **최적 증권의 선택**

(1) 효율적 증권
   ① 평균·분산기준 : 투자가치는 기대수익과 위험, 두 요인에 의해서 결정되며, 평균 기대수익률과 분산을 측정하여 우열 선택
   ② 지배원리(효율적 증권·효율적 포트폴리오) : 기대수익이 동일한 투자대상들 중에서는 위험이 가장 낮은 투자대상을 선택하고,
                                    위험이 동일한 투자대상들 중에서는 기대수익이 가장 높은 것을 선택

(2) 최적 증권
   ① 지배원리를 충족시키는 효율적 증권에서 투자자의 위험에 대한 태도로, 위험회피도에 따라 최종 선택한 투자대상
   ② 최적 포트폴리오(Optimal Portfolio)라고도 함

〈최적 증권의 선택〉

06

위험회피형 투자자의 효용함수와 무차별효용곡선에 대한 설명 중 옳은 것은?

① 효용함수는 원점에 대하여 볼록하며, 무차별효용곡선은 우상향한다.
② 효용함수는 원점에 대하여 볼록하며, 무차별효용곡선은 우하향한다.
③ 효용함수는 원점에 대하여 오목하며, 무차별효용곡선은 우하향한다.
④ 효용함수는 원점에 대하여 오목하며, 무차별효용곡선은 우상향한다.

 용어 알아두기

무차별효용곡선 | 개인의 동일한 만족이나 효용을 나타내는 곡선이다.

TIP 위험회피형 투자자의 효용함수는 원점에 대하여 오목하며 무차별효용곡선은 우상향한다.

핵심포인트 해설   **투자자의 위험성향**

① 위험회피형 : 원점에 대하여 오목한 형태(Concave)를 보이면서 투자수익의 증가가 있을 때 체감하는 모양
② 위험선호형 : 원점에 대해서 볼록한 형태(Convex)를 보이면서 투자수익의 증가가 있을 때 체증하는 모양
③ 위험중립형 : 직선형으로 표시

〈위험회피형〉

〈위험선호형〉

〈위험중립형〉

〈투자자의 유형에 따른 효용함수의 형태〉

정답 | ④

무차별효용곡선(IUC : Indifferent Utility Curve)**에 대한 설명으로 잘못된 것은?**

① 평균과 분산(표준편차)의 공간에 효용함수를 나타낸다.
② 특정 투자자에게 동일한 효용을 가져다주는 기대수익과 평균의 조합을 연결한 곡선
   이다.
③ 보수적 투자자는 기울기가 가파르다.
④ 공격적 투자자는 기울기가 완만하다.

TIP 무차별효용곡선은 기대수익과 분산(위험)의 조합을 연결한 곡선이다.

핵심포인트 해설　　　**무차별효용곡선**

(1) 무차별효용곡선(IUC)
　① 평균과 분산(표준편차)의 공간에 효용함수를 나타낸 것
　② 특정 투자자에게 동일한 효용을 가져다주는 기대수익과 분산(위험)의 조합을 연결한 곡선

(2) 곡 선
　① 보수적 투자자
　　㉠ 기울기가 가파른 경우
　　㉡ 일정한 위험증가가 있을 때보다 많은 기대수익의 증가를 요구하는 경우
　② 공격적 투자자
　　㉠ 기울기가 덜 가파른 경우(완만한 경우)
　　㉡ 기대수익의 증가가 위험증가에 미치지 못하더라도 만족하는 경우

〈보수적 투자자〉　　　　　　　　〈공격적 투자자〉

정답 | ②

08

자산집단의 상대가격변동에 따른 투자비율의 변화를 원래의 비율로 환원시키는 것으로 옳은 것은?

① 리밸런싱(Rebalancing)　　② 업그레이딩(Upgrading)
③ 모니터링(Monitoring)　　④ 피드백(Feedback)

TIP　자산집단의 상대가격변동에 따른 투자비율의 변화를 원래의 비율로 환원시키는 것은 리밸런싱이다.

핵심포인트 해설　　**자산배분 과정**

(1) 투자전략 기준 선택
　① 전술적 자산배분전략 : 적극적 투자관리방법, 초과수익 추구　→ 비효율적 시장을 가정
　② 전략적 자산배분전략 : 소극적 투자관리방법, 시장수익 추구
　　　　→ 효율적 시장을 가정
(2) 자산배분 모델 선정
　① 마코위츠의 평균–분산 모델
　② 블랙리터만의 자산배분 모델
(3) 자산배분전략 수정

리밸런싱	• 상황변화가 있을 경우 자산 포트폴리오가 갖는 원래의 특성을 그대로 유지하고자 하는 것 • 자산집단의 상대가격변동에 따른 투자비율의 변화를 원래의 비율로 환원시키는 것
업그레이딩	• 위험에 비해 상대적으로 높은 기대수익을 얻고자 하거나, 기대수익에 비해 상대적으로 낮은 위험을 부담하도록 포트폴리오의 구성을 수정하는 것 • 리밸런싱보다 큰 폭의 조정 발생

정답 | ①

다음 예시를 보고 계산한 산술평균수익률과 기하평균수익률로 옳은 것은?

> A기업의 주식에 첫 번째 해에 총 100만원을 투자하였는데 1년 후 가격상승으로 200만원이 되었다가 2년 말에는 다시 가격하락으로 100만원이 되었다.

① 25%, 0%

② 20%, 0%

③ 0%, 25%

④ 0%, 20%

용어 알아두기

수익률	투자수익률의 약칭으로, 경영학·경제학 분야에서 투자대상사업의 투자액에 대한 기대이익의 정도를 표시하는 지표이다.

TIP 산술평균수익률(ARR) $= \frac{1}{2}(100\% + (-50\%)) = 25\%$

기하평균수익률(GRR) $= \sqrt[2]{\dfrac{100만원}{100만원}} - 1 = 0\%$

핵심포인트 해설   **투자성과측정**

내부수익률 (IRR)	• 현금유출액의 현재가치와 현금유입액의 현재가치를 일치시켜 주는 할인율을 계산하여 측정 • 금액가중평균수익률이라고 함
산술평균수익률 (ARR)	• 기간별 단일기간수익률을 모두 합한 다음, 이를 관찰수(기간수)로 나누어 측정 • 시간가중평균수익률이라고 함 • 미래기대수익률을 추정할 때에 이용
기하평균수익률 (GRR)	$$GRR = \sqrt[n]{\frac{w_n}{w_0}} - 1$$ $(w_0 : 기초 부, w_n : n년 후 기말 부)$ • 중도현금흐름이 재투자되어 증식되는 것을 감안한 평균수익률의 계산방법 • 산술평균수익률보다 과거수익률을 정확하게 측정

정답 | ①

전략적 자산배분전략(SAA : Strategic Asset Allocation)**에 대한 설명으로 잘못된 것은?**

① 전략적 자산배분전략에서는 장기적인 자본시장 예측치를 사용하므로 중·단기적으로는 자산의 기대수익률, 위험, 상관관계가 일정하다고 가정한다.
② 최적 포트폴리오를 구성할 때 사용한 각종 자료는 시장상황의 변화가 발생하는 경우 정기적으로 재조정해야 한다.
③ 자본시장상황의 변화에 따른 투자자의 위험허용 정도에 변화가 없다고 가정한다.
④ 전략적 자산배분전략은 투자자가 정하는 것이 원칙이다.

> **용어 알아두기**
>
> | 전략적
자산배분전략 | 장기적인 자산구성비율과 중기적으로 개별자산이 취할 수 있는 투자비율의 한계를 결정하는 의사결정이다. |
> | --- | --- |

TIP 최적 포트폴리오를 구성할 때 사용한 각종 자료는 시장상황이 변화하여도 재조정하지 않는다.

핵심포인트 해설 　**전략적 자산배분전략(SAA)**

(1) 가 정
① 장기적인 자본시장 예측치를 사용하므로 중·단기적으로는 자산의 기대수익률, 위험, 상관관계가 일정하다고 가정
② 자본시장상황의 변화에 따른 투자자의 위험허용 정도의 변화가 없다고 가정
③ 자산배분은 투자자가 정하거나 자산운용회사에서 정함

(2) 특 징
장기적, 소극적(정적) 전략

(3) 이론적 배경
효율적 투자기회선(Efficient Frontier)

(4) 실행방법

시장가치 접근방법	여러 가지 투자자산들의 포트폴리오 내 구성비중을 각 자산이 시장에서 차지하는 시가총액의 비율과 동일하게 포트폴리오를 구성하는 방법으로 CAPM이론에 의해 지지
위험-수익 최적화방법	기대수익과 위험 간의 관계를 고려하여, 동일한 위험수준 하에서 최대한으로 보상받을 수 있는 지배원리에 의하여 포트폴리오를 구성하는 방법
투자자별 특수상황을 고려하는 방법	운용기관의 위험, 최소요구수익률, 다른 자산들과의 잠재적인 결합 등을 고려하여 수립하는 투자전략
다른 유사한 기관투자자의 자산배분을 모방	기관투자자들의 시장에서 실행하고 있는 자산배분을 모방하여 전략적 자산구성을 하는 방법

(5) 실행과정
① 장기적인 투자를 지향하므로 단기적인 시장상황의 변화에 무관한 자산구성
② 최적 포트폴리오를 구성할 때 사용한 각종 자료는 시장상황의 변화에도 불구하고 재조정하지 않음

정답 | ②

전술적 자산배분전략(TAA : Tactical Asset Allocation)**의 실행도구와 거리가 먼 것은?**

① 위험-수익 최적화방법
② 포뮬러 플랜
③ 기술적 분석
④ 가치평가모형(기본적 분석 방법, CAPM, APT 등)

용어 알아두기

전술적 자산배분전략	시장의 변화방향을 예상하여 사전적으로 자산구성을 변동시켜 나가는 전략으로 저평가된 자산을 매수하고 고평가된 자산을 매도함으로써 펀드의 투자성과를 높이고자 한다.

TIP 위험-수익 최적화방법은 전략적 자산배분전략의 방법이다.

핵심포인트 해설　　**전술적 자산배분전략(TAA)**

(1) 가 정
　① 자산집단의 기대수익률, 위험, 상관관계의 변화를 중·단기적으로 계속하여 예측하므로 자본시장의 예측기능을 매우 강조
　② 투자자의 위험허용도가 포트폴리오의 실현수익률이라는 상황변화에 영향을 받지 않는다고 가정

(2) 특 징
　중·단기적, 적극적(동적) 전략

(3) 이론적 배경
　① 역투자전략 : 시장가격이 내재가치 대비 고평가되면 매도, 저평가되면 매수하는 운용방법
　② 증권시장의 과잉반응 현상 : 새로운 정보에 대해 지나치게 낙관적이거나 비관적인 반응으로 인하여 내재가치로부터 상당히
　　　　　　　　　　　　　　 벗어나는 가격착오현상인 과잉반응을 활용하는 전략

(4) 실행도구
　① 가치평가모형 : 기본적 분석 방법·요인모형(CAPM, APT) 방식 등 사용
　② 기술적 분석
　③ 포뮬러 플랜(Formula Plan) : 역투자전략으로 정액법과 정률법이 있음

정답 | ①

자산배분 모델 중 마코위츠 평균-분산 모델에 대한 설명으로 잘못된 것은?

① 기대수익률과 위험을 가장 중요한 요소로 평가한다.

② 합리적인 투자자는 일정한 위험에서 기대수익을 최대로 하는 것, 즉 효율적 포트폴리오를 취하려고 한다.

③ 모든 증권의 상관계수가 +1이 아닌 한, 증권을 추가할수록 포트폴리오 전체의 위험은 증가한다.

④ 무차별효용곡선과 효율적 포트폴리오의 접점이 최적 포트폴리오가 되며, 투자자는 최적 포트폴리오를 소유하려고 한다.

용어 알아두기

포트폴리오	주식, 채권, 부동산 등 둘 이상의 자산에 분산 투자할 경우 그 투자대상을 총칭하는 것으로 경제주체가 보유하고 있는 금융자산 등 각종 자산들의 구성을 의미한다.

TIP   마코위츠 평균-분산 모델에서는 모든 증권의 상관계수가 +1이 아닌 한, 증권을 추가할수록 포트폴리오 전체의 위험은 감소한다.

핵심포인트 해설   **자산배분 모델의 종류**

(1) 마코위츠 평균-분산 모델
① 기대수익률과 위험이 가장 중요한 요소
② 모든 증권의 상관계수가 +1이 아닌 한, 증권을 추가할수록 포트폴리오 전체의 위험은 감소
③ 효용무차별곡선과 효율적 포트폴리오의 접점이 최적 포트폴리오가 되며, 투자자는 최적 포트폴리오를 소유하려고 함

(2) 블랙리터만 자산배분 모델
① 시장 포트폴리오에 내재된 균형기대수익률을 산출
② 투자자의 시장전망을 자산배분 모델에 반영하여 자산배분을 시행하는 모델

정답 | ③

다음 중 마코위츠의 평균–분산 모델에 대한 설명으로 잘못된 것은?

① A주식, B주식의 수익률 간에 아무런 상관관계가 존재하지 않으면 A와 B에 분산투자를 하여도 위험절감효과가 없다.

② 증권 간의 상관관계가 주어졌을 때 투자비율의 조정에 따른 포트폴리오 기대수익률과 위험의 변화를 그림으로 나타낸 것이 포트폴리오 결합선이다.

③ 상관관계가 낮을수록 분산투자의 위험절감효과가 커진다.

④ 가능한 포트폴리오 조합 중 위험이 최소가 되는 포트폴리오를 최소분산 포트폴리오라 한다.

TIP 두 주식의 수익률 간에 상관관계가 1인 경우를 제외하면 분산투자의 위험절감효과가 존재하고, 상관계수가 작을수록 분산효과는 커진다.

핵심포인트 해설   **마코위츠 평균–분산 모델**

(1) 개 요
① 기대수익률과 위험이 가장 중요한 요소
② 한 증권의 수익은 다른 증권의 수익과 상관관계를 가지고 있으며 모든 증권이 완전한 상관관계를 가지고 있지 않는 한, 증권을 추가할수록 포트폴리오 전체의 위험은 감소

(2) 효율적 포트폴리오
① n 종목 포트폴리오의 결합선
　㉠ 포트폴리오 결합선은 투자비율의 조정에 따른 포트폴리오의 기대수익률과 위험의 변화를 그림으로 나타낸 것
　㉡ 최소분산 포트폴리오 집합 : 일정한 기대수익률에서 위험이 가장 적은 포트폴리오 집합
　㉢ 효율적 포트폴리오 집합 또는 효율적 투자선 : 동일한 위험수준에서 기대수익률이 보다 높은 포트폴리오 집합
　㉣ 최소분산 포트폴리오 : 위험이 가장 적은 포트폴리오
② n 종목 포트폴리오 위험측정 : 포트폴리오 위험은 투자종목수가 많을수록 감소
③ n 종목 포트폴리오 구성
　㉠ 증권시장 전반의 공통적 요인에 의해서 야기되는 위험 : 체계적 위험, 분산불능 위험
　㉡ 종목수가 증가함에 따라 감소하는 위험 : 기업고유 요인에 의해서 야기되는 위험으로 기업고유 위험, 비체계적 위험, 분산 가능 위험
　㉢ 투자위험에 대한 적절한 보상은 분산불능 위험인 체계적 위험에 한정 : 특정 증권이 포트폴리오 위험에 미치는 영향은 특정 증권의 분산의 크기가 아니라 타증권과의 공분산(상관관계)에 달려있고, 적절한 위험보상률은 수익률의 총분산이 아니라 공분산에 의해서 결정됨

정답 | ①

14

다음 빈칸 안에 들어갈 말로 옳은 것은?

완벽하게 음의 상관관계(상관계수 : −1)를 가지는 두 자산이 있다. 이 두 자산으로 이루어진 최소분산 포트폴리오의 표준편차는 항상 (   )

① 0과 같다.
② 0보다 크다.
③ 두 자산의 표준편차의 합과 같다.
④ 1과 같다.

용어 알아두기

최소분산 포트폴리오	최소분산 포트폴리오(MVP)는 포트폴리오를 기대수익률과 표준편차에 관한 좌표상에 표시하면 투자기회선을 얻을 수 있는데, 이 중 최소의 분산을 갖는 포트폴리오이다.

TIP 완전 부(−)의 상관관계는 무위험 포트폴리오를 구성하므로 최소분산 포트폴리오의 표준편차는 항상 0과 같다.

핵심포인트 해설   **공분산과 상관관계**

구 분	공분산	상관관계
측정치의 성격	절대적 측정치	상대적 측정치
측정값의 범위	$-\infty \leq 공분산 \leq +\infty$	$-1 \leq 상관관계 \leq +1$
(−)의 값을 가질 경우	두 주식 간 수익률의 움직임이 반대 방향	분산효과 큼(위험 감소)
(+)의 값을 가질 경우	두 주식 간 수익률의 움직임이 같은 방향	분산효과 적음(위험 증가)
공 식	$\sigma_{XY} = [\sigma_X \times \sigma_Y] \times \rho_{XY}$	$\rho_{XY} = \dfrac{Cov_{xy}}{\sigma_x \times \sigma_y}$

정답 | ①

다음 중 비체계적 위험으로 옳은 것은?

① 고객의 기호식품에 대한 취향변화
② 원화가격 상승
③ 실업률 증가
④ 이자율변화

TIP 비체계적 위험은 개별 기업의 고유한 위험으로, 특정 상품에 대한 고객의 취향변화는 당해 기업에만 영향을 주므로 비체계적 위험이다.

핵심포인트 해설 위험의 종류

체계적 위험[$\beta_i^2\sigma^2(R_m)$]	비체계적 위험[$\sigma^2(\varepsilon_i)$]
• 분산불능 위험, 시장 위험 • 개별 주식수익률의 총변동 중에서 증권특성선상을 따라 움직이는 수익의 변동부분 • 개별 주식의 위험 중에서 시장 전체와 연동된 위험의 크기를 나타낸 것 • $\beta_i^2\sigma^2(R_m)$의 크기는 시장 포트폴리오 위험에 연동된 특정 주식의 변동성을 측정한 것 • 인플레이션 위험, 금리변화, 수입 원자재 가격변화 등 • 시장 전체의 공통 요인	• 분산가능 위험, 개별 위험, 잔차 위험, 고유 위험 • 개별 주식수익률의 총변동 중에서 증권특성선으로부터의 편차크기로 측정되는 수익률의 변동분 • 시장모형에서 잔차항의 분산으로 측정 가능 • 분산투자로 제거 가능(투자자가 보상을 요구하지 않는 위험) • 특정 기업의 신제품개발, 파업, 화재 등 개별 기업의 특유 요인 • 특정 기업에 국한된 요인

정답 | ①

16

마코위츠 모형에 의한 분산투자효과에 대한 설명 중 옳은 것은?

① 구성종목수를 증가시켜도 줄어들지 않는 위험은 비체계적 위험이다.

② 구성종목수를 증가시킴에 따라 줄어드는 위험은 시장 위험이다.

③ 포트폴리오에 포함되는 종목의 수가 증가할수록 포트폴리오의 위험은 각 종목들 간의 공분산의 평균에 근접한다.

④ 포트폴리오에 포함되는 종목의 수가 감소할수록 개별종목의 위험이 포트폴리오의 위험에 미칠 영향은 감소한다.

TIP ① 비체계적 위험이 아니라 체계적 위험이다.
② 시장위험이 아니라 개별기업의 고유위험 또는 비체계적 위험이다.
④ 포트폴리오에 포함되는 종목의 수가 증가할수록 개별종목의 위험이 포트폴리오의 위험에 미칠 영향은 감소한다.

핵심포인트 해설　　**마코위츠 평균-분산 모델의 핵심**

① 현대 포트폴리오이론의 창시자인 마코위츠에 의하여 전개
② 투자종목수와 위험분산효과
　㉠ 포트폴리오는 투자종목수가 많을수록 위험이 감소
　㉡ 투자종목수를 무한히 늘렸을 때 위험의 감소가 어느 시점부터는 더 이상 감소하지 않음
　㉢ 분산투자를 통하여 감소되는 위험을 분산가능 위험·비체계적 위험·고유 위험·개별 위험이라고 하며, 분산투자를 통하여 위험을 감소시킬 수 없는 부분을 분산불능 위험·체계적 위험·시장 위험이라고 함
　㉣ 포트폴리오 투자 위험의 적절한 보상은 분산불능 위험인 체계적 위험에 한정함

정답 | ③

포트폴리오를 구성하는 종목수가 증가함에 따라 포트폴리오의 총위험(분산)은 어디에 수렴하는가?

① 0
② 1
③ 체계적 위험
④ 비체계적 위험

TIP 포트폴리오를 구성하는 종목수가 증가하면 비체계적 위험은 0으로 수렴하나 체계적 위험은 줄지 않으므로, 총위험은 체계적 위험으로 수렴한다.

핵심포인트 해설 　　최적 자산배분

(1) 효율적 포트폴리오와 최적 포트폴리오
　① 일정한 기대수익률을 가지는 투자기회 중 위험이 최소인 점
　② 일정한 위험수준에서 기대수익률이 최대인 점
　③ 일반적으로 2차계획법(Quadratic Programming)을 사용

(2) 투입정보의 추정
　n개의 자산 각각에 대하여 기대수익률 E(R)와 분산 σ^2을 추정하고, 각 자산들 간의 공분산을 $\frac{n(n-1)}{2}$ 만큼 추정

(3) 무위험자산과 최적 자산배분
　① 무위험자산 : 어떠한 상황에서도 확정된 수익이 보장되어 수익률의 변동이 없기 때문에 그 위험(수익률의 표준편차)이 0인 투자자산
　② 무위험자산이 포함될 때의 효율적 포트폴리오 : 무위험자산이 포트폴리오 구성 시 투자성과는 위험자산만으로 구성된 포트폴리오보다 높음

정답 | ③

블랙리터만의 자산배분 모델에 대한 설명 중 잘못된 것은?

① 투자자의 시장전망을 자산배분 모델에 반영하여 자산배분을 시행하는 모델이다.
② 블랙리터만 모형에서는 먼저 투자자의 기대수익률을 추정하여야 한다.
③ 평균-분산 모델의 최대 문제점인 극단적인 자산배분 비중의 문제를 해결하였다.
④ 투자자의 장기전망을 반영하여 자산배분의 비중을 조절할 수 있어 모델의 유연성을 확보하였다.

용어 알아두기

블랙리터만 자산배분 모델	시장 포트폴리오에 내재된 균형기대수익률을 산출하고, 투자자의 시장전망을 자산배분 모델에 반영하여 자산배분을 시행하는 모델이다.

TIP 블랙리터만 모형에서는 시장 포트폴리오에 내재하고 있는 기대수익률인 균형기대수익률을 사용하며, 시장 포트폴리오의 균형점인 자산의 시가총액을 이용하여 균형기대수익률을 역산한다.

핵심포인트 해설　　블랙리터만의 자산배분 모델

(1) 정 의
　시장 포트폴리오에 내재된 균형기대수익률과 투자자의 시장전망을 자산배분 모델에 반영

(2) 균형기대수익률
　투자자가 특별한 시장전망을 가지지 않을 경우 균형기대수익률(시가총액비중)로 자산배분을 실행

(3) 최적 투자비중의 산출
　균형기대수익률에 시장전망을 반영한 전망결합기대수익률이 산출되면 기대수익률과 공분산 행렬을 투입변수로 사용하여 최적의 투자비중을 산출

(4) 장 점
　① 평균-분산 모델의 최대 문제점인 극단적인 자산배분 비중을 해결
　② 투자자의 장기전망을 반영하여 자산배분의 비중을 조절할 수 있어 모델의 유연성을 확보

(5) 한 계
　① 자산집단의 표준화된 시가총액을 구하기 어려움
　② 주관적 시장 전망치의 오류 가능성이 있음
　③ 시가총액이 작은 자산집단의 비중변동이 큼

정답 | ②

ESG 투자와 관련된 설명으로 가장 거리가 먼 것은?

① ESG는 기존 재무정보에 포함되어 있던 환경, 사회, 지배구조를 체계화하여 평가하는 Tool이다.

② ESG 요소를 반영한 투자를 책임투자 또는 지속가능투자로 부른다.

③ 2014년 주요국 기관투자자 연합이 결성한 GSIA가 ESG의 투자방식을 7가지로 정의하였다.

④ 우리나라의 경우 책임투자의 시작은 2006년 국민연금 책임투자형 위탁펀드 운용이라 볼 수 있다.

TIP ESG는 기존 재무정보에 포함되지 않고 있었던 기업의 중장기 지속가능성에 영향을 미칠 수 있는 요인이다.

핵심포인트 해설　　ESG(Environmental, Social, Governance)와 책임투자의 기본 이해

(1) ESG 기본 개념과 대두 배경
① 기존 재무정보에 포함되지 않으나 기업의 중장기 지속가능성에 영향을 미칠 수 있는 요인들을 환경, 사회, 지배구조로 나누어 체계화하여 평가하는 Tool
② 자본시장에서 기업을 평가하는 새로운 프레임워크로 발전
③ 금융기관 중심, 유럽중심으로 발전, 2006년 금융기관 이니셔티브인 PRI 결성
④ 금융위기와 COVID-19를 겪으며 ESG가 회복탄력성의 중요한 요소로 강조됨
⑤ 환경을 중심으로 ESG에 대한 중요성이 점차 확대될 전망

(2) ESG 투자방식과 시장규모
① ESG 요소를 반영한 투자를 책임투자 또는 지속가능투자로 일컬음
② 2014년 주요국 기관투자자 연합이 결성한 GSIA가 ESG의 투자방식을 7가지로 정의함
③ 7가지 중 하나 이상의 투자기준을 적용하고 있는 펀드를 책임투자로 정의
④ ESG의 분류체계 수립 및 금융기관의 ESG상품에 대한 공시의 강화 예상
⑤ 한국의 경우 책임투자의 시작은 2006년 9월 국민연금 책임투자형 위탁펀드 운용이라 볼 수 있음
⑥ 2018년 이후 국민연금의 ESG 투자확대를 위한 정책 및 제도 정비가 빠르게 진행되고 있음
⑦ 국내주식 액티브형에 한정되어 온 ESG 거래를 국내주식 패시브형, 해외주식과 채권자산 등으로 확대하고 있음
⑧ 국민연금은 책임투자 활성화를 위한 방안으로 책임투자 대상 자산군 확대, 책임투자 추진전략 수립, 위탁운용의 책임투자 내실화, 책임투자 활성화 기반 조성을 제시하고 있음
⑨ 책임투자의 적용을 위해서는 전담조직, 외부리소스 활용 등 자원의 투자가 필요하다는 점에서 국내 ESG 펀드의 ESG반영방식은 아직 매우 기초적인 수준일 것으로 추정

정답 | ①

20

금융기관 대상 상품과 정책에 대한 포괄적인 공시기준은?

① SFDR
② TCFD
③ GSIA
④ ISSB

TIP 유럽을 중심으로 한 지속가능 금융공시 규제이며, 일정규모 이상 금융기관은 주체단위, 상품단위의 ESG 정보를 공시해야 한다.

핵심포인트 해설   **ESG 정보 공시**

(1) ESG 공시제도
   ① 마케팅 목적 중심의 ESG워싱(그린워싱)이 확대되고 있어 주의가 필요
   ② 국내 금융기관의 ESG 투자 및 상품관련 정보 공시 제도화에 관한 논의는 미진함
   ③ 앞으로 기업 및 금융기관의 ESG 정보 공시 확대가 예상됨

(2) SFDR(Sustainable Finance Disclosure Regulation)
   ① (유럽)금융기관 대상 상품과 정책에 대한 포괄적인 공시기준, 지속가능 금융공시 규제
   ② 일정규모 이상 금융기관은 주체단위, 상품단위의 ESG 정보를 공시해야 함
   ③ 주체단위 : 지속가능성 리스크정책, 주요 부정적인 지속가능성 영향, 보수정책
   ④ 상품단위 : ESG 투자무관 상품, 라이트 그린 펀드, 다크 그린 펀드
   ⑤ 주요 공시 지표 : 온실가스 배출량 및 집약도, 에너지 사용량, 화석연료 노출 등
   ⑥ 인권, 이사회의 성별 다양성, 논란성 무기에 대한 노출도 등 사회지표도 포함

(3) TCFD(Task Force on Climate-Related Financial Disclosure)
   ① 파리협약 목표 이행 요구와 금융시장 참여자들로부터 기후관련 정보 수요가 증가함에 따라 2015년 설립된 이니셔티브
   ② 기후 공시 표준화 프레임 워크 역할
   ③ 지배구조, 경영전략, 리스크 관리, 지표 및 목표의 4가지 구분에 따른 정보공개 지침 제시
   ④ 금융의 4개 산업 및 비금융 4개 산업에 대해서는 보충지침 발표
   ⑤ 기후공시 주요지표 : 탄소배출량, 전환위험, 물리적 위험, 기후관련 기회, 자본배치, 내부 탄소 가격, 보상
   ⑥ 자산운용사는 포트폴리오 부합성, 자금배출지표 등 정보공시 내용 및 수준이 심화됨

정답 | ①

☑ 다시 봐야 할 문제(틀린 문제, 풀지 못한 문제, 헷갈리는 문제 등)는 문제 번호 하단의 네모박스(□)에 체크하여 반복학습하시기 바랍니다.

01 중요도 ★★
시장예측 및 증권선택이 총수익률에 낮은 영향을 미치는 이유로 잘못된 것은?

□

① 펀드매니저가 자산시장의 높은 변동성을 지속적으로 따라가기 힘들다.
② 미래에 수익을 낼 만한 자산군이 점차 줄어들고 있기 때문이다.
③ 시장의 변동성보다 나은 성과를 내기 위하여 시장대응과 종목대응 시 들어가는 거래비용이 이익률에 마이너스(−)로 작용한다.
④ 자산시장의 단기 변동성에 대한 적극적인 대응보다 중·장기적 관점에서 자산배분전략을 세워 투자를 실행하는 것이 더 나은 성과를 낸다.

02 중요도 ★
통합적 투자관리의 과정이 바르게 연결된 것은?

□

> ㉠ 개별종목 선택   ㉡ 자산배분
> ㉢ 투자목표 설정   ㉣ 포트폴리오 수정
> ㉤ 투자성과 사후통제

① ㉠ ⇨ ㉡ ⇨ ㉢ ⇨ ㉣ ⇨ ㉤   ② ㉡ ⇨ ㉠ ⇨ ㉢ ⇨ ㉣ ⇨ ㉤
③ ㉢ ⇨ ㉠ ⇨ ㉡ ⇨ ㉣ ⇨ ㉤   ④ ㉢ ⇨ ㉡ ⇨ ㉠ ⇨ ㉣ ⇨ ㉤

03 중요도 ★
투자관리의 3요소와 거리가 먼 것은?

□

① 펀드매니저의 철학   ② 분산투자(자산배분)의 방법
③ 개별종목 선택   ④ 투자시점 선택

04 중요도 ★★
자산배분이 중요한 이유와 거리가 먼 것은?

① 투자대상 자산군이 증가하고 있다.
② 투자위험에 대한 관리의 필요성이 증가하고 있다.
③ 분산투자는 최고의 수익률을 달성하는 것에 중점을 둔다.
④ 수익률 결정에 자산배분의 효과가 절대적인 영향을 미친다는 인식이 높아지고 있다.

05 중요도 ★
통합적 투자관리과정 중 투자목표의 설정단계와 거리가 먼 것은?

① 투자자의 위험수용도
② 경제상황 예측
③ 투자자금의 성격
④ 투자자별 특수상황 고려

06 중요도 ★★★
벤치마크(Benchmark)에 대한 설명으로 잘못된 것은?

① 자산집단에 대한 투자성과를 측정하기 위하여 운용 직후에 설정해야 한다.
② 벤치마크의 운용성과를 운용자가 추적하는 것이 가능해야 한다.
③ 자산집단의 성과와 위험을 잘 표현할 수 있는 다른 지수를 별도로 만들어 벤치마크로 사용할 수 있다.
④ 벤치마크는 평가기준인 동시에 특별정보(효용함수값을 개선할 수 있는 정보)가 없는 경우의 바람직한 포트폴리오라고 할 수 있다.

정답 및 해설

01 ② 과거에는 주식과 채권이 주를 이루었으나 현재에는 부동산, 선박, 원자재, 파생상품 등 수익과 위험이 공존하는 자산군이 더욱 증가하고 있는 추세이다.

02 ④ 통합적 투자관리는 하향식(Top-Down) 방식으로 이루어지며, '투자목표 설정 ⇨ 자산배분 ⇨ 개별종목 선택 ⇨ 포트폴리오 수정 ⇨ 투자성과 사후통제' 순으로 진행된다.

03 ① 투자관리의 3요소는 분산투자의 방법, 개별종목 선택, 투자시점 선택이다.

04 ③ 분산투자는 최고의 수익률보다 위험을 최소화하는 데 중점을 둔다.

05 ② 경제상황 예측은 투자분석단계에 해당한다.

06 ① 자산집단에 대한 투자성과를 측정하기 위하여 사전에 설정되어야 한다.

중요도 ★

자산집단별 일반적인 벤치마크가 잘못 연결된 것은?

① 국내주식 : KOSPI 또는 KOSPI200

② 해외주식 : MSCI, ACWI

③ 국내채권 : KRX 채권 종합지수

④ 단기금융상품 : 1년 만기 국채수익률

중요도 ★★★

기대수익률을 측정하는 방법으로 잘못된 것은?

① 이동평균법   ② 시나리오 분석법

③ 추세분석법   ④ 시장공통예측치 사용법

중요도 ★★★

다음 미래수익률의 확률분포표를 보고 구한 A주식과 B주식의 기대수익률로 옳은 것은?

구 분	호 황	정 상	불 황
확률(P_i)	30%	40%	30%
A주식	100%	15%	−70%
B주식	40%	15%	−10%

① 12%, 12%   ② 12%, 15%

③ 15%, 12%   ④ 15%, 15%

10 중요도 ★

조건이 다음과 같을 때 X주식에 60%, Y주식에 40% 투자한다면 포트폴리오의 기대수익률로 옳은 것은?

상 황	확 률	기대수익률	
		X주식	Y주식
호 황	50%	30%	20%
불 황	50%	−10%	5%

① 10% ② 11% ③ 12% ④ 13%

11 중요도 ★

X주식과 Y주식 간의 상관계수는 −1이고, X주식과 Y주식 간의 수익률의 표준편차는 각각 0.6, 0.4이다. 투자위험을 최소화하기 위해서는 두 주식에 얼마씩 투자해야 하는가?

① X주식 100%
② Y주식 100%
③ X주식 40%, Y주식 60%
④ X주식 60%, Y주식 40%

정답 및 해설

07 ④ 단기금융상품은 CD 91일물이다.

08 ① 이동평균법은 기대수익률을 측정하는 방법이 아니다.

09 ④ 투자금액의 비율로 가중평균하여 구하는 방법

$$E(R_p) = \sum \omega_i \times E(R_i)$$
$$E(R_p) = \omega_x \times E(R_x) + \omega_y \times E(R_y)$$
(ω_j : 개별 증권 j에 대한 투자비율, $E(R_j)$: 개별 증권 j에 대한 기대수익률)

- $E(R_A)$ = (0.3 × 1.0) + (0.4 × 0.15) + (0.3 × −0.7) = 0.15 = 15%
- $E(R_B)$ = (0.3 × 0.4) + (0.4 × 0.15) + (0.3 × −0.1) = 0.15 = 15%

10 ②
- $E(R_x)$ = (0.5 × 0.3) + (0.5 × −0.1) = 0.1
- $E(R_y)$ = (0.5 × 0.2) + (0.5 × 0.05) = 0.125
- ∴ 포트폴리오의 기대수익률 $E(R_p)$ = (0.6 × 0.1) + (0.4 × 0.125) = 0.11 = 11%

11 ③ $\sigma_p = \sqrt{\omega_x^2\sigma_x^2 + \omega_y^2\sigma_y^2 - 2\omega_x\omega_y\sigma_x\sigma_y\rho_{XY}} = \sqrt{(\omega_x\sigma_x - \omega_y\sigma_y)^2} = |\omega_x\sigma_x - \omega_y\sigma_y|$
⇨ 표준편차(σ_p)를 최소화하는 값은 0이다.
ω_x × 0.6 − (1 − ω_x) × 0.4 = 0 ∴ ω_x = 0.4, ω_Y = 1 − ω_x = 0.6

12
분산투자기법에 대한 설명으로 잘못된 것은?

① 위험의 측정은 분산 또는 표준편차를 이용한다.

② 공격적인 투자자의 무차별효용곡선 기울기는 보수적 투자자의 무차별효용곡선 기울기보다 가파르게 나타난다.

③ 투자결정기준으로 평균기대수익률과 분산만을 고려한다는 것은 수익률의 확률분포가 정규분포인 것을 가정한 것이다.

④ 효용의 크기 $U = E(R) - c \cdot \sigma^2$이다. ($c$: 위험회피계수)

13
포트폴리오 A의 기대수익률과 표준편차가 각각 0.2이고, 무위험이자율은 6%이다. 이때 투자자 B가 무위험자산과 포트폴리오 A를 통해 같은 만족을 느끼게 하는 위험회피계수는?

① 3 　　　　② 3.5 　　　　③ 4 　　　　④ 4.5

14
포트폴리오의 최적 투자결정방법에 대한 설명으로 거리가 먼 것은?

① 투자가치는 평균기대수익률과 분산을 측정하여 우열을 가린다.

② 지배원리에 의하여 기대수익이 동일한 투자대상 중에서 위험이 가장 낮은 것을 선택하고, 위험이 동일한 투자대상 중에서 기대수익이 가장 높은 것을 선택한다.

③ 지배원리를 충족시켜 선택된 증권을 최적 증권이라 한다.

④ 지배원리를 충족시키는 증권에 대하여 투자자의 위험회피도에 따라 최종선택한다.

15 중요도 ★★★
다음 중 주식 간의 지배관계가 가장 올바른 것은?

주 식	A	B	C	D	E
기대수익률	12%	10%	15%	10%	13%
표준편차	17%	12%	18%	9%	15%

① B주식은 A주식을 지배한다. ② C주식은 A주식을 지배한다.

③ D주식은 B주식을 지배한다. ④ E주식은 C주식을 지배한다.

16 중요도 ★★★
보기의 내용으로 볼 때 효율적 증권, 최적 증권에 대한 설명으로 옳은 것은?

주 식	A	B	C	D	E
기대수익률	12%	12%	6%	5%	9%
표준편차	15%	20%	4%	4%	12%

① A주식과 B주식을 비교할 때 B주식이 효율적 증권이다.

② C주식과 D주식을 비교할 때 D주식이 효율적 증권이다.

③ E주식은 A주식, C주식과 비교할 때 효율적 증권이 아니다.

④ 보수적 투자자는 C주식이 최적 증권이다.

정답 및 해설

12 ② 공격적인 투자자일수록 무차별효용곡선 기울기는 보수적 투자자의 무차별효용곡선 기울기보다 완만하게 나타난다.

13 ② 효용함수 $U = E(R) - c \times \sigma^2$ (c : 위험회피계수)
$0.06 = 0.2 - c \times (0.2)^2$ ∴ 위험회피계수(c)는 3.5이다.

14 ③ 지배원리를 충족시켜 선택된 증권을 효율적 증권 또는 효율적 포트폴리오라고 한다.

15 ③ 지배원리는 동일한 수익률을 가질 경우 위험이 낮은 주식이 높은 주식을 지배하게 되며 B주식, D주식은 수익률이 같으므로 위험이 낮은 D주식이 B주식을 지배하게 된다.

16 ④ 효율적 증권 A주식, C주식, E주식 중에서 최적 증권의 선택은 투자자의 위험성향에 따라 다르므로 공격적 투자자는 A주식이 최적 증권이 되고, 보수적 투자자는 C주식이 최적 증권이 된다.

① A주식과 B주식의 기대수익률은 12%로 동일하지만, A주식이 위험(표준편차)이 더 적으므로 효율적 증권이다.

② C주식과 D주식의 위험(표준편차)은 4%로 동일하지만, C주식이 기대수익률이 더 크므로 효율적 증권이다.

③ E주식은 A주식, C주식과 비교하여 지배당하는 경우가 아니므로 효율적 증권이다.

17 중요도 ★
최적증권의 선택과 관련된 내용 중 잘못된 것은?

① 무차별효용곡선은 기대수익 E(R)와 위험 σ^2의 관계를 표시한 곡선으로 특정 투자자에게 동일한 효용을 주는 기대수익과 위험(분산)의 조합을 연결한 곡선이다.

② 효용함수에 의하면 투자자들의 효용은 기대수익이 높을수록 증가하고 위험이 높을수록 감소한다.

③ 위험을 선호하는 공격적인 투자자는 일정한 위험의 증가가 있으면 보다 많은 기대수익을 요구하며, 무차별효용곡선의 기울기가 가파르다.

④ 최적 포트폴리오의 선택은 각 개인의 효용곡선 즉, 위험에 대한 태도에 달려 있기 때문에 투자자의 무차별효용곡선과 효율적 투자선의 접점에서 나타난다.

18 중요도 ★
위험성향에 따른 분산투자기법에 대한 설명 중 옳은 것은?

① 위험회피형 투자자의 효용함수는 원점에 대하여 볼록한 형태를 보인다.

② 위험회피의 정도에 따라 위험회피형의 투자자라도 무차별효용곡선의 모양은 달라진다.

③ 위험회피형 투자자의 효용함수는 투자수익의 증가가 있을 때 체증하는 모양을 보이게 된다.

④ 평균과 분산의 공간에 위험회피형의 효용함수를 나타낸 것을 효율적전선이라 한다.

19 중요도 ★★
위험회피형 투자자에 대한 설명 중 거리가 먼 것은?

① 위험회피형 투자자는 무위험자산에만 투자한다.

② 위험회피형 투자자의 효용함수는 원점에 대해서 오목한 형태를 보인다.

③ 위험회피형 투자자는 기울기가 양(+)인 평균분산 무차별효용곡선을 가진다.

④ 위험회피형 투자자는 위험보상이 양(+)인 위험자산에 투자한다.

20 투자자 유형별 효용함수의 형태 중 위험회피형으로 옳은 것은?

① 효용

투자수익(부)

② 효용

투자수익(부)

③ 효용

투자수익(부)

④ 효용

투자수익(부)

21 투자자의 위험성향에 대한 설명 중 잘못된 것은?

① 기대수익이 높을수록, 위험은 낮을수록 커진다.
② 기대수익이 높더라도 위험이 커지게 되면 투자자에 따라서 효용이 감소할 수 있다.
③ 위험회피형 투자자의 효용곡선은 원점에 대하여 오목한 형태를 보인다.
④ 위험중립형 투자자의 효용곡선은 원점에 대하여 볼록한 형태를 보인다.

정답 및 해설

17 ③ 무차별효용곡선의 기울기가 가파른 경우는 위험을 회피하는 보수적인 투자자의 예로 일정한 위험의 증가가 있으면 보다 많은 기대수익을 요구한다.

18 ② ① 위험회피형의 효용함수는 원점에 대하여 오목한 형태이다.
　　③ 체증이 아니라 체감하는 모양을 보이게 된다.
　　④ 효율적전선이 아니라 무차별효용곡선이라 한다.

19 ① 위험회피형 투자자의 투자형태는 기대수익의 증가에 따른 투자자의 효용이 증가하는 방식으로 원점에 오목한 형태로 증가하되 증가율이 체감한다. 단, 위험회피형 투자자라고 해서 무조건 위험을 피하여 무위험자산에만 투자하는 것은 아니다.

20 ① 위험회피형 투자자는 위험증가에 보수적이어서 기대수익률의 증가가 위험증가율보다 큰 경우에만 투자하는 투자자로, 효용함수는 원점에 대해서 오목하게 체감하는 형태를 갖는다.

21 ④ 위험선호형 투자자의 효용곡선은 원점에 대하여 볼록한 형태이며 투자수익의 증가가 있을 때 체증하는 모양이다.

22

중요도 ★

위험회피를 감안한 효용함수가 다음과 같을 때 가장 유리한 투자대상은 무엇인가?

효용함수 U = 기대수익률 E(R) − 0.06 × 분산

구 분	기대수익률	표준편차
A주식	20%	35%
B회사채	12%	20%
C국·공채	7%	0%

① A주식
③ C국·공채

② B회사채
④ 알 수 없음

중요도 ★

포트폴리오 수정 방법 중 업그레이딩(Upgrading)**에 대한 설명으로 잘못된 것은?**

① 상황변화에 따라 위험에 비하여 상대적으로 높은 기대수익을 얻고자 하거나 기대수익에 비하여 상대적으로 낮은 위험을 부담하도록 포트폴리오의 구성을 수정하는 것이다.
② 보통 높은 성과를 지닌 자산을 식별하는 것보다 큰 손실을 주는 자산을 식별하여 그 자산을 포트폴리오에서 제거하는 방법을 사용한다.
③ 고정목표수정전략이 이에 해당한다.
④ 거래비용, 정보비용, 관리비용이 소요되므로 엄격한 비용·수익 분석이 선행되어야 한다.

중요도 ★★

전략적 자산배분전략에 대한 설명 중 잘못된 것은?

① 장기적인 자산구성비율과 중기적인 개별자산의 투자비율한계를 결정하는 것으로 이론적 근거는 포트폴리오 이론이다.
② 장기적인 자산구성의 결정은 투자자의 투자목적과 제약조건을 충분하게 반영하여 이루어져야 한다.
③ 중·단기적으로 자본시장변화의 영향에 따라 자산의 기대수익률, 위험, 상관관계가 변화하고 이에 적극적으로 대응하는 것을 원칙으로 하고 있다.
④ 전략적 자산배분은 투자자가 정하는 경우와 자산운용회사가 정하는 경우로 나누어질 수 있다.

25 중요도 ★★★
전략적 자산배분전략의 실행 방법과 거리가 먼 것은?

① 시장가치 접근방법
② 포뮬러 플랜
③ 위험−수익 최적화방법
④ 다른 유사한 기관투자자의 자산배분을 모방하는 방법

26 중요도 ★★
역투자전략에 대한 설명으로 잘못된 것은?

① 과매도 국면으로 판단되면 펀드매니저는 주식비중을 확대한다.
② 주식의 고평가 국면에서는 주가가 오를수록 매도세가 증가하게 된다.
③ 투자자는 주가상승에 의하여 실현수익률이 높아질수록 위험감수능력이 증대된다.
④ 자산가격은 중·장기적으로 균형가격에 복귀한다는 가정을 한다.

정답 및 해설

22 ① 효용함수에 의하여 기대수익과 위험을 감안하면 A주식이 가장 유리하다.
  • A주식 : $0.2 - 0.06 \times (0.35)^2 = 0.19265$
  • B회사채 : $0.12 - 0.06 \times (0.2)^2 = 0.1176$
  • C국·공채 : 0.07

23 ③ 고정목표수정전략은 리밸런싱에 해당한다.

24 ③ 전술적 자산배분전략에 대한 설명이다.

25 ② 포뮬러 플랜은 전술적 자산배분전략의 실행 방법이다.

26 ③ 투자자의 위험허용도는 포트폴리오의 실현수익률에 영향을 받지 않는다.

27 중요도 ★★★

전술적 자산배분전략에 대한 설명 중 잘못된 것은?

① 시장의 변화방향을 예측하여 사전에 자산구성을 변동시켜 나가는 전략이다.

② 자산집단들의 상대적 가치가 변하는 경우 이러한 가치변화로부터 투자이익을 얻기 위해 분기·월·주간 단위로 자산구성을 변경하는 적극적인 투자전략이다.

③ 전략적 자산배분에 의하여 결정된 포트폴리오를 투자전망에 따라 중·단기적으로 변경하는 전략이다.

④ 중·단기적인 가격착오는 활용하지 않는다.

28 중요도 ★★

전술적 자산배분전략에 대한 설명으로 가장 거리가 먼 것은?

① 자산가격은 중·장기간에 균형가격으로 복귀할 수 없다는 가정을 이용하는 투자전략이다.

② 시장가격이 상승하여 고평가되면 매도하고, 시장가격이 하락하여 저평가되면 매수하는 역투자전략을 이용한다.

③ 새로운 정보에 대하여 지나치게 낙관적이거나 비관적으로 반응하여 내재가치로부터 벗어나는 가격착오 또는 과잉반응을 활용하는 전략이다.

④ 자본시장의 변화가 자산집단의 기대수익률과 위험에 영향을 준다고 본다.

29 중요도 ★★

펀드매니저 A는 주식시장이 적정한 범위에서 등락을 보이는 변동성장세가 상당 기간 지속될 것으로 판단하고 정액법에 의한 포뮬러 플랜법을 활용하여 펀드를 운용하고 있다. (주식과 채권의 비율 5 : 5, 3개월마다 비율조정) **초기 1억원을 투자하여 2기에 주식에서 -10%, 채권에서 +10%의 수익을 달성하였다면 투자를 위한 비율조정은 어떻게 하여야 하는가?**

① 주식 500만원 매입, 채권 500만원 매도

② 주식 500만원 매도, 채권 500만원 매입

③ 손실이 발생하였으므로 주식전액을 채권으로 전환

④ 위험허용수준 불변을 가정하므로 조정할 필요 없음

30

중요도 ★

다음과 같이 증권 A와 B에 투자하여 포트폴리오를 구성한 경우 잘못된 것은?

증 권	투자비율	베 타	잔차분산	분 산
A	60%	0.5	0.04	0.0625
B	40%	1.5	0.08	0.2825

① A증권과 B증권의 포트폴리오 베타는 0.9이다.

② 이 자료에 근거하면 시장수익률의 분산은 0.09이다.

③ A증권의 체계적 위험은 0.0225이다.

④ 포트폴리오의 잔차분산은 개별 종목의 잔차분산을 그 증권의 투자비율에 따라 가중평균한 것이다.

31

중요도 ★★

아래 조건의 X주식과 Y주식에 각각 50%씩 투자한 포트폴리오의 분산과 표준편차는?

주 식	기대수익률	표준편차	A와 B의 상관계수
X	10%	10%	0.5
Y	20%	30%	

① 0.0225, 약 15%

② 0.0325, 약 18%

③ 0.04, 약 20%

④ 0.1025, 약 32%

정답 및 해설

27 ④ 전술적 자산배분전략은 이미 정해진 자산배분을 운용자가 자산가격에 대한 예측 하에 투자비중을 변경하는 것으로 중·단기적인 가격착오를 적극적으로 활용하여 고수익을 지향하는 전략이다.

28 ① 자산가격은 단기적으로 빈번하게 균형가격 또는 적정가격을 벗어날 수 있지만, 중·장기간에 균형가격으로 복귀한다는 가정을 이용하는 투자전략이다.

29 ① 평가금액이 기존 주식 5,000만원, 채권 5,000만원에서 주식 4,500만원, 채권 5,500만원으로 변경되었으므로 다시 5 : 5로 조정하기 위해 주식의 500만원을 매입하고 채권 500만원을 매도하여 5 : 5 비율을 유지하여야 한다.

30 ④ 포트폴리오의 잔차분산은 개별 종목의 잔차분산에 그 증권에 대한 투자비율의 자승을 곱한 것이다.
① $(0.6 \times 0.5) + (0.4 \times 1.5) = 0.9$
② $\sigma^2 A = \beta^2 A \times \sigma^2 m + \sigma^2 \varepsilon \Rightarrow 0.0625 = (0.5)^2 \times \sigma^2 m + 0.04 \therefore \sigma^2 m = 0.09$
③ 체계적 위험$(\beta^2 A \times \sigma^2 m) = (0.5)^2 \times 0.09 = 0.0225$

31 ② • $\sigma_{XY} = cov(R_x, R_y) = (\sigma_x \times \sigma_y) \times \rho_{XY} = (0.1 \times 0.3) \times 0.5 = 0.015$
• $VaR(\sigma_P^2) = w_x^2\sigma_x^2 + w_y^2\sigma_y^2 + 2 \times w_x \times w_y \times cov(R_x, R_y) = (0.5)^2(0.1)^2 + (0.5)^2(0.3)^2 + 2 \times 0.5 \times 0.5 \times 0.015$
  $= 0.0325$
∴ 포트폴리오의 분산은 0.0325이며, 표준편차는 분산의 제곱근이므로 약 18%이다.

32

중요도 ★

주가수익률과의 상관관계에 관한 설명 중 잘못된 것은?

① 공분산은 절대적인 측정치이고, 상관계수는 상대적인 측정치이다.

② 공분산의 값은 −1과 1의 사이에 있다.

③ 상관계수가 음수이면 공분산도 음의 값을 가지고, 상관계수가 양수이면 공분산도 양의 값을 가진다.

④ 상관계수가 음수이면 수익률은 반대방향으로 움직이고, 상관계수가 양수이면 수익률은 같은 방향으로 움직인다.

33

중요도 ★

포트폴리오의 분산투자효과에 대한 설명 중 옳은 것은?

① 완전한 분산투자는 모든 위험을 제거한다.

② 양(+)의 상관계수를 가지는 주식들 사이에는 분산투자효과가 없다.

③ 포트폴리오에 포함된 주식의 종류가 많을수록 총위험은 줄어든다.

④ 분산투자로 포트폴리오의 기대수익률은 줄어든다.

34

중요도 ★

기대수익률 0.1, 표준편차 0.15인 위험자산과 무위험자산수익률 0.06인 무위험자산이 있다. 두 자산에 총 1억원을 투자하여 0.09의 수익을 기대하고자 한다면 위험자산과 무위험자산의 투자비율은?

① 50%, 50%

② 55%, 45%

③ 65%, 35%

④ 75%, 25%

35

중요도 ★★

블랙리터만의 자산배분 모델에 대한 설명 중 잘못된 것은?

① 특정 자산집단의 기대수익률과 위험을 측정하여야 자산배분을 실행할 수 있다.

② 투자자의 시장전망을 반영하는 경우 시장전망 시의 자산그룹 간 기대수익률 차이가 균형 기대수익률 차이보다 작다면 수익률이 낮은 자산그룹에 가중치가 증가한다.

③ 이 모델은 시장 포트폴리오에 내재된 균형기대수익률을 산출하고 투자자의 시장전망을 자산배분 모델에 반영하여 자산배분을 실행하는 모델이다.

④ 균형기대수익률은 시장의 수요와 공급이 균형을 이룬 이상적인 상태에서 시장참여자들의 기대수익률을 말한다.

36 중요도 ★★

ESG 투자방식과 시장규모에 관한 설명으로 옳지 않은 것은?

① 국민연금의 ESG 투자확대를 위한 정책 및 제도 정비가 빠르게 진행되고 있다.

② ESG 요소를 반영한 투자를 책임투자 또는 지속가능투자로 일컫고 있다.

③ 국내 책임투자의 시작은 2005년 사학연금 책임투자형 직접펀드 운용이라 볼 수 있다.

④ ESG의 분류체계 수립 및 금융기관의 ESG상품에 대한 공시의 강화가 예상되고 있다.

37 중요도 ★★

TCFD(Task Force on Climate-Related Financial Disclosure)에 관한 설명으로 옳지 않은 것은?

① 기후 공시 표준화 프레임 워크 역할을 하고 있다.

② 지배구조, 경영전략, 리스크 관리, 지표 및 목표의 4가지 구분에 따른 정보공개 지침을 제시한다.

③ 자산운용사는 포트폴리오 부합성, 자금배출지표 등 정보공시 내용 및 수준이 심화된다.

④ 인권, 이사회의 성별 다양성, 논란성 무기에 대한 노출도 등 사회지표도 포함된다.

정답 및 해설

32 ② 공분산의 값은 제한이 없다.

33 ③ ① 완전한 분산투자를 하더라도 체계적 위험은 제거할 수 없다.

② 상관계수가 양(+)이더라도 +1보다 작으면 분산투자효과가 있다.

④ 기대수익률은 분산투자와는 무관하다.

34 ④ 위험자산에 대한 투자비율을 w라고 한다면, 0.09 = w × (0.1) + (1 − w) × 0.06 ⇨ w = 0.75 = 75%
무위험자산에 대한 투자비율은 (1 − w)이므로, 1 − 0.75 = 0.25 = 25% ∴ 75%, 25%

35 ① 블랙리터만의 자산배분 모델은 특정 자산집단의 기대수익률과 위험을 몰라도 자산배분을 실행할 수 있다.

36 ③ 한국의 경우 책임투자의 시작은 2006년 9월 국민연금 책임투자형 위탁펀드 운용이라 볼 수 있다.

37 ④ SFDR(Sustainable Finance Disclosure Regulation)에 따른 사회지표이다.

제3장
영업실무

학습전략

영업실무는 제3과목 전체 30문제 중 총 5문제가 출제된다.

영업실무의 경우 영업직원이 영업하면서 접하게 되는 투자권유 및 고객상담에 대한 내용으로 구성되어 있다. 분량이 적고 내용이 쉬워서 고득점하기 좋은 영역이다. 고객관리의 필요성, 투자권유, 고객상담절차 및 단계별 상담포인트를 중심으로 학습해야 한다.

출제예상 비중

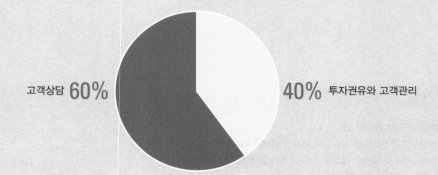

고객상담 60%   40% 투자권유와 고객관리

핵심포인트

다음 중 투자권유 전 판매직원이 알아야 할 사항에 대한 설명이 적절하지 않은 것은?

① 투자성상품의 경우 대부업자, 투자권유대행인도 전문금융소비자로 본다.
② 금융소비자자가 투자자정보를 제공하지 않는 경우에는 적정성원칙 대상 상품이 제한된다.
③ 주권상장법인이 금융회사와 장외파생상품거래를 하는 경우 원칙적으로 일반금융소비자로 본다.
④ 장외파생상품거래를 하는 경우 투자권유 하는 경우에만 투자자정보를 파악해야 한다.

TIP 장외파생상품거래를 하는 경우 투자권유 여부와 상관없이 투자자정보를 파악해야 한다.

핵심포인트 해설   투자권유 전 준수사항

(1) 금융소비자가 투자권유 없이 특정상품을 청약하는 경우
① 확인서 수령 및 설명의무
  ㉠ 관련 확인서를 수령하고 그 확인서의 취지와 유의사항을 충분히 설명하여야 함
② 적정성원칙 대상 상품에 대한 적용
  ㉠ 금융소비자의 투자자정보를 파악하고 부적정하면 그 사실을 알려야 함
  ㉡ 금융소비자가 투자자정보를 제공하지 않는 경우에는 적정성원칙 대상 상품이 제한됨

(2) 금융소비자의 유형 확인
① 전문금융소비자로 보는 경우
  ㉠ 투자성상품의 경우 대부업자, 투자권유대행인
  ㉡ 대출성상품의 경우 대부업자, 투자권유대행인, 상시근로자 5인 이상 법인, 겸영여신업자, 대출상품판매대리·중개업자 등
② 장외파생상품 거래의 경우
  ㉠ 주권상장법인이 금융회사와 장외파생상품거래를 하는 경우 원칙적으로 일반금융소비자로 봄

(3) 투자자정보 파악
① 취약투자자 여부 확인
  ㉠ 취약투자자 : 투자의 위험성에 대한 인지도가 낮다고 판단되는 고령자, 은퇴자, 미성년자, 주부, 투자경험이 없는 자 등
  ㉡ 취약투자자를 선택한 소비자에게는 취약투자자 유의사항을 설명하고 그 확인서를 수령해야 함
② 투자자성향 분석
  ㉠ 대리인을 통한 투자자성향 분석도 가능(실명표 및 위임장 등 지참)
  ㉡ MMF, 국채 등 위험이 높지 않은 금융투자상품만 거래하는 경우 투자목적, 재산상황, 투자경험의 투자자정보만 간략하게 파악할 수 있음
  ㉢ 장외파생상품거래를 하는 경우 투자권유 여부와 상관없이 투자자정보를 파악해야 함

정답 | ④

02

다음 중 투자성향에 적합하지 않은 투자권유에 대한 설명이 잘못된 것은?

① 적합성원칙에 반하는 투자권유는 금지된다.

② ①을 우회하기 위해 투자권유 희망 및 투자자 정보제공여부 확인서 또는 투자성향 부적합상품 거래확인서를 받고 판매하는 것도 금지된다.

③ 투자권유 없이 본인의 투자성향보다 위험도가 높은 금융투자상품을 스스로 청약하는 경우에는 어떠한 경우에도 판매할 수 있다.

④ 고령자에게 ELS를 판매하는 경우에는 계약체결 전에 적합성보고서를 제공해야 한다.

TIP 투자권유 없이 본인의 투자성향보다 위험도가 높은 금융투자상품을 스스로 청약하는 경우에는 투자성향에 적합하지 않은 투자성상품 거래확인 내용이 포함된 확인서를 받고 판매할 수 있다.

핵심포인트 해설　　　**투자성향에 적합하지 않은 투자권유**

(1) 적합성원칙에 반하는 투자권유

① 금융소비자보호법 제17조 3항 위반으로 금지됨

② 금융소비자에게 적합하지 않은 것으로 판단되는 투자권유는 투자권유 희망 및 투자자 정보제공여부 확인서 또는 투자성향 부적합상품 거래확인서를 받고 판매하는 것도 금지됨

(2) 투자권유 없이 금융소비자 스스로 부적합 상품을 청약한 경우

① 투자성향에 적합하지 않은 투자성상품 거래확인 내용이 포함된 확인서를 받고 판매 가능

② 판매직원은 확인서의 취지와 유의사항을 충분히 이해할 수 있도록 설명해야 함

　㉠ 확인서의 취지 : 해당 확인서를 작성하는 경우 금융소비자에게 적합성원칙이 적용되지 않고 투자성향에 부합하는 상품에 투자하는 것보다 더 큰 손실이 있음을 고지하기 위해 사용한다는 사실을 알려야 함

　㉡ 유의사항 : 금융소비자가 해당 확인서에 서명하는 것은 향후 분쟁 또는 소송시 확인서로 인해 불리하게 작용할 수 있으므로 확인서의 법적 의미와 위험내용을 충분히 이해한 후 서명을 신중하게 결정해야 한다는 사실을 알려야 함

(3) 계약체결 전 적합성보고서를 제공해야 하는 경우

① 제공 대상 : 신규 일반금융소비자(개인, 법인), 고령자(만65세 이상), 초고령자(만80세 이상)

② 대상 상품 : ELS, ELF, ELT, DLS, DLF, DLT → 공모, 사모 모두 적용됨

정답 | ③

투자권유 시 투자자정보 파악에 대한 설명으로 잘못된 것은?

① 투자자정보는 직원이 면담과정에서 파악한 정보를 컴퓨터단말기에 입력하고, 이를 출력하여 투자자에게 확인받는 방법도 가능하다.

② 온라인을 통해 투자자정보를 파악하는 경우 회사는 적합성·적정성 원칙에 따라 투자권유절차를 구현할 수 있는 시스템을 온라인상에 구축해야 한다.

③ 투자권유를 받지 않고 투자하는 경우라도 원금손실 가능성, 투자에 따른 손익은 모두 투자자에게 귀속된다는 사실 등 투자에 수반되는 주요 유의사항을 알려야 한다.

④ 회사는 투자자로부터 별도의 변경요청이 없더라도 투자자정보를 파악한 날로부터 1년이 지나면 투자자정보가 변경된 것으로 본다.

TIP 회사는 투자자로부터 별도의 변경요청이 없으면 투자자정보를 파악한 날로부터 일정 기간 동안 투자자 정보가 변경되지 않은 것으로 본다.

핵심포인트 해설　　**투자자정보 파악**

의 의	• 투자권유를 하기 전에 반드시 투자자정보 확인서에 따라 투자자정보를 확인하고 서명 등의 방법으로 확인받아야 함 • 투자자가 반드시 자필로 작성할 필요는 없음
투자자정보 파악방법	• 대리인을 통한 방법 : 투자자와 그 대리인의 실명확인증표 및 위임장 등 대리권 증빙서류를 지참하는 경우 투자자정보 파악 가능 • 온라인을 통한 방법 　· 적합성·적정성 원칙에 따라 투자권유절차를 구현할 수 있도록 시스템을 온라인상에 구축 　· 파생상품펀드는 적정성의 원칙에 따르고, 멀티클래스 펀드는 수수료 및 보수 비교·표시할 것 　· 투자권유 불원거래는 그 사실을 인지하고 투자할 수 있도록 온라인 화면을 구축 　· 추천펀드를 제시하는 경우 선정주기·절차·기준 등을 명시하고 펀드별로 정량적 또는 정성적 근거를 기재할 것 • 위험이 높지 않은 금융투자상품 및 환매조건부매매(RP)만 거래하는 투자자의 경우 : 투자목적·재산상황·투자경험만을 파악하는 간략한 투자자정보 확인서 사용 가능 • 장외파생상품을 거래하는 투자자의 경우 : 투자권유 여부와 상관없이 장외파생상품 투자자정보 확인서를 통하여 투자자정보를 확인해야 함

정답 | ④

04

다음 중 금융투자상품 판매직원의 설명의무에 대한 기술 중 적절하지 않은 것은?

① 판매직원은 금융소비자 누구에게나 해당상품에 대한 설명의 정도를 동일하게 이행할 의무가 있다.

② 기본계약을 동일한 내용으로 갱신하는 경우 설명서 교부의무가 면제된다.

③ 금융소비자가 설명서의 수령을 거부하는 경우에도 설명서 교부의무가 면제된다.

④ 외화증권을 투자권유하는 경우 일반적인 설명사항 외에 투자대상국가의 경제 및 시장상황, 환위험 및 헤지비율 등에 대한 설명을 추가로 해야 한다.

TIP 판매직원은 설명의무 이행 시 상품측면과 금융소비자 측면을 고려하여 설명의 정도를 달리할 수 있다.

핵심포인트 해설 **판매직원의 설명의무**

(1) 설명의무 이행 시 설명 정도의 차등화
① 판매직원은 설명의무 이행 시 상품측면과 금융소비자 측면을 고려하여 설명의 정도를 달리할 수 있음
② 상품측면 : 상품의 복잡성/위험성 정도에 따라 설명의 정도를 달리할 수 있음
③ 금융소비자 측면 : 금융소비자의 투자경험/인식능력 등에 따라 설명의 정도를 달리할 수 있음

(2) 추가 설명의무가 있는 경우

구분	추가 설명사항
외화증권 투자권유	투자대상지역의 경제/시장상황/거래제도, 환위험, 금융소비자가 직접 환위험을 헤지하는 경우 헤지비율 미조정 시 손실이 발생할 수 있다는 사실 등
해외펀드 투자권유	투자대상지역의 경제/시장현황에 따른 위험, 환위험, 환헤지 여부, 목표 환헤지 비율, 환헤지 대상통화, 주된 환헤지 수단 및 방법, 환위험 헤지가 모든 환율변동위험을 제거하지 못한다는 사실, 모자형펀드의 경우 환헤지 비율을 달리하여 판매할 수 있다는 사실 등
조건부자본증권 투자권유	일정 사유발생 시 원리금 전액상각 또는 보통주 전환특약이 있다는 사실, 상각/전환 사유 및 효과, 이자가 지급되지 않을 수 있다는 사실, 장기간 현금화가 불가능할 수 있다는 사실, 만기가 짧아질 수 있다는 사실, 사채의 순위 등

정답 | ①

다음 중 고령투자자에 대한 강화된 투자자보호의 내용이 적절하지 않은 것은?

① 금융회사는 고령투자자 보호기준을 의무적으로 만들어야 한다.
② 금융회사는 투자유의상품의 지정하고 고령투자자에게 투자권유 시 사전 확인해야 한다.
③ 고령투자자에 대한 판매과정을 녹취하면 숙려기간 부여의무가 면제된다.
④ 고령투자자의 가족 등 조력자의 연락처를 확인해야 한다.

TIP 판매과정을 녹취해야 할 뿐만 아니라 판매과정에서 2영업일 이상의 숙려기간을 부여해야 한다.

핵심포인트 해설 **투자자 보호를 보다 강화한 경우**

(1) 고령투자자에 대한 투자권유
  ① 금융회사는 고령투자자 보호기준을 의무적으로 만들어야 함
  ② 본사 전담부서 및 전담인력 지정, 영업점 전담창구 마련
  ③ 투자유의상품의 지정 및 투자권유 시 사전 확인
  ④ 상품개발 및 판매 시 고령투자자에 대한 판매위험 분석
  ⑤ 판매과정을 녹취하고, 금융소비자가 요청하는 경우 녹취파일 제공해야 함
  ⑥ 판매과정에서 2영업일 이상의 숙려기간을 부여해야 함
  ⑦ 가족 등 조력자의 연락처를 확인해야 함
  ⑧ 고령투자자에 대한 판매절차를 내규로 마련하고 정기점검 실시
  ⑨ 고령투자자 대상 마케팅에 대한 내부통제 강화

(2) 장외파생상품의 투자권유
  ① 금융회사는 장외파생상품거래의 상대방이 일반금융소비자인 경우 위험회피목적거래만 가능
  ② 금융회사는 장외파생상품에 대한 별도의 적합성기준을 마련해야 하며, 장외파생상품에 대한 투자권유를 하는 경우 해당 기준에 적합하지 않은 투자권유를 해서는 아니됨

정답 | ③

06

투자권유를 희망하지 않는 금융소비자에 대한 설명으로 적절하지 않은 것은?

① 투자권유를 희망하지 않는 금융소비자는 투자에 수반되는 유의사항을 알리지 않아도 된다.

② 금융소비자가 판매직원의 투자권유 없이 특정상품을 청약하는 경우 투자권유를 희망하지 않는다는 내용의 확인서를 수령하고 판매를 진행할 수 있다.

③ 금융소비자가 투자자정보를 제공하지 않는 경우 적정성 원칙 대상상품에 가입할 수 없다.

④ 일정한 사유 발생 시 주식으로 전환되거나 원리금 상환의무가 감면되는 사채도 적정성 원칙 적용 대상상품에 해당된다.

TIP 　투자권유를 희망하지 않는 금융소비자의 경우라도 투자유의사항(원금손실가능성, 투자손익의 투자자 귀속 등)을 알려야 하고, 판매 전에 투자설명서도 교부해야 한다.

핵심포인트 해설 　　**투자권유를 희망하지 않는 금융소비자에 대한 상품판매**

(1) 투자권유 받지 않는 금융소비자에 대한 보호
　① 해당 금융소비자에게 투자권유 할 수 없음을 안내할 것
　② 투자유의사항(원금손실가능성, 투자손익의 투자자 귀속 등)을 알릴 것
　③ 판매 전에 투자설명서를 교부할 것

(2) 금융소비자가 판매직원 투자권유 없이 특정상품을 청약하는 경우
　① 관련 내용의 확인서를 수령하고 판매 가능
　② 관련 확인서의 취지와 유의사항을 이해할 수 있도록 설명해야 함

(3) 투자자 정보 제공하지 않는 경우 적정성원칙 대상 상품에 대한 규제
　① 금융소비자가 투자자정보를 제공하지 않는 경우에는 적정성 원칙 대상상품에 대한 가입이 제한됨
　② 적정성 원칙 적용대상 상품
　　㉠ 파생상품
　　㉡ 파생결합증권
　　㉢ 조건부자본증권
　　㉣ 고난도상품
　　㉤ 파생형집합투자증권(레버리지ETF, 인버스ETF 포함)
　　㉥ 펀드재산의 50% 초과하여 파생결합증권에 운용하는 펀드
　　㉦ ㉠～㉥ 중 어느 하나를 취득·처분하는 금전신탁계약의 수익증권

정답 | ①

외화증권의 투자를 권유하는 경우 추가적으로 설명해야 할 사항과 거리가 먼 것은?

① 투자대상 국가 또는 지역의 경제·시장상황의 특징
② 투자자가 부담하는 수수료에 관한 사항
③ 환율변동 위험, 해당 국가의 거래제도·세제 등 제도의 차이
④ 헤지비율 미조정 시 손실이 발생할 수 있다는 사실

TIP 투자자가 부담하는 수수료에 관한 사항은 투자권유 시 일반적인 설명사항에 해당하나 ①③④는 추가적으로 설명해야 할 사항에 포함된다.

핵심포인트 해설   **외화증권 및 조건부자본증권에 대한 설명의무 특칙**

외화증권의 투자권유	• 투자대상 국가 또는 지역의 경제·시장상황의 특징 • 환율변동 위험, 해당 국가의 거래제도·세제 등 제도의 차이 • 헤지비율 미조정 시 손실이 발생할 수 있다는 사실
해외자산에 투자하는 집합투자증권의 투자권유	• 투자대상 국가 또는 지역의 경제·시장현황에 따른 위험 • 펀드의 일반적 위험 & 환율변동 위험, 환위험 헤지 여부 및 헤지 정도 • 환헤지가 모든 환율변동 위험을 제거하지 못하며, 투자자가 직접 환헤지하는 경우 손실이 발생할 수 있다는 사실 • 모자형펀드의 경우 환헤지하는 자펀드와 환헤지하지 않는 자펀드 간의 판매비율 조절을 통하여 환헤지 비율을 달리하여 판매할 수 있다는 사실
해외자산에 투자하는 신탁계약의 투자권유	• 투자대상 국가 또는 지역 및 투자대상 자산별 투자비율 • 투자대상 국가 또는 지역의 경제·시장상황의 특징 • 환율변동 위험, 해당 신탁계약의 환위험 헤지 여부 및 헤지 정도 • 미래 환율변동을 전부 예측하지 못하며 통화 간 상관관계는 미래에 변동할 수 있다는 사실 • 환헤지가 모든 환율변동 위험을 제거하지는 못하며, 투자자가 직접 환헤지하는 경우 손실 발생할 수 있다는 사실
조건부 자본증권의 투자권유	• 일정한 사유가 발생하면 원리금 전액 상각되거나 보통주로 전환되는 특약이 있다는 사실 • 상각·전환의 사유 및 효과 • 특정한 사유 발생 시 또는 발행인의 재량에 따라 이자가 지급되지 않을 수 있다는 사실 • 장기간 현금화가 불가능하거나 유동성이 보장되지 않을 수 있다는 사실 • 만기가 짧아질 수 있다는 사실 • 사채의 순위

정답 | ②

08

금융투자상품의 위험도(위험등급)에 대한 설명으로 가장 적절하지 않은 것은?

① 판매회사는 금융소비자에 대한 위험등급 설명이 의무화되어 있다.

② 위험등급은 최소 6단계 이상으로 분류해야 한다.

③ 판매회사 위험등급과 제조회사 위험등급이 다른 경우에는 무조건 판매회사의 위험등급이 우선 적용된다.

④ 위험등급은 원칙적으로 해당 상품을 판매하는 시점에 1회 산정하나 수시로 판매/환매가 가능한 상품의 경우에는 연 1회 등급을 재산정한다.

TIP 판매회사 위험등급과 제조회사 위험등급이 다른 경우에는 양사가 위험등급의 적정성을 협의해야 한다. 만약 협의결과 제조회사의 위험등급이 적절하다고 판단되는 경우에는 해당 위험등급을 사용할 수 있다.

핵심포인트 해설   **판매회사의 금융투자상품의 위험도(위험등급) 분류**

위험등급 설명의무	• 판매회사는 금융소비자에 대한 위험등급 설명이 의무화되어 있고, 금융상품별로 위험등급을 산정할 수 있음
위험등급 산정 시 고려사항	• 기초자산의 변동성, 신용등급, 상품구조의 복잡성, 최대원금손실가능액, 환매/매매의 용이성, 환율변동성, 원금손실 관련 위험 등
위험등급 분류기준	• 최소 6단계(1등급 ~ 6등급) 이상으로 분류함 • 1등급을 가장 높은 위험으로 하고, 그 수가 커질수록 위험도가 낮아지는 것으로 구성함
위험등급 산정시기	• 원칙적으로 해당상품을 판매하는 시점에 1회 산정함 • 수시로 판매/환매가 가능한 상품(예 : 개방형펀드)의 경우에는 연 1회 등급을 재산정함
금융투자상품위험도 분류표	• 상당창구에 비치하고 투자권유 시 활용(고객상담 시 금융투자상품의 상대적 위험수준 설명) • 금융투자상품의 위험도에 따라 3색(적색, 황색, 녹색)으로 구분하여 표시함으로써 투자자의 직관적인 이해도를 높여야 함

정답 | ③

투자자문업자 및 투자일임업자의 금지행위와 거리가 먼 것은?

① 투자자로부터 금전, 증권, 그 밖의 재산의 보관·예탁을 받는 행위

② 투자자유형을 점수화 방식으로 판단하는 행위

③ 투자자에게 금전, 증권, 그 밖의 재산을 대여하는 행위

④ 계약으로 정한 수수료 외의 대가를 추가로 받는 행위

TIP 투자자유형을 점수화 방식으로 판단하는 행위는 허용된다. 투자자유형을 점수화 방식으로 판단하고자 할 경우 투자자정보의 항목별 배점기준 및 배점 결과에 따른 투자자 유형분류 기준을 회사 자체적으로 마련해야 한다.

핵심포인트 해설 　　투자자문업자 및 투자일임업자의 준수사항 및 금지행위

준수사항	• 투자자와 계약체결 시 다음 사항을 기재한 서면을 미리 투자자에게 제공하고 확인받아야 함 · 투자자문(일임)의 범위 및 제공 방법 · 실제 업무를 수행하는 임직원의 성명 및 주요 경력 · 이해상충방지를 위하여 회사가 정한 기준 및 절차 · 수수료에 관한 사항 · 임원 및 대주주에 관한 사항 · 계약 개시시점의 투자일임재산 형태와 계약종료 시점의 투자일임재산 형태 • 계약서류 기재 사항 : 계약당사자, 계약기간, 계약일자, 계약변경 및 해지에 관한 사항, 투자일임재산이 예탁된 금융기관의 명칭 및 영업소명
금지행위	• 투자자로부터 금전, 증권, 그 밖의 재산의 보관·예탁을 받는 행위 • 투자자에게 금전, 증권, 그 밖의 재산을 대여하거나 투자에 대한 제3자의 금전, 증권, 그 밖의 대여를 중개·주선·대리하는 행위 • 계약으로 정한 수수료 외의 대가를 추가로 받는 행위

정답 | ②

10

투자일임 및 금전신탁의 특칙에 대한 설명으로 잘못된 것은?

① 회사는 하나 이상의 자산배분유형군을 마련해야 하며, 하나의 자산배분유형군은 둘 이상의 세부자산배분유형으로 구분해야 한다.

② 부적합한 세부자산배분유형으로의 계약체결은 금융투자업규정 위반 소지가 있다.

③ 일반 투자자정보 확인서와 투자일임·금전신탁의 투자자정보 확인서의 질문이 다를 경우 각각 별도의 투자자정보 확인서를 사용해야 한다.

④ 기준에 의해 분류된 투자자유형 위험도를 초과하지 않는 범위 내에서 투자일임·금전신탁재산의 운용에 대하여 투자자가 개입할 수 없다는 사실을 투자자에게 설명해야 한다.

TIP 기준에 의해 분류된 투자자유형 위험도를 초과하지 않는 범위 내에서 투자일임·금전신탁재산의 운용에 대하여 투자자가 개입할 수 있다는 사실을 투자자에게 설명해야 한다.

핵심포인트 해설 | **투자일임 및 금전신탁의 특칙**

우선적용 사항	• 투자자정보를 투자자정보 확인서에 따라 파악하여 투자자를 유형화할 것 ⇨ 분류된 투자자유형을 투자자에게 지체 없이 제공할 것 • 일반 투자자정보 확인서와 투자일임·금전신탁의 투자자정보 확인서의 질문이 다를 경우 각각 별도의 투자자정보 확인서를 사용해야 함 • 회사는 자산배분유형군을 동일자산 간 또는 이종자산 간으로 구성할 수 있으며, 주식으로만 구성된 자산배분유형군도 가능하지만 둘 이상의 세부자산배분유형이 있어야 함 • 부적합한 세부자산배분유형으로의 계약체결은 금융투자업규정 위반 소지가 있으므로 유의할 것
로보어드바이저에 대한 특칙	• 로보어드바이저를 활용하는 금융투자상품이 로보어드바이저를 활용하지 않는 금융투자상품보다 더 나은 수익을 보장하지 않는다는 사실을 설명할 것 • 온라인으로 로보어드바이저 자문계약 등을 체결하는 경우 회사는 로보어드바이저의 주요 특성 및 유의사항을 투자자가 쉽게 이해할 수 있도록 관련 사항을 게시해야 함 • 로보어드바이저 알고리즘의 중대한 변경 등 주요 사항의 변경 시 투자자에게 미리 고지할 것

정답 | ④

CRM에 대한 설명 중 잘못된 것은?

① CRM의 영역은 고객유지, 고객확보, 고객개발 등이다.
② CRM의 목표는 고객만족을 통한 회사의 장기적 수익의 극대화에 있다.
③ 고객점유율 중심의 전략보다는 시장점유율 중심의 전략을 구사한다.
④ 고객과의 관계증진을 통하여 관리비용을 감소시킬 수 있다.

TIP 시장점유율 중심의 전략보다는 고객점유율 중심의 전략을 구사한다.

핵심포인트 해설 　**금융·투자 관리(CRM)**

의의 및 목표	• 의의 : 고객정보를 효과적으로 이용하여 고객관계를 유지·확대·개선함으로써 고객만족과 충성도를 제고하고 기업발전을 추구하는 고객 관련 프로세스 및 활동 • 영역 : 고객유지, 고객확보, 고객개발 • 목표 : 고객만족을 통한 회사의 장기적 수익 극대화
CRM의 특징	• 고객획득 ⇨ 고객유지 • 단기적 고객유인 및 판매중심 ⇨ 장기적 관계형성 • 판매촉진 중심 ⇨ 고객서비스 중심 • 시장점유율 ⇨ 고객점유율 • 제품차별화 ⇨ 고객차별화 • 자동화 ⇨ 정보화 • 규모의 경제 ⇨ 범위의 경제 • 사후처리 지향 ⇨ 사전대비 지향
CRM의 효과	• 고객과의 친밀한 관계를 통한 예탁자산의 증대 • 고객과의 관계증진을 통한 낮은 마케팅 관리비용 • 만족스런 관계형성을 통한 고객이탈률 감소 및 고객유지율 증대 • 만족도 높은 우량고객을 통한 구전 무료광고 효과

정답 | ③

12

고객상담활동의 목적과 가장 거리가 먼 것은?

① 계약성공률을 높이고 상담시간을 효율적으로 활용하기 위함이다.
② 고객관리능력을 증대시키고 문제점을 도출하여 해결의 기초로 삼기 위함이다.
③ 고객에게 상품구매의 절실함을 설득하여 성과목표를 초과달성하기 위함이다.
④ 응용과 활용을 통하여 무관심과 반감을 자연스럽게 극복하기 위함이다.

TIP 고객상담활동의 목적이 성과목표의 초과달성에 있다고 보기는 어렵다.

핵심포인트 해설 　**고객상담활동**

의 의	• 영업활동 수행의 핵심으로서 가장 완벽하게 실시해야 할 설득활동
목 적	• 계약성공률을 높이고 상담시간을 효율적으로 활용 • 고객관리능력을 증대시키고 문제점을 도출하여 해결의 기초로 삼음 • 상담표준화를 통해 판매력을 향상시키고 업무의 효율성을 높임 • 응용과 활용을 통하여 무관심과 반감을 자연스럽게 극복함
요 령	• 고객의 최적시간을 적극 활용함 • 상담진척표를 고객별로 작성함 • 표준화된 상담화법 및 필요한 자료를 사전에 작성, 연습한 후 활용함 • 자신만의 화법 및 테크닉을 개발하여 공감대 형성

정답 | ③

고객과의 관계 형성을 하기 위한 질문 시 유의사항으로 가장 잘못된 것은?

① 정확하고 상세한 소개를 위하여 세일즈맨이 70%를 말하고, 고객이 30%만 말하게 한다.

② 고객 니즈 파악 후 그 니즈를 풀어줄 수 있는 해결사라는 믿음을 주어야 한다.

③ 고객이 원하는 것을 쉽게 거절하지 않고 대안으로 제시할 수 있는 상품 및 서비스를 찾도록 노력해야 한다.

④ 'No'라고 대답할 수 있는 폐쇄형 질문은 피한다.

TIP 고객의 니즈 및 정보를 자연스럽게 유도하기 위해 고객이 70%를 말하게 하고, 세일즈맨이 30%만 말하는 것이 바람직하다.

핵심포인트 해설　　**고객과의 관계 형성**

상담요령	• 최대한 고객에게 편안한 분위기를 만들고, 세일즈의 목표를 정함 • Eye Contact는 자신감의 표현이며 고객설득의 가장 강력한 무기임 • 고객으로부터 명함을 받은 후엔 명함에 적힌 직함으로 호칭 • 첫인상이 중요하므로 매직워드를 사용하여 분위기를 부드럽게 함 • 한 번 만난 사람은 이름, 직업, 직책 등 최소한 정보를 기억해야 함
질문 시 유의사항	• 질문은 부드럽고 상황에 맞게 할 것 • 고객이 원하는 것을 쉽게 거절하지 않고 대안으로 제시할 수 있는 상품 및 서비스를 찾도록 노력할 것 • 상담 중 중요한 사항은 메모하거나 기억할 것 • 고객의 니즈 파악 후 그 니즈를 풀어줄 수 있는 해결사라는 믿음을 줄 것 • 70 – 30rule : 고객이 70%를 말하게 하고, 세일즈맨이 30%만 말할 것 • 'No'라고 대답할 수 있는 폐쇄형 질문은 피할 것 • 대화 후 고객이 유쾌하고 흥미로웠다는 느낌을 갖게 할 것

정답 | ①

14

다음 중 폐쇄형 질문의 타이밍과 가장 거리가 먼 것은?

① 확대형 또는 개방형 질문을 해도 고객반응이 없거나 시큰둥할 때
② 새로운 화제나 보다 다른 구체적인 화제로 바꾸어서 대화의 흐름을 자신이 생각하는 방향으로 리드하고 싶을 때
③ 영업직원 또는 고객의 시간적인 제약으로 빨리 결정을 유도해야 할 때
④ 고객이 자기의 니즈에 대하여 잘 이야기할 때

TIP 고객이 자기의 니즈에 대하여 잘 이야기할 경우에는 확대형 질문의 타이밍이다.

핵심포인트 해설   **고객의 Needs 파악을 위한 질문의 유형**

니즈의 의의	• 고객이 안고 있는 문제 • 고객이 난처해 하고 있는 일 • 고객이 원하고 있는 것과 바라고 있는 점

폐쇄형 질문	• 의의 : '예' 또는 '아니오' 등 간단한 대답을 유도하는 경우의 질문
	• 타이밍
	  · 확대형 또는 개방형 질문을 해도 고객반응이 없거나 시큰둥할 때
	  · 대화의 흐름을 자신이 생각하는 방향으로 리드하고 싶을 때
	  · 상호 시간적 제약으로 빨리 결정을 유도해야 할 때
	• 단점 : 고객동의를 얻기 힘들고, 다음 단계로 대화를 이어가기 곤란함

개방형 질문	• 의의 : 화제나 관심사에 대해 고객이 자유로이 얘기하도록 유도하는 질문(좀 더 긴 대답을 유도하는 경우에 사용함) • 효과 : '무엇을', '왜', '어떻게' 등의 질문으로 고객 상황을 광범위하게 털어놓게 하는 효과가 있음(폐쇄형 질문을 배합함으로써 니즈의 파악 극대화 가능) • 단점 : 잘못하면 꼬치꼬치 캐묻는 느낌을 주어 불쾌할 수 있음
확대형 질문	• 의의 : 고객에게 질문을 통해 생각하게 함으로써 상호 니즈를 구체화하고 확신을 시켜주는 효과를 거둘 수 있는 질문 • 타이밍 : 고객이 자기의 니즈에 대하여 잘 이야기할 때 • 단점 : 이런 질문에 익숙치 않은 고객은 심문 당하는 느낌이나 귀찮다는 느낌을 받을 수 있음

정답 | ④

고객 설득 및 해법 제시에 대한 설명으로 잘못된 것은?

① 고객을 설득하기 위해 프레젠테이션 속으로 고객을 끌어들인다.

② 고객이 필요로 하는 상품 및 서비스에 우선순위를 두어 설명한다.

③ 영업직원이 고객에게 적합한 상품의 특성을 이점화시켜 설득하면 고객의 반감을 산다.

④ 고객이 만족하지 않는 경우 기타 상품 및 서비스를 단계적으로 설명하여 합의점을 찾는다.

TIP 판매사원은 고객에게 적합한 상품의 특성을 이점화시켜 고객의 니즈를 충족시킬 수 있다.

핵심포인트 해설 **고객 설득 및 해법 제시**

고객 설득의 방법	• 고객의 관심을 끔 • 고객의 흥미를 북돋움 • 프레젠테이션 속으로 고객을 끌어들임
해법 제시 방법	• 영업직원의 답변과 설득기술이 핵심 성공요인으로 작용함 • 고객이 필요로 하는 상품 및 서비스에 우선순위를 두어 설명함 • 고객이 만족하지 않는 경우 기타 상품 및 서비스를 단계적으로 설명하여 합의점을 찾음 • 단계별로 고객이 이해하고 있는지를 점검하면서 설득해 나감
고객의 니즈 충족	• 고객은 자신의 경험 또는 계획과 관련된 문제점을 니즈로 표출함 • 판매사원은 고객에게 적합한 상품의 특성을 이점화시켜 고객의 니즈를 충족시킴 • 고객이 영업직원으로부터 제공된 상품의 장점을 수용함으로써 설득과정이 완성됨

정답 | ③

고객의 반감 처리에 대한 설명으로 잘못된 것은?

① 고객이 영업직원의 설득에 동의할 준비가 안 된 경우 반감의 형태로 표현된다.

② 반감은 또 하나의 고객의 관심표현이며 더 많은 정보에 대한 욕구이기도 하다.

③ 반감이 있는 경우에 성공 확률이 낮다.

④ 반감이 생겼다고 좌절하지 말고, 오히려 자신의 상품이 고객의 반감을 보완할 수 있다는 자신감을 갖고 상품의 특성과 장점을 강조한다.

TIP 반감이 없는 경우(성공 확률 54%)보다 반감이 있는 경우(성공 확률 64%)에 판매성공 확률이 더 높은 것으로 조사되었다.

핵심포인트 해설 **고객의 반감 처리**

반감의 발생원인	• 과거에 나쁜 경험을 한 경우 • 현재 상황에 대한 불만족이 있는 경우 • 영업직원의 설득에 동의할 준비가 안 된 경우
고객 반감 처리 시 주의사항	• 고객과 절대 논쟁하지 말고 침착하고 차분하게 응대함 • 고객을 공격하지 말고 고객의 생각이 잘못된 것이라고 치부하지 말 것 • 고객의 반감을 일단 인정하는 자세로 임할 것 • 고객의 니즈를 파악할 수 있도록 질문할 것
반감 처리 방법	• 고객의 말을 끊거나 정면으로 대응하지 말고, 정확히 경청함으로써 고객의 반감이 무엇인지 파악할 것 • 고객의 우려가 타당하다고 표현하고, 고객의 반감을 인정할 것 • 반감이 생겼다고 좌절하지 말고, 오히려 자신의 상품이 고객의 반감을 보완할 수 있다는 자신감을 갖고 상품의 특장점을 강조할 것 • 영업직원은 고객의 반감을 처리했다고 자만하지 말고 고객의 느낌을 확인할 것

정답 | ③

다음 중 클로징의 요건과 가장 거리가 먼 것은?

① 바잉 시그널을 감지하는 법을 터득한다.
② 고객의 최종 결정을 요청한 후 영업직원은 추가질문을 통해 절실한 마음을 전달한다.
③ 각각의 고객의 성향에 따라 클로징을 달리한다.
④ 클로징을 하기 전에 시험클로징을 한다.

TIP 고객의 최종 결정을 요청한 후 영업직원이 추가질문을 하는 것은 고객의 결정을 방해할 수 있으므로 지양하는
것이 바람직하다.

핵심포인트 해설   **고객의 동의 확보 및 클로징**

고객의 동의 확보 방법	• 긍정적인 마음자세와 태도를 유지할 것 • 영업직원이 고객의 속도에 맞출 것 • 공격적이지 않은 모습으로 주장할 것 • 고객투자성향에 적합한 상품을 권유할 것
클로징의 의의	• 고객의 니즈 파악과 충분한 설득 여부를 분명히 확인하는 단계 • 고객의 니즈와 고객이 이미 받아들인 상품의 이점을 상기하여 줌과 동시에 고객과의 계약을 성립시킴
클로징의 요건	• 당신이 말하는 것을 고객이 충분히 이해했는지 확인할 것 • 각각의 고객성향에 따라 클로징을 달리할 것 • 당신이 생각하고 말하는 것은 모두 고객의 입장에서 출발할 것 • 바잉 시그널을 감지하는 법을 터득할 것 • 클로징을 하기 전에 시험클로징(Trial Close)을 할 것 • 고객의 최종 결정을 요청한 후 영업직원은 침묵을 통해 답을 기다리는 마음을 전달할 것 • 긍정적이고 자신감 있으며 열정적인 태도로 클로징에 임할 것

정답 | ②

fn.Hackers.com

☑ 다시 봐야 할 문제(틀린 문제, 풀지 못한 문제, 헷갈리는 문제 등)는 문제 번호 하단의 네모박스(□)에 체크하여 반복학습하시기 바랍니다.

01

중요도 ★★
다음 중 적정성 원칙 적용대상 상품에 대한 설명이 잘못된 것은?

① ELS, DLS, Wrap계약 등은 적정성원칙 적용대상 상품에 포함된다.
② 금융소비자를 대상으로 적정성 원칙 적용대상 상품을 판매하는 경우에는 금융소비자의 투자자정보를 파악해야 한다.
③ 금융소비자가 투자자 정보를 제공하지 않은 경우에는 적정성 원칙 적용대상 상품의 가입은 제한된다.
④ 금융소비자가 판매직원의 투자권유 없이 스스로 특정상품에 대한 청약을 하는 경우 별도의 확인서를 받지 않아도 판매가 가능하다.

02

중요도 ★★
다음 중 전문금융소비자에 대한 설명이 적절하지 않은 것은?

① 금융상품의 전문성 또는 소유 자산규모에 비추어 위험감수능력이 있는 금융소비자를 말한다.
② 투자성상품의 경우 대부업자, 투자권유대행인도 전문금융소비자에 포함된다.
③ 대출성상품의 경우 대부업자는 전문금융소비자에 포함되나, 투자권유대행인은 포함되지 않는다.
④ 주권상장법인이 금융회사와 장외파생상품거래를 하는 경우 해당법인 전문금융소비자 대우를 받겠다는 의사를 서면으로 통지하는 경우 전문금융소비자로 본다.

03

중요도 ★★
금융소비자보호법상 부당권유행위에 대한 제재와 거리가 먼 것은?

① 위법계약해지권의 대상이 될 수 있다.
② 수입 50% 이내 범위에서 과징금 대상이 될 수 있다.
③ 1억원 이하의 과태료 부과대상이 될 수 있다.
④ 1년 이하의 징역에 처할 수 있다.

04 중요도 ★★

금융투자상품의 위험도(위험등급)에 대한 설명으로 잘못된 것은?

① 일반금융소비자에게 투자성상품을 판매하는 경우 위험등급 설명의무가 있다.

② 금융투자상품의 위험도는 최소 6단계 이상으로 분류해야 한다.

③ 개방형펀드의 위험등급은 판매하는 시점에 1회만 산정하면 된다.

④ 판매사는 설명의무 이행 시 위험등급의 의미와 유의사항뿐만 아니라 해당 위험등급이 정해진 사유도 함께 설명해야 한다.

05 중요도 ★★

다음 중 금융회사의 임직원 방문판매 시 금지행위와 거리가 먼 것은?

① 고객을 대리하여 계약을 체결하거나 매매권한을 위탁받는 행위

② 퇴직연금의 경우 3만원을 초과하여 금전 등을 제공하는 행위

③ 청약철회에 대한 사항을 안내하는 행위

④ 야간(오후 9시 ~ 다음 날 오전 8시)에 방문판매하는 행위

정답 및 해설

01 ④ 금융소비자가 판매직원의 투자권유 없이 특정상품에 대한 청약을 하는 경우 관련 확인서를 수령하고, 그 확인서의 취지와 유의사항을 충분히 이해할 수 있도록 설명한 후에 판매절차를 진행할 수 있다.

02 ③ 대출성상품의 경우 대부업자, 투자권유대행인, 상시근로자 5인 이상 법인, 겸영여신업자, 대출상품판매대리·중개업자, 특정자산의 취득 또는 자금의 조달 등 특정목적을 이해 설립된 법인 등도 전문금융소비자에 포함된다.

03 ④ 금융소비자보호법상 부당권유행위는 위법계약해지권의 행사대상, 수입 50% 이내의 과징금 대상, 1억원 이하의 과태료 대상, 손해배상책임 대상, 6개월 이내의 업무정지 대상, 기관 및 임직원의 제재 대상 등이 될 수 있다.

04 ③ 위험등급은 판매시점에 1회 산정하는 것이 원칙이나, 수시 판매 및 환매가 가능한 개방형펀드의 경우에는 연 1회 위험등급을 재산정한다.

05 ③ 방문판매 시 청약철회 대상상품일 경우 청약철회에 대한 사항을 안내하는 것은 금지행위가 아니라 의무사항이다.

06 중요도 ★★

다음 중 청약의 철회에 대한 설명이 잘못된 것은?

① 고난도상품, 비금전신탁은 청약철회가 가능한 상품이다.

② 청약철회가 가능한 투자성상품의 경우 철회의 효력은 금융소비자의 서면 등이 금융회사에 도착한 때 발생한다.

③ 금융회사는 청약철회를 접수한 날로부터 3영업일 이내에 이미 받은 금전을 금융소비자가 지정하는 입금계좌로 반환해야 한다.

④ 청약철회에 대한 특약으로 금융소비자에게 불리한 것은 무효로 본다.

07 중요도 ★★

투자매매업자 또는 투자중개업자는 금융소비자에게 과당매매의 권유가 금지된다. 이 경우 특정거래가 과도한 거래인지 여부를 판단할 때 감안해야 할 사항과 가장 거리가 먼 것은?

① 금융소비자의 재산상태 및 투자목적에 부합하는지 여부

② 금융소지비자의 투자지식이나 경험에 비추어 해당 거래에 수반되는 위험을 잘 이해하고 있는지 여부

③ 개별 매매거래 시 권유내용의 타당성 여부

④ 투자매매업자 또는 투자중개업자와 거래한 기간

08 중요도 ★★★

온라인을 통하여 투자자정보를 파악하는 경우 잘못된 것은?

① 적합성·적정성 원칙에 따라 투자권유절차를 구현할 수 있도록 시스템을 온라인상에 구축해야 한다.

② 온라인으로 펀드에 투자하는 경우 투자자가 본인의 투자성향 및 펀드위험도를 확인할 수 있도록 구축해야 한다.

③ 파생상품 등에 투자하는 경우 적정성의 원칙에 따라 투자자정보를 파악하고 적정하지 않은 상품의 거래를 원할 경우 경고해야 한다.

④ 투자권유를 희망하지 않는 단순거래의 경우 별도의 온라인화면을 구축하지 않아도 된다.

09 중요도 ★★

☐ 위험이 높지 않은 금융투자상품만 거래하는 투자자의 정보파악에 대한 설명으로 잘못된 것은?

① 위험이 높지 않은 금융투자상품이란 MMF, 국채, 지방채, 특수채, 그 밖에 이에 준하는 것을 말한다.

② 위험이 높지 않은 금융투자상품만 거래하는 투자자 및 환매조건부매매(RP)를 하는 투자자의 경우 간략한 투자자정보 확인서를 사용할 수 있다.

③ 위험이 높지 않은 금융투자상품만 거래하는 투자자의 경우 투자목적만 파악하면 된다.

④ 위험이 높지 않은 금융투자상품만 거래하는 투자자에게 펀드와 같은 일반적인 금융투자상품을 함께 투자권유하고자 하는 경우 일반적인 투자자정보 확인서를 사용해야 한다.

정답 및 해설

06 ② 청약철회가 가능한 투자성상품의 경우 철회의 효력은 금융소비자가 서면 등을 발송한 때 발생하므로 금융소비자는 서면 등을 발송한 때에는 지체 없이 그 발송사실을 금융회사에 알려야 한다.

07 ④ 투자매매업자 또는 투자중개업자와 거래한 기간은 과당매매 여부를 판단하는 기준과 거리가 멀다.

08 ④ 투자권유를 희망하지 않는 단순거래의 경우 투자자가 투자권유 없이 투자한다는 사실을 인지할 수 있도록 온라인화면을 구축해야 한다.

09 ③ 위험이 높지 않은 금융투자상품만 거래하는 투자자 및 환매조건부매매(RP)를 하는 투자자의 경우 투자목적, 재산상황, 투자경험 3문항만 파악하는 간략한 투자자정보 확인서를 사용할 수 있다.

10 중요도 ★

투자자정보의 유효기간에 대한 설명 중 잘못된 것은?

① 회사는 투자자가 동의한 경우 투자자정보의 유효기간을 설정할 수 있다.

② 투자자로부터 별도의 변경요청이 없으면 투자자정보를 파악할 날로부터 일정 기간 투자자 정보가 변경되지 않은 것으로 간주할 수 있다.

③ 회사가 이미 투자자정보를 알고 있는 투자자에 대하여 투자권유를 하고자 하는 경우 투자자정보를 다시 파악하지 않아도 된다.

④ 투자일임계약이 체결된 투자자의 경우 매분기 1회 이상 재무상태 및 투자목적 등의 변경 여부를 확인한다.

11 중요도 ★★★

금융투자업자의 설명의무에 대한 설명으로 잘못된 것은?

① 투자권유 시 투자자가 이해할 수 있도록 설명하고, 서명 등의 방법으로 확인받아야 한다.

② 설명의무 이행 시 상품측면과 투자자측면을 고려하여 설명의 정도를 달리하면 안 된다.

③ 계속적 거래가 발생되는 단순한 구조의 상장증권은 최초 계좌개설 또는 투자권유 시 설명의무를 이행하는 것도 가능하다.

④ 투자자가 설명을 하여도 주요 손익구조 및 손실위험을 이해하지 못한 경우 투자권유를 계속해서는 안 된다.

12 중요도 ★★

금융투자업종사자의 투자권유에 대한 설명으로 잘못된 것은?

① 초고령자에게 금융투자상품을 판매할 때는 투자숙려기간을 부여하거나 조력자를 활용하는 것이 바람직하다.

② 장외파생상품 매매의 상대방이 일반투자자인 경우 투자권유 여부와 상관없이 그 투자자가 미래에 발생할 손실을 줄이기 위한 거래에 한하여 거래할 수 있다.

③ 협회에 등록된 금융투자전문인력으로서의 업무범위에 해당하는 금융투자상품으로 구성된 포트폴리오만 권유할 수 있다.

④ 계열회사가 운용하는 펀드를 투자권유하는 경우 집합투자업자가 회사와 계열회사에 해당한다는 사실만 고지하면 해당 상품만 투자권유해도 된다.

13 중요도 ★★

☐ **해외자산에 투자하는 신탁계약을 투자권유하는 경우에 추가적으로 설명해야 할 사항과 가장 거리가 먼 것은?**

① 투자자의 투자목적·재산상황·투자경험 등에 대한 조사내용

② 환율변동 위험, 해당 신탁계약의 환위험 헤지 여부 및 헤지 정도

③ 미래 환율변동을 예측하지 못하며 통화 간 상관관계는 미래에 변동할 수 있다는 사실

④ 환위험 헤지가 모든 환율변동 위험을 제거하지 못하며, 투자자가 직접 환위험 헤지를 하는 경우 시장상황에 따라 헤지비율 미조정 시 손실이 발생할 수 있다는 사실

14 중요도 ★

☐ **조건부자본증권을 투자권유하는 경우에 추가적으로 설명해야 할 사항과 가장 거리가 먼 것은?**

① 일정한 사유가 발생하면 원리금 전액이 상각되거나 보통주로 전환되는 특약이 있다는 사실

② 상각·전환의 사유 및 효과

③ 특정한 사유 발생 시 또는 발행인의 재량에 따라 이자가 지급되지 않을 수 있다는 사실

④ 헤지비율 미조정 시 손실이 발생할 수 있다는 사실

정답 및 해설

10 ③ 회사가 이미 투자자정보를 알고 있는 투자자에 대하여 투자권유를 하고자 하는 경우 투자자정보 유효기간 여부를 확인하고, 유효기간이 지난 경우에는 투자자정보를 다시 파악해야 한다.

11 ② 설명의무 이행 시 해당 금융투자상품의 복잡성 및 위험도 등 상품측면과 투자자의 투자경험 및 인식능력 등 투자자측면을 고려하여 설명의 정도를 달리할 수 있다.

12 ④ 계열회사 펀드를 투자권유하는 경우 집합투자업자가 회사와 계열회사에 해당한다는 사실을 고지하고, 계열회사가 아닌 집합투자업자가 운용하는 유사한 펀드를 함께 투자권유해야 한다.

13 ① 추가로 설명해야 할 사항과 관계가 적다.

14 ④ 외화증권 투자권유 시 추가로 설명해야 할 사항에 해당한다.

15 중요도 ★
임직원은 투자자와 계약 체결 시 그 계약서류를 지체 없이 교부해야 하는 것이 원칙이지만, 예외적으로 투자자보호를 해할 우려가 없는 경우 계약서류를 교부하지 않을 수 있다. 다음 중 계약서류 교부 면제대상과 거리가 먼 것은?

① 기본계약 체결 이후 그 계약내용에 따라 계속적·반복적 거래를 하는 경우
② 임직원이 계약 체결 후 퇴직한 경우
③ 투자자가 계약서류 받기를 거부한다는 의사를 서면으로 표시한 경우
④ 투자자가 계약서류를 우편 또는 전자우편으로 받기 희망한다는 의사표시를 서면으로 한 경우로서 투자자의 의사에 따라 우편 또는 전자우편으로 계약서류를 제공한 경우

16 중요도 ★
금융투자상품 매매와 관련하여 금지되는 행위를 모두 고른 것은?

> ㉠ 투자자가 입을 손실의 전부 또는 일부보전을 사전에 약속하는 행위
> ㉡ 투자자가 입은 손실의 전부 또는 일부를 사후에 보전해주는 행위
> ㉢ 투자자에게 일정한 이익을 보장할 것을 사전에 약속하는 행위
> ㉣ 투자자에게 일정한 이익을 사후에 제공하는 행위

① ㉠, ㉣
② ㉠, ㉡, ㉣
③ ㉠, ㉢, ㉣
④ ㉠, ㉡, ㉢, ㉣

17 중요도 ★
투자일임 및 금전신탁 계약 체결 전 투자자에게 설명해야 할 사항으로 잘못된 것은?

① 세부자산배분유형 간 구분기준, 차이점, 예상 위험수준
② 수익률의 변동성이 펀드보다 작다는 사실
③ 기준에 의해 분류된 투자자유형 위험도를 초과하지 않는 범위 내에서 투자일임·금전신탁 재산의 운용에 대하여 투자자가 개입할 수 있다는 사실
④ 성과보수의 수취요건 및 성과보수로 인해 발생 가능한 잠재 위험

18 중요도 ★
다음은 투자자성향 분석 방법 중 어느 것에 해당하는가?

질문 1	• 금융투자상품에 대한 이해도 '매우 높음' : 모든 상품 권유 가능 • 금융투자상품에 대한 이해도 '보통' : 파생상품 등 권유 배제
질문 2	• 기대수익률이 20% 초과 : 모든 상품 권유 가능 • 기대수익률이 예금 수준 : 파생상품, 주식, 펀드 등 권유 배제

① 점수화 방식
② 추출 방식
③ 혼합 방식
④ 상담보고서 방식

19 중요도 ★★
고령투자자에 대한 금융투자상품 판매기준과 거리가 먼 것은?

① 고령투자자의 가족 등 조력자를 지정하여 연락처를 기재해 둘 것
② 신상품 개발 시 체크리스트에 고령투자자에 대한 위험요인을 점검항목에 추가할 것
③ 본인의 투자판단에 따른 판매요청이 있더라도 초고령자에게 판매하는 것은 자제할 것
④ 지점장 등 관리직원이 사전에 확인한 경우라도 해피콜을 통한 사후 모니터링은 반드시 실시할 것

정답 및 해설

15 ② 계약서류의 교부면제가 가능한 경우는 기본계약 체결 이후 그 계약내용에 따라 계속적·반복적 거래를 하는 경우, 투자자가 계약서류 수령 거부의사를 서면으로 표시한 경우, 투자자가 우편 또는 전자우편으로 받기를 원한다는 의사표시를 서면으로 한 경우 등이다.

16 ④ ㉠㉡㉢㉣ 모두 금지되는 행위에 해당한다.

17 ② 분산투자규정이 없을 수 있어 수익률의 변동성이 펀드보다 더 커질 수 있다는 사실을 설명해야 한다.

18 ② 추출 방식으로 각 정보항목 질문에 대한 투자자의 답변을 통해 적합상품을 순차적으로 선별하는 방식이다.

19 ④ 지점장 등 관리직원이 사전에 확인한 경우에는 해피콜을 생략할 수 있다.

20

중요도 ★

CRM의 영역에 대한 설명으로 잘못된 것은?

① 고객유지는 고객불만을 예방하는 수동적 노력과 고객에게 부가적인 혜택을 주는 능동적 노력이 효과적으로 실행될 때 좋은 결과를 기대할 수 있다.

② 고객확보를 위해 잠재고객이 어디 있는지, 어떤 니즈를 가지고 있는지 살펴봐야 한다.

③ 고객개발은 확보된 고객의 가치를 높이기 위한 전략으로 고객의 가치를 높이기 위해 교체 판매나 추가판매 등을 활용할 수 있다.

④ 성공적인 CRM을 위하여 기존고객 유지보다는 신규고객 확보에 초점을 두어야 한다.

21

중요도 ★★

CRM의 특징에 해당하는 것은?

① 고객점유율은 중요한 평가요소로 여긴다.

② 신규고객 확보에 중점을 둔다.

③ 사은품 증정 등을 통한 판매촉진 활동을 중시한다.

④ 좋은 금융투자상품 출시와 같은 제품의 차별화를 중시한다.

22

중요도 ★

고객서비스의 기본원칙과 거리가 먼 것은?

① 개별 서비스
② 정기적인 서비스
③ 도움을 주는 서비스
④ VIP 서비스

23 중요도 ★★
고객과의 관계형성을 위한 활동으로 잘못된 것은?

① 명함을 받고 상담하는 경우 명함을 두는 위치는 오른손잡이는 왼쪽, 왼손잡이는 오른쪽이다.
② 명함을 건네 자기소개를 명확히 하고, 고객이 명함을 줄 경우 명함에 적힌 직책으로 호칭한다.
③ 고객이 'No'라는 대답을 할 경우 세일즈맨은 '그렇죠?' 또는 '그렇게 생각하지 않으십니까?' 등으로 끝나는 질문으로 전환하는 것이 유리하다.
④ 개방형 질문은 대화를 간결하게 이끌어 상담시간을 단축하여 대기고객이 많은 경우 신속하게 여러 고객을 처리할 수 있다.

24 중요도 ★★
고객이 필요한 사항을 충족할 수 있는 해결책을 제시해야 할 때의 방법으로 잘못된 것은?

① 고객의 잘못된 생각을 바로잡아주는 데 집중한다.
② 고객이 필요로 하는 상품과 서비스에 대하여 우선순위를 정하여 중점적으로 설명한다.
③ 고객이 만족하지 않을 경우 기타 상품 및 서비스를 단계적으로 설명하여 합의점을 찾는다.
④ 단계별로 고객이 이해하고 있는지를 점검하면서 설득해 나간다.

정답 및 해설

20 ④ 성공적인 CRM을 위하여 신규고객 확보보다는 기존고객 유지에 초점을 두어야 한다.

21 ① ②③④는 Mass Marketing의 특징에 해당한다.

22 ④ 고객서비스의 기본원칙은 개별 서비스(Personal Approach), 정기적인 서비스(Periodical Approach), 도움을 주는 서비스(Benefit & Informative Approach) 등이다.

23 ④ 폐쇄형 질문은 대화를 간결하게 이끌어 상담시간을 단축하여 대기고객이 많은 경우 신속하게 여러 고객을 처리할 수 있다.

24 ① 고객의 잘못된 생각을 바로잡는 데 집중하면 고객으로부터 반감을 사기 쉽고 해결책을 찾기가 더 어려워진다.

25 중요도 ★★★
고객관리의 패러다임은 매스마케팅에서 관계마케팅(Relationship Marketing)으로 바뀌고 있다. 다음 중 매스마케팅에서 관계마케팅으로의 변화 내용이 잘못된 것은?

① 고객획득 ⇨ 고객유지
② 판매촉진 중심 ⇨ 고객서비스 중심
③ 정보화 ⇨ 자동화
④ 사후처리 지향 ⇨ 사전대비 지향

26 중요도 ★
금융·투자관리(CRM)의 혜택과 가장 거리가 먼 것은?

① 예탁자산의 증대
② 수수료 수입의 증대
③ 낮은 마케팅비용과 관리비용
④ 구전을 통한 무료광고

27 중요도 ★★
고객과의 관계형성 단계에 대한 설명 중 잘못된 것은?

① 핵심기술은 고객과의 신뢰구축과 고객의 무관심을 극복하는 것이다.
② 영업직원의 기억력은 뛰어나야 한다.
③ Eye Contact를 통하여 미소 지으며 고객에게 최대한의 관심을 표한다.
④ 매직워드는 지양하는 것이 바람직하다.

28 중요도 ★★
고객에 대한 질문의 유형에 대한 설명이 가장 잘못된 것은?

① 폐쇄형 질문은 '예' 또는 '아니오' 등의 간단한 대답을 유도하는 경우다.
② 개방형 질문은 '무엇을', '왜', '어떻게' 등의 질문을 통해 고객이 스스로의 상황에 대해 좀 더 광범위하게 털어 놓을 수 있게끔 하는 효과를 거두는 방법이다.
③ 확대형 질문은 고객에게 질문을 통해 생각을 하게 함으로써 제한된 시간 내에 고객과 영업 사원 상호 간에 NEEDS를 구체화하고 확신을 시켜주는 효과를 거둘 수 있는 질문 방법이다.
④ 확대형 질문은 대화시간에 비해 많은 정보를 얻을 수 없다는 점이 단점이다.

29 중요도 ★★

고객의 동의확보 및 클로징 단계에 대한 설명 중 잘못된 것은?

① 클로징은 지금까지 어느 정도 고객의 니즈 파악이 되어서 충분한 설득이 되었는지 안됐는지를 분명히 확인하는 단계이다.

② 고객의 니즈와 고객이 이미 받아들여 준 상품의 이점을 상기하여줌으로써 고객으로부터 무엇인가의 약속을 성립시킨다.

③ 마무리 단계인 클로징의 타이밍은 상담의 성패와는 관계가 없다.

④ 고객의 바잉 시그널(Buying Signal)에 대한 능숙한 감지 및 판단은 경험에서 나온다.

30 중요도 ★★★

성공적인 고객의 동의확보 방법과 거리가 먼 것은?

① 고객의 속도에 맞춘다.

② 공격적인 모습으로 주장한다.

③ 긍정적인 태도를 유지한다.

④ 적당한 상품을 적당한 사람에게 권유한다.

정답 및 해설

25 ③ 관계마케팅의 특징으로는 고객유지, 장기적 관계형성, 고객서비스 중심, 고객점유율 중시, 고객차별화, 범위의 경제, 정보화, 사전대비 지향 등을 들 수 있다.

26 ② 고객관리의 혜택에는 예탁자산 증대, 낮은 마케팅·관리비용, 고객이탈 감소 및 고객유지율 증대, 구전을 통한 무료광고, 직원의 애사심 및 유지율 향상 등이 있다.

27 ④ 첫인상의 중요성을 인식하고 매직워드 등을 사용하여 분위기를 부드럽게 하기 위한 최선의 방법을 강구하는 것이 바람직하다.

28 ④ 확대형 질문은 대화시간에 비해 많은 정보를 얻을 수 있다는 장점이 있다.

29 ③ 클로징을 하는 타이밍을 잘 포착하는 일은 상담의 성패를 좌우하는 중요한 포인트다.

30 ② 공격적이지 않은 모습으로 주장해야 한다.

제 4 장
직무윤리 · 투자자분쟁예방

학습전략

직무윤리 · 투자자분쟁예방은 제3과목 전체 30문제 중 총 12문제가 출제된다.

직무윤리 · 투자자분쟁예방은 내용이 쉽고 문제 난도가 낮아 고득점하기 좋은 영역이다. 하지만 학습을 소홀히 하면 다소 실점을 할 가능성이 있으므로 다른 어떤 과목보다 집중해서 학습해야 한다. 이 영역에서는 적합성 관련 원칙, 설명의무, 이해상충방지 관련 제도, 내부통제 등이 자주 출제되는 경향이 있다.

출제예상 비중

자금세탁방지제도 20%

투자자분쟁예방 20%

60% 직무윤리

핵심포인트

최근 금융투자업종사자 직무윤리의 중요성이 강조되고 있다. 그 이유에 대한 설명으로 잘못된 것은?

① 금융투자상품은 본질적으로 투자성을 내포하고 있기 때문이다.
② 금융소비자 성격의 질적 변화로 적극적인 소비자보호가 중요하게 되었다.
③ 금융투자산업에서 이해상충 가능성 및 정보비대칭 문제가 점차 축소되고 있다.
④ 비대면거래에 의한 거래방식의 특성으로 다른 산업에 비해 상대적으로 규제의 필요성이 크다.

TIP 금융투자산업에서 이해상충 가능성 및 정보비대칭 문제가 많아지면서 이를 해결하기 위해 직무윤리가 필요하다.

핵심포인트 해설 　　**직무윤리가 강조되는 이유**

윤리경쟁력	• 환경변화 : 미래세계는 매우 복잡한 시스템에 의하여 운영되는 사회 • 위험과 거래비용 : 직무윤리 위반으로 인한 위험비용을 고려해야 함 • 생산성 제고 : 생산성 제고를 통한 장기적 생존 목적 • 신종 자본 : 직무윤리가 무형의 자본(신용) 역할을 함 • 윤리인프라 구축 : 성장원동력, 공정한 경쟁의 조건 • 생존의 조건 : 윤리경영의 목적은 가치 있는 장기생존(전문가의 2대 핵심요소 : 윤리, 능력) • 사회적 비용 : 비윤리적 행동은 더 큰 사회적 비용을 초래함
금융투자산업	• 금융산업 속성 : 이익상충 가능성과 정보비대칭 문제를 해결해야 함 • 금융투자상품의 특성 : 투자성(원본손실 위험)을 내포하고 있음 • 금융소비자 성격의 질적 변화 : 적극적인 소비자보호가 중요해짐 • 안전장치 : 금융투자종사자의 대리인문제, 도덕적 해이 문제 해결
자본시장법	• 투자자보호를 위하여 일부 직무윤리를 법적의무로 제도화함 • 금융투자상품의 포괄주의 도입으로 직무윤리가 중요해짐 • 일반투자자보호 강화(전문투자자에 대한 윤리적 책임까지 면제한 것은 아님) • 취급상품 및 업무영역 규제완화로 금융소비자에 대한 신뢰확보가 중요해짐
지배구조법	• 윤리경영 영역에 있던 지배구조를 법제화하여, 준수의 강제성을 추가함 • 내부통제제도를 강화하고 독립성을 보장함으로써 윤리경영을 실천하도록 법적 강제성 부여

정답 | ③

02

직무윤리의 대·내외적 환경에 대한 설명 중 잘못된 것은?

① 영국의 BITC와 사회적 책임을 평가하는 CB Index가 윤리경영 평가지수로 사용된다.
② 2000년 OECD가 제정·발표한 국제 공통의 기업윤리강령은 강제규정이다.
③ 우리나라는 국제투명성기구(TI)에서 발표하는 부패인식지수(CPI)가 경제규모에 비하여 낮게 평가되고 있다.
④ 정부는 부패방지법, 공직자윤리강령을 제정하였고, 기업도 기업윤리강령을 제정하였다.

TIP 2000년 OECD가 발표한 국제 공통의 기업윤리강령은 강제규정은 아니나 위반 시 기업에 대한 불이익이 있다.

핵심포인트 해설　　**직무윤리의 배경 및 환경**

사상적 배경		• 마르크스 : 유물사관 • 칼뱅 : 금욕적 생활윤리(근검, 정직, 절제 강조) • 베버 : 프로테스탄티즘의 윤리와 자본주의 정신(금욕, 직업윤리 강조)
환경	대외적 환경	• New Round를 통한 국제무역 규제 • 2000년 OECD는 국제 공통의 기업윤리강령을 발표(강제규정은 아니나 위반 시 기업에 대한 불이익 있음) • 기업윤리의 수준과 내용은 국제적으로 통용될 수 있는 것이어야 함 • 영국의 BITC와 사회적 책임을 평가하는 CB Index가 윤리경영 평가지수로 사용됨
	대내적 환경	• 국제투명성기구(TI)에서 발표하는 부패인식지수(CPI)가 경제규모에 비하여 낮게 평가됨 • 부패방지법, 공직자윤리강령 제정 • 개별기업도 기업윤리강령 제정 • 청탁금지법(일명 김영란법) 제정
윤리경영 평가척도		• 산업정책연구원 KoBEX • 전경련 윤리경영자율진단지표(FKI–BEX) • 서강대 윤리경영지표(Sobex)

정답 | ②

다음 중 직무윤리의 적용 대상에 대한 설명 중 잘못된 것은?

① 투자권유대행인도 직무윤리의 적용대상이 된다.
② 투자 관련 직무에 종사하는 자이면 회사와의 위임계약 관계 유무와는 관계없이 직무윤리를 준수해야 한다.
③ 투자 관련 직무에 종사하는 자이면 무보수로 일하는 자도 직무윤리를 준수해야 한다.
④ 아무 계약관계가 없는 잠재적 고객에게까지 직무윤리를 준수해야 하는 것은 아니다.

TIP 아무 계약관계가 없는 잠재적 고객에 대하여도 직무윤리를 준수해야 한다.

핵심포인트 해설 │ 직무윤리의 적용·성격·핵심

(1) 직무윤리의 적용

적용대상	• 금융투자전문인력(투자권유자문인력, 투자권유대행인, 투자자산운용사, 금융투자분석사 등의 자격보유자) • 금융투자회사 임직원(계약직원, 임시직원 포함) • 자격보유 이전에 관련 업무에 실질적으로 종사하는 자 • 직접 또는 간접적으로 직무와 관련이 있는 자 • 투자 관련 직무에 종사하는 일체의 자
적용범위	• 위임·고용·보수 유무와 관계없이 적용 • 잠재적 고객에 대하여도 직무윤리를 준수해야 함

(2) 직무윤리의 성격 및 핵심

① 성 격
  ㉠ 자율규제 원칙(실효성을 위하여 일부 타율규제도 있음)
  ㉡ 자기단속체계(내부통제기준 제정·시행)
② 핵심 및 관련 원칙
  ㉠ 직무윤리의 핵심 : 자신과 상대방의 이익이 충돌하는 상황에서 상대방 이익의 입장에서 자신에 대한 상대방의 신뢰를 저버리지 않는 행동을 선택하는 것
  ㉡ 핵심원칙 : 고객우선의 원칙, 신의성실의 원칙

정답 | ④

04

금융투자업 직무윤리 중 이해상충방지의무와 가장 거리가 먼 것은?

① 금융투자업자는 정당한 사유 없이 투자자의 이익을 해하면서 자기가 이익을 얻거나 제3자가 이익을 얻도록 해서는 안 된다.
② 과당매매는 대표적인 이해상충 사례 중 하나로 볼 수 있다.
③ 금융투자업자는 이해상충 발생 가능성을 감소시키기 위해 정보교류를 허용해야 한다.
④ 금융투자업자 자신이 발행하거나 관련되어 있는 대상에 대한 조사분석자료의 공표와 제공을 원천적으로 금지하고 있다.

TIP 금융투자업자는 정보교류차단(Chinese Wall)의무가 있다. 그 내용은 정보차단(정보제공행위 금지), 직무차단 (겸직행위 금지), 공간차단(사무공간 공동이용 금지), 전산차단(전산설비 공동이용 금지) 등이다.

핵심포인트 해설   이해상충방지의무

기본원칙 (충실의무)	• 충실의무의 의의 · 투자자의 이익을 해하면서 자기 이익 또는 제3자 이익 도모 금지 · 금융소비자를 위하여 최선의 이익을 추구해야 한다는 의무 • 최선의 이익 · 소극적 이익뿐 아니라 적극적 이익도 포함 · 최선집행의무 : 최대수익률의 실현이 아니라 실현 가능한 최대한의 이익 추구를 의미
이해상충 발생원인	• 금융투자업자 내부문제 : 공적업무와 사적업무의 정보를 이용하는 경우 • 금융투자업자와 금융소비자 간 문제 : 정보비대칭 존재 • 법률적 문제 : 복수 금융투자업 간 겸영업무 허용으로 인한 이해상충
이해상충 방지시스템 구축의무	• 금융투자업자는 인가·등록 시부터 이해상충방지체계의 구축을 의무화함 • 이해상충 발생 가능성 파악 등 관리의무 • 이해상충 발생 가능성 고지 및 저감 후 거래의무 • 이해상충 발생 가능성 회피의무 • 정보교류차단(Chinese Wall)의무 • 금융투자업자 자신이 발행했거나 관련된 대상에 대한 조사분석자료의 공표·제공 금지 • 자기거래 금지

정답 | ③

직무윤리의 기본원칙에 대한 설명으로 가장 거리가 먼 것은?

① 투자 직무수행에 있어서 가장 기본적인 덕목이다.
② 신의성실의 원칙은 윤리적 의무이자 법적 의무이다.
③ 금융소비자보호법은 금융소비자보호 대상이 되는 상품을 금융투자상품으로 정의하였다.
④ 금융투자업종사자는 금융회사나 주주의 이익보다 금융소비자의 이익을 우선적으로 보호해야 한다.

TIP 금융소비자보호법은 금융소비자보호 대상이 되는 상품을 금융상품으로 정의하여, 자본시장법상 투자성 있는 금융투자상품(투자성 상품)뿐만 아니라 예금성 상품, 대출성 상품, 보장성 상품까지 확대 적용하였다.

핵심포인트 해설   **직무윤리의 기본원칙**

(1) 고객우선의 원칙
 ① 회사와 임직원은 항상 고객의 입장에서 생각하고 보다 나은 서비스를 제공하기 위해 노력해야 함
 ② 금융투자업종사자는 신임의무에 근거하여 자신(금융회사, 주주)의 이익보다 금융소비자의 이익을 우선적으로 보호해야 함
 ③ 금융소비자보호법은 금융소비자보호 대상이 되는 상품을 금융상품으로 정의하여, 자본시장법상 투자성 있는 금융투자상품(투자성 상품)뿐만 아니라 예금성 상품, 대출성 상품, 보장성 상품까지 확대 적용함
(2) 신의성실의 원칙(표준윤리준칙 4조)
 ① 금융투자업자는 신의성실원칙에 따라 공정하게 금융투자업을 영위해야 함
 ② 계약체결 이전 단계에서 발생하는 소비자보호의무와 계약체결 이후에 발생하는 선관주의의무에 적용되는 일반적이고 보충적인 해석원칙
 ③ 윤리적 의무이자 법적 의무

정답 | ③

상품판매단계의 금융소비자보호 내용으로 가장 거리가 먼 것은?

① 해피콜서비스
② 적합성 원칙
③ 불공정영업행위 금지
④ 계약서류 제공의무

TIP 해피콜서비스는 상품판매 이후 단계의 금융소비자보호 내용에 해당한다.

핵심포인트 해설　　**단계별 금융소비자보호의 내용**

상품개발 단계	• 사전협의, 사전협의 절차 이행모니터링 • 금융상품 개발관련 점검, 외부의견청취
상품판매 이전 단계	• 교육체계 마련 • 판매자격의 관리
상품판매 단계	• 6대 판매원칙(적합성 원칙, 적정성 원칙, 설명의무(청약철회권 포함), 불공정영업행위 금지, 부당권유행위 금지, 광고규제 준수) • 계약서류 제공의무
상품판매 이후 단계	• 처리결과 보고의무, 기록 및 유지·관리의무 • 정보누설 및 부당이용 금지 • 해피콜서비스, 미스터리쇼핑 • 자료열람요구권, 고객의 소리제도, 위법계약해지권 • 소송중지제도, 분쟁조정 이탈금지제도, 손해배상책임

정답 | ①

본인에 대한 직무윤리의 내용과 가장 거리가 먼 것은?

① 회사와 임직원은 업무를 수행함에 있어서 관련 법령 및 제 규정을 이해하고 준수해야 한다.

② 회사와 임직원은 경영환경변화에 유연하게 대응하기 위해 창의적 사고를 바탕으로 끊임없이 자기혁신에 힘써야 한다.

③ 임직원은 회사의 품위나 사회적 신뢰를 훼손할 수 있는 일체의 행위를 해서는 안 된다.

④ 회사와 임직원은 공정하고 자유로운 시장경제질서를 존중하고 이를 유지하기 위하여 노력해야 한다.

TIP 사회에 대한 직무윤리에 해당한다.

핵심포인트 해설 **본인에 대한 윤리**

법규준수	• 의의 : 회사와 임직원은 업무수행 시 관련 법령 및 제 규정을 이해하고 준수해야 함 • 법에 대한 무지는 변명되지 않음(몰라도 당사자 구속력 있음) • 적용범위 : 법률과 그 하부규정, 자율단체 각종 규정, 사규, 해외에서 직무수행 시 해외 관할구역법
자기혁신	• 의의 : 회사와 임직원은 경영환경변화에 유연하게 대응하기 위해 창의적 사고를 바탕으로 끊임없이 자기혁신을 해야 함 • 자기혁신 방법 · 전문지식 배양의무 : 담당업무 이론과 실무숙지 및 전문능력배양(세미나 및 교육프로그램 참여) · 윤리경영 실천에 대한 의지를 스스로 제고하기 위해 노력
품위유지	• 의의 : 임직원은 회사의 품위나 사회적 신뢰를 훼손할 수 있는 일체의 행위를 금지함 • 품위유지는 신의성실의 원칙과도 연결된 직무윤리
공정성과 독립성유지	• 직무수행 시 공정한 입장에서 독립적이고 객관적으로 판단해야 함(특히, 조사분석업무) • 상급자의 하급자에 대한 부당한 명령이나 지시 금지 • 부당한 명령이나 지시를 받은 직원은 이를 거절해야 함
사적이익 추구금지	• 부당한 금품수수 및 제공 금지 : 부정청탁 및 금품수수금지법 • 직무 관련 정보를 이용한 사적 거래의 제한 : 미공개중요정보 이용 금지, 시장질서교란행위 금지 및 처벌 • 직위의 사적 이용 금지

정답 | ④

금융투자업종사자의 회사에 대한 윤리에 대한 설명으로 잘못된 것은?

① 회사재산은 오로지 회사의 이익을 위해서만 사용되어야 하고, 회사의 이익이 아닌 사적용도로 이용하는 일체의 행위가 금지된다.

② 소속 업무담당자가 타인에게 손해를 끼친 경우 경영진은 윤리적 책임은 있으나 법적 책임은 없다.

③ 임직원의 대외활동을 사전승인받았더라도 그 활동으로 인하여 고객, 주주 및 회사 등과 이해상충이 확대되는 경우 그 대외활동의 중단을 요구할 수 있다.

④ 특정한 정보가 비밀정보인지 불명확한 경우 그 정보를 이용하기 전에 준법감시인의 사전확인을 받아야 한다.

TIP 소속 업무담당자가 타인에게 손해를 끼친 경우 관리·감독에 상당한 주의를 하지 않은 경영진은 법적 책임도 부담해야 한다.

핵심포인트 해설 　　　**회사에 대한 윤리**

상호존중	• 개인 간 관계 : 동료직원 간 및 상사와 부하 간 원활한 의사소통 및 상호존중문화로 사내업무 효율성 제고 • 조직 – 개인관계 : 회사는 임직원 개개인의 자율과 창의 존중 • 성희롱방지 : 상호존중 및 품위유지의무에 해당
공용재산의 사적 사용· 수익금지	• 금융투자업종사자는 회사재산을 부당하게 사용하거나 정당한 사유 없이 사적용도로 사용하면 안 됨 • 회사재산은 오로지 회사의 이익을 위해서만 사용되어야 하고, 회사의 이익이 아닌 사적용도로 이용하는 일체의 행위가 금지됨
경영진의 책임	• 경영진은 직원대상 윤리교육을 실시하는 등 올바른 윤리문화의 정착을 위해 노력해야 함 • 경영진 본인의 법규 준수는 물론 소속 업무종사자가 법규를 위반하지 않도록 필요한 지도·지원해야 함 • 소속 업무담당자가 타인에게 손해를 끼친 경우 법적 책임 : 민법상 사용자책임, 자본시장법상 관리·감독책임
정보보호	• 회사의 업무정보와 고객정보를 안전하게 보호하고 관리해야 함(표준윤리준칙) • 관리원칙 : 정보교류차단원칙, 필요성에 의한 제공원칙(표준내부통제기준)
위반행위 보고	• 임직원은 법규 등 위반 사실을 발견하거나 그 가능성을 인지한 경우 회사가 정하는 절차에 따라 즉시 보고해야 함 • 관련 제도 : 내부제보제도
대외활동	• 회사의 공식의견이 아닌 경우 사견임을 명백히 표현할 것 • 대외활동으로 인하여 주된 업무수행에 지장을 주어서는 안 됨 • 대외활동으로 금전보상을 받는 경우 회사에 신고해야 함 • 공정질서를 유지하고 건전한 투자문화 조성에 노력해야 함 • 불확실한 사항의 단정적 표현, 다른 금융투자회사 비방 등 금지
고용계약 종료 후의 의무	• 회사의 비밀정보 출간, 공개, 제3자가 이용하도록 하는 행위 금지 • 고용기간 종료와 동시에 기밀정보를 포함한 모든 자료 회사에 반납 • 고용기간 동안 본인이 생산한 지적재산물 회사에 반환

정답 | ②

금융투자업종사자의 사회에 대한 윤리와 관련된 설명 중 잘못된 것은?

① 시장질서 교란행위의 규제대상자는 내부자, 준내부자, 1차수령자뿐만 아니라 미공개 중요정보를 전달한 자 모두를 제재의 대상으로 확대·적용하고 있다.

② 지수·주가에 영향을 줄 수 있는 정보의 유통행위에 신중을 기해야 한다.

③ 시장질서 교란행위에 해당하는 주문의 수탁을 거부해야 한다.

④ ETF 유동성 지원업무와 같이 본인의 업무수행으로 인한 매매의 경우 목적성이 없으면 시세에 부당한 영향을 주는지 사전에 확인할 필요가 없다.

TIP ETF 유동성 지원업무, 파생상품 헤지업무 등 본인의 업무수행으로 인한 매매의 경우 목적성이 없더라도 시세에 부당한 영향을 주는지 반드시 사전에 확인해야 한다.

핵심포인트 해설 **사회에 대한 윤리**

시장질서 존중	• 의의 : 회사와 임직원은 공정하고 자유로운 시장경제질서를 존중하고, 이를 유지하기 위하여 노력해야 함 • 대상자 범위 확대 : 내부자, 준내부자, 1차수령자뿐만 아니라 미공개 중요정보를 전달한 자 모두에게 적용됨 • 대상정보 : 중대한 영향 줄 가능성 있고, 불특정다수인에게 공개되기 전의 정보 • 준수사항 · 지수·주가에 영향을 줄 수 있는 정보의 유통행위에 신중할 것 · 시장질서 교란행위에 해당하는 주문의 수탁을 거부해야 함 · ETF 유동성 지원업무, 파생상품 헤지업무 등 본인의 업무수행으로 인한 매매의 경우 목적성이 없더라도 시세에 부당한 영향을 주는지 반드시 사전에 확인해야 함
주주가치 극대화	• 주주이익보호를 위해 탁월한 성과창출로 회사가치를 높일 것 • 투명하고 합리적인 의사결정과정 및 절차를 마련하고 준수할 것 • 주주와 금융소비자에게 필요한 정보를 적시에 공정하게 제공할 것 • 효과적인 리스크 관리체계 및 내부통제시스템을 운영할 것
사회적 책임	• 회사의 임직원은 모두 시민사회의 일원임을 인식하고 사회적 책임과 역할을 다해야 함 • 합리적이고 책임있는 경영을 통해 국가와 사회의 발전 및 시민의 삶의 질이 향상되도록 노력해야 함

정답 | ④

10

금융투자업종사자의 회사 비밀정보보호에 대한 설명 중 잘못된 것은?

① 미공개정보는 비밀정보에 해당하지 않는다.

② 비밀정보는 필요성이 인정되는 경우에 한하여 사전승인 절차를 거쳐야 한다.

③ 비밀정보를 제공하는 자는 제공과정 중 권한이 없는 자에게 전달되지 않도록 성실한 주의의무를 다해야 한다.

④ 비밀정보를 제공받는 자는 비밀유지의무를 준수하고, 제공받은 목적 이외의 목적으로 사용하거나 타인에게 사용하도록 하면 아니 된다.

TIP 미공개정보는 기록형태나 기록유무와 관계없이 비밀정보로 본다.

핵심포인트 해설　　**금융투자업종사자의 회사 비밀정보보호**

비밀정보의 범위	㉠ 회사의 재무건전성이나 경영 등에 중대한 영향을 미칠 수 있는 정보 ㉡ 고객 또는 거래상대방에 관한 신상정보, 매매거래내역, 계좌번호, 비밀번호 등에 관한 정보 ㉢ 회사의 경영전략이나 새로운 상품 및 비즈니스에 관한 정보 ㉣ 기타 ㉠ ~ ㉢에 준하는 미공개정보(미공개정보는 기록형태나 기록유무와 관계없이 비밀정보로 봄)
비밀정보의 관리원칙	• 정보교류차단원칙(Chinese Wall Policy) : 일체의 비밀정보는 차단되어야 하고, 관련 전산시스템을 포함하여 적절한 보안장치를 구축하여 관리해야 함 • 필요성에 의한 제공원칙(Need to Know Rule) : 업무수행을 위하여 필요한 최소한의 범위 내에서 준법감시인의 사전승인을 받아 제공해야 함
비밀정보의 제공절차	• 필요성이 인정되는 경우에 한하여 사전승인 절차를 거칠 것 • 사전승인 절차에 포함되어야 하는 사항 　· 비밀정보 제공의 승인을 요청한 자 및 비밀정보를 제공받을 자의 소속 부서 및 성명 　· 비밀정보 제공의 필요성 및 사유 　· 비밀정보의 제공 방법 및 절차, 제공 일시 등 • 비밀정보를 제공하는 자는 제공과정 중 권한이 없는 자에게 전달되지 않도록 성실한 주의의무를 다해야 함 • 비밀정보를 제공받는 자는 비밀유지의무를 준수하고, 제공받은 목적 이외의 목적으로 사용하거나 타인에게 사용하도록 하면 안 됨

정답 | ①

금융투자업자의 정보교류차단(Chinese Wall)**의무에 대한 설명으로 적절하지 않은 것은?**

① 금융투자업자가 금융투자업, 겸영업무, 부수업무 등을 영위하는 경우 미공개 중요정보 등에 대한 회사내부의 정보교류차단 장치를 구축해야 한다.
② 금융투자업자는 계열회사를 포함한 제3자에게 정보를 제공하는 경우에도 내부통제기준을 마련하여 이해상충이 발생할 수 있는 정보를 차단해야 한다.
③ 표준내부통제기준에 의하면 상시 정보교류를 허용하는 임원을 지정하여서는 안 된다.
④ 표준내부통제기준은 정보교류차단을 위하여 물리적 분리뿐만 아니라 비밀정보에 대한 접근권한을 통제하는 등의 방법을 규정하고 있다.

TIP 표준내부통제기준에 의하면 상시 정보교류를 허용하는 임원을 지정할 수 있다.

핵심포인트 해설	금융투자업자의 정보교류차단(Chinese Wall)의무

정보교류차단벽 설치 의무	• 금융투자회사는 업무종사자가 업무수행에 필요한 최소한의 정보에만 접근할 수 있도록 영위하는 업무의 특성 및 규모, 이해상충 정도 등을 고려하여 정보교류를 차단할 수 있는 장치를 마련해야 함
정보교류차단의 대상	• 미공개 중요정보 • 투자자의 금융투자상품 매매 또는 소유현황에 관한 정보로서 불특정 다수인이 알 수 있도록 공개되기 전의 정보 • 집합투자재산·투자일임재산·신탁재산의 구성내역과 운용에 관한 정보로서 불특정 다수인이 알 수 있도록 공개되기 전의 정보 • 회사 내부의 정보교류차단뿐만 아니라 계열회사를 포함한 제3자에게 정보를 제공하는 경우에도 이해상충 가능성이 있는 정보는 차단해야 함 • 회사가 이해상충 우려가 없다고 판단되는 경우 스스로 차단대상 정보에서 제외 가능(예외정보를 내부통제기준에 미리 반영하여 공시해야 함)
정보교류차단의 주요 내용	• 회사는 정보교류차단 대상 부문별로 책임자를 지정해야 함 • 회사는 정보교류의 차단 및 예외적 교류의 적정성을 감독하고, 정보교류통제 담당 조직을 설치해야 함 • 회사는 상시 정보교류가 허용되는 임원을 지정할 수 있음 • 회사는 상시 정보교류 차단벽을 설치 운영해야 함 • 회사는 요건을 모두 갖춘 경우 예외적 정보의 교류를 허용할 수 있음 • 이해상충방지를 위해 필요하다고 인정하는 경우 해당 법인과 관련한 금융투자상품을 거래주의 또는 거래제한 상품 목록으로 지정할 수 있음 • 회사가 고객으로부터 개인신용정보 제공의 동의를 받거나, 개인신용정보의 전송요구를 받은 경우에는 해당 정보를 계열회사 등 제3자에게 제공할 수 있음

정답 | ③

12

자본시장법상 이해상충방지체계에 대한 설명 중 옳은 것은?

① 금융투자업자는 이해상충방지체계를 자율적으로 마련해야 한다.

② 금융투자업자는 이해상충 발생 가능성을 파악·평가하고 표준투자권유준칙에 따라 관리해야 한다.

③ 이해상충 발생 가능성이 있다고 인정되는 경우 그 사실을 투자자에게 알리고, 문제가 없는 수준으로 낮춘 후 거래해야 한다.

④ 이해상충 발생 가능성을 낮추기 곤란한 경우 투자자의 승낙을 얻어 거래해야 한다.

TIP ① 자본시장법은 금융투자업의 인가·등록 시부터 이해상충방지체계를 갖추도록 의무화하였다.
② 금융투자업자는 이해상충 발생 가능성을 파악·평가하고 내부통제기준에 따라 관리해야 한다.
④ 이해상충 발생 가능성을 낮추기 곤란한 경우 그 거래를 해서는 안 된다.

핵심포인트 해설 **자본시장법상 이해상충방지체계**

(1) 이해상충방지 관련 규정
 ① 법 제37조 : 신의성실원칙과 자기거래·쌍방대리금지의 원칙
 ② 법 제44조 : 개별적 이해상충행위 유형화, 이해상충방지시스템 구축의무, 공시·거래단념의무
 ③ 법 제45조 : 정보교류차단의무
 ④ 법 제46조 : 위반 시 손해배상책임

(2) 금융투자업자의 이해상충방지체계
 ① 금융투자업 인가·등록 시 이해상충방지체계의 구축을 의무화함
 ② 이해상충 발생 가능성을 파악·평가하고 내부통제기준에 따라 관리해야 함
 ③ 공시의 원칙 : 이해상충 발생 가능성이 있다고 인정되는 경우 그 사실을 투자자에게 알리고, 투자자보호에 문제가 없는 수준으로 낮춘 후 거래해야 함
 ④ 회피의 원칙 : 이해상충 발생 가능성을 낮추는 것이 곤란하다고 판단되는 경우 매매, 그 밖의 거래를 하여서는 안 됨

정답 | ③

적합성 원칙에 대한 설명 중 적절하지 않은 것은?

① 금융소비자에게 투자를 권유하는 경우 투자목적, 투자경험, 자금력, 위험에 대한 태도 등에 비추어 가장 적합한 투자를 권유해야 한다는 원칙이다.

② 일반금융소비자에게 투자성 상품을 권유하는 경우에는 취득·처분목적, 취득·처분경험, 재산상황 등을 파악해야 한다.

③ 일반금융소비자에게 대출성 상품을 권유하는 경우에는 재산상황, 신용 및 변제계획 등을 파악해야 한다.

④ 일반사모집합투자기구의 경우에도 원칙적으로 적합성 원칙이 적용된다.

TIP 일반사모집합투자기구의 집합투자증권의 경우에는 원칙적으로 적합성 원칙이 적용되지 않는다. 다만, 적격투자자 중 일반금융소비자가 대통령령이 정하는 바에 따라 요청하는 경우에는 적합성 원칙이 적용된다.

핵심포인트 해설	적합성 원칙과 적정성 원칙

(1) 적합성 원칙

KYC(고객상황파악) 순서	• 투자권유 희망여부 확인 • 일반금융소비자인지 전문금융소비자인지 확인 • 일반금융소비자인 경우 면담, 질문 등을 통해 금융소비자의 정보 파악 • 투자성향 분석 결과 설명 및 확인서 제공 • 투자자금의 성향 파악
파악해야 하는 금융소비자의 정보	• 투자성 상품 및 수익률변동 가능한 예금성 상품 : 일반금융소비자의 해당금융상품 취득 또는 처 분의 목적·경험, 재산상황 등을 파악 • 대출성 상품 : 일반금융소비자의 재산상황, 신용 및 변제계획 등을 파악
적합성 원칙의 적용예외	• 일반사모펀드의 경우에는 원칙적으로 적합성 원칙이 적용되지 않음 • 다만, 적격투자자 중 일반금융소비자가 대통령령이 정하는 바에 따라 요청하는 경우에는 적합 성 원칙이 적용됨

(2) 적정성 원칙

투자자정보 파악의무	금융상품판매업자는 대통령령으로 정하는 투자성 상품, 대출성 상품, 보장성 상품에 대하여 일반 금융소비자에게 계약체결을 권유하지 않고 판매계약을 체결하는 경우에는 미리 상품별 투자자정 보를 파악하여야 함
고지 및 확인의무	금융상품판매업자는 해당 금융상품이 일반금융소비자에게 적정하지 않다고 판단되는 경우에는 그 일반금융소비자에게 그 사실을 알리고, 서명 등의 방법으로 확인받아야 함
적합성 원칙과의 차이	적합성 원칙은 일반금융소비자에게 계약체결을 권유할 때 적용되는 원칙인 반면 적정성 원칙은 일반금융소비자에게 계약체결을 권유하지 않고 투자성 상품 등에 대하여 계약체결을 원하는 경 우에 적용됨

정답 | ④

금융상품판매업자의 설명의무에 대한 기술이 적절하지 않은 것은?

① 금융상품판매업자의 설명의무 적용대상은 원금손실이 가능한 투자성 상품에 한한다.

② 금융소비자에게 설명을 할 때에는 사용하는 정보, 상품안내장, 약관, 광고, 홈페이지 등도 그 적정성을 갖추고 있는지 고려해야 한다.

③ 설명의무를 위반하는 경우 해당 금융상품계약으로부터 얻은 수입의 50%까지 과징금을 부과할 수 있다.

④ 설명의무를 위반하는 경우 과징금과는 별도로 1억원 이내의 과태료를 부과할 수 있다.

TIP 금융상품판매업자의 설명의무 적용대상은 투자성 상품뿐만 아니라 예금성 상품, 대출성 상품, 보장성 상품까지 확대되었다.

핵심포인트 해설　　**설명의무**

설명의무의 의의	• 설명의무 : 금융상품판매업자는 일반금융소비자에게 계약체결을 권유하는 경우 및 일반금융소비자가 설명을 요청하는 경우에 금융상품에 관한 중요한 사항을 일반금융소비자가 이해할 수 있도록 설명해야 함 • 적용범위 : 투자성 상품, 대출성 상품, 예금성 상품, 보장성 상품
설명서 제공 및 확인의무	• 설명서 제공의무 : 계약체결 권유하는 경우 반드시 사전에 서면 등의 방법으로 금융소비자에게 해당 금융상품의 설명서를 제공해야 함 • 확인의무 : 설명의무 이행한 경우 일반금융소비자가 이해하였음을 서명 등의 방법으로 확인받고, 해당기록을 유지·보관할 의무가 있음
위반 시 제재	• 과징금 : 중요사항을 설명하지 않은 경우, 설명서를 사전에 제공하지 않은 경우, 설명하였음을 금융소비자로부터 확인받지 않은 경우 금융회사는 해당 계약으로부터 얻은 수입의 50%까지 과징금 부과 가능 • 과태료 : 설명의무 위반 시 1억원까지 부과 가능

정답 | ①

다음 중 금융투자회사의 표준윤리준칙에 의한 표시의무에 대한 설명으로 잘못된 것은?

① 금융투자업자의 투자권유 시 중요한 사실에 대하여 정확하게 표시하여야 한다.

② 중요한 사실은 투자판단에 중요한 영향을 끼친다고 생각되는 사실로 투자대상에 관한 중요정보뿐 아니라 투자수익에 영향을 주는 정보도 포함된다.

③ 정확한 표시란 중요사항이 빠짐없이 표시되고 그 내용이 충분, 명료한 것을 의미한다.

④ 회사의 위법행위 여부가 불분명한 경우 사적 화해수단으로 손실을 보상하는 행위도 금지된다.

TIP 회사의 위법행위 여부가 불분명한 경우 사적 화해수단으로 손실을 보상하는 행위는 허용된다.

핵심포인트 해설　　**적정한 표시의무**

(1) 합리적 근거 제공
　금융투자업자의 투자권유 시 정밀한 조사·분석에 기초한 자료에 의하여야 하고, 합리적이고 충분한 근거를 가져야 함

(2) 중요한 사실에 대한 정확한 표시의무
　① 중요한 사실은 투자판단에 중요한 영향을 끼친다고 생각되는 사실로 투자대상에 관한 중요정보뿐 아니라 투자수익에 영향을 주는 정보도 포함됨
　② 정확한 표시란 중요사항이 빠짐없이 표시되고 그 내용이 충분, 명료한 것을 의미
　③ 표시방법은 제한 없음(구두, 문서, 이메일 등 가능)

(3) 투자성과보장 등의 표현 금지
　① 원칙 : 사전·사후 불문하고 투자자의 손실 전부(또는 일부) 보전·투자자에 대한 이익 보장약속 금지(법 제55조), 그 권유에 의한 위탁이 없어도 금지규정 위반으로 간주함
　② 예외 : 손실보상(또는 손해배상)이 가능한 경우
　　㉠ 회사의 위법행위 여부가 불분명한 경우 사적 화해수단으로 손실을 보상하는 행위
　　㉡ 회사의 위법행위로 회사가 손해를 배상하는 행위
　　㉢ 분쟁조정 또는 화해절차에 따라 손실보상 또는 손해배상을 하는 행위

정답 | ④

상품판매 이후 단계의 금융소비자보호에 대한 설명 중 적절하지 않은 것은?

① 금융회사는 금융소비자로부터 자료열람을 요구받은 날로부터 10일 이내에 해당 자료를 열람할 수 있게 해야 한다.

② 금융상품판매업자는 금융소비자의 위법계약 해지요구일로부터 10일 이내에 수락여부를 결정하여 금융소비자에게 통지해야 한다.

③ 조정신청사건에 대하여 소송진행 중일 때 법원은 소송절차를 중지할 수 있다.

④ 2천만원 이하의 소액분쟁사건에 대하여 조정절차가 개시된 경우 조사대상기관은 조정안 제시 전까지 소송을 제기할 수 없다.

TIP 금융회사는 금융소비자로부터 자료열람을 요구받은 날로부터 6영업일 이내에 해당 자료를 열람할 수 있게 해야 한다.

핵심포인트 해설 **상품판매 이후 단계의 금융소비자 보호**

처리결과 보고의무	• 매매명세 통지 : 투자매매·중개업자는 금융투자상품 매매가 체결된 경우 지체 없이 투자자에게 통지해야 함 • 매매체결 후 다음 달 20일까지 통지 사항 : 월간 매매·손익내역, 월말잔액, 미결제약정현황 등
자료열람요구권	• 금융소비자는 분쟁조정 또는 소송수행 등 권리구제를 목적으로 금융회사가 유지 관리하는 자료의 열람을 요구할 수 있음 • 금융회사는 금융소비자로부터 자료열람을 요구받은 날로부터 6영업일 이내에 해당 자료를 열람할 수 있게 해야 함(금융소비자에게 비용청구 가능)
위법계약해지권	• 금융상품판매업자가 5대 판매원칙 위반 시 금융소비자는 일정기간 내에 계약해지 요구할 수 있음 • 금융상품판매업자는 금융소비자의 해지요구일로부터 10일 이내에 수락여부를 결정하여 금융소비자에게 통지해야 함
사후구제제도	• 법원의 소송중지제도 : 조정신청사건에 대하여 소송진행 중일 때 법원은 소송절차 중지 가능 • 분쟁조정 이탈금지 제도 : 2천만원 이하의 소액분쟁사건에 대하여 조정절차가 개시된 경우 조사대상기관은 조정안 제시 전까지 소송제기 불가 • 손해배상의 입증책임전환 : 금융소비자 ⇨ 금융회사
기 타	• 정보누설 및 부당이용 금지 • 해피콜서비스 : 판매 후 7영업일 이내 모니터링 • 고객의 소리 : 금융소비자의 의견 청취 제도 • 미스터리쇼핑 : 외주전문업체를 통한 불완전판매행위 발생여부 확인 제도

정답 | ①

투자권유에 대한 설명 중 잘못된 것은?

① 금융투자업종사자는 고객의 승낙 또는 부득이한 사유 없이 자신의 업무를 제3자에게 처리하게 할 수 없다.

② 투자권유대행인은 투자권유대행업무를 제3자에게 재위탁할 수 없다.

③ 금융투자업자가 투자자로부터 투자권유의 요청을 받지 아니하고 전화를 통하여 투자권유하는 행위는 원칙적으로 허용된다.

④ 투자권유를 받은 투자자가 이를 거부하는 취지의 의사를 표시하였음에도 불구하고 투자권유를 계속하는 행위는 금지된다.

TIP   불초청 투자권유 행위는 원칙적으로 금지된다.

핵심포인트 해설   **재위임 및 재권유 금지**

(1) 재위임 금지
　① 금융투자업종사자는 고객의 승낙 또는 부득이한 사유 없이 자신의 업무를 제3자에게 처리하게 하면 안 됨
　② 투자권유대행인은 투자권유대행업무를 제3자에게 재위탁하는 행위 금지

(2) 요청하지 않은 투자권유(불초청) 금지
　① 원칙 : 금융투자업자가 투자자로부터 투자권유의 요청을 받지 아니하고 방문·전화 등 실시간 대화의 방법을 이용하는 행위는 부당권유행위에 해당되어 금지됨
　② 다만, 투자권유 전에 개인정보 취득경로·금융상품 등을 사전안내하고, 고객이 투자권유 받을 의사를 표시한 경우에는 투자권유 할 수 있음
　③ 사전안내가 불가능한 투자성상품

일반금융소비자	고난도상품, 사모펀드, 장내파생상품, 장외파생상품
전문금융소비자	장외파생상품

(3) 재권유 금지
　① 원칙 : 투자권유를 받은 투자자가 이를 거부하는 취지의 의사를 표시하였음에도 불구하고 투자권유를 계속하는 행위는 금지됨
　② 예 외
　　㉠ 1개월이 지난 후에 다시 투자권유를 하는 행위
　　㉡ 다른 종류의 금융투자상품에 대하여 투자권유를 하는 행위

정답 | ③

18

금융투자업종사자의 대외활동 시 준수사항과 가장 거리가 먼 것은?

① 대외활동 시 소속부점장, 준법감시인 또는 대표이사의 사전승인을 받아야 한다.

② 익명성이 보장되는 경우에도 비공개를 요하는 정보는 언급할 수 없다.

③ 정기적 정보제공이나 경미한 것은 준법감시인에게 사전 보고하지 않아도 된다.

④ 사외대화방 참여는 Privacy 문제이므로 규제하지 않는다.

TIP 사외대화방 참여는 공중포럼으로 간주하여 언론기관 접촉 시와 같이 규제한다.

핵심포인트 해설   **금융투자업종사자의 대외활동 시 준수사항**

(1) 언론기관 접촉 시 준수사항
① 회사공식의견이 아닌 경우 사견임을 명백히 표현할 것
② 부정적 결과를 야기할 수 있는 내용은 가급적 삼가할 것
③ 익명성이 보장되는 경우에도 비공개를 요하는 정보는 언급하지 말 것

(2) 강연, 연설 시 준수사항
① 사전에 강연 내용 및 원고를 회사에 보고하고 확인받음
② 회사의 요청에 의한 경우에도 담당업무수행에 지장이 없도록 함

(3) 감독당국과 접촉 시 준수사항
① 준법감시인에게 사전보고(정기적 정보제공이나 경미한 것은 제외)
② 금융당국으로부터 접수한 문서는 곧바로 관계부서에 전파, 중요내용은 부서장이 준법감시부서에 통지

(4) 전자통신활동
① 임직원-고객 간 이메일 : 사용장소에 관계없이 표준내부통제기준 및 관계법령이 적용됨
② 사외대화방 참여 : 공중포럼으로 간주(언론기관 접촉 시와 같이 규제)
③ 인터넷게시판에 특정 상품 분석게시 : 사전에 준법감시인이 정하는 절차와 방법에 따름(단, 출처를 명시하고 인용하거나 기술적 분석에 따른 투자권유는 제외)

정답 | ④

금융투자업종사자의 대외활동에 대한 사전승인 시 고려해야 할 사항과 거리가 먼 것은?

① 회사, 주주 및 고객 등과의 이해상충 정도
② 대외활동의 대가로 지급받는 보수 또는 보상의 적절성
③ 대외활동을 하고자 하는 회사의 공신력, 사업내용, 사회적 평판
④ 대외활동 시 활동장소 및 대상 인원 등

TIP 금융투자회사의 표준윤리준칙 제31조 2항에 의하면 대외활동 시 활동장소 및 대상 인원 등은 사전승인 시 고려해야 할 사항에 포함되지 않는다.

핵심포인트 해설   **금융투자업종사자의 대외활동 시 준법절차**

(1) 대외활동의 범위
① 외부강연, 연설, 교육, 기고 등의 활동
② 신문, 방송 등 언론매체 접촉활동
③ 회사가 운영하지 않는 온라인 커뮤니티, 소셜 네트워크서비스, 웹사이트 등을 이용한 대외접촉활동(회사내규상 활동금지 되는 경우는 제외)

(2) 대외활동 시 허가절차

사후보고 (X)

① 이해상충 정도에 따라 소속부점장, 준법감시인, 대표이사의 사전승인을 받아야 함
② 사전승인할 때 고려해야 할 사항
  ⊙ 표준내부통제기준 및 관계법령 위반 여부
  ⓒ 회사에 미치는 영향
  ⓒ 회사, 주주 및 고객 등과의 이해상충 정도
  ② 대외활동의 대가로 지급받는 보수 또는 보상의 적절성
  ⑩ 대외활동을 하고자 하는 회사의 공신력, 사업내용, 사회적 평판 등
③ 임직원이 대외활동을 성실하게 이행하지 못하거나 이해상충이 확대되는 경우 회사는 임직원의 대외활동 중단을 요구할 수 있으며, 이때 임직원은 즉시 요구에 따라야 함

정답 | ④

20

금융투자업종사자의 고용계약 종료 후 의무에 대한 설명 중 잘못된 것은?

① 금융투자업종사자가 퇴직하는 경우 일정 기간 회사의 이익을 해치는 행위를 해서는 안 된다.

② 회사 비밀정보의 출간·공개·제3자 이용 등이 금지된다.

③ 고용기간이 종료되면 회사에 대한 선관주의의무도 즉시 종료된다.

④ 고용기간이 종료되더라도 본인이 생산한 지적재산물의 이용 및 처분권한은 회사가 가지는 것이 원칙이다.

TIP 고용기간 종료 후에도 회사에 대한 선관주의의무가 상당 기간 지속된다.

핵심포인트 해설 　　**금융투자업종사자의 고용계약 종료 후 의무**

(1) 의 의
금융투자업종사자가 퇴직하는 경우 그에 따른 적절한 조치를 취해야 하고, 상당 기간 동안 회사의 이익을 해치는 행위를 해서는 안 됨

(2) 퇴직 시 적절한 조치
① 회사 비밀정보의 출간·공개·제3자 이용 등 금지
② 기밀정보를 포함한 모든 자료 회사반납
③ 회사명, 상표, 로고 등의 사용 금지
④ 고용기간 동안 본인이 생산한 지적재산물은 회사의 재산으로 반환해야 하고, 고용기간 종료 후라도 지적재산물의 이용 및 처분권한은 회사가 가지는 것이 원칙임

(3) 회사에 대한 선관주의의무 → 선량한 관리자로서의 주의의무
① 고용기간 종료 후에도 회사에 대한 선관주의의무가 상당 기간 지속됨
② 기간이 너무 장기간이면 합리적인 기간으로 제한됨

정답 | ③

21

금융투자업자는 법령을 준수하고, 자산을 건전하게 운용하며, 이해상충방지 등 투자자를 보호하기 위하여 그 금융투자업자의 임직원이 직무를 수행함에 있어서 준수하여야 할 적절한 기준 및 절차인 (   )을(를) 정하여야 한다. 빈칸에 들어갈 내용으로 옳은 것은?

① 내부통제기준
② 투자권유준칙
③ 펀드판매매뉴얼
④ 영업행위규칙

TIP 내부통제기준에 대한 설명이다. 내부통제기준을 통하여 임직원의 선관의무, 고객우선의 원칙, 법규준수 여부 등을 사전적·상시적으로 감독하며, 이를 제정·개정 시 이사회 결의를 요한다. 그리고 금융투자협회는 표준내부통제기준을 작성하여 사용권고할 수 있다.

핵심포인트 해설   **금융투자업자의 내부통제**

내부통제기준	• 금융투자업자의 임직원이 직무를 수행함에 있어서 준수해야 할 적절한 기준 및 절차 • 임직원의 선관의무, 고객우선의 원칙, 법규준수 여부 등을 사전적·상시적으로 감독함 • 제정·개정 시 이사회 결의를 요함(협회는 표준내부통제기준을 작성하여 사용권고 가능)
준법감시인	• 선임은 사내이사 또는 업무집행책임자 중에서 선임하며 내부통제업무를 수행함 • 임면(감독원장 보고사항)은 이사회 의결로 하며, 해임의 경우 이사 2/3 이상의 찬성으로 의결
내부통제위원회	• 원칙 : 표준내부통제기준은 대표이사를 위원장으로 하여 준법감시인, 위험관리책임자 및 내부통제담당 임원을 위원으로 하는 내부통제위원회를 두도록 규정함 • 예 외 · 자산총액 7천억원 미만 상호저축은행, 자산총액 5조원 미만 종합금융회사·보험회사·여신전문금융 회사
준법감시부서	• 준법감시부서 내에 IT분야의 전문지식이 있는 전산요원을 1인 이상 배치해야 함 • 준법감시직원이 수행하면 아니 되는 업무 · 자산운용에 관한 업무 · 회사의 본질적 업무 및 그 부수업무 · 회사의 겸영업무 · 위험관리업무

정답 | ①

금융투자업자의 영업점별 준법감시제도에 대한 설명 중 잘못된 것은?

① 준법감시인은 독립성이 있기 때문에 준법감시업무의 일부를 임직원에게 위임할 수 없다.

② 준법감시인은 영업관리자에게 업무수행결과에 따라 적절한 보상을 지급할 수 있다.

③ 사이버룸은 직원과 분리되어 위치해야 한다.

④ 영업점장은 준법감시인이 위임하는 영업관리자가 될 수 없다.

TIP 준법감시인은 준법감시업무의 일부를 임직원에게 위임할 수 있다.

핵심포인트 해설   영업점에 대한 준법감시제도

(1) 영업점에 대한 준법감시업무의 위임
  ① 준법감시인은 준법감시업무의 일부를 임직원에게 위임 가능(범위, 한계 구분)
  ② 부점별 또는 수 개의 부점을 1단위로 하여 법령준수감독자를 지명할 수 있음

(2) 영업점별 영업관리자에 의한 준법감시
  ① 준법감시인은 영업점에 준법감시업무를 위한 영업관리자를 둘 수 있음
    ㉠ 영업관리자 요건 : 영업점에 1년 이상 근무, 영업점장이 아닌 책임자급일 것
    ㉡ 영업관리자 임기 : 1년 이상으로 해야 함
  ② 준법감시인은 영업관리자에 대하여 연 1회 이상 법규·윤리 관련 교육을 실시해야 함
  ③ 준법감시인은 영업관리자에게 업무수행결과에 따라 적절한 보상을 지급할 수 있음

(3) 고객전용공간(사이버룸) 제공 시 준수사항
  ① 당해 공간은 직원과 분리되어야 하고, 영업점장 및 영업관리자의 통제가 용이한 장소에 위치할 것
  ② 사이버룸의 경우 사이버룸임을 명기하고 개방형 형태로 설치할 것
  ③ 사이버룸의 사용고객에게 명패, 명칭, 개별 직통전화 등을 제공하지 말 것
  ④ 사이버룸에서 이뤄지는 매매의 적정성을 모니터링하고, 이상매매 발견 시 지체 없이 준법감시인에게 보고할 것

정답 | ①

다음 중 내부통제기준 위반자에 해당하지 않는 자는?

① 내부통제기준 위반을 지시한 자
② 다른 사람의 위반사실을 과실로 보고하지 않은 자
③ 내부통제기준 위반을 묵인한 자
④ 내부통제기준의 운영을 저해한 자

TIP 다른 사람의 위반사실을 고의로 보고하지 않은 경우 내부통제기준 위반자에 해당한다.

핵심포인트 해설　　　**내부통제기준 위반 시 회사의 제재**

(1) 내부통제기준 위반자의 범위
① 내부통제기준을 직접 위반한 자
② 내부통제기준 위반을 지시·묵인·은폐 등에 관여한 자
③ 다른 사람의 위반사실을 고의로 보고하지 않은 자
④ 기타 내부통제기준의 운영을 저해한 자

(2) 내부통제기준 위반 시 조치
① 개인에 대한 조치
　　관계법령 적용 ⇨ 사규상 징계규정 적용
② 회사에 대한 조치
　　㉠ 1억원 이하의 과태료 : 내부통제기준 마련하지 않은 경우, 준법감시인을 두지 않은 경우, 사내이사 또는 업무집행책임자 중
　　　에서 준법감시인을 선임하지 않은 경우, 이사회 결의 없이 준법감시인을 임면한 경우, 금융위원회가
　　　위법·부당한 행위를 한 회사 또는 임직원에게 내리는 제재조치를 이행하지 않은 경우
　　㉡ 3천만원 이하의 과태료 : 준법감시인에 대한 별도의 보수지급 및 평가기준을 마련·운영하지 않은 경우, 준법감시인이 자산
　　　운용업무·금융회사 본질적 업무·금융회사 겸영업무·자회사 업무 등을 겸직하거나 겸직하게 한
　　　경우
　　㉢ 2천만원 이하의 과태료 : 준법감시인의 임면 사실을 금융위원회에 보고하지 않은 경우

(3) 재발방지조치
① 회사조치 : 해당 임직원 제재, 내부통제제도 개선 등
② 회사조치에 대하여 임직원은 그 사유와 증빙자료를 첨부하여 이의신청 가능

정답 | ②

24

다음 중 자본시장법 제55조(손실보전 등의 금지)에 근거하여 금지되는 행위와 가장 거리가 먼 것은?

① 투자자가 입을 손실의 전부를 보전하여 줄 것을 사전에 약속하는 행위
② 투자자가 입은 손실의 일부를 사후에 보전하여 주는 행위
③ 투자자에게 일정한 이익을 사후에 제공하는 행위
④ 회사의 위법행위 여부가 불분명한 경우 투자자에게 사적화해의 수단으로 손실을 보상하는 행위

TIP ④는 손실보전 등의 금지 원칙의 예외로서 허용된다.

핵심포인트 해설   분쟁예방요령 및 손실보전 등의 금지

분쟁예방요령		• 임직원 개인계좌로 고객자산을 입금받지 말 것 • 일정범위 내에서 허용되는 일임매매의 경우 그 범위 및 취지에 맞게 업무수행 할 것 • 임직원은 금융상품거래의 조력자임을 잊지 말 것(고객과 의견이 다를 때 고객의 의사를 확인하고 업무처리) • 어떤 형태로든 손실보전 약정은 하지 말 것 • 지나치게 단정적 판단을 제공하지 말 것 • 업무 수행 중 알게 된 정보의 취급에 신중을 기할 것

손실보전
등의 금지
	원칙	• 금융투자업자(또는 임직원)는 금융투자상품의 거래와 관련하여 손실보전 또는 이익보장, 그밖에 다음 중 어느 하나에 해당하는 행위를 금지함
		  · 투자자가 입을 손실의 전부 또는 일부를 보전하여 줄 것을 사전에 약속하는 행위
		  · 투자자가 입은 손실의 전부 또는 일부를 사후에 보전하여 주는 행위
		  · 투자자에게 일정한 이익을 보장할 것을 사전에 약속하는 행위
		  · 투자자에게 일정한 이익을 사후에 제공하는 행위

	예외	• 사전에 준법감시인에게 보고한 경우 예외적으로 아래의 행위가 허용됨
		  · 회사의 위법행위로 인하여 손해배상 하는 행위
		  · 회사의 위법행위 여부가 불분명한 경우 사적화해의 수단으로 손실을 보상하는 행위
		  · 분쟁조정 또는 재판상 화해절차에 따라 손실보상이나 손해배상을 하는 경우

정답 | ④

직무윤리 위반 시 제재에 대한 설명 중 잘못된 것은?

① 금융투자협회는 영업질서유지 및 투자자보호를 위한 자율규제를 할 수 있다.

② 회원규제뿐만 아니라 임직원에 대한 규제도 가능하다.

③ 금융투자업종사자가 투자광고규정을 위반한 경우 1년 이하의 징역 또는 3천만원 이하의 벌금에 처할 수 있다.

④ 형사제재 시 행위자에게는 벌칙이 병과되어 부과될 수 있으나 행위자 외의 법인 또는 개인에게 벌칙이 병과되지 않는다.

TIP 행위자 외의 법인 또는 개인에게 벌칙이 병과되어 부과될 수도 있다.

핵심포인트 해설   **직무윤리 위반행위에 대한 제재**

제재의 형태	제재 기관	제재 내용
자율적 제재	금융투자협회	• 회원규제 : 주의, 경고, 회원자격정지, 제명요구 등 • 임직원규제 : 주의·견책·감봉·정직·면직 등의 권고
행정적 제재	금융위원회	• 금융투자업자 제재 : 감독권, 조치명령권, 승인권 등 • 임직원 제재 : 주의·경고·직무정지(6월 이내)·해임요구 • 청문 및 이의신청가능
민사적 제재	법 원	• 당해 행위의 효력상실 : 무효, 계약해제(해지) • 손해배상책임 : 채무불이행·불법행위에 의한 배상책임
형사적 제재	법 원	• 3년 이하의 징역(또는 1억원 이하의 벌금) : 부당권유 금지조항 위반, 등록 전 투자권유행위, 투자권유대행인 외의 자에게 투자권유를 대행하게 한 경우, 손실보전 금지조항 위반 • 1년 이하의 징역(또는 3천만원 이하의 벌금) : 투자광고규정 위반, 투자매매업(중개업)자 여부를 밝히지 않고 주문한 경우
시장 제재	시 장	• 위반행위에 대한 법적 제재가 없을 수도 있음 • 법적 제재가 없어도 고객과 시장으로부터의 신뢰상실 및 명예실추

정답 | ④

다음 중 6대 판매원칙의 기준으로 볼 때 부당권유행위와 가장 거리가 먼 것은?

① 단정적 판단을 제공하는 행위
② 투자판단에 중대한 영향을 미치는 사항을 알리지 않는 행위
③ 적합성원칙을 회피할 목적으로 투자권유불원 확인서를 작성케 하는 행위
④ 우월적 지위를 이용하여 금융소비자의 권익을 침해하는 행위

TIP 우월적 지위를 이용하여 금융소비자의 권익을 침해하는 행위는 부당권유행위라기보다는 불공정영업행위에 해당된다. 부당권유행위에는 단정적 판단의 제공, 사실과 다르게 알리는 행위, 투자판단에 중대한 영향을 미치는 사항을 알리지 않는 행위, 객관적 근거 없이 상품의 우수성을 알리는 행위, 고객 요청 없이 실시간 대화의 방법으로 투자권유 하는 행위(불초청 투자권유), 고객거절에도 지속적인 체결권유(재권유), 적합성원칙을 회피할 목적으로 투자권유불원 확인서 작성케 하는 행위 등이다.

핵심포인트 해설	6대 판매원칙

적합성원칙	일반금융소비자의 투자자정보를 파악하고 적합하지 않은 상품을 투자권유 할 수 없다는 원칙
적정성원칙	일반금융소비자가 계약체결의 권유를 받지 않고 자발적으로 상품계약체결을 하려는 경우, 해당 상품이 적정한지 여부를 파악하고, 부적정한 경우 금융소비자에게 알리고 확인을 받아야 한다는 원칙
설명의무	일반금융소비자에게 계약체결을 권유하는 경우 또는 일반금융소비자가 설명을 요청하는 경우, 중요사항을 금융소비자가 이해할 수 있도록 설명하고 이를 확인받아야 한다는 원칙
불공정영업행위 금지	모든 금융소비자에게 우월적 지위를 이용하여 금융소비자의 권익을 침해하는 행위는 금지한다는 원칙
부당권유행위 금지	모든 금융소비자에 대한 부당한 계약체결을 금지한다는 원칙
허위/부당광고 금지	업무 또는 금융상품에 관한 광고 시 금융소비자를 오인하게 할 수 행위를 금지한다는 원칙

정답 | ④

다음 중 6대 판매원칙 위반 시 과징금 부과대상이 아닌 것은?

① 적합성원칙 위반
② 설명의무 위반
③ 부당권유행위 금지의무 위반
④ 허위·부당광고 금지의무 위반

TIP 과징금은 설명의무 위반, 불공정영업행위 금지 위반, 부당권유행위 금지의무 위반, 허위·부당광고 금지의무 위반의 경우에 부과한다.

핵심포인트 해설 **6대 판매원칙 위반 시 책임**

6대 판매원칙	위반 시 책임				
	위법계약해지	과태료	과징금	손해배상	기관/임직원 제재
적합성원칙	○	○	×	○	○
적정성원칙	○	○	×	○	○
설명의무	○	○	○	○	○
불공정영업행위 금지	○	○	○	○	○
부당권유행위 금지	○	○	○	○	○
허위/부당광고 금지	×	○	○	○	○

정답 | ①

개인정보처리자의 개인정보보호원칙과 거리가 먼 것은?

① 개인정보처리자는 그 목적에 필요한 범위 내에서 최소한의 개인정보만 적법하고 정당하게 수집하여야 한다.

② 개인정보처리방침 등 개인정보처리에 관한 사항을 공개하고, 열람청구권 등 정보주체의 권리를 보장하여야 한다.

③ 개인정보처리 목적 범위 내에서 개인정보의 정확성, 완전성, 최신성이 보장되도록 하여야 한다.

④ 개인정보의 익명처리가 가능한 경우라도 실명으로 처리하여야 한다.

TIP 개인정보의 익명처리가 가능한 경우에는 익명으로 처리하여야 한다.

핵심포인트 해설　　　**개인정보처리자의 준수사항**

(1) 개인정보 관련 주요 개념
① 개인정보 : 성명, 주민등록번호 및 영상 등을 통하여 개인을 알아볼 수 있는 정보
② 정보주체 : 처리되는 정보에 의하여 알아볼 수 있는 사람으로서 그 정보의 주체가 되는 사람
③ 개인정보처리자 : 업무를 목적으로 개인정보파일을 운용하기 위하여 스스로 또는 다른 사람을 통하여 개인정보를 처리하는 공공기관, 법인, 단체 및 개인

(2) 개인정보처리자의 준수사항
① 수집 : 목적에 필요한 범위에서 최소한의 개인정보만을 적법하게 수집해야 함
② 처리 및 활용 : 그 목적 외의 용도로 활용하는 것은 금지됨
③ 보장 : 개인정보의 정확성, 완전성 및 최신성이 보장되도록 해야 함
④ 관리 : 정보주체의 권리침해 가능성을 고려하여 안전하게 관리해야 함
⑤ 공개 : 개인정보처리방침 등 개인정보의 처리에 관한 사항을 공개하여야 하며, 열람청구권 등 정보주체의 권리를 보장해야 함
⑥ 사생활침해 : 정보주체의 사생활침해를 최소화하는 방법으로 처리해야 함
⑦ 익명처리 : 개인정보의 익명처리가 가능한 경우에는 익명으로 처리함

정답 | ④

개인정보처리자의 개인정보수집 및 이용이 가능한 경우와 거리가 먼 것은?

① 직속상관의 허락을 받은 경우
② 정보주체의 동의를 받은 경우
③ 생명, 신체, 재산의 이익을 위하여 필요하다고 인정되는 경우
④ 명백하게 정보주체의 권리보다 우선하는 경우

TIP 직속상관의 허락을 받았다고 하여 개인정보수집 및 이용이 무조건 가능하다고 볼 수 없다.

핵심포인트 해설　　　**정보주체의 권리와 정보처리자의 개인정보수집 및 이용 범위**

(1) 정보주체의 권리 → 고객
　① 개인정보의 처리에 관한 정보를 제공받을 권리
　② 개인정보의 처리에 관한 동의 여부, 동의 범위 등을 선택하고 결정할 권리
　③ 개인정보의 처리 여부를 확인하고 개인정보에 대한 열람(사본 포함)을 요구할 권리
　④ 개인정보의 처리 정지·정정·삭제 및 파기를 요구할 권리
　⑤ 개인정보의 처리로 인하여 발생한 피해를 구제받을 권리
　⑥ 완전히 자동화된 개인정보처리에 따른 결정을 거부하거나 그에 대한 설명 등을 요구할 권리
(2) 정보처리자의 개인정보수집 및 이용 범위 → 금융기관 직원
　① 정보주체의 동의를 받은 경우
　② 법률에 특별한 규정이 있거나 법령상 의무를 준수하기 위하여 불가피한 경우
　③ 공공기관이 법령 등에서 정하는 소관업무의 수행을 위하여 불가피한 경우
　④ 정보주체와의 계약 체결 및 이행을 위하여 불가피하게 필요한 경우
　⑤ 명백히 정보주체 또는 제3자의 급박한 생명, 신체, 재산의 이익을 위하여 필요하다고 인정되는 경우
　⑥ 명백하게 정보주체의 권리보다 우선하는 경우
　⑦ 공중위생 등 공공의 안전과 안녕을 위하여 긴급히 필요한 경우

정답 | ①

30

개인정보의 처리 및 관리에 대한 설명 중 옳은 것은?

① 개인정보에는 고유식별정보, 금융정보뿐 아니라 민감정보도 포함한다.
② 최소한의 개인정보수집이라는 입증책임은 정보주체가 부담한다.
③ 민감정보 및 고유식별정보는 정보주체의 동의를 얻은 경우에만 처리를 허용한다.
④ 주민등록번호는 외부망의 경우에 한하여 암호화한 후 안전하게 보호하여야 한다.

TIP   ② 최소한의 개인정보수집이라는 입증책임은 개인정보처리자가 부담한다.
      ③ 민감정보 및 고유식별정보는 정보주체의 동의를 얻거나 법령에서 구체적으로 허용된 경우에 한하여 예외적
        으로 처리를 허용한다.
      ④ 주민등록번호는 내·외부망의 구분 없이 암호화하여 안전하게 보호하여야 한다.

핵심포인트 해설   개인정보의 수집·처리 제한 및 처벌

(1) 개인정보보호에 관한 법률
   ① 개인정보보호에 관한 일반법 : 개인정보보호법(개인의 존엄과 가치구현 목적)
   ② 개인정보보호에 관한 특별법 : 신용정보법, 금융실명법, 전자금융거래법

(2) 개인정보처리자의 개인정보수집 제한
   ① 최소한의 개인정보수집이라는 입증책임은 개인정보처리자가 부담함
   ② 개인정보처리자는 개인정보수집에는 동의하지 아니할 수 있다는 사실을 정보주체에게 구체적으로 알리고 개인정보를 수집
     하여야 함
   ③ 개인정보처리자는 정보주체가 필요한 최소한의 정보 외의 개인정보수집에 동의하지 아니한다는 이유로 정보주체에게 재화
     또는 서비스의 제공을 거부하면 안 됨

(3) 개인정보의 처리 제한 및 처벌

제공행위	• 원칙 : 목적 외 용도로 이용하거나 제3자에게 제공하는 행위 금지 • 예외 : 정보주체의 동의 또는 법률규정에 의하는 경우에만 허용
고유식별번호	• 주민번호는 내·외부망 구분 없이 암호화하여 안전하게 보관해야 함 • 주민번호는 정보주체의 동의를 받았더라도 법령 근거가 없는 경우에는 원칙적으로 처리가 금지되므로 삭제해야 함
처 벌	• 징벌적 손해배상제도 : 피해액의 5배까지 손해배상액 중과 가능

정답 | ①

다음 중 내부통제기준 위반 시 제재에 대한 기술 중 적절하지 않은 것은?

① 벌칙으로 벌금, 과징금, 과태료 등이 부과될 수 있다.

② 업무정지기간에 업무를 한 경우 금융위원회는 그 등록을 취소할 수 있다.

③ 금융투자협회는 판매업자의 임원에 대하여 6월 이내의 업무집행정지를 요구할 수 있다.

④ 금융상품직접판매업자는 투자권유대행인이 금융소비자에게 손해를 발생시킨 경우에는 그 손해를 배상할 책임이 없다.

TIP 금융상품직접판매업자가 그 손해를 배상할 책임이 있다. 단, 선임 및 감독을 소홀하지 않은 경우 투자권유대행인에게 구상권을 청구할 수 있다.

핵심포인트 해설　　**금융소비자보호법 위반 시 제재**

(1) 벌칙

벌금	5년 이하의 징역 또는 2억원 이하의 벌금 부과할 수 있음(금융상품판매업 미등록, 허위/부정 등록, 금융상품판매대리·중개업자가 아닌 자에게 계약체결을 대리 한 경우)
과징금	위반행위로 얻은 수입의 50%까지 과징금 부과할 수 있음
과태료	1억원 이하/3천만원 이하/1천만원 이하 과태료 부과할 수 있음

(2) 금융위원회에 의한 행정제재

판매업자	• 등록취소 : 거짓/부정등록, 등록요건 미유지, 업무정지기간 중 업무 한 경우 • 처분조치 : 6월 이내 업무정지, 명령, 기관경고, 기관주의 등
임직원	• 임원 : 해임요구, 6월 이내 직무정지, 문책경고, 주의적 경고, 주의 • 직원 : 면직, 6월 이내 직무정지, 감봉, 견책, 주의 • 관리감독책임 : 관리감독 책임이 있는 임직원에 대한 조치를 함께 요구할 수 있음

(3) 금융투자협회에 의한 자율제재

회원 조치	• 회원제명 요구, 회원자격 정지, 협회가 회원에게 제공하는 업무의 일부/전부 정지, 제재금 부과, 경고, 주의
임직원 조치	• 임원 : 해임, 6월 이내 업무집행정지, 경고, 주의 • 직원 : 징계면직, 정직, 감동, 견책, 주의

(4) 법원에 의한 민사적 제재(손해배상책임)

금융상품 판매업자	금융상품판매업자는 고의 또는 과실로 법을 위반하여 금융소비자에게 손해를 발생시킨 경우에는 그 손해를 배상할 책임 있음
금융상품 직접판매업자	금융상품직접판매업자는 금융상품계약체결등의 업무를 대리·중개한 금융상품판매대리·중개업자가 금융소비자에게 손해를 발생시킨 경우에는 그 손해를 배상할 책임 있음. 단, 선임 및 감독을 소홀하지 않은 경우 금융상품판매대리·중개업자에게 구상권 청구 가능

정답 | ④

32

다음 중 증권투자 분쟁에 대한 판단(판례 기준)이 가장 적절하지 않은 것은?

① 고객이 직원의 임의매매 사실을 알고도 즉시 임의매매에 대한 배상요구를 하지 않았다는 사실만으로는 임의매매를 추인한 것으로 볼 수 없다.

② 일임매매라도 일임의 본지를 벗어나 과도한 매매를 하는 경우 손해배상책임이 인정된다.

③ 고객이 과거 파생상품 투자경험이 있었더라도 증권사 직원의 주식투자 권유 시 투자자정보를 보수적이라고 기재하였다면 부당권유로 볼 수 있다.

④ 직원이 계좌명의인의 배우자로부터 주문을 받아 처리한 행위라 할지라도 명의인의 대리권 수여의사를 확인하지 않고 거래하였다가 손해가 난 경우에는 손해배상책임이 있다고 볼 수 있다.

TIP 증권사 직원의 주식투자 권유 시 고객이 투자성향을 보수적이라고 기재했더라도 과거 파생상품 및 주식투자 경험이 있었다면 부당권유로 볼 수 없다(서울지방법원 2011.6.3.).

핵심포인트 해설 증권투자 분쟁에 대한 판단(사례기준)

임의매매 분쟁	• 고객이 직원의 임의매매 사실을 알고도 즉시 임의매매에 대한 배상요구를 하지 않았다는 사실만으로는 임의매매를 추인한 것으로 볼 수 없음(대법원 2002.7.23.) • 고객이 증권사 직원에게 주식매매를 포괄일임 했더라도 직원이 고객의 특정종목 매수에 대한 지시에 불응하여 동 종목을 매수한 행위는 임의매매에 해당됨(대구고등법원 2002.4.18.)
일임매매 분쟁	• 일임매매는 원칙적으로 손해배상책임이 발생하지 않으나 위임의 내용, 투자목적, 투자자금의 성격, 매매거래 양태 등을 종합적으로 고려할 때 일임의 본지를 벗어나 과도하게 매매거래하여 선관주의의무를 다하지 않은 경우 손해배상책임이 인정됨(조정번호1999-27) • 고객이 증권사 직원에게 주식매매를 일임한 기간의 일부 기간에 월 매매회전율이 1400%에 달했고, 단기매매를 해야만 하는 특별한 사정이 없었다면 과다매매가 인정되고, 고객이 당일 전부처분 지시를 하였는데도 직원의 지정가주문으로 일부 수량만 매도 되었다면 선관주의의무를 해태한 것으로 봄
부당권유 분쟁	• 직원이 '혼자만 알고 있는 호재인데, 지금당장 투자하지 않으면 시기를 놓친다' 등의 말로 매매를 권유한 것은 부당권유로 인정됨(대법원 2003.1.24.) • 증권사 직원의 주식투자 권유 시 고객이 투자성향을 보수적이라고 기재했더라도 과거 파생상품 및 주식투자 경험이 있었다면 부당권유로 볼 수 없음(서울지방법원 2011.6.3.)
주문관련 분쟁	• 직원이 계좌명의인의 대리권 수여의사를 확인하지 않은 채 그의 배우자로부터 주문을 받아 처리했다가 손실을 발생시킨 경우에는 비록 부부관계에 있는 자로부터 주문을 받아 처리한 행위라 할지라도 손해배상책임이 있다고 봄(협회합의권고 제2007-10호)

정답 | ③

자금세탁의 단계가 적절하게 배열된 것은?

① 예치단계 ⇨ 은폐단계 ⇨ 합법화단계
② 은폐단계 ⇨ 예치단계 ⇨ 합법화단계
③ 은폐단계 ⇨ 합법화단계 ⇨ 예치단계
④ 예치단계 ⇨ 합법화단계 ⇨ 은폐단계

TIP 자금세탁의 3단계는 예치단계 ⇨ 은폐단계 ⇨ 합법화단계 순으로 진행된다.

핵심포인트 해설　　**자금세탁의 절차 및 유형**

자금세탁의 3단계 절차	예치단계(배치)	불법재산을 덜 의심스런 상태로 변형하여 배치하는 것
	은폐단계(반복)	복잡한 금융거래를 반복하여 자금추적을 못하게 하는 것
	합법화단계(통합)	불법자금을 정상적인 경제활동에 재투입하는 단계
자금세탁의 유형	전통금융시스템 이용	차명계좌 사용, 소액분산입금, 은행어음 사용 등
	수출입화물 이용	해외로 화물반출 후 여행자수표 등으로 국내 반입
	수출입 이용	범죄수익을 무역거래를 통해 자금세탁
	신종기법	조세피난처 이용, 비금융기관 이용
가상통화 규제(최근)	미국/캐나다/프랑스	가상통화 취급업자에 대한 자금세탁방지의무 부과
	EU집행위원회	가상통화 거래업자·지갑서비스제공자에게 자금세탁방지에 대한 규제 적용
	우리나라	가상통화 취급업자에 대한 고객확인/의심거래보고 의무 강화

정답 | ①

자금세탁방지기구 및 규범에 대한 기술 중 잘못된 것은?

① FATF는 연 3회 이상 자금세탁 방지활동에 협조하지 않는 국가를 '비협조국가'로 결정 하고 그 수준에 따라 '대응조치국가', '위험고려국가' 등으로 구분하여 발표하고 있다.

② 위험고려국가는 Black list 국가와 White list 국가로 분류된다.

③ 자금세탁방지 관련 업무를 주로 수행하는 기관은 FIU(금융정보분석원)이다.

④ 자금세탁방지 관련 대표적인 법은 특정금융거래보고법이다.

TIP 위험고려국가는 Black list 국가와 Gray list 국가로 분류된다. Black list 국가는 자금세탁방지에 대한 중대한 결함이 있음에도 불구하고 충분한 개선이 없거나 이행계획을 수립하지 않는 국가로서 거래 시 특별한 주의를 기울여야 한다. 한편 Gray list 국가는 이행계획을 수립하였으나 취약점이 있는 국가로서 거래 시 어느 정도 위험이 있음을 참고하여야 한다.

핵심포인트 해설   **자금세탁방지기구 및 규범**

구 분	관련 기구	관련 제도
국제제도	• FATF(Financial Action Task Force) · 각국의 자금세탁 이행현황 상호평가 및 감독 · 자금세탁 국제규범 미이행국 선별 및 제재 · 자금세탁 연구 및 대응수단 개발	• FATF 40 권고사항 · 형식적 구속력은 없으나 사실상 구속력을 발휘하고 있음 · 연 3회 비협조하면 '비협조국가'로 결정하고, '대응조치(사실상 거래중단 효과 있음)' 또는 '위험고려(Black list, Gray list로 분류하여 거래 시 주의 경고)' 중 하나로 구분하여 발표
국내제도	• 금융정보분석원(FIU) · 금융거래자료를 법 집행기관에 제공 · 금융기관 혐의거래보고 업무 감독 및 검사 · 외국 FIU와 협조 및 정보교류	• 특정금융거래보고법(STR, CTR, CDD) • 마약류특례법 • 범죄수익규제법 • 공중협박자금조달금지법

정답 | ②

특정금융거래보고법에 의한 의심거래보고제도의 내용과 거리가 먼 것은?

① 어떤 금융거래가 불법자금이라는 의심이 가거나 거래상대방이 자금세탁을 하고 있다고 의심이 갈 경우 FIU에 보고하는 제도이다.

② 금융기관 종사자의 주관적 판단에 의존한다는 특성을 가지고 있다.

③ 1백만원 이하의 소액은 보고대상에서 제외된다.

④ 허위보고하거나 보고내용을 누설하면 1년 이하의 징역 또는 500만원 이하의 벌금에 처한다.

TIP   STR은 보고대상 금액제한이 없다. 과거에는 금액기준이 있었으나 2013년 이후 금액에 관계없이 의심거래에 해당하면 보고대상에 해당되도록 하였다.

핵심포인트 해설   **의심거래보고제도(STR : Suspicious Transaction Report)**

의 의	• 금융종사자의 '주관적 판단'에 근거하여 자금세탁의 의심이 가는 금융거래에 대하여 '금융정보분석원'에 보고하게 하는 제도 • 허위보고, 보고내용 누설 : 1년 이하의 징역 또는 500만원 이하의 벌금 • 의심거래 미보고, 감독기관의 명령·지시·검사의 거부 : 건당 1천만원 이하의 과태료
보고대상	• 수수한 재산이 불법재산이라고 의심되는 합당한 근거가 있는 경우 • 금융실명법을 위반하여 불법적인 금융거래를 하는 등 자금세탁이 의심되는 합당한 근거가 있는 경우 • 범죄수익은닉규제법에 따라 금융기관종사자가 관할 수사기관에 신고한 경우 • 고액현금거래보고를 회피할 목적으로 금액을 분할하여 현금거래를 한다고 판단되는 경우 • 고객확인의무 이행을 위해 요청하는 정보에 대해 고객이 제공을 거부하는 경우 • 수집한 정보의 검토결과 고객의 금융거래가 정상적이지 못하다고 판단되는 경우

정답 | ③

의심거래보고제도(STR)의 보고대상은 '의심되는 합당한 근거가 있는 경우'에 한한다. 다음 중 '의심되는 합당한 근거가 있는 경우'라고 볼 수 없는 것은?

① 직업 및 사업내용이 명확히 파악되지 않는 고객이 다수의 타인명의 계좌를 소지하고 거액의 금융거래를 하는 경우

② 미성년자 명의의 계좌에서 거액의 금융거래가 발생하는 경우

③ 금융거래자의 요청에 의하여 현금거래로 처리하는 등 평소 금융거래와 상이한 분할거래를 하고 있다고 의심되는 경우

④ 자금 유출이 빈번한 수출입기업이 불황으로 인하여 자금유출이 급격하게 줄어든 경우

TIP 자금세탁이 의심되는 합당한 근거가 있다고 볼 수 없다. '의심되는 합당한 근거가 있는 경우'는 고객확인의무 이행을 통해 확인·검증된 고객의 신원사항, 실제 당사자 여부, 거래목적, 금융거래과정에서 취득한 고객의 직업·주소·소득·평소 거래상황·사업내용 등을 감안하여 업무지식이나 전문성·경험 등을 통하여 종합적으로 판단해야 한다.

핵심포인트 해설 　　**의심거래의 유형**

현금거래 유형	• 오래된 수표 및 거액의 구권 현금거래 • 합리적 이유 없는 분할거래 • 금융지식이 충분한 고객이 현금거래를 고집하는 경우
유가증권 거래 유형	• 불분명한 특정 유가증권 거래 • 대량의 주식을 입고시킨 후 현금화를 요청하는 거래 • 대리인이 주식입고 받아 담보대출을 받은 후 타인에게 송금
차명계좌 관련 유형	• 본인의 자금 흐름을 숨길 목적으로 가족명의의 차명계좌 사용 • 특별한 사유 없이 고객이 멀리 떨어진 영업점에서 거래 • 같은 날 다수의 영업점에 방문하여 현금으로 입출금
법인계좌 관련 유형	• 개인계좌에 법인 명의로 거액 입금이 빈번한 거래 • 법인계좌 자금이 법인 대표자 개인계좌로 지속적 출금 • 법인계좌 자금을 개인계좌로 이체하여 공모주 청약하는 경우
가상통화 관련 유형	• 가상통화 취급업소 계좌의 1천만원 이상 현금출금 • 심야시간에 금융거래가 지속적으로 발생하는 거래 • 고객이 가상통화 취급업소로부터 자금을 송금 받아 그 자금 대부분을 현금 출금하는 거래

정답 | ④

고액현금거래 보고제도(CTR : Currency Transaction Report)**의 보고대상에 해당하는 것은?**

① 원화 1천만원 이상의 현금거래
② 원화 2천만원 이상의 현금거래 및 외화 2천달러 상당액 이상의 대체거래
③ 원화 2천만원 이상의 현금거래 및 외화 1만달러 상당액 이상의 현금거래
④ 원화 2천만원 이상의 현금거래 및 외화 2만달러 상당액 이상의 출금거래

TIP CTR은 원화 1천만원 이상의 현금거래를 금융정보분석원에 의무적으로 보고하도록 한 제도이므로 외화의 현금
거래는 보고대상이 아니다.

| 핵심포인트 해설 | 고액현금거래보고제도(CTR : Currency Transaction Report) |

의 의	• 원화 1천만원 이상의 현금거래를 금융정보분석원에 의무적으로 보고하도록 한 제도
보고방법	• 보고대상 : 1거래일 동안 1천만원 이상의 현금을 입금 또는 출금한 경우(또는 현금자동입출금기를 이용하여 입출금한 경우) • 보고내용 : 거래자 신원, 거래일시, 거래금액 등 • 1천만원 산정방법 : 실질주의 방식(실지명의가 동일한 1거래일 동안의 금융기관별 지급금액, 영수금액을 각각 합산하는 방식으로 산정함)
보고제외 대상	• 고객 요청에 의한 대체거래 • 다른 금융기관과의 현금 입출금 거래 • 국가, 지방자치단체, 기타 공공단체와의 현금 입출금 거래 • 100만원 이하의 무매체 입금거래 • 수표거래, 계좌이체, 인터넷뱅킹 등을 통한 거래

정답 | ①

다음 중 고객확인제도에 대한 설명으로 적절하지 않은 것은?

① 고객확인은 원칙적으로 금융거래가 개시되기 전에 실행해야 한다.

② CDD의 대상은 저위험고객, 저위험상품에 한한다.

③ 고객이 고객확인을 거절하면 고객과의 신규 거래를 거절해야 한다.

④ 고위험으로 평가되는 고객의 경우에는 CDD확인항목뿐만 아니라 거래목적, 자금원천
까지 파악해야 한다.

TIP CDD의 대상은 저위험·중위험고객, 저위험·중위험상품이다.

핵심포인트 해설 고객확인제도(CDD : Customer Due Diligence)

의의 및 효과	• 의의 : 금융회사가 고객과 거래 시 고객 신원, 주소, 연락처, 실소유자 여부, 거래목적 등을 파악하여 고객에 대한 합당한 주의를 기울이는 제도 • 고객확인을 위한 정보제공을 거부하는 경우 금융회사는 다음을 이행해야 함 · 고객과의 신규 거래 거절 · 기존 거래가 있는 경우 해당 거래 종료 · 의심거래보고 여부 검토
적용대상	• 신규계약 및 서비스 등록 : 계좌개설, 대출계약, CD발행 등 • 1회성 거래 · 전신송금 및 가상자산 : 100만원 또는 그에 상응하는 외화 이상인 경우 · 카지노 : 300만원 또는 그에 상응하는 외화 이상인 경우 · 기타 : 원화 1,000만원 또는 외화 10,000달러 이상인 경우 · 연결거래 : 1회성 거래로 100만원 초과 1,000만원 미만의 금액을 7일 동안 거래한 합산액이 기준금액 이상인 경우 • 자금세탁행위가 우려되는 경우
실행방법	• CDD(간소화된 고객확인) · 대상 : 저위험·중위험 고객, 저위험·중위험 상품 · 확인항목 : 성명, 실명번호, 주소, 연락처, 실제 당사자 여부 • EDD(강화된 고객확인) · 대상 : 고위험 고객(비거주자, 카지노사업자, 대부업자, 환전상), 고위험 상품(양도성예금증서, 환거래 계약, 비대면거래) · 확인항목 : CDD 확인항목 + 거래목적, 자금의 원천
고객확인절차	• 고객정보 확인 ⇨ 고객정보 검증 ⇨ 실소유자 확인 ⇨ 요주의 리스트 확인 ⇨ 고객위험 평가 ⇨ 추가 정보 수집

정답 | ②

FATF는 각 국가의 자금세탁방지업무를 수행을 위하여 위험기반접근법(RBA : Risk Based Approach)을 이행하도록 요구하고 있다. 다음 중 RBA에 대한 설명 중 잘못된 것은?

① FATF는 각 국가가 자금세탁위험을 사전에 평가하고 관리할 수 있는 RBA를 적용하여 이행할 것을 요구하고 있다.
② RBA는 위험도가 높은 분야는 강화된 조치를, 위험도가 낮은 분야는 간소화된 조치를 취하는 자금세탁위험 관리방법이다.
③ 국가에 대하여 국가위험평가 결과 및 조직체계 정비, 국가위험평가 결과에 대한 공유체제를 마련하도록 권고하고 있다.
④ RBA는 위험을 국가위험, 회사위험, 개인위험, 시설위험으로 구분한다.

TIP RBA는 위험을 국가위험, 고객위험, 상품위험, 사업(서비스)위험으로 구분한다.

핵심포인트 해설 | 위험기반접근법(RBA : Risk Based Approach)

의 의	• FATF는 각 국가가 자금세탁위험을 사전에 평가하고 관리할 수 있는 RBA를 적용하여 이행할 것을 요구함 • RBA는 위험도가 높은 분야는 강화된 조치를, 위험도가 낮은 분야는 간소화된 조치를 취하는 자금세탁위험 관리방법을 말함 • RBA는 '사전'에 자금세탁 및 테러자금조달위험을 감소시키는 방법
권고사항	• 국가 : 국가위험평가 결과 및 조직체계 정비, 국가위험평가 결과 공유체제 마련 • 검사기관 : 위험기간 검사 및 감독실시 • 금융기관 : 전사적 위험평가 마련 및 실시, 내부통제 체계 마련 • 2019년 FATF 회원국 간 상호평가에서는 '효과성' 부분 새로 추가
위험분류	• 국가위험 : 비협조국가, 이행계획 미수립 국가 등 고위험 국가관리 • 고객위험 : UN 및 금융위원회 리스트, 외국의 정치적 주요인물 관리 • 상품위험 : 신상품 개발 시 새로운 유통구조, 판매채널, 신기술 사용 등에 대한 위험관리 • 사업(서비스)위험 : 신규사업의 수행, 신규 판매채널 도입, 신규 기술 적용 시 위험관리

정답 | ④

다음 중 자금세탁방지 관련 제도와 관계가 적은 것은?

① STR
② FATCA
③ MCAA
④ FTA

TIP FTA(Free Trade Agreement)는 자유무역협정을 의미하는 것으로 자금세탁방지 제도와 거리가 멀다.

핵심포인트 해설   자금세탁방지 관련 제도

차명거래 금지제도	• 불법행위를 목적으로 하는 차명 금융거래 금지 • 금융기관 종사자의 불법 차명거래 알선 및 중개 금지 • 실명 확인된 계좌에 보유하고 있는 금융자산은 '명의자 소유'로 추정 • 금융기관 종사자는 거래자에게 불법차명계좌는 금지된다는 사실을 설명할 것 • 금융종사자가 위반 시 : 5년 이하의 징역 또는 5천만원 이하의 벌금
OECD 반부패협약	• 외국공무원의 뇌물공여행위를 형사처벌하는 법 • 민간인, 뇌물수뢰행위는 처벌대상에서 제외
미국해외부패방지법 (FCPA)	• 자국인·자국기업뿐 아니라 외국인·외국기업의 뇌물제공행위도 규제를 강화함
해외금융계좌 신고제도(FBAR)	• 미국 납세의무자는 모든 해외금융계좌 잔고의 합계액이 1만달러를 초과하는 경우 미국 재무부에 신고하게 하는 제도
해외금융계좌 납세자협력법 (FATCA)	• 미국자국국민의 역외탈세를 방지하기 위해 해외 금융기관에게 미국 국민의 금융거래정보를 미국국세청에 보고하도록 의무화한 제도 • 대상 : 미국시민권자 및 영주권자, 외국인 중 세법상 미국거주자
다자간 조세정보 자동교환 협정 (MCAA)	• OECD에서 납세의무가 있는 고객의 금융정보를 상호 교환하는 제도

정답 | ④

출제예상문제

☑ 다시 봐야 할 문제(틀린 문제, 풀지 못한 문제, 헷갈리는 문제 등)는 문제 번호 하단의 네모박스(□)에 체크하여 반복학습하시기 바랍니다.

01
중요도 ★
직무윤리에 대한 설명 중 잘못된 것은?

① 회사와 임직원은 정직과 신뢰를 가장 중요한 가치관으로 삼아야 한다.

② 직무윤리의 2대 기본원칙은 고객우선의 원칙과 신의성실의 원칙이다.

③ 직무윤리를 법제화한 것에는 이해상충방지의무, 금융소비자 보호의무, 본인·회사·사회에 대한 윤리 등이 있다.

④ 윤리는 반드시 지켜야 하고, 어긴 사람에게는 책임을 묻는 규범으로 인간의 외면적 행위를 평가하는 것이다.

02
중요도 ★★
금융투자산업에서의 직무윤리가 다른 분야에 비하여 더욱 강조되는 이유와 거리가 먼 것은?

① 이익상충 가능성

② 정보비대칭문제

③ 금융투자상품의 투자성

④ 금융투자업종사자의 기강 확립

03
중요도 ★
수익률보장각서의 효력에 대한 설명으로 가장 거리가 먼 것은?

① 자본시장법에서는 투자원금의 보장 등 수익을 보장하는 권유행위를 금지하고 있다.

② 강행법규에 위반되는 일반거래약관 또는 개별약정의 내용은 무효이다.

③ 금융투자회사의 직원이 임의로 수익률보장각서를 제공하는 것은 강행법규 위반행위이다.

④ 수익률보장각서가 무효이므로 직원이나 회사는 책임을 부담하지 않는다.

04

중요도 ★

K펀드매니저는 A의 자금을 투자일임받아 운용하고 있다. 그런데 K는 자기 개인계좌에서도 A의 자금을 운용하는 동일종목에 유리한 시점에 주문하여 A보다 더 많은 수익을 내고 있다. K펀드매니저가 위반한 것은?

① 신임의무
② 적합성의 원칙
③ 중요사실 표시의무
④ 공시의 원칙

05

중요도 ★★

부당권유로 인한 분쟁에 대한 설명 중 잘못된 것은?

① 증권사 직원이 '혼자만 알고 있는 호재인데 소문이 날까 봐 밝힐 수 없다.', '지금 당장 투자하지 않으면 시기를 놓친다.'는 등의 말로 매매를 권유하는 것은 부당권유에 해당한다.
② 풍문에 불과한 사항을 마치 조만간 공시될 것처럼 고객을 오인하도록 표현하는 행위는 부당권유에 해당한다.
③ 증권사 직원이 주식 투자권유 시 고객의 투자성향을 보수적이라고 기재하였다면 과거 파생상품 및 주식투자 경험이 있었더라도 그 권유는 부당권유에 해당한다.
④ 증권사 직원이 합리적인 근거 없이 고수익 및 원금보장을 약속하면서 유치한 고객자금을 시세조종에 이용한 경우 부당권유로 인정된다.

정답 및 해설

01 ④ 윤리가 아니라 법에 대한 설명이다.

02 ④ 금융투자산업에서의 직무윤리가 다른 분야에 비하여 더욱 강조되는 이유는 이익상충 가능성, 정보비대칭문제, 금융투자상품의 투자성(원본손실위험), 금융투자상품의 전문화·다양화·복잡화, 금융투자업종사자의 안전장치 역할 등 때문이다.

03 ④ 직원이나 회사는 불법행위책임을 진다.

04 ① 고객에 대한 것보다 자기의 개인거래를 유리하게 처리하고 있으므로 고객거래 우선의무와 신임의무를 위반하고 있다.

05 ③ 증권사 직원이 주식 투자권유 시 고객이 투자성향을 보수적이라고 기재하였더라도 과거 파생상품 및 주식투자 경험이 있었다면 부당권유로 보기 어렵다.

06 중요도 ★★★

금융투자회사(및 임직원)의 부당한 재산상 이익제공 및 수령 금지의무에 대한 설명 중 잘못된 것은?

① 금융투자협회 규정은 재산상 이익제공 및 수령에 관한 한도규제를 시행하고 있다.

② 금융투자회사의 재산상 이익제공 및 수령금액이 10억원을 초과하는 즉시 인터넷 홈페이지를 통해 공시하도록 의무화하였다.

③ 금융투자회사는 재산상 이익제공 시 금액의 초과여부와 상관없이 전체 건수에 대해 그 제공에 대한 적정성을 평가하고 점검해야 한다.

④ 금융투자회사는 재산상 이익제공 및 수령을 하는 경우 해당 사항을 기록하고 5년 이상의 기간 동안 관리하고 유지할 의무가 있다.

07 중요도 ★

다음 사례의 금융투자회사가 위반한 행위는?

> C금융투자회사는 고객을 자산규모에 따라 분류하여 예탁자산규모가 큰 고객에 대하여 외화표시상품과 파생상품이 혼합된 복잡한 금융상품에 투자하라고 권장하고 있다.

① 적합성의 원칙   ② 적정성의 원칙

③ 신의성실의무   ④ 설명의무

08 중요도 ★

금융투자업종사자가 증권가에 떠도는 소문을 믿고 고객에게 A기업의 장밋빛 전망을 기초로 투자를 권유했다면 어떤 의무를 위반한 것인가?

① 이익상충금지의무

② 합리적 근거 제공의무

③ 모든 고객에 대한 평등취급의무

④ 적합성의 원칙

09 중요도 ★

☐ 금융투자업종사자 K는 업무상 비행기 출장(비용은 회사부담)이 잦아 그로 인하여 5만 마일리지가 적립되었다. 그는 연말 성탄절에 적립된 마일리지로 가족과 함께 제주도 여행을 다녀왔다. 이런 경우에 무엇이 문제되는가?

① 회사재산의 사적이용금지
② 신의성실의무
③ 직무전념의무
④ 주의의무

10 중요도 ★

☐ 퇴직금 3억원을 주식형펀드에 가입하였다가 A는 현재 50% 손실을 보고 있다. 펀드 가입 시 판매직원은 자신도 가입하였고 안전하다며 1년만 지나면 큰 수익이 날 것이라며 가입을 권유했고 A는 안전하다는 말만 믿고 투자하였다. 판매직원이 위반한 행위는?

① 투자성과보장 금지의무
② 설명의무
③ 기록 및 증거유지의무
④ 부당한 금품수수금지의무

정답 및 해설

06 ① 재산상 이익제공 및 수령에 관한 한도규제를 폐지하고 내부통제절차를 강화하였다.

07 ① 예탁자산이 크다고 해서 반드시 위험감수수준이 큰 것이 아니므로 고객의 재무상황, 투자경험, 투자목적 등을 고려하여 개별적으로 고객에게 적합한 투자를 권유하여야 한다. 문제의 사례는 이를 고려하지 않았으므로 적합성의 원칙에 위반된다고 할 수 있다.

08 ② 금융투자업종사자는 합리적 근거 제공의무에 따라 고객에게 객관적 근거에 기초하여 적정하게 권유하여야 한다.

09 ① 회사비용으로 적립된 마일리지는 회사의 재산이므로 이를 사적 용도로 사용하는 것은 회사재산을 부당하게 이용한 행위가 되어 직무윤리를 위반한 것이 된다.

10 ② 투자상담업무 담당자는 고객에게 투자상품을 권유함에 있어서 상품의 중요 내용(특성, 위험 등)을 고지하고 이해할 수 있도록 설명해야 한다. 문제의 경우 설명의무를 위반한 것으로 투자자 A씨는 설명의무 위반을 근거로 손해배상을 청구할 수 있다.

11 다음 중 준법감시인에 대한 설명이 잘못된 것은?
중요도 ★★

① 이사회 및 대표이사의 지휘를 받아 금융투자회사 전반의 내부통제업무를 수행한다.
② 임면은 이사회의 의결을 거쳐야 하고, 임면사실을 금융감독원장에게 보고해야 한다.
③ 해임하려면 이사총수 2/3 이상의 찬성으로 의결해야 한다.
④ 사외이사 또는 감사 중에서 준법감시인을 선임해야 하고, 임기는 1년 이상이어야 한다.

12 임의매매 관련 분쟁(판례 기준)에 대한 설명 중 잘못된 것은?
중요도 ★★

① 직원이 고객으로부터 포괄적 일임을 받았다하더라도 별도의 권한을 위임받지 않고 행한 신용거래는 임의매매에 해당한다.
② 고객이 직원의 임의매매 사실을 알고도 즉시 임의매매에 대한 배상요구를 하지 않았다면 임의매매를 추인한 것으로 본다.
③ 고객이 주식매매에 대하여 포괄일임을 하였다고 하더라도 직원이 고객의 특정 종목에 대한 매수금지 지시에 불응하여 동 종목을 매수한 행위는 임의매매에 해당한다.
④ 임의매매의 판단은 고객과 직원 간 매매위탁경위, 투자자의 나이·직업·투자경험, 잔고현황 발송 여부 등을 종합적으로 고려해야 한다.

13 금융투자회사의 내부통제에 대한 설명 중 잘못된 것은?
중요도 ★★

① 준법감시인을 위원장으로 하는 내부통제위원회를 두고 연 1회 이상 회의를 개최해야 한다.
② 준법감시부서는 자산운용업무, 회사의 본질적 업무 및 부수업무, 겸영업무, 위험관리업무 등의 업무를 수행하여서는 아니 된다.
③ 임직원의 위법·부당한 행위를 사전에 방지하기 위하여 명령휴가제도를 운영해야 한다.
④ 내부통제기준을 위반하는 경우 개인과 회사에 대하여 강제적인 조치가 취해질 수 있다.

14 중요도 ★★

다음 중 과당매매 판단 시 고려사항과 거리가 먼 것은?

① 수수료 총액

② 실제 투자손실 여부

③ 일반투자자의 재산상태 및 투자목적

④ 일반투자자의 투자지식, 경험에 비추어 당해 거래의 위험에 대한 이해 여부

15 중요도 ★

직무윤리 위반 시 제재에 대한 내용이 잘못된 것은?

① 금융투자협회에 의한 자율제재 : 직무종사자의 등록 및 관리, 회원 및 임직원 제재

② 행정제재 : 감독권, 승인권, 검사권, 시정명령, 기관경고, 중지명령권 등

③ 민사제재 : 법률행위 실효, 손해배상

④ 형사제재 : 법에서 명시적으로 규정한 것만 한정하지 않음

정답 및 해설

11 ④ 사내이사 또는 업무집행책임자 중에서 준법감시인을 선임해야 하고, 임기는 2년 이상이어야 한다.

12 ② 고객이 직원의 임의매매 사실을 알고도 즉시 임의매매에 대한 배상요구를 하지 않았다는 사실만으로 임의매매를 추인한 것으로 보기는 어렵다. (대판 2002다41503)

13 ① 대표이사를 위원장으로 하는 내부통제위원회를 두고, 매 반기별 1회 이상 회의를 개최해야 한다.

14 ② 과당매매인지 여부는 수수료 총액, 일반투자자의 재산상태 및 투자목적, 투자지식, 투자경험에 비추어 당해 거래의 위험에 대한 이해 여부, 개별 매매거래 시 권유내용의 타당성 등을 감안하여 판단한다.

15 ④ 죄형법정주의 원칙상 법에서 명시적으로 규정하고 있는 것에 한정하며, 행위자와 법인 양자 모두를 처벌하는 양벌규정을 두는 경우가 많다.

16
중요도 ★★

금융소비자에게 제공하는 정보에 대한 설명 중 잘못된 것은?

① 그림이나 기호 등은 활용을 자제해야 한다.

② 가급적 글자크기는 크게 써야 한다.

③ 이해를 돕기 위해 전문용어보다는 일상적인 언어를 사용한다.

④ 향후 예상 투자성과보다는 객관적인 사실에 근거해야 한다.

17
중요도 ★★★

정보주체의 개인정보에 대한 권리와 거리가 먼 것은?

① 개인정보처리자의 개인정보의 수집 및 이용을 원천봉쇄할 수 있는 권리

② 개인정보의 처리에 관한 동의 여부, 동의범위 등을 선택하고 결정할 권리

③ 개인정보의 처리 여부 확인, 개인정보에 대한 열람(사본발급 포함)요구권

④ 개인정보의 처리 정지, 정정, 삭제, 파기를 요구할 수 있는 권리

18
중요도 ★★★

개인정보 제공 시 정보주체에게 알려야 할 사항과 거리가 먼 것은?

① 개인정보처리를 담당하는 임원 및 실무자

② 제공하는 개인정보의 항목

③ 개인정보를 제공받는 자의 개인정보의 보유 및 이용 기간

④ 동의를 거부할 권리가 있다는 사실 및 동의 거부에 따른 불이익이 있는 경우에는 그 불이익의 내용

19 중요도 ★

임의매매와 일임매매에 대한 설명 중 잘못된 것은?

① 임의매매는 금융소비자의 위임이 없었음에도 금융투자업종사자가 자의적으로 매매한 것으로 엄격히 금지하고 있다.

② 일임매매는 금융소비자의 위임이 있었더라도 금융소비자 분쟁이 많아 자본시장법은 소비자보호차원에서 엄격히 금지하고 있다.

③ 임의매매와 일임매매는 손해배상책임에 있어서 차이가 있다.

④ 임의매매를 한 금융투자업종사자에 대하여 5년 이하의 징역 또는 2억원 이하의 벌금에 처할 수 있다.

20 중요도 ★★

금융투자회사(및 임직원)의 부당한 재산상 이익제공과 가장 거리가 먼 것은?

① 고객업체의 고유재산관리를 담당하는 직원에게 문화상품권을 제공하는 경우

② 고객만 참석한 여가 및 오락활동 등에 수반되는 비용을 제공하는 경우

③ 펀드운용사 직원이 펀드판매사 직원에게 백화점상품권을 제공하는 경우

④ 증권사 직원이 타사고객을 자사고객으로 변경하면서 현금을 제공하는 경우

정답 및 해설

16 ① 금융소비자가 쉽게 이해할 수 있도록 가급적 그림, 기호 등의 시각적 요소를 적극적으로 활용하는 것이 바람직하다.

17 ① 정보주체라 하여도 법령에 근거한 개인정보처리자의 개인정보의 수집 및 이용은 원천봉쇄할 수 없다.

18 ① 개인정보 제공 시 정보주체에게 동의를 구하고 알려야 할 사항은 개인정보를 제공받는 자, 개인정보를 제공받는 자의 개인정보의 수집·이용 목적, 제공하는 개인정보의 항목, 개인정보를 제공받는 자의 개인정보의 보유 및 이용 기간, 동의를 거부할 권리가 있다는 사실 및 동의 거부에 따른 불이익이 있는 경우에는 그 불이익의 내용 등이다. (개인정보보호법 17조)

19 ② 일임매매는 전부 또는 일부에 대한 금융소비자의 위임이 있는 상태에서 매매한 것으로 자본시장법은 일정한 조건하에서 제한적으로 허용하고 있다.

20 ① 사용범위가 공연, 운동경기 관람, 도서·음반구입 등 문화활동으로 한정된 상품권을 제공하는 경우 부당한 재산상 이익의 제공으로 보지 않는다.

21

중요도 ★★★

고객확인제도(CDD : Customer Due Diligence)**에 대한 설명 중 잘못된 것은?**

① 기본고객 확인 : 계좌신규개설이나 1천만원(1만달러) 이상 1회성 금융거래 시 고객신원, 실소유자 등을 확인해야 한다.

② 강화된 고객확인(EDD) : 고객이 실제소유자인지 여부가 의심되는 경우 금융거래목적, 자금출처 등 금융정보분석원장이 정한 고시사항을 추가로 확인해야 한다.

③ 간소화된 고객확인 : 자금세탁 위험이 낮은 고객(또는 거래)에 대하여 고객확인을 위한 절차와 방법 중 일부(고객신원확인 제외)를 적용하지 않을 수 있는 확인방법이다.

④ 기존 고객이 고객확인을 거부하면 해당 고객과의 신규거래는 거절해야 하고, 기존 거래만 유지할 수 있다.

22

중요도 ★★

다음 중 금융회사의 내부통제에 대한 설명이 옳은 것은?

① 금융투자회사의 경우 내부통제기준 운영과 관련하여 대표이사를 위원장으로 하는 내부통제위원회를 두어야 한다.

② 준법감시인이 영업점에 대한 내부통제를 위하여 권한을 위임하는 영업점별 영업관리자에는 영업점장도 포함된다.

③ 준법감시인은 영업점별 영업관리자에 대하여 월1회 이상 교육을 실시해야 한다.

④ 회사는 영업점별 영업관리자의 임기를 2년 이상으로 해야 하며, 업무수행 결과에 따라 적절한 보상을 지급할 수 있다.

23

중요도 ★

금융기관 등은 자금세탁방지와 관련하여 고위험 고객(또는 거래)에 대하여 강화된 고객확인을 해야 한다. 다음 중 고위험군과 가장 거리가 먼 것은?

① 예탁자산 10억원 이상의 고액 고객

② 환거래계약 고객

③ 외국의 정치적 주요인물

④ FATF 비협조국가

24 중요도 ★

차명거래금지제도에 대한 설명 중 잘못된 것은?

① 모든 차명금융거래는 의심거래보고(STR)의 대상이 되며 금지된다.

② 실명이 확인된 계좌에 보유하고 있는 금융자산은 명의자소유로 추정된다.

③ 금융종사자는 불법 차명거래의 알선 및 중개가 금지되고, 이를 위반 시 5년 이하의 징역 또는 5천만원 이하의 벌금에 처한다.

④ 차명거래 금지 위반 시 의심거래보고(STR)를 해야 한다.

25 중요도 ★

해외금융계좌 납세자협력법(FATCA : Foreign Account Tax Compliance Act)에 대한 설명 중 잘못된 것은?

① 대상계좌는 예금계좌, 수탁계좌, 지분증권 및 채무증권, 보험 및 연금계약 등이다.

② 대상자는 미국 시민권자에 한한다.

③ 개인은 기존계좌가 5만달러를 초과하는 경우에만 해당한다.

④ 신규계좌의 미국인 여부 확인은 계좌 개설 시에 해야 한다.

정답 및 해설

21 ④ 고객이 고객확인을 거부하여 고객확인을 할 수 없는 경우 계좌개설 등 해당 고객과의 신규거래를 거절하고, 이미 거래관계가 있는 경우에는 해당거래를 종료해야 하며, 의심거래보고(STR) 여부를 검토해야 한다.

22 ① ② 영업점장은 포함되지 않는다.
③ 월1회 이상 → 연1회 이상
④ 2년 이상 → 1년 이상

23 ① 예탁자산이 많은 고액 고객이라 하여 반드시 고위험군에 속하는 것은 아니다. 대표적인 고위험군에는 환거래계약 고객, 추가 정보 확인이 필요한 종합자산관리서비스 고객, 공중협박자금조달 고객, 외국의 정치적 주요인물, FATF 비협조국가 등이 있다.

24 ① 불법행위를 목적으로 하는 차명금융거래는 금지되나 불법행위를 목적으로 하지 않는 합법적인 차명거래는 가능하고 STR의 보고대상이 아니다. 합법적인 차명거래에는 동창회 회비관리용 차명계좌, 문중·교회자산관리용 차명계좌, 미성년 자산보호를 위한 부모명의 차명계좌 등이 있다.

25 ② 대상자는 미국 시민권자, 미국 영주권자, 외국인 중 세법상 미국거주자 등이다.

26 중요도 ★
금융소비자보호법상 내부통제체계와 관련된 설명 중 잘못된 것은?

① 금융회사의 금융소비자보호 내부통제체계의 구축을 의무화하였다.

② 금융소비자보호에 관한 내부통제조직은 이사회, 대표이사, 준법감시인, 영업관리자 등으로 구성된다.

③ 이사회는 금융소비자보호에 관한 최고 의사결정기구로 금융소비자보호에 관한 기본방침과 내부통제 관련 주요사항을 심의·의결한다.

④ 대표이사로부터 금융소비자보호 업무를 위임받은 총괄책임자는 매년 1회 이상 위임이행사항을 내부통제위원회에 보고해야 한다.

27 중요도 ★
다음과 같은 권한과 의무가 있는 금융소비자보호에 관한 내부통제조직은?

> ㉠ 금융소비자보호 내부통제기준 위반 방지를 위한 예방대책 마련
> ㉡ 금융소비자보호 내부통제기준 준수여부에 대한 점검
> ㉢ 금융소비자보호 내부통제기준 위반 내용에 상응하는 조치방안 및 기준 마련
> ㉣ ㉠, ㉡을 위해 필요한 물적자원의 지원
> ㉤ 준법감시인과 금융소비자보호 총괄책임자의 업무분장 및 조정

① 이사회   ② 대표이사

③ 금융소비자보호 내부통제위원회   ④ 금융소비자보호 총괄기관

28 중요도 ★★
금융소비자보호법상 내부통제조직과 관련된 설명 중 잘못된 것은?

① 이사회는 내부통제에 영향을 미치는 경영전략 및 정책을 승인한다.

② 금융회사는 금융소비자보호 내부통제기준에 따라 금융소비자보호 총괄책임자(CCO)를 지정해야 하며, CCO는 대표이사 직속의 독립적인 지위를 갖는다.

③ 금융소비자보호 총괄기관은 금융상품 개발 및 판매업무로부터 독립하여 업무를 수행해야 하고, 대표이사 직속기관으로 두어야 한다.

④ 금융소비자 내부통제위원회는 설치가 의무화 되어 있고, 준법감시인을 의장으로 한다.

29 중요도 ★

상품판매 이전 단계의 금융소비자보호의 내용과 가장 거리가 먼 것은?

① 금융투자회사는 교육체계를 마련하여 임직원 대상 금융상품에 관한 집합교육 또는 온라인 교육을 실시해야 한다.

② 금융투자회사는 임직원이 금융투자상품을 판매할 수 있는 자격증을 보유하고 있는지 관리해야 한다.

③ 금융투자회사는 임직원이 자격유지를 위한 보수교육을 이수하고 있는지 관리해야 한다.

④ 주식, ELB, DLB를 판매하기 위해서는 파생상품투자권유자문인력 자격을 보유해야 한다.

정답 및 해설

26 ② 금융소비자보호에 관한 내부통제조직은 이사회, 대표이사, 금융소비자보호 내부통제위원회, 금융소비자보호 총괄기관 등으로 구성된다.

27 ② 금융소비자보호를 위한 대표이사의 권한과 의무에 대한 내용이다.

28 ④ 금융소비자 내부통제위원회는 설치가 의무화 되어 있고, 대표이사를 의장으로 한다.

29 ④ 주식, ELB, DLB를 판매하기 위해서는 증권투자권유자문인력 자격을 보유해야 한다.

판매자격증	판매 가능상품
펀드투자권유자문인력	집합투자증권(주식형펀드, 채권형펀드, 혼합형펀드 등)
증권투자권유자문인력	주식, 채권, ELB, DLB, CP, RP, CMA 등
파생상품투자권유자문인력	선물, 옵션, ELW, ELS, DLS 등

30

적합성 원칙에 따른 KYC(Know-Your-Customer-Rule)를 순서대로 나열한 것은?

> ㉠ 투자권유 하기 전에 해당 금융소비자가 투자권유를 원하는지 원치 않는지를 확인한다.
> ㉡ 해당 금융소비자가 일반금융소비자인지 전문금융소비자인지 확인한다.
> ㉢ 일반금융소비자인 경우 면담·질문 등을 통하여 해당 금융소비자의 정보를 파악한다.
> ㉣ 금융소비자의 투자성향 분석 결과를 설명하고 확인서를 제공한다.
> ㉤ 투자자금의 성향을 파악한다.

① ㉠ → ㉡ → ㉢ → ㉣ → ㉤　　　　② ㉠ → ㉢ → ㉣ → ㉤ → ㉡

③ ㉡ → ㉠ → ㉢ → ㉣ → ㉤　　　　④ ㉡ → ㉢ → ㉣ → ㉤ → ㉠

31

적정성 원칙에 대한 설명 중 적절하지 않은 것은?

① 금융상품판매업자는 해당 금융상품이 일반금융소비자에게 적정하지 않다고 판단되는 경우에 그 사실을 알리고, 서명 등의 방법으로 확인을 받아야 한다.

② 일반금융소비자가 투자성 상품을 체결하는 경우에 한하여 적용된다.

③ 일반사모집합투자기구를 판매하는 경우에는 적용되지 않는 것이 원칙이나, 적격투자자 중 일반금융소비자가 요청하는 경우에는 적용된다.

④ 금융투자업종사자가 일반금융소비자에게 금융상품의 계약체결을 권유하지 않고, 해당 일반금융소비자가 해당상품의 계약체결을 원하는 경우에 적용된다.

32 중요도 ★★
금융소비자의 청약철회권의 행사에 대한 설명으로 가장 적절한 것은?

① 대출성 상품의 경우에는 일반금융소비자가 청약 철회의사를 표시하기 위해 서면 등을 발송한 때 철회의 효력이 발생한다.

② 청약이 철회된 경우 금융상품판매업자는 일반금융소비자에 대하여 청약철회에 따른 손해배상을 청구할 수는 없으나 위약금을 청구할 수는 있다.

③ 금융소비자보호법상의 청약철회권 규정에 반하는 특약으로 일반금융소비자에게 불리한 것은 취소할 수 있다.

④ 금융소비자보호법상 청약철회권은 금융회사의 고의 또는 과실여부 등 귀책사유가 없더라도 일반금융소비자가 행사할 수 있다.

33 중요도 ★★★
청약철회권 대상이 되는 상품과 가장 거리가 먼 것은?

① 자본시장법시행령에 따른 고난도금융투자상품

② 자본시장법시행령에 따른 고난도투자일임계약

③ 자본시장법에 따른 금전신탁

④ 자본시장법시행령에 따른 고난도금전신탁계약

정답 및 해설

30 ① KYC는 ㉠ → ㉡ → ㉢ → ㉣ → ㉤ 순으로 진행된다.

31 ② 적정성 원칙은 위험성이 높은 투자성 상품뿐만 아니라 대출성 상품, 보장성 상품에도 적용된다.

32 ④ ① 보장성 상품, 투자성 상품, 금융상품자문의 경우에는 일반금융소비자가 청약 철회의사를 표시하기 위해 서면 등을 발송한 때 철회의 효력이 발생한다. 반면, 대출성 상품의 경우에는 일반금융소비자가 청약 철회의사를 표시하기 위해 서면 등을 발송하고, 이미 공급받은 금전·재화 등을 반환한 때 철회의 효력이 발생한다.
  ② 청약이 철회된 경우 금융상품판매업자는 일반금융소비자에 대하여 청약철회에 따른 손해배상 또는 위약금 등 금전의 지급을 청구할 수 없다.
  ③ 금융소비자보호법상의 청약철회권 규정에 반하는 특약으로 일반금융소비자에게 불리한 것은 무효로 한다.

33 ③ 청약철회권의 대상이 되는 상품에 신탁계약이 포함되나, 자본시장법의 금전신탁은 청약철회권 대상에서 제외된다.

34

중요도 ★★

금융상품판매업자의 불공정영업행위 금지의무와 가장 거리가 먼 것은?

① 업무와 관련하여 편익을 요구하거나 제공받는 행위

② 특정 대출상환방식을 강요하는 행위

③ 대출계약 성립일로부터 3년 이전에 중도상환수수료를 부과하는 행위

④ 연계제휴서비스 등이 있는 경우 이를 부당하게 축소하거나 변경하는 행위

35

중요도 ★★

금융상품판매업자의 부당권유 금지의무와 가장 거리가 먼 것은?

① 금융상품 내용의 일부에 대하여 비교대상 및 기준을 밝히지 않거나 객관적인 근거 없이 다른 금융상품과 비교하여 해당 금융상품이 우수하거나 유리하다고 알리는 행위

② 내부통제기준에 따른 직무수행교육을 받지 않은 자로 하여금 계약체결권유 관련 업무를 하게 하는 행위

③ 일반금융소비자의 정보를 조작하여 권유하는 행위

④ 전문금융소비자에게 투자성 상품에 관한 계약체결을 권유하면서 대출성 상품을 안내하는 행위

36

중요도 ★★★

6대 판매원칙 중 하나인 광고 관련 준수사항에 대한 설명 중 잘못된 것은?

① 원칙적으로 금융상품판매업자 등만이 금융상품 또는 업무에 대한 광고가 가능하다.

② 예외적으로 업권별로 법에서 정하고 있는 협회도 금융상품 및 업무에 대한 광고가 가능하다.

③ 예외적으로 증권시장에 상장된 모든 지주회사는 금융상품 및 업무에 대한 광고가 가능하다.

④ 광고에는 계약체결 전 설명서 및 약관을 읽어볼 것을 권유하는 내용, 금융회사의 명칭과 금융상품의 내용, 상품의 위험 및 조건 등 법에서 정하고 있는 사항을 포함해야 한다.

37 중요도 ★★
금융소비자의 자료열람요구권에 대한 설명 중 잘못된 것은?

① 분쟁조정 또는 소송수행 등 권리구제를 목적으로 부여된 권리로 금융회사가 기록 및 유지·관리하는 자료에 대하여 금융소비자가 해당 자료의 열람, 제공, 청취(녹취인 경우)를 요구할 수 있는 권리이다.

② 금융회사는 금융소비자로부터 자료열람 등을 요구받은 날로부터 6영업일 이내에 해당 자료를 열람할 수 있게 하여야 한다.

③ 금융소비자의 자료열람요구에 대하여 금융회사가 무조건 승인해야 하는 것은 아니다.

④ 금융소비자가 자료열람을 요청하더라도 금융회사는 우송료 등을 금융소비자에게 비용으로 청구할 수 없다.

정답 및 해설

34 ③ 대출계약 성립일로부터 3년 경과 후 수수료, 위약금 또는 그 밖에 어떤 명목이든 중도상환수수료를 부과하는 행위는 금지된다. 다만, 대출계약 성립일로부터 3년 이내에 상환하는 경우, 다른 법령에 따라 중도상환수수료 부과가 허용되는 경우에는 예외적으로 중도해지수수료의 부과가 가능하다.

35 ④ 일반금융소비자에게 투자성 상품에 관한 계약체결을 권유하면서 대출성 상품을 안내하거나 관련 정보를 제공하는 행위는 금지되나, 전문금융소비자에게는 가능하다.

36 ③ 예외적으로 금융회사를 자회사 또는 손자회사로 둔 지주회사만 금융상품 및 업무에 대한 광고가 가능하다.

37 ④ 금융소비자가 자료열람을 요청한 경우 금융회사는 우송료 등을 금융소비자에게 청구할 수 있다. 또한, 열람 승인을 한 자료의 생성 등에 추가비용이 발생한 경우에는 해당 수수료도 금융소비자에게 청구할 수 있다.

38

금융소비자의 위법계약해지권에 대한 설명으로 가장 적절한 것은?

① 위법계약해지권은 금융회사의 귀책사유가 없어도 행사할 수 있다.

② 위법계약해지권은 금융회사가 광고규제를 위반한 경우에도 행사할 수 있다.

③ 금융회사는 위법계약해지권 행사로 계약이 해지되는 경우 별도의 수수료, 위약금 등 해지에 따라 발생하는 비용을 금융소비자에게 부과할 수 있다.

④ 금융회사는 금융소비자의 위법계약 해지요구일로부터 10일 이내에 계약해지의 수락여부를 결정하여 금융소비자에게 통지해야 한다.

39

금융소비자의 위법계약해지 요구에 대하여 금융회사는 정당한 사유가 있으면 금융소비자의 해지요구를 거절할 수 있다. 금융회사가 금융소비자의 위법계약해지 요구를 거절할 수 있는 정당한 사유를 모두 고른 것은?

> ㉠ 위반사실에 대한 근거를 제시하지 않거나 거짓으로 제시한 경우
> ㉡ 계약체결 당시에는 위반사항이 없었으나 금융소비자가 계약체결 이후의 사정변경에 따라 위반사항을 주장하는 경우
> ㉢ 금융소비자의 동의를 받아 위반사항을 시정한 경우
> ㉣ 금융상품판매업자가 계약해지요구를 받은 날로부터 10일 이내에 법 위반사실이 없음을 확인하는 데 필요한 객관적·합리적 근거자료를 금융소비자에게 제시한 경우
> ㉤ 법 위반사실 관련 자료 확인을 이유로 금융소비자의 동의를 받아 통지기한을 연장한 경우
> ㉥ 금융소비자가 금융상품판매업자의 행위에 법 위반사실이 있다는 것을 계약체결 전에 알았다고 볼 수 있는 명백한 사유가 있는 경우

① ㉠, ㉢, ㉤   ② ㉠, ㉢, ㉣, ㉥

③ ㉠, ㉡, ㉢, ㉣, ㉥   ④ ㉠, ㉡, ㉢, ㉣, ㉤, ㉥

40

금융소비자의 사후 구제를 위한 법적제도와 가장 거리가 먼 것은?

① 법원의 소송중지제도   ② 적합성 원칙

③ 소액분쟁사건의 분쟁조정이탈금지제도   ④ 손해배상책임 및 입증책임전환

41 중요도 ★★
다음 중 고객이 가상자산사업자인 경우에 확인해야 할 사항과 거리가 먼 것은?

① 고객을 최종적으로 지배하거나 통제하는 자연인(실소유자)에 대한 사항
② 가상자산사업자의 신고 수리에 관한 사항
③ 가상자산사업자의 최근 사업연도 당기순이익에 대한 사항
④ 예치금을 고유재산과 구분하여 관리하는지 그 이행에 관한 사항

42 중요도 ★★
다음 중 자금세탁방지 관련 특정거래금융거래법상 5년 이하의 징역 또는 5천만원 이하의 벌금에 처해질 수 있는 경우는?

① STR 및 CTR를 거짓으로 보고하는 경우
② STR 관련 사실을 누설하는 경우
③ 가상자산거래 관련 변경신고를 하지 않는 경우
④ STR 관련 정보의 제공을 요구하는 경우

정답 및 해설

38 ④ ① 위법계약해지권은 금융회사의 귀책사유가 있고 계약이 최종적으로 체결된 이후에만 행사할 수 있다.
　　② 금융회사의 광고규제 위반은 위법계약해지권의 적용범위에 포함되지 않는다.
　　③ 별도의 수수료, 위약금 등 해지에 따라 발생하는 비용을 금융소비자에게 부과할 수 없다.

39 ④ ㉠, ㉡, ㉢, ㉣, ㉤, ㉥ 모두 금융회사가 금융소비자의 해지요구를 거절할 수 있는 정당한 사유에 해당한다.

40 ② 금융소비자의 사후 구제를 위한 법적제도에는 법원의 소송중지제도, 분쟁조정이탈금지제도, 손해배상책임 및 입증책임전환 등이 있다.

41 ③ 가상자산사업자의 최근 사업연도 당기순이익에 대한 사항은 확인 대상이 아니다.

42 ④ 특정거래금융거래법상 5년 이하의 징역 또는 5천만원 이하의 벌금에 처해질 수 있는 경우에는 STR 관련 정보의 제공을 요구하는 경우, 신고하지 않고 가상자산거래를 영업으로 하는 경우, 법령에 따라 제공받은 정보를 그 목적 외의 용도로 사용하는 경우 등이다.

제4과목
법규 및 세제
[총 35문항]

제1장
자본시장 관련 법규

학습전략

자본시장 관련 법규는 제4과목 전체 35문제 중 총 20문제가 출제된다.

주로 시험에 출제되는 법규는 자본시장법, 금융위원회규정, 금융소비자보호법이다.

자본시장 관련 법규는 본 자격시험 과목 중 출제비중이 가장 높을 뿐만 아니라 법률용어가 많고 내용도 방대하므로 문제뿐만 아니라 핵심포인트 해설을 꼼꼼히 학습하는 것이 중요하다.

출제예상 비중

금융소비자보호법 20%

금융위원회 규정 5%

불공정거래행위에 대한 규제 10%

기업 인수합병 관련 제도 10%

5% 총 설

15% 금융투자상품 등

10% 금융투자업자에 대한 규제 · 감독

15% 투자매매 · 중개업자에 대한 영업행위 규제

10% 발행 · 유통시장 공시제도

핵심포인트

자본시장법 제정의 의의와 거리가 먼 것은?

① 열거주의 규제체제의 도입 – 유가증권의 개념, 대상 등을 열거하여 규정
② 기능별 규제체제의 도입 – 금융투자상품·금융투자업·투자자를 각각 기능적으로 분류
③ 업무 범위의 확대 – 겸업허용 체제, 투자권유인제도 도입
④ 투자자보호 강화 – 설명의무, 적합성 원칙, 이해상충방지체제 마련

TIP 자본시장법은 금융투자상품을 투자성이 있는 모든 금융상품으로 규정하여 포괄주의로 전환하였으며, 기존에 없었던 파생결합증권과 투자계약증권의 개념도 도입하였다.

핵심포인트 해설 　　**자본시장법의 특징 및 기대효과**

특 징	• 금융투자상품 열거주의 ⇨ 포괄주의로 전환 • 기관별 규제체제 ⇨ 기능별 규제체제로 전환 • 엄격한 업무 규제 ⇨ 업무 범위 확대 • 미흡한 투자자보호 ⇨ 투자자보호 강화
기대효과	• 자본시장의 유연성과 효율성 제고 • 자본시장의 지속가능성 제고 • 종합적인 금융투자서비스 제공 가능 • 금융투자업자의 규제차익 유인 최소화

정답 | ①

금융투자상품에 대한 설명으로 잘못된 것은?

① 금융투자상품은 이익을 얻거나 손실을 회피할 목적이어야 한다.
② 금융투자상품은 투자금액이 회수금액을 초과하게 될 위험이 있다.
③ 판매수수료는 투자금액 산정 시 포함해야 한다.
④ 환매수수료는 회수금액 산정 시 포함해야 한다.

TIP 판매수수료는 투자금액 산정 시 제외된다.

핵심포인트 해설 　　　금융투자상품의 요건

(1) 금융투자상품의 요건
① 이익을 얻거나 손실을 회피할 목적일 것
② 현재 또는 장래 특정 시점에 금전 등을 지급하기로 약정함으로써 취득하는 권리일 것
③ 투자성이 있을 것

(2) 투자성 판단
① 투자성 : 투자금액이 회수금액을 초과하게 될 위험. 원금손실 가능성을 의미함
② 투자금액 산정 시 제외항목 : 판매수수료, 보험계약에 따른 사업비·위험보험료
③ 회수금액 산정 시 포함항목 : 환매·해지수수료, 세금, 채무불이행으로 인한 미지급액

정답 | ③

금융투자상품의 분류에 대한 설명으로 옳은 것은?

  ① 증권은 추가지급의무가 없는 금융투자상품이다.
  ② 파생상품은 원본초과손실 가능성이 없는 금융투자상품이다.
  ③ 파생결합증권은 파생상품에 속한다.
  ④ 자본시장법상 주식매수선택권은 금융투자상품에 해당한다.

TIP ② 파생상품은 원본초과손실 가능성이 있는 금융투자상품이다.
   ③ 파생결합증권은 증권에 속한다.
   ④ 주식매수선택권은 금융투자상품에서 제외된다.

핵심포인트 해설 금융투자상품의 분류

(1) 증권
 ① 원금손실 가능성은 있으나 원본초과손실 가능성(추가지급의무)은 없는 금융투자상품
 ② 채무증권, 지분증권, 수익증권, 투자계약증권, 파생결합증권, 증권예탁증권

(2) 파생상품
 ① 원본초과손실 가능성(추가지급의무)이 있는 금융투자상품
 ② 장내파생상품(선물, 옵션), 장외파생상품(선도, 스왑)

(3) 금융투자상품에서 제외되는 상품
 ① 원화표시 CD
 ② 관리형신탁의 수익권
 ③ 주식매수선택권(Stock Option) → 주식매수청구권 (X)

정답 | ①

04

자본시장법상 증권의 유형 중 파생결합증권에 해당하지 않는 것은?

① ELS
② ELW
③ CLN
④ ETF

용어 알아두기

ETN	ETN(Exchange Traded Note)은 거래소시장에 상장되어 주식처럼 사고 팔 수 있는 상장지수채권을 말한다.

TIP ETF(Exchange Traded Fund)는 상장지수펀드로 수익증권에 해당한다.

핵심포인트 해설 | **자본시장법상 증권의 종류**

채무증권	• 의의 : 지급청구권이 표시된 것 • 유형 : 채권(국채, 지방채, 특수채, 사채), 기업어음
지분증권	• 의의 : 지분이 표시된 것 • 유형 : 주권, 출자증권, 출자지분, 신주인수권이 표시된 증권
수익증권	• 의의 : 수익권이 표시된 것 • 유형 : 투자신탁, 신탁의 수익권이 표시된 증권
파생결합증권	• 의의 : 기초자산 변동에 따라 손익이 결정되는 권리가 표시된 것 • 유형 : ELS, DLS, ELW, ETN, CLN(신용연계증권), CAT Bond(재해연계증권)
증권예탁증권	• 의의 : 예탁받은 증권에 대한 권리가 표시된 것 • 유형 : DR, KDR, ADR, GDR 등
투자계약증권	• 공동사업 결과에 따른 손익을 귀속받는 계약상의 권리가 표시된 것

정답 | ④

다음 중 파생결합증권에서 제외하고 있는 것은?

① 주가연계 파생결합증권
② 이자연계 파생결합증권
③ 신용연계 파생결합증권
④ 재해연계 파생결합증권

TIP 이자연계 파생결합증권은 파생결합증권에서 제외한다.

핵심포인트 해설 **파생결합증권의 기초자산 및 종류, 제외대상**

파생결합증권의 기초자산	• 금융투자상품 • 통화(외국통화 포함) • 일반상품 • 신용위험 • 그 밖의 자연적·환경적·경제적 현상 등에 속하는 위험으로 합리적인 방법에 의하여 산출이나 평가가 가능한 것
파생결합증권의 종류	• 주가연계증권(ELS) • 주가연계워런트(ELW) • 파생연계증권(DLS) • 신용연계증권(CLN) • 재해연계증권(CAT Bond)
파생결합증권 제외대상	• 이자연계 파생결합증권 • 옵션파생상품의 권리 • 신종사채 발행에 따라 주권상장법인이 발행하는 사채 • 교환사채·상환사채·전환사채·신주인수권부사채 규정에 따른 사채 • 은행법에 따른 상각형 조건부자본증권, 은행주식 전환형 조건부지불증권, 은행지주회사주식 전환형 조건부 자본증권 • 금융지주회사법에 따른 상각형 조건부자본증권, 전환형 조건부 자본증권

정답 | ②

06

자본시장법상 파생상품에 대한 설명으로 잘못된 것은?

① 선물(Futures)은 장내시장에서 기초자산에 의해 산출된 금전 등을 장래 특정 시점에 인도할 것을 약정하는 계약이다.

② 선도(Forwards)는 장외시장에서 기초자산에 의해 산출된 금전 등을 장래 특정시점에 인도할 것을 약정하는 계약이다.

③ 파생결합증권은 기초자산에 의해 산출된 금전 등을 거래시킬 수 있는 권리를 부여하는 것을 약정하는 계약이다.

④ 스왑은 기초자산에 의해 산출된 금전 등을 일정 기간 동안 교환할 것을 약정하는 계약이다.

TIP 옵션(Option)은 기초자산에 의해 산출된 금전 등을 거래시킬 수 있는 권리를 부여하는 것을 약정하는 계약이다.

핵심포인트 해설　　**파생상품의 의의 및 종류**

(1) 파생상품의 의의 및 유형
　　① 의의 : 파생상품은 금전 등의 지급시기가 장래 특정 시점이고, 투자원금 추가손실 가능성이 있는 금융투자상품
　　② 유형
　　　　㉠ 장내파생상품 : 한국파생상품시장 또는 해외 정형화된 파생상품거래소에서 거래되는 파생상품
　　　　㉡ 장외파생상품 : 장내파생상품이 아닌 파생상품

(2) 주요 파생상품의 종류

선 물	장내에서 기초자산에 의해 산출된 금전 등을 장래 특정 시점에 인도할 것을 약정하는 계약
선 도	장외에서 기초자산에 의해 산출된 금전 등을 장래 특정 시점에 인도할 것을 약정하는 계약
옵 션	기초자산에 의해 산출된 금전 등을 거래시킬 수 있는 권리부여하는 것을 약정하는 계약
스 왑	기초자산에 의해 산출된 금전 등을 일정 기간 동안 교환할 것을 약정하는 계약

정답 | ③

다음의 내용은 자본시장법상 금융투자업 중 각각 어느 것에 해당하는가?

> ⊙ 누구의 명의로 하든지 자기의 계산으로 금융투자상품 매매, 증권의 발행·인수·청약의 권유·청약·청약의 승낙을 영업으로 하는 금융투자업
> ⓒ 누구의 명의로 하든지 타인의 계산으로 금융투자상품 매매, 증권의 발행·인수·청약의 권유·청약·청약의 승낙을 중개하는 것을 영업으로 하는 금융투자업

	⊙	ⓒ
①	투자매매업	투자중개업
②	투자매매업	집합투자업
③	투자중개업	투자매매업
④	투자중개업	집합투자업

TIP 투자매매업과 투자중개업에 대한 내용이다.

핵심포인트 해설   **자본시장법상 금융투자업**

→ 타인의 계산 (x)

투자매매업	누구의 명의로 하든지 자기의 계산으로 금융투자상품 매매, 증권의 발행·인수·청약의 권유·청약·청약의 승낙을 영업으로 하는 금융투자업
투자중개업	누구의 명의로 하든지 타인의 계산으로 금융투자상품 매매, 증권의 발행·인수·청약의 권유·청약·청약의 승낙을 중개하는 것을 영업으로 하는 금융투자업
집합투자업	2인 이상의 투자자로부터 모은 재산에 대한 집합투자를 영업으로 하는 금융투자업
투자자문업	금융투자상품의 가치 또는 투자판단에 관한 투자자문을 영업으로 하는 금융투자업
투자일임업	투자자로부터 금융투자상품에 대한 투자판단의 전부 또는 일부를 일임받아 투자자별로 구분하여 금융투자상품을 운용하는 것을 영업으로 하는 금융투자업
신탁업	신탁을 영업으로 하는 금융투자업
종합금융투자업 (프라임 브로커)	일반 사모집합투자기구(헤지펀드)의 신용공여와 담보관리 등을 위한 금융투자업
온라인소액 투자중개업	온라인상에서 타인의 계산으로 증권 모집 또는 중개를 하는 금융투자업(크라우드 펀딩)

정답 | ①

다음 중 투자매매업에 대한 설명으로 잘못된 것은?

① 투자매매업은 누구의 명의로 하든지 자기의 계산으로 할 것을 요한다.
② 투자매매업은 금융투자상품의 매매, 증권의 발행·인수 또는 그 청약의 권유, 청약, 청약의 승낙을 영업으로 할 것을 요한다.
③ 자기가 증권을 발행하는 경우는 투자매매업으로 보지 않는다.
④ 투자매매업자를 상대방으로 하거나 투자중개업자를 통하여 금융투자상품을 매매하는 경우는 투자매매업으로 본다.

TIP 투자매매업자를 상대방으로 하거나 투자중개업자를 통하여 금융투자상품을 매매하는 경우는 투자매매업으로 보지 않는다.

핵심포인트 해설　　**투자매매업의 법적 요건 및 적용배제 사유**

법적 요건	• 누구의 명의로 하든지 자기의 계산으로 할 것 • 금융투자상품의 매매, 증권의 발행·인수 또는 그 청약의 권유, 청약, 청약의 승낙을 영업으로 할 것
적용배제 사유	• 자기가 증권을 발행하는 경우(단, 투자신탁의 수익증권, 투자성 있는 예금·보험, 파생결합증권을 발행하는 경우에는 해당되지 않음) • 투자매매업자를 상대방으로 하거나 투자중개업자를 통하여 금융투자상품을 매매하는 경우 • 국가·지자체가 공익을 위하여 관련 법령에 따라 금융투자상품을 매매하는 경우 • 한국은행이 공개시장조작을 하는 경우 • 특정 전문투자자 간에 환매조건부매매를 하는 경우 • 외국 투자매매업자가 일정 요건을 갖추고 국외에서 파생결합증권을 발행하는 경우 • 외국 투자매매업자가 국외에서 투자매매·중개업자를 상대로 투자매매업을 하거나 국내 거주자를 상대로 투자권유 또는 투자광고를 하지 않고 국내 거주자의 매매주문을 받아 그 자를 상대방으로 투자매매업 또는 투자중개업을 하는 행위

정답 | ④

투자중개업에 대한 설명으로 잘못된 것은?

① 누구의 명의로 하든지 자기의 계산으로 할 것을 요한다.
② 금융투자상품의 매매, 그 중개나 청약의 권유, 청약, 청약의 승낙 또는 증권의 발행·인수에 대한 청약의 권유, 청약, 청약의 승낙을 중개하는 것을 영업으로 할 것을 요한다.
③ 투자권유대행인 투자권유를 대행하는 경우는 투자중개업으로 보지 않는다.
④ 거래소가 증권시장 및 파생상품시장을 개설·운영하는 경우는 투자중개업으로 보지 않는다.

TIP 누구의 명의로 하든지 타인의 계산으로 할 것을 요한다.

핵심포인트 해설　　**투자중개업의 법적 요건 및 적용배제 사유**

법적 요건	• 누구의 명의로 하든지 타인의 계산으로 할 것 • 금융투자상품의 매매, 그 중개나 청약의 권유, 청약, 청약의 승낙 또는 증권의 발행·인수에 대한 청약의 권유, 청약, 청약의 승낙을 중개하는 것을 영업으로 할 것
적용배제 사유	• 투자권유대행인이 투자권유를 대행하는 경우 • 거래소가 증권시장 및 파생상품시장을 개설·운영하는 경우 • 협회가 장외 주식중개시장(K-OTC)을 개설·운영하는 경우 • 외국 투자중개업자가 국외에서 투자매매·중개업자를 상대로 투자매매업을 하거나 국내 거주자를 상대로 투자권유 또는 투자광고를 하지 않고 국내 거주자의 매매주문을 받아 그 자를 상대방으로 투자매매업 또는 투자중개업을 하는 행위

정답 | ①

10

투자자문업의 적용배제 사유에 해당하는 것을 모두 고른 것은?

㉠ 불특정 다수인을 대상으로 발행 또는 송신되고, 불특정 다수인이 수시로 구입 또는 수신할 수 있는 간행물·출판물·통신물 또는 방송 등을 통하여 조언을 하는 경우

㉡ 역외영업 특례 적용에 해당하는 역외 투자자문업

㉢ 따로 대가 없이 다른 영업에 부수하여 금융투자상품의 가치나 투자판단에 관한 자문에 응한 경우

㉣ 외국투자자문업자가 국외에서 국가, 한국은행, 한국투자공사, 법률에 따라 설립된 기금 및 그 기금을 관리·운용하는 법인을 상대로 투자권유 또는 투자광고를 하지 않고 그 자를 상대방으로 투자자문업을 하는 경우

① ㉠, ㉢
② ㉠, ㉡, ㉢
③ ㉠, ㉢, ㉣
④ ㉠, ㉡, ㉢, ㉣

TIP 모두 투자자문업 적용배제 사유에 해당한다.

핵심포인트 해설   **투자자문업의 법적 요건 및 적용배제 사유**

법적 요건	• 금융투자상품 등의 가치 또는 투자판단에 관하여 자문할 것 • 위의 자문에 응하는 것을 영업으로 할 것
적용배제 사유	• 불특정 다수인을 대상으로 발행 또는 송신되고, 불특정 다수인이 수시로 구입 또는 수신할 수 있는 간행물·출판물·통신물 또는 방송 등을 통하여 조언을 하는 경우 • 역외영업 특례 적용에 해당하는 역외 투자자문업 • 따로 대가 없이 다른 영업에 부수하여 금융투자상품의 가치나 투자판단에 관한 자문에 응한 경우 • 집합투자기구평가회사, 신용평가업자, 변호사, 회계사, 그 밖의 법령에 따라 자문용역을 제공하고 있는 자가 해당 업무와 관련된 분석정보 등을 제공하는 경우 • 외국투자자문업자가 국외에서 국가, 한국은행, 한국투자공사, 법률에 따라 설립된 기금 및 그 기금을 관리·운용하는 법인을 상대로 투자권유 또는 투자광고를 하지 않고 그 자를 상대방으로 투자자문업을 하는 경우

정답 | ④

다음 중 절대적 전문투자자에 해당하지 않는 자는?

① 은 행
② 집합투자기구
③ 외국정부
④ 지방자치단체

TIP 지방자치단체는 상대적 전문투자자에 해당한다.

핵심포인트 해설　　자본시장법상 투자자 구분

전문 투자자	절대적 전문투자자	• 의의 : 일반투자자 대우를 받을 수 없는 투자자 • 대상 : 국가, 한국은행, 금융기관, 예금보험공사, 한국자산관리공사, 금융투자협회, 한국거래소, 금융감 　　　독원, 집합투자기구, 외국정부, 외국중앙은행, 국제기구 등
	상대적 전문투자자	• 의의 : 일반투자자 대우를 받겠다는 의사를 서면으로 통지하면 일반투자자로 간주되는 투자자 • 대상 : 주권상장법인, 지방자치단체, 기금관리·운용법인, 공제사업법인 • 주권상장법인 등이 장외파생상품거래를 하는 경우 별도의 의사표시가 없으면 일반투자자로 대우해 　야 함(전문투자자 대우를 받기 위해서는 서면으로 금융투자업자에게 통지해야 함 → 서면 요청 시 거 　부 불가)
	자발적 전문투자자	• 의의 : 전문투자자 대우를 받고자 하는 법인 및 개인(금융위원회에 신고하면 금융위원회 확인 후 2년 　간 전문투자자 대우) • 대 상

법 인	금융투자상품 잔고 100억원(외부감사법인은 50억원) 이상인 법인
개 인	금융투자상품 잔고 5천만원 이상인 개인 중 아래 3가지 중 한 가지를 충족한 자 • 소득 : 연소득 1억원 이상(또는 부부합산 1.5억원 이상) • 자산 : 총자산 중 부동산 및 부채를 차감한 금액이 5억원 이상 • 전문성 : 전문분야(회계사, 변호사, 투자운용인력 등)에서 1년 이상 종사

일반투자자	• 의의 : 투자경험 및 지식 등이 적어서 투자자보호가 필요한 자 • 대상 : 전문투자자가 아닌 투자자 • 일반투자자에게는 적합성원칙, 적정성원칙, 설명의무 등이 적용됨

정답 | ④

12

다음 중 인가대상 금융투자업이 아닌 것은?

① 투자매매업
② 투자중개업
③ 투자일임업
④ 집합투자업

TIP 투자일임업과 투자자문업은 등록대상 금융투자업이다.

핵심포인트 해설 금융투자업의 인가

대 상	• 금융투자업자가 투자매매업, 투자중개업, 집합투자업, 신탁업을 하려면 금융위원회의 인가를 받아야 함
요 건	• 법인격 요건 : 상법상 주식회사, 금융기관 및 외국금융투자업자로서 지점 또는 영업소를 설치한 자 • 자기자본 요건 : 인가업무 단위별 5억원과 대통령령으로 정하는 금액 중 큰 금액 이상 • 인력 요건 　· 임원 : 미성년자, 피성년후견인 또는 피한정후견인이 아닐 것, 형 집행 후 5년이 경과한 자 등 　· 최소전문인력 : 2년 이상 업무 종사자(집합투자업, 신탁업), 투자권유자문인력 5인 이상(투자매매업, 투자 　　중개업) • 물적시설 요건 : 전산설비 및 그 밖의 물적설비 갖출 것 • 사업계획 요건 : 경영건전성 기준 유지, 내부통제장치 마련 등 • 대주주 요건 : 출자능력, 건전한 재무상태, 사회적 신용 갖출 것 • 이해상충방지체계 요건 : 이해상충방지를 위한 장치를 마련해야 함
유지요건	• 위반 시 제재 : 인가 요건을 유지하지 못하면 금융위원회가 인가 취소 가능 • 자기자본 요건 : 인가업무 단위별 최저 자기자본의 70% 이상을 유지해야 함 • 대주주 요건 　· 최대주주의 경우 최근 5년간 5억원 이상의 벌금형을 받지 않을 것 　· 부실금융기관의 최대주주, 주요주주 또는 그 특수관계인이 아닐 것

정답 | ③

금융투자업의 등록에 대한 설명으로 잘못된 것은?

① 금융투자업자가 투자자문업, 투자일임업을 영위하려면 금융위원회에 등록해야 한다.

② 임원의 요건은 인가대상 금융투자업의 임원 요건과 동일하다.

③ 투자자문업의 경우 금융투자전문인력이 3인 이상 있어야 한다.

④ 일반사모집합투자업도 등록대상 금융투자업에 포함된다.

TIP 금융투자전문인력은 투자자문업의 경우 1인 이상, 투자일임업의 경우 2인 이상이어야 한다.

핵심포인트 해설　　　**금융투자업의 등록**

대 상	• 투자자문업, 투자일임업, 온라인소액투자중개업, 일반사모집합투자업
요 건	• 법인격 요건 : 상법상 주식회사, 금융기관 및 외국금융투자업자로서 투자자문업(또는 투자일임업)의 수 　　　　　　　행에 필요한 지점, 그 밖의 영업소를 설치한 자 • 자기자본 요건 : 등록업무 단위별로 일정 수준 이상의 자기자본을 갖출 것(둘 이상의 등록업무 단위 영위 시 　　　　　　　각각의 최저자기자본을 합산함) • 인력 요건 　· 임원 : 인가대상 금융투자업 임원의 요건과 동일 　· 금융투자전문인력 : 투자자문업 1인 이상, 투자일임업 2인 이상, 투자자문업 및 투자일임업 둘 다 영위할 　　　　　　　　　경우 3인 이상 • 대주주 요건 　· 최근 5년간 금융 관련 법령을 위반하여 벌금형 이상의 처벌사실이 없을 것 　· 최근 5년간 채무불이행 등으로 건전한 신용질서를 해친 사실이 없을 것 　· 부실금융기관 또는 인허가가 취소된 금융기관의 대주주 또는 특수관계인이 아닐 것 　· 그 밖에 금융위원회가 정하는 금융거래질서를 해친 사실이 없을 것 • 이해상충방지체계 요건 : 다양한 업무를 겸영함에 따라 발생할 수 있는 이해상충방지를 위한 장치를 구비 　　　　　　　　해야 함

정답 | ③

온라인소액투자중개업자의 등록 요건과 거리가 먼 것은?

① 상법상 주식회사 또는 영업소를 설치한 외국 온라인투자중개업자일 것
② 3억원 이상 자기자본 있을 것
③ 사업계획이 타당하고 건전할 것
④ 투자자보호가 가능하고 그 영위하고자 하는 업을 수행하기에 충분한 인력, 전산장비, 그 밖의 물적장비를 갖추고 있을 것

TIP 5억원 이상 자기자본금이 있어야 한다.

핵심포인트 해설 **온라인소액투자업 등록**

온라인소액투자업의 의의	• 온라인상에서 누구의 명의로 하든지 타인의 계산으로 소액투자중개를 영업으로 하는 것(증권형 크라우드펀딩) • 소액투자 중개대상 : 채무증권·지분증권·투자계약증권의 모집 또는 사모에 대한 중개
등록 요건	• 상법상 주식회사 또는 영업소를 설치한 외국 온라인투자중개업자일 것 • 5억원 이상 자기자본 있을 것 • 사업계획이 타당하고 건전할 것 • 투자자보호 가능 & 인력·물적설비·전산설비 등 갖출 것
온라인소액 투자중개업자의 영업행위 규제	• 자신이 중개하는 증권을 자기계산으로 취득하거나 증권의 발행 또는 그 청약주선 금지 • 증권 발행자의 신용 또는 투자 여부에 대한 투자자의 판단에 영향을 미칠 수 있는 자문이나 경영자문 금지 • 청약의 의사표시 수령 제한 • 발행인의 요청에 의하여 투자자 자격 등 제한 가능 • 투자자가 청약의사를 표시하지 않은 상태에서 투자자의 재산으로 증권을 청약하는 행위 금지 • 허용되는 청약권유 행위 4가지 　· 투자광고를 자신의 홈페이지에 게시하는 행위 　· 발행인이 게재하는 내용을 자신의 홈페이지에 게시하는 행위 　· 자신의 홈페이지를 통한 투자자 의견교환 관리 행위 　· 사모의 경우 발행인이 게재한 내용을 특정 투자자에게 전송하는 행위
투자광고 특례	• 대상 : 온라인소액투자중개업자, 온라인소액증권발행인 • 특례 : 개설 인터넷 홈페이지 이외의 수단을 통한 투자광고 금지
투자한도	• 1년간 동일발행인에 대한 누적투자금액 한도는 대통령령으로 정하는 요건을 갖춘 자는 1천만원 이하, 대통령령으로 정하는 요건을 갖추지 못한 자는 5백만원 이하

정답 | ②

금융투자업자의 자산건전성 분류에 대한 설명으로 잘못된 것은?

① 금융투자업자는 매 분기마다 자산건전성을 5단계로 분류해야 한다.

② 매 분기 말 현재 요주의 이하로 분류된 채권에 대해 적정 회수예상가액을 산정해야
 한다.

③ 금융투자업자는 회수의문 또는 추정손실로 분류된 자산을 조기에 상각하여 자산건전
 성을 확보해야 한다.

④ 정형화된 거래로 발생하는 미수금은 대손충당금을 적립하지 않을 수 있다.

TIP 매 분기 말 현재 고정 이하로 분류된 채권에 대해 적정 회수예상가액을 산정해야 한다.

핵심포인트 해설   **자산건전성 분류 및 대손충당금 적립**

(1) 자산건전성 분류의 개요
 ① 의의 : 금융투자업자는 매 분기마다 자산건전성을 5단계(정상, 요주의, 고정, 회수의문, 추정손실)로 분류해야 함
 ② 매 분기 말 현재 고정 이하로 분류된 채권에 대해 적정 회수예상가액을 산정해야 함
 ③ 금융투자업자는 회수의문 또는 추정손실로 분류된 자산(부실자산)을 조기에 상각하여 자산건전성을 확보해야 함
 ④ 금융감독원장은 금융투자업자의 자산건전성 분류 및 충당금의 적정성을 점검하고 부적정하다고 판단되는 경우에 시정을 요
   구할 수 있음
 ⑤ 금융투자업자는 자산건전성 분류기준의 설정, 변경, 동 기준에 따른 자산건전성 분류 결과 및 충당금적립 결과를 금융감독
   원장에게 보고해야 함

(2) 대손충당금 적립
 ① 적립기준
   ㉠ 정상 : 0.5%
   ㉡ 요주의 : 2%
   ㉢ 고정 : 20%
   ㉣ 회수의문 : 75%(부실자산)
   ㉤ 추정손실 : 100%(부실자산)
 ② 대손충당금을 적립하지 않을 수 있는 경우
   ㉠ 정형화된 거래로 발생하는 미수금
   ㉡ 정상으로 분류된 대출채권 중 콜론, 환매조건부매수, 당기손익인식 금융자산이나 매도가능 금융자산으로 지정하여 공정
     가치로 평가한 금융자산
 ③ 특례 : 채권중개전문회사 및 다자간매매체결회사에 대하여는 자산건전성 분류 및 대손충당금의 적립기준에 관한 규정을 적
     용하지 않음

정답 | ②

16

금융투자업자에 대한 순자본비율 규제에 대한 설명으로 잘못된 것은?

① 순자본비율은 금융투자업자의 재무건전성을 도모함으로써 궁극적으로 투자자를 보호한다.

② 순자본비율은 적기시정조치의 기준비율이 된다.

③ 순자본비율은 금융투자업자의 체계적인 리스크관리를 촉진하는 역할을 한다.

④ 순자본비율은 개별적인 자산운용을 사전규제한다는 단점이 있다.

TIP 순자본비율은 개별적인 자산운용에 대한 사전규제를 배제함에 따라 경영자의 자율적인 판단에 따른 자산운용이 가능하며 나아가 금융투자업자의 전문화 및 차별화도 가능하게 한다.

핵심포인트 해설 | **금융투자업자에 대한 순자본비율 규제**

의의 및 역할	• 금융투자업자의 재무건전성 도모 & 투자자보호 • 적기시정조치의 기준비율 • 금융투자업자의 체계적 리스크관리 촉진 & 자산운용 자율성 제고
산정방식	• 순자본비율 = $\dfrac{\text{영업용순자본} - \text{총위험액}}{\text{필요유지 자기자본}}$ · 영업용순자본 : (자산 − 부채) − 차감항목 + 가산항목 · 총위험액 : 시장위험액 + 신용위험액 + 운영위험액 · 필요유지 자기자본 : 인가(또는 등록)업무 단위별로 요구되는 자기자본을 합계한 금액
특수관계인	• 특수관계인에 대한 금전 또는 증권에 관한 청구권과 특수관계인이 발행한 증권은 전액 영업용순자본에서 차감함
산정주기 및 보고시기	• 산정주기 : 최소한 일별로 순자본비율을 산정해야 함 · 순자본비율과 산출내역을 매월 말 기준 1개월 이내에 업무보고서를 통하여 금융감독원장에게 제출해야 함 · 분기별 업무보고서 제출 시 순자본비율에 대한 외부감사인의 검토보고서를 첨부해야 함 • 순자본비율이 100% 미만이 된 경우 지체 없이 금융감독원장에게 보고해야 함

정답 | ④

금융위원회의 경영개선권고 사유와 거리가 먼 것은?

① 순자본비율 100% 미만
② 경영실태평가 결과 종합평가등급이 3등급 이상으로서 자본적정성 부문 평가등급이 4등급 이하로 판정받은 경우
③ 2년 연속 적자이면서 레버리지비율이 500%를 초과한 경우
④ 레버리지비율이 1,100%를 초과한 경우

TIP 2년 연속 적자이면서 레버리지비율이 900%를 초과한 경우에 경영개선권고 사유에 해당한다.

핵심포인트 해설 **금융위원회의 적기시정조치**

적기시정조치	조치사유	조치내용
경영개선 권고	• 순자본비율 100% 미만(㉠) • 평가등급 3등급 이상 & 자본적정성 4등급 이하(㉡) • 금융사고 또는 부실채권 발생으로 ㉠, ㉡에 해당되는 것이 명백하다고 판단되는 거액 • 2년 연속 적자 & 레버리지비율 900% 초과 • 레버리지비율 1,100% 초과	• 인력·조직운용 개선 • 점포관리 효율화 • 부실자산 처분 • 신규업무 진출 제한 • 자본금 증액 or 감액 • 특별대손충당금 설정
경영개선 요구	• 순자본비율 50% 미만(㉠) • 평가등급이 4등급 이하(㉡) • 금융사고 또는 부실채권 발생으로 ㉠, ㉡에 해당되는 것이 명백하다고 판단되는 거액 • 2년 연속 적자 & 레버리지비율 1,100% 초과 • 레버리지비율 1,300% 초과	• 고위험자산 보유제한·처분 • 점포폐쇄·통합·신설제한 • 조직축소·자회사 정리 • 임원 교체 요구 • 영업 일부 정지 • 합병·영업양도·자회사편입
경영개선 명령	• 순자본비율 0% 미만 • 부실금융기관에 해당	• 주식 일부·전부 소각 • 임원 직무 정지·관리인 선임 • 합병·영업양도·자회사편입 • 제3자 당해 금융투자업 인수 • 6개월 이내 영업정지 • 계약 전부·일부 이전

정답 | ③

18

금융투자업자의 건전성 규제에 대한 설명으로 잘못된 것은?

① 금융투자업자는 매 분기마다 자산 및 부채의 건전성에 대하여 정상, 요주의, 고정, 회수의문, 추정손실 등 5단계로 분류해야 한다.

② 고정분류자산의 대손충당금 적립비율은 20%이다.

③ 금융투자업자는 최소한 일별로 순자본비율을 산정해야 한다.

④ 순자본비율 50% 이상 ~ 100% 미만인 경우 경영개선명령 조치를 받게 된다.

TIP 순자본비율 50% 이상 ~ 100% 미만인 경우 경영개선권고 조치를 받게 된다.

핵심포인트 해설 · **순자본비율 규제**

적기시정조치 기준	• 순자본비율 50% 이상 ~ 100% 미만인 경우 : 경영개선권고 • 순자본비율 0% 이상 ~ 50% 미만인 경우 : 경영개선요구 • 순자본비율 0% 미만인 경우 : 경영개선명령
기본원칙	• 자산, 부채, 자본은 연결재무제표에 계상된 장부가액을 기준으로 함 • 시장위험과 신용위험을 동시에 내포하는 자산에 대하여는 시장위험액과 신용위험액을 모두 산정함 • 영업용순자본 차감항목은 원칙적으로 위험액을 산정하지 않음 • 위험회피효과가 있는 자산은 위험액 산정대상 자산의 위험액을 감액할 수 있음 • 원칙적으로 부외자산과 부외부채에 대해서도 위험액을 산정함
산정방식	• 순자본 = 영업용순자본 − 총위험액 　· 영업용순자본 = (자산 − 부채) − 차감항목 + 가산항목 　· 총위험액 = 시장위험액 + 신용위험액 + 운영위험액 • 순자본비율 = $\dfrac{영업용순자본 − 총위험액}{필요유지 자기자본}$

금융투자업자의 대주주와의 거래 제한에 대한 설명으로 잘못된 것은?

① 금융투자업자는 대주주 또는 특수관계인이 발행한 증권을 소유할 수 없다.

② 금융투자업자는 계열사가 발행한 주식, 채권 및 약속어음을 자기자본의 3%를 초과하여 소유할 수 없다.

③ 금융투자업자는 대주주 또는 그 특수관계인에 대하여 신용공여를 하는 것이 금지될 뿐만 아니라 그들로부터 신용공여를 받는 것도 금지된다.

④ 대주주가 통상적인 거래 조건과 다른 조건으로 대주주 자신이나 제3자와의 거래를 요구하는 행위는 금지된다.

TIP 금융투자업자는 계열사가 발행한 주식, 채권 및 약속어음을 자기자본의 8%를 초과하여 소유할 수 없다.

핵심포인트 해설　　**금융투자업자의 대주주와의 거래 제한**

금융투자업자의 증권 소유 제한	• 대주주 또는 특수관계인이 발행한 증권을 소유할 수 없음(예외 : 담보권 실행, 시장조성 안정조작, 대주주 아닌 자가 대주주가 되는 경우 등) • 계열사가 발행한 주식, 채권 및 약속어음을 자기자본의 8%를 초과하여 소유할 수 없음 • 대주주 또는 그 특수관계인에 대한 신용공여가 금지될 뿐만 아니라 그들로부터 신용공여를 받는 것도 금지됨
계열회사 발행 증권의 예외 취득	• 금융투자업자가 계열회사 발행 증권을 한도 내에서 예외 취득하거나 대주주 및 대주주의 특수관계인에 대하여 신용공여하는 경우에는 재적이사 전원 찬성의 이사회 결의를 요함 • 단, 단일거래금액이 자기자본의 0.1%와 10억원 중 적은 금액 범위인 경우에는 이사회 결의 불필요 • 예외적 취득 시 금융위원회 보고 및 홈페이지 공시 요함
금융위원회의 자료제출명령	• 금융위원회는 금융투자업자가 대주주의 부당한 영향력 행사 금지 사항을 위반한 혐의가 있다고 인정될 경우에는 금융투자업자 또는 그의 대주주에게 필요한 자료의 제출을 명할 수 있음

정답 | ②

20

자본시장법에서 규율하는 금융투자업자의 공통 영업행위 규칙에 대한 설명으로 잘못된 것은?

① 금융투자업자가 아닌 자는 금융투자, 증권, 파생, 선물 등의 상호를 쓰면 안 된다.

② 금융투자업자는 자기명의를 대여하여 타인에게 금융투자업을 영위하게 해서는 안 된다.

③ 금융투자업자는 금융투자업·겸영업무·부수업무 등의 일부를 제3자에게 위탁할 수 있다.

④ 제3자에게 업무를 위탁하는 경우 투자자의 금융투자상품 매매 등에 관한 정보를 제공해서는 안 된다.

TIP 금융투자업자는 위탁업무 범위 내에서 투자자의 금융투자상품 매매 등에 관한 정보를 제공할 수 있다.

핵심포인트 해설 **금융투자업자의 공통 영업행위 규칙**

상호 규제	• 금융투자업자가 아닌 자는 금융투자업자로 오인될 수 있는 문자의 상호 사용이 금지됨 • 금융투자, 증권, 파생, 선물, 집합투자, 투자자문, 투자일임, 신탁 등의 상호 사용이 제한됨
명의대여 규제	• 금융투자업자는 자기명의를 대여하여 타인에게 금융투자업을 영위하게 해서는 안 됨
겸영 규제	• 신고의무 : 금융투자업자가 다른 금융업무를 겸영하고자 하는 경우 시작한 날로부터 2주 이내 금융위원회에 신고해야 함 • 겸영범위 : 인가·등록을 요하는 금융업무, (전자)자금이체업무 등
업무위탁 규제	• 금융투자업자는 금융투자업·겸영업무·부수업무 등의 일부를 제3자에게 위탁할 수 있음 • 금융투자업의 본질적 업무(인가·등록과 직접 관련된 필수업무)를 위탁하는 경우에는 위탁받은 자가 당해 업무 수행에 필요한 인가·등록한 자이어야 함 • 준법감시인 및 위험관리책임자의 업무 등 내부통제업무는 위탁이 금지됨
이해상충 규제	• 일반규제 : 자기 또는 제3자의 이익도모 금지, 직무 관련 정보이용 금지, 선관주의의무 • 직접규제 : 선행매매 금지, 과당매매 금지, 이해관계인과의 거래 제한

정답 | ④

금융투자업자의 외환건전성 규제에 대한 설명으로 잘못된 것은?

① 외화자산 및 외화부채를 각각 잔존만기별로 구분하여 관리해야 한다.
② 잔존만기 3개월 이내 부채에 대한 잔존만기 3개월 이내 자산의 비율이 50% 이상이어야 한다.
③ 총자산에 대한 외화부채비율이 1%에 미달하는 금융투자업자에게는 외화유동성비율 규정을 적용하지 않는다.
④ 종합매입(매각)초과포지션의 한도는 각 외국통화별 초과포지션의 합계액을 기준으로 전월 말 자기자본의 50%에 상당하는 금액이다.

TIP 잔존만기 3개월 이내 부채에 대한 잔존만기 3개월 이내 자산의 비율이 80% 이상이어야 한다.

핵심포인트 해설   **금융투자업자의 외환건전성 규제**

외화유동성비율	• 외화자산 및 외화부채를 각각 잔존만기별로 구분하여 관리할 것
	• 잔존만기 3개월 이내 부채에 대한 잔존만기 3개월 이내 자산의 비율이 80% 이상일 것
	• 외화자산 및 외화부채의 만기 불일치비율을 유지할 것
	  · 잔존만기 7일 이내 : 자산이 부채를 초과하는 비율이 0% 이상
	  · 잔존만기 1개월 이내 : 부채가 자산을 초과하는 비율 10% 이내
	• 총자산에 대한 외화부채비율이 1%에 미달하는 금융투자업자에게는 적용하지 않음

외국환 포지션 한도	• 종합매입(매각)초과포지션 : 각 외국통화별 초과포지션의 합계액을 기준으로 전월 말 자기자본의 50%에 상당하는 금액 • 선물환매입(매각)초과포지션 : 각 외국통화별 초과포지션의 합계액을 기준으로 전월 말 자기자본의 50%에 상당하는 금액 • 적용기준 : 자기자본은 미 달러화 환산금액을 기준으로 하며, 이때 적용되는 대미 달러환율은 금융감독원장이 정함 • 별도한도 인정 : 외국환포지션 한도의 초과가 필요하다고 인정되는 외국환취급금융투자업자에 대하여 위에서 정한 한도 외에 별도의 한도를 인정할 수 있음(별도한도 인정기간은 2년)
한도관리	• 금융투자업자는 외국환포지션 한도 준수 여부를 매 영업일 잔액기준으로 확인해야 함 • 외국환포지션 한도를 위반한 경우 위반한 날부터 3영업일 이내에 금융감독원장에게 보고해야 함

정답 | ②

22

금융투자업자의 경영공시사항과 가장 거리가 먼 것은?

① 동일 기업집단별로 금융투자업자의 직전 분기 말 자기자본의 3%에 상당하는 금액을 초과하는 부실채권이 발생한 경우

② 금융사고 등으로 직전 분기 말 자기자본의 2%에 상당하는 금액을 초과하는 손실이 발생하였거나 손실이 예상되는 경우

③ 민사소송의 패소로 직전 분기 말 자기자본의 1%에 상당하는 금액을 초과하는 손실이 발생한 경우

④ 회계기간의 변경을 결정한 경우

TIP 동일 기업집단별로 금융투자업자의 직전 분기 말 자기자본의 10%에 상당하는 금액을 초과하는 부실채권이 발생한 경우에 경영공시사항에 해당한다.

핵심포인트 해설   **금융투자업자의 보고 및 공시**

업무보고서 제출	• 업무보고서 작성의무 : 매 사업연도 개시일부터 3·6·9·12개월간의 업무보고서를 작성해야 함 • 업무보고서 제출의무 : 해당 작성기간 경과 후 45일 이내에 금융위원회에 업무보고서를 제출해야 함
결산서류 제출	• 금융투자업자는 감사보고서, 재무제표 및 부속명세서, 수정재무제표에 따라 작성한 순자본비율보고서 또는 영업용순자본비율보고서 및 자산부채비율보고서, 해외점포의 감사보고서 및 재무제표를 금융감독원장이 요청할 경우 제출해야 함 • 회계감사인의 감사보고서가 업무보고서의 내용과 다른 경우 그 내역 및 사유를 감사보고서와 함께 즉시 제출해야 함
경영공시사항	• 동일 기업집단별로 금융투자업자의 직전 분기 말 자기자본의 10%에 상당하는 금액을 초과하는 부실채권이 발생한 경우 • 금융사고 등으로 직전 분기 말 자기자본의 2%에 상당하는 금액을 초과하는 손실이 발생하였거나 손실이 예상되는 경우 • 민사소송의 패소로 직전 분기 말 자기자본의 1%에 상당하는 금액을 초과하는 손실이 발생한 경우 • 적기시정조치, 인가 또는 등록 취소 등의 조치를 받은 경우 • 회계기간의 변경을 결정한 경우 • 상장법인이 아닌 금융투자업자에게 재무구조·채권채무관계·경영환경·손익구조 등에 중대한 변경을 초래하는 사실이 발생하는 경우

정답 | ①

금융투자업자의 대주주와의 거래 제한에 대한 설명으로 잘못된 것은?

① 원칙적으로 금융투자업자는 대주주가 발행한 증권을 소유할 수 없다.

② 원칙적으로 금융투자업자는 그 계열사가 발행한 주식, 채권 및 약속어음을 자기자본의 10%를 초과하여 소유할 수 없다.

③ 원칙적으로 금융투자업자는 대주주 및 그 특수관계인에 대한 신용공여가 금지되고, 대주주 및 그 특수관계인은 금융투자업자로부터 신용공여를 받는 것이 금지된다.

④ 금융투자업자는 계열사 발행증권을 한도 내에서 예외적으로 취득하려면 재적이사 전원의 찬성에 의한 이사회 결의를 거쳐야 한다.

TIP 원칙적으로 금융투자업자는 그 계열사가 발행한 주식, 채권 및 약속어음을 자기자본의 8%를 초과하여 소유할 수 없다.

핵심포인트 해설 **금융투자업자의 대주주와의 거래 제한**

대주주 발행증권의 소유 제한	• 원칙 : 금융투자업자는 대주주가 발행한 증권을 소유할 수 없음 • 예외 : 담보권 실행 등 권리행사, 시장조성 안정조작, 대주주가 아닌 자가 대주주가 되는 경우, 인수, 보증 　　　사채 특수채증권의 경우는 가능
계열사 발행증권의 소유 제한	• 원칙 : 금융투자업자는 그 계열사가 발행한 주식, 채권 및 약속어음을 자기자본의 8%를 초과하여 소유 　　　할 수 없음 • 예외 : 담보권 실행 등 권리행사, 시장조성 안정조작, 계열사가 아닌 자가 계열사가 되는 경우, 인수, 보증 　　　사채 특수채증권, 경영참여목적의 출자, 차익거래, 투자위험회피거래, 자기자본 변동 등의 사유로 　　　인한 한도 초과 등
대주주 신용공여의 제한	• 원칙 : 금융투자업자는 대주주 및 그 특수관계인에 대한 신용공여가 금지되고, 대주주 및 그 특수관계인은 　　　금융투자업자로부터 신용공여를 받는 것이 금지됨 • 예외 : 임원에 대한 제한적 신용공여, 해외현지법인에 대한 채무보증, 담보권 실행 등의 권리행사
계열사 발행증권의 예외 취득	• 재적이사 전원 찬성 원칙 : 금융투자업자는 계열사 발행증권을 한도 내에서 예외적으로 취득하거나 대주주 　　　　　　　　　　　및 그 특수관계인에 대하여 예외적으로 신용공여하려면 재적이사 전원의 찬성 　　　　　　　　　　　에 의한 이사회 결의를 거쳐야 함 • 예외 : 단일거래금액이 자기자본의 0.1%와 10억원 중 적은 금액의 범위인 경우에는 이사회 결의가 불필요함

정답 | ②

24

투자매매업자(또는 투자중개업자)**의 최선집행의무가 적용되는 금융투자상품은?**

① 주 권
② 채무증권
③ 파생결합증권
④ 투자계약증권

TIP 채무증권, 파생결합증권, 투자계약증권은 최선집행의무의 적용이 제외되는 상품이다.

핵심포인트 해설 **투자매매업자·투자중개업자의 규제**

매매형태 명시의무	• 투자매매·중개업자는 투자자로부터 금융투자상품 매매에 관해 주문받을 경우, 자기가 투자매매업자인지 투자중개업자인지 밝혀야 함 • 알리는 방법은 제한 없음
자기계약 금지의무	• 원칙 : 투자매매·중개업자는 금융투자상품 매매 시 자신이 본인이 됨과 동시에 상대방의 투자중개업자가 될 수 없음(자기계약 금지) • 예 외 · 공개시장(증권시장·파생상품시장·다자간매매체결회사)을 통하여 매매가 이루어지도록 한 경우 · 자기가 판매하는 집합투자증권을 매수하는 경우 · 종합금융투자사업자가 금융투자상품의 장외매매가 이뤄지도록 한 경우 · 그 밖에 금융위원회가 정하여 고시하는 경우
최선집행의무	• 원칙 : 최선집행기준에는 상품가격, 수수료 및 비용, 최선의 거래조건으로 집행하기 위한 방법과 그 이유 등이 포함되어야 함 • 예외 : 투자자가 주문에 관하여 별도의 지시를 하였을 경우에는 최선집행기준과 달리 처리할 수 있음
자기주식의 예외취득	• 투자자로부터 증권시장의 매매거래단위 미만에 해당하는 투자매매업자의 자기주식에 대한 매도청약을 받 은 경우 이를 증권시장 밖에서 취득할 수 있음 • 예외 취득한 자기주식은 취득일로부터 3개월 내에 처분해야 함
임의매매 금지의무	• 투자자나 그 대리인으로부터 금융투자상품 매매의 청약이나 주문을 받지 않고 매매하는 행위는 금지됨 (임의매매 금지) • 임의매매는 위탁 또는 위임이 없다는 점에서 일임매매와 구분됨

정답 | ①

투자매매업자 또는 투자중개업자는 자신이 본인이 됨과 동시에 상대방의 투자중개업자
가 될 수 없는 것이 원칙이다. 다음 중 예외적으로 가능한 경우에 해당하지 않는 것은?

① 투자매매업자 또는 투자중개업자가 증권시장 또는 파생상품시장을 통하여 매매가
   이루어지도록 한 경우
② 투자매매업자 또는 투자중개업자가 다자간매매체결회사를 통하여 매매가 이루어지
   도록 한 경우
③ 투자자매업자 또는 투자중개업자가 자기가 판매하는 집합투자증권을 매수하는 경우
④ 투자자보호에 우려가 없는 경우로서 금융투자협회가 정하여 고시하는 경우

TIP 공정한 가격형성과 매매, 거래의 안정성과 효율성 도모 및 투자자보호에 우려가 없는 경우로서 금융위원회가
     정하여 고시하는 경우에 자기매매가 예외적으로 허용된다.

핵심포인트 해설	투자매매업자(또는 투자중개업자)의 자기계약 및 불건전 영업행위 금지

자기계약 금지	• 원칙 : 투자매매(중개)업자는 자기계약이 금지됨 • 예외 : 증권시장·파생상품시장·다자간매매체결회사를 통해 매매가 이루어지는 경우, 자기가 판매하는 　　　　집합투자증권을 매수하는 경우, 그 밖의 투자자보호 및 거래질서를 해할 우려가 없는 경우
자본시장법상 불건전 영업행위 (제71조)	• 고객주문 체결 전 선행매매 금지 • 조사분석자료 공표 후 24시간 경과 전 매매(스캘핑) 금지 • 조사분석자료 작성자에 대한 성과보수 금지 • 모집·매출과 관련된 조사분석자료의 공표 및 제공 금지 • 투자권유대행인·투자권유자문인력이 아닌 자에 의한 투자권유 금지 • 일임매매 금지
자본시장법 시행령 (제68조)상 금지행위	㉠ 일반투자자와 같은 대우를 받겠다는 전문투자자의 요구에 정당한 사유 없이 동의하지 아니하는 행위 ㉡ 금융투자상품의 매매, 그 밖의 거래와 관련하여 결제가 이행되지 아니할 것이 명백하다고 판단되는 경우 　임에도 정당한 사유 없이 그 매매, 그 밖의 거래를 위탁받는 행위 ㉢ 투자자에게 해당 투자매매업자·투자중개업자가 발행한 자기주식의 매매를 권유하는 행위 ㉣ 투자자로부터 집합투자증권(상장된 집합투자증권 제외)을 매수하거나 그 중개·주선 또는 대리하는 행위 ㉤ 법 제55조 및 제71조에 따른 금지 또는 제한을 회피할 목적으로 하는 행위로서 장외파생상품거래, 신탁 　계약, 연계거래 등을 이용하는 행위 ㉥ 채권자로서 그 권리를 담보하기 위하여 백지수표나 백지어음을 받는 행위 ㉦ 집합투자증권의 판매업무와 집합투자증권의 판매업무 외의 업무를 연계하여 정당한 사유 없이 고객을 　차별하는 행위 ㉧ 투자자정보를 파악한 결과 판매상품이 부적합하다고 판단되는 사람 또는 65세 이상인 사람을 대상으로 　금융투자상품을 판매하는 경우, 판매과정을 녹취하지 않거나 숙려기간을 주지 않는 행위

정답 | ④

투자매매업자 또는 투자중개업자의 불건전 영업행위와 가장 거리가 먼 것은?

① 증권의 모집 또는 매출과 관련된 계약체결일로부터 그 증권이 최초 상장된 후 40일 이내에 그 증권에 대한 조사분석자료를 공표하거나 특정인에게 제공하는 행위

② 조사분석자료 작성담당자에 대하여 일정한 기업금융업무와 연동된 성과보수를 지급하는 행위

③ 투자자에게 해당 투자매매업자 또는 투자중개업자가 발행한 자기주식의 매매를 권유하는 행위

④ 투자자로부터 상장 집합투자증권을 매수하거나 그 중개·주선 또는 대리하는 행위

TIP 투자자로부터 상장 집합투자증권을 매수하거나 그 중개·주선 또는 대리하는 행위는 허용된다.

핵심포인트 해설　　　**투자매매업자 또는 투자중개업자의 불건전 영업행위**

조사분석자료 관련 금지행위	• 조사분석자료 작성자에 대한 성과보수 금지 • 모집·매출과 관련된 조사분석자료의 공표 및 제공 금지
기타 불건전 영업행위 금지사항	• 투자권유대행인·투자권유자문인력 이외의 자에 의한 투자권유 행위는 금지됨 • 투자자정보를 파악한 결과 판매상품이 부적합하다고 판단되는 사람 또는 65세 이상인 사람을 대상으로 금융투자상품을 판매하는 경우, 판매과정을 녹취하지 않거나 숙려기간을 주지 않는 행위는 금지됨 • 투자자에게 해당 투자매매업자 또는 투자중개업자가 발행한 자기주식의 매매를 권유하는 행위는 금지됨 • 투자자로부터 집합투자증권(상장 집합투자증권은 제외)을 매수하거나 그 중개·주선 또는 대리하는 행위는 금지됨

정답 | ④

27

투자권유대행인의 금지행위와 거리가 먼 것은?

① 위탁한 금융투자업자를 대리하여 계약을 체결하는 행위
② 투자권유대행업무를 제3자에게 재위탁하는 행위
③ 위탁계약을 체결한 금융투자업자가 이미 발행한 주식의 매수 또는 매도를 권유하는 행위
④ 금융투자상품 매매에 관한 정보를 금융투자업자가 관리하고 있다고 알리는 행위

TIP 투자권유대행인의 금지행위가 아니라 투자권유대행인이 투자자에게 알려야 할 고지사항이다.

핵심포인트 해설   **투자권유대행인**

자격요건	• 투자권유자문인력·투자운용인력 시험에 합격한 자 또는 보험모집에 종사하고 있는 보험설계사·중개사·대리점 등록 요건을 갖춘 자로서 협회 교육 이수자일 것 • 1사 전속일 것 • 등록이 취소된 경우 취소된 날부터 3년이 경과했을 것
금지행위	• 위탁한 금융투자업자를 대리하여 계약을 체결하는 행위 • 투자자로부터 금전·증권 등의 재산을 수취하는 행위 • 투자권유대행업무를 제3자에게 재위탁하는 행위 • 둘 이상의 금융투자업자와 투자권유 위탁계약을 체결하는 행위 • 보험설계사가 소속보험사가 아닌 보험사와 투자권유 위탁계약을 체결하는 행위 • 위탁계약을 체결한 금융투자업자가 이미 발행한 주식의 매수 또는 매도를 권유하는 행위 등

정답 | ④

28

투자매매업자 또는 투자중개업자의 스캘핑은 금지되는 것이 원칙이나 예외적으로 허용되는 경우가 있다. 다음 중 예외적으로 허용되는 경우와 거리가 먼 것은?

① 고객의 매수주문 정보를 이용하여 고객의 주문 체결 전에 제3자에게 해당 주식의 매수를 권유한 경우
② 조사분석자료의 내용이 직·간접으로 특정 금융투자상품의 매매를 유도하는 것이 아닌 경우
③ 조사분석자료의 공표로 인한 매매유발이나 가격변동을 의도적으로 이용했다고 볼 수 없는 경우
④ 해당 조사분석자료가 이미 공표한 조사분석자료와 비교하여 새로운 내용을 담고 있지 않은 경우

TIP 선행매매로 금지되는 행위이다.

핵심포인트 해설 · 불건전 영업행위

선행매매	• 원칙 : 투자매매·중개업자의 선행매매 금지 • 예 외 · 투자자의 매매주문정보를 이용하지 않았음을 입증하는 경우 · 차익거래, 그 밖에 이에 준하는 거래로 투자자 정보를 의도적으로 이용하지 않았다는 사실이 객관적으로 명백한 경우
스캘핑	• 원칙 : 투자매매·중개업자의 스캘핑 금지 ┌→ 조사분석자료를 공표 후 24시간이 경과하기 전에 자기계산으로 매매하는 행위 • 예 외 · 조사분석자료의 내용이 직·간접으로 특정 금융투자상품의 매매를 유도하는 것이 아닌 경우 · 조사분석자료의 공표로 인한 매매유발이나 가격변동을 의도적으로 이용했다고 볼 수 없는 경우 · 공표된 조사분석자료의 내용을 이용하여 매매하지 않았음을 증명하는 경우 · 해당 조사분석자료가 이미 공표한 조사분석자료와 비교하여 새로운 내용을 담고 있지 않은 경우
일임매매	• 원칙 : 투자매매·중개업자의 일임매매 금지 • 예 외 · 투자일임업의 형태로 하는 경우 · 투자중개업자가 투자자의 매매주문을 받아 이를 처리하는 과정에서 투자판단의 전부나 일부를 일임받을 필요가 있는 경우

정답 | ①

투자매매업자(또는 투자중개업자)**의 신용공여 규제에 대한 설명으로 잘못된 것은?**

① 신용공여의 구체적인 기준, 담보비율, 징수방법 등은 금융위원회 규정으로 정한다.
② 신용공여 행위는 투자매매업자(또는 투자중개업자)의 고유업무는 아니지만, 증권과 관련된 경우 예외적으로 허용한다.
③ 증권의 인수일부터 3개월 이내에 투자자에게 그 증권을 매수하게 하기 위하여 그 투자자에게 신용공여를 하는 것은 허용된다.
④ 위반 시 금융위원회는 회사 및 임직원에 대하여 행정조치를 할 수 있으나 투자매매업자(또는 투자중개업자)에 대한 형사처벌은 할 수 없다.

TIP 증권의 인수일부터 3개월 이내에 투자자에게 그 증권을 매수하게 하기 위하여 그 투자자에게 신용공여를 하는 것은 금지된다.

핵심포인트 해설　　**투자매매업자(또는 투자중개업자)의 신용공여 규제**

의의 및 종류	• 의의 : 증권과 관련하여 금전의 융자 또는 증권 대여의 방법으로 투자자에게 신용을 공여하는 것 • 종류 : 청약자금대출, 신용거래융자 및 신용거래대주, 예탁증권담보융자
약정체결	• 투자자와 신용공여에 관한 약정을 체결해야 하고 서명 및 본인확인을 요함 • 신용거래 수탁 시 신용거래계좌를 설정해야 함
공여한도	• 총 신용공여규모 한도는 자기자본 범위 이내로 함 • 신용공여 종류별 구체적인 한도는 금융위원장이 따로 정할 수 있음
담보징구	• 청약자금대출 : 청약하여 배정받은 증권을 담보로 징구 • 신용거래융자 : 매수한 주권 또는 ETF를 담보로 징구 • 신용거래대주 : 매도대금을 담보로 징구 • 예탁증권담보융자 : 예탁증권을 담보로 징구
담보비율	• 신용공여금액의 140%
임의상환	• 사유 : 채무 미상환, 추가담보 미납, 수수료 미납의 경우 • 조치 : 그 다음 영업일에 투자자계좌에 예탁된 현금을 채무변제에 우선 충당하고, 담보증권, 그 밖의 증권의 순서로 임의처분하여 채무변제에 충당할 수 있음
신용거래 제한	• 신용거래 가능증권 : 상장주권(증권예탁증권 포함), ETF • 투자경고종목, 투자위험종목, 관리종목으로 지정한 증권 등은 신용거래 불가 • 투자매매업자는 증권의 인수일부터 3개월 이내에 투자자에게 그 증권을 매수하게 하기 위해 그 투자자에게 신용공여를 할 수 없음

정답 | ③

투자매매업자 또는 투자중개업자의 신용공여에 대한 설명으로 잘못된 것은?

① 투자매매업자 또는 투자중개업자의 총신용공여 규모는 총자산 범위 이내로 한다.
② 신용거래대주 시 매도대금을 담보로 징구한다.
③ 담보비율은 신용공여금액의 140% 이상에 상당하도록 설정한다.
④ 정한 납입기일까지 신용공여와 관련한 이자·매매수수료 및 제세금 등을 납입하지 않 았을 때 담보증권을 임의처분하여 채무변제에 충당할 수 있다.

TIP 투자매매업자 또는 투자중개업자의 총신용공여 규모는 자기자본 범위 이내로 한다.

핵심포인트 해설	투자매매업자 또는 투자중개업자의 신용공여에 대한 규제

담보징구 (제4-24조)	• 신용거래융자 시 : 매수한 주권을 담보로 징구 • 신용거래대주 시 : 매도대금을 담보로 징구 • 담보비율 : 신용공여금액의 140% 이상에 상당하는 담보를 징구
담보증권의 평가 (제4-26조)	• 청약하여 취득하는 주식 : 취득가액 • 상장주권(증권예탁증권 포함) 또는 ETF : 당일 종가 • 상장채권 및 공모 파생결합증권(주가연계증권에 한함) : 2 이상의 채권평가회사가 제공하는 가격정보를 기초로 투자매매업자 또는 투자중개업자가 산정한 가격 • 집합투자증권 : 당일에 고시된 기준가격
임의상환방법	• 임의처분하여 채무변제에 충당할 수 있는 경우 · 상환기일 이내에 상환하지 않았을 때 · 정한 납입기일까지 담보를 추가로 납입하지 않았을 때 · 정한 납입기일까지 신용공여와 관련한 이자·매매수수료 및 제세금 등을 납입하지 않았을 때 • 증권을 처분하는 경우에는 투자자와 사전에 합의한 방법에 따라 호가를 제시해야 함 • 처분대금은 처분제비용, 연체이자, 이자, 채무원금의 순서로 충당함

정답 | ①

투자자예탁금의 별도예치에 대한 설명으로 잘못된 것은?

① 투자매매업자 등은 투자자예탁금을 고유재산과 구분하여 증권금융회사에 예치 또는 신탁해야 한다.
② 누구든지 투자자예탁금을 상계 또는 압류할 수 없다.
③ 예치금융투자업자의 인가취소는 투자자예탁금의 우선지급 사유에 해당한다.
④ 투자매매업자는 금융투자상품의 매매에 따라 보관하게 되는 투자자 소유의 증권을 증권금융에 지체 없이 예탁해야 한다.

용어 알아두기

상 계	채무자가 채무뿐만 아니라 채권도 가지고 있는 경우에 채무금액에 해당하는 금액만큼 채권금액을 소멸시키는 것을 말한다.

TIP 투자자 소유의 증권을 예탁결제원에 지체 없이 예탁해야 한다.

핵심포인트 해설   **투자매매업자(또는 투자중개업자)의 투자자예탁금 관리**

별도예치 의무	• 투자매매업자 등은 투자자예탁금을 고유재산과 구분하여 증권금융회사에 예치 또는 신탁해야 함 • 겸영금융투자업자 중 은행 및 보험회사는 신탁업자에게 신탁 가능
상계·압류 금지	• 누구든지 투자자예탁금을 상계 또는 압류할 수 없음 • 예탁기관에 예탁된 투자자예탁금은 양도 또는 담보제공이 불가능함
투자자예탁금의 우선지급 사유	• 예치금융투자업자가 인가취소, 해산결의, 파산선고 등 • 금융투자업 전부 양도가 승인된 경우 • 금융투자업 전부 폐지가 승인된 경우 • 금융투자업 전부의 정지명령을 받은 경우
투자자예탁 증권의 예탁	• 투자매매업자(또는 투자중개업자)는 금융투자상품의 매매, 그 밖의 거래에 따라 보관하게 되는 투자자 소유의 증권을 예탁결제원에 지체 없이 예탁해야 함

정답 | ④

32

의무예치해야 하는 투자자예탁금에 해당하지 않는 것은?

① 위탁자예수금
② 장내파생상품거래예수금
③ 조건부예수금
④ 증권 등의 매매 등에 따른 현금예탁필요액

TIP 의무예치액에서 제외될 수 있는 것은 증권 등의 매매 등에 따른 현금예탁필요액, 투자전용외화계정에 외화로 예치된 금전, 장내파생상품거래와 관련하여 거래소, 해외파생상품시장, 다른 장내파생상품의 투자중개업자, 해외에서 장내파생상품의 투자매매업 또는 투자중개업을 영위하는 자 및 외국환은행 등에 예치 또는 신탁한 금전 등이다.

핵심포인트 해설 | **투자자예탁금의 관리(제4-39조)**

투자자예탁금의 범위 (의무예치액)	• 위탁자예수금 및 장내파생상품거래예수금 • 집합투자증권 투자자예탁금 • 조건부예수금
예치비율 및 기한	• 예치비율 : 100% • 예치기한 · 위탁자예수금, 장내파생상품거래예수금, 조건부예수금 : 익영업일 · 집합투자증권 투자자예수금 : 해당 영업일
예치금의 인출사유	• 투자자예탁금이 대량으로 지급청구되거나 대량으로 지급청구될 것이 예상되는 경우 • 거래소시장 또는 다자간매매체결회사를 통해서 체결된 투자자의 주문결제(장내파생상품거래의 정산 포함)를 위하여 필요한 경우 • 투자자보호 및 건전한 거래질서유지를 위하여 필요한 경우

정답 | ④

법규 및 세제

제 4 과목

해커스 증권투자권유자문인력 최종핵심정리문제집

금융투자업자의 임직원이 특정 금융투자상품을 매매하는 경우 하나의 투자중개업자를 통하여 자기명의로 해야 하는 등의 규제가 있다. 다음 중 이러한 규제가 적용되는 특정 금융투자상품과 거리가 먼 것은?

① 집합투자증권
② 상장지분증권
③ 주권관련사채권
④ 장외파생상품

TIP 집합투자증권은 금융투자업자의 임직원 매매 시 규제 적용대상과 거리가 멀다.

핵심포인트 해설　　금융투자업자의 계약서류 교부 등

계약서류 교부	• 원칙 : 투자자와 계약체결 후 지체 없이 교부해야 함 • 예 외 　· 기본계약을 체결하고 그 계약내용에 따라 금융투자상품을 계속적·반복적으로 거래하는 경우 　· 투자자가 거부의사를 서면으로 표시한 경우 　· 투자자의 서면의사 표시에 따라 우편이나 전자우편으로 제공하는 경우
계약의 해제	• 투자자문계약을 체결한 투자자는 계약서류 교부일부터 7일 이내에 계약을 해제할 수 있음
임직원의 특정 금융투자상품 매매	• 하나의 투자중개업자를 자기명의로 통해 매매해야 함 • 매매명세를 분기별(주요직무종사자는 월별)로 소속회사에 통지해야 함 • 적용범위 : 상장지분증권, 협회중개시장 지분증권, 상장 DR, 주권관련사채권, 파생결합증권, 장내파생상품, 　 장외파생상품
외국 금융투자업자의 특례	• 외국 금융투자업자의 지점·영업소의 영업기금 및 전입금을 자본금으로 보고, 자본금·적립금·이월이익잉여 　금 합계액은 자기자본으로 보며, 국내 대표자는 임원으로 봄 • 외국 금융투자업자의 지점·영업소는 영업기금과 부채액의 합계액에 상당하는 자산을 국내에 두어야 함 • 외국 금융투자업자의 지점·영업소가 청산·파산하는 경우 국내 자산은 국내 채무변제에 우선 충당해야 함

정답 | ①

34

증권신고서제도에 대한 설명으로 잘못된 것은?

① 유통시장 공시에 해당한다.
② 불특정 다수인을 상대로 모집·매출되는 증권 및 발행인에 관한 사항을 투자자에게 알리는 제도이다.
③ 모집은 50인 이상의 투자자에게 새로 발행되는 증권 취득의 청약을 권유하는 것이다.
④ 매출은 50인 이상의 투자자에게 이미 발행된 증권 매도의 청약을 하거나 매수의 청약을 권유하는 것이다.

TIP 증권신고서는 발행시장 공시에 해당한다.

핵심포인트 해설 **증권신고서제도**

의 의	• 증권신고서 : 불특정 다수인을 상대로 모집·매출되는 증권 및 발행인에 관한 사항을 투자자에게 알리는 제도 • 모집 : 50인 이상의 투자자에게 새로 발행되는 증권 취득의 청약을 권유하는 것 • 매출 : 50인 이상의 투자자에게 이미 발행된 증권 매도의 청약을 하거나 매수의 청약을 권유하는 것
적용면제 증권	→ 주로 원금손실 가능성이 없는 증권 • 국채, 지방채, 특수채 • 국가 또는 지자체가 원리금을 지급보증한 채무증권 • 국가 또는 지자체가 소유한 증권을 미리 금융위원회와 협의하여 매출의 방법으로 매각하는 경우 그 증권 • 도시철도·주택건설사업을 목적으로 설립된 지방공사가 발행한 채권 • 국제금융기구가 금융위원회와 협의를 거쳐 기획재정부 장관의 동의를 받아 발행하는 증권 • 원리금을 지급보증하는 주택저당증권 또는 학자금대출증권 • 전자단기사채로서 만기가 3개월 이내인 증권
신고대상	• 과거 1년간 모집·매출가액의 합계액이 10억원 이상인 경우 • 6개월간 행위를 합산하여 모집·매출을 결정하는 경우 청약의 권유 합계액이 10억원 이상인 경우
특수한 신고제도	• 일괄신고서제도 · 같은 종류의 증권을 지속적으로 발행하는 경우 발행예정증권을 일괄적으로 신고하고, 실제 추가발행 시 추가 　서류만 제출하는 제도 · 대상증권 : 주권, 주권관련사채권, 사채권, 파생결합증권, 개방형펀드 • 정정신고서제도 · 제출사유 : 이미 제출한 증권신고서의 기재사항을 정정하고자 하는 경우 또는 금융위원회로부터 정정요구 　를 받은 경우 · 정정신고서가 수리된 날에 증권신고서가 수리된 것으로 봄

정답 | ①

금융위원회가 따로 정하는 효력발생시기가 다른 하나는?

① 사채권의 정정신고서
② 일괄신고서의 정정신고서
③ 보증사채권, 담보부사채권 발행신고서
④ 파생결합증권 정정신고서

TIP　①은 수리된 다음 날, ②③④는 3일이다.

핵심포인트 해설　　금융위원회가 정하는 효력발생시기의 특례(공시규정 2-3조)

신고서 구분	효력발생시기
일괄신고서의 정정신고서	3일
보증사채권, 담보부사채권 발행신고서	3일
파생결합증권 정정신고서	3일
집합투자기구 간 합병을 위한 신고서	3일
무보증사채권 발행신고서	5일
사채권의 정정신고서	수리된 다음 날

정답 | ①

36

투자설명서제도에 대한 설명으로 잘못된 것은?

① 투자설명서는 법적 투자권유문서이다.
② 증권신고의 효력이 발생하는 날에 금융위원회에 제출해야 한다.
③ 이미 취득한 것과 같은 집합투자증권을 계속 추가로 취득하려는 자에게도 투자설명서를 교부해야 한다.
④ 집합투자증권의 경우 간이투자설명서만 가지고 사용할 수 있다.

TIP 이미 취득한 것과 같은 집합투자증권을 계속 추가로 취득하려는 자에게는 투자설명서 교부의무가 면제된다.

핵심포인트 해설   **투자설명서제도**

의 의	• 투자설명서는 법적 투자권유문서임 • 증권신고서에 기재된 내용과 다른 내용을 표시하거나 그 기재사항을 누락할 수 없음
제출 및 공시	• 제출 : 증권신고의 효력이 발생하는 날에 금융위원회에 제출 • 공시 : 금융위원회, 거래소, 본점 및 청약취급장소에 비치·공시해야 함
전자문서에 의한 교부요건	• 수신자가 전자문서에 의한 투자설명서 수령에 동의할 것 • 전자문서수신자가 문서를 받을 전자전달매체의 종류와 장소를 지정할 것 • 전자문서수신자가 그 전자문서를 받은 사실이 확인될 것 • 전자문서의 내용이 서면에 의한 투자설명서의 내용과 동일할 것
교부가 면제되는 자	• 전문투자자 등 전문가 • 투자설명서 수령 거부의사를 서면 등(전화, 전신, 모사전송, 전자우편, 기타 이와 비슷한 전자통신 등)으로 제출한 자 • 이미 취득한 것과 같은 집합투자증권을 계속 추가로 취득하려는 자
유형 및 사용	• (정식)투자설명서 : 증권신고 효력 발생 후 사용 • 예비투자설명서 : 신고서 수리 후 효력 발생 전에 사용 • 간이투자설명서 : 신고서 수리 후 효력 발생 전후에 광고·홍보 시 사용

정답 | ③

정기공시 제출대상 법인과 거리가 먼 것은?

① 주권상장법인
② 파생결합증권을 증권시장에 상장한 발행인
③ 증권을 모집 또는 매출한 발행인
④ 증권소유자 수가 300인 이상인 외부감사대상법인

TIP 증권소유자 수가 500인 이상인 외부감사대상법인이어야 한다.

핵심포인트 해설　　정기공시

의 의	• 정기공시 제출대상 법인은 사업보고서, 반기보고서, 분기보고서를 일정 기간 내에 금융위원회와 거래소에 제출해야 함
제출대상 법인	• 주권상장법인 • 다음 증권을 증권시장에 상장한 발행인 · 주권 외의 지분증권, 신주인수권이 표시된 것, 증권예탁증권, 파생결합증권 · 주식관련사채권(CB, BW, EB), 이익참가부사채권, 무보증사채권 • 증권을 모집 또는 매출한 발행인 • 증권소유자 수가 500인 이상인 외부감사대상법인
제출기한	• 사업보고서 : 사업연도 경과 후 90일 이내 • 반기·분기보고서 : 반기·분기 종료일부터 45일 이내

정답 | ④

38

수시공시에 대한 설명으로 잘못된 것은?

① 수시공시에는 주요경영사항 신고·공시, 자율공시, 조회공시 등이 있다.
② 주요경영사항 신고·공시는 의무공시에 해당한다.
③ 기업의 주요경영사항 또는 그에 준하는 사항에 관한 풍문 또는 보도가 있는 경우에는 조회공시를 할 수 있다.
④ 공정공시를 이행하면 다른 수시공시의무가 면제된다.

TIP 공정공시는 수시공시제도를 보완하기 위해 마련된 제도이므로 공정공시를 이행하였다고 하여 다른 수시공시의 무가 무조건 면제되는 것은 아니다.

핵심포인트 해설　　**수시공시**

의 의		• 투자자들의 정확한 투자판단을 위해 기업에 관한 중요한 변화가 발생한 경우 이를 지체 없이 거래소에 신고하게 하는 제도
유 형	주요경영사항 신고·공시	• 공시 사유 : 거래소 공시규정에서 정하는 주요경영사항에 해당하는 사실 또는 결정이 있는 경우 • 공시 기한 : 사유발생 당일 또는 다음 날까지 거래소에 신고하는 의무공시
	자율공시	• 공시 사유 : 주요경영사항 외에 투자판단에 중대한 영향을 미칠 수 있거나 투자자에게 알릴 필요가 있는 사항이 발생한 경우 • 공시 기한 : 사유발생일 다음 날까지 거래소에 신고하는 자율공시
	조회공시	• 공시 사유 · 기업의 주요경영사항 또는 그에 준하는 사항에 관한 풍문 또는 보도가 있는 경우 · 주식가격이나 거래량에 현저한 변동(시황)이 있는 경우 • 공시 조치 : 공시사유에 해당하는 경우 거래소는 상장기업에게 중요한 정보의 유무에 대한 답변을 요구하고, 해당 기업은 이에 응하여 공시하도록 한 제도 • 공시 기한 · 요구시점이 오전인 경우 : 당일 오후까지 답변해야 함 · 요구시점이 오후인 경우 : 다음 날 오전까지 답변해야 함 · 시황급변 관련 요구 시 : 요구일부터 1일 이내에 다음 날까지 답변해야 함
	공정공시	• 의의 : 중요정보를 특정인(애널리스트, 기관투자자 등)에게 선별적으로 제공하고자 하는 경우 모든 시장참가자들이 동 정보를 알 수 있도록 그 특정인에게 제공하기 전에 공시하게 하는 제도 • 수시공시제도를 보완하기 위한 제도(공정공시를 이행하였다고 하여 다른 수시공시의무가 무조건 면제되는 것은 아님)

정답 | ④

주요사항보고서 공시의 대상과 거리가 먼 것은?

① 영업활동의 전부 또는 중요한 일부가 정지되거나 그에 관한 이사회 결의가 있는 경우
② 자본의 증가 또는 자본의 감소에 대한 이사회 결의가 있는 경우
③ 조건부자본증권의 발행에 따른 부채의 증가
④ 공개매수에 의한 주식 취득

TIP 회사존립, 조직재편성, 자본증감 등 주요사항보고에 해당하면 그 사실 발생일부터 3일 이내에 금융위원회에 주
    요사항보고서를 제출해야 하나, 공개매수에 의한 주식 취득은 주요사항보고 대상에서 제외되는 사항이다.

핵심포인트 해설　　　유통시장 공시(공시규정)

사업보고서 제출대상	• 외부감사대상법인으로서 증권의 소유자 수(500인 이상) 산정기준 　· 주권 : 주주명부 및 실질주주명부상 주주 수 　· 주권 외 증권 : 모집 또는 매출에 의해 증권을 취득한 수(2회 이상 모집 또는 매출한 경우 각각의 수를 더 　　하고 중복자를 공제함)
주요사항보고서 공시	• 주요사항보고 대상에서 제외되는 것 　· 상품·원재료·저장품 또는 재고자산의 매입·매출 등 일상적인 영업활동으로 인한 자산의 양수·양도 　· 영업활동에 사용되는 기계, 설비, 장치 등의 주기적 교체를 위한 자산의 취득 또는 처분(교체주기가 1년 미 　　만인 경우에 한함) 　· 법에 의한 자기주식의 취득 또는 처분 　· 법에 의한 검사대상기관과의 거래로서 약관에 따른 정형화된 거래 　· 법에 의한 자산유동화 　· 공개매수에 의한 주식 취득, 공개매수청약에 의한 주식 처분 　· 국채·지방채·특수채 또는 법률에 의해 설립된 법인이 발행한 출자증권의 양수·양도
외국법인 공시	• 한글로 작성하여 제출해야 함(단, 금융위원회가 필요하다고 인정하는 경우에는 영문으로 제출 가능) • 공시서류 제출 시 그 사본 및 한글 요약본 2부를 금융위원회에 제출 • 공시서류는 원칙적으로 전자문서로 제출함 • 국내에 주소 또는 거소를 두고 발행인을 대리할 권한을 가진 자를 지정해야 함 • 기재사항, 서식 및 첨부서류 등은 발행인의 특성에 맞게 변형하여 작성할 수 있음

정답 | ④

공개매수 적용대상 증권과 거리가 먼 것은?

① 주 권
② 수익증권
③ 파생결합증권
④ 신주인수권이 표시된 것

TIP 수익증권은 공개매수 적용대상 증권이 아니다.

핵심포인트 해설 **공개매수제도**

의 의	• 불특정 다수인에 대하여 의결권이 있는 주식 등의 매수의 청약을 하거나 매도의 청약을 권유하고 증권시장 및 다자간매매체결회사 밖에서 그 주식 등을 공개적으로 매수하는 것
공개매수의무 요건	• 증권시장 밖에서 10인 이상의 자로부터 매수 등을 할 것 • 본인과 특별관계자의 주식 등의 총수가 5% 이상일 것
적용대상 증권	• 주권상장법인이 발행한 증권으로 다음 중 하나에 해당하는 증권 　· 주권, 신주인수권이 표시된 것 　· 주식관련사채권(전환사채권, 신주인수권부사채권, 교환사채권) 　· 파생결합증권 • 주권상장법인 이외의 자가 발행한 증권으로 다음 중 하나에 해당하는 증권 　· 주권상장법인이 발행한 증권과 관련된 증권예탁증권 　· 주권상장법인이 발행한 증권과 교환청구할 수 있는 교환사채권 　· 주권상장법인이 발행한 증권을 기초자산으로 하는 파생결합증권
공개매수 적용면제	• 소각을 목적으로 하는 주식 등의 매수 • 주식매수청구에 응한 주식의 매수 • 주식관련사채권의 권리행사에 따른 주식 등의 매수 • 파생결합증권의 권리행사에 따른 주식 등의 매수 • 특수관계인으로부터 주식 등의 매수

정답 | ②

공개매수 절차에 대한 설명으로 잘못된 것은?

① 공개매수자는 공개매수에 관한 사항을 둘 이상의 신문에 공고해야 한다.
② 공개매수자는 공고일부터 매수기간 종료일까지 해당 주식을 공개매수에 의하지 않고는 매수할 수 없다.
③ 공개매수자는 응모주주가 응모를 취소한 경우 손해배상 또는 위약금의 지급을 청구할 수 있다.
④ 공개매수자는 대항공개매수가 있는 경우 철회할 수 있다.

TIP 응모주주는 언제든지 응모를 취소할 수 있다. 공개매수자는 응모주주의 응모 취소에 대하여 손해배상 또는 위약금의 지급을 청구할 수 없다.

핵심포인트 해설   공개매수 절차

공개매수 공고	• 공개매수를 하고자 하는 자는 공개매수에 관한 사항을 전국을 보급지역으로 하는 둘 이상의 신문에 공고해야 함
발행인 의견표명	• 공개매수신고서가 제출된 주식의 발행인은 공개매수에 관한 의견(찬성·반대·중립의견에 대한 입장과 이유)을 표명
공개매수 실시	• 공개매수기간 : 20일 이상 60일 이내 • 설명서 교부의무 : 공개매수자는 공개매수설명서를 작성하여 일반인이 열람할 수 있도록 해야 하고, 매도자에게 교부해야 함 • 별도매수 금지의무 : 공개매수기간 중 공개매수 이외의 방법으로 매수하는 행위 금지 • 전부매수의무 : 공개매수자는 공개매수신고서상 주식을 전부 매수해야 함
공개매수 철회 (단, 공고일 이후에는 철회 불가)	• 철회 사유 · 대항공개매수가 있는 경우 · 공개매수자의 사망·해산·파산한 경우 · 공개매수대상회사에 일정 사유가 발생한 경우 공개매수를 철회할 수 있다는 조건을 공개매수신고서에 기재한 경우 그 기재한 사유가 발생한 때 • 철회 방법 : 철회신고서를 금융위원회와 거래소에 제출 및 공고하고, 그 사본을 해당 주식 발행인에게 송부해야 함 • 응모주주의 철회 : 응모주주는 언제든지 응모 취소 가능
공개매수 결과보고서 제출	• 공개매수자는 공개매수가 종료된 때에 지체 없이 공개매수결과보고서를 금융위원회와 거래소에 제출해야 함

정답 | ③

주식 등의 대량보유상황 보고제도(5% Rule)에 대한 설명으로 잘못된 것은?

① 5% Rule은 M&A와 관련된 주식 등의 보유상황을 공시하게 하는 제도이다.

② 보고사유 발생일부터 5일 이내에 보고해야 한다.

③ 발행인의 경영권에 영향을 주기 위한 목적으로 보고하는 자는 보고한 날 이후 5일까지 주식 등을 추가로 취득할 수 있다.

④ 주식 수에 따라 신주를 배정하는 경우 배정된 주식만 취득하는 경우에는 보고의무가 면제된다.

TIP 5% 보고 시 보유목적을 발행인의 경영권에 영향을 주기 위한 것으로 보고하는 자는 보고사유 발생일부터 보고한 날 이후 5일까지 그 발행인의 주식 등을 추가로 취득하거나 보유주식 등에 대하여 그 의결권을 행사할 수 없다. (이 기간을 냉각기간이라고 함)

핵심포인트 해설	주식 등의 대량보유상황 보고제도(5% Rule)

의의 및 목적	• 의의 : M&A와 관련된 주식 등의 보유상황을 공시하게 하는 제도 • 목적 : 시장투명성 제고, 기업지배권의 공정경쟁 유도 • 적용대상 증권 : 공개매수제도의 적용대상 증권과 동일함
보고의무자	• 본인과 특별관계자의 합계 기준 · 주권상장법인의 주식 등을 5% 이상 보유하게 된 자 · 주권상장법인의 주식 등을 5% 이상 보유하고 있는 자
보고사유	• 신규보고 : 주권상장법인의 주식 등을 발행주식총수의 5% 이상 보유하게 된 경우 • 변동보고 : 5% 이상 보유자의 보유비율이 1% 이상 변동되는 경우 • 변경보고 : 신규보고 및 변동보고자의 보유목적 변경, 보유주식 등의 신탁·담보계약, 기타 주요계약의 변경, 보유형태의 변경 등이 있는 경우
보고의무 면제	• 보유주식 등의 수가 변동되지 않은 경우 • 주식 수에 따라 신주를 배정하는 경우 배정된 주식만 취득하는 경우 • 배정받은 신주인수권에 의해 발행된 신주인수권증서를 취득하는 것만으로 보유주식의 수가 증가하는 경우 • 자기주식 취득(처분)으로 보유비율이 변동된 경우 • 자본감소로 보유비율이 변동된 경우 • 주식관련사채의 권리행사로 발행 또는 교환되는 주식의 발행가격 또는 교환가격의 조정만으로 보유주식 수가 증가하는 경우

정답 | ③

취득한도를 초과하여 공공적법인의 주식을 취득하고자 하는 자는 대량주식취득신청서에 의하여 금융위원회의 승인을 받아야 하나, 일정한 사유에 해당하는 경우 금융위원회 승인을 얻어 취득한 것으로 간주하는 경우가 있다. 이러한 경우에 해당하는 사유가 아닌 것은?

① 합병, 상속, 유증
② 준비금의 자본전입 또는 주식배당
③ 유상증자
④ 무상증자

TIP 금융위원회 승인간주 사유에 무상증자는 해당되지 않는다.

핵심포인트 해설　　주식의 대량취득 승인

승인대상	• 취득한도를 초과하여 공공적법인의 주식을 취득하고자 하는 자는 금융위원회에 그 승인을 신청해야 함
금융위원회 승인간주 사유	• 합병, 상속, 유증 • 준비금의 자본전입 또는 주식배당 • 유상증자 • 대주주 이외의 주주가 실권한 주식의 인수 • 정부 소유주식에 대한 정보로부터의 직접 취득 • 정부의 취득 • 상장 당시 10% 이상 소유한 주주 외의 주주가 취득한도를 초과하여 소유한 주식
대량취득보고	• 금융위원회의 승인을 얻어 주식을 취득한 자는 취득기간 종료일부터 10일 이내에 대량주식취득보고서를 제출해야 함

정답 | ④

의결권 대리행사 권유제도의 적용대상자와 거리가 먼 것은?

① 법률관계에 의하여 타인 명의로 주식을 소유하는 자가 그 타인에게 해당 주식의 의결권 대리행사의 권유를 하는 경우 타인 명의 주식소유자

② 자기 또는 제3자에게 의결권을 대리시키도록 권유하는 행위를 하고자 하는 자

③ 의결권 행사 또는 불행사를 요구하거나 의결권 위임의 철회를 요구하는 행위를 하고자 하는 자

④ 의결권 확보 또는 그 취소 등을 목적으로 주주에게 위임장 용지를 송부하거나 그 밖의 방법으로 의견을 제시하는 행위를 하고자 하는 자

TIP 의결권 대리행사 권유제도의 적용이 제외되는 경우에 해당한다.

핵심포인트 해설 **의결권 대리행사 권유제도**

의 의	• 회사경영진 등이 주주총회에서 다수의 의결권 확보를 목적으로 기존 주주에게 의결권 행사의 위임을 권유하는 경우 그 절차 및 방법 등을 규정하고 그 내용을 공시하도록 하는 제도임
적용대상자 (의결권 권유자)	• 자기 또는 제3자에게 의결권을 대리시키도록 권유하는 행위를 하고자 하는 자 • 의결권 행사 또는 불행사를 요구하거나 의결권 위임의 철회를 요구하는 행위를 하고자 하는 자 • 의결권 확보 또는 그 취소 등을 목적으로 주주에게 위임장 용지를 송부하거나 그 밖의 방법으로 의견을 제시하는 행위를 하고자 하는 자
적용제외	• 의결권 대리행사 권유로 보지 않는 경우 · 10인 미만에게 그 주식의 의결권 대리행사의 권유를 하는 경우 · 타인 명의로 주식을 소유하는 자가 그 타인에게 해당 주식의 의결권 대리행사의 권유를 하는 경우 · 신문, 방송 등 불특정 다수인에 대한 광고를 통한 대리행사 권유에 해당하는 경우로서 그 내용이 발행인의 명칭, 광고 이유, 주주총회의 목적사항과 위임장 용지, 참고서류를 제공하는 장소만을 표시하는 경우

정답 | ①

다음 해당 회사에 근무하는 직원 중 미공개 중요정보를 알 수 있는 자에 해당하지 않는 자는?

① 재무를 담당하는 과장
② 생산을 담당하는 차장
③ 기획을 담당하는 부장
④ 연구개발을 담당하는 팀장

TIP 미공개 중요정보를 알 수 있는 자는 해당 회사의 모든 임직원이 아니라 해당 회사에 근무하는 직원 중 재무, 회계, 기획, 연구개발, 공시 담당부서에서 근무하는 직원만 인정된다.

핵심포인트 해설   내부자거래 규제

의 의	• 협의 : 상장법인 내부자 등이 회사의 미공개 중요정보를 당해 회사의 증권거래에 이용하는 것 • 광의 : 협의 + 미공개 중요정보의 사적 이용행위를 예방할 수 있는 제반 공시제도
자본시장법상 내부자거래 규제	• 미공개 중요정보 이용행위 금지 • 공개매수 관련 정보 이용행위 금지 • 대량취득·처분 관련 정보 이용행위 금지 • 단기매매차익 반환제도 • 임원 및 주요주주의 특정증권 등 상황보고제도 • 장내파생상품 대량보유 보고제도

규제대상자	• 내부자
	   ⊙ 해당법인(계열사 포함)·그 임직원·대리인으로서 미공개 중요정보를 알게 된 자
	   ⓛ 해당법인(계열사 포함)의 주요 주주로서 미공개 중요정보를 알게 된 자
	• 준내부자
	   ⓒ 해당법인에 대하여 법령에 따른 인허가 등 권한을 가진 자로서 미공개 중요정보를 알게 된 자
	   ⓔ 해당법인과 계약체결하고 있거나 체결을 교섭하고 있는 자로서 미공개 중요정보를 알게 된 자
	   ⓜ ⓛ ~ ⓔ에 해당하는 자의 대리인·사용인·그 밖의 종업원으로서 미공개 중요정보를 알게 된 자
	• 정보수령자 : ⊙ ~ ⓔ에 해당하는 자로부터 미공개 중요정보를 받은 자

정답 | ②

내부자의 단기매매차익 반환제도에 대한 설명으로 잘못된 것은?

① 내부자에 대하여 미공개 중요정보를 이용한 경우에 한하여 특정증권 등의 단기매매차익을 회사에 반환하도록 하는 제도이다.

② 반환대상자에 그 법인의 연구개발에 관련된 업무에 종사하는 직원도 포함된다.

③ 반환대상은 특정 증권 등을 매수 후 6월 이내에 매도하여 얻은 이익 또는 특정 증권 등을 매도 후 6개월 이내에 매수하여 얻은 이익이다.

④ 주권상장법인이 모집·매출하는 특정 증권 등을 인수한 투자매매업자에 대하여 단기매매차익 반환제도를 준용한다.

TIP 내부자에 대하여 미공개 중요정보 이용 여부와 관계없이 특정증권 등의 단기매매차익을 회사에 반환하도록 하는 제도이다.

핵심포인트 해설　　　**내부자의 단기매매차익 반환제도(법 제172조)**

→ '6개월 이내' 의미

의 의	• 내부자에 대하여 미공개 중요정보 이용 여부와 관계없이 특정증권 등의 단기매매차익을 회사에 반환하도록 하는 제도
반환 대상자	• 주요주주, 임원 • 다음에 해당하는 직원 　· 그 법인에서 주요보고사항의 수립·변경·추진·기타 이에 관련된 업무에 종사하고 있는 직원 　· 그 법인의 재무·회계·기획·연구개발에 관련된 업무에 종사하는 직원
반환대상	• 특정 증권 등을 매수 후 6개월 이내에 매도하여 얻은 이익 • 특정 증권 등을 매도 후 6개월 이내에 매수하여 얻은 이익
공시대상	• 증권선물위원회는 단기매매차익의 발생사실을 알게 된 경우 이를 해당 법인에 통보 • 이 경우 그 법인은 통보받은 내용을 인터넷 홈페이지에 공시해야 함
준 용	• 주권상장법인이 모집·매출하는 특정 증권 등을 인수한 투자매매업자에 대하여 당해 투자매매업자가 인수계약을 체결한 날부터 3개월 이내에 매수 또는 매도하여 그날부터 6개월 이내에 매도 또는 매수하는 경우에 준용함

정답 | ①

자본시장법상 미공개 중요정보 이용행위 금지에 대한 설명으로 잘못된 것은?

① 내부자가 업무와 관련된 미공개 중요정보를 특정 증권 등의 매매, 그 밖의 거래에 이용하거나 타인에게 이용하게 하는 행위는 금지된다.
② 내부자규제 적용대상 특정 증권에는 파생결합증권도 포함된다.
③ 적용대상 법인은 상장법인뿐만 아니라 6개월 내 상장이 예정된 법인도 포함된다.
④ 규제대상자는 내부자뿐만 아니라 준내부자, 정보수령자도 포함된다.

TIP 특정 증권 등에 채무증권, 수익증권, 파생결합증권 등은 제외된다.

핵심포인트 해설 **미공개 중요정보 이용행위 금지(법 제174조①)**

의 의	• 내부자가 업무와 관련된 미공개 중요정보를 특정 증권 등의 매매, 그 밖의 거래에 이용하거나 타인에게 이용하게 하는 행위는 금지됨
미공개 중요정보의 의미	• 투자자의 투자판단에 중대한 영향을 미칠 수 있는 정보 • 대통령령으로 정하는 방법에 따라 불특정 다수인이 알 수 있도록 공개되기 전의 것
적용대상 법인	• 상장법인 • 6개월 내 상장이 예정된 법인
적용대상 증권	• 적용대상 특정 증권 · 상장법인 발행 증권(채무증권, 수익증권, 파생결합증권 제외)(㉠) · 상장법인 발행 증권과 관련된 증권예탁증권(㉡) · 상장법인 외의 자가 발행한 것으로서 ㉠ 또는 ㉡의 증권과 교환을 청구할 수 있는 교환사채권(㉢) · ㉠ ~ ㉢의 증권만을 기초자산으로 한 금융투자상품
규제대상자	• 내부자, 준내부자, 정보수령자

정답 | ②

48

자본시장법상 공개매수 관련 정보의 이용행위 금지규정이 적용되는 대상자와 거리가 먼 것은?

① 공개매수예정자의 계열사
② 공개매수예정자의 주요주주
③ 공개매수예정자의 종업원
④ 공개매수예정자의 4촌 이내 친인척

TIP 공개매수예정자의 4촌 이내 친인척이라고 하여 규제대상자가 되는 것은 아니다.

핵심포인트 해설 　　**공개매수 관련 정보의 이용행위 금지(법 제174조②)**

의 의	주식 등에 대한 공개매수 실시 또는 중지에 관한 미공개 정보를 특정증권 등의 매매, 그 밖의 거래에 이용하거나 타인에게 이용하게 하는 행위는 금지됨
규제대상자	아래에 해당하는 자로서 공개매수 관련 미공개정보를 알게 된 자 ㉠ 공개매수예정자(계열사 포함) 및 공개매수예정자의 임직원·대리인 ㉡ 공개매수예정자의 주요주주 ㉢ 공개매수예정자에 대하여 법령에 따른 허가·인가·지도·감독, 그 밖의 권한을 가지는 자 ㉣ 공개매수예정자와 계약을 체결하고 있거나 체결을 교섭하고 있는 자 ㉤ ㉡ ~ ㉣에 해당하는 자의 대리인, 사용인, 그 밖의 종업원 ㉥ ㉠ ~ ㉤에 해당하는 자로부터 공개매수 실시·중지에 관한 미공개 정보를 받은 자

정답 | ④

자본시장법상 장내파생상품의 대량보유 보고에 대한 설명으로 잘못된 것은?

① 동일 품목의 장내파생상품을 금융위원회가 정하여 고시하는 수량 이상 보유하게 된 자는 그날부터 5영업일 이내에 그 보유 상황을 금융위원회와 거래소에 보고해야 한다.

② 보유 수량이 금융위원회가 정하여 고시하는 수량 이상으로 변동된 경우에도 보고해야 한다.

③ 보고내용에 해당 장내파생상품을 보유하게 된 시점이나 가격은 포함되지 않는다.

④ 장내파생상품의 기초자산의 중개·유통 또는 검사와 관련된 업무에 종사하는 자는 정보 누설금지 대상자에 포함된다.

TIP 보고내용에는 해당 장내파생상품을 보유하게 된 시점, 가격도 포함된다.

핵심포인트 해설   **장내파생상품의 대량보유 보고(법 제173조2①)**

의 의	• 동일 품목의 장내파생상품을 금융위원회가 정하여 고시하는 수량 이상 보유하게 된 자는 그날부터 5영업일 이내에 그 보유 상황, 그 밖에 대통령령으로 정하는 사항을 대통령령으로 정하는 방법에 따라 금융위원회와 거래소에 보고해야 함 • 그 보유 수량이 금융위원회가 정하여 고시하는 수량 이상으로 변동된 경우에는 그 변동된 날부터 5일 이내에 그 변동 내용을 대통령령으로 정하는 방법에 따라 금융위원회와 거래소에 보고해야 함
보고내용	• 대량보유자 및 그 위탁을 받은 금융투자업자에 관한 사항 • 해당 장내파생상품의 품목 및 종목 • 해당 장내파생상품을 보유하게 된 시점, 가격, 수량 • 위와 관련된 사항으로 금융위원회가 정하는 사항
파생상품 관련 정보의 누설금지 대상자	• 장내파생상품의 시세에 영향을 미칠 수 있는 정책을 입안·수립 또는 집행하는 자 • 장내파생상품의 시세에 영향을 미칠 수 있는 정보를 생성·관리하는 자 • 장내파생상품의 기초자산의 중개·유통 또는 검사와 관련된 업무에 종사하는 자

정답 | ③

50

자본시장법상 시세조종행위의 유형과 거리가 먼 것은?

① 통정매매
② 안정조작
③ 현·선연계 시세조종
④ 헤지거래

용어 알아두기

통정매매	주식매매당사자가 주식의 가격과 수량에 미리 담합하여 매매함으로써 주가를 상승시키는 것을 말한다.

TIP 헤지거래는 정상적인 거래로 시세조종행위와 거리가 멀다.

핵심포인트 해설　　**시세조종행위 유형 및 규제(법 제176조)**

의 의	• 시장에서 자연스럽게 형성되어야 할 상장증권 또는 장내파생상품의 가격과 거래동향을 인위적으로 변동시킴으로써 부당이득을 취하는 행위를 금지함
위장거래에 의한 시세조종	• 통정매매(서로 짜고 하는 증권 또는 장내파생상품의 매매) 금지 • 가장매매(권리이전을 목적으로 하지 않고 거짓으로 꾸민 매매) 금지
현실거래에 의한 시세조종	• 매매가 성황을 이루는 듯이 잘못 알게 하는 행위 금지 • 그 시세를 변동시키는 매매, 위탁·수탁 행위 금지
허위표시에 의한 시세조종	• 시세가 자기 또는 타인의 시장조작에 의해 변동한다는 말을 유포하는 행위 금지 • 매매 시 중요한 사실에 관하여 거짓의 표시 또는 오해를 유발시키는 표시를 하는 행위 금지
가격고정 또는 안정조작	• 상장증권 또는 장내파생상품의 시세를 고정시키는 매매·위탁·수탁 금지 • 상장증권 또는 장내파생상품의 시세를 안정시키는 매매·위탁·수탁 금지
현·선 / 현·현연계 시세조종	• 장내파생상품 매매에서 부당한 이익을 얻기 위해 기초자산 시세를 변동 또는 고정시키는 현·선연계 시세조종 행위 금지 • 증권 매매에서 부당한 이익을 얻기 위해 그 증권과 연계된 증권의 시세를 변동 또는 고정시키는 현·현연계 시세조종 행위 금지

정답 | ④

자본시장법상 시세관여 교란행위 규제에 대한 설명으로 잘못된 것은?

① 매매유인이나 부당이득의 목적으로 시세에 부당한 영향을 줄 우려가 있는 경우에만 규제할 수 있다.

② 거래 성립 가능성이 희박한 호가를 대량으로 제출하거나 호가를 제출한 후 해당 호가를 반복적으로 정정·취소하는 것도 시세관여 교란행위에 해당한다.

③ 권리이전을 목적으로 하지 않더라도 거짓으로 꾸민 매매는 시세관여 교란행위에 해당한다.

④ 시세관여 교란행위에 대하여 5억원 이하의 과징금을 부과할 수 있고, 위반행위로 얻은 이익의 1.5배가 5억원이 넘는 경우에는 그 금액 이하로 과징금을 부과할 수 있다.

TIP 매매유인이나 부당이득의 목적이 없다고 할지라도 시세에 부당한 영향을 줄 우려가 있다고 판단되면 과징금을 부과할 수 있다.

핵심포인트 해설　　**시장질서 교란행위 규제(법 제178조2)**

의 의	• 시장질서 교란행위를 정보이용 교란행위와 시세관여 교란행위로 구분하여 위반 시 과징금을 부과할 수 있도록 함
정보이용 교란행위	• 규제대상자 확대 : 2차 이상의 다차 정보수령자의 미공개정보 이용, 외부정보 이용, 해킹 등 부정한 방법으로 취득한 정보이용 등을 규제함 • 규제대상 행위 : 상장증권, 장내파생상품 또는 이를 기초자산으로 하는 파생상품의 매매, 그 밖의 거래에 미공개정보를 이용하거나 타인에게 이용하는 행위를 금지함 • 규제대상자 · 내부자로부터 나온 미공개 중요정보 또는 미공개정보인 것을 알면서 이를 받거나 전득한 자(㉠) · 직무와 관련하여 미공개정보를 생산하거나 알게 된 자(㉡) · 해킹, 절취, 기망, 협박 등 부정한 방법으로 정보를 알게 된 자(㉢) · ㉡과 ㉢의 자들로부터 나온 정보인 점을 알면서 이를 받거나 전득한 자
시세관여 교란행위	• 규제범위 확대 : 매매유인이나 부당이득의 목적이 없다고 할지라도 시세에 부당한 영향을 줄 우려가 있다고 판단되면 과징금을 부과할 수 있음 • 규제대상 행위 · 거래 성립 가능성이 희박한 호가를 대량으로 제출하거나 호가를 제출한 후 해당 호가를 반복적으로 정정·취소 · 권리의 이전을 목적으로 하지 않지만 거짓으로 꾸민 매매 · 손익이전·조세회피 목적으로 타인과 서로 짜고 하는 매매 · 풍문유포·거짓계책으로 가격에 오해유발 또는 왜곡할 우려가 있는 행위
과징금	• 5억원 이하의 과징금을 부과할 수 있음

정답 | ①

52

투자매매업자(또는 투자중개업자)**의 장외파생상품 매매에 대한 설명으로 잘못된 것은?**

① 장외파생상품 거래의 상대방이 일반투자자인 경우에는 그 일반투자자가 위험회피목적의 거래를 하는 경우에만 가능하다.

② 장외파생상품의 매매를 할 때마다 파생상품업무책임자의 승인을 받아야 한다.

③ 장외파생상품에 대한 투자권유 시 적정성 원칙은 일반투자자에게만 적용되고 전문투자자에게는 적용되지 않는다.

④ $\dfrac{\text{영업용순자본} - \text{총위험액}}{\text{업무 단위별 자기자본합계액}}$ 이 150%에 미달하는 경우에는 그 미달상태가 해소될 때까지 위험회피에 관련된 업무를 수행할 수 없다.

TIP $\dfrac{\text{영업용순자본} - \text{총위험액}}{\text{업무 단위별 자기자본합계액}}$ 이 150%에 미달하는 경우에는 그 미달상태가 해소될 때까지 새로운 장외파생상품의 매매를 중지하고, 미종결거래의 정리나 위험회피에 관련된 업무만을 수행해야 한다.

핵심포인트 해설   **투자매매업자(또는 투자중개업자)의 장외파생상품 매매**

장외거래 시 준수사항 (법 제166조2)	• 장외파생상품 거래의 상대방이 일반투자자인 경우에는 그 일반투자자가 위험회피목적의 거래를 하는 경우에 한할 것 *1. 손실을 방어하기 위한 거래,* *2. 투자목적의 거래 (X)* • 장외파생상품 매매에 따른 위험액이 금융위원회가 정한 한도를 초과하지 않을 것 • $\dfrac{\text{영업용순자본} - \text{총위험액}}{\text{업무 단위별 자기자본합계액}}$ 이 150%에 미달하는 경우에는 그 미달상태가 해소될 때까지 새로운 장외파생상품의 매매를 중지하고, 미종결거래의 정리나 위험회피에 관련된 업무만을 수행할 것 • 장외파생상품의 매매를 할 때마다 파생상품업무책임자의 승인을 받을 것(다만, 금융위원회가 정하여 고시하는 기준을 충족하는 계약으로서 거래당사자 간에 미리 합의된 계약조건에 따라 장외파생상품을 매매하는 경우는 제외) • 월별 장외파생상품(파생결합증권 포함)의 매매, 그 중개·주선 또는 대리의 거래내역을 다음 달 10일까지 금융위원회에 보고할 것
장외거래의 청산의무 (법 제166조3)	• 금융투자업자는 다른 금융투자업자와 청산의무거래를 하는 경우 청산회사에게 청산의무거래에 따른 자기와 거래상대방의 채무를 채무인수, 경개, 그 밖의 방법으로 부담하게 해야 함

정답 | ④

환매조건부매매를 하는 경우 준수사항과 거리가 먼 것은?

① 국채, 지방채, 특수채, 그 밖에 금융위원회가 정하여 고시하는 증권을 대상으로 할 것
② 매매가격은 시장에서 정해지는 시가로 할 것
③ 환매수 또는 환매도하는 날을 정할 것
④ 환매조건부매도를 한 증권의 보관 및 교체에 관하여 금융위원회가 정하여 고시하는 기준을 따를 것

TIP 금융위원회가 정하여 고시하는 매매가격으로 매매해야 한다.

핵심포인트 해설　　**채권의 장외거래**

(1) 채권중개전문회사가 증권시장 외에서 중개업무를 하는 경우 준수사항
　① 전문투자자, 체신관서, 그 밖에 금융위원회가 고시한 자 간의 매매의 중개일 것
　② 동시에 다수의 자를 각 당사자로 하여 당사자가 매매하고자 제시하는 채무증권의 종목, 매수·매도호가와 그 수량을 공표할 것
　③ 채무증권의 종목별로 당사자 간의 매도·매수호가가 일치하는 가격으로 매매를 체결시킬 것
　④ 업무방법 등이 금융위원회가 정하여 고시하는 기준을 충족할 것

(2) 환매조건부매매를 하는 경우 준수사항
　① 국채, 지방채, 특수채, 그 밖에 금융위원회가 정하여 고시하는 증권을 대상으로 할 것
　② 금융위원회가 정하여 고시하는 매매가격으로 매매할 것
　③ 환매수 또는 환매도하는 날을 정할 것
　④ 환매조건부매도를 한 증권의 보관 및 교체에 관하여 금융위원회가 정하여 고시하는 기준을 따를 것

정답 | ②

54

금융감독원의 금융기관 검사에 대한 설명으로 잘못된 것은?

① 대부분의 종합검사는 서면검사로 실시한다.

② 농협의 신용사업부문도 검사대상기관에 포함된다.

③ 자본시장법에 의한 조치 및 명령은 증권선물위원회의 사전심의를 거쳐 조치한다.

④ 검사결과의 조치는 금융위원회의 심의 및 의결을 거쳐 조치하고, 금융감독원장 위임 사항은 금융감독원장이 직접 조치한다.

TIP 대부분의 종합검사는 현장검사로 실시한다.

핵심포인트 해설　　　　**금융감독원의 금융기관 검사**

대상기관	• 은행, 금융투자업자, 증권금융회사, 종합금융회사, 명의개서대행회사 • 보험사, 상호저축은행, 신협, 여신전문금융사 및 겸영여신업자, 농·수협 신용사업부문 등
검사방법	• 검사구분 : 종합검사, 부분검사 • 검사방법 : 현장검사(대부분 종합검사는 현장검사로 실시), 서면검사
검사절차	• 사전조사 : 검사를 위한 자료파악 • 검사실시 : 관련문서 징구, 관련자 진술 청취 등 • 결과보고 : 위법, 부당한 사항 적출 보고 • 검사결과 조치 : 경고, 문책 등 • 사후관리 : 시정사항 이행보고 등
검사결과의 처리	• 금융감독원장은 검사결과를 검사서에 의하여 금융기관에 통보하고 필요한 조치를 취하거나 금융기관의 장에게 이를 요구할 수 있음 • 검사결과 조치는 금융위원회의 심의 및 의결을 거쳐 조치하고, 금융감독원장 위임사항은 금융감독원장이 직접 조치함 • 금융투자업자 또는 그 임직원에 대한 과태료 부과 가능 • 자본시장법에 의한 조치 및 명령은 증권선물위원회의 사전심의를 거쳐 조치함

정답 | ①

금융감독원의 금융기관 제재절차에 대한 설명으로 잘못된 것은?

① 감독원장은 제재심의를 위해 제재심의위원회를 설치하여 심의해야 하나 금융감독원장이 필요하다고 인정하는 때에는 심의회의 심의를 생략할 수도 있다.

② 감독원장은 제재하고자 할 경우 제재내용을 예외 없이 제재대상자에게 사전에 통지해야 한다.

③ 감독원장은 상당한 기간을 정해 제재대상자에게 구술 또는 서면에 의한 의견진술의 기회를 주어야 한다.

④ 감독원장은 증거서류 오류·누락, 법원의 무죄판결 등으로 그 제재의 위법·부당함을 발견하였을 때 직권으로 재심하여 조치할 수 있다.

TIP 감독원장은 제재하고자 할 경우 제재내용을 사전에 통지해야 하나 처분의 성질상 불필요하다고 인정되는 사유가 있으면 사전통지를 하지 않을 수도 있다.

핵심포인트 해설　　**금융감독원의 금융기관 제재절차**

심의회 설치	• 감독원장은 제재심의를 위해 제재심의위원회 설치 및 운영 • 감독원장이 필요하다고 인정하는 때에는 심의회의 심의 생략 가능
사전통지	• 감독원장은 제재하고자 할 경우 제재내용을 사전에 통지해야 함 • 처분의 성질상 불필요하다고 인정되는 사유가 있으면 사전통지를 하지 않을 수 있음
의견진술	• 감독원장은 상당한 기간을 정해 제재대상자에게 구술 또는 서면에 의한 의견진술 기회를 주어야 함 • 금융업관련법에서 의견청취의 방법을 청문 등으로 별도로 정하고 있는 경우에는 그에 따름
불복절차	• 이의신청·행정심판·행정소송 등
이의신청	• 당해 제재처분(또는 조치요구)이 위법 또는 부당하다고 인정되는 경우에는 금융위원회 또는 감독원장에게 이의신청 가능 • 감독원장이 당해 이의신청이 이유가 없다고 인정하는 경우에는 이를 기각하고, 이유가 있다고 인정하는 경우에는 당해 처분을 취소 또는 변경해야 함 • 이의신청 처리결과에 대하여 다시 이의신청을 할 수 없음 • 감독원장은 증거서류 오류·누락, 법원의 무죄판결 등으로 그 제재의 위법·부당함을 발견하였을 때 직권으로 재심하여 조치 가능
이사회 보고	• 금융기관의 장은 제재조치를 받은 경우 감독원장이 정하는 바에 따라 이사회 앞으로 보고 또는 주주총회 등 필요한 절차를 취해야 함

정답 | ②

금융사고 예방과 관련하여 금융기관이 금융감독원장에게 보고해야 하는 사항과 거리가 먼 것은?

① 민사소송에서 패소확정된 경우
② 소송물 가액이 최근 분기 말 현재 자기자본의 1%를 초과하는 민사소송에 피소된 경우
③ 소송물 가액이 최근 분기 말 현재 50억원을 초과하는 민사소송에 피소된 경우
④ 금융사고에는 해당하지 않으나 금융기관이 보고할 필요가 있다고 판단하는 중요한 사항

TIP 소송물 가액이 최근 분기 말 현재 100억원을 초과하는 민사소송에 피소된 경우 감독원장에게 보고해야 한다.

핵심포인트 해설   **금융기관의 금융사고 예방제도**

내부통제	• 금융기관은 금융사고 예방을 위한 내부통제제도를 수립·운영해야 함
자체감사	• 금융기관은 연간 감사계획을 수립하여 자체감사를 실시해야 함 • 금융감독원장이 요구하는 경우 연간 또는 분기 감사계획을 제출해야 함
금융사고 발생 시	• 금융기관은 금융사고 발생 시 즉시 감독원장에게 보고해야 함 • 금융기관은 사고와 관련 있는 임직원에 대하여 지체 없이 책임소재를 규명하고 징계 등 필요한 조치를 해야 함(금융사고 보고를 고의로 지연하거나 숨긴 자에 대하여도 금융사고 관련 임직원에 준하여 처리) • 금융사고 보고의 대상 및 보고시기는 금융감독원장이 따로 정함
주요정보사항 보고	• 금융기관은 아래에 해당하는 사유 발생 시 감독원장에게 보고해야 함 · 민사소송에서 패소확정된 경우 · 소송물 가액이 최근 분기 말 현재 자기자본의 1% 또는 100억원을 초과하는 민사소송에 피소된 경우 · 금융사고에는 해당하지 않으나 금융기관이 보고할 필요가 있다고 판단하는 중요한 사항 또는 사건

정답 | ③

자본시장 조사업무 규정에 의한 조사대상이 되는 행위와 거리가 먼 것은?

① 미공개정보 이용 행위
② 내부자 단기매매차익 행위
③ 상장법인 공시의무 위반 행위
④ 임직원의 회사재산횡령 행위

TIP 임직원의 회사재산횡령 행위는 조사업무규정의 조사대상이 아니라 형법상 조사대상이다.

핵심포인트 해설   자본시장 조사업무

의 의	• 협의 : 시세조종 등 불공정행위에 대한 조사업무 • 광의 : 법령·규정 위반 여부 또는 투자자보호를 위해 필요하다고 인정되는 사항을 조사하여 필요한 조치를 취하는 업무
조사대상	• 금융위원회 및 금융감독원 업무와 관련하여 위법행위 혐의가 발견된 경우 • 한국거래소로부터 위법행위 혐의사실을 이첩받은 경우 • 각 급 검찰청의 장으로부터 위법행위에 대한 조사를 요청받거나 그 밖의 행정기관으로부터 위법행위의 혐의사실을 통보받은 경우 • 위법행위에 관한 제보를 받거나 조사를 의뢰하는 민원을 접수한 경우 • 기타 공익 및 투자자보호를 위하여 조사의 필요성이 인정되는 경우 • 주요대상 : 미공개정보 이용 행위, 불공정거래 행위, 내부자 단기매매차익, 상장법인 공시의무 위반, 특정 증권 등 소유 및 변동사항 보고 위반, 주식대량보유보고 위반 등
면제대상	• 당해 위법행위에 대한 충분한 증거가 확보되어 있고 다른 위법행위가 발견되지 않은 경우 • 당해 위법행위와 함께 다른 위법행위의 혐의가 있으나 그 혐의내용이 경미하여 조사의 실익이 없다고 판단되는 경우 • 공시자료, 언론보도 등에 의하여 알려진 사실이나 풍문만을 근거로 조사를 의뢰하는 경우 • 당해 위법행위에 대한 제보가 익명 또는 가공인 명의의 진정·탄원·투서 등에 의해 이루어지거나 그 내용이 조사단서로서의 가치가 없다고 판단되는 경우 • 당해 위법행위와 동일한 사안에 대하여 검찰이 수사를 개시한 사실이 확인된 경우
조사결과조치	• 형사제재 : 고발 또는 수사기관에 통보 • 금융위원회의 시정명령 또는 처분명령 • 과태료 또는 과징금 부과 • 1년 이내의 증권발행 제한, 임원 해임 권고, 등록취소 등

정답 | ④

금융소비자보호법의 규제체계에 대한 설명 중 잘못된 것은?

① 동일기능-동일규제의 원칙이 적용될 수 있도록 금융상품 및 판매업의 유형을 재분류하였다.

② 금융상품은 예금성 상품, 투자성 상품, 보장성 상품, 대출성 상품으로 분류하였다.

③ 금융상품판매업을 영위하더라도 금융관계법상 금융상품판매업 관련 인허가 또는 등록하지 않은 경우에는 금융상품판매업자에 해당되지 않는다.

④ 일반사모집합투자업자도 금융상품 직접판매업자에 해당된다.

TIP 금융관계법상 금융상품판매업 관련 인허가 또는 등록하지 않은 경우라도 금융상품판매업을 영위하도록 규정한 경우에는 금융상품판매업자에 해당된다. 원칙적으로 모든 집합투자업자가 금융상품판매업자에 해당된다.

| 핵심포인트 해설 | 금융소비자보호법상 기능별 규제체계 |

(1) 금융상품 분류

예금성 상품	은행법상 예금, 적금, 부금 등
투자성 상품	자본시장법상 금융투자상품, 투자일임계약, 신탁계약(관리형신탁 및 투자성 없는 신탁은 제외) 등
보장성 상품	보험업법상 보험상품 및 이와 유사한 것(생명보험·손해보험 등)
대출성 상품	신용거래융자, 신용대주, 증권담보대출, 청약자금대출 등

(2) 금융상품판매업자 분류

직접판매업자	자신이 직접 계약의 상대방으로서 금융상품에 관한 계약체결을 영업으로 하는 자(예) 은행, 보험사, 저축은행 등)
판매 대리·중개업자	금융회사와 금융소비자의 중간에서 금융상품 판매를 중개하거나 금융회사의 위탁을 받아 판매를 대리하는 자(예) 투자권유대행인, 보험설계·중개사, 보험대리점, 카드·대출모집인 등)
자문업자	금융소비자가 본인에게 적합한 상품을 구매할 수 있도록 자문을 제공하는 자(예) 투자자문업자)

정답 | ③

금융소비자의 권익 강화제도에 대한 설명 중 잘못된 것은?

① 청약철회권은 보장성 상품과 대출성 상품에만 가능하다.

② 금융분쟁조정이 신청된 사건에 대하여 소송이 진행 중일 경우 법원은 그 소송을 중지할 수 있다.

③ 소비자가 신청한 소액분쟁이 있는 경우 분쟁조정 완료 시까지 금융회사의 제소가 금지된다.

④ 금융소비자가 분쟁조정·소송 등 대응 목적으로 금융회사 등이 유지·관리하는 자료의 열람 요구 시 금융회사는 수용할 의무가 있다.

TIP 청약철회권은 보장성·대출성·투자성 상품 및 자문 등까지 확대되어 적용된다.

핵심포인트 해설 **금융소비자 권익강화를 위한 제도**

(1) 청약철회권

① 의의 : 일정기간 내 금융소비자가 금융상품 계약을 철회하는 경우 판매자는 이미 받은 금전·재화 등을 반환해야 함(보장성·대출성·투자성 상품 및 자문에 확대적용)

② 청약철회 가능기간

투자성 상품	계약서류 제공일 또는 계약체결일로부터 7일 이내
대출성 상품	계약서류 제공일 또는 계약체결일로부터 14일 이내

(2) 계약서류 제공의무 및 기록 유지·관리의무

계약서류 제공의무	• 금융상품판매업자는 소비자와 계약체결 시 계약서, 약관, 설명서 등 계약서류를 지체 없이 교부해야 함
자료기록·유지·관리의무	• 금융상품판매업자는 업무관련 자료를 기록하고 유지·관리해야 함 • 유지관리기간 : 원칙 10년

(3) 사후구제 제도

금융분쟁조정제도	소비자는 금융분쟁 발생 시 금융감독원에 분쟁조정 신청할 수 있으며, 분쟁의 당사자가 조정안을 수락한 경우 재판상 화해와 같은 효력이 있음
소송중지제도	분쟁조정이 신청된 사건에 대하여 소송이 진행 중일 경우 법원이 그 소송을 중지할 수 있도록 한 제도
조정이탈금지제도	소비자가 신청한 소액분쟁(2천만원 이하의 분쟁)이 있는 경우 분쟁조정 완료 시까지 금융회사의 제소를 금지하는 제도
자료열람요구권	금융소비자가 분쟁조정·소송 등 대응 목적으로 금융회사 등이 유지·관리하는 자료의 열람 요구 시 금융회사는 수용할 의무가 있음
손해배상책임	금융상품판매업자가 설명의무를 위반하여 소비자에게 손해를 입힌 경우, 자신의 고의 또는 과실을 입증하지 못하면 손해배상책임을 면할 수 없음(입증책임을 금융소비자에서 금융상품판매업자로 전환시킴)

정답 | ①

금융소비자보호법상 금융소비자의 위법계약해지권에 대한 설명으로 가장 적절한 것은?

① 금융상품판매업자가 광고규제를 위반한 경우에도 적용된다.

② 위법계약해지권이 적용되는 상품에 금융상품자문계약은 포함되지 않는다.

③ 계약체결일로부터 5년 이내의 범위에서 위법사실을 안 날로부터 1년 이내에 해지요구가 가능하다.

④ 위법계약의 해지는 소급적 효력이 있기 때문에 금융상품판매업자는 원상회복의무가 있다.

TIP ① 위법계약해지권은 5대 판매규제(적합성 원칙, 적정성 원칙, 설명의무, 불공정영업행위금지, 부당권유행위금지) 위반 시 적용된다.
② 위법계약해지권이 적용되는 상품에는 투자일임계약, 금전신탁계약, 금융상품자문계약 등이 있고, 적용되지 않는 상품에는 P2P업자와 체결하는 계약, 양도성예금증서, 표지어음 등이 있다.
④ 위법계약해지의 효력은 장래에 대하여만 효력이 있으므로 금융상품판매업자의 원상회복의무는 없다.

핵심포인트 해설 **금융소비자의 위법계약해지권**

행사요건	• 5대 판매규제 위반(적합성 원칙, 적정성 원칙, 설명의무, 불공정영업행위 금지, 부당권유행위 금지) • 적용상품 : 투자일임계약, 금전신탁계약, 금융상품자문계약 • 적용제외상품 : P2P업자와 체결하는 계약, 양도성예금증서, 표지어음
해지요구기간	• 계약체결일로부터 5년 이내의 범위에서 위법사실을 안 날로부터 1년 이내
수락통지	• 금융상품판매업자는 10일 이내에 소비자의 해지요구에 대한 수락여부를 통지해야 함 • 해지요구를 거절할 경우 거절사유를 함께 통지해야 함
위법계약해지의 효력	• 장래효(비소급효) : 금융상품판매업자의 원상회복의무는 없음 • 금융소비자에 대한 해지관련 비용 요구 불가

정답 | ③

금융소비자보호법상 6대 판매원칙에 대한 설명 중 잘못된 것은?

① 적합성 원칙에 의하여 재산상황, 금융상품 취득·처분 경험 등에 비추어 적합하지 아니하다고 인정되는 금융상품 계약체결의 권유를 금지한다.
② 적정성 원칙은 파생상품, 파생결합증권, 파생상품펀드 등에만 적용된다.
③ 금융상품 계약체결을 권유하거나 소비자가 설명을 요청하는 경우 상품의 중요사항을 소비자가 이해할 수 있도록 설명해야 한다.
④ 금융상품 계약체결 권유 시 소비자가 오인할 우려가 있는 허위 사실 등을 알리는 행위를 금지한다.

TIP 금융소비자보호법상 적정성 원칙은 파생상품 관련 상품뿐만 아니라 대출성·보장성 상품에도 확대 적용된다.

핵심포인트 해설   **금융소비자보호법상 6대 판매원칙**

적합성 원칙	• 투자성상품에만 도입되었던 적합성 원칙을 대출성·보장성 상품까지 확대 • 금융소비자의 재산상황, 금융상품취득·처분경험 및 목적 등에 비추어 투자성향에 부적합한 상품의 계약체결의 권유를 금지함
적정성 원칙	• 파생상품 등에만 도입되었던 적정성 원칙을 일부 대출성·보장성 상품에도 확대적용 • 위험도가 높은 투자성·대출성 상품은 투자권유가 없는 경우에도 소비자의 투자성향을 파악하고, 해당투자의 적정성 여부를 해당 소비자에게 알려야 함
설명의무	• 은행법·자본시장법 등에 각각 규정된 설명의무를 금융소비자보호법으로 통합·이관함 • 금융상품 계약체결을 권유하거나 소비자가 설명을 요청하는 경우 상품의 중요사항을 소비자가 이해할 수 있도록 설명해야 함
불공정영업행위 금지	• 판매업자가 금융상품 판매 시 우월적 지위를 이용하여 소비자의 권익을 침해하는 행위 금지함 • 제3자 연대보증 요구, 업무 관련 편익요구, 연계·제휴서비스 부당하게 축소·변경하는 행위, 대출실행 후 3년 경과 시 중도상환수수료 부과 등이 금지됨
부당권유행위 금지	• 금융상품 계약체결 권유 시 소비자가 오인할 우려가 있는 허위 사실 등을 알리는 행위를 금지함 • 불확실한 사항에 대한 단정적 판단을 제공하는 행위, 내부통제기준에 따른 교육을 받지 않은 자로 하여금 계약체결 권유와 관련된 업무를 하게 하는 행위 등 금지
광고 규제	• 금융상품 또는 판매업자등의 업무에 관한 광고 시 필수 포함사항 및 금지행위 등을 규정함 • 필수 포함사항 : 설명서·약관을 읽어볼 것을 권유하는 내용, 판매업자 명칭, 금융상품 내용, 운용실적이 미래수익률을 보장하지 않는다는 사실, 보험료인상 및 보장내용 변경 가능여부

정답 | ②

금융소비자보호법상 6대 판매원칙 위반에 대한 제재와 가장 거리가 먼 것은?

① 금융소비자는 위법계약해지권을 행사할 수 있다.
② 금융위원회는 판매제한 명령을 할 수 있다.
③ 금융상품판매업자에 대하여 수입의 50%까지 과징금을 부과할 수 있다.
④ 금융소비자는 설명의무위반에 따른 손해배상청구 소송 시 판매업자의 고의·과실에 대한 입증책임이 있다.

TIP 설명의무위반에 따른 손해배상청구 소송 시 고의·과실 입증책임을 금융소비자에서 금융회사로 전환하여 금융소비자의 입증부담을 완화하였다.

핵심포인트 해설 **판매원칙 위반에 대한 제재**

금융소비자의 위법계약해지권	• 위법한 계약체결에 대하여 소비자의 해지 요구 시 금융회사가 정당한 사유를 제시하지 못하는 경우에 소비자가 일방적으로 계약해지 할 수 있음 • 위법계약해지권 행사기간 : 계약체결 후 5년 안에 위법사실을 안 날로부터 1년 이내에 행사해야 함
금융위원회의 판매제한 명령	• 시정·중지 명령 : 금융소비자의 권익 보호 및 건전한 거래질서를 위해 필요하다고 인정하는 경우 명령가능 • 판매제한 명령 : 금융상품으로 인하여 금융소비자의 재산상 현저한 피해가 발생할 우려가 있다고 명백히 인정되는 경우에 명령가능
징벌적 과징금	• 주요 판매원칙(설명의무, 불공정영업행위·부당권유행위 금지, 광고규제) 위반 시 징벌적 과징금 부과 • 판매업자가 주요 판매원칙 등을 위반한 경우, 그로 인해 얻은 수익의 50%까지 과징금 부과 가능
과태료	• 1억원 이하 과태료를 부과하는 경우 : 설명의무, 불공정영업행위 금지, 부당권유행위 금지, 광고규제 위반 등 • 3천만원 이하 과태료를 부과하는 경우 : 적합성·적정성 원칙 미준수 등

정답 | ④

출제예상문제

☑ 다시 봐야 할 문제(틀린 문제, 풀지 못한 문제, 헷갈리는 문제 등)는 문제 번호 하단의 네모박스(□)에 체크하여 반복학습하시기 바랍니다.

01
중요도 ★★
다음 중 자본시장법상 증권의 연결이 적절하지 않은 것은?

□

① 채무증권 – 기업어음증권
② 지분증권 – 주택저당증권
③ 수익증권 – 투자신탁
④ 증권예탁증권 – KDR

02
중요도 ★★
자본시장법상 증권의 개념에 대한 설명으로 잘못된 것은?

□

① 파생결합증권의 기초자산 범위는 금융투자상품 통화, 일반상품, 신용위험, 그 밖에 자연적, 환경적 현상 등에 속하는 위험으로서 평가가 가능한 것은 모두 가능하다.
② 특정 투자자가 그 투자자와 타인과의 공동사업에 금전 등을 투자하고 주로 타인이 수행한 공동사업의 결과에 따른 손익을 귀속받는 계약상의 권리는 투자계약증권에 해당한다.
③ 증권의 발행주체에 내국인과 외국인을 모두 포함함으로써 자본시장법에 역외적용을 실행하고 있다.
④ 해외예탁증권은 자본시장법상 증권의 대상에 포함되지 않는다.

03

중요도 ★

파생상품의 정의에 대한 설명으로 잘못된 것은?

① 파생결합증권은 기초자산의 가격·이자율·지표·단위 또는 이를 기초로 하는 지수 등의 변동과 연계하여 미리 정해진 방법에 따라 지급금액(회수금액)이 결정되는 권리가 표시된 파생상품이다.

② 선도(Forwards) 또는 선물(Futures)은 기초자산이나 기초자산의 가격·이자율·지표·단위 또는 이를 기초로 하는 지수 등에 의하여 산출된 금전 등을 장래의 특정 시점에 인도할 것을 약정하는 계약이다.

③ 스왑(Swap)은 장래의 일정 기간 동안 미리 정한 가격으로 기초자산이나 기초자산의 가격·이자율·지표·단위 또는 이를 기초로 한 지수 등에 의하여 산출된 금전 등을 교환할 것을 약정하는 계약이다.

④ 옵션(Option)은 당사자 어느 한쪽의 의사표시에 의하여 기초자산이나 기초자산의 가격·이자율·지표·단위 또는 이를 기초로 하는 지수 등에 의하여 산출된 금전 등을 수수하는 거래를 성립시킬 수 있는 권리를 부여하는 것을 약정하는 계약이다.

정답 및 해설

01 ② 지분증권에는 주권, 신주인수권이 표시된 증권 등이 있다. 주택저당증권은 수익증권에 속한다.

02 ④ 해외예탁증권도 증권의 대상에 포함하고 있다.

03 ① 파생결합증권은 자본시장법상 증권에 속하는 것으로 파생상품의 범주에 속하지 않는다.

04

중요도 ★★

서면통지로 의사표시를 하면 일반투자자 대우를 받을 수 있는 전문투자자는?

① 보험회사
② 여신전문 금융회사
③ 산림조합중앙회
④ 지방자치단체

05

중요도 ★★★

자본시장법상 금융투자상품에서 배제한 것과 거리가 먼 것은?

① 양도성예금증서(CD)
② 자산담보부증권(ABS)
③ 관리형신탁의 수익권
④ 주식매수선택권(Stock Option)

06

중요도 ★

금융투자업 중 투자매매업 적용이 배제되는 경우와 거리가 먼 것은?

① 자기가 증권을 발행하는 경우
② 투자매매업자를 상대방으로 하거나 투자중개업자를 통해 금융투자상품을 매매하는 경우
③ 특정 전문투자자 간에 환매조건부매매를 하는 경우
④ 투자권유대행인이 투자권유를 대행하는 경우

07

중요도 ★★

다음 중 금융투자업자의 자산건전성 분류에 대한 기술 중 적절하지 않은 것은?

① 금융투자업자는 매 분기마다 자산 및 부채에 대한 건전성을 정상, 요주의, 고정, 회수의문, 추정손실의 5단계로 분류해야 한다.
② 정상으로 분류된 자산은 대손충당금을 적립하지 않아도 된다.
③ 매 분기말 현재 고정이하로 분류된 채권에 대하여 적정한 회수예상가액을 산정해야 한다.
④ 금융투자업자는 자산건전성 분류기준의 설정 및 변경, 동 기준에 따른 자산건전성 분류 결과 및 대손충당금 적립결과를 감독원장에게 보고해야 한다.

08

중요도 ★★

다음 중 자본시장법상 금융투자업에 대한 설명이 적절하지 못한 것은?

① 투자매매업은 누구의 명의로 하든지 자기의 계산으로 금융투자상품의 매매 등을 영업으로 하는 금융투자업이다.

② 투자중개업은 누구의 명의로 하든지 타인의 계산으로 금융투자상품의 매매 등을 영업으로 하는 금융투자업이다.

③ 집합투자업은 2인 이상에게 투자권유를 하여 모은 금전 등을 운용하고 그 결과를 투자자에게 배분하여 귀속시키는 금융투자업이다.

④ 투자자문업은 금융투자상품의 가치 또는 금융투자상품에 대한 투자판단에 관하여 자문에 응하는 것을 영업으로 하는 금융투자업이다.

정답 및 해설

04 ④ ①②③ 어떠한 경우에도 일반투자자 대우를 받을 수 없는 절대적 전문투자자이다.

05 ② 자본시장법은 원화표시 CD, 관리형신탁의 수익권, 주식매수선택권(Stock Option) 등을 정책적으로 금융투자상품에서 배제하였다.

06 ④ 투자중개업 적용이 배제되는 경우에 해당한다.

> 참고 투자매매업 적용이 배제되는 경우
> - 자기가 증권을 발행하는 경우(단, 수익증권, 파생결합증권, 투자성 있는 예금 및 보험의 발행은 투자매매업에 해당)
> - 투자매매업자를 상대방으로 하거나 투자중개업자를 통해 금융투자상품을 매매하는 경우
> - 국가·지자체가 공익을 위해 법령에 따라 금융투자상품을 매매하는 경우
> - 한국은행이 공개시장조작을 하는 경우
> - 특정 전문투자자 간에 환매조건부매매를 하는 경우

07 ② 대손충당금 적립기준은 정상 분류자산은 0.5%, 요주의 분류자산은 2%, 고정 분류자산은 20%, 회수의문 분류자산은 75%, 추정손실 분류자산은 100%이다.

08 ③ 집합투자업은 2인 이상의 투자자로부터 모은 금전 등을 운용하고 그 결과를 투자자에게 배분하여 귀속시키는 금융투자업이다. 집합투자업을 정의할 때 과거에는 '2인 이상에게 투자권유를 하여 모은'이라고 정하고 있었으나 '2인 이상의 투자자로부터 모은'으로 개정되어 수익자가 1인인 사모단독펀드의 설정을 제한하고 있다.

09 영업용순자본 규제의 기본원칙과 거리가 먼 것은?

① 순자본비율 산정의 기초가 되는 금융투자업자의 자산, 부채, 자본은 연결재무제표에 계상된 장부가액을 기준으로 한다.

② 시장위험과 신용위험을 동시에 내포하는 자산에 대하여는 시장위험액과 신용위험액을 모두 산정한다.

③ 영업용순자본 산정 시 차감항목에 대하여는 원칙적으로 위험액을 산정하지 않는다.

④ 영업용순자본의 차감항목과 위험액 산정대상 자산 사이에 위험회피효과가 있는 경우에는 위험액 산정대상 자산의 위험액을 산정하지 않는다.

10 다음 중 금융감독원장의 비조치의견서에 대한 설명이 적절하지 않은 것은?

① 금융회사가 수행하려는 행위에 대하여 금융감독원장이 법령 등에 근거하여 향후 제재 등의 조치를 취할지 여부를 회신하는 문서다.

② 금융감독원장은 어떠한 경우에도 이미 회신한 비조치의견서의 내용과 다른 법적 조치를 취할 수 없다.

③ 법령 제정 또는 개정 당시 예상치 못한 상황이 발생하여 해당 법령이 당해 행위에 적용할 수 있는지 불명확한 경우에 적용될 수 있다.

④ 설명의무는 일반투자자에게만 적용된다.

11 자본시장법상 투자자에 대한 설명으로 잘못된 것은?

① 상호저축은행중앙회는 절대적 전문투자자이므로 전문투자자로 대우받겠다는 취지의 서면 없이도 장외파생상품 거래를 할 수 있다.

② 비상장법인은 금융위원회로부터 전문투자자로 확인받아도 자발적 전문투자자이므로 장외파생상품거래 시 일반투자자로 대우받는다.

③ 일반투자자는 금융위원회의 전문투자자 확인을 받았더라도 적정성 원칙을 적용하여 파생결합증권에 투자할 수 있다.

④ 불초청권유금지 원칙은 전문투자자와 일반투자자 구분 없이 적용되므로 전문투자자라도 장외파생상품은 실시간 대화 등의 방법으로 투자권유 요청 없이는 투자권유를 할 수 없다.

12

자본시장법상 금융투자업의 진입규제에 대한 설명으로 잘못된 것은?

① 투자자에게 노출되는 위험의 크기에 따라 인가제와 등록제를 차별적으로 적용한다.

② 상품의 특성상 위험이 높은 장외파생상품 등을 대상으로 하는 인가는 진입요건을 강화하였다.

③ 투자자보호를 위해 투자중개업보다 투자일임업의 진입요건을 더 강화하였다.

④ 투자자의 위험감수능력에 따라 일반투자자를 상대로 하는 경우에는 전문투자자를 상대하는 경우보다 진입요건을 강화하였다.

13

다음 중 금융위원회의 적기시정조치 중 경영개선명령에 대한 설명이 적절하지 않은 것은?

① 경영실태평가 결과 종합평가등급을 4등급 이하로 판정받은 경우에 경영개선명령의 조치를 할 수 있다.

② 순자본비율이 0% 미만인 경우 경영개선명령의 조치를 할 수 있다.

③ 부실금융기관에 해당되는 경우 주식의 일부 또는 전부소각 조치를 할 수 있다.

④ 금융위원회는 해당 금융기관 임원의 직무집행정지 및 관리인 선임을 할 수 있다.

정답 및 해설

09 ④ 영업용순자본의 차감항목과 위험액 산정대상 자산 사이에 위험회피효과가 있는 경우에는 위험액 산정대상 자산의 위험액을 감액할 수 있다.

10 ② 금융감독원장은 비조치의견서를 회신한 경우 회신내용과 부합하지 않는 법적조치를 취하지 않으나 다음 ㉠∼㉢의 경우에는 이미 회신한 비조치의견서의 내용과 다른 법적 조치를 취할 수 있다. (㉠ 신청인이 요청서에 기재한 내용이 사실과 다른 경우 ㉡ 신처인이 중요한 자료를 제출하지 아니한 사실이 발견된 경우 ㉢ 신청인이 요청서에 기재된 내용과 상이한 행위를 한 경우 ㉣ 관련 법령 등이 변경된 경우 ㉤ 사정변경으로 인하여 기존의 의견을 유지할 수 없는 특별한 사유가 있는 경우)

11 ③ 일반투자자라도 금융위원회의 전문투자자 확인 시 적정성 원칙과 무관하게 파생결합증권에 투자할 수 있다.

12 ③ 자본시장법은 금융위원회 인가대상 금융투자업(투자매매업, 투자중개업, 집합투자업, 신탁업)의 진입요건을 금융위원회 등록대상 금융투자업(투자자문업, 투자일임업)의 진입요건보다 더 강화하였다.

13 ① 경영실태평가 결과 종합평가등급을 4등급 이하로 판정받은 경우 금융위원회는 경영개선요구 조치를 할 수 있다.

14

중요도 ★★

금융투자업자가 되기 위한 인가요건과 거리가 먼 것은?

① 상법상 주식회사이거나 대통령령이 정하는 금융기관이어야 한다.

② 인가업무 단위별로 5억원과 대통령령에서 정하는 금액 중 큰 금액 이상의 자기자본을 보유해야 한다.

③ 투자자보호를 위하여 인적설비뿐 아니라 물적설비도 모두 충족해야 한다.

④ 대주주 요건은 면제되었다.

15

중요도 ★★

금융투자업을 영위하려면 인가 또는 등록이 되어야 한다. 다음 중 등록만 하면 되는 것으로 모두 묶인 것은?

⊙ 투자자문업	ⓒ 투자일임업
ⓒ 온라인소액투자중개업	② 투자중개업

① ⊙

② ⊙, ⓒ

③ ⊙, ⓒ, ⓒ

④ ⊙, ⓒ, ⓒ, ②

16

중요도 ★★

건전한 경영을 유지하기 위한 금융투자업자의 거래제한 내용을 모두 고르면?

⊙ 대주주 발행증권의 소유 금지

ⓒ 계열회사 발행 주식·채권·약속어음의 소유 제한

ⓒ 신용공여의 제한

② 건전한 자산운용을 해할 수 있는 행위 금지

① ⊙, ⓒ

② ⓒ, ②

③ ⊙, ⓒ, ⓒ

④ ⊙, ⓒ, ⓒ, ②

17 **금융투자업자의 위험관리에 대한 설명으로 잘못된 것은?**

① 금융투자업자는 부서별, 거래별 또는 상품별 위험부담한도, 거래한도 등을 적절히 설정·운영해야 한다.

② 금융투자업자의 준법감시인은 위험관리 기본방침을 수립하고 위험관리지침의 제정 및 개정에 관한 심의와 의결을 한다.

③ 금융투자업자는 리스크평가 및 관리를 최우선과제로 인식하고 독립적인 리스크평가와 통제를 위한 리스크 관리체제를 구축해야 한다.

④ 장외파생상품에 대한 투자매매업을 인가받은 금융투자업자는 경영상 발생할 수 있는 위험을 실무적으로 종합관리하고 이사회와 경영진을 보조할 수 있는 전담조직을 두어야 한다.

정답 및 해설

14 ④ 대주주는 충분한 출자능력, 건전한 재무상태 및 사회적 신용을 구비해야 하는 등의 요건을 갖추어야 한다.

15 ③ 금융투자업 중 투자매매업, 투자중개업, 집합투자업, 신탁업은 인가를 받아야 하고(인가제), 투자일임업, 투자자문업, 온라인 소액투자중개업은 등록만 하면 가능하여(등록제) 보다 완화된 진입규제가 적용된다.

16 ④ 건전한 경영을 위하여 금융투자업자에 대한 대주주 발행증권의 소유 금지, 계열회사 발행 주식·채권·약속어음의 소유 제한, 신용공여의 제한, 건전한 자산운용을 해할 수 있는 행위 금지 등의 규제가 있다.

17 ② 금융투자업자의 이사회는 위험관리 기본방침을 수립하고 위험관리지침의 제정 및 개정에 관한 심의와 의결을 한다.

18

중요도 ★

외국환업무취급 금융투자업자의 위험관리에 대한 설명으로 잘못된 것은?

① 외국환업무취급 금융투자업자는 외국환파생상품거래 위험관리기준을 자체적으로 설정·운영해야 한다.

② 외국환업무취급 금융투자업자는 외환파생상품, 통화옵션 및 외환스왑 거래를 체결할 경우 거래상대방에 대하여 그 거래가 위험회피목적인지 여부를 확인해야 한다.

③ 외국환업무취급 금융투자업자는 거래상대방별로 거래한도를 설정해야 하며 이미 체결된 외환파생상품의 거래잔액을 감안하여 운영해야 한다.

④ 금융투자협회장은 외국환업무취급 금융투자업자의 건전성을 위하여 외국환파생상품거래 위험관리기준의 변경 및 시정을 요구할 수 있다.

19

중요도 ★★

다음 중 금융투자업자의 공통영업행위규칙에 대한 설명이 잘못된 것은?

① 금융투자업자가 아닌 자는 금융투자라는 문자를 상호에 사용할 수 없다.

② 금융투자업자가 제3자에게 업무를 위탁하는 경우 위탁업무 범위 내에서 투자자의 금융투자상품 매매 등에 관한 정보를 제공할 수 있다.

③ 금융투자업자는 다른 금융업무를 겸영하고자 하는 경우 그 업무를 영위하기 시작한 날로부터 2주 이내에 금융위원회에 보고해야 한다.

④ 금융투자업자는 금융투자업에 부수하는 업무를 영위하고자 하는 경우 그 업무를 영위하기 전 14일 이내에 금융위원회에 보고해야 한다.

20

중요도 ★★★

금융투자업자의 경영개선을 위한 금융위원회의 적기시정조치 기준에 대한 설명으로 잘못된 것은?

① 순자본비율이 100% 미만인 경우 경영개선권고를 한다.

② 순자본비율이 50% 미만인 경우 경영개선요구를 한다.

③ 순자본비율이 10% 미만인 경우 경영개선명령을 한다.

④ 자본확충, 자산매각 등의 경우에 일정 기간 적기시정조치를 유예할 수 있다.

21 중요도 ★★

□ 금융위원회로부터 적기시정조치를 받은 금융투자업자는 경영개선계획을 제출하고 이행해야 한다. 이에 대한 설명으로 잘못된 것은?

① 당해 조치일부터 2개월 범위 내에서 당해 조치권자가 정하는 기간 내에 경영개선계획을 금융감독원장에게 제출해야 한다.

② 금융위원회는 당해 경영개선계획을 제출받은 날부터 1개월 이내에 승인 여부를 결정해야 한다.

③ 경영개선계획의 이행기간은 경영개선권고의 경우 승인일부터 3개월 이내이다.

④ 금융투자업자는 매 분기 말부터 10일 이내에 계획의 분기별 이행실적을 감독원장에게 제출해야 한다.

정답 및 해설

18 ④ 금융투자협회장 → 금융감독원장

19 ④ 금융투자업자는 금융투자업에 부수하는 업무를 영위하고자 하는 경우 그 업무를 영위하기 시작한 날로부터 2주 이내에 금융위원회에 보고해야 한다(사후보고).

20 ③ 순자본비율이 0% 미만인 경우 경영개선명령을 한다.

21 ③ 경영개선계획의 이행기간은 경영개선권고의 경우 승인일부터 6개월 이내(부동산신탁업자의 경우는 1년), 경영개선요구의 경우 승인일부터 1년 이내(부동산신탁업자의 경우는 1년 6개월), 경영개선명령의 경우에는 금융위원회가 승인하면서 그 이행기한을 정한다. 경영개선권고를 받은 금융투자업자가 그 경영개선계획 이행 중 경영개선요구를 받은 경우에는 경영개선권고에 따른 경영개선계획의 승인일부터 1년(부동산신탁업자의 경우는 1년 6개월) 이내로 한다.

22 중요도 ★

금융투자업자의 외환건전성에 대한 설명으로 옳은 것은?

① 구분관리 : 외국환업무취급 금융투자업자는 외화자산 및 외화부채를 각각 잔존만기별로 구분하여 관리하고 일정 비율을 유지해야 한다.

② 외화유동성비율 : 잔존만기 3개월 이내 부채에 대한 잔존만기 3개월 이내 자산의 비율은 50% 이상이어야 한다.

③ 외국환포지션한도 : 종합매입초과포지션은 각 외국통화별 종합매입초과포지션의 합계액 기준으로 전월 말 자기자본의 30%에 상당하는 금액이어야 한다.

④ 총자산에 대한 외화부채의 비율이 3%에 미달하는 외국환업무취급 금융투자업자에 대하여는 외화유동성비율을 적용하지 않는다.

23 중요도 ★★

자본시장법에 의하면 조사분석자료 작성자에 대해서 일정한 기업금융업무와 연동된 성과보수를 지급할 수 없다. 다음 보기에서 자본시장법상 성과보수 연동이 금지되는 기업금융업무에 해당되는 것을 바르게 묶은 것은?

> (가) 인수업무
> (나) 모집·사모·매출의 주선업무
> (다) 기업의 인수 및 합병의 중개·주선 또는 대리업무
> (라) 기업의 인수·합병에 관한 조언업무
> (마) 사모집합투자기구 집합투자재산 운용업무
> (바) 프로젝트금융의 자문·주선업무

① (가), (나), (다)

② (가), (나), (다), (라)

③ (가), (나), (다), (라), (마)

④ (가), (나), (다), (라), (마), (바)

24
중요도 ★★★
투자권유대행인의 금지행위와 거리가 먼 것은?

① 금융투자상품의 매매

② 위탁계약을 체결한 금융투자업자가 이미 발행한 주식의 매수 또는 매도를 권유하는 행위

③ 금융투자상품의 가치에 중대한 영향을 미치는 사항을 사전에 알고 있으면서 이를 투자자에게 알리지 않고 당해 금융투자상품의 매수 또는 매도를 권유하는 행위

④ 주식투자비중이 90% 이상인 금융투자상품의 투자권유를 대행하는 행위

25
중요도 ★★
투자매매업자 및 투자중개업자의 매매 관련 규제에 대한 설명으로 옳은 것은?

① 금융투자업자가 고객에게 주문을 받은 경우에는 사후에 투자매매업자인지 투자중개업자인지를 구두나 문서로 밝혀야 한다.

② 투자매매업자나 중개업자가 증권시장이나 파생상품시장을 통하여 거래를 하는 경우에는 자기계약 금지 규정이 적용된다.

③ 투자매매업자가 예외적으로 취득한 자기주식이라도 취득일부터 1개월 이내에 처분해야 한다.

④ 임의매매는 투자자의 위탁이 없다는 점에서 위법성이 강하므로 명문으로 금지하고 있다.

정답 및 해설

22 ① ② 50% → 80%
③ 30% → 50%
④ 3% → 1%

23 ④ 성과보수 연동이 금지되는 기업금융업무에는 인수업무, 모집·사모·매출의 주선업무, 기업의 인수 및 합병의 중개·주선 또는 대리업무, 기업의 인수·합병에 관한 조언업무, 사모집합투자기구 집합투자재산 운용업무, 프로젝트금융의 자문·주선업무 등이다.

24 ④ 주식투자비중이 90% 이상인 금융투자상품의 투자권유를 대행하는 행위는 가능하다.

25 ④ ① 사후 → 사전
② 적용된다. → 적용되지 않는다.
③ 1개월 → 3개월

26

자본시장법은 금융투자업자의 대주주와 그 특수관계인에 대한 신용공여를 엄격히 제한하고 있다. 그러나 건전성을 해할 우려가 없는 경우에는 허용하고 있는데, 다음 중 허용되는 신용공여의 범위에 속하지 않는 것은?

① 금전·증권 등 경제적 가치가 있는 재산의 대여

② 임원에 대하여 연간 급여액과 1억원 중 적은 금액의 신용공여

③ 금융위원회가 정하여 고시하는 해외현지법인에 대한 채무보증

④ 계열회사가 발행한 주식 등을 자기자본 8% 이내로 소유하는 경우로서 신용공여에 해당하는 경우

27

금융투자업자의 투자자예탁자산 관리에 대한 설명으로 잘못된 것은?

① 의무예치액은 각 예수금의 100% 이상에 해당하는 금액의 합계액이다.

② 의무예치액을 영업일 단위로 산정하여 영업일 또는 다음 영업일에 증권금융에 예치해야 한다.

③ 예치금은 안정성의 원칙에 입각해야 하므로 주식관련사채로 운용할 수 없다.

④ 별도로 예치된 투자자예탁금은 어떤 경우에도 인출할 수 없다.

28

자본시장법상 불건전 영업행위에 대한 규제의 내용이 아닌 것은?

① 선행매매는 원칙적으로 금지되나 차익거래와 같이 투자자정보를 의도적으로 이용했다고 볼 수 없는 경우에는 예외적으로 인정된다.

② 조사분석자료 작성자(애널리스트)는 기업금융업무와 연동된 성과보수 지급이 금지된다.

③ 주권의 모집·매출과 관련된 조사분석자료는 그 계약체결일부터 최초 상장 후 40일 이내에 공표·제공할 수 없다.

④ 자본시장법은 모든 일임매매에 대하여 금지하고 있다.

29 중요도 ★

□

투자매매업자 또는 투자중개업자의 투자자예탁금 별도예치에 대한 설명으로 잘못된 것은?

① 투자중개업자의 고유재산과 구분하여 한국예탁결제원에 예치 또는 신탁해야 한다.

② 투자자예탁금이 투자자의 재산이라는 것을 밝혀야 한다.

③ 누구든지 투자자예탁금을 양도하거나 담보로 제공해서는 안 된다.

④ 예치기관은 투자자예탁금의 안정적 운용을 해할 우려가 없는 것으로서 대통령령으로 정하는 방법으로 운용해야 한다.

30 중요도 ★★

□

다음 빈칸에 들어갈 내용을 순서대로 나열한 것은?

> 금융투자업자는 고객의 예탁금을 ( )에 예치해야 하며, 고객의 유가증권은 ( )에 예탁해야 한다.

① 한국증권금융, 한국예탁결제원　　　② 한국증권금융, 증권거래소

③ 한국예탁결제원, 증권금융　　　④ 한국예탁결제원, 증권회사

정답 및 해설

26 ① 금융투자업자는 대주주(특수관계인 포함)에 대하여 신용공여(금전·증권 등 경제적 가치가 있는 재산의 대여, 채무이행의 보증, 자금 지원적 성격의 증권의 매입, 그 밖에 거래상의 신용위험을 수반하는 직접적·간접적 거래로서 대통령령으로 정하는 거래)를 해서는 안 되며, 대주주는 그 금융투자업자로부터 신용공여를 받아서는 안 된다. (자본시장법 34조②)

27 ④ 예치 금융투자업자는 감독원장이 인정하는 사유로서 투자자예탁금이 대량으로 지급청구되거나 지급청구될 것이 예상되는 경우, 증권시장·파생상품시장 또는 증권중개회사를 통해서 체결된 투자자의 주문결제를 위해 필요한 경우, 투자자보호 및 건전한 거래질서 유지를 위해 필요한 경우에 한하여 투자자의 예탁금을 인출할 수 있다.

28 ④ 자본시장법은 투자자로부터 금융투자상품에 대한 투자판단의 전부 또는 일부를 일임받아 투자자별로 구분하여 금융투자상품을 취득·처분, 그 밖의 방법으로 운용하는 행위를 금지한다. 다만, 투자일임업으로 행하는 경우, 투자중개업자가 투자자의 매매주문을 받아 이를 처리하는 과정에서 금융투자상품에 대한 투자판단의 전부 또는 일부를 일임받을 필요가 있는 경우로서 별도의 대가 없이 투자판단의 전부 또는 일부를 일임받는 경우에는 예외적으로 허용한다.

29 ① 투자자예탁금은 투자매매업자 또는 투자중개업자의 고유재산과 구분하여 증권금융회사에 예치 또는 신탁해야 한다.

30 ① 금융투자업자는 고객의 예탁금을 한국증권금융에 예치해야 하며, 고객의 유가증권은 한국예탁결제원에 예탁해야 한다.

31 주권상장법인의 자기주식 취득 및 처분에 대한 설명으로 잘못된 것은?

중요도 ★★

① 자본시장법은 원칙적으로 주권상장법인의 자기주식 취득을 허용한다.

② 자기주식의 취득·처분은 금융위원회에 신고해야 하고, 취득·처분의 방법 및 절차는 금융위원회 규정에서 정하고 있다.

③ 자기주식 취득 처분 시 이사회 결의를 거쳐야 한다.

④ 주권상장법인이 자기주식을 취득하려는 경우에는 이사회 결의 공시일부터 6개월 이내에 증권시장에서 자기주식을 취득해야 한다.

32 다음 중 증권 발행시장에 대한 기술이 적절하지 않은 것은?

중요도 ★★

① 청약을 받은 자의 수가 50인 미만으로서 증권의 모집에 해당되지 않는 경우에도 1년 이내에 50인 이상의 자에게 양도될 수 있는 경우에는 모집으로 간주한다.

② 국채, 지방채뿐만 아니라 한국은행법·한국산업은행법 등 법률에 따라 발행된 채권(특수채)도 증권신고서에 관한 규정이 적용되지 않는다.

③ 모집 또는 매출가액 각각의 총액이 10억원 이상인 경우에는 모집·매출주선인이 그 모집 또는 매출에 관한 신고서를 금융위원회에 제출하여 수리되어야 모집 또는 매출할 수 있다.

④ 주권, 주권관련 사채권, 고난도금융투자상품이 아닌 파생결합증권, 개방형집합투자증권 등은 일괄신고서로 제출할 수 있다.

33 청약의 권유 상대방 50인 산정 시 제외되지 않는 자는?

중요도 ★

① 신용평가업자　　　　　　　　　② 회계법인

③ 3% 소유 주주　　　　　　　　　④ 최대주주

34

중요도 ★★

증권신고서의 내용에 대한 설명으로 옳지 않은 것은?

① 발행회사와 투자자 사이에 발생할 수 있는 정보의 비대칭을 해소하는 것이 목적이다.

② 모집가액 또는 매출가액의 총액(1년 누계)이 10억원 이상인 경우 제출해야 한다.

③ 증권신고서는 유가증권발행인이 금융위원회에 제출해야 한다.

④ 전환사채, 신주인수권부사채는 적용되지 않는다.

정답 및 해설

31 ④ 주권상장법인이 자기주식을 취득하려는 경우에는 이사회 결의 공시일부터 3개월 이내에 증권시장에서 자기주식을 취득해야 한다.

32 ③ 증권신고서 제출의무는 모집·매출주선인이 아니라 발행인에게 있다.

33 ③ 전문가 및 연고자는 청약 권유 상대방 50인 산정 시 제외된다.

참고 전문가 및 연고자에 해당하는 자

전문가	연고자
• 전문투자자 • 회계법인 • 신용평가업자 • 공인회계사, 변호사, 세무사 등	• 최대주주 및 5% 이상의 소유 주주 • 발행인의 임원 및 우리사주조합원 • 발행인의 계열회사와 그 임원 • 발행인이 증권비상장법인인 경우 그 주주 • 발행인이 설립 중인 회사인 경우 그 발기인

34 ④ 적용되지 않는다. → 적용된다.

참고 국채, 지방채, 특수채, 국가·지방자치단체가 원리금을 보증한 채권 등 무위험증권의 성격이 있는 증권은 증권신고서가 면제된다.

35 정기공시에 대한 내용으로 잘못된 것은?

① 사업·반기·분기보고서, 연결재무제표 및 결합재무제표 등을 작성하여 공표하는 것이다.

② 제출대상법인에 외부감사대상법인은 포함되지 않는다.

③ 사업보고서는 사업연도 경과 후 90일 이내, 반기·분기보고서는 기종료일부터 45일 이내에 제출해야 한다.

④ 외국법인 등은 사업보고서 제출의무를 면제하거나 제출기한을 달리하는 등 그 적용을 달리할 수 있다.

36 투자자문·일임업에 대한 설명으로 잘못된 것은?

① 투자자문·일임 관련 비밀정보를 이용하여 자신, 가족 또는 제3자의 이익을 도모하는 행위는 금지된다.

② 투자자문의 범위를 주식, 채권, 증권 관련 지수 파생상품 등 구체적으로 기재해야 한다.

③ 투자자문의 방법은 반드시 구술로 해야 한다.

④ 투자자문업의 경우 1인 이상, 투자일임업의 경우 2인 이상 금융투자전문인력을 확보해야 한다.

37 공개매수제도에 대한 설명으로 잘못된 것은?

① 불특정 다수인을 상대로 상장법인 주권 등을 장외에서 6개월 이내에 10명 이상으로부터 5% 이상 취득 시 공개매수가 의무화되어 있다.

② 적용대상 유가증권은 주권상장법인·코스닥상장법인이 발행한 의결권이 있는 주식과 이에 관계되는 신주인수권증서, 전환사채, 신주인수권부사채, 교환사채 등의 증권이다.

③ 주식매수청구에 응한 주식을 매수하는 경우에도 공개매수제도가 적용된다.

④ 원칙적으로 공개매수가 공고된 이후 공개매수자는 이를 철회할 수 없다.

38

중요도 ★

공개매수의 방법에 대한 설명으로 잘못된 것은?

① 공개매수기간은 신고서 제출일부터 20일 이상 60일 이내의 기간이다.

② 공개매수기간 중 공개매수방법 이외의 별도 매수는 금지된다.

③ 주식의 발행인은 광고, 서신 등의 방법으로 공개매수에 대한 의견을 표명할 수 있다.

④ 공개매수자는 예외 없이 신고서에 기재한 주식 전부를 매수해야 한다.

39

중요도 ★★

공개매수제도에 대한 설명으로 잘못된 것은?

① 공개매수자는 원칙적으로 철회가 가능하다.

② 공개매수제도를 위반하면 의결권을 제한받는다.

③ 응모주주는 공개매수 기간 중 언제든지 응모를 취소할 수 있다.

④ 자본시장법에서는 공개매수 설명서 작성 및 교부가 강제되었다.

정답 및 해설

35 ② 외부감사대상법인 중 주주 수가 500명 이상이면 제출대상법인에 포함된다.

36 ③ 투자자문의 방법은 구술, 문서, 그 밖의 방법으로도 가능하며 그 구체적인 방법 및 시기를 기재해야 한다.

37 ③ 주식매수청구에 응한 주식 등을 매수하는 경우에는 공개매수제도가 적용되지 않는다.

38 ④ 원칙적으로 공개매수자는 전부매수의무가 있다. 다만, 예외적으로 응모주식 등의 총수가 공개매수예정주식의 수에 미달하는 경우에는 전부매수의무가 면제될 수 있다. 한편, 공개매수한 경우 매수한 날부터 그 주식에 대한 의결권이 제한된다.

39 ① 공개매수가 공고된 이후에는 공개매수자의 철회가 금지된다. 다만, 예외적으로 대항공개매수(공개매수기간 중 그 공개매수에 대항하는 공개매수가 있는 경우)가 있는 경우, 공개매수자가 사망·해산·파산한 경우, 기타 투자자보호를 해할 우려가 없는 경우에는 공개매수기간의 말일까지 철회할 수 있다. 공개매수자는 대상회사의 특수한 상황 발생 시 철회할 수 있다는 조건을 사전에 공고하고 신고서에 기재한 경우에 한하여 철회가 가능하다.

40

중요도 ★

5% Rule에 대한 설명으로 잘못된 것은?

① 상장법인·코스닥상장법인의 의결권 있는 주식 등을 5% 이상 보유한 자(특수 관계인 소유분 및 사실상 보유분 포함)의 보유비율이 1% 이상 변동 시 그날로부터 5일 이내에 금융위원회와 거래소에 보고해야 한다.

② 대상유가증권에는 의결권이 있는 주식뿐 아니라 CB, BW, EB 등도 포함된다.

③ 주권상장법인의 주식을 5% 이상 보유하게 된 자는 그날부터 5일 이내에 또는 그 보유 주식 수의 합계가 1% 이상 변동하는 경우에는 변동일로부터 5일 이내에 금융위원회와 거래소에 보고서를 제출해야 한다.

④ 경영 참가 목적인 경우에는 보고일로부터 7일 동안 의결권 행사가 제한된다.

41

중요도 ★★

다음 중 주식 등의 대량보유상황보고제도에 대한 설명이 바르게 된 것은?

① 주권상장법인의 주식 등을 3% 이상 보유하게 된 자는 그 보유상황, 보유목적 등을 금융위원회와 거래소에 보고해야 한다.

② 주권상장법인의 주식 등을 5% 이상 보유한 자가 보유비율의 1% 이상 변동된 경우에도 금융위원회와 거래소에 보고해야 한다.

③ 대량보유상황 보고자는 그 보유 목적이나 그 보유 주식 등에 관한 주요계약내용 등 중요한 사항의 변경이 있는 경우에는 10일 이내에 금융위원회와 거래소에 보고하여야 한다.

④ 보고의무자는 본인과 특별관계자를 합하여 3% 이상 보유하게 된 자 또는 보유하고 있는 자이다.

42

중요도 ★★

의결권 대리행사 권유제도에 대한 설명으로 잘못된 것은?

① 10명 이상에게 의결권 위임을 권유하는 경우 위임장과 참고서류의 제공을 의무화하였다.

② 위임장 용지와 참고서류 사본을 권유 2일 전까지 금융위원회와 거래소에 제출해야 한다.

③ 의결권 권유자 의사에 따라 피권유자의 의결권을 대리행사할 수 있다.

④ 해당 상장주권의 발행인 및 임원 외의 자가 10명 미만의 의결권 피권유자에게 그 주식의 의결권 대리행사의 권유를 하는 경우에는 이 제도를 적용하지 않는다.

43 중요도 ★

공개매수 규정의 적용이 면제되어 공개매수 외의 방법으로 매수할 수 있는 경우에 해당하지 않는 것은?

① 경영권에 영향을 미칠 수 있는 주식의 장외매수
② 소각 목적으로 매수하는 경우
③ 특수관계인으로부터의 주식 매수
④ 증권의 매매를 중개하는 방법에 의한 주식 매수

44 중요도 ★

채권중개전문회사의 채권 장외거래에 대한 설명으로 잘못된 것은?

① 채권중개전문회사는 일반투자자만을 대상으로 채무증권에 대한 투자중개업 인가를 받은 투자중개업자이다.
② 전문투자자, 체신관서, 그 밖에 금융위원회가 정하여 고시하는 자 간의 매매중개이어야 한다.
③ 동시에 다수의 자를 각 당사자로 하여 당사자가 매매하고자 제시하는 채무증권의 종목, 매매호가, 수량 등을 공표해야 한다.
④ 채무증권의 종목별로 당사자 간 매도호가와 매수호가가 일치하는 가격으로 매매거래를 체결시켜야 한다.

정답 및 해설

40 ④ 경영 참가 목적인 경우에는 냉각기간이라 하여 보고일로부터 5일 동안 의결권 행사가 제한된다.

41 ② ① 3% → 5% 이상 보유하게 된 자는 그 보유상황, 보유목적 등을 금융위원회와 거래소에 보고해야 한다.
　　③ 10일 이내 → 5일 이내에 금융위원회와 거래소에 보고해야 한다.
　　④ 3% → 5%

42 ③ 의결권 권유자는 피권유자로부터 회수한 위임장 용지에 명기된 피권유자의 찬성·반대의사에 따라 의결권을 행사해야 한다.

43 ① 공개매수의 면제사유에는 소각 목적으로 매수하는 경우, 주식매수청구에 응한 주식 매수, 전환사채권 등의 권리 행사에 따른 주식 매수, 파생결합증권 권리행사에 따른 주식 매수, 특수관계인으로부터의 주식 매수, 증권의 매매를 중개하는 방법에 의한 주식 매수 등이 있다.

44 ① 채권중개전문회사는 전문투자자만을 대상으로 채무증권에 대한 투자중개업 인가를 받은 투자중개업자이다.

45

중요도 ★

비상장주권의 장외거래 시 준수해야 할 사항으로 잘못된 것은?

① 동시에 다수를 당사자로 하여 매매하고자 제시하는 주권의 종목, 매매호가, 그 수량을 공표할 것

② 주권 종목별로 금융위원회가 정하여 고시하는 단일가격 또는 당사자 간 매매호가가 일치하는 경우에는 그 가격으로 매매거래를 체결시킬 것

③ 매매거래대상 주권의 지정 및 해제기준, 매매거래방법, 결제방법 등에 관한 업무기준을 정하여 거래소에 보고하고, 이를 거래하는 자들에게만 알려줄 것

④ 금융위원회가 정하여 고시하는 방법에 따라 재무상태, 영업실적, 자본변동 등 발행인의 현황을 공시할 것

46

중요도 ★

투자매매업자가 일반투자자와 환매조건부매매를 하는 경우에 준수해야 할 사항으로 잘못된 것은?

① 국채, 지방채, 특수채, 그 밖에 금융위원회가 정하여 고시하는 증권을 대상으로 할 것

② 투자매매업자가 정하여 고시하는 매매가격으로 매매할 것

③ 환매수 또는 환매도하는 날을 정할 것

④ 환매조건부매도를 한 증권의 보관 및 교체 등에 관하여 금융위원회가 정하여 고시하는 기준을 따를 것

47

중요도 ★★

다음 중 자본시장법상 미공개 중요정보 이용행위 금지(내부자거래 규제)**에 대한 기술이 잘못된 것은?**

① 내부자거래 규제의 적용대상법인은 상장법인 및 1년 이내에 상장이 예정된 법인이다.

② 내부자거래의 규제대상이 되는 특정증권에는 증권을 기초자산으로 하는 금융투자상품도 포함된다.

③ 내부자거래의 규제대상자에는 내부자, 준내부자뿐만 아니라 그들로부터 미공개 중요정보를 받은 자(정보수령자)도 포함된다.

④ 내부자거래의 규제대상행위는 증권 매매거래 자체가 아니라 미공개 중요정보의 이용행위가 금지되는 것이다.

48 중요도 ★★
자본시장법상 미공개 중요정보의 규제대상자와 거리가 먼 것은?

① 회사 내부자로부터 미공개 중요정보를 받은 자

② 해당 법인과 계약체결을 하고 있는 자로서 계약 체결과정에서 미공개 중요정보을 알게 된 자

③ 권리행사 과정에서 미공개 중요정보를 알게 된 해당 법인의 주주

④ 직무와 관련하여 미공개 중요정보를 알게 된 해당 법인의 임직원

49 중요도 ★★★
자본시장법상 불공정거래행위에 대한 설명으로 잘못된 것은?

① 내부자거래 금지규정 적용대상은 상장법인뿐만 아니라 비상장법인이라도 6개월 내에 상장예정법인 또는 6개월 내 우회상장예정법인도 포함된다.

② 임원 및 주요주주의 소유상황 보고가 면제되는 경미한 변동의 기준은 누적변동수량 1천주 미만, 누적 취득 및 처분금액 1천만원 미만이다.

③ 단기매매차익 반환제도의 적용대상은 상장법인 주요주주 및 모든 임직원이다.

④ 소유하지 않은 상장증권 매도뿐만 아니라 차입할 상장증권으로 결제하고자 하는 매도도 공매도에 해당한다.

정답 및 해설

45 ③ 매매거래대상 주권의 지정 및 해제기준, 매매거래방법, 결제방법 등에 관한 업무기준을 정하여 금융위원회에 보고하고, 이를 일반인이 알 수 있도록 공표해야 한다.

46 ② 금융위원회가 정하여 고시하는 매매가격으로 매매해야 한다.

47 ① 내부자거래 규제의 적용대상법인은 상장법인 및 6개월 이내에 상장이 예정된 법인이다.

48 ③ 미공개 중요정보 이용행위에 대한 주주의 금지규정은 해당 법인의 10% 이상 보유 주주(주요주주) 및 법인의 주요 경영사항에 대해 사실상 영향력을 행사하고 있는 주주에 한하여 규제하고 있다.

49 ③ 단기매매차익 반환제도의 적용대상은 직무상 미공개 중요정보를 알 수 있는 직원(재무, 회계, 기획, 연구개발, 공시담당부서 직원)으로 한정되었다.

50 중요도 ★★

자본시장법 제174조는 미공개 중요정보 이용행위에 대하여 규제하고 있다. 이에 대한 설명으로 잘못된 것은?

① 상장법인이 발행하는 채권이나 수익증권도 적용대상 증권에 포함된다.

② 규제대상자는 내부자뿐만 아니라 준내부자, 정보수령자도 포함된다.

③ 규제대상 법인에는 상장법인뿐만 아니라 6개월 내에 상장이 예정된 법인도 포함된다.

④ 증권의 매매행위 자체가 금지되는 것이 아니라 미공개 중요정보의 이용행위만 금지하는 규정이다.

51 중요도 ★

우리나라의 내부자거래 규제제도와 거리가 먼 것은?

① 미공개정보 이용금지　　　　　　② 단기매매차익 반환제도

③ 공매도 금지　　　　　　　　　　④ 허위표시에 의한 시세조정 금지

52 중요도 ★★★

자본시장법상 내부자거래 규제에 대한 설명으로 잘못된 것은?

① 투자자의 투자판단에 중대한 영향을 미치는 정보가 증권선물거래소 등을 통하여 공시된 경우에는 공시된 시점부터 그 즉시 미공개정보에 해당하지 않는다.

② 비상장법인이더라도 6개월 이내에 상장하는 법인인 경우에는 당해 비상장법인의 주식거래에 관하여 내부자거래 규제가 적용된다.

③ 미공개정보 이용행위의 금지 규정을 위반한 자에 대하여는 증권 관련 집단소송이 제기될 수 있다.

④ 회사내부자 또는 준내부자에 해당하지 않은 날부터 1년이 경과되지 않은 자에 대하여도 내부자거래 규제가 적용될 수 있다.

53

중요도 ★★

내부자거래 규제에 있어서 공개매수 등의 특칙에 대한 설명으로 잘못된 것은?

① 공개매수인의 내부자가 대상회사 증권을 거래하는 경우는 내부자거래로 금지된다.

② 공개매수인의 내부자가 공개매수의 실시, 중지에 관한 정보를 공개매수대상 증권의 매매에 이용하는 것은 금지된다.

③ 자본시장법상 미공개정보 이용행위의 규제대상자의 범위는 종전보다 축소되었다.

④ 기업변동을 초래할 수 있는 주식의 대량취득, 처분의 정보를 이용하는 경우에도 공개매수에 준하여 규제한다.

54

중요도 ★

단기매매차익 반환제도에 대한 설명으로 잘못된 것은?

① 회사내부자가 자기회사의 발행주식 등을 6개월 내에 단기매매하여 생기는 이득을 당해 법인에게 반환하는 제도이다.

② 미공개정보를 이용하여 단기매매차익을 얻은 경우에 한한다.

③ 대상자 중 직원은 원칙적으로 규제대상에서 제외하는 것으로 하되, 직무상 미공개 중요정보의 접근 가능성이 있는 자는 포함한다.

④ 반환청구권자는 1차 당해 법인이고, 2차 주주는 대위청구가 가능하다.

정답 및 해설

50 ① 상장법인이 발행하는 증권 중 일반채권, 수익증권, 파생결합증권 등은 적용대상 증권에서 제외된다.

51 ④ 우리나라의 내부자거래 규제제도에는 미공개정보 이용금지, 단기매매차익 반환제도, 공매도 금지, 주요주주와 임원의 주식소유상황 보고의무, 증선위의 조사권, 위반 시 형사처벌, 손해배상책임제도와 증권집단소송제도 등이 있다.

52 ① 공시하고 일정 시간이 경과해야 공시효력이 발생한다.

53 ③ 자본시장법상 미공개정보 이용행위의 규제대상자의 범위는 확대되었다.

54 ② 미공개정보의 이용 여부와 관계없이 단기매매차익을 반환해야 한다. 회사내부자의 단기매매차익 반환과 관련하여 회사내부자가 내부정보를 이용하지 않았음을 입증하는 경우에도 반환의무가 있다.

55 시세조종행위에 대한 규제내용으로 잘못된 것은?

중요도 ★

① 시세조종행위 규제는 시세조종 목적 내지 매매유인 목적에 따라 불법성을 판별하는 방식을 채택하고 있다.

② 유가증권 매매의 부당이득을 취하기 위해 시세를 자기 또는 타인이 조작하여 변동한다는 말의 유포나 위계행위를 금한다.

③ 모집 또는 매출되는 증권의 인수인이 투자매매업자에게 시장조성을 위탁하는 경우도 시세조종행위에 해당한다.

④ 시세조종행위에 의해 형성된 가격으로 당해 유가증권의 거래를 함으로써 손해를 입은 부분에 대해 시세조종행위자는 배상책임이 있다.

56 불공정거래의 조치에 대한 설명으로 잘못된 것은?

중요도 ★★

① 동일한 위법행위에 대하여 과징금을 부과하는 경우에도 고발 등의 조치를 면제할 수는 없다.

② 정당한 사유 없이 출석요구에 2회 이상 불응하는 위법행위 혐의자에 대하여는 수사기관 통보 이상으로 조치를 할 수 있다.

③ 금융위원회 및 감독원 업무와 관련하여 위법행위의 혐의사실을 발견한 경우 조사를 실시할 수 있다.

④ 공시자료, 언론보도 등에 의하여 널리 알려진 사실이나 풍문만을 근거로 조사를 의뢰하는 경우 조사를 실시하지 않을 수 있다.

57 불공정거래에 대한 조치방법과 거리가 먼 것은?

중요도 ★

① 상장법인의 경우 증권의 발행제한 등의 조치와 다른 조치의 병과가 가능하다.

② 금융투자업자 또는 그 임직원의 경우에는 금융투자업자 또는 그 임직원에 대한 각종 조치와 다른 조치를 병과할 수 있다.

③ 고발 조치 시 동일 위법행위에 대한 과징금 및 과태료 부과를 면제할 수 있다.

④ 과태료 부과 조치 시 동일 위법행위에 대하여 병과하는 조치를 감경할 수는 있으나 면제할 수는 없다.

58 중요도 ★★
다음 중 금융기관 검사 및 제재에 대한 설명이 잘못된 것은?

① 검사의 종류는 종합검사와 부문검사로 구분하고, 검사의 실시는 현장검사 또는 서면검사의 방법으로 한다.

② 검사 결과의 조치는 금융위원회 심의·의결을 거쳐 조치하되, 금융감독원장 위임사항은 금융감독원장이 직접 조치한다.

③ 금융감독원장은 제재에 관한 사항을 심의하기 위하여 증권선물위원회를 설치·운영할 수 있다.

④ 금융기관의 불복절차로 이의신청할 수 있으나, 이의신청 처리 결과에 대하여는 다시 이의신청할 수 없다.

59 중요도 ★
금융감독원의 검사대상 기관과 거리가 먼 것은?

① 상호저축은행　　　　　　　　② 신용협동조합

③ 여신전문금융회사　　　　　　④ 새마을금고

정답 및 해설

55 ③ 모집 또는 매출되는 증권의 인수인이 투자매매업자에게 시장조성을 위탁하는 경우는 시세조종행위에 해당하지 않는다.

56 ① 동일한 위법행위에 대하여 과징금을 부과하는 경우에는 과태료 및 고발조치를 면제할 수 있다.

57 ④ 과태료 부과 조치 시 동일 위법행위에 대하여 병과하는 조치를 감경하거나 면제할 수 있다.

58 ③ 금융감독원장은 제재에 관한 사항을 심의하기 위하여 제재심의위원회를 설치·운영할 수 있다. 다만 금융감독원장이 필요하다고 인정되는 때에는 심의회의 심의를 생략할 수 있다.

59 ④ 새마을금고의 감독기관은 행정자치부이다.

60 중요도 ★

자본시장 조사업무 규정상 조사면제 대상에 해당하는 경우를 모두 묶은 것은?

> ⊙ 당해 위법행위에 대한 증거가 확보되어 있고 다른 위법행위의 혐의가 발견되지 않은 경우
> ⓒ 당해 위법행위와 함께 다른 위법행위의 혐의가 있으나 그 혐의내용이 경미하여 조사의 실익이 없다고 판단되는 경우
> ⓒ 공시자료, 언론보도 등에 의하여 널리 알려진 사실이나 풍문만을 근거로 조사를 의뢰하는 경우
> ⓔ 공익 또는 투자자보호와 직접적인 관련성이 적고 경영권 분쟁 등 민원인의 사적인 이해관계에서 당해 민원이 제기된 것으로 판단되는 경우
> ⓜ 당해 위법행위에 대한 제보가 익명 또는 가공인 명의의 진정·탄원·투서 등에 의하여 이루어지거나 그 내용이 조사단서로서 가치가 없다고 판단되는 경우

① ㉠, ㉡, ㉢ ② ㉠, ㉢, ㉤
③ ㉠, ㉡, ㉢, ㉤ ④ ㉠, ㉡, ㉢, ㉣, ㉤

61 중요도 ★★★

금융소비자보호법상 적합성 원칙에 대한 설명 중 잘못된 것은?

① 투자성 상품에 대한 적합성 판단기준은 손실에 대한 감수능력이 적정수준인지 여부에 달려있다.
② 대출성 상품에 대한 적합성 판단기준은 상환능력이 적정수준인지 여부에 달려있다.
③ 일반사모펀드를 판매하는 경우에도 원칙적으로 적합성 원칙이 적용된다.
④ 금융상품판매업자는 투자권유 또는 자문업무를 하는 경우 금융소비자가 일반금융소비자인지 전문금융소비자인지 확인해야 한다.

62 중요도 ★★★

금융소비자보호법상 적정성 원칙에 대한 설명 중 잘못된 것은?

① 일반사모펀드는 원칙적으로 적정성 원칙의 적용이 면제되지만 적격투자자 중 일반금융소비자가 요청할 경우에는 적정성 원칙이 적용된다.
② 적정성 원칙은 금융상품판매업자의 계약체결의 권유가 있는 경우에만 적용된다.
③ 사채 중 주식으로 전환되거나 원리금을 상환해야 할 의무가 감면될 수 있는 사채도 적정성 원칙의 대상이 된다.
④ 적정성 원칙은 위험도가 높은 투자성 상품 또는 대출성 상품에 적용된다.

63

금융소비자보호법상 금융상품판매업자의 불공정영업행위 금지의무에 대한 설명 중 잘못된 것은?

① 금융상품판매업자의 불공정영업행위 금지의무는 일반금융소비자에게만 적용된다.

② 개인의 대출과 관련하여 제3자의 연대보증을 요구하는 것도 불공정영업행위에 해당한다.

③ 대출성 계약을 체결하고 최초로 이행된 전·후 1개월 이내에 대출액의 1%를 초과하는 투자성 상품의 계약체결을 하는 행위는 금지된다.

④ 금융소비자가 같은 금융상품판매업자에게 같은 유형의 금융상품에 관한 계약에 대하여 1개월 2번 이상 청약철회 의사를 표시하는 경우에는 금융상품판매업자가 그에게 불이익을 부과하더라도 불공정영업행위라고 볼 수 없다.

정답 및 해설

60 ④ 모두 자본시장 조사업무규정상 조사면제 대상에 해당한다.

61 ③ 일반사모펀드 판매 시에는 원칙적으로 적합성 원칙의 적용이 면제된다. 다만, 예외적으로 적격투자자 중 일반금융소비자가 요청할 경우에는 적합성 원칙이 적용된다.

62 ② 위험도가 높은 투자성 상품 또는 대출성 상품은 계약체결의 권유가 없는 경우에도 적정성 여부를 금융소비자에게 알려야 한다. 적합성 원칙은 금융상품판매업자의 계약체결의 권유가 있는 경우에만 적용되지만, 적정성 원칙은 소비자가 자발적으로 계약체결의사를 밝힌 경우에도 적용된다.

63 ① 금융상품판매업자의 불공정영업행위 금지의무는 일반금융소비자뿐만 아니라 전문금융소비자에게도 적용된다.

64

중요도 ★★

금융소비자보호법상 광고규제에 대한 설명 중 잘못된 것은?

① 광고의 대상은 금융상품뿐만 아니라 금융상품판매업자가 제공하는 각종 서비스도 될 수 있다.

② 투자성 상품의 경우 금융상품판매·대리업자는 금융상품뿐만 아니라 금융상품판매업자의 업무에 관한 광고도 수행할 수 있다.

③ 광고주체가 금융상품 등의 광고를 하는 경우에는 준법감시인(준법감시인이 없는 경우에는 감사)의 심의를 받아야 한다.

④ 금융투자협회는 금융상품판매업자의 광고규제 준수여부를 확인하고, 그 결과에 대한 의견을 해당 금융상품판매업자에게 통보할 수 있다.

65

중요도 ★★★

금융소비자보호법상 금융소비자의 투자성 상품 청약철회권에 대한 설명 중 잘못된 것은?

① 금융소비자는 투자성 상품에 대하여 7일 이내에 청약을 철회할 수 있다.

② 투자성 상품 계약의 경우 일반금융소비자가 예탁한 금전 등을 지체 없이 운용하는데 동의한 경우에는 청약철회권을 행사하지 못한다.

③ 금융상품판매업자는 청약철회를 접수한 날로부터 3영업일 이내에 이미 받은 금전 등과 상품과 관련하여 수취한 보수·수수료 등을 반환해야 한다.

④ 비금전신탁은 청약철회가 가능한 상품이 아니다.

66

중요도 ★★

금융소비자보호법상 금융분쟁조정에 대한 설명 중 잘못된 것은?

① 금융감독원장에게 분쟁조정을 신청할 수 있으며, 분쟁의 당사자가 조정안을 수락할 경우 재판상 화해와 동일한 효과가 있다.

② 분쟁조정의 신청은 시효중단의 효과가 있다.

③ 분쟁조정 신청 전후에 소송이 제기된 경우, 법원은 조정이 있을 때까지 소송절차를 중지할 수 있고, 법원이 소송절차를 중지하지 않으면 조정위원회가 중지해야 한다.

④ 금융회사는 일반금융소비자가 신청한 소액(2천만원 이하)분쟁사건에 대하여 언제라도 소를 제기할 수 있다.

67

금융소비자보호법상 금융상품판매업자의 손해배상책임에 대한 설명 중 잘못된 것은?

① 설명의무를 위반하여 금융소비자에게 손해를 끼친 경우에 금융상품판매업자는 손해배상책임이 부과된다.

② 금융소비자가 손해배상을 받기 위해서는 금융상품판매업자의 고의 또는 과실을 입증해야 한다.

③ 금융상품판매대리·중개업자가 판매과정에서 소비자에게 손해를 발생시킨 경우, 금융상품판매업자에게도 손해배상책임이 부과된다.

④ 금융상품직접판매업자가 금융상품판매대리·중개업자에 대한 선임과 감독에 대하여 적절한 주의를 하고 손해방지를 위해 노력한 사실을 입증하면 손해배상책임을 면할 수 있다.

정답 및 해설

64 ② 투자성 상품의 경우 금융상품판매·대리업자는 금융상품뿐만 아니라 금융상품판매업자의 업무에 관한 광고도 수행할 수 없다.

65 ④ 청약철회가 가능한 투자성 상품에는 ㉠ 고난도 금융투자상품 ㉡ 고난도 투자일임계약 ㉢ 고난도 금전신탁계약 ㉣ 비금전신탁 등이 있다.

66 ④ 금융회사는 일반금융소비자가 신청한 소액(2천만원 이하)분쟁사건에 대하여 금융분쟁조정위원회의 조정안 제시 전까지는 법원 소송을 제기할 수 없다.

67 ② 금융소비자는 금융상품판매업자의 설명의무 위반사실, 손해발생 등의 요건만 입증하면 된다. 반면 금융상품판매업자는 자신에게 고의 또는 과실이 없었음을 입증하지 못하면 손해배상책임을 져야 한다. (입증책임의 전환)

금융소비자보호법상 금융상품판매업자에 대한 과징금과 과태료 제도에 대한 설명 중 잘못된 것은?

① 과징금이 부당이득환수를 목적으로 부과하는 반면, 과태료는 의무위반에 대하여 부과하는 것이다.

② 과징금은 금융상품판매대리·중개업자에게 부과할 수 없으나, 과태료는 관리책임이 있는 금융상품판매대리·중개업자에게 부과할 수 있다.

③ 적합성 원칙·적정성 원칙은 과징금 부과대상에 해당되나 과태료 부과대상에는 해당되지 않는다.

④ 과징금의 법정한도액은 업무정지기간(6개월 내) 동안 얻을 이익인 반면, 과태료의 법정한도액은 사유에 따라 1천만원, 3천만원, 1억원으로 구분되어 있다.

다음 중 금융소비자보호법상 광고규제에 대한 기술 중 잘못된 것은?

① 금융상품판매대리·중개업자는 금융상품뿐만 아니라 금융상품판매업자의 업무에 관한 광고도 수행할 수 없다.

② 광고에는 금융상품에 관한 계약을 체결하기 전에 금융상품 설명서 및 약관을 읽어볼 것을 권유하는 내용이 포함되어야 한다.

③ 투자성 상품에 대한 광고 시 수익률이나 운용실적을 표시하는 경우, 수익률이나 운용실적이 좋은 기간의 수익률이나 운용실적만을 표시하는 행위는 금지된다.

④ 금융위원회는 금융상품판매업자의 광고규제 준수여부를 확인하고 그 결과에 대한 의견을 해당 금융상품판매업자에게 통보할 수 있다.

70 중요도 ★★

금융상품판매업자의 방문(전화판매) **규제에 대한 설명으로 적절하지 않은 것은?**

① 원칙적으로 고객의 요청을 받지 않고 방문(전화판매)하는 것은 부당권유행위에 해당한다.

② 금융상품판매업자가 투자권유 전에 개인정보 취득경로·금융상품 등을 사전안내하고, 고객이 투자권유 받을 의사를 표시한 경우에는 초청받은 권유로 본다.

③ 장외파생상품을 방문판매 하기 위해 전문금융소비자에게 사전안내할 수 있다.

④ 방문(전화판매) 규제 위반 시 벌금 또는 과태료에 처할 수 있다.

정답 및 해설

68 ③ 적합성 원칙·적정성 원칙은 과징금 부과대상에 해당되지 않으나 3천만원 이하의 과태료가 부과될 수 있다.

69 ④ 금융투자협회는 금융상품판매업자의 광고규제 준수여부를 확인하고 그 결과에 대한 의견을 해당 금융상품판매업자에게 통보할 수 있다.

70 ③

구 분	사전안내가 불가능한 투자성상품
일반금융소비자	고난도상품, 사모펀드, 장내파생상품, 장외파생상품
전문금융소비자	장외파생상품

제 2 장
한국금융투자협회규정

학습전략

한국금융투자협회규정은 제4과목 전체 35문제 중 총 4문제가 출제된다.

한국금융투자협회규정은 직무윤리, 자본시장과 금융투자업에 관한 법률, 금융위원회규정 등에서 공부한 내용과 겹치는 부분이 많으므로 상대적으로 분량이 적은 편이다. 출제문항 수는 적으나 제대로 공부하지 않으면 다른 과목 득점에도 영향을 줄 수 있다는 점에서 소홀히 하면 안 되는 부분이다.

출제예상 비중

기타 규정 **30%**

70% 금융투자회사의
영업 및 업무에 관한 규정

핵심포인트

투자권유 시 파생상품의 특례에 대한 설명으로 잘못된 것은?

① 주권상장법인은 전문투자자로 보나 장외파생상품 거래 시에는 전문투자자의 대우를 받겠다는 의사를 서면으로 통지해야 전문투자자가 될 수 있다.

② 금융투자업자는 파생상품 등의 투자권유 시 일반투자자 등급별로 차등화된 투자권유준칙을 제정해서는 안 된다.

③ 파생상품 등에 대해서는 투자권유대행인의 위탁이 허용되지 않는다.

④ 금융투자업자가 일반투자자와 장외파생상품 매매를 할 경우 일반투자자가 위험회피목적의 거래를 하는 경우로 한정한다.

TIP 금융투자업자는 파생상품 등의 투자권유 시, 투자목적·경험 등을 고려하여 일반투자자 등급별로 차등화된 투자권유준칙을 마련해야 한다.

핵심포인트 해설　　**파생상품 등에 대한 투자권유 시 특례**

구 분	주요 내용
적합성원칙	• 일반투자자인지 전문투자자인지 여부 확인 • 일반투자자인 경우 투자목적, 재산상황, 투자경험 등 확인 • 서명(전자서명 포함), 기명날인, 녹취, 전자우편, 전자통신, 우편, 전화자동응답 등으로 확인
적정성원칙	• 파생상품 등 거래 시 적정성원칙 준수 의무화 • 투자자정보 파악하지 못하면 파생상품 등 판매 불가함
특 례	• 주권상장법인은 장외파생상품 거래 시 일반투자자로 대우함 • 금융투자업자는 일반투자자 등급별로 차등화된 투자권유준칙을 마련해야 함 • 파생상품 등에 대해서는 투자권유대행 위탁을 불허함 • 금융투자업자가 일반투자자와 장외파생상품 매매를 하는 경우에는 일반투자자가 위험회피목적의 거래를 하는 경우에 한함
판매현황 공시	• 공시대상 : 부적합투자자, 투자권유불원투자자를 대상으로 금융투자상품을 판매한 경우 • 공시장소 : 금융투자협회 인터넷 홈페이지

정답 | ②

02

다음 중 금융투자업자의 설명의무 및 위험고지의무에 대한 설명이 적절하지 않은 것은?

① 위험성이 높은 금융투자상품 거래에 대하여는 설명서 또는 위험고지서를 제공해야 한다.
② 공모로 발행된 파생결합증권을 매매하는 경우에는 핵심설명서를 교부해야 한다.
③ 공모 ELS를 판매한 경우, 분기 1회 이상 공정가액 및 기초자산가격을 제공해야 한다.
④ 일반투자자가 장내파생상품에 투자하려면 1시간 이상의 파생상품모의거래를 해야 한다.

TIP 일반투자자가 장내파생상품에 투자하려면 협회 또는 금융투자회사가 개설한 사전 교육 1시간 이상, 사전 모의 거래 3시간 이상을 이수하여야 한다.

핵심포인트 해설   금융투자업자의 설명의무 및 위험고지의무

설명의무	• 일반투자자를 대상으로 투자권유하는 경우 투자설명서를 교부하고 이해할 수 있도록 설명해야 함 • 설명서(투자설명서 제외)는 준법감시인 또는 금융소비자보호총괄책임자의 사전 심의를 받아야 함 • 투자위험과 같은 중요단어는 상대적으로 크고 굵은 문자로 표기할 것 • 설명 등을 제대로 하지 않은 보조자료를 개인적으로 만들어 교부하는 행위는 금지됨 • 위험성이 높은 금융투자상품 거래에 대하여는 설명서 또는 위험고지서를 제공할 것
핵심설명서 교부	다음의 어느 하나에 해당되면 핵심설명서를 추가로 교부하고 설명해야 함 • 공모로 발행된 파생결합증권(단, ELW, ETN, 금적립계좌 제외)을 매매하는 경우 • 개인전문투자자가 공모 또는 사모로 발행된 고난도 금융투자상품·금전신탁계약·투자일임계약을 체결하는 경우 • 일반투자자가 신용융자거래를 하는 경우 • 일반투자자가 유사해외통화선물거래를 하는 경우
파생결합증권 특례	공모 파생결합증권(ELW, ETN, 금적립계좌 제외)은 아래의 정보를 제공할 의무가 있음 • 최초 손실발생기준 도달 시 통지의무 : 원금손실조건에 해당되었다는 사실, 기초자산 현재가격정보, 중도상환청구사항 등을 통지해야 함 • 정기적인 정보제공의무 : 분기 1회 이상 공정가액 및 기초자산가격 제공해야 함 • 비정기적인 정보제공의무 : 최초기준가격 확정 시, 자동조기상환조건 미충족 시, 발행사 신용등급 하락 등 중요한 이벤트가 발생한 경우 그 내용을 일반투자자에게 제공해야 함
ELW·ETN·ETF의 특례	• 별도의 거래신청서(전자문서 포함) 작성(서명 등의 방법으로 매매의사 확인) • ELW, 레버리지ETN, 레버리지ETF를 매매하려면 사전 교육을 이수해야 함
장내파생상품시장 적격 개인투자자 요건	• 파생상품교육과정 1시간 이상 사전 이수 • 파생상품모의거래과정 3시간 이상 사전 이수 • 기본예탁금 예탁
판매 후 확인절차	• 대상 : 모든 상품으로 적용확대(금융투자상품, 투자자문·일임계약) • 확인 : 7영업일 이내에 적정이행 여부를 투자자로부터 확인
위험고지서 교부 및 설명의무 대상	• 일중매매거래(Day Trading) • 시스템매매거래

정답 | ④

다음 중 금융투자회사의 직원채용 및 복무기준에 대한 설명이 적절하지 않은 것은?

① 직원 채용 시 지원자의 비위행위를 사전에 조회하는 것은 협회규정상 불가하다.

② 위법·부당행위로 금고 이상의 형을 선고받고 그 집행이 종료되거나 면제된 후 5년이 경과하지 않은 경우 채용하지 않을 수 있다.

③ 임직원이 금고 이상의 형을 선고받거나 징계처분을 부과한 경우 10영업일 이내에 협회에 보고해야 한다.

④ 감봉 이상의 징계로 인하여 투자전문인력 자격제재를 부과받은 임직원(퇴직자 포함)은 1개월 이내에 자율규제위원장이 정하는 준법교육을 이수해야 한다.

TIP 직원 채용결정 전 비위행위 확인의뢰서 또는 전자통신방법으로 협회에서 지원자의 비위행위 조회가 가능하다.

핵심포인트 해설	금융투자회사의 직원채용 및 복무기준

직원 채용결정 전 사전조회	• 사전조회 내용 : 징계면직 전력여부, 금융투자전문인력 자격시험 응시제한기간 경과 여부, 금융투자전문인력 등록거부기간 경과 여부
	• 사전조회 방법 : 비위행위 확인의뢰서 또는 전자통신방법으로 협회에서 조회함
	• 징계전력에 대한 채용기준
	  · 위법부당행위로 징계면직처분을 받거나 퇴직 후 징계면직 상당의 처분을 받은 후 5년이 경과했는지 여부
	  · 위법·부당행위로 금고 이상의 형을 선고받고 그 집행이 종료되거나 면제된 후 5년이 경과했는지 여부

직원의 금지행위	• 관계법규를 위반하는 행위 • 투자자에게 금융거래 체결 등과 관련하여 본인 또는 제3자의 명의나 주소를 사용하도록 하는 행위 • 본인의 계산으로 금융거래 체결 시 타인의 명의나 주소 등을 사용하는 행위 • 금융거래 체결 등과 관련하여 투자자와 금전대차를 하거나 제3자와의 금전대차를 중개·주선·대리하는 경우
징 계	• 징계내역 보고 : 임직원이 금고 이상의 형을 선고받거나 징계처분을 부과한 경우 10영업일 이내에 협회에 보고해야 함 • 징계내역 열람신청 : 투자자가 자신의 자산관리직원(또는 관리예정직원)의 징계내역을 서면으로 신청하는 경우 회사는 지체 없이 해당 직원의 동의서를 첨부하여 협회에 징계내역 열람신청을 해야 함(해당 직원의 동의가 없으면 불가) • 징계내역 조회제도 안내 : 금융투자회사는 투자자가 신규로 계좌개설하거나 투자계약을 체결하고자 하는 경우 '징계내역 열람제도 이용안내'를 교부하고 설명하여야 함 • 징계자에 대한 준법교육 : 감봉 이상의 징계로 인하여 투자전문인력 자격제재를 부과받은 임직원(퇴직자 포함)은 1개월 이내에 자율규제위원장이 정하는 준법교육을 이수해야 함

정답 | ①

다음 중 금융투자회사가 조사분석자료를 공표하거나 특정인에게 제공해서는 안 되는 것은?

① 자신이 발행한 금융투자상품
② 공개세미나에서 브리핑한 금융투자상품
③ 내국법인이 외국에서 발행한 주권
④ 외국법인이 국내에서 발행한 주권

TIP   금융투자회사의 이해상충방지를 위하여 자신이 발행한 금융투자상품, 자신이 발행한 주식을 기초자산으로 하는 주식선물·주식옵션·주식워런트증권(ELW) 등에 대한 조사분석자료의 공표를 금지하고 있다.

핵심포인트 해설　　　**조사분석대상 법인의 제한 및 이해관계 고지**

의 의	• 금융투자회사가 조사분석자료를 작성하지 못하게 하거나 이해관계를 고지하도록 하는 것은 이해상충방지를 위한 것임
조사분석대상 법인의 제한	• 금융투자회사는 아래의 어느 하나에 해당하는 금융투자상품에 대하여 조사분석자료를 공표하거나 특정인에게 제공하면 안 됨 • 제한 금융투자상품 · 자신이 발행한 금융투자상품 · 자신이 발행한 주식을 기초자산으로 하는 주식선물·주식옵션·주식워런트증권(ELW) · 다음 어느 하나에 해당하는 법인이 발행한 주식 및 주식 관련 금융투자상품 　– 자신이 안정조작 또는 시장조성 업무를 수행하고 있는 증권을 발행한 법인 　– 자신이 인수·합병 등의 업무를 수행하고 있는 법인 및 그 상대 법인 　– 자신이 공개입찰 방식에 의한 지분매각 또는 매입을 위한 중개·주선 업무를 수행하는 경우로서 ㉠ 지분매각에 대한 주선 등의 경우 매각대상법인 및 지분을 매입하고자 하는 법인 또는 ㉡ 지분매입에 대한 주선 등의 경우 해당 지분을 매입하고자 하는 법인 및 매입대상법인
회사와의 이해관계 고지	• 자신이 채무이행을 직·간접적으로 보장하는 경우 • 발행주식의 1% 이상 주식을 보유하는 경우 등

정답 | ①

금융투자분석사의 매매거래 제한에 대한 설명으로 잘못된 것은?

① 금융투자분석사는 자신이 담당하는 업종에 속하는 법인이 발행한 주식을 매매할 수 없다.

② 금융투자분석사 개인에게도 이해상충문제 해소를 위해 매매거래제한 및 이해관계고 지의무를 협회 자율규제 차원에서 부과하고 있다.

③ 금융투자분석사는 자료 공표 시 자신과 이해관계가 있는 금융투자상품의 매매를 권유하는 경우 그 재산적 이해관계를 고지해야 한다.

④ 금융투자분석사는 금융투자상품 및 주식매수선택권의 보유가액이 5백만원 이하이면 고지하지 않아도 된다.

TIP 금융투자분석사는 자료 공표 시 자신과 이해관계가 있더라도 해당 금융투자상품 및 주식매수선택권의 보유가 액 합계가 3백만원 이하인 경우에는 고지대상에서 제외할 수 있다. 다만, 이 경우라도 레버리지 효과가 큰 주식 선물·주식옵션 및 주식워런트증권은 보유가액의 크기와 관계없이 고지해야 한다.

핵심포인트 해설　　　**금융투자분석사의 각종 제한**

담당업종 매매 제한	• 금융투자분석사는 자신이 담당하는 업종에 속하는 법인이 발행한 주식 등의 매매가 금지됨 • 주식 등 : 주식, 주권관련사채권, 신주인수권이 표시된 것, 이러한 주식을 기초자산으로 하는 주식선물·주식 　옵션 및 주식워런트증권
소속회사 분석자료의 매매 제한	• 소속 금융투자회사에서 분석자료를 공표한 금융투자상품을 매매하는 경우에는 공표 후 24시간이 경과 후에 　가능함 • 매매하는 경우 공표일부터 7일 동안은 공표한 투자의견과 같은 방향으로 매매해야 함
재산적 이해관계의 고지	• 금융투자분석사는 자료 공표 시 자신과 이해관계가 있는 금융투자상품의 매매를 권유하는 경우 그 재산적 　이해관계를 고지해야 함 • 예외 : 금융투자상품 및 주식매수선택권의 보유가액 합계가 3백만원 이하인 경우
각종 공시	• 투자등급 및 목표가격 등 구체적 내용 표기 : 투자등급의 의미와 공표일부터 과거 2년간 제시한 투자등급, 목 　　　　　　　　　　　　　　　　　　표가격 변동 추이를 게재하고, 목표가격과 해당 상품의 가격의 　　　　　　　　　　　　　　　　　　변동 추이를 그래프로 표기 • 투자의견 비율공시 : 최근 1년간 3단계(매수·중립·매도)로 구분, 분기 1회 이상 갱신 공시 • 괴리율 공시 : 제시된 목표가격과 실제 주가 간의 괴리율(최고·최저·평균) 명시
교육연수	• 회사는 금융투자분석사에 대해 연간 2시간 이상 윤리교육을 실시해야 함 • 교육실시 결과를 교육종료일의 익월 말까지 협회에 보고해야 함

정답 | ④

06

투자광고 시 규제에 대한 설명으로 잘못된 것은?

① 투자일임재산을 각각 투자자별로 운용하는 행위는 금지된다.

② 사모의 방법으로 발행하거나 발행된 금융투자상품에 관한 내용을 표시하는 행위는 금지되나 전문투자형 사모펀드의 투자광고는 허용된다.

③ 수익률, 수수료, 수상실적 및 통계수치를 표시하는 경우 우대조건 또는 수상시기 및 조건 등을 쉽게 인식할 수 있도록 표시하지 않는 행위는 금지된다.

④ 여러 신탁재산을 집합하여 운용한다는 내용을 표시하는 행위는 금지된다.

TIP 투자일임재산을 각각 투자자별로 운용하지 않고 여러 투자자의 자산을 집합하여 운용하는 것처럼 표시하는 행위는 금지되나 각각 투자자별로 운용하는 행위는 정당한 행위이다.

핵심포인트 해설 | 투자광고의 의무표시사항 및 금지행위

의무표시사항	• 계약체결 전 설명서 및 약관을 읽어볼 것을 권유하는 내용 • 금융투자업자의 명칭, 금융투자상품의 내용, 투자에 따르는 위험 • 과거 운용실적이 미래수익률을 보장하는 것이 아니라는 사실 • 법령에 따른 광고절차 준수에 관한 사항 • 수수료에 관한 사항 등 • 최소비용을 표기하는 경우 그 최대비용 • 최대수익을 표기하는 경우 그 최소수익
투자광고 시 금지행위	• 수익률이나 운용실적을 표시하면서 다음 어느 하나에 해당하는 경우 · 수익률이나 운용실적이 좋은 기간만을 표시하는 행위 · 세전·세후 여부를 누락하여 표시하는 행위 · 파생결합증권 및 ELF의 상환조건별 예상수익률을 표시하면서 예상손실률을 근접 기재하지 않거나 크기, 색상, 배열 등에 있어서 동등하지 않은 수준으로 표시하는 행위 • 집합투자증권 투자광고 시 명칭, 종류, 투자목적 및 운용전략, 기타 법령에서 정한 사항 이외의 사항을 표시하는 행위 • 사모의 방법으로 발행하거나 발행된 금융투자상품에 관한 내용을 표시하는 행위(단, 투자광고 전날의 금융투자상품 잔고가 1억원 이상인 일반투자자를 대상으로 서면, 전화, 전자우편 등의 방법으로 행하는 전문투자형 사모펀드의 투자광고는 허용) • 투자일임재산을 각각 투자자별로 운용하지 않고 여러 투자자의 자산을 집합하여 운용하는 것처럼 표시하는 행위 • 여러 신탁재산을 집합하여 운용한다는 내용을 표시하는 행위 • 특정 금전신탁의 특정한 상품에 대한 내용을 표시하는 행위 • 금융투자회사의 경영실태평가와 영업용순자본비율 등을 다른 금융투자회사의 그것과 비교하여 표시하는 행위 • 수수료 등을 특별히 우대하여 제시하면서 우대조건 등을 분리하여 표시하거나 수상실적, 통계수치를 강조하면서 그 출처 등을 분리하여 표시하는 행위 • 휴대전화 메시지·메신저·알람, 이메일 광고에 파생결합증권의 수익률, 만기, 조기상환조건을 기재하는 행위

정답 | ①

협회 규정상 재산상 이익 제공으로 보아 수수가 제한되는 것은?

① 매매정보·주문 집행 등을 위해 개발한 소프트웨어 및 그 활용을 위한 컴퓨터
② 금융투자회사가 자체적으로 작성한 조사분석자료
③ 경제적 가치가 5만원인 물품 또는 식사
④ 20만원 이하의 경조비 및 조화·화환

TIP 경제적 가치가 3만원 이하의 물품 또는 식사인 경우 재산상 이익 제공으로 보지 않는다.

핵심포인트 해설   재산상 이익의 제공한도

(1) 재산상 이익 제공으로 보지 않아 수수가 허용되는 경우(제2-63조②)
① 매매정보·주문 집행 등을 위해 개발한 소프트웨어 및 그 활용을 위한 컴퓨터 등
② 금융투자회사가 자체적으로 작성한 조사분석자료
③ 경제적 가치가 3만원 이하의 물품 또는 식사
④ 20만원 이하의 경조비 및 조화·화환
⑤ 국내에서 불특정 다수를 대상으로 하여 개최되는 세미나 또는 설명회로서 1인당 재산상 이익의 제공금액을 산정하기 곤란한 경우 그 비용

(2) 재산상 이익 제공 및 수령내역 공시
① 인별(회당, 연간), 회사별(연간) 한도 규제를 폐지하고 특정한 거래상대방과의 거래를 목적으로 고액의 편익을 제공하거나 제공받는 행위에 대해 공시의무 부과
② 공시대상 : 금전·물품·편익 등을 10억원(최근 5개 사업연도 합산)을 초과하여 제공하거나 수령한 경우
③ 공시내용 : 제공(수령)기간, 제공(수령)자가 속하는 업종, 제공(수령)목적, 합계액
④ 공시방법 : 인터넷 홈페이지 등에 공시

(3) 재산상 이익 제공 한도 및 내부통제
① 재산상 이익제공 한도 규제를 폐지하였으나 위험성 높은 파생상품 등에 대하여는 예외적으로 유지함
② 파생상품과 관련하여 추첨 기타 우연성을 이용한 방법 또는 특정 행위의 우열이나 정오의 방법 등의 경우 동일 일반투자자에게 1회당 300만원을 초과할 수 없음
③ 한도 폐지 후 내부통제 강화 : 재산상 이익제공(수령)한 경우 그 내용을 5년 이상 기록 보관해야 하며, 이사회가 정하는 금액을 초과하는 재산상 이익을 제공하고자 하는 경우 미리 이사회 의결을 거쳐야 하고, 매년 제공현황 및 적정성 점검 결과를 이사회에 보고해야 함

정답 | ③

금융투자회사에서 행하는 고객의 계좌관리에 대한 설명으로 잘못된 것은?

① 예탁자산의 평가액이 10만원 이하이고 최근 6개월간 투자자의 매매거래 등이 발생하지 않은 계좌는 통합계좌로 별도 관리할 수 있다.

② 계좌잔액(잔량)이 0이 된 날부터 6개월이 경과하면 계좌를 폐쇄할 수 있다.

③ 장내파생상품거래예수금 중 현금예탁필요액은 고객예탁금이용료를 반드시 지급해야 한다.

④ 통합계좌로 분류된 계좌의 투자자가 매매거래의 재개 등을 요청하는 경우 본인확인 및 통합계좌 해제 절차를 거친 후 처리해야 한다.

TIP 장내파생상품거래예수금 중 현금예탁필요액은 고객예탁금이용료 지급대상에서 제외할 수 있다.

핵심포인트 해설　　**계좌관리 및 예탁금이용료 지급**

계좌의 통합 (제3-2조)	• 예탁자산의 평가액이 10만원 이하이고 최근 6개월간 투자자의 매매거래 및 입출금·입출고 등이 발생하지 않은 계좌는 다른 계좌와 구분하여 통합계좌로 별도 관리가 가능 • 통합계좌로 분류된 계좌의 투자자가 입·출금(고) 또는 매매거래의 재개 등을 요청하는 경우 본인확인 및 통합계좌 해제 절차를 거친 후 처리해야 함
계좌의 폐쇄	• 폐쇄사유 · 투자자의 폐쇄 요청 · 계좌잔액(잔량)이 0이 된 날부터 6개월 경과 • 금융투자회사는 계좌가 폐쇄된 날부터 6개월이 경과한 때에는 해당 계좌의 계좌번호를 새로운 투자자에게 부여 가능
고객예탁금 이용료의 지급	• 지급대상 : 위탁자예수금, 집합투자증권투자자예수금, 장내파생상품거래예수금(현금예탁필요액은 제외 가능) • 지급방법 : 투자자 계좌에 입금(이용료 지급기준을 제정 또는 변경하고자 하는 경우 시행일의 7영업일 전까지 그 내용을 협회에 보고해야 함)

정답 | ③

신용공여 시 담보로 제공할 수 없는 증권은?

① 상장주식
② 상장채권
③ ETF
④ ELW

용어 알아두기

ETF	ETF(Exchange Traded Funds)는 특정 지수의 수익률을 추구하는 지수연동형 인덱스펀드의 일종으로 주식처럼 사고 팔 수 있다는 특징이 있다.

TIP ELW는 담보로 제공할 수 없는 증권에 해당한다.

핵심포인트 해설　　**신용공여에 관한 규제**

예탁자산의 평가	• 청약하여 취득하는 주식 : 취득가액 • 상장주권, ETF : 당일 종가 • 상장채권 및 공모주가연계증권 : 2 이상의 채권평가회사가 제공하는 가격정보를 기초로 투자매매업자 또는 투자중개업자가 산정한 가격 • 집합투자증권 : 당일 고시된 기준가격
담보증권 제한 (담보불가증권)	• 상장주권 중 투자경고종목, 투자위험종목 또는 관리종목, 한국거래소가 매매호가 전(또는 결제 전) 예납조치를 취한 증권, 상장폐지예고 증권, 매매거래 정지증권 • 비상장주권 중 감사의견이 적정의견이 아닌 법인이 발행한 증권, 투자적격등급 미만 판정을 받은 회사채·기업어음증권·주권 • 비상장채권 • 투자적격등급 미만의 판정을 받은 기업어음증권 또는 유가증권시장 상장채권 • 중도환매 또는 중도해지가 불가한 집합투자증권 및 신탁수익증권 • 사모의 방법으로 발행된 파생결합증권 • 주식워런트증권(ELW), 신주인수권을 표시하는 것, 예탁결제원에 의무보호예수 중인 증권

정답 | ④

파생결합증권 및 파생결합사채에 대한 설명으로 잘못된 것은?

① 파생결합증권(ELW 제외) 및 파생결합사채의 만기는 3개월 이상으로 해야 한다.

② 조기상환조건이 있는 경우에는 최초 조기상환기간을 3개월 이상으로 설정해야 한다.

③ 공모발행의 경우 발행 후 90일 이내에 기초자산의 유동성이 풍부하도록 조치해야 한다.

④ 금융투자회사는 파생결합증권 및 파생결합사채의 발행대금을 헤지자산의 운용에 사용해야 한다.

TIP 공모발행의 경우 발행 당시 기초자산의 유동성이 풍부해야 한다.

핵심포인트 해설 **파생결합증권 및 파생결합사채**

발행제한	• 파생결합증권(ELW 제외) 및 파생결합사채의 만기(또는 조기상환기간)는 3개월 이상으로 해야 함 • 단, 즉시지급조건의 달성에 의해 상환금지급기간이 3개월 미만이 될 수 있는 파생결합증권 및 파생결합사채 발행은 가능
공모발행 시 기초자산 요건	• 발행 당시 기초자산의 유동성이 풍부할 것 • 기초자산이 지수인 경우 공신력 있는 기관이 합리적이고 적정한 방법에 의해 산출·공표한 지수일 것 • 일반투자자가 기초자산에 대한 정보를 당해 금융사 인터넷 홈페이지 등을 통해 쉽게 확인할 수 있을 것 • 일반투자자가 충분한 설명을 통해 당해 기초자산의 특성을 이해할 수 있을 것
헤지자산의 구분관리 및 건전성 확보	• 금융투자회사는 파생결합증권 및 파생결합사채의 발행대금을 헤지자산의 운용에 사용해야 함 • 헤지자산은 고유재산과 구분하여 관리해야 함 • 헤지자산 운용에 대한 기준으로 투자가능등급 및 위험의 종류별 한도를 내부규정에 반영하고 이를 준수해야 함 • 계열사가 발행한 증권(상장주식 제외) 및 계열사 자산을 기초로 발행된 유동화증권으로 헤지자산을 운용하면 안 됨

정답 | ③

금융투자전문인력에 대한 설명으로 잘못된 것은?

① 파생상품투자권유자문인력은 파생상품 및 파생결합증권에 대한 투자권유업무만 수행한다.

② 증권투자권유자문인력은 집합투자증권 및 파생결합증권을 제외한 증권에 대하여 투자권유 또는 투자자문업무를 수행한다.

③ 펀드투자권유자문인력은 집합투자증권에 대하여 투자권유하거나 투자자문업무를 수행한다.

④ 투자권유자문인력에 등록하려면 해당 투자자보호 교육을 이수하고 해당 적격성 인증시험에 합격해야 한다.

TIP 파생상품투자권유자문인력은 파생상품 및 파생결합증권에 대한 투자권유업무와 파생상품 등(자본시장법 제46조의2)에 투자하는 특정금전신탁계약의 체결을 권유하는 업무를 수행한다.

핵심포인트 해설　　**금융투자전문인력의 개요**

금융투자 전문인력	• 투자권유자문인력 : 펀드·증권·파생상품투자권유자문인력 • 투자상담관리인력 : 투자권유자문인력·투자권유대행인 관리감독인력 • 투자운용인력 : 집합투자재산·신탁재산·투자일임재산 운용인력 • 조사분석인력 : 조사분석자료 작성·심사·승인업무 수행인력 • 위험관리전문인력 : 회사의 재무위험 관리인력 • 신용평가전문인력 : 신용평가회사에서 신용평가업무 수행인력
투자권유 자문인력의 등록요건	• 원칙 : 해당 투자자보호 교육 이수 + 해당 적격성 인증시험 합격 • 예외 : 아래 요건을 갖추면 해당 투자권유자문인력 등록 가능 　· 전문투자자 대상 펀드·증권·파생상품투자권유 업무 : 금융투자회사 또는 해외금융투자회사 근무경력 　　　　　　　　　　　　　　　　　　　　　　　　　　　1년 이상인 자 　· 채무증권의 투자권유 업무(겸영금융투자업자의 임직원인 경우에 한함) : 채무증권의 투자권유 업무에 　　　　　　　　　　　　　　　　　　　　　　　　　　　대한 등록교육을 이수한 자
등록 및 관리	• 금융투자회사 등이 임직원을 전문인력으로 등록하려면 협회에 등록을 신청해야 함 • 협회는 심사 후 하자가 없으면 등록을 수리하고 등록원부에 등재 • 등록말소 사유 　· 전문인력이 금융투자회사를 퇴직한 경우 　· 소속 금융투자회사가 해산하거나 영업을 폐지한 경우 　· 금융투자회사 등이 등록말소를 신청한 경우

정답 | ①

주식을 인수하는 경우 금융투자회사가 주관회사 업무를 할 수 있는 경우에 해당하는 것은?

① 발행회사 및 발행회사의 이해관계인이 합하여 금융투자회사의 주식 등을 5% 이상 보유한 경우

② 금융투자회사가 발행회사의 주식 등을 5% 이상 보유한 경우

③ 금융투자회사가 그 이해관계인과 합하여 발행회사의 주식을 10%는 넘지 않으나 5% 이상 보유하는 경우

④ 금융투자회사의 임원이 발행회사의 주식 등을 1% 이상 보유한 경우

TIP 주관회사 업무를 할 수 있는 경우에 해당한다. 단, 어느 정도 이해관계가 있다고 간주하여 다른 금융투자회사와 공동으로 주관업무를 수행하도록 하고 있다.

핵심포인트 해설	증권(주식) 인수업무

주식 인수 의의	• 제3자에게 주식을 취득시킬 목적으로 그 전부 또는 일부를 취득하거나 취득하는 것을 내용으로 하는 계약을 체결하는 것 • 발행인 또는 매출인을 위하여 주식을 모집·매출하는 것
공모가격 결정	• 인수회사와 발행회사가 협의하여 단일가격으로 정하는 방법 • 기관투자자를 대상으로 실시한 수요예측 결과를 감안하여 인수회사와 발행회사가 협의하여 정하는 방법 • 대표주관회사가 사전에 정한 방법에 따라 기관투자자로부터 경매의 방식으로 정하는 방법(경매 후 입찰자가 제출한 가격 또는 단일가격으로 정함)
주식 주관회사 제한	• 발행사와 이해관계가 있는 금융투자회사는 주관회사 업무 불가 · 발행회사 및 발행회사의 이해관계인이 합하여 금융투자회사의 주식 등을 5% 이상 보유한 경우 · 금융투자회사가 발행회사의 주식 등을 5% 이상 보유한 경우 · 금융투자회사와 금융투자회사 이해관계인이 합하여 발행회사의 주식 등을 10% 이상 보유한 경우 · 금융투자회사의 주식 등을 5% 이상 보유하고 있는 주주와 발행회사의 주식 등을 5% 이상 보유하고 있는 주주가 동일인 또는 이해관계인인 경우 · 금융투자회사의 임원이 발행회사의 주식 등을 1% 이상 보유한 경우 · 금융투자회사가 발행회사의 최대주주 또는 계열회사인 경우 • 공동주관업무를 수행하도록 하는 경우 · 금융투자회사가 그 이해관계인과 합하여 발행회사의 주식 등을 5% 이상 10% 미만 보유하고 있는 경우

정답 | ③

주식의 청약 및 배정에 대한 설명으로 잘못된 것은?

① 인수회사는 주식의 청약증거금을 받은 경우 발행회사별로 청약증거금임을 표시하여 별도로 예치해야 한다.
② 1인당 청약한도는 전체 수량의 10% 이내에서 인수회사가 설정한다.
③ IPO 주관사(인수회사)는 일반청약자 배정물량의 50% 이상을 일반청약자에게 균등배정방식으로 배정해야 한다.
④ 우리사주조합원에게 유가증권시장이든 코스닥시장이든 공모주식의 20%를 배정해야 한다.

TIP 우리사주조합원에 대한 배정은 유가증권시장의 경우 공모주식의 20%를 배정하도록 강제하고 있으나 코스닥시장의 경우에는 강제사항이 아니다.

핵심포인트 해설   주식의 청약 및 배정

모집설립을 위한 주식 인수 제한	• 다음의 경우를 제외하고는 모집설립을 위한 주식 인수 불가함 · 금융위원회로부터 금융기관 신설을 위한 예비인가를 받은 경우 · 정부가 최대주주로서 25% 이상을 취득하기로 하여 설립 중에 있는 경우 · 정부로부터 영업인허가 또는 지정 등을 받아 설립 중에 있는 경우
청 약	• 인수회사는 청약증거금을 받은 경우 증권금융회사 또는 은행에 별도 예치해야 하고 이를 담보로 제공하는 것은 금지됨 • 청약증거금은 납일기일에 주식의 납입금으로 대체함
배 정	• 우리사주조합원에게 20% 배정(코스닥시장은 강제사항 아님)(⊙) • 일반청약자에게 25% 이상 배정(유가증권시장, 코스닥시장 모두 해당됨)(©) • 고위험·고수익투자신탁에 5% 이상을 배정(©) • 코스닥시장 상장을 위한 기업공개의 경우 벤처기업투자신탁에 30% 이상 배정(@) • 우리사주잔여주식을 공모주식의 5% 이내에서 일반청약자에게 배정가능(@) • 기관투자자에게는 ⊙~@에 따른 배정 후 잔여주식을 배정함
초과배정옵션	• 초과배정수량 : 공모주식 수량의 15% 이내 • 초과배정옵션 행사일 : 매매개시일부터 30일 이내 • 초과배정옵션 행사가격 : 공모가격

정답 | ④

14

금융투자회사의 약관운용에 대한 설명으로 잘못된 것은?

① 금융투자협회는 금융투자업 영위와 관련된 표준약관을 정할 수 있다.

② 금융투자회사는 협회의 표준약관이 있는 경우 이를 사용하거나 수정하여 사용할 수 있다.

③ 금융투자회사는 약관을 제정 또는 변경하는 경우 7일 이내에 한국거래소에 보고해야 한다.

④ 협회의 약관변경 통보를 받은 금융투자회사가 해당 약관의 내용을 변경하지 않는 경우 협회는 이를 금융위원회에 보고해야 한다.

TIP 금융투자회사는 약관을 제정 또는 변경하는 경우 제정 또는 변경일로부터 7일 이내에 협회에 보고해야 한다.

핵심포인트 해설 　　**금융투자회사의 약관운용**

표준약관 사용 및 수정사용	• '금융투자협회'는 표준약관을 정할 수 있음 • 금융투자회사는 협회가 정한 표준약관을 사용하거나 이를 수정하여 사용할 수 있음 • 모든 표준약관을 다 수정하여 사용할 수 있는 것은 아님(외국집합투자증권 매매거래에 관한 표준약관은 표준약관 그대로 사용해야 함)
약관 제정·변경 시 신고	• 원칙(법56조①) : 사후신고(약관 제정·변경 시 제정·변경 후 7일 이내에 금융위원회 및 협회에 보고해야 함) • 예외(법56조① 단서) : 사전신고(투자자의 권리나 의무에 중대한 영향을 미칠 우려가 있는 경우에는 약관 제정·변경 전에 미리 금융위원회에 신고해야 함) 　· 기존 금융서비스의 제공 내용·방식·형태 등과 차별성 있는 내용을 포함하는 경우 　· 투자자의 권리를 축소하거나 의무를 확대하기 위한 약관의 변경으로서 기존 투자자에게 변경된 약관을 적용하는 경우 또는 기존 금융서비스의 제공 내용·방식·형태 등과 차별성이 있는 내용을 포함하는 경우(영59조2)
협회의 약관 검토사항	• 관계법령에 위반되는 내용 • 금융투자회사의 고의 또는 중과실로 인한 법률상 책임을 배제하는 내용 • 고객에 대하여 부당하게 불리한 내용 등
협회의 약관 검토결과 통보	• 협회는 약관 검토결과 변경이 필요한 경우 금융투자회사에 변경 필요 사유 등을 통보함 • 협회의 통보를 받은 금융투자회사가 해당 약관의 내용을 변경하지 않는 경우 금융위원회에 보고함 • 협회는 법56조① 단서에 의하여 사전신고를 받은 경우 법에 적합하면 수리하고 지체 없이 그 결과를 해당 금융투자회사에 통보해야 함

정답 | ③

☑ 다시 봐야 할 문제(틀린 문제, 풀지 못한 문제, 헷갈리는 문제 등)는 문제 번호 하단의 네모박스(□)에 체크하여 반복학습하시기 바랍니다.

01

중요도 ★

투자권유 시 파생상품의 특례에 대한 설명으로 잘못된 것은?

① 주권상장법인은 전문투자자로 보나 장외파생상품 거래 시에는 전문투자자의 대우를 받겠다는 의사를 서면으로 통지해야 전문투자자가 될 수 있다.

② 금융투자업자는 파생상품 등의 투자권유 시 일반투자자 등급별로 차등화된 투자권유준칙을 제정해서는 안 된다.

③ 파생상품 등에 대해서는 투자권유대행인의 위탁이 허용되지 않는다.

④ 금융투자업자가 일반투자자와 장외파생상품 매매를 할 수 있는 경우는 일반투자자가 위험회피목적의 거래를 하는 경우로 한정한다.

02

중요도 ★★

일반투자자에게 투자권유 시 금융투자협회규정에 따른 내용으로 옳은 것은?

① 투자성향 분석결과는 서명 또는 기명날인의 방법으로만 확인받을 수 있다.

② 펀드 판매 시 간이투자설명서와는 별도로 반드시 투자설명서를 교부해야 한다.

③ 투자권유를 희망하지 않는 투자자에 대하여 파생상품을 판매하더라도 고객정보를 파악하지 않아도 된다.

④ 투자목적, 재산상황, 투자경험 등 고객정보를 파악하지 않은 일반투자자에 대하여는 투자권유를 할 수 없다.

03

중요도 ★★

계좌관리 및 예탁금이용료 지급에 대한 설명으로 잘못된 것은?

① 10만원 이하이고 최근 6개월간 거래가 없는 계좌는 다른 계좌와 구분하여 통합계좌로 별도관리할 수 있다.

② 계좌잔량이 0이 된 날부터 6개월이 경과한 경우 해당 계좌를 폐쇄할 수 있다.

③ 금융투자회사가 투자자예탁금 이용료 지급기준을 제정 또는 변경하고자 하는 경우 시행일 7영업일 전까지 그 내용을 협회에 보고해야 한다.

④ 예탁금이용료의 지급대상에 장내파생상품거래예수금 중 현금예탁필요액도 포함된다.

04

투자권유의 적합성 확보와 관련된 설명으로 잘못된 것은?

① 일반투자자인지 전문투자자인지 여부를 확인한다.

② 일반투자자의 경우 투자권유를 하기 전에 면담 질문을 통하여 고객의 투자목적·재산상황 및 투자경험 등의 정보를 파악한다.

③ 고객 정보 파악은 대면만이 아닌 전화 등 사실상 기록·보관이 가능한 여러 가지 매체를 통하여 가능하다.

④ 일반투자자가 자신의 투자성향 등과 맞지 않는 금융투자상품의 거래를 하고자 한다면 금융투자회사는 투자위험성을 다시 고지하면 되고 이를 다시 확인받을 필요는 없다.

정답 및 해설

01 ② 금융투자업자는 파생상품 등의 투자권유 시, 투자목적·경험 등을 고려하여 일반투자자 등급별로 차등화된 투자권유준칙을 마련해야 한다.

02 ④ ① 투자성향 분석결과는 서명, 기명날인, 녹취, 전자우편 등의 방법으로도 가능하다.
② 집합투자증권의 경우 간이투자설명서를 교부할 수 있으며 투자자가 원하는 경우 투자설명서를 교부하면 된다.
③ 파생상품 등을 판매하고자 하는 경우에는 반드시 고객정보를 확인하고 적정하지 않은 경우 이를 알리고 서명 등으로 확인받아야 한다.

03 ④ 예탁금이용료 지급대상에는 위탁자예수금, 집합투자증권 투자자예수금, 장내파생상품거래예수금이 있다. 다만, 장내파생상품 거래예수금 중 현금예탁필요액은 지급대상에서 제외할 수 있다.

04 ④ 일반투자자가 자신의 투자성향 등과 맞지 않는 금융투자상품의 거래를 하고자 한다면 금융투자회사는 투자위험성을 다시 고지하고 해당 고객으로부터 투자위험성을 고지받았다는 사실을 서명 등의 방법으로 확인받아야 한다.

05 중요도 ★★★
일반투자자를 대상으로 투자권유 시 설명의무에 대한 내용으로 옳은 것은?

① 투자설명서는 고객이 서면 또는 기명날인의 방법으로 설명서의 수령을 거부하는 경우 교부하지 않아도 된다.

② 설명은 고객이 이해할 수 있을 정도로 하면 되고 별도의 확인은 받지 않아도 된다.

③ 핵심설명서는 공모의 방법으로 발행한 것에 한하며 모든 파생결합증권에 적용된다.

④ 투자설명서를 대신하여 핵심설명서만 교부하는 것도 가능하다.

06 중요도 ★★
파생결합증권(ELS, DLS)에 대한 특례의 내용으로 옳은 것은?

① 일반투자자에게 만기 전(또는 최종환매청구일 전)에 손실요건이 발생한 경우 3영업일 이내에 통보해야 한다.

② 원금손실조건에 해당하는 사실 발생 시 이를 통보해야 하나 조기상환 시 예상수익률은 통보하지 않아도 된다.

③ 고지방법은 일반투자자가 미리 지정한 서신, 전자우편 등 전자통신의 방법으로 해야 한다.

④ 주식워런트증권도 위험고지대상 상품이다.

07 중요도 ★★★
표준투자권유준칙상 적합성 원칙에 대한 설명으로 잘못된 것은?

① 일반투자자는 투자권유를 받기 전에 고객의 연령, 투자가능기간, 투자경험, 금융투자상품에 대한 지식수준, 수입현황, 위험선호도 등에 관한 정보를 제공해야 한다.

② 고객이 정보를 제공하지 않은 경우 금융투자회사는 고객에게 투자권유를 할 수 없다.

③ 고객의 정보가 없더라도 고객의 확인하에 거래는 할 수 있지만 일반투자자로서 보호를 받지 못한다.

④ 협회의 표준투자권유준칙상 투자자 위험성향은 5단계로 구분하고 있으므로 판매회사는 이를 세분화하거나 단순화할 수 없다.

표준투자권유준칙상 설명의무에 대한 내용으로 잘못된 것은?

① 금융투자회사는 설명의무를 위반하는 경우 이로 인해 발생하는 고객의 손해를 배상할 책임이 있다.

② 형식적 설명에 그치지 않도록 하기 위해 설명내용을 고객이 이해하였음을 서명 등의 방법으로 확인해야 한다.

③ 판매사원의 자세한 설명에도 불구하고 고객이 금융투자상품에 대하여 이해가 안 되는 경우 구체적인 설명을 요구할 수는 없다.

④ 금융투자회사는 투자권유에 필요한 기준 및 절차를 마련하여 공시해야 한다.

다음 중 일반투자자로 전환될 수 없는 전문투자자는?

① 주권상장법인

② 한국자산관리공사

③ 지방자치단체

④ 금융투자상품 잔고가 100억원 이상인 법인

정답 및 해설

05 ① ② 설명은 고객이 이해할 수 있을 정도로 해야 하고, 고객이 이해했음을 서명 등의 방법으로 확인받아야 한다.
③ 파생결합증권(주식워런트증권은 제외)의 경우 구조가 복잡하고 이해하기가 어려운 경우가 많아 주요내용을 알기 쉽게 요약 정리한 핵심설명서를 투자설명서와 함께 추가로 교부하도록 하고 있다. (신용거래융자에 대하여도 핵심설명서 추가교부)
④ 핵심설명서는 투자설명서의 보조자료일 뿐이므로 투자설명서는 반드시 교부해야 한다. 핵심설명서 교부 시에는 고객의 확인을 별도로 받을 필요가 없고, 교부하는 임직원의 실명만 기입하면 된다.

06 ③ ① 일반투자자에 만기 전(또는 최종환매청구일 전)에 손실요건이 발생한 경우 지체 없이 통보해야 한다.
② 통보사항에는 원금손실조건에 해당되었다는 사실, 조기상환조건 및 조기상환 시 예상수익률, 환매청구방법·기한·수수료 등이 있다.
④ 주식워런트증권은 고지대상 고객을 파악하기 어려우므로 위험고지대상 상품에서 제외된다.

07 ④ 투자자의 위험성향 분류를 위한 일률적인 배점기준을 폐지하고, 5단계 투자성향 분류방식 외에 3단계, 7단계 등의 다양한 분류방식을 제시하고 회사별 특성에 따라 투자자의 위험성향을 분류할 수 있게 했다. 또한 일률적으로 적용되던 5단계 상품위험도 분류기준을 삭제하고, 회사의 특성을 반영하여 위험도를 합리적으로 평가·분류하게 했다.

08 ③ 고객이 금융투자상품에 대하여 이해가 안 되는 경우 구체적인 설명을 요구할 수 있다.

09 ② 한국자산관리공사는 절대적 전문투자자이기 때문에 일반투자자로 전환될 수 없다.

10 금융투자회사가 작성하는 조사분석자료에 대한 설명으로 옳은 것은?

중요도 ★

① 소속회사에서 조사분석자료를 공표하는 경우 금융투자분석사는 자신이 담당하는 업종이 아니라도 공표일부터 7일간 해당 종목의 매매가 금지된다.
② 소속회사가 발행주식총수의 5% 이상의 주식을 보유하고 있는 법인에 대하여 조사분석자료를 공표할 때는 그 이해관계를 고지해야 한다.
③ 금융투자분석사는 자신의 금융투자상품 매매내역을 분기별로 회사에 보고해야 한다.
④ 금융투자회사는 자신이 발행한 주식을 기초자산으로 하는 ELW에 대하여는 조사분석자료를 공표할 수 없다.

11 투자광고 의무표시사항 중 위험고지와 관련된 사항의 표시방법으로 잘못된 것은?

중요도 ★

① 바탕색과 구별되는 색상으로 선명하게 표시할 것
② 인터넷배너를 통한 투자광고의 경우 위험고지내용이 2초(파생상품 등 위험성이 큰 거래는 3초) 이상 보일 수 있도록 할 것
③ TV 등 영상매체를 이용한 투자광고의 경우에는 1회당 투자광고 시간의 1/3 이상의 시간 동안 투자자가 해당 위험고지내용을 시청할 수 있도록 할 것
④ A4기준 9포인트 이상(신문전면광고의 경우 10포인트) 활자체로 투자자들이 용이하게 인지할 수 있도록 표시할 것

12 투자광고 시 금지행위와 거리가 먼 것은?

중요도 ★★

① 수익률이나 운용실적이 좋은 기간의 수익률이나 운용실적만을 표시하는 행위
② 집합투자기구의 상환목표수익률을 표시하는 행위
③ 사모의 방법으로 발행하거나 발행된 금융투자상품에 관한 내용을 표시하는 행위
④ 여러 신탁재산을 집합하여 운용한다는 내용을 표시하는 행위

13 투자광고의 심사에 대한 설명으로 잘못된 것은?

① 금융투자회사는 협회의 투자광고 심사결과에 이의가 있는 경우 심사결과 통보서를 받은 날부터 7영업일 이내에 협회에 재심사를 청구할 수 있다.

② 금융투자회사가 재심사를 청구한 투자광고는 자율규제위원회에서 심사한다.

③ 금융투자회사는 자율규제위원회의 심사결과에 대하여 다시 재심사를 청구할 수 있다.

④ 협회는 금융투자회사가 투자광고의 심사를 청구하는 경우 심사수수료를 징구할 수 있다.

14 금융투자회사가 거래상대방 등에게 제공하거나 제공받는 재산상 이익의 가치 산정방법이 잘못된 것은?

① 물품의 경우 구입비용

② 접대의 경우 해당 접대에 소요된 비용(다만, 금융투자회사 소속 임직원과 거래상대방이 공동으로 참석한 경우 해당 비용은 전체 소요경비 중 1/2만 산정)

③ 연수·기업설명회·기업탐방·세미나의 경우 거래상대방에게 직접적으로 제공되었거나 제공받은 비용

④ 금전의 경우 해당 금액

정답 및 해설

10 ④ ① 자신이 담당하는 업종이 아닐 경우에는 매매가 가능하다. 다만, 공표일부터 7일간 같은 방향으로 매매해야 한다.
② 5% 이상의 주식을 보유하고 있는 경우 조사분석자료를 공표할 수 없다.
③ 매월 보고해야 한다.

11 ② 인터넷배너를 통한 투자광고의 경우 위험고지내용이 3초(위험성이 큰 거래에 관한 내용을 포함하는 경우에는 5초) 이상 보일 수 있도록 해야 한다.

12 ② 집합투자기구 등 운용실적에 따라 수익이 결정되는 금융투자상품 및 투자자문계약, 투자일임계약 또는 신탁계약 등에 대하여 예상수익률 또는 목표수익률 등 실현되지 않은 수익률을 표시하는 행위는 금지된다. 다만, 집합투자기구의 상환목표수익률, 전환형 집합투자기구의 전환목표수익률, 주식워런트증권을 제외한 파생결합증권을 투자대상으로 하는 집합투자기구의 조건별 예상수익률은 표시할 수 있다. (규정 제2-38조)

13 ③ 금융투자회사는 자율규제위원회의 심사결과에 대하여 다시 재심사를 청구할 수 없다.

14 ② 접대의 경우 해당 접대에 소요된 비용으로 한다. 다만, 금융투자회사 소속 임직원 및 투자권유대행인과 거래상대방이 공동으로 참석한 경우 해당 비용은 전체 소요경비 중 거래상대방이 점유한 비율에 따라 산정된 금액으로 한다.

15

금융투자회사(임직원 포함)의 재산상 이익 제공 및 수령의 제재에 대한 설명으로 잘못된 것은?

① 금융투자회사는 특정 거래상대방과의 거래를 목적으로 고액의 편익을 제공하거나 제공받는 경우 공시해야 한다.

② 금융투자회사가 동일 거래상대방(그의 배우자와 직계존비속 포함)에게 1회당 제공할 수 있는 재산상 이익은 20만원을 초과할 수 없다.

③ 파생상품과 관련하여 추첨 등의 방법으로 선정된 동일 일반투자자에게 1회당 제공할 수 있는 재산상 이익은 300만원을 초과할 수 없다.

④ 금융투자회사가 재산상 이익을 제공하거나 제공받은 경우 제공목적, 제공내용, 제공일자, 거래상대방, 경제적 가치 등을 5년 이상 기록·보관해야 한다.

16

금융투자회사의 재산상 이익 제공 및 수령에 대한 설명으로 잘못된 것은?

① 경제적 가치가 3만원 이하의 물품, 식사, 신유형상품권, 포인트 및 마일리지 등은 재산상 이익으로 보지 않는다.

② 금전·물품·편익 등을 10억원(최근 5사업연도 합산)을 초과하여 특정 거래상대방에게 제공한 경우 공시의무가 있다.

③ 거래상대방만 참석한 여가 및 오락활동 등에 수반되는 비용을 제공하는 경우는 허용된다.

④ 금융투자상품 및 경제정보 등과 관련된 전산기기의 구입이나 통신서비스 이용에 소요되는 비용을 제공하는 것도 금지된다.

17

금융투자회사가 예탁증권담보융자를 하고자 하는 경우 협회가 담보증권으로 인정하지 않는 증권으로만 묶인 것은?

① 상장채권, 한국예탁결제원에 의무보호예수 중인 증권

② 주식워런트증권, 투자경고종목

③ 공모파생결합증권, 신주인수권을 표시하는 것

④ 중도환매가 가능한 집합투자증권, 상장주식

18 중요도 ★

다음 중 담보가격 산정이 잘못된 것은?

① 청약하여 취득하는 주식 : 취득가액
② 상장주권, ETF : 당일 종가
③ 공모ELS : 2 이상의 채권평가사가 제공하는 가격정보를 기초로 투자매매업자 또는 투자
중개업자가 산정한 가격
④ 집합투자증권 : 전일 기준가격

19 중요도 ★

유사해외통화선물(FX마진)거래에 대한 설명으로 잘못된 것은?

① 원화를 제외한 이종 통화 간 환율변동을 이용하여 시세차익을 추구하는 거래이다.
② 거래단위당 미화 1만달러 이상의 위탁증거금이 필요하다.
③ 위탁증거금의 50% 이상의 미화가 최저 유지증거금이다.
④ 투자자의 명의와 투자자의 계산으로 거래해야 한다.

정답 및 해설

15 ② 금융투자업규정 개정으로 재산상 이익 제공 시 부과되어온 인별(회당, 연간), 회사별(연간) 한도 규제가 폐지되었다.

16 ③ 거래상대방만 참석한 여가 및 오락활동 등에 수반되는 비용을 제공하는 경우는 부당한 재산상 이익 제공으로 보아 금지하고 있다.

17 ② 주식워런트증권, 투자경고종목은 협회 규정상 담보증권으로 인정하지 않는 증권이다.

18 ④ 집합투자증권의 담보가격은 당일 고시된 기준가격이다.

19 ④ 금융투자회사의 명의와 투자자의 계산으로 거래해야 한다.

20 중요도 ★

투자자문·일임업에 대한 설명으로 잘못된 것은?

① 투자자문·일임 관련 비밀정보를 이용하여 자신, 가족 또는 제3자의 이익을 도모하는 행위는 금지된다.

② 투자자문의 범위를 주식, 채권, 증권 관련 지수 파생상품 등 구체적으로 기재해야 한다.

③ 투자자문의 방법은 반드시 구술로 해야 한다.

④ 투자자문업의 경우 1인 이상, 투자일임업의 경우 2인 이상 금융투자전문인력을 확보해야 한다.

21 중요도 ★

신탁업에 대한 설명으로 잘못된 것은?

① 신탁 설정시기는 금전을 신탁하는 경우 금액이 납입되는 날, 금전 외의 재산을 신탁하는 경우 소유권이 이전되는 날이다.

② 신탁의 해지는 신탁계약에 따라 금전이 지급되는 날에 해지 처리된다.

③ 협회는 신탁재산의 설정·해지, 운용, 평가 등과 관련한 회계처리 업무에 대한 모범기준을 제정할 수 있다.

④ 신탁회사는 신탁재산을 운용함에 있어서 업무의 일부를 제3자에게 위탁할 수 없다.

22 중요도 ★★

협회의 금융투자전문인력 등록거부 사유와 가장 거리가 먼 것은?

① 금융투자회사 등의 임직원이 아닌 자를 등록 신청한 경우

② 다른 금융투자회사의 금융투자전문인력으로 등록되어 있는 자를 등록 신청한 경우

③ 협회의 심사 결과 부적격하다고 판단되는 경우

④ 등록 요건을 갖춘 날부터 3년이 경과한 자를 등록 신청한 경우

23

금융투자회사의 약관에 대한 설명으로 잘못된 것은?

① 금융투자회사는 업무와 관련하여 협회가 정한 표준약관을 사용하거나 수정할 수 있다.

② 약관을 제정하거나 변경하는 경우에는 협회에 사후보고를 해야 한다.

③ 금융투자회사는 일반투자자를 대상으로 한 외국집합투자증권의 매매거래에 관한 표준약관은 수정하여 사용할 수 없다.

④ 약관 내용 중 고객의 권리 또는 의무와 관련이 없는 사항을 변경하는 경우에는 협회에 보고하지 않아도 된다.

24

다음 중 투자일임회사가 투자일임재산으로 수요예측 참여하는 경우, 투자일임계약을 체결한 투자자가 갖추어야 할 조건과 거리가 먼 것은?

① 기관투자자일 것(단, 투자일임회사는 제외)

② 이해관계인 등이 공모주식 배정 금지 대상에 해당되지 않을 것

③ 투자일임계약 체결일로부터 3개월이 경과하고, 투자일임재산의 평가액이 5억원 이상일 것

④ 투자일임회사의 투자일임업 등록일로부터 2년 경과하고 운용하고 있는 전체 투자일임자산 평가액이 50억원 이상일 것

정답 및 해설

20 ③ 투자자문의 방법은 구술, 문서, 그 밖의 방법으로도 가능하며 그 구체적인 방법 및 시기를 기재해야 한다.

21 ④ 신탁회사는 신탁재산을 운용함에 있어서 업무의 일부를 제3자에게 위탁할 수 있다.

22 ④ 협회는 등록 요건을 갖춘 날 또는 최근 업무수행일 등으로부터 5년이 경과하여 전문성 강화교육을 이수해야 하는 자를 등록 신청하는 경우에 등록을 거부할 수 있다.

23 ④ 사후보고사항이다.

24 ④ 투자일임회사가 수요예측에 참여하는 방법 2가지는 첫째, 투자일임재산(또는 신탁재산)으로 수요예측을 참여하는 방법, 둘째 고유재산으로 수요예측에 참여하는 방법이다. ①, ②, ③은 투자일임재산(또는 신탁재산)으로 수요예측에 참여하는 조건이고, ④는 고유재산으로 수요예측에 참여하는 조건에 해당한다.

제3장
회사법

학습전략

회사법은 제4과목 전체 35문제 중 **총 6문제**가 출제된다.

회사법은 출제문항 수에 비하여 공부해야 할 범위가 넓고 전문용어가 많아서 수험생이 힘들어 하는 장이다. 회사법은 증권 및 상장법인에 관련된 규정을 중심으로 공부하는 것이 효율적이며 주식과 주주, 주식회사 기관 등이 자주 출제되는 경향이 있다.

출제예상 비중

100% 회사법

핵심포인트

정관의 절대적 기재사항은 정관으로서 효력을 가지기 위해 반드시 기재해야 하는 사항으로 기재흠결이 있거나 위법하면 정관이 무효가 된다. 다음 중 상법상 절대적 기재사항이 아닌 것은?

① 회사가 발행할 주식의 총수
② 회사의 설립 시에 발행하는 주식의 총수
③ 현물출자
④ 회사가 공고를 하는 방법

용어 알아두기

변태설립사항	회사자본의 충실과 회사채권자를 해치는 위험한 사항을 말하는 것으로 이를 위반한 회사 설립은 무효가 된다.

TIP 현물출자는 변태설립사항이다.

핵심포인트 해설   **주식회사의 설립절차**

1단계 발기인조합 결성	• 발기인은 회사의 설립사무를 주관하는 자로 정관에 발기인으로 기명날인 또는 서명한 자에 한함 • 발기인 자격에는 제한이 없고, 1주 이상의 주식을 인수해야 함 • 의사결정방법 : 과반수로 결정(단, 정관작성, 회사 설립 시에 발행하는 주식에 관한 결정 등은 발기인 전원의 동의를 요함)
2단계 정관작성	• 절대적 기재사항 : 목적, 상호, 회사가 발행할 주식의 총수, 1주의 금액, 회사의 설립 시에 발행하는 주식의 총수, 본점의 소재지, 회사가 공고를 하는 방법, 발기인의 성명·주민등록번호 및 주소 • 변태설립사항 : 발기인이 받을 특별이익과 이를 받을 자의 성명, 현물출자자의 성명·목적재산·주식 등, 회사성립 후에 양수할 것을 약정한 재산과 그 양도인의 성명, 회사가 부담할 설립비용과 발기인이 받을 보수액
3단계 실체구성	• 주식발행 결정 · 주식회사 발행 시 주식의 종류와 수를 정관으로 정해야 함 · 정관으로 정하지 않으면 발기인 전원의 동의로 정해야 함 • 설 립 · 발기설립 : 발기인이 발행주식 모두 인수 ⇨ 출자의무 이행(전액납입주의) · 모집설립 : 발기인이 발행주식 일부 인수 + 주주 모집(청약서, 배정자유)
4단계 설립등기	• 실체구성 절차가 종료된 후 2주일 이내에 설립등기를 해야 함(설립등기를 해야 법인격 취득) • 설립등기의 효과 : 주식청약서 요건흠결을 이유로 무효 주장 불가, 착오·사기·강박을 이유로 취소불가, 주권발행 허용, 권리주의 양도제한 해제

정답 | ③

02

종류주식에 대한 설명으로 잘못된 것은?

① 이익배당 및 잔여재산 분배에 관하여 다른 종류의 주식을 발행할 수 있다.

② 무의결권주식, 상환주식, 전환주식 등은 종류주식으로 분류된다.

③ 종류주식을 발행하고자 하는 경우에는 정관으로 그 종류주식의 내용과 수를 정해야 한다.

④ 종류주식을 발행한 경우 주식의 종류에 따라 신주인수, 주식병합으로 인한 주식배정에 관하여 특수하게 정하려면 정관의 정함이 있어야 한다.

TIP 종류주식을 발행한 경우 정관에 다른 정함이 없는 경우에도 주식의 종류에 따라 신주인수, 주식병합·분할·소각 또는 회사의 합병·분할로 인한 주식배정에 관하여 특수하게 정할 수 있다.

핵심포인트 해설 | **주식의 종류**

가능 (O)
불가능 (X)

액면·무액면주식	• 주식전부를 무액면주식으로 발행 가능(단, 무액면주식을 발행하는 경우 액면주식을 발행할 수 없음) • 액면주식과 무액면주식 간의 전환 가능(액면주식과 무액면주식 간 전환이 있더라도 자본금은 변경 불가)
기명·무기명주식	• 기명주식 : 주주성명이 주주명부와 주권에 표시되는 주식 • 무기명주식 : 주권점유자가 주주자격을 인정받는 주식(우리나라 상법은 2014년 무기명주식제도를 폐지함)
종류주식	• 보통주식 : 재산적 내용, 의결권 등 종류주식의 우열순위 결정 기준이 되는 주식 • 이익배당·잔여재산 분배에 관한 종류주식 · 우선주 : 이익배당·잔여재산 분배 시 보통주보다 우선적 지위 · 열후주 : 이익배당·잔여재산 분배 시 보통주보다 후순위 지위 · 혼합주 : 보통주보다 우선적 지위를 갖기도 하고 열후적 지위를 갖기도 하는 주식 • 의결권 배제·제한에 관한 종류주식 · 의결권 없는 주식이나 제한하는 종류주식의 발행은 가능 · 차등의결권 또는 복수의결권을 부여하는 주식, 거부권부 주식은 발행 불가 • 주식의 상환에 관한 종류주식 · 의의 : 발행 시부터 이익에 의한 소각이 예정되어 있는 주식 · 유형 : 회사상환주식, 주주상환주식 · 보통주식은 상환주식으로 할 수 없음(단, 보통주도 의결권 없는 또는 의결권이 제한된 주식일 경우에는 상환주식으로 발행할 수 있음) • 주식의 전환에 관한 종류주식 · 주주전환주식 : 주주가 인수한 주식을 다른 종류의 주식으로 전환할 것을 청구할 수 있는 주식 · 회사전환주식 : 회사가 주주의 인수주식을 다른 종류의 주식으로 전환할 수 있는 주식

정답 | ④

주주에 대한 설명으로 잘못된 것은?

① 회사와 주주 사이의 법률관계에 있어서 주주를 그 소유주식의 수에 따라 평등하게 대우하여야 한다.
② 이익배당청구권은 자익권에 속한다.
③ 단독주주권은 주주권의 남용을 방지하기 위하여 발행주식총수의 일정 비율의 주식을 가진 주주만 행사할 수 있다.
④ 주주는 납입의무만 있으며 이는 정관이나 주주총회 결의로도 그 이상 가중하지 못한다.

TIP 소수주주권은 주주권의 남용을 방지하기 위하여 발행주식총수의 일정 비율의 주식을 가진 주주만 행사할 수 있다.

핵심포인트 해설   **주 주**

의 의	• 주주는 주식이 표창하는 권리·의무의 주체 • 회사와의 관계에서 주주명부상의 주주만이 주주의 지위를 가지게 됨 • 주주에는 자격제한이 없음(법인, 행위제한능력자, 외국인 등도 가능) • 주식회사에서는 발행주식 전부를 1인 주주가 소유하는 1인 회사를 인정함

권 리	• 자익권 : 이익배당청구권, 잔여재산분배청구권, 신주인수권, 주권교부청구권, 주식의 자유양도권
	• 공익권
	  · 단독주주권 : 주주 단독으로 행사할 수 있는 주주권
	  · 소수주주권 : 일정 비율의 주식을 가진 주주만 행사할 수 있는 주주권

의 무	• 주주가 회사에 부담하는 유일한 의무는 주식인수에 대한 납입의무뿐임 • 주주의 의무는 정관이나 주주총회 결의로도 그 이상 가중하지 못함
거래제한	• 신용공여 금지 : 상장회사는 주요주주 및 그 특수관계인, 이사, 집행임원, 감사를 상대방으로 하거나 이러한 자를 위하여 신용공여할 수 없음 • 대주주와의 거래제한 : 자산총액 2조원 이상인 상장법인은 최대주주 및 그 특수관계인과 거래 시 이사회 승인을 요함

주주명부	• 의의 : 주주 및 주권에 관한 사항을 명확히 하기 위한 법적 장부
	• 효 력
	  · 대항력 : 주식의 이전은 취득자의 성명과 주소를 주주명부에 기재하지 않으면 회사에 대항하지 못함
	  · 추정력 : 주주명부에 기재되면 주주로서의 자격이 있다고 추정함

정답 | ③

04

주식양도의 제한에 대한 설명으로 잘못된 것은?

① 주식양도자유의 원칙에 의하여 법률 또는 정관에 의하지 않고는 주식양도를 제한하지 못한다.

② 권리주의 양도는 회사에 대하여 효력이 없다.

③ 주권발행 전 주식의 양도는 회사에 대하여 효력이 없다.

④ 배당가능이익을 취득재원으로 하지 않는 특정 목적에 의한 자기주식 취득은 금지된다.

용어 알아두기

권리주	회사성립 전 또는 신주발행의 효력발생 전의 주식을 말한다.

TIP 취득재원에 대한 제한 없이 특정 목적에 의한 자기주식 취득은 가능하다. 여기서 특정 목적이란 회사합병 또는 영업 전부를 양수한 경우, 회사의 권리를 실행함에 있어 그 목적달성을 위해 필요한 경우, 단주처리를 위해 필요한 경우, 주주가 주식매수청구권을 행사한 경우 등을 말한다.

핵심포인트 해설　　**주식양도의 제한**

의 의	• 주식양도 : 주식을 매매 등 법률행위에 의하여 이전하는 것(승계취득) • 주식양도자유의 원칙 : 법률 또는 정관에 의하지 않고는 주식양도를 제한하지 못한다는 원칙
법률에 의한 양도제한	• 권리주 양도제한 　· 권리주의 양도는 회사에 대하여 효력 없음 　· 발기인, 이사, 집행임원이 권리주 양도 시 과태료 제재가 있음 • 주권발행 전 양도제한 　· 주권발행 전 주식의 양도는 회사에 대하여 효력 없음 　· 주권발행 전 주식의 양도라도 회사 설립 후 또는 신주납입기일 후 6개월이 경과하면 효력을 인정함 　· 상장법인의 경우 계좌부에의 대체기재 방식으로 실물주권의 교부가 없는 주식을 양도할 수 있음 • 자기주식 취득제한 　· 취득재원 : 배당가능이익 범위 내에서 자기주식 취득 가능 　· 배당가능이익을 취득재원으로 하지 않더라도 특정 목적에 의한 자기주식 취득 가능 　· 회사가 취득한 자기주식에 대한 의결권은 인정되지 않으며, 공익권과 자익권도 없음 • 상호주 취득금지 　· 모자관계의 회사의 경우 자회사가 모회사의 주식을 취득할 수 없음 　· 비모자관계라 하더라도 상호주 지분비율이 10%를 초과하는 경우 상호주에 대한 의결권이 없음
정관에 의한 양도제한	• 회사가 필요한 경우 주식양도 시 이사회 승인을 얻도록 정관에 규정할 수 있음(목적 : 적대적 M&A 대비) • 주식양도인이 이사회 승인 없이 양도한 경우, 주식양수인이 이사회 승인을 받아야 함

정답 | ④

액면·무액면주식을 불문하고 주주총회의 특별결의를 거쳐야 하는 것은?

① 주식소각
② 주식병합
③ 주식분할
④ 주식매도

TIP 주식분할의 경우에는 액면가를 분할 전보다 소액으로 나누어야 할 것이므로 정관변경을 위한 주주총회의 특별결의가 필요하다.

핵심포인트 해설　　**주식의 소각·병합·분할**

주식소각	• 의의 : 회사의 존속 중에 특정한 주식을 절대적으로 소멸시키는 행위 • 허용범위 : 자본감소절차에 의한 주식 소각, 자기주식 소각, 상환주식 소각 등이 허용됨(이익소각제도는 2011년에 폐지됨) • 이사회 결의 : 자기주식의 소각은 이사회 결의를 거쳐야 함(자기주식인 액면주식의 경우에는 이사회 결의 외에 자본금 감소절차도 거쳐야 함)
주식병합	• 의의 : 수개의 주식을 합하여 그보다 적은 주식으로 병합하는 것으로 자본감소 또는 합병하는 경우에 이용됨 • 절차 : 1개월 이상의 기간을 정하여 주식병합의 뜻과 그 기간 내에 주권을 회사에 제출할 것을 공고하고, 주주 및 질권자에게 통지해야 함
주식분할	• 의의 : 회사의 자본이나 재산의 증가 없이 하나의 주식을 2개 이상의 주식으로 나누는 것 • 요건 : 액면·무액면주식을 불문하고 주주총회의 특별결의를 거쳐야 함 • 주식의 액면가를 100원 미만으로 할 수 없음

정답 | ③

주식매수선택권의 행사요건으로 올바른 것은?

① 주주총회 또는 이사회 결의일부터 1년 이상 재임 또는 재직해야 한다.
② 주주총회 또는 이사회 결의일부터 2년 이상 재임 또는 재직해야 한다.
③ 주주총회 또는 이사회 결의일부터 3년 이상 재임 또는 재직해야 한다.
④ 주주총회 또는 이사회 결의일부터 5년 이상 재임 또는 재직해야 한다.

TIP 주식매수선택권(Stock Option)을 행사하려면 주주총회 또는 이사회 결의일부터 2년 이상 재임 또는 재직해야 한다.

핵심포인트 해설 　　**주식매수선택권(Stock Option)**

의 의	• 의의 : 회사의 설립·경영과 기술혁신에 기여하거나 기여할 수 있는 회사의 임직원 등에게 미리 정한 가액으로 신주를 인수하거나 자기주식을 매수할 수 있는 권리 • 부여한도 : 발행주식총수의 10% 이하(단, 상장법인은 20% 범위 내)
적용대상자	• 회사의 이사, 집행임원, 감사 또는 피용자 • 상장회사의 경우에는 회사의 임직원 외에 일정한 관계회사의 이사, 집행임원, 감사 또는 피용자에게도 주식매수선택권 부여 가능
부여요건	• 정관 규정 : 부여취지, 주식의 종류와 수, 부여자 자격요건, 행사기간, 이사회 결의에 의한 취소 가능성 등을 정관으로 규정하고 있어야 함 • 주주총회의 특별결의 : 부여자 성명, 부여방법, 행사가액과 조정사항, 행사기간, 교부할 주식 종류와 수 등을 주주총회 특별결의로 결정해야 함
행사요건	• 주주총회 또는 이사회 결의일부터 2년 이상 재임 또는 재직할 것
행사가액	• 신주발행의 경우에는 부여일을 기준으로 하여 실질가액과 권면액 중 높은 가액을 주식매수선택권의 행사가액으로 함 • 무액면주식을 발행한 경우에는 자본으로 계상되는 금액 중 1주에 해당하는 금액을 권면액으로 봄 • 회사가 자기주식을 양도하는 경우 실질가액 이상을 주식매수선택권 행사가액으로 해야 함
기 타	• 주식매수선택권 부여를 결의한 경우 금융위원회와 거래소에 신고해야 함 • 주식매수선택권의 양도는 금지되나 상속은 가능함 • 상장회사의 경우 이사회 결의에 의하여 주식매수선택권의 부여를 취소할 수 있음

정답 | ②

주식의 포괄적 교환에 대한 설명으로 잘못된 것은?

① 주식교환계약서를 작성하여 주주총회 특별결의에 의한 승인을 받아야 한다.
② 주식교환에 관련되는 각 회사의 주주 부담이 가중되는 경우 주주총회 및 종류주주총회 결의뿐만 아니라 주주 2/3 이상의 동의가 있어야 한다.
③ 간이주식교환, 소규모주식교환의 경우에는 주주총회의 승인을 이사회 승인으로 갈음할 수 있다.
④ 주식의 포괄적 교환에 반대하는 주주는 주식매수청구권을 행사할 수 있다.

TIP 주식교환에 관련되는 각 회사의 주주 부담이 가중되는 경우 주주총회 및 종류주주총회 결의뿐만 아니라 주주 전원의 동의가 있어야 한다.

핵심포인트 해설 **주식의 포괄적 교환·이전**

의 의	• 회사 간 주식 전부를 일괄적으로 주고받는 방법에 의하여 완전모회사나 완전자회사를 성립하도록 하는 제도
주식의 포괄적 교환	• 의의 : 완전모회사가 신주를 발행하여 완전자회사가 가진 주식 전부와 교환하는 방법 • 요건 : 주식교환계약서 작성 & 주주총회 특별결의에 의한 승인 • 특정 주주에게 손해가 미칠 경우 : 종류주주총회 결의를 거쳐야 함 • 교환에 관련되는 각 회사의 주주 부담이 가중되는 경우 : 주주총회 및 종류주주총회 결의 외에 주주전원의 동의가 있어야 함 • 간이주식교환, 소규모주식교환의 경우 : 이사회 승인으로 갈음 • 주식이전과 주식배정은 주식교환일에 효력이 발생함 • 반대주주는 주식매수청구권 행사 가능(단, 소규모 주식교환의 경우에는 행사 불가)
주식의 포괄적 이전	• 의의 : 기존회사가 별도의 신설회사 설립 ⇨ 기존회사 주주가 가진 주식 전부를 신설회사에 이전한 후 신설회사가 기존회사의 주주에게 신주를 발행 ⇨ 신설회사가 기존회사의 완전모회사가 되게 하는 방법 • 요건 : 주식이전계약서 작성 & 주주총회 특별결의에 의한 승인 • 효력발생 : 주식이전을 한 때에 설립되는 완전모회사가 설립등기를 함으로써 효력이 발생하고, 기존회사의 주권은 실효됨

정답 | ②

08

지배주주의 매도청구에 대한 설명으로 잘못된 것은?

① 발행주식총수의 95% 이상을 보유한 주주는 경영목적을 달성하기 위해 필요한 경우 소수주주가 보유하는 주식의 매도를 청구할 수 있다.

② 지배주주가 소수주주에게 주식의 매도를 청구할 때에는 주주총회의 승인을 받아야 한다.

③ 지배주주로부터 매도청구를 받은 소수주주는 6개월 내에 지배주주에게 주식을 매도해야 한다.

④ 지배주주가 소수주주에게 매매가액을 지급한 때 주식이 이전된 것으로 본다.

TIP 지배주주로부터 매도청구를 받은 소수주주는 2개월 내에 지배주주에게 주식을 매도해야 한다.

핵심포인트 해설 　　**지배주주의 매도청구 및 소수주주의 매수청구**

지배주주의 매도청구	• 의의 : 지배주주(발행주식총수의 95% 이상 보유 주주)는 경영목적을 달성하기 위해 필요한 경우 소수주주가 　　보유하는 주식의 매도를 청구할 수 있음 • 요건 : 주주총회의 승인을 받아야 함 • 공고 및 통지 : 매도청구일 1개월 전까지 공고 및 통지해야 함 • 소수주주의 매도의무 : 지배주주로부터 매도청구를 받은 소수주주는 2개월 내에 지배주주에게 주식을 매도 　　해야 함 • 효력발생 : 지배주주가 소수주주에게 매매가액을 지급한 때(또는 공탁한 때) 주식이 이전된 것으로 봄
소수주주의 매수청구	• 의의 : 지배주주가 있는 회사의 소수주주는 보유주식을 언제든지 지배주주에게 매수해줄 것을 청구할 수 있음 • 지배주주의 매수의무 : 소수주주로부터 매수청구를 받은 지배주주는 2개월 내에 지배주주에게 주식을 매수 　　해야 함

정답 | ③

다음 중 주주총회 특별결의사항에 해당하는 것은?

① 지배주주의 매도청구
② 이사·감사의 선임
③ 이사·감사의 해임
④ 주식배당

TIP ①②④ 주주총회 보통결의사항에 해당한다.

핵심포인트 해설　　**주주총회의 결의사항**

의 의	• 법률과 정관에서 규정된 사항만 결의할 수 있음 • 주주총회의 권한은 정관에 의하여도 다른 기관이나 제3자에게 위임할 수 없음
보통결의사항	• 출석주주 의결권의 과반수 & 발행주식총수의 1/4 이상으로 결의 　· 지배주주의 매도청구 　· 이사·감사·청산인의 선임, 그 보수의 결정 　· 재무제표 승인, 주식배당 　· 총회 연기 또는 속행 결정 　· 청산인 청산 종료 승인·해임 등
특별결의사항	• 출석주주 의결권의 2/3 이상 & 발행주식총수의 1/3 이상으로 결의 　· 주식의 포괄적 교환·이전, 정관 변경, 이사·감사의 해임 　· 영업의 전부 또는 중요한 일부의 양도, 영업전부의 임대 또는 경영 위임 　· 타인과 영업손익 전부를 같이 하는 계약체결·변경·해약 　· 회사영업에 중대한 영향을 미치는 다른 회사 영업 전부 또는 일부 양수 　· 사후설립, 임의해산, 회사의 계속, 주식의 할인발행, 합병·분할계약서 승인 　· 신설합병의 경우 설립위원의 선임 　· 주주 이외의 자에 대한 CB 및 BW 발행
특수결의사항	• 총주주(의결권 없는 주주 포함)의 동의를 요하는 결의 　· 이사의 회사에 대한 책임 면제 　· 주식회사의 유한회사로의 조직 변경

정답 | ③

10

주주총회의 소집권자와 가장 거리가 먼 것은?

① 금융감독원
② 이사회
③ 소수주주
④ 법 원

TIP 주주총회의 소집권자는 원칙적으로 이사회이며, 소수주주, 감사, 법원도 주주총회의 소집을 청구할 수 있다.

핵심포인트 해설   **주주총회의 운영**

소집권자	• 이사회(원칙) : 이사회 결의에 따라 대표이사가 절차를 밟아 소집 • 소수주주 : 발행주식총수의 3% 이상 보유 주주 • 감사(감사위원회) • 법 원
소집시기	• 정기총회 : 매년 1회 일정한 시기에 소집, 연 2회 이상 결산기를 정한 경우에는 매기에 소집 • 임시총회 : 필요한 경우에 수시로 소집
통지방법	• 주주총회 2주 전까지 서면 또는 전자문서로 발송
통지생략	• 의결권 없는 주주 • 주주명부상의 주주의 주소에 계속 3년간 도달하지 않은 경우
공고 및 통지갈음	• 자본금 총액이 10억원 미만인 회사가 주주총회를 소집하는 경우에는 주주총회일의 10일 전에 각 주주에게 서면 통지 발송 또는 각 주주의 동의를 받아 전자문서로 통지 발송 가능 • 주주전원이 동의가 있는 경우에는 소집절차 없이 주주총회 개최 가능 • 주주전원이 서면 동의한 경우 서면에 의한 주주총회 결의도 허용됨 • 상장회사의 경우 의결권 있는 주식 1% 이하 소유 주주에게 2주 전에 2개 이상의 일간지에 2회 이상 총회소집을 공고하거나 한국거래소 전자공시시스템을 통해 제공하는 방법으로 소집통지에 갈음할 수 있음

정답 | ①

주주의 의결권에 대한 설명으로 잘못된 것은?

① 의결권은 주주의 고유권이므로 주주 본인의 동의가 없는 한 정관이나 주주총회의 결의로도 박탈할 수 없다.
② 주주가 2개 이상의 의결권을 가진 경우 불통일 행사를 할 수 있다.
③ 회사는 주주의 의결권 불통일 행사를 거부할 수 없다.
④ 감사를 선임하는 경우 발행주식총수의 3% 초과 보유자는 초과주식에 대하여 의결권을 행사할 수 없다.

TIP 회사는 주주의 불통일 행사를 거부할 수 있다. 단, 주주가 주식의 신탁을 인수하였거나 기타 타인을 위해 주식을 가지고 있는 경우에는 거부할 수 없다.

핵심포인트 해설 　　의결권

의결권 수	• 모든 주주는 1주 1의결권을 가짐(주주평등의 원칙) • 강행규정이므로 법률상 예외를 제외하고는 정관 또는 주주총회 결의로도 이와 다르게 정할 수 없음
의결권 행사방법	• 행사자격 : 주주명부에 명의개서된 자이어야 함 • 대리행사 : 가능(대리인에 의한 의결권 행사는 정관으로도 제한 못함) • 불통일 행사 　· 주주가 2개 이상의 의결권을 가진 경우 불통일 행사 가능 　· 총회일 3일 전까지 불통일 행사의 뜻과 이유를 회사에 통지해야 함 　· 회사는 주주의 불통일 행사 거부 가능(단, 주주가 주식의 신탁을 인수하였거나 기타 타인을 위해 주식을 가지고 있는 경우에는 거부 불가)
의결권 행사제한	• 총회 결의안에 대하여 특별한 이해관계가 있는 자는 의결권 행사 불가 • 예외적으로 자기주식을 취득한 경우 그 주식에 대한 의결권 행사 불가 • 자회사에 의한 모회사 주식 취득 시 의결권 행사 불가 • 감사를 선임하는 경우 발행주식총수의 3% 초과 보유자는 초과주식에 대해 의결권 행사 불가 • 상장회사가 정관으로 집중투표를 배제하거나 그 배제된 정관을 변경하려는 경우 발행주식총수의 3% 초과 보유자는 초과주식에 대해 의결권 행사 불가
투표방법	• 총회 출석투표 • 총회 불출석 투표(서면투표, 전자투표)도 가능 • 서면투표·전자투표에 의하는 경우에도 실제 주주총회를 열어야 함

정답 | ③

이사의 책임소멸 사유에 대한 설명으로 잘못된 것은?

① 이사의 회사에 대한 자본충실책임은 총주주의 동의로 면제할 수 있다.

② 이사의 결산에 대한 책임은 주총 승인 후 2년 내 다른 결의가 없으면 면제된 것으로 본다.

③ 이사에 대한 채무불이행 책임은 10년 시효완성으로 소멸한다.

④ 이사에 대한 회사 및 제3자에 대한 불법행위 책임은 이를 안 날부터 3년, 불법행위를 한 날부터 10년의 제소기간 경과로 소멸한다.

TIP 이사의 회사에 대한 책임은 총주주의 동의로 면제할 수 있다. (상법 제400조①) 회사는 이사의 회사에 대한 손해배상책임을 이사의 보수액의 6배(사외이사의 경우는 3배)를 초과하는 금액에 대하여 면제할 수 있다. 그러나 이사의 자본충실책임은 면제할 수 없다.

핵심포인트 해설　　**이 사**

이사의 권한 등	• 권 한 　· 의사결정권 : 회사의 업무집행에 관한 의사결정 　· 감독권 : 이사회를 통한 대표이사 및 집행임원의 업무집행 감독 • 선임 : 주주총회 보통결의, 집중투표제 • 이사의 수 : 3인 이상(단, 자본금 10억원 미만 회사는 1인 또는 2인도 가능) • 임기 : 3년 초과 불가(단, 연장 가능 & 연임에 대한 제한 없음) • 자격 : 자연인(법인은 원칙적으로 이사가 될 수 없음) • 상장법인의 사외이사 수 : 이사총수의 1/4 이상(자산총액이 2조원 이상인 경우에는 이사총수의 과반수 이상 & 3인 이상)
이사의 의무	• 충실의무　　　　　　　　　　　　　　　• 경업금지의무 • 회사의 기회 및 자산유용 금지의무　　• 자기거래 금지의무 • 비밀유지의무　　　　　　　　　　　　• 이사회 보고의무 • 손해보고의무
이사의 책임	• 회사에 대한 책임 : 손해배상책임, 자본충실책임 • 제3자에 대한 책임 : 손해배상책임(연대책임)
대표이사	• 회사대표권(대외)과 업무집행권(대내)이 있음 • 이사 중에서 1인 또는 수인의 대표이사를 선임 • 표현대표이사도 선의의 제3자에 대하여 대표이사와 같은 책임부담

정답 | ①

상법은 이사회와 감사에게 모두 업무감사권을 인정하고 있는데 그 차이에 대한 설명으로
잘못된 것은?

① 이사회는 자율적 감독인 반면 감사는 타율적 감독으로서의 성질이 있다.
② 이사회는 이사회의 결의 자체를 감사할 수 없으나 감사는 이사회 결의 자체까지 감사
할 수 있다.
③ 이사회의 업무감독에 있어서는 주주총회에 대한 감사보고가 없으나, 감사의 업무감사
에 있어서는 감사결과를 반드시 주주총회에 보고해야 한다.
④ 이사회의 업무감독에 있어서는 업무집행의 타당성까지 감사할 수 없으나 감사의 업무
감독은 원칙적으로 업무집행의 타당성까지 감사할 수 있다.

TIP 이사회의 업무감독에 있어서는 업무집행의 타당성까지 감사할 수 있으나 감사의 업무감독은 원칙적으로 적법
성 감사로 한정한다.

핵심포인트 해설 　 감 사

감사의 선임 등	• 선임 : 주주총회에서 선임(3% 초과주식에 대한 의결권 제한이 있음) • 자격 : 제한 없음(단, 회사 및 자회사의 이사 또는 지배인 기타 사용인은 불가) • 권한 : 주주총회·이사회소집청구권, 영업보고청구권, 업무 및 재산상태조사권, 자회사감사권, 이사회참석권 　　　　(의결권은 없음), 손해보고수령권, 이사에 대한 유지청구권, 감사해임에 대한 의결진술권, 이사와 회사 　　　　소송 시 회사대표권, 각종 제소권 등
감사의 의무	• 주주총회에 대한 조사보고의무(이사가 주주총회에 보고할 의안 및 서류 조사) • 감사보고서 제출의무 • 이사회에 대한 보고의무(이사의 위법행위에 대한 보고) • 감사록 작성의무
감사위원회	• 의의 : 감사의 법정대체기관으로 이사회 내의 위원회(자산총액 2조원 이상인 대규모 상장회사는 감사에 갈 　　　　음하여 감사위원회 설치를 의무화함) • 권한 : 회사업무감독권, 회계감독권 • 구성 : 3인 이상의 이사(사외이사가 2/3 이상되어야 함)

정답 | ④

14

신주의 발행에 대한 설명으로 잘못된 것은?

① 신주의 발행은 원칙적으로 이사회가 결정한다.

② 주주는 정관에 다른 정함이 있는 경우를 제외하고는 그가 가진 주식 수에 따라서 신주 배정을 받을 권리를 가진다.

③ 상장회사의 경우에는 주주총회의 특별결의와 법원의 인가를 통하여 액면미달발행이 가능하다.

④ 신주인수인은 납입기일에 납입한 때 신주발행의 효력이 생기며, 그 주식인수인은 다음 날부터 주주로서의 권리와 의무가 있다.

TIP 상장회사의 경우에는 법원의 인가 없이 주주총회의 특별결의만으로 액면미달발행이 가능하다.

핵심포인트 해설   신주발행

의 의	• 신주발행은 실질적인 자본의 증가를 위해 주식을 발행하는 것을 말함 • 신주발행의 결정주체 : 원칙적으로 이사회가 결정함
할인발행 (액면미달발행)	• 원칙적으로 액면미달발행 금지, 예외적으로 요건 갖추면 허용 • 액면미달발행 허용 요건 · 회사 설립 후 2년이 경과할 것 · 주주총회의 특별결의가 있을 것 · 법원의 인가를 얻을 것 · 법원의 인가일로부터 1개월 이내에 발행할 것 • 상장회사의 경우에는 법원의 인가 없이 주주총회의 특별결의만으로 액면미달발행이 가능함 • 액면미달발행 시 발행조건과 그 미상각액을 주식청약서에 기재해야 하며, 주식발행에 따른 변경등기 시 그 미상각액도 등기해야 함
신주발행절차	• 발행사항 결정 • 신주배정일의 지정 및 공고 • 신주인수권자에 대한 최고 및 공고 • 주주의 모집 • 주식인수의 청약 • 신주배정과 인수 • 현물출자의 검사 • 출자의 이행 • 신주발행의 효력발생 • 등 기

정답 | ③

자본금의 감소에 대한 설명으로 잘못된 것은?

① 실질적 자본금 감소는 감소액이 실제로 주주에게 반환되는 것으로 합병이나 영업규모 축소 시 실행된다.
② 명목상 자본금 감소는 회사자산의 결손으로 인하여 감소된 경우에 하는 것으로 주주에게 실제로 반환되는 것 없이 계산상으로만 자본금이 감소되는 것이다.
③ 액면주식의 주금액을 감소시키는 방법에는 주식소각과 주식병합이 있다.
④ 결손보전을 위한 자본감소의 경우에는 채권자보호절차를 생략할 수 있다.

TIP 액면주식의 주금액을 감소시키는 방법에는 환급과 절기가 있다.

핵심포인트 해설 　　 자본금의 감소

액면주식의 자본감소 방법	• 주금액의 감소 　· 환급 : 주금액의 일부를 주주에게 반환하는 방법 　· 절기 : 주금액 중 이미 납입부분의 일부를 손실로 처리해서 주금액에서 삭제하고 나머지 납입액을 주금액 　　　　으로 하는 방법 • 주식 수의 감소 　· 주식소각 : 강제소각·임의소각, 유상소각·무상소각 　· 주식병합 : 수개의 주식을 그보다 적은 수의 주식으로 바꾸는 것
무액면주식의 자본감소 방법	• 주식 수와 연계됨이 없이 자본금만 감소시키면 됨 • 각 주주가 이미 납입한 금액의 일부를 주주에게 반환하는 방법으로 자금을 감소시킴
자본감소 절차	• 주주총회 특별결의가 있을 것(결손보전을 위한 자본감소의 경우에는 주주총회 보통결의로 가능함) • 채권자보호 절차 실행(결손보전을 위한 자본감소의 경우 생략 가능) • 자본감소의 효력발생 : 자본감소 절차가 끝났을 때 • 변경등기 : 자본감소의 효력이 생긴 때부터 본점 소재지에서 2주 내, 지점소재지에서는 3주 내에 변경등기 　해야 함
감자무효의 소	• 소 제기자 : 주주, 이사, 감사, 청산인, 파산관재인, 이의채권자 • 소 제기 가능기간 : 변경등기일부터 6개월 내 • 판결의 효력 　· 제3자에게도 미치는 대세적 효력 　· 소급효 　· 소 제기자가 패소한 경우 악의 또는 중과실이면 연대배상책임을 짐 　· 무효판결 확정 시 본점과 지점 소재지에 등기해야 함

정답 | ③

16

법정준비금에 대한 설명으로 잘못된 것은?

① 자본금의 1/2이 될 때까지 매 결산기 이익배당액의 1/5 이상을 이익준비금으로 적립해야 한다.

② 자본준비금은 자본거래에서 생긴 잉여금을 재원으로 적립하는 준비금이다.

③ 법정준비금은 원칙적으로 자본금결손 보전에 충당하는 경우 외에는 처분할 수 없다.

④ 법정준비금의 총액이 자본금의 1.5배를 초과하는 경우 주주총회 보통결의에 따라 그 초과금액의 범위 내에서 법정준비금을 감액할 수 있다.

TIP 자본금의 1/2이 될 때까지 매 결산기 이익배당액의 1/10 이상을 이익준비금으로 적립해야 한다.

핵심포인트 해설	준비금

의 의	• 의의 : 회사 자산에서 자본액을 초과하는 금액 중 일정액을 회사 내에 유보하여 두는 금액 • 유형 : 법정준비금, 임의준비금, 비밀준비금
법정준비금	• 이익준비금 · 이익배당액을 기준으로 적립하는 준비금으로 손실전보와 영업악화에 대비한 준비금 · 회사는 그 자본금의 1/2이 될 때까지 매 결산기 이익배당액의 1/10 이상을 이익준비금으로 적립해야 함 (다만, 주식배당의 경우는 제외) • 자본준비금 · 자본거래에서 생긴 잉여금을 재원으로 적립하는 준비금 · 구체적인 적립기준은 상법 시행령에서 정함 • 법정준비금의 용도 · 결손의 전보 : 법정준비금은 원칙적으로 자본금결손 보전에 충당하는 경우 외에는 처분 불가(상법 제460조) · 자본전입 : 법정준비금은 이사회 결의로 준비금의 전부 또는 일부를 자본금에 전입할 수 있음(상법 제461조) • 법정준비금의 감액 : 법정준비금의 총액이 자본금의 1.5배를 초과하는 경우 주주총회 보통결의에 따라 그 초과금액의 범위 내에서 법정준비금을 감액할 수 있음(상법 제461조의2)
임의준비금	• 정관 또는 주주총회 결의에 의하여 잔여잉여금의 일부를 재원으로 적립한 준비금 • 임의준비금의 적립목적은 특정된 것도 있고 특정되지 않은 것도 있음
비밀준비금	• 준비금의 명목으로 계상하지 않지만 실질적으로 준비금 성질을 가짐 • 적극 재산을 실가 이하로 과소평가하거나 채무를 실가 이상으로 과대평가한 경우에 실가와의 차액을 비밀준비금이라고 함

정답 | ①

17

상법상 이익배당에 대한 설명으로 잘못된 것은?

① 주식회사는 이익배당을 주주총회나 이사회의 결의를 한 날부터 1개월 내에 해야 한다.
② 신주발행이 있는 경우 신주에 대하여 구주와 동액으로 배당할 수 없다.
③ 위법배당을 한 경우 회사채권자는 주주에 대하여 배당한 이익을 회사에 반환할 것을 청구할 수 있다.
④ 임의준비금은 이익배당으로 전용할 수 있다.

TIP 정관규정이 있는 경우 신주와 구주의 동액배당이 가능하다.

핵심포인트 해설　　이익배당

요건 및 한도	• 요건 : 배당가능이익이 있을 것 • 한도 : 순자산 − (자본금 + 그 결산기까지 적립된 자본준비금과 이익준비금의 합계액 + 그 결산기에 적립해야 할 이익준비금 + 대통령령으로 정하는 미실현이익)
유 형	• 결산배당 : 영업연도 말 결산하여 손익 확정 후 1회에 한하여 이사회 결의로 결산배당 가능 • 중간배당 : 정관에 규정이 있는 경우 연 1회에 한하여 중간배당 가능(금전배당, 현물배당 모두 가능) • 분기배당 : 정관에 규정이 있는 경우 3, 6, 9월 말일 당시의 주주에게 이사회 결의로 금전으로 이익배당 가능
현물배당	• 정관으로 금전 외의 재산으로 배당할 수 있음을 정할 수 있음 • 정관에 규정이 있더라도 이사회 또는 주주총회에서 현물배당한다는 의사결정이 있어야 함
위법배당	• 자본충실의 원칙에 위반하여 이익을 배당하는 경우 그 배당은 무효임 • 위법배당의 경우 법적 권한 및 책임 　· 회사는 주주에 대하여 부당이득을 이유로 반환 청구할 수 있음 　· 회사채권자도 주주에 대하여 배당한 이익을 회사에 반환할 것을 청구할 수 있음 　· 이사는 회사에 대하여 위법배당으로 인한 손해를 연대하여 배상할 책임이 부과됨(상법 제399조) 　· 악의 또는 중과실로 인한 경우 회사채권자 등 제3자에 대하여도 책임을 부담시킴(상법 제401조)

정답 | ②

18

주식회사의 주식배당에 대한 설명으로 잘못된 것은?

① 주식배당은 주주총회의 결의를 거쳐야 한다.
② 일부 주주에게는 금전배당을, 다른 주주에게는 주식배당을 하는 것은 주주평등의 원칙에 위배되므로 불가능하다.
③ 주식배당을 받은 주주는 결산일에 신주의 주주가 된다.
④ 주식배당을 하면 회사의 자본금이 증가하므로 일정 기간 내에 변경등기를 해야 한다.

TIP 주식배당을 받은 주주는 주식배당 결의가 있는 주주총회가 종료한 때부터 신주의 주주가 된다.

핵심포인트 해설 **주식배당**

의 의	• 이익배당을 함에 있어 새로이 발행하는 주식으로 배당하는 것
장 점	• 배당가능이익의 사외유출 방지 및 사내 유보(기업자금 사용) • 배당할 현금이 없는 경우 무리한 사채발행에 의한 배당을 피할 수 있음 • 자본의 증가로 회사신용의 기초를 탄탄히 함
단 점	• 주식 수의 증가로 배당률 저하 • 배당압박 증가 • 주식의 가치가 희석되어 주가 하락
요 건	• 배당가능이익 존재 • 이익배당총액의 1/2까지만 가능(단, 상장법인은 이익배당총액까지 가능)
배당방법	• 주주총회 보통결의 • 주식배당은 주식의 권면액으로 함 • 종류주식을 발행한 때에는 각각 그와 같은 종류의 주식으로 주식배당 가능
효 과	• 자본증가(변경등기 요함) • 신주의 효력발생시기 : 주식배당 결의를 한 주주총회 종결 시 • 질권의 효력 : 등록질권자는 주식배당에 의하여 주주가 받을 신주에 대하여 질권을 가지며, 회사에 대하여 질권의 목적인 주식에 대한 주권의 교부를 청구할 수 있음

정답 | ③

전환사채에 대한 설명으로 잘못된 것은?

① 전환사채의 발행결정은 이사회 결의로 하나 정관 또는 주주총회에서 결정하는 것으로 할 수도 있다.
② 주주 이외의 자에게는 전환사채를 발행할 수 없다.
③ 전환을 청구하려면 청구서 2통에 채권을 첨부하여 회사에 제출해야 한다.
④ 전환청구가 있는 때에 사채권자에서 주주로 바뀐다.

TIP 주주 이외의 자에게 전환사채를 발행하는 경우에는 정관의 규정 또는 주주총회의 특별결의를 거쳐서 할 수 있다.

핵심포인트 해설 **전환사채**

의 의	• 일정한 요건에 따라 사채권자에게 사채를 주식으로 전환할 수 있는 권리가 부여된 사채
발행결정	• 이사회 결의(단, 주주 이외의 자에게 전환사채 발행 시에는 정관의 규정 또는 주주총회의 특별결의에 의함)
발행방법	• 사채청약서, 채권, 사채원부에 전환조건, 전환으로 인한 발행주식내용, 전환청구기간 등을 기재해야 함 • 전환사채 발행 시 등기 요함
전환청구	• 주주명부 폐쇄기간 중에도 가능(단, 이 기간 중 의결권 행사는 불가)
전환효과	• 전환청구가 있는 때에 사채권자에서 주주로 바뀜 • 이익이나 이자의 배당은 청구한 때가 속하는 영업년도 말에 전환된 것으로 봄

정답 | ②

20

신주인수권부사채에 대한 설명으로 옳은 것은?

① 신주인수권을 행사하면 사채가 소멸한다.
② 신주발행의 대가로 별도의 출자를 요하지 않는다.
③ 신주발행 총액은 반드시 사채발행 총액과 일치해야 한다.
④ 신주발행가액 전액을 납입한 때 사채권자에서 주주로 바뀐다.

TIP ① 신주인수권부사채는 신주인수권을 행사하더라도 사채가 반드시 소멸하는 것은 아니다.
② 신주발행의 대가로 별도의 출자를 필요로 한다.
③ 신주인수권의 행사에 의한 주식발행 총액은 사채 총액의 범위 내에서 회사가 조절할 수 있다.

핵심포인트 해설 **신주인수권부사채**

의 의	• 사채권자에게 신주인수권이 부여된 사채
발행결정	• 이사회 결의(단, 주주 이외의 자에게 신주인수권부사채 발행 시에는 정관의 규정 또는 주주총회의 특별결의에 의함)
양 도	• 분리형 : 채권의 양도는 채권에 의하고, 신주인수권의 양도는 신주인수권증권 교부에 의함 • 비분리형 : 채권과 신주인수권 모두 채권에 의하여 양도
권리행사	• 신주인수권의 행사는 서면에 의함(분리형은 신주인수권증권 첨부, 비분리형은 채권을 제시해야 함) ⇨ 신주발행가액 전액을 납입해야 함 • 전자등록기관의 전자등록부에 채권이나 신주인수권을 등록한 경우에는 그 채권이나 신주인수권을 증명할 수 있는 자료를 첨부하여 회사에 제출해야 함
행사 효과	• 신주발행가액 전액을 납입한 때 사채권자에서 주주로 바뀜

정답 | ④

합병에 대한 설명으로 잘못된 것은?

① 합병계약서 작성 시 합병기일은 필요적 기재사항이다.
② 주식회사의 합병은 총사원의 동의를 요한다.
③ 합병반대주주는 주식매수청구권을 행사할 수 있다.
④ 합병 무효는 소송만으로 주장할 수 있다.

TIP 주식회사의 합병은 총회의 특별결의를 요한다.

핵심포인트 해설　　회사의 합병

의 의	• 두 개 이상의 회사가 계약에 의하여 청산절차를 거치지 않고 한 회사로 합동하는 것 • 종류 : 신설합병, 흡수합병
합병절차	• 합병계약서 작성(필요적 기재사항 : 합병기일) • 합병결의 　· 주식회사·유한회사 : 총회의 특별결의 　· 합명·합자·유한책임회사 : 총사원의 동의 • 회사채권자 보호 : 채권자의 서류열람 및 등본 또는 초본교부 청구 가능, 채권자의 이의권 인정 • 합병등기 : 본·지점소재지에 등기(합병의 효력발생 요건)해야 함
합병효과	• 청산절차 없이 회사소멸 • 회사변경 또는 설립 : 흡수합병의 경우 존속회사의 정관 변경, 신설합병의 경우 신설회사가 성립함 • 권리와 의무의 포괄적 이전 : 존속회사 또는 신설회사는 소멸회사의 권리와 의무를 포괄적으로 승계함 • 합병반대주주의 주식매수청구권 행사 가능 : 총회 결의일부터 20일 이내에 청구 가능
합병 무효소송	• 합병 무효는 소송만으로 주장 가능 • 제소기간 : 합병등기일 후 6개월 내 • 판결의 효력 　· 원고승소의 무효판결이 확정되면 제3자에게도 효력 있음(대세적 효력) 　· 판결 전 존속회사, 그 사원과 제3자 사이에 생긴 권리와 의무에는 영향을 미치지 않음(비소급효) 　· 합병무효 판결 시 소멸회사는 부활하고, 신설회사는 소멸됨 　· 합병 후 부담한 채무는 각 회사가 연대하여 책임지고, 취득재산은 공유로 처리함

정답 | ②

22

회사 분할에 대한 설명으로 잘못된 것은?

① 물적분할은 재산 양수회사가 그 발행주식을 양도회사 주주에게 교부하는 형태이다.
② 존립 중 회사를 존속하는 회사로 하거나 새로 회사를 설립하는 경우에 한하여 분할 또는 분할합병할 수 있다.
③ 분할 또는 분할합병계약서에 대하여 주주총회의 특별결의를 해야 한다.
④ 분할의 무효는 분할·합병등기일부터 6개월 이내에 소송으로만 가능하다.

TIP 물적분할은 재산 양수회사가 그 발행주식을 양도회사 자체에 교부하는 형태로 양도회사가 양수회사의 100% 지주회사가 된다.

핵심포인트 해설　　　**회사의 분할**

의 의	• 하나의 회사를 2개 이상의 회사로 분리하는 것(주식회사만 인정함) • 회사재산의 일부가 포괄승계됨과 동시에 주식이 교부됨
유 형	• 인적분할 : 재산 양수회사가 그 발행주식을 양도회사 주주에게 교부 • 물적분할 : 재산 양수회사가 그 발행주식을 양도회사 자체에 교부(양도회사가 양수회사의 100% 지주회사가 됨)
요건 및 절차	• 주식회사에서만 인정되므로 존립 중 회사를 존속하는 회사로 하거나 새로 회사를 설립하는 경우에 한하여 분할 또는 분할합병 가능 • 양수회사가 기존회사인 경우 : 흡수합병 절차와 변경등기를 거쳐 분할이 진행됨 • 양수회사가 신설회사인 경우 : 회사설립이나 합병의 절차를 거쳐 설립등기함으로써 절차 종료 • 분할 또는 분할합병계약서에 대하여 주주총회의 특별결의를 요함 • 분할 또는 분할합병에 관련되는 각 회사 주주의 부담이 가중되는 경우에는 주주총회의 특별결의, 종류주주총회의 결의, 주주 전원의 동의가 있어야 함(상법 제530조의3⑥)
분할의 효과	• 분할로 설립되는 회사 또는 존속하는 회사는 분할하는 회사의 권리와 의무를 승계 • 분할 전 회사채무에 대하여 연대하여 변제할 책임이 있음
분할의 무효	• 소송에 의하여만 주장 가능(분할·합병등기일부터 6개월 이내에 해야 함) • 무효판결의 효력 : 대세적 효력, 비소급적 효력

정답 | ①

출제예상문제

☑ 다시 봐야 할 문제(틀린 문제, 풀지 못한 문제, 헷갈리는 문제 등)는 문제 번호 하단의 네모박스(□)에 체크하여 반복학습하시기 바랍니다.

01
중요도 ★

주식회사의 자본원칙에 대한 설명으로 잘못된 것은?

① 주식회사의 자본원칙에는 자본확정의 원칙, 자본충실의 원칙, 자본불변의 원칙이 있다.

② 자본확정의 원칙은 회사 설립 시 발행하는 주식의 총수를 인수한 경우 그 인수가액의 전액을 납부하도록 함으로써 회사 설립 시 재산적 기초를 튼튼하게 하는 원칙이다.

③ 자본불변의 원칙은 회사의 자본금액은 주주총회 특별결의와 채권자보호절차 등 법정절차에 의하지 않고는 변경(또는 감소)할 수 없다는 원칙이다.

④ 우선주식의 발행은 자본충실(유지)의 원칙과 관계가 깊다.

02
중요도 ★

주식회사법의 특징과 거리가 먼 것은?

① 강행법규 　　　　　　　　② 공시주의

③ 개인주의 　　　　　　　　④ 민형사상 제재

03
중요도 ★★

상법상 자본에 대한 설명으로 잘못된 것은?

① 최저자본금제도에 의하여 자본금이 5천만원 이상이어야 한다.

② 주식회사는 주주총회의 결의로 주식을 분할할 수 있다.

③ 액면주식의 금액은 균일해야 한다.

④ 회사는 정관으로 정하는 바에 따라 발행된 액면주식을 무액면주식으로 전환하거나 무액면주식을 액면주식으로 전환할 수 있다.

04
중요도 ★★

주식회사의 설립절차에 대한 설명으로 잘못된 것은?

① '발기인조합 ⇨ 정관작성 ⇨ 실체구성 ⇨ 설립등기'의 순으로 진행된다.

② 주식회사의 발기인은 반드시 1주 이상 인수해야 한다.

③ 발기설립의 경우 반드시 법원이 선임한 검사인의 조사를 받아야 한다.

④ 변태설립사항은 정관의 상대적 기재사항에 해당한다.

05

정관의 절대적 기재사항은 기재흠결로 정관 전체가 무효가 되는 기재사항이다. 다음 중 상법상 절대적 기재사항이 아닌 것은?

① 회사가 발행할 주식의 총수
② 회사의 설립 시에 발행하는 주식의 총수
③ 현물출자
④ 회사가 공고를 하는 방법

06

정관에 기재해야 효력이 발생하는 변태설립사항에 해당하는 것은?

① 발기인이 받을 특별이익과 이를 받을 자의 성명
② 본점의 소재지
③ 발기인의 성명·주민등록번호 및 주소
④ 1주의 금액

정답 및 해설

01 ④ 자본충실의 원칙은 회사의 자본액에 상당하는 재산을 실질적으로 확보하고 있어야 한다는 원칙으로, 이익배당의 제한, 액면미달발행의 제한, 변태설립에 대한 엄격한 조사와 감독, 발기인의 주식인수·납입담보책임, 법정준비금제도 등과 관계가 깊다.

02 ③ 주식회사법의 특징은 강행법규, 공시주의, 단체주의, 민형사상 제재가 있다는 점 등이다.

03 ① 상법상 최저자본금제도는 상법 개정으로 삭제되어 현재는 최저자본금에 대한 제한이 없어졌다. 주식은 자본의 구성분자인 단위금액, 주주의 회사에 대한 권리의무의 단위인 주주권을 의미한다.

04 ③ 법원은 변태설립사항에 대하여 조사권을 가지는 것이 원칙이다. 검사인은 반드시 법원이 선임한 검사인이어야 하는 것은 아니고 공증인이나 감정인으로 대체할 수 있다.

05 ③ 현물출자는 변태설립사항이다. 정관 작성 시 절대적 기재사항은 목적, 상호, 회사가 발행할 주식의 총수, 1주의 금액, 회사의 설립 시에 발행하는 주식의 총수, 본점의 소재지, 회사가 공고를 하는 방법, 발기인의 성명·주민등록번호 및 주소 등이다. (상법 제289조①)

06 ① ②③④ 절대적 기재사항이다.
변태설립사항에는 발기인이 받을 특별이익과 이를 받을 자의 성명, 현물출자자의 성명과 그 목적인 재산의 종류·수량·가격과 이에 대하여 부여할 주식의 종류와 수, 회사성립 후에 양수할 것을 약정한 재산의 종류·수량·가격과 그 양도인의 성명, 회사가 부담할 설립비용과 발기인이 받을 보수액 등으로 정관에 기재함으로써 효력이 있다. (상법 제290조)

07 발기설립과 모집설립을 비교한 내용으로 잘못된 것은?

① 발기설립의 구성원은 발기인이나 모집설립의 구성원은 발기인과 주식인수인이다.
② 발기설립에서는 발기인이 주식 전부를 인수하나 모집설립에서는 발기인이 주식 일부만 인수한다.
③ 발기설립의 경우 주금납입 장소의 제한이 없으나 모집설립의 경우에는 주식청약서에 기재된 금융기관에서 납입해야 한다.
④ 발기설립의 경우 창립총회가 필요하나 모집설립의 경우에는 불필요하다.

08 상법상 종류주식에 대한 설명으로 잘못된 것은?

① 우선주는 항상 보통주로 전환할 수 있다.
② 이익배당우선주라고 하여 꼭 배당을 받을 수 있는 것은 아니다.
③ 종류주식에 대해서만 상환주식으로 발행할 수 있고 보통주식은 상환주식으로 할 수 없다.
④ 주식의 전환에 관한 종류주식에는 주주전환주식과 회사전환주식이 있다.

09 주권에 대한 설명으로 잘못된 것은?

① 회사는 주권발행 강제주의에 의하여 성립 후 또는 신주납일기일 후 지체 없이 주권을 발행해야 한다.
② 주주가 주권불소지의 뜻을 회사에 신고한 경우 회사는 주권을 발행하지 않을 수 있다.
③ 주권불소지의 경우 주주는 언제나 주권의 발행을 회사에 청구할 수 있다.
④ 주권불소지 제도는 정관에 의하여 그 적용을 배제할 수 없다.

10

중요도 ★

주주 및 주주명부에 대한 설명으로 옳은 것은?

□

① 주주명부 폐쇄기간 중에도 전환주식 또는 전환사채의 전환권 행사가 허용되나 의결권을 행사할 수는 없다.

② 주식회사가 설립된 후 발행주식 전부를 1인이 소유하게 되면, 당해 회사는 해산하게 된다.

③ 주주명부의 폐쇄기간은 1개월을 초과하지 않아야 한다.

④ 주주명부의 폐쇄기간을 정관으로 정한 경우에도 폐쇄기간의 2주 전에 이를 공고해야 한다.

정답 및 해설

07 ④ 발기설립의 경우 창립총회가 불필요하나 모집설립의 경우에는 필요하다. 창립총회는 출석주식인수인 의결권의 2/3 이상 & 인수된 주식 총수의 과반수에 해당하는 다수로써 결의한다.

08 ① 우선주를 보통주로 전환하려면 우선주가 전환주식으로 발행되어야 가능하고, 전환주식으로 발행되지 않으면 불가능하다.

09 ④ 주권불소지 제도는 정관에 의하여 그 적용을 배제할 수 있다. 주주는 정관에 다른 정함이 있는 경우를 제외하고는 그 기명주식에 대하여 주권의 소지를 하지 않겠다는 뜻을 회사에 신고할 수 있다. 신고가 있는 때에 회사는 지체 없이 주권을 발행하지 않는다는 뜻을 주주명부와 그 복본에 기재하고, 그 사실을 주주에게 통지해야 한다. 이 경우 회사는 그 주권을 발행할 수 없다. 이미 발행된 주권이 있는 때에는 이를 회사에 제출해야 하며, 회사는 제출된 주권을 무효로 하거나 명의개서 대리인에게 임치해야 한다. (상법 제358조의2)

10 ① ② 주주자격에는 제한이 없고, 발행주식 전부를 1인이 소유하는 1인 회사도 인정된다.
③ 1개월 → 3개월
④ 주주명부 폐쇄기간은 그 기간의 2주 전에 공고해야 하나, 정관으로 정한 때에는 공고가 필요 없다.

11

중요도 ★★

주주에 대한 설명으로 잘못된 것은?

① 회사와의 관계에 있어서 주주명부상의 주주만이 주주로서의 지위를 가지게 된다.

② 주주자격에는 제한이 없으며, 주식회사의 경우 1인 회사가 인정된다.

③ 주주평등의 원칙은 강행법적 성질이 있어 이에 위반한 정관규정이나 주주총회 결의는 무효다.

④ 주주의 권리 중 의결권은 자익권에 해당한다.

12

중요도 ★★

주주의 권한에 대한 설명으로 잘못된 것은?

① 단독주주권은 주주가 단독으로 행사할 수 있는 주주권으로 설립무효판결청구권, 총회결의 취소판결청구권 등이 있다.

② 소수주주권은 일정 비율의 주식을 가진 주주만이 행사할 수 있는 주주권으로 신주발행유지청구권, 정관 및 재무제표 등의 열람권 등이 있다.

③ 자익권이란 주주의 재산적 이익을 위해 인정한 개인적 권리로서 이익배당청구권, 신주인수권 등이 있다.

④ 주주가 회사에 대하여 부담하는 유일한 의무는 주식의 인수가액에 대한 납입의무뿐이고, 그 밖에 주주의무는 정관이나 주주총회의 결의로도 그 이상 가중하지 못한다.

13

중요도 ★★

주주명부에 대한 설명으로 옳은 것은?

① 주주 및 회사채권자는 영업시간 외에도 주주명부의 열람 또는 등사가 가능하다.

② 주주명부 폐쇄는 주주를 주주명부에서 삭제하는 것이다.

③ 주주명부 폐쇄기간 중에도 전환주식 또는 전환사채의 전환권 행사는 가능하나, 당해 주주총회에서 의결권 행사는 불가능하다.

④ 실질주주명부는 상법상의 주주명부와 서로 구별되는 것으로 법적효력이 다르다.

14

상법상 주식양도에 대한 설명으로 옳은 것은?

① 주식의 양도는 명의개서를 해야 회사에 대항할 수 있다.

② 권리주의 양도는 회사에 대하여 효력이 있다.

③ 주식양도의 자유는 정관에 의하여도 제한할 수 없다.

④ 주권발행 전의 주식양도는 언제나 회사에 대하여 효력이 없다.

정답 및 해설

11 ④ 의결권은 공익권에 해당한다.

자익권		이익배당청구권, 이자배당청구권, 잔여재산분배청구권, 신주인수권, 주권교부청구권, 주식의 자유양도권 등
공익권	단독 주주권	의결권, 설립무효판결청구권, 신주발행유지청구권, 총회결의취소·무효판결청구권, 감자무효판결청구권, 신주발행유지청구권, 정관 등 열람권, 재무제표 등 열람권
	소수 주주권	1% : 위법행위유지청구권, 대표소송제기권
		3% : 주주총회소집청구권, 업무·재산상태검사청구권, 회계장부열람청구권, 이사 등 해임청구권, 주주제안권, 집중투표청구권
		10% : 해산판결청구권

12 ② 신주발행유지청구권, 정관 및 재무제표 등의 열람권 등은 단독주주권에 해당한다.

13 ③ ① 주주 및 회사채권자는 영업시간 내에는 언제나 주주명부의 열람 또는 등사가 가능하다.
② 주주명부 폐쇄는 권리를 행사할 자를 확정하기 위하여 일정 기간 동안 주주명부의 기재변경(명의개서)을 정지시키는 것이다.
④ 실질주주명부는 예탁결제원이 통지한 증권회사별 고객명부를 기초로 하여 상장법인이 작성한 주주명부로 상법상의 주주명부와 동일한 효력이 있다.

14 ① ② 권리주의 양도는 회사에 대하여 효력이 없다.
③ 주식양도의 자유는 정관에 의하여 제한할 수 있다.
④ 주권발행 전의 주식양도는 회사에 대하여 효력이 없다. 그러나 회사설립 후 또는 신주납입기일 후 6개월이 경과하면 주권발행 전 주식양도도 그 효력을 인정하고 있다. (상법 335조 3항 단서)

15 중요도 ★★
주식양도 제한에 대한 설명으로 잘못된 것은?

① 주권발행 전의 주식양도는 회사에 대해 효력이 없다. 다만, 회사 설립 후 또는 신주납입기일 후 6개월이 경과하면 주권발행 전의 주식양도라도 그 효력을 인정한다.
② 모자관계의 회사에서는 자회사가 모회사의 주식을 취득할 수 없다.
③ 자기주식에 대하여는 의결권이 제한되며, 공익권과 자익권도 없다고 본다.
④ 주식양도의 자유가 있어야 하므로 주식양도 시 이사회의 승인을 얻도록 하는 것은 무조건 금지된다.

16 중요도 ★
주식의 소각·병합·분할에 대한 설명으로 잘못된 것은?

① 자기주식 소각은 허용되나 이익소각제도는 폐지되었다.
② 자기주식은 이사회의 결의를 거쳐 소각할 수 있다.
③ 주식의 병합은 병합의 뜻을 통지한 때 효력이 발생한다.
④ 주식을 분할하는 경우 주주총회의 특별결의가 있어야 한다.

17 중요도 ★★
주식매수선택권(Stock Option)에 대한 설명으로 잘못된 것은?

① 의결권이 없는 주식을 10% 이상 가진 주주는 주식매수선택권을 부여할 수 없다.
② 주식매수선택권의 행사가액이 주식의 실질가액보다 낮은 경우에 회사는 그 차액을 금전으로 지급하거나 그 차액에 상당하는 자기의 주식을 양도할 수 있다.
③ 주식매수선택권을 부여하기 위해서는 정관규정과 주주총회 특별결의를 요한다.
④ 주식매수선택권은 주주총회 결의 후 2년 이상 재임·재직해야 행사할 수 있다.

18 중요도 ★
주주총회의 소집에 대한 설명으로 옳은 것은?

① 소집권자는 상법상 이사회와 주주에 한한다.
② 정기총회는 매년 2회 이상 소집해야 한다.
③ 임시총회는 분기별로 일정한 시기에 소집해야 한다.
④ 의결권 없는 주주에게는 통지하지 않아도 된다.

19 중요도 ★★

상법상 주주총회에 대한 설명으로 잘못된 것은?

① 정관에 위반된 주주총회 결의에 대하여는 결의취소확인의 소를 제기할 수 있다.

② 주주총회 의사록은 증거자료일 뿐 의사록을 작성해야 그 효력이 발생하는 것은 아니다.

③ 주주총회 결의부존재확인의 소는 주총일부터 1개월 이내에 제소해야 한다.

④ 서면투표를 하는 것도 인정된다.

20 중요도 ★

주주제안권에 대한 설명으로 잘못된 것은?

① 소수주주가 총회 6주 전에 일정한 사항을 주주총회의 목적사항으로 할 것을 제안할 수 있는 권리이다.

② 상법상 1% 이상의 소수주주에게만 인정되는 권리이다.

③ 주주제안권에는 의제제안권과 의안제안권이 모두 포함된다.

④ 상장회사의 경우 주주제안권의 행사요건을 완화하고 있다.

정답 및 해설

15 ④ 적대적 M&A에 대비하기 위하여 주식양도에 이사회의 승인을 얻어야 하는 것을 정관에 규정할 수 있다.

16 ③ 주식의 병합은 주권제출기간이 만료한 때에 그 효력이 생긴다.

17 ① 없다. → 있다.
주식매수청구권을 부여할 할 수 없는 자는 의결권이 없는 주식을 제외한 발행주식총수의 10% 이상 주식을 가진 주주, 이사·감사의 선임과 해임 등 회사의 주요경영사항에 대하여 사실상 영향력을 행사하는 자, 그 배우자와 직계존·비속 등이다.

18 ④ ① 소집권자는 이사회, 소수주주, 감사, 법원이다.
② 정기총회는 매년 1회 일정한 시기에 소집해야 하며, 연 2회 이상 결산기를 정한 때에는 매기에 소집해야 한다.
③ 임시총회는 필요한 경우에 수시로 소집한다.

19 ③ 주주총회 결의부존재확인의 소는 제소기간의 제한이 없다.

20 ② 상법상 3% 이상의 소수주주에게만 인정되는 권리이다. 다만, 상법의 특별법인 자본시장법은 상장법인의 경우 자본금 1천억원 미만인 회사는 소수주주권 1% 이상, 1천억원 이상인 회사는 0.5% 이상으로 요건을 완화하되 주식을 6개월 이상 보유해야 한다. 상장법인의 주주제안에 있어서 총회 부결 후 3년 내 동일 내용의 제안권은 배제된다.

21

중요도 ★★★

의결권에 대한 설명으로 잘못된 것은?

① 1주 1의결권의 원칙은 강행법규이므로 법률상 예외를 제외하고는 정관 또는 주주총회 결의로도 이를 위반하지 못한다.

② 의결권 행사 시 기명주주는 명의개서되어 있어야 하고, 무기명주주는 총회일의 1주 전까지 회사에 공탁해야 한다.

③ 정관에 의해서도 대리인에 의한 의결권 행사를 금지 또는 제한할 수 없다.

④ 서면결의는 가능하나 의결권의 불통일 행사는 불가능하다.

22

중요도 ★★

의결권이 있는 주주라 하여도 그 행사가 법률상 제한되는 경우가 있다. 상법상 의결권 행사를 제한하는 경우에 해당하지 않는 것은?

① 특별한 이해관계자

② 자기주식의 경우

③ 감사선임 시 발행주식총수의 1% 초과분

④ 모자회사가 다른 회사의 발행주식총수의 10%를 초과하여 소유하고 있는 경우

23

중요도 ★★

상법상 주식회사의 이사에 대한 설명으로 잘못된 것은?

① 이사는 이사회 결의에 의하여 임기만료 전에 언제나 해임할 수 있다.

② 이사의 선임은 주주총회의 전속적 결의사항이므로, 정관으로 그 선임을 다른 기관에 위임할 수 없다.

③ 이사의 보수는 정관 또는 주주총회 결의로 정한다.

④ 이사 자격을 주주로 제한하는 것은 가능하다.

24

이사에 대한 설명으로 옳은 것은?

① 이사는 2명 이상이어야 한다. 다만, 자본금 총액이 5억원 미만인 회사는 1명으로 할 수 있다.

② 이사의 임기는 5년을 초과하지 못하며 연임이 불가능하다.

③ 법인은 이사가 될 수 없으나 감사는 이사가 될 수 있다.

④ 주주총회는 언제든지 특별결의로써 이사를 해임할 수 있다.

정답 및 해설

21 ④ 상법상 의결권의 불통일 행사도 가능하다. 상법 제368조의2 규정에 의하면 주주가 2 이상의 의결권을 가지고 있는 때에는 이를 통일하지 않고 행사할 수 있다. 이 경우 총회일 3일 전에 회사에 대하여 서면으로 그 뜻과 이유를 통지해야 한다. 주주가 주식의 신탁을 인수하였거나 기타 타인을 위하여 주식을 가지고 있는 경우 외에 회사는 주주의 의결권 불통일 행사를 거부할 수 있다.

22 ③ 1% → 3%

참고 **의결권 행사가 제한되는 경우**

특별한 이해관계자	총회에 관하여 특별한 이해관계자는 의결권 행사 불가(제368조④)
자기주식	자기주식을 취득한 경우 그 주식에 대한 의결권 행사 금지
상호주식	모자회사가 다른 회사의 발행 주식총수의 10%를 초과하여 소유하고 있는 경우 다른 회사의 의결권 행사 금지(제369조③)
감사선임 시 3% 초과분	감사 선임 시 발행주식총수의 3% 초과분에 대한 의결권 행사 불가(제409조②)
집중투표 배제	상장회사가 정관으로 집중투표를 배제하는 경우 발행주식총수의 3%를 초과하는 주식은 의결권 행사 불가(제542조7③)

23 ① 이사는 주주총회 특별결의에 의하여 임기만료 전에 언제나 해임할 수 있다.

24 ④ ① 이사는 3명 이상이어야 한다. 다만, 자본금 총액이 10억원 미만인 회사는 1명 또는 2명으로 할 수 있다.

② 이사의 임기는 3년을 초과하지 못하나 연임이 가능하다.

③ 법인 또는 감사는 이사가 될 수 없으며, 정관으로 이사의 자격을 제한하는 것은 가능하다. 한편 이사의 보수는 주주총회에서 결정한다.

25
중요도 ★★

상법상 주식회사의 이사에 대한 설명으로 잘못된 것은?

① 상법은 법률상의 이사가 아님에도 불구하고 이사에게 회사의 업무집행을 지시한 자도 이사와 동일한 책임을 부과한다.

② 대표소송은 주주가 회사를 위하여 이사의 회사에 대한 책임을 추궁하는 소송이다.

③ 이사의 보수는 정관으로 정하지 않은 경우는 이사회가 정한다.

④ 이사는 자기 또는 제3자의 계산으로 회사와 거래를 하기 위하여는 미리 이사회에서 해당 거래에 관한 중요사실을 밝히고 이사회의 승인(이사의 2/3 이상 찬성)을 받아야 한다.

26
중요도 ★★

상법상 주식회사의 이사회에 대한 설명으로 잘못된 것은?

① 자본금 10억원 미만인 주식회사에서 이사가 1인인 경우 그 이사는 자동적으로 회사를 대표하며, 이사회의 기능을 대신한다.

② 이사회 소집은 대표이사가 하는 것이 원칙이다.

③ 감사는 이사회의결권은 없으나 참석권은 있다.

④ 이사회는 의사결정권과 업무감독권한이 있다.

27
중요도 ★★

대표이사의 권한에 대한 설명으로 잘못된 것은?

① 대표이사가 수인인 경우 각자가 단독으로 회사의 업무를 집행하는 것이 원칙이다.

② 대표이사는 회사의 영업에 관하여 재판상 또는 재판 외의 모든 행위를 할 수 있는 권한이 있으며 이러한 권한에 제한을 가하여도 선의의 제3자에게 대항하지 못한다.

③ 사장, 부사장, 전무, 상무 기타 회사를 대표할 권한이 있는 것으로 인정될만한 명칭을 사용한 이사의 행위에 대하여는 그 이사가 회사를 대표할 권한이 없는 경우에도 회사는 선의의 제3자에 대하여 그 책임을 진다.

④ 대표이사가 수인인 경우 원칙적으로 공동으로 회사를 대표해야 한다.

28

중요도 ★

상법상 주식회사 이사의 의무가 아닌 것은?

① 충실의무
② 경업금지의무
③ 감사에 대한 감독의무
④ 자기거래 금지의무

29

중요도 ★★

이사의 책임이 바르게 연결된 것은?

	회사에 대한 책임	제3자에 대한 책임
①	손해배상책임	자본충실의 책임, 손해배상책임
②	손해배상책임, 자본충실의 책임	자본충실의 책임, 손해배상책임
③	손해배상책임, 자본충실의 책임	손해배상책임
④	손해배상책임	자본충실의 책임

정답 및 해설

25 ③ 이사의 보수는 주주총회 보통결의에 의하여 결정한다.

26 ② 이사회 소집은 각 이사가 소집하는 것이 원칙이다. 다만, 소집이사를 따로 정한 경우에는 다른 이사의 소집권이 배제된다.

27 ④ 대표이사가 수인인 경우 원칙적으로 각자가 단독으로 대표이사의 권한(업무집행권과 대표권)을 행사할 수 있다. 다만, 이사회의 결의로 공동대표이사를 정한 때에는 수인의 대표이사가 공동으로 회사를 대표해야 한다.

28 ③ 이사의 의무에는 충실의무, 경업금지의무, 자기거래 금지의무, 비밀유지의무, 이사회 보고의무, 손해보고의무 등이 있다.

29 ③ 이사의 책임

회사에 대한 책임	• 손해배상책임 : 이사가 법령 또는 정관에 위반하는 행위를 한 경우 또는 그 임무를 게을리 한 경우 그 이사는 회사에 대하여 연대하여 손해를 배상할 책임이 있음 • 자본충실의 책임 : 신주의 발행으로 인한 변경등기가 있은 후에 아직 인수하지 않은 주식이 있거나 주식인수의 청약이 취소된 때에는 이사가 이를 공동으로 인수한 것으로 봄
제3자에 대한 책임	• 손해배상책임 : 이사가 악의 또는 중대한 과실로 인하여 자기의 임무를 게을리 한 경우 그 이사는 제3자에 대하여 연대하여 손해를 배상할 책임이 있음. 다만, 이사의 책임은 총주주의 동의가 있는 경우, 주총에서 재무제표 승인 후 2년 내에 다른 결의가 없는 경우, 10년의 시효완성 등으로 인하여 소멸됨

30

중요도 ★★

주식회사의 감사에 대한 설명으로 잘못된 것은?

① 감사는 주주총회에서 선임하되, 발행주식총수의 3%를 초과한 주식을 가진 자는 감사 선임 시 초과분에 대해 의결권 행사를 할 수 없다.

② 회사의 지배인이나 사용인은 감사가 될 수 있으나 이사는 업무집행자로서 정직한 감사를 할 수 없기 때문에 감사가 될 수 없다.

③ 부당한 결의가 성립되는 것을 방지하기 위하여 감사는 이사회에 출석하여 의견을 진술할 권리가 있다.

④ 회사가 이사에 대하여 또는 이사가 회사에 대하여 소를 제기하는 경우 감사는 그 소에 대하여 회사를 대표한다.

31

중요도 ★

감사의 권한이 아닌 것은?

① 이사회의결권   ② 영업보고청구권

③ 자회사감사권   ④ 이사회참석권

32

중요도 ★★

상법상 감사 및 감사위원회에 대한 설명으로 옳은 것은?

① 비상장회사가 감사위원의 해임 시 이사총수의 과반수의 이사회 결의가 있어야 한다.

② 사외이사가 아닌 이사가 감사위원회 위원의 1/2을 초과할 수 없다.

③ 감사위원회는 2인 이상의 이사로 구성된다.

④ 감사와 감사위원회는 병존할 수 없다.

33 중요도 ★★

신주발행에 대한 설명으로 옳은 것은?

① 발행결정은 원칙적으로 이사회가 한다. 다만, 액면미달발행의 경우에는 주주총회의 특별 결의를 거쳐야 한다.

② 신주의 인수인은 주금납입 또는 현물출자의 이행을 한 경우 납입기일부터 주주가 된다.

③ 신기술의 도입, 재무구조의 개선 등 회사의 경영상 목적을 달성하기 위하여 신주 발행 시에는 주주에게만 배정할 수 있다.

④ 신주인수권의 양도성은 인정되지 않는다.

34 중요도 ★★

주식회사가 유상증자를 위한 신주발행을 하는 경우에 대한 설명으로 잘못된 것은?

① 신주발행은 이사회 결의에 의함이 원칙이다.

② 신주발행의 효력은 납입기일에 발생한다.

③ 현물출자의 경우 자격제한이 없으므로 이사뿐만 아니라 누구나 가능하다.

④ 회사가 무액면주식을 발행하고 있는 경우 신주발행도 무액면주식만 가능하다.

정답 및 해설

30 ② 감사의 자격에는 제한이 없지만 회사 및 자회사의 이사·지배인 기타 사용인은 감사가 될 수 없다. 이들은 업무를 집행하는 자로서 정직한 감사를 할 수 없기 때문이다.

31 ① 감사의 권한에는 영업보고청구권, 업무·재산상태조사권, 자회사감사권, 이사회참석권(이사회의결권은 없음), 손해보고 수령권, 이사에 대한 유지청구권, 주주총회 소집권, 감사해임에 대한 의견진술권, 이사·회사 간 소송 시 회사대표권, 각종 제소권(회사설립 무효의 소, 총회결의 취소의 소, 신주발행 무효의 소, 자본감소 무효의 소, 합병·분할 무효의 소 등) 등이 있다.

32 ④ ① 비상장회사가 감사위원의 해임 시 이사총수의 2/3 이상의 이사회 결의가 있어야 한다.
② 사외이사가 아닌 이사가 감사위원회 위원의 1/3을 초과할 수 없다.
③ 감사위원회는 3인 이상의 이사로 구성된다.

33 ① ② 신주의 인수인은 주금납입 또는 현물출자의 이행을 한 경우 납입기일의 익일부터 주주가 된다.
③ 신기술의 도입, 재무구조의 개선 등 회사의 경영상 목적을 달성하기 위하여 필요한 경우에 한하여 주주 외의 자에게 신주를 배정할 수 있다.
④ 신주인수권의 양도성은 이사회 결의에 의하여 인정되는 것이 원칙이다.

34 ② 신주발행의 효력은 납입기일의 다음 날에 납입의 범위 내에서 효력이 발생한다.

35 중요도 ★
상법상 일정한 요건을 갖춘 주식의 액면미달발행 허용 요건과 거리가 먼 것은?

① 회사 설립 후 2년이 경과했을 것
② 이사회의 결의가 있을 것
③ 법원의 인가를 얻을 것
④ 신주는 법원의 인가를 얻은 날부터 1개월 이내에 발행할 것

36 중요도 ★
신주인수권에 대한 설명으로 잘못된 것은?

① 정관에서 다른 정함이 없는 경우 주주가 소유하고 있는 주식 수에 비례하여 우선적으로 신주를 배정받을 수 있다.
② 모든 주주는 원칙적으로 주주평등원칙에 입각하여 신주인수권이 있다.
③ 주주의 신주인수권은 주식매입선택권의 부여 및 우리사주조합원의 20% 배정에 영향을 미친다.
④ 제3자의 신주인수권은 정관에 정함이 있고 신기술 도입이나 재무구조개선 등 회사경영 목적달성에 필요한 경우에 한하여 인정된다.

37 중요도 ★★
신주발행이 위법한 경우 사후적 구제방법과 거리가 먼 것은?

① 신주발행무효의 소
② 통모인수의 책임추궁을 위한 대표소송
③ 이사에 대한 손해배상청구권
④ 신주발행유지청구권

38

중요도 ★★

상법상 주식회사의 준비금에 대한 설명으로 잘못된 것은?

① 준비금을 자본금으로 전입할 수 있는 것은 주주총회의 결의로만 가능하다.

② 회사는 이익배당액의 1/10 이상을 이익준비금으로 적립해야 한다.

③ 준비금(자본준비금과 이익준비금)으로 이익배당 할 수 없다.

④ 회사는 적립된 자본준비금 및 이익준비금의 총액이 자본금의 1.5배를 초과하는 경우에 주주총회의 결의에 따라 그 초과한 금액의 범위에서 자본준비금과 이익준비금을 감액할 수 있다.

정답 및 해설

35 ② 액면미달발행을 하려면 주주총회의 특별결의가 있어야 한다. 주권상장법인은 상법 제417조의 규정에 불구하고 주주총회의 결의만으로(법원의 인가 불필요) 주식을 액면미달의 가액으로 발행할 수 있다. (자본시장법 제165조의8) 자본시장법은 상법의 특별법이므로 상법에 우선한다. 회사채권자 보호를 위하여 액면미달금액은 대차대조표 자산의 부(負)에 계상하고, 그 금액은 신주발행 후 3년 내의 매 결산기에 균등액 이상의 상각을 해야 한다. (상법 제455조)

36 ③ 주주의 신주인수권은 주식매입선택권의 부여 및 우리사주조합원의 20% 배정에 영향을 미치지 못한다.

37 ④ 신주발행유지청구권은 사전적·예방적 구제방법에 해당한다.

38 ① 회사는 원칙적으로 이사회의 결의에 의하여 준비금의 전부 또는 일부를 자본금에 전입할 수 있다. 그러나 예외적으로 주주총회에서 결정하는 것을 정관으로 정할 수 있다.

39

중요도 ★★

상법상 자본금의 감소에 대한 설명으로 잘못된 것은?

① 액면주식을 발행한 회사의 자본금 감소는 주금액을 감소하는 방법과 주식 수를 감소하는 방법이 있다.

② 무액면주식을 발행한 회사의 자본금 감소는 주식 수와 연계됨이 없이 자본금만 감소시키면 된다.

③ 자본금 감소는 감자등기를 종료한 때 그 효력이 발생한다.

④ 실질적 자본감소의 경우 주주총회의 특별결의가 필요하며, 경우에 따라서는 종류주주총회의 결의도 있어야 한다.

40

중요도 ★★

사채(사채권자)와 주식(주주)의 차이점으로 잘못된 것은?

① 사채권자는 단순한 채권자에 불과하나 주주는 경영에 참가할 수 있다.

② 사채권자는 이익 유무에 관계없이 이자를 받으나 주주는 배당가능이익이 있는 경우에 한하여 배당받을 수 있다.

③ 사채는 분할납입이 가능하나 주식은 분할납입이 불가능하다.

④ 사채는 액면미달발행이 불가능하나 주식은 액면미달발행이 가능하다.

41

중요도 ★

주주 이외의 자에 대하여 전환사채를 발행하는 경우 그 내용에 관한 정관의 규정이 없으면 어떻게 정하는가?

① 이사회 결의　　　　　　　② 주주총회 보통결의

③ 주주총회 특별결의　　　　④ 법원의 결정

42 중요도 ★★

신주인수권부사채(BW)와 전환사채(CB)에 대한 설명으로 잘못된 것은?

① BW의 경우 신주인수권을 행사하려면 신주발행가액의 전액을 납입해야 한다.

② 대용납입이 인정된 BW의 경우 사채는 소멸하고 주식만 남게 된다.

③ CB의 경우 전환의 효력은 사채권자가 전환청구서를 회사에 제출하면 발생하고, 효력발생 요건으로 회사의 승낙까지 요구되는 것은 아니다.

④ CB의 경우 주주명부 폐쇄기간 중에는 전환권을 행사할 수 없다.

정답 및 해설

39 ③ 자본금 감소의 효력발생 시기는 자본금 감소의 실질적 절차가 완료되었을 때(구주권 제출기간 만료 시, 채권보호절차 완료 시 등)이다.

40 ④ 사채는 액면미달발행이 가능하나 주식은 액면미달발행이 불가능하다.

참고 상법상 사채와 주식의 비교

구 분	사 채	주 식
보유자	채권자(개인법적 성격)	주주(사단법적 성격)
성 격	타인자본(채무)	자기자본
경영참여권	없 음	있 음
이자/배당	이익 유무에 관계없이 이자 수령	배당가능이익이 있어야 배당 수령 가능
분할납입	가 능	불가능
액면미달발행	허 용	원칙적 불허
자기사채/주식	취득가능	원칙적 취득금지
납입금 상계	가 능	불가능
해산판결청구권	10%	−

41 ③ 전환사채의 인수권을 주주에게 부여하는 경우 원칙적으로 이사회가 전환사채의 발행을 결정한다. 그러나 주주 이외의 자에 대하여 전환사채를 발행하는 경우에 그 발행할 수 있는 전환사채의 액, 전환의 조건, 전환으로 인하여 발행할 주식의 내용과 전환을 청구할 수 있는 기간에 관하여 정관에 규정이 없으면 주주총회의 특별결의로써 이를 정해야 한다.

42 ④ CB의 경우 주주명부 폐쇄기간 중에도 전환권을 행사할 수 있다. 다만, 전환에 의하여 발행된 신주의 의결권은 행사할 수 없다.

43 중요도 ★★

상법상 주식회사의 합병에 대한 설명으로 잘못된 것은?

① 합병에 반대한 주주는 존속회사의 주주가 될 수 없다.
② 존속회사는 소멸회사의 권리와 의무를 포괄적으로 승계한다.
③ 합병에 반대한 회사채권자는 합병무효의 소를 제기할 수 있다.
④ 합병으로 소멸하는 회사는 청산절차를 거치지 않고 소멸한다.

44 중요도 ★★

다음 중 합병의 효과와 거리가 먼 것은?

① 회사의 소멸
② 회사의 변경 또는 설립
③ 권리의무의 한정적 이전
④ 합병반대주주의 주식매수청구권

45 중요도 ★★

합병에 대한 설명으로 잘못된 것은?

① 합병에 반대한 주주라도 주식매수청구권을 행사하지 않는 한 존속·신설회사의 주주가
   된다.
② 합병에 의하여 존속회사를 제외한 당사회사는 청산절차를 거치지 않고 소멸한다.
③ 합병에 반대한 회사채권자는 합병무효의 소를 제기할 수 있다.
④ 존속회사가 소멸회사의 권리와 의무를 승계할 때 특약으로 그 일부의 승계를 제한할 수
   있다.

46 중요도 ★

상법상 합병 및 분할에 대한 설명으로 잘못된 것은?

① 합병교부금의 지급은 허용되지 않는다.
② 합병반대주주는 주식매수청구권을 행사할 수 있다.
③ 소규모합병의 경우 합병 후 존속하는 회사가 합병으로 인하여 발행하는 신주의 총수가 그 회사의 발행주식총수의 10%를 초과하지 않을 때에는 그 존속하는 회사의 주주총회의 승인을 이사회의 승인으로 갈음할 수 있다.
④ 회사의 분할 또는 분할합병으로 인하여 분할 또는 분할합병에 관련되는 각 회사의 주주의 부담이 가중되는 경우 그 주주 전원의 동의가 있어야 한다.

정답 및 해설

43 ① 합병에 반대한 주주라도 주식매수청구권을 행사하지 않는 한 존속회사(또는 신설회사)의 주주가 될 수 있다.

44 ③ 합병이 되면 존속회사 또는 신설회사는 소멸회사의 권리의무를 포괄적으로 승계(포괄적 이전)한다.

45 ④ 존속회사는 소멸회사의 권리의무를 포괄적으로 승계하므로 소멸회사의 권리의무를 승계하기 위한 별도의 행위를 할 필요가 없고, 특약으로 그 일부의 승계를 제한할 수 없다.

46 ① 합병교부금의 지급은 허용되며, 존속하는 회사가 합병으로 소멸하는 회사의 주주에게 그 대가의 전부 또는 일부로서 금전이나 그 밖의 재산을 제공할 수 있다.

47 중요도 ★

합병에 관한 제한 규정에 위반하여 합병무효를 주장하는 경우 그 내용으로 잘못된 것은?

① 합병무효 판결의 소급효는 인정되지 않으며 판결 확정 전에 생긴 회사와 사원 및 제3자 간의 권리의무에는 판결의 영향이 없다.

② 합병무효의 판결이 확정되면 회사는 합병 전의 상태로 환원하여, 소멸회사는 부활하고 신설회사는 소멸한다.

③ 합병 후 존속한 회사의 변경등기, 합병으로 인하여 소멸된 회사의 회복등기, 합병으로 인하여 설립된 회사의 해산등기를 해야 한다.

④ 합병무효의 소에 있어서 원고가 패소한 경우 그 판결의 기판력은 다른 제소권자에게도 미친다.

48 중요도 ★

합병무효의 소송에 대한 설명으로 잘못된 것은?

① 주식회사의 경우 합병무효의 소송은 주주, 이사, 감사, 청산인, 파산관재인 또는 합병을 승인하지 않은 채권자가 제기할 수 있다.

② 합병무효의 소송은 합병등기일부터 3개월 내에 제기해야 한다.

③ 합병비율이 현저하게 불공정한 경우에도 합병무효의 사유가 된다.

④ 합병무효는 소(訴)만으로 주장할 수 있다.

49 중요도 ★

상법상 회사분할에 대한 설명으로 옳은 것은?

① 주식회사에 대하여만 인정된다.

② 분할합병은 주주총회 특별결의를 거쳐야 하나 단순분할은 이사회의 결의로 가능하다.

③ 분할에 의하여 피분할회사가 해산하는 완전분할의 경우에는 청산해야 한다.

④ 단순분할의 경우 반대주주의 주식매수청구권이 인정된다.

50 중요도 ★

회사분할에 대한 설명으로 잘못된 것은?

① 분할되면 권리의무가 포괄적으로 이전된다.

② 분할이나 분할합병으로 성립되는 회사 또는 존속회사는 분할이나 분할합병 전의 회사채무에 대하여 연대책임을 부담한다. 단, 출자재산의 범위 내로 그 책임을 제한할 수 있는 특칙이 있다.

③ 분할의 무효는 등기일부터 6개월 이내에 소송에 의해서만 주장할 수 있다.

④ 분할의 무효는 대세적 효력, 소급적 효력이 있다.

정답 및 해설

47 ④ 합병무효의 소에 있어서 원고가 패소한 경우 그 판결의 기판력은 다른 제소권자에게 미치지 않는다.

48 ② 합병무효의 소송은 합병등기일부터 6개월 내에 제기해야 한다.

49 ① ② 분할합병이든 단순분할이든 모두 주주총회의 특별결의를 거쳐야 한다.
③ 분할에 의하여 피분할회사가 해산하는 완전분할의 경우에도 청산하지 않는다.
④ 단순분할의 경우 반대주주의 주식매수청구권이 인정되지 않는다.

50 ④ 분할의 무효는 제3자에게도 효력이 있는 대세적 효력, 장래에 대하여만 효력이 있는 비소급적 효력이 있다.

제4장
증권세제

학습전략

증권세제는 제4과목 전체 35문제 중 총 5문제가 출제된다.

증권세제는 금융투자업종사자로서 절세를 중요하게 생각하는 고객과 상담할 때 유용한 전문지식이다. 초심자는 내용이 생소하고 어려울 수 있으나 주로 증권과 관련된 세금지식을 중심으로 공부하는 것이 효율적이다. 이 과목에서는 소득세법, 이자소득, 배당소득, 원천징수, 증권거래세법 등이 자주 출제되는 경향이 있다.

출제예상 비중

증권세제 60%   40% 세제일반

핵심포인트

우리나라 조세에 대한 설명으로 잘못된 것은?

① 직접세는 납세자가 담세자이므로 조세부담의 전가가 없다.
② 증권거래세는 직접세에 속한다.
③ 조세는 세수용도에 따라 보통세와 목적세로 분류된다.
④ 지방교육세는 목적세에 속한다.

TIP 증권거래세는 간접세에 속한다.

핵심포인트 해설 **우리나라 세법상 조세의 분류 및 체계**

(1) 조세분류

과세권자	국 세	과세권자가 국가
	지방세	과세권자가 지방자치단체
조세전가	직접세	조세부담의 전가가 없음(납세자 = 담세자)
	간접세	조세부담의 전가가 있음(납세자 ≠ 담세자)
세수용도	보통세	세수용도가 불특정(일반적인 지출에 충당)
	목적세	세수용도가 특정(특정 목적의 지출에 충당)
과표기준	종가세	과세표준을 가격으로 함
	종량세	과세표준을 양으로 함
세율구조	비례세	과세표준과 관계없이 일정률의 세율이 적용됨
	누진세	과세표준의 크기에 따라 세율의 차이가 있음

(2) 조세체계

국 세	직접세	법인세, 소득세, 상속세, 증여세, 종합부동산세
	간접세	부가가치세, 주세, 증권거래세, 인지세, 개별소비세
	목적세	교육세, 농어촌특별세
지방세	보통세	취득세, 등록·면허세, 담배소비세, 지방소비세, 주민세, 재산세, 자동차세
	목적세	지역자원시설세, 지방교육세

정답 | ②

다음 중 납세의무의 소멸사유와 거리가 먼 것은?

① 납부·충당 취소
② 부과 취소
③ 제척기간의 만료
④ 소멸시효의 완성

TIP 납부·충당의 경우에 납세의무가 소멸된다.

핵심포인트 해설 **국세기본법**

서류송달 방법	• 교부송달 : 소속공무원이 송달받을 자에게 서류를 교부하는 방법 • 우편송달 : 등기우편으로 송달하는 방법 • 전자송달 : 송달받을 자가 신청하는 경우에 한하여 가능한 방법 • 공시송달 : 공고한 날부터 14일 경과하면 서류송달로 간주함
납세의무의 성립시기	• 소득세, 법인세, 부가가치세 : 과세기간이 끝나는 때 • 원천징수하는 소득세, 법인세 : 소득(수입)금액을 지급하는 때 • 증권거래세 : 매매거래가 확정되는 때 • 상속세 : 상속이 개시되는 때 • 증여세 : 증여에 의하여 재산을 취득하는 때 • 종합부동산세 : 과세기준일 • 가산세 : 가산할 국세의 납세의무가 성립하는 때
납세의무의 확정절차	• 신고확정 : 소득세, 법인세, 증권거래세 등 • 부과확정 : 상속세, 증여세 등 • 자동확정 : 원천징수하는 소득세·법인세, 인지세 등
납세의무의 소멸사유	• 납부·충당되거나 부과가 취소된 때 • 국세부과의 제척기간이 끝난 때 • 국세징수권의 소멸시효가 완성한 때
제2차 납세의무자	• 청산인과 잔여재산을 분배받은 자, 출자자, 법인, 사업양수인

정답 | ①

납세의무에 대한 설명으로 잘못된 것은?

① 국세징수권은 5년간 행사하지 않으면 소멸시효가 완성되어 납세의무도 소멸한다.
② 제척기간은 국가가 국세를 부과할 수 있는 법정기간으로 그 기간이 끝나면 납세의무도 소멸한다.
③ 상속이 개시되면 피상속인에게 부과된 국세, 가산금과 체납처분비의 납세의무는 소멸하므로 상속인은 이를 부담하지 않아도 된다.
④ 법인이 합병한 경우 합병법인은 피합병법인에게 부과된 국세, 가산금과 체납처분비의 납세의무를 부담한다.

용어 알아두기

제척기간	어떤 종류의 권리에 대하여 정해져 있는 법률적 존속기간을 말한다.

TIP 상속이 개시되면 상속인은 피상속인에게 부과된 국세, 가산금과 체납처분비의 납세의무를 상속받은 재산을 한도로 부담한다.

핵심포인트 해설 **납세의무자**

(1) 납세의무의 승계
  ① 합병법인 : 피합병법인의 세금에 대한 납세의무 부담
  ② 상속인 : 상속이 개시되면 피상속인의 세금에 대한 납세의무 부담

(2) 제2차 납세의무자
  ① 청산인, 잔여재산을 분배받은 자 : 해산법인의 세금에 대한 제2차 납세의무 부담
  ② 출자자 : 법인(상장법인 제외)재산으로 세금 충당 후 부족금액에 대하여 무한책임사원과 과점주주가 제2차 납세의무 부담
  ③ 법인 : 무한책임사원과 과점주주의 재산으로 세금 충당 후 부족금액은 당해 법인이 제2차 납세의무 부담
  ④ 사업양수인 : 양도일 이전에 양도인의 납세의무가 확정된 세금에 대하여 사업양수인이 제2차 납세의무 부담

정답 | ③

거주자의 과세방법과 소득의 연결이 가장 적절하지 않은 것은?

① 종합과세 : 이자소득
② 분류과세 : 양도소득
③ 분리과세 : 배당소득
④ 분류과세 : 연금소득

TIP 연금소득은 종합과세한다.

핵심포인트 해설	소득세법

거주자의 과세방법	• 종합과세 : 해마다 발생하는 경상소득에 대한 과세방법(이자소득, 배당소득, 사업소득, 근로소득, 연금소득, 기타소득) • 분류과세 : 비경상적으로 발생하는 소득(퇴직소득, 양도소득) • 분리과세 : 법정률만 원천징수하면 납세의무 종료(종합소득 과세표준에 합산하지 않음) • 비과세 : 국가정책에 따라 과세에서 제외되는 소득
비거주자의 과세방법	• 종합과세 : 국내사업장이나 부동산임대소득 등이 있는 비거주자는 국내원천소득 • 분리과세 : 국내사업장이나 부동산임대소득 등이 없는 비거주자는 국내원천소득 • 분류과세 : 퇴직소득, 양도소득
신고하지 않아도 되는 소득세	• 근로소득만 있는 거주자(㉠) • 퇴직소득만 있는 거주자(㉡) • 공적연금소득만 있는 자(㉢) • 원천징수 연말정산하는 사업소득만 있는 자(㉣) • 위 ㉠, ㉡ 소득만 있는 자(㉤) • 위 ㉡, ㉢ 소득만 있는 자(㉥) • 위 ㉡, ㉣ 소득만 있는 자(㉦) • 분리과세이자·배당·연금·기타소득만 있는 자 • 위 ㉠ ~ ㉦의 2에 해당하는 자로서 분리과세이자·배당·연금·기타소득이 있는 자

상속세에 대한 설명으로 잘못된 것은?

① 납세의무자는 상속인이다.
② 보험금도 상속재산에 포함된다.
③ 상속세 과세가액에는 생전재산처분 및 부채부담액은 포함되지 않는다.
④ 상속세 과세표준은 상속세 과세가액에서 상속공제액(기초·인적·물적공제, 감정평가 수수료)을 뺀 금액이다.

TIP 상속세 과세가액에는 생전증여재산가액뿐만 아니라 생전재산처분 및 부채부담액도 포함된다.

핵심포인트 해설   상속세

납세의무자	• 상속인(특별연고자, 상속포기자 포함)
상속재산	• 민법상 상속재산, 유증재산, 사인증여재산, 특별연고자분여재산 • 보험금, 신탁재산, 퇴직금
상속세 과세가액	• 상속세 과세가액 = $\begin{bmatrix} 상속재산가액 \\ 생전증여재산가액 \\ 생전재산처분가액 \end{bmatrix} - \begin{bmatrix} 공과금 \\ 장례비 \\ 채 무 \end{bmatrix}$ • 상속재산가액 : 상속재산을 상속세법 규정에 의해 평가한 금액 • 생전증여재산가액 　· 상속개시일 전 10년 이내에 상속인에게 증여한 금액 　· 상속개시일 전 5년 이내에 상속인이 아닌 자에게 증여한 금액 • 생전재산처분 및 부채부담액 　· 상속개시일 전 처분액이 1년 이내 2억(2년 이내 5억) 이상인 경우 　· 상속개시일 전 부채액이 1년 이내 2억(2년 이내 5억) 이상인 경우
과세표준	• 상속세 과세가액 − 상속공제액(기초·인적·물적공제, 감정평가수수료)
세율 (증여세와 동일)	<table><tr><td>과세표준</td><td>세 율</td></tr><tr><td>1억원 이하</td><td>과세표준의 100분의 10</td></tr><tr><td>1억원 초과 5억원 이하</td><td>1천만원 + 1억원을 초과하는 금액의 100분의 20</td></tr><tr><td>5억원 초과 10억원 이하</td><td>9천만원 + 5억원을 초과하는 금액의 100분의 30</td></tr><tr><td>10억원 초과 30억원 이하</td><td>2억 4천만원 + 10억원을 초과하는 금액의 100분의 40</td></tr><tr><td>30억원 초과</td><td>10억 4천만원 + 30억원을 초과하는 금액의 100분의 50</td></tr><tr><td colspan="2">세대를 건너뛴 상속(민법 제1001조에 따른 대습상속 제외)에 대하여 산출세액의 30%(40%) 가산</td></tr></table>
세액공제	• 증여세액공제, 외국납부세액공제, 단기재상속세액공제, 신고세액공제

정답 | ③

06

상속세가 비과세되는 자산에 해당하지 않는 것은?

① 사내근로복지금에 유증한 자산
② 국가, 지자체, 공공단체에 유증한 재산
③ 정당에 유증한 자산
④ 신탁재산

TIP 신탁재산은 상속재산에 포함되어 상속세가 부과된다.

| 핵심포인트 해설 | 상속세를 내지 않아도 되는 경우 |

(1) 상속세 비과세하는 경우
① 국가, 지자체, 공공단체에 유증한 재산
② 문화재 및 보호구역 안의 토지
③ 제사를 주재하는 자가 승계한 금양임야와 묘토, 족보와 제구
④ 정당에 유증한 자산
⑤ 사내근로복지금에 유증한 자산
⑥ 이재구호금품, 치료비, 기타 이와 유사한 것
⑦ 상속인이 상속세 신고기한 이내에 국가·지방자치단체·공공단체에 증여한 재산

(2) 상속세 과세불산입하는 경우
① 공익법인 등에 출연한 재산
② 공익신탁재산

정답 | ④

증여세에 대한 설명으로 잘못된 것은?

① 납세의무자는 수증자이다.
② 신고세액공제는 산출세액에서 징수유예 및 공제·감면세액을 차감한 금액의 3%이다.
③ 증여개시일이 속하는 달의 말일 기준으로 3개월 이내에 신고·납부해야 한다.
④ 납부세액이 2천만원을 초과하는 경우 물납으로 할 수 있다.

TIP 상속세는 물납이 허용되나 증여세는 물납이 허용되지 않는다.

핵심포인트 해설   **증여세**

납세의무자	• 원칙 : 수증자(재산을 증여받은 자) • 연대납세의무 : 수증자가 비거주자인 경우, 주소·거소가 불명확한 경우, 담세력이 없는 경우에는 증여자가 연대납세의무를 부담함
과세대상	• 민법상 증여재산 • 증여의제재산 • 증여추정재산
과세가액	• 증여재산가액 + 동일인으로부터 10년 이내에 받은 1천만원 이상 수증액 – 인수채무
과세표준	• 명의신탁 증여의제 : 명의신탁재산금액 – 감정평가수수료 • 특수관계법인과의 거래를 통한 증여의제 : 증여의제이익 – 감정평가수수료 • 합산배제 증여재산 : 증여재산가액 – 3천만원 – 감정평가수수료 • 상기 이외의 경우 : 증여세 과세가액 – 증여재산공제 – 재해손실공제 – 감정평가수수료 • 과세표준이 50만원 미만인 경우 증여세를 부과하지 않음
세액공제 및 가산세	• 세액공제 : 신고세액공제(산출세액에서 징수유예 및 공제·감면세액을 차감한 금액의 3%) • 가산세 : 과소신고(10%), 무신고(20%), 미납부(미납세액 × 일수 × 0.03%)
신고 및 납부기한	• 상속(증여)개시일이 속하는 달의 말일 기준으로 · 상속세 : 국내거주 6개월, 국외거주 9개월 이내 · 증여세 : 3개월 이내
물납·분납·연부연납	• 물납(증여세는 불허용, 상속세는 허용) · 상속재산 중 부동산과 유가증권 가액이 상속재산가액의 1/2을 초과할 것 · 상속세 납부세액이 2천만원을 초과할 것 · 상속세 납부세액이 상속재산가액 중 금융재산가액을 초과할 것 • 분납 : 상속(증여)세액이 1천만원을 초과하는 경우 가능 • 연부연납 : 상속(증여)세액이 2천만원을 초과하는 경우 세무서의 허가를 얻어 가능

정답 | ④

08

상속세와 증여세에 동일하게 적용되는 사항에 대한 설명으로 옳은 것은?

① 세율이 10 ~ 40%이다.
② 신고세액공제제도에 의하여 산출세액의 20%를 공제받을 수 있다.
③ 세액이 1천만원 초과 시 물납이 가능하다.
④ 세액이 1천만원 초과 시 분납이 가능하다.

TIP ① 세율은 10 ~ 50%이다.
② 신고세액공제제도의 의하여 산출세액에서 징수유예 및 공제·감면세액을 차감한 금액의 3% 공제
③ 상속세는 세액이 2천만원을 초과하는 경우 물납이 가능하나, 증여세는 물납이 허용되지 않는다.

핵심포인트 해설   상속세와 증여세 동일적용 규정

세 율	10 ~ 50%
신고세액공제	법정신고기간 내에 신고한 경우 산출세액에서 징수유예 및 공제·감면세액을 차감한 금액의 3% 공제
가산세율	과소신고 시 10%, 무신고 시 20% 가산세율 적용
분 납	다음 요건을 모두 충족하면 분납 가능 • 세액이 1천만원을 초과할 것(납부세액이 2천만원 이하일 때 1천만원 초과금액, 납부세액이 2천만원 초과할 때는 50% 이하 금액까지 분납 가능) • 2개월 이내에 분납할 것
연부연납	다음 요건을 모두 충족하면 연부연납 가능 • 세액이 2천만원을 초과할 것 • 세무서의 허가를 얻을 것

정답 | ④

이자소득에 해당하는 것으로 짝지어진 것은?

① 환매조건부 매매차익, 저축성 보험의 보험차익
② 인정배당, 건설이자배당
③ 집합투자기구의 이익, 유보소득
④ 법인으로부터 받은 분배금, 인정배당

TIP ②③④는 배당소득에 해당한다.

핵심포인트 해설 　　**이자소득**

채권·증권	• 국공채, 회사채의 이자 및 할인액 • 당해 채권 등을 중도매매한 경우 보유기간의 이자상당액 • 채권 또는 증권의 환매조건부 매매차익
국내외 예·적금	• 국내외 예금·적금(예탁금·부금·우편대체 포함)의 이자 및 할인액
신용부금	• 상호저축은행의 신용계 또는 신용부금으로 인한 이익
저축성 보험	• 저축성 보험의 보험차익(10년 이상되면 비과세)
초과반환금	• 직장공제회의 초과반환금
비영업대금	• 비영업대금의 이익(대금업에 해당하지 않는 금전대여로 받는 이자)
유사 이자소득	• 기타 이자소득과 유사한 소득으로 금전사용대가의 성격이 있는 것(유형별 포괄과세주의) • 이자소득상품과 파생상품의 결합 시 파생상품의 이익을 이자소득으로 과세함

정답 | ①

10

이자소득의 수입시기가 잘못된 것은?

① 무기명 채권 또는 증권의 이자와 할인액 : 그 지급을 받은 날
② 통지예금 이자 : 인출일
③ 비영업대금 이익 : 약정에 의한 이자지급일
④ 이자소득이 발생하는 상속재산이 상속되거나 증여되는 경우 : 이자지급일

TIP 이자소득이 발생하는 상속재산이 상속되거나 증여되는 경우 이자소득의 수입시기는 상속개시일 또는 증여일이다.

핵심포인트 해설   **이자소득의 수입시기**

채권 또는 증권의 이자와 할인액	• 기명 : 약정에 의한 이자지급 개시일 • 무기명 : 그 지급을 받는 날
금전사용대가의 성격이 있는 것	• 약정에 의한 상환일(기일 전 상환하는 경우 그 상환일)
예금·적금·부금의 이자	• 실제로 이자지급을 받는 날 • 원본전입특약이 있는 경우 원본전입일 • 해약으로 인해 지급되는 이자의 경우 그 해약일
통지예금 이자	• 인출일
환매조건부 매매차익	• 환매수일 또는 환매도일
저축성 보험의 보험차익	• 보험금 또는 환급금 지급일
직장공제회 초과반환금	• 약정에 의한 공제회 반환금 지급일
비영업대금 이익	• 약정에 의한 이자지급일
채권 등 보유기간 이자상당액	• 채권 등의 매도일 또는 이자지급일
이자소득이 발생하는 상속재산이 상속되거나 증여되는 경우	• 상속개시일 또는 증여일

정답 | ④

소득세법상 배당소득에 해당하는 것으로만 모두 묶인 것은?

> ㉠ 상법상 건설이자의 배당
> ㉡ 주가연계증권(ELS)으로부터 발생한 수익의 분배금
> ㉢ 주식워런트증권(ELW)으로부터 발생한 수익의 분배금

① ㉠　　　　　　　　　　　　　② ㉠, ㉡
③ ㉡, ㉢　　　　　　　　　　　④ ㉠, ㉡, ㉢

TIP　ELW의 수익분배금은 양도소득으로 과세한다.

핵심포인트 해설　　**배당소득**

이익배당	• 내국법인으로부터 받는 이익이나 잉여금의 배당 및 분배금
법인의 배당	• 법인으로 보는 단체로부터 받는 배당 또는 분배금
의제배당	• 형식상 배당은 아니지만 사실상 회사의 이익이 주주 등에게 귀속되는 경우 배당으로 간주하여 배당소득 과세함
인정배당	• 법인세법에 의하여 배당으로 처분된 금액
집합투자기구 이익	• 국내 또는 국외에서 받은 집합투자기구의 이익
파생결합증권 또는 파생결합사채 로부터의 이익	• 파생결합증권(ELS, ETN 등)에서 발생한 이익 • 파생결합사채로부터 발생한 이익
외국법인의 배당	• 외국법인으로부터 받는 이익이나 잉여금의 배당 또는 분배금 • 특정 외국법인 유보소득에 대한 간주배당
손익분배금	• 출자 공동사업자의 손익분배금
유사 배당소득	• 파생결합상품(배당소득상품 + 파생상품)의 이익 • 기타 배당소득과 유사한 소득으로 수익분배의 성격이 있는 것

정답 | ②

12

배당소득금액의 계산에 대한 설명으로 잘못된 것은?

① 배당소득도 이자소득과 같이 필요경비가 인정되지 않으므로 배당소득으로 수입된 총수입금액이 그대로 배당소득이 된다.

② 배당가산(Gross-up) 적용대상 배당소득이 있는 경우 배당가산액을 가산한 금액을 배당소득금액으로 한다.

③ 이중과세 방지를 위해 배당소득이 부담한 법인세상당액을 배당소득금액에서 공제한다.

④ 내국법인으로부터 받은 배당소득은 배당가산 적용대상 배당소득에 해당한다.

TIP 현행세법은 법인소득에 대하여 법인세가 과세된 소득이 개인주주에게 배당된 경우 그 배당금에 다시 소득세가 과세되므로 동일소득에 대한 이중과세 문제가 발생한다. 이러한 이중과세 문제를 해결하기 위해 배당소득이 부담한 법인세상당액을 배당소득금액에 가산한 후 소득세액에서 공제하는 배당세액공제제도를 두고 있다.

핵심포인트 해설   **배당소득금액의 계산**

배당소득금액	• 배당소득금액 : 배당소득으로 수입된 총수입금액(필요경비 인정 안 됨) • 배당가산 적용대상 배당소득이 있는 경우에는 배당가산액을 가산한 금액을 배당소득금액으로 함
배당가산 적용대상 배당소득	• 배당소득 중 특정사모투자전문회사로부터 받은 배당소득 • 내국법인으로부터 받은 배당소득 • 종합소득과세표준에 포함된 배당소득으로서 이자소득 등의 종합과세기준금액(2천만원)을 초과한 것. 단 다음의 배당소득은 제외 · 자기주식소각익의 자본전입에 따른 의제배당 · 소각일부터 2년이 경과하지 않는 자기주식소각익의 자본전입에 따른 의제배당 · 자기주식 보유상태에서 자본전입에 따른 의제배당 · 토지 재평가적립금(1% 세율적용분)의 자본전입으로 인한 의제배당 · 자기주식 보유상태에서의 자본전입에 따른 의제배당 · 최저한세가 적용되지 아니하는 법인세의 비과세·면제·감면 또는 소득공제를 받은 법인으로부터 받은 배당 • 배당가산액 = 배당소득 × 11%
배당세액공제	• 종합소득 과세표준 계산 시 배당소득에 가산한 금액으로 함

정답 | ③

배당소득의 수입시기가 잘못된 것은?

① 무기명 주식의 이익이나 배당 : 그 지급을 받는 날
② 잉여금의 처분에 의한 배당 : 당해 법인의 잉여금처분 결의일
③ 출자공동사업자의 배당 : 과세기간 종료일
④ 자본의 감자·잉여금의 자본전입에 따른 의제배당 : 당해 법인의 당해 사업연도 결산
   확정일

TIP 자본의 감자·잉여금의 자본전입에 따른 의제배당의 수입시기는 주식의 소각, 자본의 감소 또는 자본전입을 결
정한 날이다.

핵심포인트 해설   **배당소득의 수입시기**

무기명 주식의 이익이나 배당	• 그 지급을 받는 날
잉여금의 처분에 의한 배당	• 당해 법인의 잉여금 처분 결의일
출자공동사업자의 배당	• 과세기간 종료일
자본의 감자·잉여금의 자본전입에 따른 의제배당	• 주식의 소각, 자본의 감소 또는 자본전입을 결정한 날
법인의 해산, 합병 등으로 인한 의제배당	• 법인이 해산으로 소멸한 경우 : 잔여재산가액이 확정된 날 • 법인이 합병 등으로 소멸한 경우 : 합병등기를 한 날
법인세법에 의해 처분된 배당	• 당해 법인의 당해 사업연도 결산확정일
집합투자기구로부터의 이익	• 이익을 지급받는 날(원본전입특약이 있는 경우 원본전입일)

정답 | ④

14

우리나라 세법상 원천징수제도에 대한 설명으로 잘못된 것은?

① 소득을 지급하는 자가 그 소득을 지급하는 때에 지급받는 자의 세금을 징수하는 제도이다.
② 대상소득은 이자소득과 배당소득이다.
③ 비실명금융자산에 대한 소득으로 지급자가 금융기관인 경우 90%의 세율이 적용된다.
④ 비거주자에게 지급하는 경우의 세율은 모두 20%이다.

TIP 비거주자에게 지급하는 경우 지급받는 자가 조세조약이 체결된 국가의 거주자이면 조세조약상 제한세율, 조약이 체결되지 않은 국가의 거주자이면 20%(단, 국가·지차체·내국법인이 발행하는 채권에서 발생한 이자소득은 14%)의 세율이 적용된다.

핵심포인트 해설 **원천징수제도**

의 의	• 세원 탈루 방지 및 징수편리를 위해 소득을 지급하는 자가 그 소득을 지급하는 때에 지급받는 자의 세금을 징수하는 제도 • 현행 세법은 이자소득 및 배당소득에 대하여 익월 10일까지 원천징수의무자가 관할세무서에 납부할 것을 규정하고 있음
세 율	• 거주자에게 지급하는 경우의 세율 · 일반적인 이자소득·배당소득 : 14% · 법원에 납부한 보증금 및 경락대금에서 발생하는 이자소득 : 14% · 비영업대금의 이익, 출자공동사업자의 배당소득 : 25% · 장기채권의 이자와 할인액으로 분리과세 신청한 경우 : 30%(2018. 1. 1. 이후 발행분부터는 폐지) · 비실명금융자산에 대한 소득으로 지급자가 금융기관이 아닌 경우 : 45% · 비실명금융자산에 대한 소득으로 지급자가 금융기관인 경우 : 90% • 비거주자에게 지급하는 경우의 세율 · 지급받는 자가 조세조약이 체결된 국가의 거주자인 경우 : 조세조약상 제한세율 · 조약이 체결되지 않은 국가의 거주자인 경우 : 20%(단, 국가·지차체·내국법인이 발행하는 채권에서 발생한 이자소득은 14%)

정답 | ④

채권 등에 대한 원천징수 특례가 적용되는 채권과 거리가 먼 것은?

① 상업어음
② 내국법인이 발행한 채권
③ 외국법인이 발행한 채권
④ 금융기관이 발행한 예금증서

TIP 상업어음과 금융기관이 발행일부터 만기일까지 계속 보유하는 예금증서는 원천징수 특례가 적용되지 않는다.

핵심포인트 해설   **채권 등에 대한 원천징수 특례**

의 의	• 거주자나 비거주자가 법인으로부터 채권이나 증권의 이자를 지급받거나, 지급받기 전에 법인에게 매도하는 경우 : 법인이 보유기간 이자상당액에 대한 소득세를 원천징수할 수 있도록 함

특례 적용대상	• 국가·지자체·내국법인이 발행한 채권 또는 증권
	• 외국법인·외국법인의 국내지점이 발행한 채권 또는 증권
	• 타인에게 양도 가능한 이자 또는 할인액이 발생하는 아래의 증권
	  · 금융기관이 발행한 예금증서 및 이와 유사한 증서(금융기관이 발행일부터 만기일까지 계속 보유하는 예금증서는 제외)
	  · 어음(상업어음은 제외)

소득금액 계산	• 보유기간 이자상당액 = 액면가액 × 보유기간 × 이자율 등
	• 보유기간 : 매수일부터 매도일까지의 일수
	• 이자율
	  · 공개시장에서 발행하는 국채, 산업금융채권, 예금보험기금채권 : 표면이자율
	  · 전환·교환사채 중 상환할증금의 지급이 약정된 것 : 표면이자율 + 상환할증률
	  · 기타 채권 및 증권 : 표면이자율 ± 발행 시 할인율(할증률)

원천징수 특례	• 원천징수의무자 : 거주자 등에게 채권이자를 지급하거나 채권을 매입하는 법인 • 원천징수시기 : 채권의 매도일 또는 이자지급일

정답 | ①

16

무조건 분리과세 대상소득과 거리가 먼 것은?

① 분리과세 신청한 장기채권의 이자와 할인액(2017. 12. 31. 이전 발행분)
② 지분증권의 매매차익
③ 비실명 이자소득·배당소득
④ 법원보관금의 이자소득

TIP 지분증권의 매매차익은 무조건 분리과세 대상소득에 해당하지 않는다.

이자소득과 배당소득의 과세방법

무조건 분리과세	• 대상소득 · 분리과세 신청한 장기채권의 이자와 할인액(2017. 12. 31. 이전 발행분) · 비실명 이자·배당소득 · 법원보관금의 이자소득 · 직장공제회 초과반환금 · 조세특례제한법에 따른 분리과세이자·배당소득 • 특 징 · 종합소득 과세표준에 포함되지 않고 분리과세됨 · 원천징수로 종합소득세 납세의무 종료됨
조건부 분리과세	• 연간 개인 금융소득 2천만원 이하인 경우 원천징수로 납세의무 종료됨

정답 | ②

소득세법상 소득에 대한 설명으로 잘못된 것은?

① 통상적으로 금융소득은 이자소득과 배당소득을 의미한다.

② 거주자별 연간 금융소득 합계액이 2천만원을 초과하면 종합과세한다.

③ 금융상품 양도에 따른 소득은 현행 소득세법상 금융소득으로 과세한다.

④ 이자소득은 금전사용에 대한 대가인 반면 배당소득은 지분투자에 대한 이익의 분배금을 의미한다.

TIP 금융상품 양도에 따른 소득은 광의의 금융소득이라고 할 수 있으나 현행 소득세법은 이를 별도로 분류하여 양도소득으로 과세한다.

핵심포인트 해설 **금융투자상품에서 발생하는 소득의 과세**

(1) 금융소득

① 금융소득

㉠ 이자소득 : 금전사용에 대한 대가

㉡ 배당소득 : 지분투자에 대한 이익의 분배금

② 금융소득 종합과세제도

㉠ 연간 금융소득 합계액이 2천만원 이하 : 원천징수로 납세의무 종결

㉡ 연간 금융소득 합계액이 2천만원 초과 : 그 초과분은 다른 소득과 합산하여 누진세율로 과세

(2) 양도소득

① 토지, 건물 등 부동산과 그 권리에서 발생한 소득

② 주식 등 일정한 지분증권의 양도로 발생한 소득

③ 파생상품에서 발생한 소득

㉠ 주가지수 관련 파생상품에서 발생한 소득

㉡ ELW(주식워런트증권)에서 발생한 소득

㉢ 기획재정부령으로 정하는 것

정답 | ③

18

증권거래세에 대한 설명으로 잘못된 것은?

① 주권(또는 지분)의 유상 양도에 대하여 부과하는 조세이다.

② 외국법인이 발행한 주권으로 자본시장법에 의한 증권시장에 상장된 주권도 과세대상이 된다.

③ 장내 또는 장외거래에서 양도되는 주권을 계좌 간 대체로 매매결제하는 경우 납세의무자는 당해 금융투자업자이다.

④ 자본시장법에 따른 발행매출의 경우에는 증권거래세가 비과세된다.

TIP 장내 또는 장외거래에서 양도되는 주권을 계좌 간 대체로 매매결제하는 경우 납세의무자는 당해 대체결제회사 (한국예탁결제원)이다.

핵심포인트 해설 　　　　**증권거래세 의의 및 납세의무자**

의 의	• 의의 : 주권(또는 지분)의 유상 양도에 대하여 부과하는 조세 • 과세대상 주권 · 상법 또는 특별법에 의하여 설립된 법인의 주권 · 외국법인이 발행한 주권으로 자본시장법에 의한 증권시장에 상장된 것(한국거래소의 유가증권시장, 코스닥시장, 코넥스시장) • 증권거래세를 부과하지 않는 경우 · 외국증권시장에 상장된 주권의 양도나 동 시장에 주권을 상장하기 위해 인수인에게 주권을 양도하는 경우 · 채무인수를 한 한국거래소가 주권을 양도하는 경우
납세의무자	• 장내 또는 장외거래에서 양도되는 주권을 계좌 간 대체로 매매결제하는 경우 : 당해 대체결제회사(예탁결제원) • 위 외에 금융투자업자를 통해 주권 등을 양도하는 경우 : 당해 금융투자업자 • 위 내용 이외에 주권을 양도하는 경우 : 당해 양도자(다만, 국내사업장이 없는 비거주자(외국법인 포함)가 금융투자업자를 통하지 않고 주권 등을 양도하는 경우에는 당해 양수인)
비과세양도	• 국가 또는 지자체가 주권을 양도하는 경우 • 자본시장법에 따른 발행매출 • 주권을 목적물로 하는 소비대차의 경우

정답 | ③

19

증권거래세의 과세표준 등에 대한 설명으로 잘못된 것은?

① 증권거래세의 과세표준은 원칙적으로 양도가액이다.
② 특수관계자에게 시가액보다 낮은 가액으로 양도한 것으로 인정되는 경우 과세표준은 그 시가액이다.
③ 비거주자가 정상가격보다 낮은 가액으로 양도한 경우 그 낮은 가액을 과세표준으로 한다.
④ 대체결제회사(예탁결제원) 및 금융투자업자는 다음 달 10일까지 증권거래세를 신고·납부해야 한다.

TIP 비거주자는 국제조세조정에 관한 법률상의 정상가격을 과세표준으로 해야 한다.

핵심포인트 해설   **증권거래세의 과세표준 등**

과세표준	• 원칙 : 양도가액 • 양도가액이 명확하지 않은 경우 　· 특수관계자에게 시가액보다 낮은 가액으로 양도한 것으로 인정되는 경우 : 그 시가액 　· 비거주자 또는 외국법인이 국외특수관계자에게 정상가격보다 낮은 가액으로 양도한 것으로 인정되는 경우 : 국제조세조정에 관한 법률상의 정상가격 　· 양도가액이 확인되지 않는 장외거래의 경우 <table><tr><td>상장주권</td><td>거래소가 공표하는 양도일의 매매거래 기준가격</td></tr><tr><td>장외시장주권</td><td>금융투자협회가 공표하는 양도일의 매매거래 기준가격</td></tr><tr><td>기타 주권</td><td>소득세법 시행령 제165조에 의한 평가액</td></tr></table>
거래징수	• 증권거래세의 납세의무자 중 대체결제회사, 금융투자업자, 비거주자로부터 주권을 양수하는 자가 양도하는 자의 증권거래세를 거래징수함

정답 | ③

fn.Hackers.com

☑ 다시 봐야 할 문제(틀린 문제, 풀지 못한 문제, 헷갈리는 문제 등)는 문제 번호 하단의 네모박스(□)에 체크하여 반복학습하시기 바랍니다.

01 □

중요도 ★

조세의 분류에 대한 설명으로 잘못된 것은?

① 직접세는 납세자와 담세자가 동일하지 않으나 간접세는 동일하다.

② 보통세는 세수의 용도가 불특정되어 있으나 목적세는 특정되어 있다.

③ 종가세는 가격을 과세표준으로 하나 종량세는 양을 과세표준으로 한다.

④ 비례세는 과세표준과 관계없이 일정률의 세율을 적용하나 누진세는 과세표준의 크기에 따라 세율의 차이가 있다.

02 □

중요도 ★

다음 중 간접세가 아닌 것은?

① 부가가치세

② 증권거래세

③ 소득세, 상속·증여세

④ 인지세

03 □

중요도 ★★

세법상 서류송달에 대한 설명으로 잘못된 것은?

① 서류의 송달을 받을 자가 서류의 요지를 공고한 날부터 14일이 경과하면 서류송달로 간주한다.

② 주소 또는 영업소가 불분명한 경우 공시송달하게 된다.

③ 세무공무원이 1회 방문하였으나 부재중으로 송달이 곤란한 경우에 공시송달할 수 있다.

④ 서류의 송달방법에는 교부송달, 우편송달, 전자송달, 공시송달이 있다.

04 □

중요도 ★★

납세의무의 성립시기가 잘못된 것은?

① 소득세·법인세 : 과세기간이 종료하는 때

② 증여세 : 증여에 의하여 재산을 취득하는 때

③ 증권거래세 : 과세문서를 작성하는 때

④ 종합부동산세 : 과세기준일

05

중요도 ★

납세의무의 확정방법과 적용세목이 올바르게 연결된 것은?

① 신고확정 : 인지세
② 부과확정 : 원천징수하는 법인세
③ 신고확정 : 중간예납 법인세
④ 부과확정 : 증여세

06

중요도 ★

과세요건과 관계가 적은 것은?

① 과세주체
② 납세의무자
③ 과세표준
④ 세 율

정답 및 해설

01 ① 직접세는 납세자와 담세자가 동일하나 간접세는 동일하지 않다.

02 ③ 소득세, 상속·증여세는 직접세에 해당한다.

03 ③ 공시송달사유

> • 주소 또는 영업소가 국외에 있어 그 송달이 곤란한 경우
> • 주소 또는 영업소가 분명하지 않은 경우
> • 서류를 등기우편으로 송달하였으나 수취인이 부재중인 것으로 확인되어 반송됨으로써 납부기한 내 송달이 곤란하다고 인정되는 경우
> • 세무공무원이 2회 이상 납세자를 방문하여 서류를 교부하고자 하였으나 수취인이 부재중인 것으로 확인되어 납부 기한 내 송달이 곤란하다고 인정되는 경우

04 ③ 증권거래세의 납세의무 성립시기는 당해 매매거래가 확정되는 때이다.

05 ④ ①②③은 자동확정에 해당되는 세목이다.

06 ① 과세요건은 납세의무자, 과세물건, 과세표준, 세율이다.

07

국세징수권의 소멸시효에 대한 설명으로 옳은 것은?

① 소멸시효는 국가가 납세의무자에게 국세를 부과할 수 있는 법정기간이다.

② 국세징수권은 5년간 행사하지 않으면 소멸시효가 완성된다.

③ 소멸시효가 완성되어도 납세의무는 소멸되지 않는다.

④ 납세고지, 독촉, 납부최고, 교부청구, 압류의 경우에 이미 경과한 시효기간의 효력이 부활된다.

08

소득세법상 거주자의 소득 유형별 과세방법으로 옳은 것은?

① 이자소득·부동산임대소득 : 분리과세

② 퇴직소득·양도소득 : 분류과세

③ 기타소득·연금소득 : 비과세

④ 양도소득·사업소득 : 종합과세

09

소득세법상 비거주자의 과세방법에 대한 설명으로 잘못된 것은?

① 거주자의 납세의무 범위는 국내외 모든 소득인 반면 비거주자는 국내원천소득에 한한다.

② 국내사업장 또는 부동산임대소득이 있는 비거주자는 국내원천소득(퇴직·양도소득 제외)을 종합과세한다.

③ 국내사업장 또는 부동산임대소득이 없는 비거주자는 국내원천소득을 분리과세한다.

④ 퇴직소득 또는 양도소득의 국내원천소득이 있는 비거주자는 당해 소득별로 분리과세한다.

10 중요도 ★
다음 중 이자소득에 해당하는 것은?

① 환매조건부 매매차익
② 인정배당
③ 집합투자기구의 이익
④ 법인으로부터 받은 분배금

11 중요도 ★★
다음 중 배당소득에 해당하는 것은?

① 직장공제회의 초과반환금
② 신용부금으로 인한 이익
③ 비영업대금의 이익
④ 의제배당

12 중요도 ★
이자소득의 수입시기에 대한 설명으로 잘못된 것은?

① 무기명 채권의 이자와 할인액 – 그 지급을 받는 날
② 기명 채권의 이자와 할인액 – 약정에 의한 이자지급 개시일
③ 증권의 환매조건부 매매차익 – 약정에 의한 당해 증권의 환매수일 또는 환매도일
④ 통지예금의 이자 – 이자지급일

정답 및 해설

07 ② ① 제척기간에 대한 설명이다.
　　　③ 소멸시효가 완성되면 납세의무도 소멸한다.
　　　④ 소멸시효 중단사유인 납세고지, 독촉, 납부최고, 교부청구, 압류 중 하나가 실행되면 이미 경과한 시효기간의 효력이 상실된다.

08 ② 퇴직소득과 양도소득은 분류과세한다.

09 ④ 퇴직소득 또는 양도소득의 국내원천소득이 있는 비거주자는 당해 소득별로 분류과세한다.

10 ① ②③④는 배당소득에 해당한다.

11 ④ ①②③은 이자소득에 해당한다.

12 ④ 이자지급일 → 인출일

13

중요도 ★

배당소득의 수입시기에 대한 설명으로 잘못된 것은?

① 무기명 주식의 이익이나 배당 – 그 지급을 받는 날
② 잉여금의 처분에 의한 배당 – 당해 법인의 잉여금처분일
③ 출자공동사업자의 배당 – 과세기간 종료일
④ 법인세법에 의하여 처분된 배당 – 당해 법인의 당해 사업연도의 결산확정일

14

중요도 ★★

원천징수제도에 대한 설명으로 잘못된 것은?

① 세원의 탈루 방지와 징수 편리를 위하여 소득을 지급하는 자(원천징수의무자)가 그 소득을 지급하는 때에 지급받은 자의 해당 소득에 대한 세금을 징수하여 세무서에 납부하는 제도다.
② 원천징수의무자는 소득지급일의 익월 10일까지 관할세무서에 납부해야 한다.
③ 외국법인 발행증권에서 발생하는 이자·배당소득을 거주자에게 지급하는 경우 국내에서 그 지급을 대리하거나 위탁·위임받은 자는 원천징수의무자로 본다.
④ 거주자의 비영업대금 이익의 원천징수세율은 14%이다.

15

중요도 ★

소득세는 신고확정세목으로 납세자가 신고함으로써 과세표준과 세액이 확정된다. 따라서 소득금액과 세액을 계산하여 다음 연도 5. 1. ~ 5. 31.의 기간 내에 주소지 관할 세무서에 신고 및 납부해야 한다. 다음 중 소득세를 신고해야 하는 사람은?

① 부동산임대소득, 기타소득만 있는 자
② 근로소득, 퇴직소득만 있는 자
③ 퇴직소득, 공적연금소득만 있는 자
④ 분리과세이자·배당·연금·기타소득만 있는 자

16 상속세의 과세가액 산정 시 가산항목에 대한 설명으로 잘못된 것은?

① 상속재산에는 상속개시일 현재 피상속인에게 귀속되는 재산으로 경제적 가치가 있는 모든 물건뿐 아니라 재산적 가치가 있는 법률상 또는 사실상의 모든 권리도 포함된다.

② 보험금, 신탁재산 및 퇴직금 등도 상속재산으로 의제되므로 과세가액 산출 시 가산항목이다.

③ 상속개시일 전 10년 이내에 피상속인이 상속인이 아닌 자에게 증여한 재산가액은 가산항목이다.

④ 상속개시일 전 1년 이내에 처분받은 재산이 2억원 이상인 경우 상속재산으로 추정한다.

정답 및 해설

13 ② 당해 법인의 잉여금처분일 → 당해 법인의 잉여금처분 결의일

14 ④ 거주자의 비영업대금 이익의 원천징수세율은 25%이다.

15 ① 부동산임대소득, 기타소득이 있는 자는 소득세를 신고해야 한다.

참고 신고하지 않아도 되는 소득세

> ㉠ 근로소득만 있는 거주자
> ㉡ 퇴직소득만 있는 거주자
> ㉢ 공적연금소득만 있는 자
> ㉣ 원천징수 연말정산하는 사업소득만 있는 자
> ㉤ 위 ㉠, ㉡ 소득만 있는 자
> ㉥ 위 ㉡, ㉢ 소득만 있는 자
> ㉦ 위 ㉡, ㉣ 소득만 있는 자
> ㉧ 분리과세자·배당·연금·기타소득만 있는 자
> ㉨ 위 ㉠~㉦의 2에 해당하는 자로서 분리과세자·배당·연금·기타소득이 있는 자

16 ③ 생전증여재산 중 상속개시일 전 10년 이내에 피상속인이 상속인에게 증여한 재산가액, 상속개시일 전 5년 이내에 피상속인이 상속인이 아닌 자에게 증여한 재산가액은 과세가액 산정 시 가산항목이다. 상속세 과세가액 산정 시 가산항목에는 본래의 상속재산(①), 의제상속재산(②), 상속추정재산(④) 등이 있고 차감항목에는 공과금, 장례비, 채무 등이 있다.

17

중요도 ★

상속세 과세가액 산정에 대한 설명으로 잘못된 것은?

① 상속개시일 현재 피상속인이 납부해야 할 의무가 있는 공과금은 차감한다.

② 장례비 지출이 500만원 미만인 경우에는 500만원, 1,000만원을 초과하는 경우에는 1,000만원까지 차감한다.

③ 상속개시일 전 10년 이내에 피상속인이 상속인에게 진 증여채무나 상속개시일 전 5년 이내에 피상속인이 상속인이 아닌 자에게 진 증여채무를 차감한다.

④ 상속재산 중 공익법인에 출연한 재산가액은 과세가액 불산입한다.

18

중요도 ★

상속세 세액공제에 대한 설명으로 잘못된 것은?

① 상속재산에 가산한 단기증여재산에 대한 당초 증여세액은 상속세 산출세액에서 공제한다.

② 외국에 있는 상속재산에 대하여 외국법령에 의하여 상속세를 부과받은 경우에도 상속세 산출세액에서 공제한다.

③ 다시 상속된 재산에 대한 최초의 상속세 상당액에 대하여 최초 상속일부터 다시 상속된 기간 1년마다 10%씩을 차감한 금액을 공제한다.

④ 상속개시일부터 6개월 이내에 상속신고서를 제출한 경우에는 상속세 산출세액의 20%를 공제한다.

19

중요도 ★

증여세에 대한 설명으로 옳은 것은?

① 납세의무자는 자신의 재산을 증여하는 자이다.

② 수증자가 비거주자인 경우, 주소·거소가 불명확한 경우, 담세력이 없는 경우에는 증여자가 연대하여 납세할 의무를 진다.

③ 수증자가 비거주자인 경우 국내·국외에 소재하는 모든 증여재산에 대하여 과세한다.

④ 증여의제의 경우에는 증여세가 부과되나 증여추정의 경우에는 증여세가 부과되지 않는다.

20

중요도 ★

수증자가 담세력이 없는 경우에는 증여자가 연대납세의무를 진다. 다음 중 수증자가 증여세를 납부할 능력이 없어 증여세를 면제하는 경우로 모두 묶인 것은?

□

> ㉠ 저가 양수·고가 양도에 따른 이익의 증여
> ㉡ 채무면제에 따른 이익의 증여
> ㉢ 부동산 무상사용에 따른 이익의 증여
> ㉣ 합병에 따른 이익의 증여
> ㉤ 증자·감자에 따른 이익의 증여
> ㉥ 전환사채 등의 주식전환에 따른 이익의 증여

① ㉠, ㉡, ㉢

② ㉠, ㉡, ㉢, ㉣

③ ㉠, ㉡, ㉢, ㉣, ㉤

④ ㉠, ㉡, ㉢, ㉣, ㉤, ㉥

정답 및 해설

17 ③ 명칭 여하를 불구하고 상속개시 당시 피상속인이 부담해야 할 확정된 채무로서 공과금 이외의 모든 부채는 차감항목이다. 단, 상속개시일 전 10년 이내에 피상속인이 상속인에게 진 증여채무, 상속개시일 전 5년 이내에 피상속인이 상속인이 아닌 자에게 진 증여채무는 제외된다.

18 ④ 상속개시일부터 6개월 이내에 상속신고서를 제출한 경우에는 상속세 산출세액의 3%를 공제한다.

19 ② ① 납세의무자는 타인의 증여에 의하여 재산을 취득하는 자(수증자)이다.
③ 수증자가 비거주자인 경우 국내에 있는 수증재산에 대하여만 증여세 납무의무가 있다. 그러나 거주자가 비거주자에게 국외재산을 증여하는 경우에는 증여자에게 납세의무가 있다.
④ 증여세를 내야 하는 경우에는 재산적 가치가 있는 것을 무상으로 이전(본래의 증여)하는 경우, 재산을 취득하고 이에 대한 자금출처를 밝히지 못하는 경우, 실제 증여는 아니지만 증여로 의제되는 경우(증여의제), 실제 증여는 아니지만 증여로 추정되는 경우(증여추정), 기타 제3자를 통한 간접적인 방법으로 재산이 사실상 무상으로 이전된 경우(포괄주의) 등이 있다.

20 ④ 모두 수증자가 증여세를 납부할 능력이 없어 증여세를 면제하는 경우에 해당한다.

21

중요도 ★

증권거래세에 대한 설명으로 잘못된 것은?

① 증권거래세의 과세대상은 주권 또는 지분의 양도이다.

② 주권 등이 외국의 증권거래소에 상장되어 외국의 증권거래소에서 거래되는 경우에도 증권거래세가 부과된다.

③ 증권거래세는 원칙적으로 주권의 양도가액을 과세표준으로 한다.

④ 주권을 목적으로 하는 소비대차의 경우 증권거래세를 부과하지 않는다.

22

중요도 ★★

증권거래세의 납세의무자에 대한 설명으로 잘못된 것은?

① 장내 또는 장외거래에서 양도되는 주권을 계좌 간 대체로 매매결제하는 경우 : 예탁결제원

② ① 외에 금융투자업자를 통해 주권 등을 양도하는 경우 : 당해 금융투자업자

③ ①, ② 이외에 주권 등을 양도하는 경우 : 당해 양도자

④ 외국법인이 금융투자업자를 통하지 않고 주권 등을 양도하는 경우 : 당해 양도자

23

중요도 ★★

증권거래세가 비과세되는 경우로만 모두 묶인 것은?

> 가. 국가 또는 지방자치단체가 주권 등을 양도하는 경우
> 나. 자본시장법에 따라 주권을 매출하는 경우
> 다. 주권을 목적물로 하는 소비대차의 경우

① 가

② 가, 나

③ 가, 다

④ 가, 나, 다

24 중요도 ★★★

증권거래세의 과세표준에 대한 설명으로 잘못된 것은?

① 증권거래세의 과세표준은 원칙적으로 당해 주권의 양도가액으로 한다.

② 주권 등이 시가액보다 낮은 가액으로 양도된 것으로 인정되는 경우에는 그 시가액을 과세표준으로 한다.

③ 비거주자 또는 외국법인이 국외특수관계자에게 정상가격보다 낮은 가액으로 양도한 것으로 인정되는 경우에는 국제조세조정에 관한 법률상의 정상가격을 과세표준으로 한다.

④ 양도가액이 확인되지 않은 상장주권 장외거래의 경우에는 양수일의 종가로 한다.

25 중요도 ★★★

증권거래세에 대한 설명으로 잘못된 것은?

① 증권거래세의 기본세율은 0.43%이다.

② 유가증권시장에서 양도되는 주권의 세율은 0.3%이다.

③ 코스닥시장에서 양도되는 주권의 세율은 0.23%이다.

④ 증권거래세의 납세의무자 중 대체결제회사와 금융투자업자 및 비거주자로부터 주권을 양수하는 자는 주권을 양도하는 자의 증권거래세를 거래징수해야 한다.

정답 및 해설

21 ② 외국증권시장에 상장된 주권의 양도, 외국증권시장에 주권 등을 상장하기 위하여 인수인에게 주권 등을 양도하는 경우, 채무인수를 한 한국거래소가 주권 등을 양도하는 경우에는 증권거래세를 부과하지 않는다.

22 ④ 외국법인이 금융투자업자를 통하지 않고 주권 등을 양도하는 경우 : 당해 주권의 양수인

23 ④ 증권거래세법은 '가, 나, 다'의 경우에 한하여 비과세양도를 허용하고 있다.

24 ④ 양도가액이 확인되지 않은 장외거래의 과세표준은 상장주권의 경우 거래소 공표하는 양도일의 매매거래 기준가격, 장외시장 주권의 경우 장외거래 공표하는 양도일의 매매거래 매매기준가격, 기타 주권의 경우 소득세법 시행령 제165조의 규정에 의한 평가액이다.

25 ② 유가증권시장에서 양도되는 주권의 증권거래세율은 0.08%(농특세 0.15% 별도)이다.

> 참고 증권거래세의 납세의무자 중 예탁결제원 및 금융투자업자는 매월 분의 증권거래세 과세표준과 세액을 다음 달 10일까지 신고·납부해야 한다. 그 밖의 납세의무자는 매 분기분의 과세표준과 세액을 양도일이 속하는 분기의 말일부터 2개월 이내에 신고·납부해야 한다.

필수암기공식 30

경기분석

01 통화유통속도

$$통화유통속도(V) = \frac{명목GDP(P \cdot Y)}{통화량(M)}$$

02 소득유통속도

$$통화 증가율(MG) = GDP \text{ 디플레이터 상승률}(PG) + 실질GDP \text{ 증가율}(YG)$$
$$- \text{유통속도 변화율}(VG)$$

03 기업경기실사지수

$$기업경기실사지수 = \frac{(긍정적 \text{ 응답업체 } 수 - 부정적 \text{ 응답업체 } 수)}{전체 \text{ 응답업체 } 수} \times 100 + 100$$

기본적 분석

04 총자본이익률(ROI : Return On Investment)

$$총자본이익률 = \frac{당기순이익}{총자본} \times 100(\%)$$
$$= \frac{당기순이익}{매출액} \times \frac{매출액}{총자본} \times 100(\%)$$
$$= 매출액순이익률 \times 총자본회전율$$

05 자기자본이익률(ROE : Return On Equity)

$$자기자본이익률 = \frac{당기순이익}{자기자본} \times 100(\%)$$

$$= \frac{매출액}{총자본} \times \frac{총자본}{자기자본} \times 100(\%)$$

$$= 매출액순이익률 \times 총자본회전율 \times 재무레버리지$$

06 매출액순이익률

$$매출액순이익률 = \frac{당기순이익}{매출액} \times 100(\%)$$

07 유동비율

$$유동비율 = \frac{유동자산}{유동부채} \times 100(\%)$$

08 부채비율

$$부채비율 = \frac{타인자본}{자기자본} \times 100(\%)$$

09 이자보상비율

$$이자보상비율 = \frac{영업이익}{이자비용} \times 100(\%)$$

10 주당순이익(EPS : Earnings Per Share)

$$주당순이익 = \frac{당기순이익}{발행주식 수}$$

11 배당성향

$$배당성향 = \frac{현금배당}{당기순이익} \times 100(\%)$$

12 주가현금흐름비율(PCR : Price Cashflow Ratio)

$$주가현금흐름비율 = \frac{주\;가}{주당현금흐름}(배)$$

13 주가매출액비율(PSR : Price Sales Ratio)

$$주가매출액비율 = \frac{주\;가}{주당매출액}(배)$$

14 토빈의 q(Tobin's q)

$$Tobin's\;q = \frac{기업의\;시장가치}{추정\;대체비용}$$

① q > 1 : 조달된 자본을 잘 운영하여 기업가치가 증가
② q < 1 : 자산의 시장가치가 대체비용보다 낮음(M&A의 대상)

15 배당수익률

$$배당수익률 = \frac{1주당\;배당금}{주\;가}(\%)$$

16 영업레버리지 분석(Operating Leverage Analysis)

$$영업레버리지도(DOL) = \frac{영업이익의\;변화율}{매출량의\;변화율} \times \frac{\Delta EBIT/EBIT}{\Delta Q/Q}(배)$$
$$= \frac{매출액 - 변동비용}{매출액 - 변동영업비 - 고정영업비}$$

$(\Delta EBIT : 영업이익의\;변동분,\;\Delta Q : 매출량의\;변동분)$

17 재무레버리지 분석(Financial Leverage Analysis)

$$\text{재무레버리지도(DFL)} = \frac{\text{주당순이익의 변화율}}{\text{영업이익의 변화율}} = \frac{\Delta \text{EPS}/\text{EPS}}{\Delta \text{EBIT}/\text{EBIT}}$$

$$= \frac{\text{영업이익(EBIT)}}{\text{영업이익(EBIT)} - \text{이자(I)}}$$

(ΔEPS : 주당순이익의 변동분, ΔEBIT : 영업이익의 변동분)

18 결합레버리지 분석(Combined Leverage Analysis)

$$\text{결합레버리지도(DCL)} = \text{DOL} \times \text{DFL} = \frac{\text{주당순이익의 변화율}}{\text{매출량의 변화율}} = \frac{\Delta \text{EPS}/\text{EPS}}{\Delta \text{Q}/\text{Q}}$$

$$= \frac{\text{매출액} - \text{변동비용}}{\text{매출액} - \text{변동비용} - \text{고정비용} - \text{이자비용}}$$

(ΔEPS : 주당순이익의 변동분, ΔQ : 매출량의 변동분)

19 항상성장모형

$$P_0 = \frac{D_1}{k - g} = \frac{D_0(1 + g)}{k - g}$$

20 할인율 = 요구수익률 = 무위험수익률 + 위험프리미엄

$$k = E(R_i) = R_f + [E(R_m) - R_f] \times \beta$$

21 주가수익비율(PER : Price Earnings Ratio)

$$\text{PER} = \frac{P}{\text{EPS}} = \frac{\text{배당성향}(1 + g)}{k - g}$$

22 주가순자산비율(PBR : Price Book-value Ratio)

$$\text{PBR} = \frac{P}{\text{BPS}} = \frac{\text{주당시장가격}}{\text{주당장부가치}}$$

23 EVA

$$EVA = 영업상\ 이익 - 투자자본비용$$

$$= 세후\ 순영업이익 - [투하자본 \times 가중평균자본비용(WACC)]$$

$$= 투자자본 \times (ROIC - WACC)$$

- 세후 순영업이익 = 영업이익 + 기타 영업관련 수익 − 기타 영업관련 비용 − 실효법인세
- WACC = (타인자본비용 × 부채비중) + (자기자본비용 × 자기자본비중)
- ROIC = 재투자수익률

채권시장

24 만기 시 일시상환채권(복리채, 단리채, 할인채)

$$P = \frac{S}{(1+r)^n(1+r \times \frac{d}{365})}$$

(P : 채권가격, S : 만기금액, r : 만기수익률, n : 잔존기간)

25 복수현금흐름채권(이표채, 거치채)

$$P = \frac{C_t}{(1+r)^n(1+r \times \frac{d}{365})} + \frac{S}{(1+r)^n(1+r \times \frac{d}{365})}$$

[연 단위(이자지급 단위기간)의 잔존기간은 복리, 나머지 잔존기간은 단리로 할인]

26 채권가격 변동률(듀레이션과 볼록성 고려)

$$\frac{\Delta P}{P} = (-D_M \times \Delta r) + [\frac{1}{2} \times Convexity \times (\Delta r)^2]$$

27 전환주수

$$전환주수 = \frac{액면금액}{전환가격}$$

28 전환가치(패리티가치)

전환가치 = 패리티가치 = 주식의 시장가격 × 전환주수

29 전환프리미엄(괴리)

전환프리미엄 = 시장 전환프리미엄 = 괴리 = 전환사채의 시장가격 − 전환가치

30 패리티(%)

$$패리티(Parity) = \frac{주식의\ 시장가격}{전환가격} \times 100(\%)$$

$$패리티 \times 100 = 주식의\ 시장가격 \times 전환주수 = 전환가치$$

실전모의고사

1,2

01 물가지수와 각각의 특징을 올바르게 연결한 것은?

종 류	특 징
A. 소비자물가지수	㉠ 모든 서비스의 가격을 종합적으로 고려, 국민경제 전체의 물가압력 측정
B. 생산자물가지수	㉡ 전반적 상품의 수급동향 반영, 기업 간 거래되는 상품 및 서비스 가격이 조사대상임
C. GDP 디플레이터	㉢ 임금이 차지하는 비중이 상대적으로 높고 경기변동에 크게 민감하지 않음

① A-㉠, B-㉡, C-㉢　　　　　　② A-㉠, B-㉢, C-㉡
③ A-㉢, B-㉠, C-㉢　　　　　　④ A-㉢, B-㉡, C-㉠

02 우리나라 경기순환의 특징에 대한 설명으로 거리가 먼 것은?

① 경기순환의 특징으로는 지속성, 변동성, 공행성이 존재한다.
② 전 기간을 거쳐 가장 큰 영향을 미친 요인은 자본시장의 개방이다.
③ 통화는 대체로 경기를 안정시키는 방향으로 운용된다.
④ 농업생산은 총생산에서 차지하는 비중이 감소하였으며, 경기순환에 미치는 영향이 미미하다.

03 통화주의자 경기변동이론에 대한 설명으로 잘못된 것은?

① 통화공급이 불안정하기 때문에 경기순환이 발생한다고 주장하였다.
② 경제는 자연산출 수준, 즉 완전고용 산출수준으로 회귀하는 경향이 있다고 본다.
③ 프리드먼과 슈워츠는 시계열 자료 분석을 통해 GDP 변동이 통화량 변동에 선행함을 주장하였다.
④ 정책당국은 통화공급량을 해마다 일정한 비율로 증가시켜야 한다고 주장하였다.

04 시차와 경기정책에 대한 내용으로 올바른 것은?

① 통화정책의 경우 내부시차는 짧으며, 외부시차는 길다.

② 재정정책의 경우 내부시차는 짧으며, 외부시차는 길다.

③ 통화정책의 경우 내부시차는 길며, 외부시차는 짧다.

④ 재정정책의 경우 내부시차와 외부시차 모두 길다.

05 자산가격경로에 대한 내용으로 거리가 먼 것은?

① 토빈(J. Tobin)의 q이론에 따르면 q > 1인 경우에는 투자가 증가한다.

② 토빈의 q이론과 부(富)의 효과(Wealth Effect)를 통하여 설명하였다.

③ 부의 효과는 부동산과 같은 실물자산의 가치변동을 통해서도 나타난다.

④ 토빈의 q이론은 일반인들이 보유하고 있는 주식가격의 변화가 소비에 미치는 영향을 분석한 것이다.

06 다음 중 경기예측방법에 대한 내용이 잘못 연결된 것은?

① 경기지표 : 경기종합지수(CI), 경기확산지수(DI)

② 설문조사 : 기업경기실사지수(BSI), 소비자동향지수(CSI)

③ 설문조사 : 소비자물가지수(CPI), 경제심리지수(ESI)

④ 경제모형 : 시계열모형, 거시경제계량모형

07 주식가격을 예측하는 방법에 대한 설명으로 잘못된 것은?

① 기본적 분석은 기업의 내재가치(Intrinsic Value) 또는 본질가치(Fundamental Value)를 찾아내고, 이렇게 찾아낸 진정한 가치가 시장에 반영될 것으로 기대한다.

② 기술적 분석에서 주가는 시장에서의 수요와 공급에 의해서 결정되고, 수요와 공급은 시장에 참여하는 투자자들의 심리상태에 의하여 결정된다고 본다.

③ 기본적 분석과 기술적 분석은 모두 기본적으로 증권시장의 비효율성을 가정하고 초과이익을 얻으려는 투자전략이다.

④ '기업분석 ⇨ 산업분석 ⇨ 경제분석'의 순으로 분석하는 것을 Bottom-Up 방식이라 하며, 이는 기본적 분석에서 가장 많이 쓰이는 방식이다.

08 통화량과 주가의 관계에 대한 설명과 거리가 먼 것은?

① 통화량의 증가는 기업의 자금확보를 용이하게 하고, 이는 기업의 수익성을 향상시켜 주가를 상승하게 한다.

② 통화량의 증가는 민간부문의 저축 및 투자를 확대시켜 주식 및 채권에 대한 수요를 증가시키고 이에 따라 주가가 상승하게 되는데, 이를 유동성효과라고 한다.

③ 피셔효과(Fisher Effect)란 화폐공급의 증가로 인플레이션이 발생하면 피셔방정식에 의하여 명목금리가 상승하게 되는 효과를 말하는데, 이는 장기적으로 주가에 부정적인 영향을 준다.

④ 통화지표에는 협의통화(M1), 광의통화(M2), 금융기관의 유동성(Lf), 광의의 유동성(L) 4가지가 있으며, 매월 한국은행에서 발표하고 있다.

09 기본적 분석에 대한 설명으로 거리가 먼 것은?

① 기업의 본질가치를 찾고자 한다.

② 시장가격이 본질가치보다 크면 고평가된 것으로 본다.

③ 객관적인 방법이다.

④ 투자자의 요구수익률이 중요하다.

10

다음 설명 중 잘못된 것은?

① 주당순이익이 크면 클수록 주식의 가격이 높은 것이 보통이다.

② 주가수익비율이 높으면, 주당순이익은 평균수준인데 주가가 높은 경우와 주가는 평균수준인데 주당순이익이 너무 낮은 경우 두 가지로 볼 수 있다.

③ 주가순자산비율(PBR : Price Book-value Ratio)은 주가를 1주당 순자산으로 나눈 것이다.

④ 주가수익비율이 높은 경우에도 주가현금흐름비율(PCR)이 낮으면 해당 주식에 대한 주가가 과대평가될 가능성이 높다.

11

어느 기업이 지난 해 100원의 배당을 하였고 향후에도 이익의 40%를 배당으로 지급할 예정이다. 이 기업의 자기자본이익률이 10%이고 요구수익률이 12%라면, 이 기업주식의 가치로 옳은 것은? (단, 소수점 첫째 자리에서 반올림한 값을 구함)

① 1,250원　　　　　　　　　② 1,300원

③ 1,767원　　　　　　　　　④ 1,867원

12

다음 다우이론의 설명에 해당하는 국면은?

> 전반적인 경제여건 및 기업의 영업이익이 호전됨으로써 일반투자자의 관심이 고조되며, 주가가 상승하고 거래량이 증가한다.

① 매 집　　　　　　　　　　② 상 승

③ 분 산　　　　　　　　　　④ 침 체

13 엘리엇 파동이론에 대한 설명으로 옳은 것은?

① 2번 파동의 저점이 1번 파동의 저점보다 낮아서는 안 된다.

② 3번 파동이 상승 국면의 5개 파동 중에서 가장 짧다.

③ 4번 파동의 저점이 1번 파동의 고점보다 높으면 안 된다.

④ 5번 파동의 거래량이 3번 파동의 거래량보다 많다.

14 캔들차트 분석에 대한 설명과 거리가 먼 것은?

① 유성(Shooting Star)형은 대개 갭(Gap)을 수반하며, 양선보다 음선의 신뢰도가 높다.

② 관통형은 하락추세에서 주가 상승을 암시한다.

③ 먹구름형은 천장권에서 주가 하락을 암시한다.

④ 교수(Hanging Man)형은 주가 상승을 암시하며, 음선보다는 양선의 신뢰도가 높다.

15 주가가 장중 등락을 거듭하다가 종가와 시가가 같아지는 경우는?

① 유성형   ② 샅바형

③ 우산형   ④ 십자형

16 상장의 준비단계에 대한 설명으로 잘못된 것은?

① 거래소의 유가증권시장에 상장하고자 하는 법인은 최근 3사업연도의 재무제표에 대해 외부감사인으로부터 감사를 받아야 한다.

② 우리사주조합원은 모집 또는 매출하는 주식의 20%까지 우선배정받을 권리가 있으며 취득일로부터 1개월 이후에 처분할 수 있다.

③ 유가증권시장에 주권을 상장하기 위해서는 대표주관회사와 대표주관계약을 체결해야 한다.

④ 다양한 종류의 주식을 발행하기 위해서는 정관에 회사가 발행할 수 있는 각종 주식의 내용과 수를 정하여야 한다.

17 신규상장종목의 최초가격 결정범위(최저호가가격, 최고호가가격)는?

① 평가가격(기준가격)의 50 ~ 150%

② 평가가격(기준가격)의 70 ~ 150%

③ 평가가격(기준가격)의 90 ~ 200%

④ 평가가격(기준가격)의 100 ~ 200%

18 자본시장법상 상장 시 혜택에 대한 설명 중 잘못된 것은?

① 주권상장법인은 이사회의 결의로 주식의 액면미달발행이 가능하다.

② 주권상장법인은 중간배당이 가능하다.

③ 이사회의 결의로 구주주의 신주인수권을 배제하고 불특정 다수인을 대상으로 한 일반공모 증자방식에 의한 유상증자가 가능하다.

④ 이사회의 결의로 조건부 자본증권의 발행이 가능하다.

모의고사

해커스 증권투자권유자문인력 최종핵심정리문제집

19 자본시장법상 발행시장의 공시에 해당하는 것은?

① 사업보고서
② 연결재무제표
③ 조회공시
④ 증권신고서

20 주문의 조건(IOC, FOK)에 대한 설명 중 잘못된 것은?

① IOC조건은 주문이 제출된 즉시 체결 가능한 수량은 체결하고, 미결제잔량은 취소되는 조건을 말한다.
② FOK조건은 주문이 제출된 즉시 전량체결 시키되, 전량체결이 불가능한 경우에는 주문전량이 취소되는 조건을 말한다.
③ 조건부지정가주문에 대하여 IOC조건 또는 FOK조건으로 주문할 수 있다.
④ 코넥스시장 상장종목의 경우 IOC조건, FOK조건의 주문을 부여할 수 없다.

21 다음 중 유가증권시장의 가격제한폭에 대한 설명으로 가장 잘못된 것은?

① 가격제한폭은 가격결정에 있어 정보의 효율적 반영에 도움을 준다.
② 일반적으로 가격제한폭의 기준가격은 전일종가이다.
③ 주식워런트증권은 가격제한폭이 없다.
④ 신규상장종목은 시가결정 후 가격제한폭이 적용된다.

22 우리나라 유가증권시장에서 원칙적으로 취하고 있는 결제방식과 가장 거리가 먼 것은?

① 실물결제방식　　　　　　　　　　② 개별결제방식
③ 차감결제방식　　　　　　　　　　④ 집중결제방식

23 공매도에 대한 내용으로 잘못된 것은?

① 공매도는 차익거래를 하는 경우에도 직전가격 이하의 가격으로 호가할 수 없다.
② 극단적인 시황급변이 있는 경우 거래소는 금융위원회의 승인을 받아 상장증권의 전부 또는 일부에 대하여 차입공매도를 제한할 수 있다.
③ 거래소는 공매도거래의 투명성 제고를 위해 공매도거래 현황을 공표하고 있다.
④ 협회는 예탁결제원, 증권금융 및 증권회사를 통한 대차거래 현황을 집계하여 종목 및 투자자별 대차잔고를 공표하고 있다.

24 코스닥 상장의 종류와 내용이 잘못된 것은?

① 신규상장 : 코스닥시장에 최초 상장하는 것을 말하며 주식을 분산하여 상장하는 공모상장과 분산절차를 생략하는 직상장이 있다.
② 변경(추가)상장 : 주권종류·액면금액·수량·상호 등의 변경, 유상증자 시에 변경상장을 한다.
③ 재상장 : 주권상장법인이 주권비상장법인과 합병 등으로 주권비상장법인의 지분증권이 상장되는 경우이다.
④ 주권비상장법인과 우회상장에 해당하는 거래를 하고자 하는 상장법인은 우회상장예비심사신청서를 거래소에 제출하고 그 심사를 받아야 한다.

25 다음 중 자본시장법상 공매도에 해당하지 않는 경우를 모두 고르면?

㉠ 매수계약 체결 후 결제일 전에 해당 증권을 다시 매도하는 경우
㉡ 주식 관련 채권(전환사채, 교환사채, 신주인수권부사채)의 권리행사, 유·무상증자, 주식배당 등으로 결제일까지 결제가 가능한 경우 그 주식의 매도
㉢ 다른 보관기관에 보관하고 있는 증권을 매도하는 경우
㉣ DR에 대한 예탁계약의 해지로 취득할 주식의 매도
㉤ ETF 환매청구에 따라 교부받을 주식의 매도
㉥ 코스피200주식을 대주거래한 경우

① ㉠, ㉡, ㉢
② ㉠, ㉡, ㉢, ㉣
③ ㉠, ㉡, ㉢, ㉣, ㉤
④ ㉠, ㉡, ㉢, ㉣, ㉤, ㉥

26 최유리지정가주문에 대한 설명 중 잘못된 것은?

① 주문수량 중 매매체결이 이루어지지 않은 잔여수량은 장 종료 전 10분간 단일가거래시 자동으로 시장가주문으로 전환되는 주문이다.
② 매도의 경우 해당 주문의 접수 시점에 호가창에 기재되어 있는 가장 높은 매수주문의 가격으로 지정가주문을 한 것으로 본다.
③ 매수의 경우 해당 주문이 접수 시점에 호가창에 기재되어 있는 가장 낮은 매도주문의 가격으로 지정가주문을 한 것으로 본다.
④ 즉시 체결되고 남은 잔량은 체결된 가격으로 주문한 것으로 호가가 유지된다.

27 자산유동화증권(ABS)이 아닌 것은?

① CBO
② CLO
③ CDO
④ CMA

28 잔존만기가 4년 남은 복리채권의 수익률이 7%일 때 단가가 9,736원이다. 수익률이 0.5%포인트 상승할 경우 듀레이션의 개념을 이용하여 추정한 이 채권의 가격변동폭($\triangle$P)은?

① $\triangle P = -\dfrac{4}{(1 + 0.07)} \times 0.005 \times 9,736$

② $\triangle P = \dfrac{4}{(1 + 0.07)} \times 0.005 \times 9,736$

③ $\triangle P = -\dfrac{3.87}{(1 + 0.07)} \times 0.005 \times 9,736$

④ $\triangle P = \dfrac{3.87}{(1 + 0.07)} \times 0.005 \times 9,736$

29 듀레이션의 특징에 대한 설명으로 거리가 먼 것은?

① 이표채는 표면이율이 높을수록 듀레이션이 작아진다.
② 이표채의 듀레이션은 채권의 잔존만기보다 크다.
③ 채권의 시장수익률이 높을수록 듀레이션은 작아진다.
④ 만기 시 일시상환채권의 듀레이션은 채권의 잔존만기와 동일하다.

30 다음 채권투자전략 중 성격이 다른 하나는?

① 현금흐름일치전략
② 수익률예측전략
③ 나비형 투자전략
④ 수익률곡선타기전략

31 다음 중 금리의 기간구조가 유동성선호가설에 따를 때 잘못된 것은?

① 유동성의 제약으로 단기채시장과.장기채시장은 각각 따로 움직인다.
② 금융기관들은 각각 선호하는 만기의 시장수익률 차이가 크지 않으면 선호하지 않는 시장 채권에 투자하지 않는다.
③ 불편(순수)기대가설에 의한 설명보다 장기채금리가 항상 낮다.
④ 유동성 프리미엄 때문에 수익률이 변하지 않는다고 기대한다 하여도 수익률곡선은 우상 향할 수 있다.

32 채권운용전략에 대한 설명 중 잘못된 것으로만 묶인 것은?

> ㉠ 나비형 투자전략을 수행하려면 중기물을 중심으로 한 불릿(Bullet)형 포트폴리오를 구성 하여야 한다.
> ㉡ 현금흐름일치전략은 향후 예상되는 현금유출액을 하회하며 현금유입액을 발생시키는 채권 포트폴리오를 구성하는 전략이다.
> ㉢ 면역전략은 투자기간과 채권의 듀레이션을 일치시켜 운용수익률을 목표 시점까지 고정시 키려는 전략이다.
> ㉣ 수익률곡선타기전략은 수익률곡선이 우하향할 때 효과가 극대화된다.

① ㉠, ㉡, ㉢　　　　　　　　　　② ㉠, ㉡, ㉣
③ ㉡, ㉢, ㉣　　　　　　　　　　④ ㉠, ㉡, ㉢, ㉣

33 전환사채의 전환대상 주가가 15,000원이다. 패리티가 120인 전환사채의 액면 전환가격 은 얼마인가?

① 10,500원　　　　　　　　　　② 11,500원
③ 12,500원　　　　　　　　　　④ 13,500원

34 코넥스시장에 대한 설명으로 잘못된 것은?

① 지정기관투자자제도를 도입하였고 상장특례제도를 이용하여 코넥스시장에 상장하고자 하는 기업은 지정기관투자자로부터 동의를 받아야 한다.

② 코넥스시장에 상장하고자 하는 기업은 거래소가 선정한 지정자문인 중 1사와 지정자문인 선임계약을 체결한 이후에 신규상장신청이 가능하다.

③ 코넥스시장에 상장하고자 하는 기업은 증선위로부터 외부감사인을 지정받고 한국채택회계기준(K-IFRS)을 도입해야 한다.

④ 코넥스시장은 일반적으로 보호예수의무를 부과하고 있지 않지만, 특례상장에 동의한 기관투자자에 대하여는 6개월간의 보호예수의무를 부과하고 있다.

35 코넥스시장 상장법인의 즉시상장폐지 사유와 거리가 먼 것은?

① 특례상장기업의 지정자문인 미선임

② 공시서류 미제출

③ 기업설명회 미개최

④ 불성실공시

36 **예금자보호에 대한 설명으로 잘못된 것은?**

① 상호금융은 예수금의 일정 비율을 기금으로 중앙회에 적립하고 있다.

② 새마을금고는 원리금을 합하여 최고 5천만원까지 보장하고 있다.

③ 우체국예금 및 우체국보험금은 최고 5천만원까지 원리금을 보장하고 있다.

④ 1인당 1천만원을 한도로 비과세 혜택이 주어지는 신용협동조합의 출자금은 보호대상에서 제외하고 있다.

37 **기초자산의 가격하락에 따라 이익이 발생하는 워런트는?**

① Call 워런트
② Put 워런트
③ Basket 워런트
④ Stock 워런트

38 **주식워런트증권의 상장요건에 대한 설명으로 거리가 먼 것은?**

① 발행자 : 장외파생상품의 취급인가를 받은 금융투자회사

② 기초자산 : KOSPI100 구성주식, 주식바스켓, KOSPI200 주가지수

③ 발행총액 : 5억원 이상

④ 잔존권리행사기간 : 상장신청일 현재 3개월 이상 3년 이내

39 양도성정기예금증서에 대한 설명으로 잘못된 것은?

① 유통시장에서 매매가 가능하다.
② 예치기간에 제한이 없다.
③ 증서의 만기 전에 은행에서의 중도해지가 불가능하다.
④ 무기명할인식으로 발행된다.

40 집합투자기구, 즉 펀드의 이해관계자에 해당하지 않는 기구는?

① 집합투자업자   ② 자산보관회사
③ 신탁업자   ④ 투자중개업자

41 불특정 다수의 투자자로부터 자금을 모아 투자자들을 대신하여 증권 등에 투자·운용을 담당하는 기관은?

① 위탁자   ② 수탁자
③ 수익자   ④ 판매사

42 마코위츠 모형에 의하여 50개 종목으로 구성된 포트폴리오의 위험을 계산하기 위해 필요한 정보량은 얼마인가?

① 분산 50개, 공분산 50개, 시장 포트폴리오의 분산 1개
② 분산 50개, 베타 50개, 시장 포트폴리오의 분산 1개
③ 분산 50개, 기대수익률 50개, 시장 포트폴리오의 분산 1개
④ 분산 50개, 기대수익률 50개, 공분산 1,225개

43 다음 중 전술적 자산배분(TAA)에 대한 설명으로 잘못된 것은?

① 중·단기적인 가격착오(Mispricing)를 적극적으로 활용하여 고수익을 지향하는 운용전략의 일종이다.

② 자산배분을 유연하게 변경하지 못한 경우 이에 대한 책임을 지도록 되어 있기 때문에 자금운용자들은 항상 시장상황에 대응하여 운용하여야 한다.

③ 고가매입-저가매도(Buy High-Sell Low)전략을 활용하는 포뮬러 플랜(Formula Plan)이 전술적 자산배분의 좋은 예이다.

④ 자산집단의 가격이 평균반전과정(Mean Reverting Process)을 따른다고 가정하여야 한다.

44 다음 중 벤치마크가 갖추어야 할 조건으로 거리가 먼 것은?

① 구체적인 내용(자산집단과 가중치)이 운용 이전에 명확하게 정해져야 한다.

② 벤치마크의 성과를 운용자가 추적하는 것이 가능하여야 한다.

③ 적용되는 자산의 바람직한 운용상을 반영하고 있어야 한다.

④ 벤치마크를 투자자가 미리 결정한 경우 운용자는 절대 벤치마크를 변경하여서는 안 된다.

45 자산집단에 대한 설명으로 잘못된 것은?

① 자산집단은 분산 가능성을 충족해야 한다.

② 자산집단은 독립성을 갖추어야 한다.

③ 기본적인 자산집단으로는 이자지급형자산, 투자자산, 부동산 등이 있다.

④ 투자자산은 변동성이 낮다는 장점이 있으나 인플레이션에 취약하다는 단점도 있다.

46 투자회사에 자산배분전략을 도입할 때 얻을 수 있는 효과에 대한 설명으로 잘못된 것은?

① 펀드운용자가 자신의 투자목표를 계량적으로 정의할 수 있도록 한다.

② 운용성과 측정에 사용할 기준 포트폴리오를 명확하게 정의한다.

③ 투자전략의 수립과정에 사용될 여러 가지 변수에 대한 예측력의 강화를 요구한다.

④ 과도한 분산투자보다는 소수의 자산에 집중투자하는 장점을 극대화해준다.

47 투자관리의 일차적 과제에 해당하지 않는 것은?

① 분산투자(자산배분)의 방법　　　　② 개별종목 선택

③ 요구수익률 설정　　　　　　　　　④ 투자시점 선택

48 전략적 자산배분에 관하여 가장 잘 설명하고 있는 것은?

① 투자자들의 위험선호도가 수시로 변화하는 것을 수용하는 전략이다.

② 개별증권에 대한 투자비중을 결정한다.

③ 수시로 변화하는 경제상황을 반영한다.

④ 자산집단을 중요시하는 의사결정이다.

49 고객관리가 중요한 이유와 거리가 먼 것은?

① 금융기관마다 신규고객 확보를 위한 치열한 경쟁으로 비용이 증대하고 수익성이 악화되고 있다.

② 고객의 구매의사 결정과정이 정교화 및 고도화되었다.

③ 스마트 환경의 발달로 고객들의 상품인지도 및 비교대상 우위가 일반화됨에 따라 전방위 경쟁에 노출되었다.

④ 질적인 수익중심의 영업전략에서 양적인 계수중심의 경영전략으로 금융기관의 조직 및 문화가 전환되었다.

50 투자권유에 대한 설명 중 잘못된 것은?

① 회사는 투자자에게 투자자정보가 변경되면 회사에 변경내용을 통지하도록 요청해야 한다.

② 투자자성향을 분석하는 방식에는 점수화방식, 추출방식, 혼합방식, 상담보고서방식 등이 있다.

③ 혼합방식은 일반적인 투자성향정보에 대하여는 추출방식을 활용하고, 현재 투자자금성향 정보에 대하여는 점수화방식을 활용한다.

④ 파생상품 등에 대한 투자권유는 적합성의 원칙뿐만 아니라 적정성의 원칙도 준수해야 한다.

51 고객상담 프로세스에 맞게 진행되는 경우 빈칸 안에 들어갈 옳은 절차는?

> 고객과의 관계형성 ⇨ ( ) ⇨ 설득 및 해법제시 ⇨ 고객의 동의 확보 ⇨ 클로징

① 고객의 니즈 파악

② 투자상품 소개

③ 계약의 체결

④ 상세한 본인소개

52 고객의 니즈 파악을 위한 질문의 수법과 거리가 먼 것은?

① 확대형 질문 ② 축소형 질문

③ 개방형 질문 ④ 폐쇄형 질문

53 고객서비스에 대한 설명으로 잘못된 것은?

① 어떤 서비스를 제공할 것인가와 같은 서비스의 종류에 대한 문제가 중요하다.

② 반복적인 노출과 근접성이 호감을 형성하는 데 도움이 된다.

③ 보상성의 원리에 따라 고객에게 도움을 주는 서비스를 제공하는 것이 유리하다.

④ 도움을 줌으로써 고객이 부채감정을 가지게 되면 이를 갚고 싶어하는 심리적인 동기를 유발하게 된다.

54 최근 직무윤리의 필요성이 더욱 강조되는 이유와 거리가 먼 것은?

① 신뢰와 평판이 실추되면 이를 만회하는 데 더 큰 비용과 시간이 소요된다.

② 윤리경영은 선택사항이 아니라 필수사항이 되고 있다.

③ 윤리경영은 사회적 압박에 의하여 소극적으로 변화하고 있다.

④ 윤리경영이 확산되려면 이를 위한 시스템 구축 및 국가·사회적으로 반부패와 윤리경영에 대한 인프라 구축이 선행되어야 한다.

55 투자성 상품과 관련하여 금융상품판매대리·중개업자가 금융소비자에게 알려야 하는 고지의무의 내용으로 가장 거리가 먼 것은?

① 하나의 금융상품직접판매업자만을 대리하거나 중개하는 금융상품판매·중개업자인지 여부

② 금융상품판매·중개업자 자신에게 금융상품계약을 체결할 권한이 없다는 사실

③ 금융소비자의 금융상품 매매를 대신할 수 있다는 사실

④ 금융소비자보호법상 손해배상책임에 관한 사항

56 고객에 관한 정보를 취급하는 경우 유의할 사항으로 가장 거리가 먼 것은?

① 고객정보를 누설하거나 고객이 아닌 자의 이익을 위하여 부당하게 이용하는 행위는 금지된다.

② 고객에 관한 어떤 사항이 비밀정보인지 여부가 불명확할 경우 일단 비밀이 요구되는 정보인 것으로 취급하여야 한다.

③ 임직원이 고객 또는 회사의 비밀정보를 관련 법령에 따라 제공하는 경우 직무수행에 필요한 최대한의 범위 내에서 제공하고 준법감시인에게 사후보고한다.

④ 고객이 동의하지 아니한 상황에서 특정 고객에 대한 언급이나 확정되지 않은 기획단계의 상품 등에 대한 언급을 하여서는 안 된다.

57 다음 중 금융투자업별로 달리 적용되는 규정에 대한 연결이 잘못된 것은?

① 투자매매업자 – 자기계약금지

② 투자중개업자 – 임의매매금지

③ 집합투자업자 – 투자재산운용제한

④ 투자자문업자 – 약관규제

58 일반적으로 금융투자회사와 고객과의 관계에서 이해상충이 발생할 가능성과 가장 거리가 먼 것은?

① 스캘핑   ② 선행매매

③ 위탁매매   ④ 과당매매

59 금융소비자보호법상 내부통제조직에 대한 설명으로 가장 거리가 먼 것은?

① 이사회는 내부통제에 영향을 미치는 경영전략 및 정책을 승인한다.

② 금융회사는 금융소비자보호 내부통제기준에 따라 금융소비자보호 총괄책임자(CCO)를 지정해야 하며, CCO는 대표이사 직속의 독립적인 지위를 갖는다.

③ 금융소비자보호 총괄기관은 금융상품 개발 및 판매업무로부터 독립하여 업무를 수행해야 하고, 대표지사 직속기관으로 두어야 한다.

④ 금융소비자 내부통제위원회는 설치가 의무화 되어 있고, 준법감시인을 의장으로 한다.

60 파생상품과 같은 위험이 큰 상품에 대하여 적용되는 원칙과 가장 거리가 먼 것은?

① 적합성의 원칙

② 적정성의 원칙

③ Know-Your-Customer-Rule

④ 자기매매금지의 원칙

61 설명의무 이행에 대한 설명 중 옳은 것은?

① 사후 투자자의 손실 일부를 보전하는 약정은 허용된다.

② 사전 투자자의 손실 일부를 보전하는 약정은 허용된다.

③ 사전 또는 사후 투자자의 손실보전 또는 이익보장하는 약정은 허용된다.

④ 회사가 자신의 위법행위 여부가 불분명한 경우 사적 화해의 수단으로 손실을 보상한 경우는 허용된다.

62 내부통제기준 준수시스템에 대한 설명 중 잘못된 것은?

① 모든 임직원으로 하여금 준법서약서를 징구한다.

② 내부고발제도를 운영한다.

③ 내부통제 우수자에 대한 인센티브를 제공한다.

④ 감독기관 또는 주주들에 의하여 운영되어야 한다.

63 위반 시 3년 이하의 징역 또는 1억원 이하의 벌금에 해당하는 사항과 거리가 먼 것은?

① 투자광고규정 위반
② 부당권유 금지조항 위반
③ 등록 전 투자권유행위
④ 손실보전 금지조항 위반

64 개인정보보호법에 대한 설명 중 옳은 것은?

① 개인정보보호법은 개인정보에 대한 특별법이다.
② 개인정보보호법은 피해액을 입증하지 못해도 일정 금액을 보상받는 법정손해배상제도를 도입하였다.
③ 개인정보보호법은 피해액의 3배까지 배상액을 중과할 수 있는 징벌적 배상제도는 아직 도입하고 있지 않다.
④ 개인정보보호법은 금융투자법인에 대한 처벌규정만 있고 개인에 대한 처벌규정은 없다.

65 자금세탁방지제도에 대한 설명 중 잘못된 것은?

① 자금세탁이란 불법재산을 합법재산인 것처럼 은폐하거나 가장하는 것을 의미한다.
② 자금세탁의 단계는 '은폐단계 ⇨ 예치단계 ⇨ 합법화단계' 순으로 이루어진다.
③ 자금세탁방지를 위한 주요 금융제도에는 CDD, EDD, STR, CTR 등이 있다.
④ 최근에는 파생상품과 보험을 이용한 자금세탁형식도 등장하고 있다.

66 **자본시장법의 내용과 거리가 먼 것은?**

① 금융투자업자의 임직원은 자기의 계산으로 금융투자상품의 매매가 불가능하다.

② 투자매매업의 경우 투자매매 관련 계약 체결 및 해지·매매호가제시·증권 인수업무는 위탁이 불가능하다.

③ 전문투자자에게는 고객파악의무, 적합성의 원칙, 금융상품 내용 및 위험에 대한 설명의무가 배제된다.

④ 자본시장법상 파생상품의 판매와 관련하여 새로 도입된 제도는 적정성의 원칙이다.

67 **자본시장법상 내부자거래 규제에 대한 설명으로 잘못된 것은?**

① 회사내부자에 해당하지 않게 된 날부터 1년이 경과되지 않은 자에 대하여도 내부자거래 규제가 적용될 수 있다.

② 미공개 중요정보 이용행위 금지규정의 적용대상이 되는 증권에는 상장법인이 발행한 일반 채권, 수익증권 등이 포함된다.

③ 공개매수인의 내부자가 대상회사 증권을 거래하는 경우도 내부자거래로 금지된다.

④ 준내부자에 해당하지 않게 된 날부터 1년이 경과되지 않은 자도 내부자의 범위에 포함된다.

68 **금융소비자보호법상 금융상품판매업자의 계약서류 제공의무 및 자료의 유지관리의무에 대한 설명으로 가장 거리가 먼 것은?**

① 금융소비자보호법이 정하는 계약서류에는 금융상품계약서, 금융상품 약관, 금융상품 설명서 등이다.

② 계약서류의 유지 및 관리기간은 원칙적으로 10년으로 하되, 내부통제기준의 제정 및 운영 등에 관한 자료는 5년이다.

③ 금융상품판매업자는 금융소비자로부터 분쟁조정 또는 소송수행을 위하여 자료 열람을 요구받은 날로부터 14일 이내에 금융소비자가 열람할 수 있도록 해야 한다.

④ 금융상품판매업자는 요건에 해당되는 경우 금융소비자의 금융자료 열람을 제한하거나 거절할 수 있다.

69 상대적 전문투자자에 대한 설명으로 옳은 것은?

① 주권상장법인, 기금관리·운용법인, 공제사업법인, 지자체, 자발적 전문투자자 등이 상대적 전문투자자에 속한다.

② 주권상장법인 등이 장외파생상품거래를 하는 경우에는 별도의 의사표시를 하지 않는 한 전문투자자로 대우한다.

③ 주권상장법인 등이 장외파생상품거래를 위해 일반투자자로 대우받기를 원할 경우에는 그 내용을 서면으로 금융투자업자에게 통지해야 한다.

④ 절대적 전문투자자가 일반투자자로 대우받기를 원할 경우에는 그 내용을 서면으로 금융투자업자에게 통지해야 한다.

70 금융투자업 인가요건 유지의무에 대한 설명으로 잘못된 것은?

① 금융투자업자는 인가·등록 후에도 인가·등록 요건을 계속 유지하지 못하면 인가가 취소될 수 있다.

② 매 회계연도 말 기준 자기자본이 인가업무별 최저 자기자본의 70% 이상을 유지해야 하며, 다음 회계연도 말까지 자본보완이 이루어지는 경우 요건을 충족한 것으로 간주한다.

③ 대주주 출자능력(자기자본이 출자금액의 4배일 것), 재무건전성, 부채비율(300%) 요건은 반드시 유지해야 한다.

④ 최대주주의 경우 최근 5년간 5억원 이상의 벌금형만을 적용한다.

71 금융투자업자의 순자본비율 산정에 대한 설명으로 잘못된 것은?

① 금융투자업자는 최소한 일별로 순자본비율(또는 영업용순자본비율)을 산정해야 한다.

② 분기별 업무보고서 제출 시에는 순자본비율(또는 영업용순자본비율)에 대한 외부감사인의 검토보고서를 첨부해야 한다.

③ 장외파생상품에 대한 투자매매업 또는 증권에 대한 투자매매업을 영위하지 않는 금융투자업자는 외부감사인의 검토보고서를 반기별로 제출한다.

④ 순자본비율이 150%(영업용순자본비율의 경우 200%) 미만이 된 경우에는 지체 없이 금융감독원장에게 보고해야 한다.

72 금융투자업자의 이해상충관리에 대한 설명으로 잘못된 것은?

① 일반규제로서 신의성실의무, 선관주의의무 등이 있다.

② 직접규제로서 선행매매금지, 과당매매금지, 이해관계인과의 거래제한 등이 있다.

③ 정보교류차단장치(Chinese Wall)를 의무적으로 설치해야 한다.

④ 고유재산운용업무와 신탁업 간에는 내부정보교류 차단장치를 설치하지 않아도 된다.

73 외국인 또는 외국법인이 증권 또는 장내파생상품을 매매하려고 하는 경우에 준수해야 할 사항과 거리가 먼 것은?

① 증권시장(또는 다자간매매체결회사)을 통하여 매매해야 한다.

② 계좌개설, 국내대리인 선임 등 금융위원회가 정하여 고시하는 기준을 충족해야 한다.

③ 공공적 법인의 종목별 외국인 1인 취득한도는 공공적 법인의 정관에서 정한 한도까지 가능하다.

④ 공공적 법인의 종목별 외국인 전체 취득한도는 해당 종목 지분의 30%까지 가능하다.

74 단기매매차익 반환의 예외에 해당하지 않는 것은?

① 안정조작 또는 시장조성을 위하여 매매하는 경우

② 특정 증권 등을 매수하여 3개월 경과 후 매도하는 경우

③ 주식매수선택권의 행사에 따라 주식을 취득하는 경우

④ 주식매수청구권의 행사에 따라 주식을 처분하는 경우

75 금융투자업자의 겸영대상 업무와 거리가 먼 것은?

① 투자매매업의 계약체결업무　　② 전자자금이체업무
③ 사채모집 수탁업무　　　　　　④ 외국환업무

76 보호예수된 증권의 인출사유와 거리가 먼 것은?

① 통일규격증권으로 교환하기 위한 경우
② 보호예수증권을 보유한 주주 전원이 동의한 경우
③ 전환권, 신주인수권 등 증권에 부여된 권리행사를 위한 경우
④ 액면분할 또는 병합에 따라 새로운 증권으로 교환하기 위한 경우

77 투자매매업의 적용배제 사유와 거리가 먼 것은?

① 자기가 파생결합증권을 발행하는 경우
② 투자매매업자를 상대방으로 하거나 투자중개업자를 통하여 금융투자상품을 매매하는 경우
③ 특정 전문투자자 간에 환매조건부매매를 하는 경우
④ 외국투자매매업자가 일정 요건을 갖추고 국외에서 파생결합증권을 발행하는 경우

78 다음 빈칸에 들어갈 말로 옳은 것은?

> 금융투자업자의 외환건전성을 규제하기 위하여 외국환 포지션 한도를 설정하고 있는데, 종합
> 매입초과포지션 한도는 각 외국통화별 초과포지션의 합계액을 기준으로 전월 말 자기자본의
> (　　)에 상당하는 금액이다.

① 30%　　　　　② 40%　　　　　③ 50%　　　　　④ 60%

79 금융투자업자의 대주주 거래에 대한 설명으로 잘못된 것은?

① 금융투자업자는 원칙적으로 그 계열사가 발행한 주식, 채권 및 약속어음을 자기자본의 8%를 초과하여 소유할 수 없다.

② 금융투자업자는 계열사 발행증권을 한도 내에서 예외적으로 취득할 수 있다.

③ 대주주 및 그 특수관계인에 대하여 예외적으로 신용공여를 하려면 재적이사 과반수 찬성에 의한 이사회 결의를 거쳐야 한다.

④ 단일거래금액이 자기자본의 0.1% 또는 10억원 중 적은 금액의 범위인 경우에는 이사회 결의가 필요 없다.

80 금융투자업자의 투자광고의 방법 및 절차에 대한 설명으로 잘못된 것은?

① 금융투자업자의 경영실태평가결과와 영업용순자본비율 등을 다른 금융투자업자의 그것과 비교하는 방법 등으로 광고할 것

② 준법감시인의 사전확인을 받을 것

③ 투자광고계획신고서와 투자광고안을 협회에 제출하여 심사를 받을 것

④ 투자광고문에 협회 심사필 또는 준법감시인 심사필을 표시할 것

81 투자매매업자 또는 투자중개업자의 신용공여 시 담보증권의 평가가 잘못된 것은?

① 청약하여 취득하는 주식 : 매도가액

② 상장주권(증권예탁증권 포함) 또는 ETF : 당일 종가

③ 상장채권 및 공모파생결합증권(주가연계증권에 한함) : 2 이상의 채권평가회사가 제공하는 가격정보를 기초로 투자매매업자 또는 투자중개업자가 산정한 가격

④ 집합투자증권 : 당일에 고시된 기준가격

82 다음 빈칸에 들어갈 말로 옳은 것은?

> 소매채권매매란 개인 및 일반법인을 상대로 한 액면가액 ( )원 미만의 채권거래이다.

① 10억   ② 20억   ③ 30억   ④ 50억

83 미공개 중요정보를 이용하여 내부자거래를 한 경우 제재에 대한 설명으로 잘못된 것은?

① 1년 이상의 유기징역 또는 그 위반행위로 받은 이익(또는 회피한 손실액)의 3배 이상 5배 이하에 상당하는 벌금에 처한다.

② 그 위반행위로 얻은 이익(또는 회피한 손실액)이 없거나 산정하기 곤란한 경우, 그 위반행위로 얻은 이익(또는 회피한 손실액)의 5배에 해당하는 금액이 5억인 이하인 경우에 벌금의 상한액은 5억으로 한다.

③ 형사책임뿐만 아니라 해당 거래로 인하여 입은 손해를 배상할 민사책임도 진다.

④ 해당거래로 손해를 입은 경우 손해배상청구권은 청구권자가 그 위반한 행위가 있었던 사실을 안 날부터 3년간 이를 행사하지 않으면 시효로 인하여 소멸한다.

84 금융투자업자의 건전성 관련 용어에 대한 설명으로 잘못된 것은?

① 순자본이란 영업용순자본에서 총위험액을 차감한 금액을 말한다.

② 필요유지자기자본이란 인가업무 또는 등록업무 단위별로 요구되는 자기자본을 합계한 금액을 말한다.

③ 시장위험액이란 시장성 있는 증권 등에서 주가, 이자, 환율 등 시장가격의 변동으로 인하여 금융투자업자가 입을 수 있는 잠재적인 손실액을 말한다.

④ 운영위험액이란 거래상대방의 계약불이행 등으로 인하여 발생할 수 있는 잠재적인 손실액을 말한다.

85 금융투자업자에게 적용되는 대손충당금의 적립기준이 잘못된 것은?

① 정상 분류자산의 100분의 0.5

② 요주의 분류자산의 100분의 2

③ 고정 분류자산의 100분의 20

④ 회수의문 분류자산의 100분의 100

86 자본시장법시행령은 금융투자회사가 업무와 관련하여 투자자 또는 거래상대방 등에게 직접 또는 간접으로 재산상의 이익을 제공하거나 제공받는 행위를 제한하고 있으며 그 절차 및 한도를 협회가 정하도록 하였다. 협회규정상 재산상의 이익으로 보지 않아 수수가 허용되는 것과 거리가 먼 것은?

① 금융투자상품에 대한 가치분석·매매정보 또는 주문의 집행 등을 위하여 자체적으로 개발한 소프트웨어 및 해당 소프트웨어의 활용에 불가피한 컴퓨터 등 전산기기
② 금융투자회사가 자체적으로 작성한 조사분석자료 또는 특정 금융투자상품의 매매, 투자자문계약, 투자일임계약 또는 신탁계약의 체결을 권유하는 자료
③ 경제적 가치가 5만원 이하인 경품류 또는 식사
④ 애·경사 등과 관련한 20만원 이하의 경조비 및 조화·화환

87 금융소비자보호법상 금융소비자의 대출성 상품 청약철회권에 대한 설명으로 가장 거리가 먼 것은?

① 금융투자회사와 관련하여 청약철회의 대상은 자본시장법 제72조 1항에 따른 신용공여가 대표적이다.
② 대출성 상품에 대하여 일반금융소비자는 계약서류제공일 또는 계약체결일로부터 7일 이내에만 청약을 철회할 수 있다.
③ 담보로 제공된 증권이 자본시장법에 따라 처분된 경우에는 청약철회권을 행사할 수 없다.
④ 청약철회는 일반금융소비자가 금융상품판매업자에게 청약철회의 의사를 서면 등으로 발송하고, 금융상품판매업자에게 이미 공급받은 금전 등을 회사에 반환한 때 효력이 발생한다.

88 기업공개 시 주식 배정에 대한 설명으로 적절하지 않은 것은?

① 코스닥시장 상장을 위한 기업공개의 경우 우리사주조합원에게 공모주식의 20%를 배정해야 한다.
② 일반청약자에게 공모주식의 25% 이상을 배정해야 한다.
③ 고수익·고위험투자신탁에 공모주식의 5% 이상을 배정해야 한다.
④ 코스닥시장 상장을 위한 기업공개의 경우 벤처기업투자신탁에 공모주식의 30% 이상을 배정해야 한다.

89 다음 중 일반투자자로 전환이 가능한 전문투자자에 해당하는 것은?

① 지방자치단체
② 한국주택금융공사
③ 여신전문금융회사
④ 상호저축은행

90 상법상 주주의 의결에 대한 설명으로 잘못된 것은?

① 주주총회는 법률과 정관에서 규정된 사항만 결의할 수 있다.
② 주주총회의 보통결의사항은 발행주식 총수의 1/4 이상에 해당하는 주식 및 출석주식의 과반수로 한다.
③ 주주총회의 특별결의사항은 발행주식 총수의 1/2 이상에 해당하는 주식 및 출석주식의 2/3 이상의 다수로 한다.
④ 특수결의사항은 총주주의 동의를 요한다.

91 상법상 이사회에 대한 설명으로 잘못된 것은?

① 소집권자는 원칙적으로 대표이사이다.
② 주주는 회사의 거절에도 불구하고 법원의 허가를 얻어 이사회 의사록을 열람·등사할 수 있다.
③ 이사회의 결의에 참가한 이사는 의사록에 이의를 제기한 기재가 없는 한 그 결의에 찬성한 것으로 추정된다.
④ 이사회의 결의는 원칙적으로 이사 과반수의 출석과 출석이사의 과반수로 한다.

92 **주식회사의 자본금에 대한 설명으로 잘못된 것은?**

① 회사의 자본금은 상법에서 달리 규정한 경우 외에는 발행주식의 액면총액으로 한다.

② 회사가 무액면주식을 발행하는 경우 회사의 자본금은 주식 발행가액의 1/2 이상의 금액으로서 이사회에서 자본금으로 계상하기로 한 금액의 총액으로 한다.

③ 무액면주식에는 권면액이 표시되지 않고 주권에 주식의 수만 기재된다.

④ 회사의 자본금은 액면주식을 무액면주식으로 전환하거나 무액면주식을 액면주식으로 전환함으로써 변경할 수 있다.

93 **상법상 주식배당의 요건 및 효과에 대한 설명으로 옳은 것은?**

① 주식배당을 하기 위해서는 당해 연도에 영업에서 발생한 배당가능이익이 있어야 한다.

② 주식에 의한 배당은 이익배당총액의 1/4에 상당하는 금액을 초과하지 못한다.

③ 회사가 주식배당을 하려면 이사회의 결의가 있어야 한다.

④ 주식으로 배당받은 주주는 주식배당의 결의가 있는 이사회가 종결한 때부터 신주의 주주가 된다.

94 **전환사채(CB)에 대한 설명으로 잘못된 것은?**

① 일정한 요건에 따라 사채권자에게 사채를 사채발행회사의 주식으로 전환할 수 있는 권리가 부여된 사채이다.

② 발행 시 등기사항이다.

③ 전환사채의 전환권은 일종의 청구권이다.

④ 이익이나 이자의 배당에 관하여는 편의상 그 청구를 한 때가 속하는 영업연도 말에 전환된 것으로 본다.

모의고사

해커스 증권투자권유자문인력 최종핵심정리문제집

95 자본감소에 대한 설명으로 잘못된 것은?

① 자본감소의 방법에는 주금액의 감소(환급, 절기)와 주식 수의 감소(소각, 병합)가 있다.

② 자본감소는 주주총회의 특별결의가 있어야 한다.

③ 주주와 관련이 있으므로 채권자를 위한 보호절차는 불필요하다.

④ 자본감소의 무효는 소(訴)만으로 주장할 수 있다.

96 다음 조세 중 과세주체가 지방자치단체인 것은?

① 소득세　　　　　　　　　② 법인세

③ 부가가치세　　　　　　　④ 취득세

97 국세기본법상 납세의무의 소멸사유에 해당하지 않는 것은?

① 부과가 취소된 때

② 납세의무자가 사망한 때

③ 국세부과의 제척기간이 끝난 때

④ 국세징수권의 소멸시효가 완성될 때

98 제2차 납세의무자에 대한 설명으로 잘못된 것은?

① 청산인과 잔여재산을 분배받은 자는 그 해산법인의 국세 등에 대하여 제2차 납세의무를 진다.

② 법인(상장법인은 제외)의 재산으로 국세 등을 충당하고 부족한 금액은 납세의무 성립일 현재의 무한책임사원과 과점주주 중 실질적 권리자 또는 사실상 지배자가 제2차 납세의무를 진다.

③ 법인의 무한책임사원과 과점주주가 당사자의 재산으로 국세 등을 충당한 후 부족한 금액은 당해 법인이 제2차 납세의무를 진다.

④ 양도·양수한 사업과 관련하여 양도일 이전에 확정된 국세 등은 사업양도인이 제2차 납세의무를 진다.

99 상속세의 납세의무자에 대한 설명으로 잘못된 것은?

① 상속세의 납세의무자는 상속인과 수유자(유증을 받는 자)이다.

② 상속인 및 수유자가 각자 납부해야 할 세액은 각자가 받은 상속재산 비율로 안분한 금액으로 한다.

③ 납세의무자가 수인인 경우라도 상속세를 연대하여 납부할 의무까지 지는 것은 아니다.

④ 특별연고자 또는 수유자가 영리법인인 경우에는 당해 영리법인이 납부할 상속세를 면제한다.

100 상속세 과세표준 계산 시 과세가액에서 공제되는 항목과 거리가 먼 것은?

① 기초공제

② 인적공제

③ 소득공제

④ 감정평가수수료

제1과목 · 증권분석

01 거시경제지표에 대한 설명으로 잘못된 것은?

① 실물경제지표로는 국민소득계정(NIPA)과 국내총생산(GDP)이 있다.

② 물가지수로는 소비자물가지수(CPI), 생산자물가지수(PPI), GDP 디플레이터 등이 있다.

③ 통화지표로는 M1, M2, Lf, L이 있다.

④ 통화유통속도의 경우 사후적으로 추계가 가능하며, 국내 통화유통속도는 장기적으로 상승하는 추세이다.

02 경기변동에 대한 설명으로 잘못된 것은?

① 루카스의 경우 완전 정보로 인하여 물가변화 같은 주요 경제변수들의 움직임을 정확히 예측할 수 있다고 전제하였다.

② 프리드먼의 경우 경기순환현상이 나타나는 것은 통화당국의 자의적인 통화량 조절 때문이라고 하였다.

③ 케인즈의 경우 불안정한 총수요의 변화는 생산의 불안정한 변동을 유발한다고 하였다.

④ 슘페터의 경우 기술이나 생산성 변화와 같은 공급측면이 경기변동을 유발한다고 하였다.

03 프리드먼을 중심으로 하는 통화주의자들의 경기에 대한 주장으로 거리가 먼 것은?

① 경기순환의 원인을 기업가의 투자심리 또는 동물적 감각(Animal Spirit)에서 찾았다.

② 경기조절을 위하여 준칙적 통화조절이 필요하다.

③ 경기조절을 위하여 총수요관리가 필요하다.

④ 경제는 완전고용 산출수준으로 회귀하려는 경향이 있다.

04 경기안정화 정책 관련 시차와 경기정책에 대한 설명으로 잘못된 것은?

① 외부시차는 정책을 실시한 시점부터 경제에 영향을 미칠 때까지의 시차를 말한다.

② 케인즈학파는 외부시차로 인하여 총수요관리정책은 정확하다고 본다.

③ 통화정책은 외부시차가 상당히 길고 가변적이다.

④ 재정정책은 입법과정에서 국회의 동의가 필요하기 때문에 내부시차가 길다.

05 경기종합지수(CI)에 대한 설명으로 잘못된 것은?

① 경기변동의 방향, 전환점은 파악할 수 있으나 진폭까지는 알 수 없다.

② 선행, 동행, 후행지수를 구분하여 발표한다.

③ 전월 대비 지표증감률이 (+)인 경우에는 경기상승을, (−)인 경우에는 경기하강을 의미한다.

④ 객관적이나 과거 데이터에 의존한다는 약점이 있다.

06 소비자동향지수(CSI)에 대한 설명으로 잘못된 것은?

① 기업경기실사지수(BSI)와 같이 0 ~ 200의 값을 갖는다.

② 경기수축기에 기업실사지수(BSI)보다 일정 기간 선행하는 특성을 갖고 있어 경기수축국면 및 경기저점을 예측하는 데 유용하다.

③ 소비자의 구매의도나 구매태도, 전망 등을 설문조사하여 지수화한 것이다.

④ 지수가 90이라는 것은 경기를 긍정적으로 보는 소비자가 부정적으로 보는 소비자보다 많다는 것을 의미한다.

07 비율분석의 한계점에 대한 설명으로 잘못된 것은?

① 재무제표는 과거자료라는 한계가 있다.

② 손익계산서와 재무상태의 시간적 차이가 있다.

③ 자산·부채 인식기준의 차이가 있다.

④ 회계기준처리가 상이하다.

08 다음 보기의 재무비율과 그 구성이 올바르게 연결된 것은?

종 류	A. 수익성 지표, B. 안정성 지표, C. 활동성 지표, D. 성장성 지표
구 성	㉠ 총자산회전율, 고정자산회전율, 재고자산회전율
	㉡ 총자본이익률, 자기자본이익률, 매출액영업이익률
	㉢ 유동비율, 부채비율, 고정비율, 이자보상비율
	㉣ 매출액증가율, 총자산증가율, 영업이익증가율

① A-㉠, B-㉡, C-㉢, D-㉣   ② A-㉡, B-㉢, C-㉠, D-㉣

③ A-㉢, B-㉠, C-㉡, D-㉣   ④ A-㉣, B-㉡, C-㉠, D-㉢

09 A기업은 적정부채 수준의 결정 시 이자보상비율을 이용한다. 이 회사는 균형비율을 7.0으로 생각하고, 내년도 영업이익을 1억 4,000만원으로 기대하며, 부채규모는 1억원, 이자비용은 10%이다. 앞으로도 동일 이자율로 차입이 가능할 것으로 추정할 경우 내년에 추가적으로 이용할 수 있는 부채규모로 옳은 것은?

① 1억원   ② 1억 5,000만원

③ 2억원   ④ 2억 5,000만원

10 다음 중 다른 조건이 일정할 경우 설명이 잘못된 것은?

① PER은 기대되는 배당성향이 클수록 커지고, 이익성장률이 클수록 작아진다.
② PBR은 기업의 마진, 활동성, 부채레버리지, 기업수익력의 질적 측면을 반영한 지표이다.
③ 체계적 위험이 클수록, 위험 프리미엄이 높을수록 요구수익률이 높아진다.
④ EVA는 자기자본 사용에 따른 기회비용을 감안한 성과측정 수단이다.

11 한 기업의 최근 재무자료로 다음 정보를 얻었다. 항상성장모형의 가정하에서 이 기업의 성장률로 옳은 것은?

• 순이익 : 1백만원	• 총자기자본 : 5백만원
• 총자산 : 1천만원	• 배당성향 : 40%

① 4%
③ 8%

② 6%
④ 12%

12 엘리엇 파동이론에 대한 설명으로 옳은 것은?

① 2번 파동의 저점이 c파동의 저점과 겹쳐서는 안 된다.
② 추세반대방향 파동을 충격파라고 한다.
③ 일반적으로 3번 파동은 가장 긴 파동이 될 수 없다.
④ a파동은 하락 시에 나타나는 파동으로 조정파이다.

13 패턴분석 유형과 관련된 설명으로 올바른 것은?

① 삼봉천장형은 두 번째의 정상이 다른 좌우의 정상보다 높은 것이 일반적이다.

② 바닥V자모형은 주가 하락이 매우 급격한 것이 일반적인 현상으로 저점을 중심으로 평균 거래량은 감소한다.

③ 깃대형은 반전형 패턴이다.

④ 상승쐐기형은 주가의 상승반전 가능성을 시사한다.

14 이동평균선을 이용한 매매방법에 대한 설명으로 잘못된 것은?

① 단기·중기·장기이동평균선이 나란히 하락할 경우 약세장이다.

② 단기이동평균선이 중·장기이동평균선을 상향돌파하는 경우에는 매입신호이다.

③ 중·장기이동평균선의 상승이 계속된 후 단기이동평균선이 하락세로 돌아서면 바닥권으로 본다.

④ 단기이동평균선이 중·장기이동평균선을 하향돌파하는 경우에는 데드크로스(Dead Cross)로서 강력한 약세전환신호이다.

15 주가 하락을 예고하는 것으로 옳은 것은?

① 적삼병

② 역전된 해머형

③ 해머형

④ 흑삼병

16 발행시장에 대한 설명 중 잘못된 것은?

① 발행시장은 자본이 투자자로부터 발행주체에게 이전되는 추상적인 시장이다.
② 증권발행은 증권취득의 청약권유대상이 50인 이상인지 여부에 따라 공모와 사모로 구분된다.
③ 직접발행은 발행주체가 자기의 책임과 계산으로 발행위험만 부담하는 방법이고, 간접발행은 발행주체가 발행사무만 부담하는 방법이다.
④ 발행조직은 발행주체(발행인), 발행기관(인수기관), 투자자로 구성된다.

17 종류주식을 이익배당 및 잔여재산에 따라 구분하는 경우 주식의 명칭과 거리가 먼 것은?

① 보통주   ② 우선주
③ 후배주   ④ 기명주

18 상장에 대한 설명으로 잘못된 것은?

① 상장이란 주식회사가 발행한 주권이 거래소시장에서 거래될 수 있도록 자격을 부여하는 것이다.
② 상장 시 형식적 심사요건에는 영업활동기간, 기업규모, 주식분산, 경영성과, 감사의견 등이 있다.
③ 관리종목지정은 거래소시장에서 상장된 증권에 대하여 유가증권시장에서 매매거래대상이 될 수 있는 적격성을 상실시키는 조치이다.
④ 공공적 법인, 벤처기업, 기술성장기업 등에는 상장요건의 특례가 적용된다.

19 공시제도에 대한 설명으로 잘못된 것은?

① 기업내용 공시제도는 정보형평을 통한 증권시장의 효율성을 실현시키는 제도이다.

② 공시매체는 금융위원회 및 거래소의 전자공시시스템, 코스콤의 정보문의단말기 및 거래소 홈페이지, 증권시장지 등이 있다.

③ 주권상장법인은 공시의무사항이 아닌 경우 공시할 수 없다.

④ 거래소는 불성실 공시법인에 대하여 매매거래를 정지시킬 수 있고, 공시위반 제재금도 부과할 수 있다.

20 유가증권시장의 매매거래에 대한 설명으로 잘못된 것은?

① 매매거래의 수탁은 문서, 전화, 전자통신 등으로 가능하다.

② 대용증권은 위탁증거금으로 활용할 수 없다.

③ 1일 가격제한폭은 기준가격 대비 ±30%이다.

④ 정규매매시간 중 단일가매매는 시가, 종가, 매매거래중단 후 재개 시 최초가격을 결정할 때 이용되고 그 이외의 시간에는 접속매매 방법으로 매매체결이 이루어진다.

21 유가증권시장의 시장관리제도에 대한 설명 중 잘못된 것은?

① 주가지수가 전일종가지수에 대비하여 각각 8%, 15%, 20% 이상 하락하여 1분간 지속되면 Side Car를 발동한다.

② 랜덤엔드는 모든 단일가매매 시 가격결정을 위한 호가접수시간을 정규마감시간 이후 30초 이내의 임의시간까지 연장하는 제도이다.

③ 3단계 시장경보제도는 투자주의종목 지정, 투자경고종목 지정, 투자위험종목 지정으로 구성되어 있다.

④ 우리나라에서는 소유하지 않은 증권은 매도할 수 없고, 대차거래 또는 대주거래를 통해 차입된 증권의 공매도만 허용한다.

22 프로그램매매 관리제도와 가장 거리가 먼 것은?

① 지수차익잔고 공시
② 단기과열종목 지정
③ 선물·옵션 최종거래일의 사전신고
④ Side Car

23 유가증권시장의 청산제도에 대한 설명으로 잘못된 것은?

① 청산은 거래소가 회원 간 성립된 매매에 개입하여 매도자에 대하여는 매수자, 매수자에 대하여는 매도자가 됨으로써 채권채무를 차감하여 확정하고 결제가 이행될 때까지 결제를 보증하는 일련의 절차이다.
② 결제는 청산과정을 통해 확정된 중앙거래당사자와 회원 간의 채무를 증권의 인도 및 대금 지급을 통하여 이행함으로써 매매를 종결시키는 것이다.
③ 우리나라는 실물결제방식을 채택하고 있으며 차감결제방식은 아직 채택하고 있지 않다.
④ 거래소의 결제이행재원은 손해배상공동기금, 결제적립금, 거래소자산, 회원보증금 등이 있다.

24 12월 결산법인의 배당락에 대한 설명으로 잘못된 것은? (단, 12월 28일부터 12월 30일까지 공휴일은 없다고 가정함)

① 배당금지급기준일은 12월 30일(공휴일인 경우 직전 매매거래일)이다.
② 배당락조치일은 12월 29일이다.
③ 주주명부에 등록되기 위해서는 12월 29일까지 주식을 매수해야 한다.
④ 주식배당을 하는 경우에는 배당락 조치를 하나, 현금배당의 경우에는 배당락 조치를 하지 않는다.

25 다음 보기 중 공정공시대상 정보에 해당하는 것은?

> 가. 장래사업계획 또는 경영계획
> 나. 매출액, 영업손익 등에 대한 전망 또는 예측
> 다. 정기(사업·반기·분기)보고서 제출 이전의 영업실적
> 라. 수시공시사항 관련 중요정보 중 공시의무 시한이 경과한 사항

① 가

② 가, 다

③ 가, 나, 다

④ 가, 나, 다, 라

26 코스닥 불성실공시법인의 제재내용에 대한 설명 중 잘못된 것은?

① 불성실공시법인으로 지정되면 거래소는 1일간 매매거래를 정지한다.
② 거래소는 불성실공시법인에 대하여 총 3억원 한도 내에서 공시의무 위반제재금을 부과할 수 있다.
③ 거래소는 누계벌점이 15점 이상인 법인에 대하여 재발방지를 위한 개선계획서 및 이행보고서 제출을 요구할 수 있다.
④ 불성실공시와 관련한 누계벌점이 1년간 15점 이상이 되는 경우 관리종목으로 지정되고, 관리종목 지정 후 1년간 15점 이상 추가된 경우 주권이 상장폐지된다.

27 조건부자본증권에 대한 설명으로 잘못된 것은?

① 특정한 상황에 처할 경우 채권이 자본으로 전환되거나 상각된다.
② 바젤Ⅲ상 은행자본으로 인정된다.
③ 선순위채로 분류된다.
④ 일반채권보다 높은 금리가 보장되나 위험도 크다.

28 다음 채권의 발행 당일 수익률이 10%일 때 듀레이션은 2.78년이다. 다른 조건은 이 채권과 동일하나 표면이율이 10%인 채권의 듀레이션으로 옳은 것은?

> • 발행일 : 2023년 6월 22일 • 만기일 : 2026년 6월 22일
> • 표면이율 : 8% • 이자지급방법 : 매년단위 후급

① 2.74년 ② 2.78년
③ 2.83년 ④ 3.0년

29 다음 중 수익률곡선에 대한 설명으로 잘못된 것은?

① 동일한 발행주체에 의하여 발행된 채권의 잔존만기와 수익률의 관계를 그래프로 나타낸 것을 수익률곡선이라고 한다.
② 수익률곡선은 그 모양에 따라 상승형, 하강형, 수평형, 낙타형 등으로 구분할 수 있다.
③ 하강형은 금리가 낮은 수준의 안정된 금융시장에서 나타나는 수익률곡선의 형태이다.
④ 유동성선호가설은 상승형 수익률곡선을 잘 설명하고 있다.

30 수익률곡선타기전략에 대한 설명 중 잘못된 것은?

① 수익률곡선 모양이 우상향하고, 투자기간 동안 변하지 않아야 한다.
② 롤링효과와 숄더효과를 이용한다.
③ 적극적 전략이다.
④ 시장선호가설과 관련이 깊다.

31 만기가 5년, 표면이자율 5%, 액면금액이 10,000원인 전환사채가 현재 9,500원에 거래되고 있다. 이 사채는 보통주 5주와 전환이 가능하며 보통주의 금액은 1,500원이다. 전환비율은 100%이고 동일한 조건의 일반채권 만기수익률이 10%일 때, 이 전환사채의 패리티로 옳은 것은?

① 75%
③ 105%

② 95%
④ 130%

32 패리티가 140%인 전환사채의 전환대상 주식의 가격이 7,000원일 때, 이 전환사채의 액면전환가격으로 옳은 것은?

① 5,000원
③ 10,000원

② 7,000원
④ 14,000원

33 다음 중 자산유동화증권(ABS)에 대한 설명으로 잘못된 것은?

① 기초자산의 자금이체방식에 있어서 Pay-Through방식은 일반적으로 다양한 만기기간 및 원리금지급방식을 지닌 채권형태의 유동화증권을 이용한다.
② 부실대출도 자산유동화가 이루어질 수 있는 기초자산이다.
③ 유동화대상은 자산집합이 가능하고 자산 특성상 동질성이 어느 정도 보장되어야 한다.
④ 기존에 발행된 회사채를 기초자산으로 하는 자산유동화증권을 Primary CBO라고 한다.

34 코넥스시장에서 기본예탁금 면제대상자에 해당하지 않는 자는?

① 개인투자조합

② 파생상품투자자

③ 고위험·고수익투자신탁에 해당하는 투자일임재산

④ 집합투자기구

35 코넥스시장의 조회공시에 대한 설명으로 잘못된 것은?

① 중요한 경영사항과 관련된 풍문 또는 보도가 있을 때 조회공시를 해야 한다.

② 코스닥시장과 달리 주가 및 거래량 급변에 따른 조회공시는 적용하지 않는다.

③ 거래소의 조회공시 요구를 받은 경우 확정, 부인, 미확정으로 구분하여 답변해야 하며, 조회공시 요구와 동시에 매매거래 정지도 가능하다.

④ 조회공시 요구 시점이 오전인 경우 다음 날 오전까지 답변해야 한다.

36 집합투자재산의 50% 이상을 초과하여 증권(증권을 기초로 하는 파생상품을 포함)에 투자하는 집합투자기구로 옳은 것은?

① 증권집합투자기구
② 부동산집합투자기구
③ 특별자산집합투자기구
④ 단기금융집합투자기구

37 당사자 일방의 의사표시에 의하여 특정 주권의 가격 또는 주가지수의 변동과 연계하여 미리 약정된 방법에 따라 주권의 매매 또는 금전을 수수하는 권리가 부여된 증서는?

① ELS
② ELW
③ ELD
④ ELF

38 랩어카운트(Wrap Account)에 대한 설명으로 거리가 먼 것은?

① 주문형 상품으로 고객의 수요에 부응하여 상품을 구성할 수 있는 장점이 있다.
② 수수료는 투자자산의 일정 비율로 결정되며, 별도의 매매수수료를 지불하지 않는다.
③ 자산운용방식과 투자대상이 획일적이라는 단점이 있다.
④ 판매사의 관점에서 수수료의 수입총액이 감소할 가능성이 있다는 단점이 있다.

39 예금주 A는 B은행의 다음과 같은 상품에 자금을 맡겨놓고 있다. 만일 B은행이 파산하였을 경우 예금주 A가 수령할 수 있는 금액으로 옳은 것은?

- CD : 2,300만원
- 외화예금 : 미화 3,000달러(1달러당 1,200원)
- 정기예금의 원금 및 소정이율 : 2,000만원
- 가계당좌예금의 원금 및 소정이율 : 1,300만원

① 5,000만원
② 2,300만원
③ 미화 3,000달러 + 3,300만원
④ 3,300만원

40 수익증권 중 주식형 펀드의 운용방법으로 옳은 것은?

① 자산총액의 60% 이상을 주식으로 운용
② 주식에 대한 편입비율이 50% 이상
③ 주식에 대한 편입비율이 50% 미만
④ 자산총액의 60% 이상을 채권으로 운용

41 증권회사의 상품 중 예금자보호대상에서 제외되는 상품은?

① ELD
② 수익증권
③ 증권저축 현금잔액
④ 위탁자예수금

42 전술적 자산배분전략에 대한 설명 중 옳은 것으로만 모두 묶인 것은?

> ㉠ 저평가 주식을 매수하고 고평가 주식을 매도한다.
> ㉡ 전술적 자산배분은 본질적으로 역투자전략이다.
> ㉢ 전술적 자산배분은 현실적으로 자본시장의 과잉반응이 있는 경우 적용하기 어렵다는 단점이 있다.
> ㉣ 최저수익률의 확보나 절대수익률과 같은 시장상황에 좌우되는 평가방법으로 제시할 때 적절한 전략이다.

① ㉠, ㉡

② ㉠, ㉣

③ ㉡, ㉢

④ ㉠, ㉡, ㉢, ㉣

43 역투자전략에 대한 설명으로 잘못된 것은?

① 주가가 상승할 때 투자자의 위험선호도가 높아지게 된다.

② 내재가치는 시장가격보다 매우 낮은 변동성을 보이므로 역투자전략의 수행을 용이하게 만든다.

③ 전술적 자산배분은 평가된 내재가치와 시장가치 간의 비교를 통하여 실행을 판단하게 된다.

④ 내재가치 대비 고평가되면 매도하고, 내재가치 대비 저평가되면 매수하고자 하는 운용방법이다.

44 펀더멘털 분석법에 대한 설명으로 잘못된 것은?

① 시장 참여자들이 공통적으로 가지고 있는 수익률에 대한 추정치를 사용하는 방법이다.

② 과거 자료를 바탕으로 미래에 대한 기대치를 추가하여 수익률을 예측하는 방법이다.

③ 주식의 기대수익률은 무위험이자율 + 주식시장 위험프리미엄이다.

④ 과거의 결과일 뿐 미래의 기대수익률로 사용하는 데는 한계가 있다.

45 위험에 비하여 상대적으로 높은 기대수익을 얻고자 하거나, 기대수익에 비하여 상대적으로 낮은 위험을 부담하도록 자산 포트폴리오의 구성을 수정하는 것은?

① 리밸런싱(Rebalancing)
② 업그레이딩(Upgrading)
③ 모니터링(Monitoring)
④ Feedback

46 내부수익률(IRR)에 대한 설명으로 잘못된 것은?

① 화폐의 시간적 가치가 고려된 평균투자수익률의 개념이다.
② 현금유출액의 현재가치와 현금유입액의 현재가치를 일치시켜 주는 할인율이다.
③ 금액가중평균수익률이다.
④ 중도현금흐름이 재투자되어 증식되는 것을 감안한 평균수익률의 계산방법이다.

47 시장 포트폴리오에 내재된 균형기대수익률을 산출하고, 투자자의 시장전망을 자산배분 모델에 반영하여 자산배분을 시행하는 모델로 올바른 것은?

① 마코위츠의 평균-분산 모델
② 자본자산가격결정 모델(CAPM)
③ 단일지표 모델
④ 블랙리터만의 모델

48 블랙리터만의 모델에서 투자자의 시장전망을 반영하는 방법과 거리가 먼 것은?

① 절대적 시장전망을 반영하는 방법
② 상대적 시장전망을 반영하는 방법
③ 개인적 시장전망을 반영하는 방법
④ 그룹 간 시장전망을 반영하는 방법

49 금융투자상품을 투자권유하는 경우 설명해야 할 사항과 가장 거리가 먼 것은?

① 투자에 따르는 위험
② 투자자가 부담하는 수수료
③ 투자상품의 투자성에 관한 구조와 성격
④ 상담자의 투자성향 및 위험감수수준

50 해외자산에 투자하는 집합투자기구의 집합투자증권에 투자하는 경우 추가적으로 설명해야 할 사항과 가장 거리가 먼 것은?

① 일정한 사유가 발생하면 원리금 전액이 상각될 수 있다는 사실
② 환율변동위험, 환헤지 여부 및 목표 환위험헤지 비율
③ 환헤지가 모든 환율변동위험을 제거하지 못하며, 투자자가 직접 환헤지하는 경우 손실이 발생할 수 있다는 사실
④ 모자형펀드의 경우 환헤지를 하는 자펀드와 하지 않는 자펀드 간의 판매비율 조절을 통하여 환헤지 비율을 달리하여 판매할 수 있다는 사실

51

투자일임 및 금전신탁의 경우 계약체결 전 투자자에게 설명해야 할 사항과 거리가 먼 것은?

① 분산투자규정이 없을 수 있어 수익률의 변동성이 펀드보다 더 커질 수 있다는 사실
② 기준에 의해 분류된 투자자유형 위험도를 초과하지 않는 범위 내에서 투자일임·금전신탁 재산의 운용에 대하여 투자자가 개입할 수 있다는 사실
③ 성과보수의 수취요건 및 성과보수로 인해 발생 가능한 잠재위험
④ 계약으로 정한 수수료 외의 대가를 추가로 받는 행위

52

고객의 니즈를 파악하는 질문에 대한 설명으로 잘못된 것은?

① 대화의 흐름을 자신이 생각하는 방향으로 리드하고 싶을 때 폐쇄형질문이 적절하다.
② 개방형질문은 좀 더 긴 대답을 유도하는 경우 사용한다.
③ 폐쇄형질문은 이런 질문에 익숙치 않은 고객에게 심문당하는 느낌이나 귀찮다는 느낌을 줄 수 있다.
④ Eye Contact은 자심감의 표현이며 고객을 설득하는 가장 강력한 무기가 된다.

53

반감에 대한 설명 중 가장 잘못된 것은?

① 반감은 거절의 표시이다.
② 반감은 고객 관심의 표현이다.
③ 반감은 또 하나의 세일즈 찬스이다.
④ 반감은 더 많은 정보에 대한 요구이다.

54 투자성 상품을 일반금융소비자에게 권유하는 경우 설명해야 할 사항과 가장 거리가 먼 것은?

① 투자성 상품의 내용과 위험
② 투자성 상품에 대한 금융상품직접판매업자가 정하는 위험등급
③ 금리 및 변동여부
④ 금융상품과 연계되거나 제휴된 금융상품 또는 서비스

55 금융관계자의 직무윤리에 대한 내용으로 가장 잘못된 것은?

① 투자상담업무종사자는 고객 등으로부터 신임을 얻어 업무를 수행하는 자이기 때문에 전문가로서의 주의의무가 요구되며 그 기준은 신중한 투자자의 원칙이다.
② 금융투자업자는 Chinese Wall 구축의무가 있으므로 이해상충 가능성이 많은 정보제공행위, 겸직행위, 공간 및 설비의 공동이용행위 등이 금지된다.
③ 금융투자업자는 이해상충 발생 가능성을 파악·평가한 결과 이해상충이 발생할 가능성이 있다고 인정되는 경우 그 사실을 미리 해당 투자자에게 알리고 투자자보호에 문제가 없는 수준으로 낮추어 거래해야 한다.
④ 투자상담업무종사자는 본인이 직접 당사자가 되는 것은 안되지만 이해관계자의 대리인이 되는 것은 가능하다.

56 설명의무에 대한 설명 중 잘못된 것은?

① 일반투자자를 상대로 투자권유를 하는 경우 투자설명서 교부뿐 아니라 일반투자자가 이해할 수 있도록 설명하여야 한다.
② 설명했음에도 불구하고 투자자가 주요 손익 및 위험을 이해하지 못하면 투자자가 제대로 이해할 때까지 투자권유를 해야 한다.
③ 회사가 자신의 위법행위 여부가 불분명한 경우 사적 화해의 수단으로 손실을 보상한 경우는 허용된다.
④ 예상수익률 보장, 확정적인 단언 및 암시하는 표현, 실적배당상품의 본질에 반하는 주장이나 설명은 할 수 없다.

57 금융투자업종사자의 보고 및 기록의무에 대한 설명으로 잘못된 것은?

① 고객으로부터 위임받은 업무에 대하여 그 결과를 고객에게 지체 없이 보고하고 그에 따른 필요한 조치를 해야 한다.

② 보고는 위임받은 업무를 처리하였다는 사실을 통지하는 것으로 족하다.

③ 보고의 방법은 구두, 문서, 이메일 등 제한이 없다.

④ 금융투자업자는 업무를 처리함에 있어서 필요한 기록 및 증거물을 절차에 따라 보관해야 한다.

58 금융투자업종사자의 대외활동 규제에 대한 설명 중 잘못된 것은?

① 금융투자업종사자는 대외활동 시 회사, 주주 또는 고객과 이해상충이 발생하지 않도록 필요한 준법절차를 밟아야 한다.

② 회사, 주주 또는 고객과 이해상충이 발생할 수 있는 금융투자업종사자의 대외활동은 준법감시인의 승인 여부와 관계없이 금지된다.

③ 임직원이 인터넷게시판에 자료의 출처를 명시하고 그 내용을 인용하거나 기술적 분석에 따른 투자권유를 하는 경우 준법감시인의 사전승인 없이 가능하다.

④ 회사의 재산은 오로지 회사의 이익 그 자체만을 위하여 사용되어야 하고, 회사의 이익이 아닌 사적용도로 이용하는 일체의 행위는 금지된다.

59 내부통제기준에 대한 설명 중 잘못된 것은?

① 금융투자업자는 내부통제기준을 제정하거나 변경할 때 주주총회의 결의를 거쳐야 하며, 주주총회는 내부통제체제의 구축 및 운영에 관한 기준을 정해야 한다.

② 대표이사는 내부통제체제의 구축 및 운영에 관한 제반사항을 수행·지원하고 적절한 내부통제정책을 수립해야 한다.

③ 준법감시인은 내부통제기준을 기초로 내부통제의 구체적인 지침, 컴플라이언스 매뉴얼, 임직원 윤리강령 등을 제정하여 시행할 수 있다.

④ 준법감시인은 준법감시업무의 효율적 수행을 위해 부점별 또는 수개의 부점을 1단위로 하여 준법감시인의 업무 일부를 위임받아 관계 법령의 준수 여부를 감독할 관리자를 지명할 수 있다.

60 금융투자업종사자가 집합투자증권을 판매하는 경우 준수사항으로 잘못된 것은?

① 모든 고객의 이익은 상호 동등하게 취급되어야 한다.

② 어떠한 경우에도 고객의 이익은 회사와 주주의 이익보다 우선한다.

③ 고객에게 유리한 정보뿐만 아니라 불리한 정보도 제공하여 고객이 이를 이해할 수 있도록 해야 한다.

④ 이해상충 가능성이 인정되는 경우 투자자에게 고지한 후 거래해야 한다.

61 개인정보보호법 관련 고객정보의 관리에 대한 설명 중 잘못된 것은?

① 개인정보처리방침 등 개인정보처리에 관한 사항을 공개해야 하며, 열람청구권 등 정보주체의 권리가 보장되어야 한다.

② 개인정보처리자는 개인정보의 처리정지, 정정, 삭제 및 파기를 요구할 수 있다.

③ 최소한의 개인정보수집이라는 입증책임은 개인정보처리자가 부담한다.

④ 개인정보보호법은 정보유출에 대한 손해배상을 강화하면서 징벌적 손해배상제도를 도입하였다.

62 금융투자업자가 취급하는 대표적인 대출성 상품과 가장 거리가 먼 것은?

① 신용거래융자

② 신용대주

③ 청약자금대출

④ 마이너스통장대출

63 **금융소비자보호법상 내부통제체계에 대한 설명 중 잘못된 것은?**

① 금융회사의 금융소비자보호 내부통제체계의 구축을 의무화 하였다.

② 금융소비자보호에 관한 내부통제조직은 이사회, 대표이사, 준법감시인, 영업관리자 등으로 구성된다.

③ 이사회는 금융소비자보호에 관한 최고 의사결정기구로 금융소비자보호에 관한 기본방침과 내부통제 관련 주요사항을 심의·의결한다.

④ 대표이사로부터 금융소비자보호 업무를 위임받은 총괄책임자는 매년 1회 이상 위임이행사항을 내부통제위원회에 보고해야 한다.

64 **고객확인제도에 대한 설명으로 잘못된 것은?**

① 금융거래 시 고객의 신원, 실소유자 여부, 거래목적을 파악하는 등 고객에 대한 합당한 주의를 기울이는 제도이다.

② 미화 1만달러 이상의 1회성 금융거래 시에도 적용된다.

③ 자금세탁 위험이 낮은 고객은 고객신원확인을 생략할 수 있다.

④ 고객이 신원확인 등을 위한 정보제공을 거부하여 고객확인을 할 수 없는 경우 금융투자업자는 그 고객과의 신규거래를 거절해야 한다.

65 **특정금융거래보고법상 자금세탁방지제도와 거리가 먼 것은?**

① 고객확인제도

② 의심스런 거래보고제도

③ 고액현금거래보고제도

④ 금융분쟁조정제도

66 투자매매·중개업자의 신용공여에 대한 설명으로 잘못된 것은?

① 자본시장법은 신용공여를 원칙적으로 인정하지 않는다.

② 투자매매업자는 증권의 인수일부터 3개월 이내에 투자자에게 그 증권을 매수하게 하기 위하여 그 투자자에게 금전의 융자, 그 밖의 신용공여를 해서는 안 된다.

③ 투자매매업자 또는 투자중개업자에게 증권 매매거래계좌를 개설하고 있는 자에 대하여 증권의 매매를 위한 매수대금을 융자하거나 매도하려는 증권을 대여하는 방법으로 신용공여를 할 수 있다.

④ 투자매매업자 또는 투자중개업자에 증권을 예탁하고 있는 자에 대하여 그 증권을 담보로 금전을 융자하는 방법으로 신용공여를 할 수 있다.

67 자본시장법상 금융투자상품 중 증권에 해당하지 않는 것은?

① 채무증권

② 증권예탁증권

③ 장내파생상품

④ 파생결합증권

68 금융투자업자는 자신의 대주주가 발행한 증권에 대한 소유가 금지되는 것이 원칙이다. 그러나 예외적으로 허용하는 경우가 있는데 이에 대한 내용으로 잘못된 것은?

① 대주주가 변경됨에 따라 이미 소유하고 있는 증권이 대주주가 발행한 증권으로 되는 경우

② 인수와 관련하여 해당 증권을 취득하는 경우

③ 일반 회사채 증권을 취득하는 경우

④ 관련 법령에 따라 사채보증 업무를 할 수 있는 금융기관 등이 원리금의 지급을 보증하는 사채권을 취득하는 경우

69 자본시장법은 금융투자업종에 따라 겸영할 수 있는 업무의 내용이 제한되기도 하는데, 그와 관련된 설명으로 잘못된 것은?

① 증권에 대한 투자매매업자만이 법 제71조3호(기업인수·합병의 중개 등과 관련된 대출업무)를 겸영할 수 있다.

② 투자중개업자만이 취급하는 증권에 대한 대차거래와 그 중개·주선·대리업무를 겸영할 수 있다.

③ 증권 및 장외파생상품에 대한 투자매매업자만이 지급보증업무를 겸영할 수 있다.

④ 채무증권에 대한 투자매매업자나 투자중개업자만이 원화로 표시된 CD의 매매와 그 중개·주선 또는 대리업무, 대출의 중개·주선 또는 대리업무를 겸영할 수 있다.

70 자본시장법상 내부자의 범위에 해당하지 않는 자는?

① 계열회사 임직원

② 당해 법인 임직원의 대리인

③ 당해 법인의 주식을 10년 보유한 자

④ 당해 법인의 주요 주주

71 단기매매차익 반환의무가 면제되는 경우에 해당하지 않는 것은?

① 주요주주가 매도·매수를 한 시기 중 어느 한 시기에 주요주주가 아닌 경우

② 주식매수선택 행사로 인한 취득·처분

③ 모집·사모·매출하는 특정 증권의 인수에 따라 취득하거나 인수한 특정 증권을 처분하는 경우

④ 회사의 연구개발에 종사하는 직원이 회사증권을 매수하여 3개월만에 매도한 경우

72 금융소비자보호법상 적정성 원칙에 대한 설명 중 잘못된 것은?

① 일반사모펀드는 원칙적으로 적정성 원칙의 적용이 면제되지만 적격투자자 중 일반금융소비자가 요청할 경우에는 적정성 원칙이 적용된다.

② 적정성 원칙은 금융상품판매업자의 계약체결의 권유가 있는 경우에만 적용된다.

③ 사채 중 주식으로 전환되거나 원리금을 상환해야 할 의무가 감면될 수 있는 사채도 적정성 원칙의 대상이 된다.

④ 적정성 원칙은 위험도가 높은 투자성 상품 또는 대출성 상품에 적용된다.

73 금융투자업 인가 및 등록에 대한 설명으로 잘못된 것은?

① 장외파생상품의 경우 일반 금융투자상품에 비해 강화된 진입요건을 설정하였다.

② 일반투자자를 상대로 금융투자업을 영위하는 경우에는 전문투자자를 상대로 하는 것보다 강화된 진입요건을 설정하였다.

③ 금융투자업 중 투자매매업, 투자중개업, 집합투자업, 신탁업은 인가를 받아야 하고, 투자일임업, 투자자문업은 등록만 하면 가능하다.

④ 투자일임업, 투자자문업의 경우 사업계획의 타당성, 건전성과 같은 적합성 기준이 적용된다.

74 자본시장법상 공개매수에 관한 규정이 적용되지 않는 것은?

① 주 권

② 신주인수권이 표시된 것

③ 전환사채권

④ 수익증권

75 **금융소비자보호법상 설명의무에 대한 설명 중 잘못된 것은?**

① 전문금융소비자에게는 금융상품판매업자의 설명의무가 면제된다.

② 본인이 아닌 대리인에게 설명하는 경우, 전문금융소비자 여부는 본인 기준으로 판단한다.

③ 본인이 아닌 대리인에게 설명하는 경우, 설명의무 이행여부는 본인 기준으로 판단한다.

④ 기존계약과 동일한 내용으로 계약을 갱신하거나 기본계약을 체결하고 계속적·반복적으로 거래하는 경우에는 설명서를 교부하지 않아도 된다.

76 **주식 등의 대량보유자가 주식 등의 보유 및 변동내용을 보고하는 경우 보고기준일에 대한 설명으로 잘못된 것은?**

① 합병의 경우에는 흡수합병이든 신설합병이든 합병일이 보고기준일이 된다.

② 증권시장 외에서 주식 등을 취득한 경우에는 그 계약체결일이 보고기준일이 된다.

③ 증권시장 외에서 주식 등을 처분한 경우에는 대금을 받는 날과 주식 등을 인도하는 날 중 먼저 도래한 날이 보고기준일이 된다.

④ 유상증자로 배정되는 신주를 취득하는 경우에는 주금납입일의 다음 날이 보고기준일이 된다.

77 **금융투자업자의 내부통제기준에 대한 설명으로 잘못된 것은?**

① 매매주문 처리가 체결된 경우 익일까지 투자자에게 통지하고 그 증빙을 10년 이상 보관·유지해야 한다.

② 금융투자협회는 표준내부통제 기준을 작성하고 금융투자업자에게 사용을 권고할 수 있다.

③ 각 지점별 파생상품 영업관리자를 지정해야 한다.

④ 본사 또는 인근 지점에 상근하는 파생상품 영업관리자가 해당 지점의 파생상품 영업을 효과적으로 감독할 수 있는 경우에는 2 이상의 지점에서 1인의 파생상품 영업관리자를 지정할 수 있다.

78 금융투자업자의 건전한 경영유지를 위한 규정에 대한 설명으로 잘못된 것은?

① 자산건전성 분류상 고정에 해당하면 분류자산의 20%를 충당금으로 적립해야 한다.

② 금융투자업자는 영업용순자본을 순위험액 이상으로 유지해야 한다.

③ 영업용순자본 산정 시 차감항목에 대하여는 원칙적으로 위험액을 산정하지 않는다.

④ 영업용순자본비율이 150% 미만인 경우 지체 없이 금융감독원장에게 보고해야 한다.

79 금융투자업자 투자 광고 시 포함될 사항에 대한 내용으로 잘못된 것은?

① 타 기관 등으로부터 수상, 선정, 인증, 특허 등을 받은 내용을 표기하는 경우 당해 기관의 명칭, 수상 등의 시기 및 내용을 표시해야 한다.

② 통계수치나 도표 등을 인용하는 경우 해당 자료의 출처를 표기해야 한다.

③ 최소비용을 표기하는 경우 최대비용까지 표기해야 하는 것은 아니다.

④ 과거의 재무상태 또는 영업실적을 표기하는 경우 투자광고 시점 및 미래에는 이와 다를 수 있다는 내용을 표기해야 한다.

80 금융투자업자의 영업행위규칙에 대한 설명으로 잘못된 것은?

① 투자자가 예탁한 증권의 총액과 증권의 종류별 총액에 관한 정보 및 채무증권의 종목별 총액에 관한 정보에 대한 사내정보교류는 허용된다.

② 집합투자재산, 투자일임재산 및 신탁재산의 구성내역과 운용에 관한 정보 중 1개월이 지난 정보에 대한 사내정보교류도 허용된다.

③ 투자 광고 시 투자광고계획신고서와 투자광고안을 금융투자협회에 제출하여 심사를 받아야 한다.

④ 투자매매업자 및 투자중개업자는 매매형태 명시의무, 시장매매의무, 자기계약 금지의무, 임의매매 금지의무 등이 있다.

81 금융투자업자의 영업행위규칙에 대한 설명으로 잘못된 것은?

① 투자매매(중개)업자는 신용공여 중 채무상환·추가담보납입·수수료 미납 시 임의상환이 가능하다.

② 신탁업자는 신탁재산으로 그 신탁업자가 운용하는 다른 신탁재산, 집합투자재산 또는 투자일임재산과 거래할 수 없다.

③ 투자매매(중개)업자는 분쟁조정에 따라 손실을 배상하는 경우 손실을 보전하는 행위를 할 수 없다.

④ 투자자계좌의 순재산액이 100만원을 미달하는 투자자는 신규로 신용거래를 하지 못한다.

82 다음 중 파생결합증권에 해당하지 않는 것은?

① ELS
② ELW
③ CLN
④ ETF

83 자산건전성 분류에 대한 설명으로 잘못된 것은?

① 매 분기 말 현재 고정 이하로 분류된 채권에 대해 적정 회수예상가액을 산정해야 한다.

② 금융투자업자는 자산건전성 분류기준의 설정, 변경, 동 기준에 따른 자산건전성 분류결과 및 충당금적립 결과를 금융감독원장에게 보고해야 한다.

③ 정상인 경우에는 충당금을 적립하지 않아도 된다.

④ 요주의인 경우에는 2%의 충당금을 적립해야 한다.

84 순자본비율에 따른 적기시정조치가 잘못된 것은?

① 적기시정조치를 받지 않으려면 순자본비율이 100% 이상이어야 한다.

② 순자본비율이 100% 미만인 경우 경영개선권고 조치가 내려진다.

③ 순자본비율이 50% 미만인 경우 경영개선요구 조치가 내려진다.

④ 순자본비율이 20% 미만인 경우 경영개선명령 조치가 내려진다.

85 금융소비자보호법상 금융상품판매업자에 대한 징벌적 과징금 제도에 대한 설명 중 잘못된 것은?

① 6대 판매원칙 중 4개만 적용되고, 적합성 원칙·적정성 원칙 위반은 징벌적 과징금 대상이 아니다.

② 부과대상은 금융상품직접판매업자, 금융상품판매대리·중개업자, 금융상품자문업자 등이다.

③ 투자성 상품은 투자액, 대출성 상품은 대출액 등을 기준으로 하여 거래규모가 클수록 과징금 제재강도가 높아진다.

④ 수입의 50%까지 과징금을 부과할 수 있으나 수입금액이 없거나 산정이 곤란한 경우에는 10억원 이내의 범위에서 과징금을 부과할 수 있다.

86 투자권유대행인에 대한 설명으로 잘못된 것은?

① 투자권유대행인은 금융투자회사의 임직원이 아닌 자로서 금융투자회사와의 계약에 의하여 투자권유업무를 위탁받은 개인이다.

② 펀드투자권유대행인은 파생상품펀드에 대한 투자권유를 할 수 있다.

③ 증권투자권유대행인은 펀드 및 파생결합증권에 대한 투자권유를 하지 못한다.

④ 금융투자권유대행인은 증권(파생결합증권 및 파생상품펀드 제외)의 거래, 투자자문·일임계약, 신탁계약 체결을 권유할 수 있다.

87 금융투자회사가 신용공여와 관련하여 담보로 징구한 증권의 담보가격이 잘못된 것은?

① 유가증권시장에 상장되지 않은 투자회사의 주식 : 기준가격
② 기업어음증권 및 주가연계증권을 제외한 공모파생결합증권 : 금융위원회에 등록된 채권
평가회사 중 2 이상의 채권평가회사가 제공하는 가격정보를 기초로 금융투자회사가 산정
한 가격
③ 집합투자증권 : 당일에 고시된 기준가격
④ 청약하여 취득한 주식 : 7영업일 평균 장외시장가격

88 위험고지에 대한 설명으로 잘못된 것은?

① 일중매매거래(데이트레이딩)의 경우 일중매매 위험고지서를 교부하고 이를 충분히 설명한
후 서명 또는 기명날인을 받아야 한다.
② 회사는 일중매매거래에 대하여 회사의 인터넷 홈페이지 및 온라인거래를 위한 컴퓨터 화
면에 일중매매위험을 설명하는 설명서를 게시해야 한다.
③ 시스템매매의 경우 시스템매매 위험고지서를 교부하고 이를 충분히 설명한 후 서명 또는
기명날인을 받아야 한다.
④ 일반투자자가 시스템매매프로그램에 의하여 매매거래를 신청하는 경우 컴퓨터 화면에 사
용방법을 게시해놓으면 별도의 확인을 하지 않아도 된다.

89 투자권유대행인의 업무와 금지행위에 대한 내용이 잘못된 것은?

① 투자권유대행인은 금융투자회사로부터 위탁받은 업무 범위 내에서만 투자권유가 가능하
며 금융투자회사를 통하여 협회에 등록을 신청한다.
② 투자권유대행인은 투자권유 시 필요한 고객의 적합성을 확인하고 금융투자상품 등에 대한
설명은 가능하다.
③ 고객 또는 그 대리인으로부터 매매주문을 수탁하는 행위는 허용된다.
④ 투자권유대행인은 협회가 실시하는 소정의 보수교육을 2년마다 1회 이상 이수해야 한다.

90 실체가 완성된 회사가 법인격을 취득하기 위한 회사성립 요건에 해당하는 것은?

① 설립등기   ② 주주총회의 결의

③ 대표이사와 감사의 선임   ④ 사원의 확정

91 다음 중 주주총회의 특별결의사항에 해당하는 것은?

① 이사선임   ② 정관변경

③ 재무제표 승인   ④ 주식배당

92 상법상 주식회사의 이사에 대한 설명으로 올바른 것은?

① 대표이사는 이사 중에서 선임해야 한다.

② 자본금 총액이 10억원 미만인 회사의 이사는 반드시 3인 이상이어야 한다.

③ 이사와 회사는 신탁관계로 본다.

④ 원격통신수단에 의하여 이사회 결의에 참가하는 것은 허용되지 않는다.

93 **대표이사에 대한 설명으로 잘못된 것은?**

① 대외적으로 회사를 대표하고 대내적으로 업무집행을 담당하는 필요·상설·독립기관이다.

② 회사는 집행임원을 둘 수 있으며, 집행임원을 둔 회사는 대표이사를 두지 못한다.

③ 대표이사의 성명, 주민등록번호 및 주소는 등기사항이다.

④ 대표이사의 지위를 상실하면 이사의 자격도 상실된다.

94 **상법상 배당에 대한 규제로 잘못된 것은?**

① 회사는 금전으로 배당해야 하고 현물로 배당할 수 없다.

② 회사는 주주총회의 결의에 의하여 이익의 배당을 새로이 발행하는 주식으로 할 수 있다. 단, 주식에 의한 배당은 이익배당총액의 1/2에 상당하는 금액을 초과하지 못한다.

③ 상장회사의 경우에는 이익배당총액에 상당하는 금액까지 새로 발행하는 주식으로 이익배당할 수 있다.

④ 주식배당을 하면 자본이 증가하므로 변경등기를 해야 한다.

95 **사채발행에 대한 상법규정으로 잘못된 것은?**

① 회사는 이사회의 결의에 의하여 사채를 발행할 수 있다.

② 기명사채의 이전은 취득자의 성명과 주소를 사채원부에 기재하고 그 성명을 채권에 기재하지 않으면 회사 기타의 제3자에게 대항하지 못한다.

③ 사채권자집회는 사채를 판매한 회사가 소집한다.

④ 사채권자집회의 결의는 법원의 인가를 받음으로써 그 효력이 생긴다. 다만, 그 종류의 사채권자 전원이 동의한 결의는 법원의 인가가 필요하지 않다.

96 상속세의 과세가액 산정 시 법정공제액에 해당하지 않는 것은?

① 공과금   ② 장례비
③ 보험금   ④ 채 무

97 소득세법상 종합소득에 해당하지 않는 것은?

① 양도소득   ② 이자소득
③ 근로소득   ④ 사업소득

98 매년 5월에 반드시 소득세 확정신고를 해야 하는 자는?

① 근로소득만 있는 자
② 근로소득과 퇴직소득만 있는 자
③ 퇴직소득과 원천징수 연말정산하는 사업소득만 있는 자
④ 근로소득과 사업소득만 있는 자

99 비거주자의 과세방법에 대한 설명으로 잘못된 것은?

① 과세기준은 국내사업장이나 부동산소득이 있는지 여부에 따라 달라진다.

② 국내사업장이나 부동산소득이 있는 비거주자는 국내원천소득을 종합과세한다. (퇴직소득, 양도소득 제외)

③ 국내사업장이나 부동산소득이 없는 비거주자는 국내원천소득을 비과세한다.

④ 퇴직소득, 양도소득의 국내원천소득이 있는 비거주자는 당해 소득별로 분류과세한다.

100 거주자에게 지급하는 경우 원천징수세율이 잘못된 것은?

① 일반적인 이자소득·배당소득 : 14%

② 법원에 납부한 보증금 및 경락대금에서 발생하는 이자소득 : 14%

③ 비영업대금의 이익, 출자공동사업자의 배당소득 : 25%

④ 비실명자산에 대한 소득으로 지급자가 금융기관인 경우 : 40%

제1과목 • 증권분석

01 ④	02 ②	03 ③	04 ①	05 ④
06 ③	07 ④	08 ②	09 ③	10 ④
11 ③	12 ②	13 ①	14 ④	15 ④

제2과목 • 증권시장

16 ②	17 ③	18 ①	19 ④	20 ③
21 ①	22 ②	23 ①	24 ②	25 ③
26 ①	27 ④	28 ①	29 ②	30 ①
31 ③	32 ②	33 ③	34 ③	35 ④

제3과목 • 금융상품 및 직무윤리

36 ③	37 ②	38 ③	39 ②	40 ②
41 ①	42 ④	43 ③	44 ④	45 ④
46 ④	47 ③	48 ④	49 ④	50 ③
51 ①	52 ②	53 ①	54 ②	55 ③
56 ③	57 ④	58 ③	59 ④	60 ④
61 ④	62 ④	63 ①	64 ④	65 ②

제4과목 • 법규 및 세제

66 ①	67 ②	68 ③	69 ①	70 ③
71 ④	72 ④	73 ④	74 ②	75 ①
76 ②	77 ①	78 ③	79 ③	80 ①
81 ①	82 ④	83 ④	84 ④	85 ④
86 ③	87 ④	88 ③	89 ①	90 ③
91 ①	92 ④	93 ①	94 ②	95 ③
96 ④	97 ②	98 ④	99 ③	100 ③

제1과목 • 증권분석

01 A. 소비자물가지수 : 임금이 차지하는 비중이 상대적으로 높고 경기변동에 크게 민감하지 않음

B. 생산자물가지수 : 전반적 상품의 수급동향 반영, 기업 간 거래되는 상품 및 서비스가격이 조사대상임

C. GDP 디플레이터 : 모든 서비스의 가격을 종합적으로 고려, 국민경제 전체의 물가압력 측정

02 전 기간을 거쳐 가장 큰 영향을 미친 첫 번째 요인은 건설투자이고, 두 번째 요인은 해외부문이다.

03 통화량 변동이 GDP 변동에 선행한다.

04 • 통화정책 : 내부시차는 짧으며, 외부시차는 길다.
• 재정정책 : 내부시차는 길며, 외부시차는 짧다.

05 토빈의 q이론은 투자에 대한 주가변화의 영향을 분석한 것이다.

06 소비자물가지수(CPI)는 개별적인 거시경제지표이다.

07 Bottom-Up 방식보다는 Top-Down 방식이 더 많이 쓰인다.

08 유동성효과가 아니라 소득효과에 대한 설명이다. 유동성효과란 통화량 증가에 따라 단기적으로 이자율이 하락하는 현상을 말한다.

09 기본적 분석은 기업의 본질가치를 찾고자 하는 분석으로, 분석자의 주관에 많이 의존한다. 따라서 내재가치가 다양하게 나타날 수 있고, 그 가치가 기업의 적정한 가치인지가 문제될 수 있다.

10 주가현금흐름비율(PCR)이 낮으면 해당 주식에 대한 주가가 과소평가될 가능성이 높다.

11 성장률 = 사내유보율 × 자기자본이익률
= $0.6 \times 0.1 = 0.06$
∴ 주가 = $\dfrac{100 \times 1.06}{0.12 - 0.06}$ = 1,766.66 ≒ 1,767원

12 상승국면에서는 전반적인 경제여건 및 기업의 영업이익이 호전됨으로써 일반투자자의 관심이 고조되며, 주가가 상승하고 거래량이 증가한다.

13 ② 3번 파동이 상승 국면의 5개 파동 중에서 가장 길다.
③ 4번 파동의 저점이 1번 파동의 고점보다 낮으면 안 된다.

④ 3번 파동의 거래량이 5번 파동의 거래량보다 많다.

14 교수형은 주가 하락을 의미하며, 양선보다는 음선의 신뢰도가 높다.

15 십자형 캔들에 대한 설명이다.

제2과목 · 증권시장

16 우리사주조합원은 모집 또는 매출하는 주식의 20%까지 우선배정받을 권리가 있으나, 종업원지주제도의 취지에 따라 1년간 의무보유(보호예수)하여야 하며, 취득일로부터 1개월 이내에 우리사주조합이 일괄하여 한국증권금융㈜에 예탁하여야 한다.

17 최저호가가격은 평가가격의 90%, 최고호가가격은 평가가격의 200%이다. 다만 우선주의 경우 50~200%이다.

18 주권상장법인은 법원의 인가 없이 주주총회의 특별결의만으로 주식의 액면미달발행이 가능하다.

19 발행시장 공시에는 증권신고서, 투자설명서, 유가증권발행실적보고서 등이 있다.

20 지정가, 시장가, 최유리지정가, 경쟁대량매매주문에 대하여는 IOC 또는 FOK조건으로 주문할 수 있으나 조건부지정가주문과 최우선지정가주문의 경우에는 이러한 조건을 부여할 수 없다.

21 가격제한폭은 가격결정에 있어 정보의 효율적 반영을 저해할 수 있다.

22 우리나라의 결제방식은 실물결제방식, 차감결제방식, 집중결제방식을 취하고 있다.

23 공매도는 원칙적으로 직전가격 이하의 가격으로 호가할 수 없으나, 차익거래 및 헤지거래를 위한 매도의 경우, 상대매매 방식의 경우에는 가격제한을 적용하지 않는다.

24 우회상장에 대한 설명이다. 재상장은 상장폐지된 보통주권을 다시 상장하는 것, 보통주권상장법인의 분할·분할합병·합병으로 설립된 법인의 보통주권을 상장하는 것을 말한다.

25 자본시장법은 대주거래 또는 대차거래에 대한 차입공매도를 허용하고 있으므로 ⓑ은 공매도에 해당한다.

26 조건부지정가에 대한 설명이다.

27 CMA는 유동화상품이 아니다. 자산유동화증권(ABS)은 이외에도 합성CDO, ABCP, ABSTB, MBS 등이 있다.

28
$$(Macaulay)\ Duration = \frac{\dfrac{\Delta P}{P}}{\dfrac{\Delta r}{1 + r}}$$

$\Rightarrow \Delta P = -\dfrac{Duration}{(1 + r)} \times \Delta r \times P$이다.

문제의 채권은 만기 시 일시상환채권이므로 잔존만기와 듀레이션이 동일하다. 따라서 위 조건에서 Duration = 4, 1 + r = 1 + 0.07, Δr = 0.005, P = 9,736이라고 할 수 있다.

29 듀레이션의 특징

> • 채권에 투자된 원금회수기간(가중평균만기) ⇨ 연개념
> • 할인채·복리채·단리채 : 듀레이션 = 만기
> • 이표채 : 듀레이션 < 만기
> • 듀레이션은 만기와 비례, 표면이율 및 시장수익률과 반비례

30 현금흐름일치전략은 소극적 투자전략이고, 나머지는 적극적 투자전략이다.

31 유동성 프리미엄만큼 더해지면 장기채수익률이 더 높아질 수 있다.

32 ㉠ 나비형 투자전략을 수행하려면 바벨(Barbell)형 포트폴리오를 구성하여야 한다.
   ㉡ 현금흐름일치전략은 향후 예상되는 부채의 현금유출액 이상이 되도록 현금유입액을 발생시켜 부채상환의 위험을 최소화시키는 채권 포트폴리오를 구성하는 전략이다.
   ㉢ 수익률곡선타기전략은 수익률곡선이 우상향할 때 효과를 볼 수 있다.

33 패리티 = $\dfrac{전환대상\ 주식의\ 주가}{전환가격} \times 100$

$\Rightarrow 120 = \dfrac{15,000원}{전환가격} \times 100$

∴ 전환가격은 12,500원이다.

34 유가증권시장 또는 코스닥시장에 상장하고자 하는 기업들은 의무적으로 증선위로부터 외부감사인을 지정받고 K-IFRS를 도입해야 하나, 코넥스시장

에서는 이 의무를 면제하고 있다.

35 ①②③은 즉시상장폐지 사유에 해당하고, ④는 위원회 심의 후 상장폐지가 결정되는 사유에 해당한다.

제3과목 · 금융상품 및 직무윤리

36 우체국은 예금자보호법에 의한 보호대상 기관이 아니나 국가가 우체국예금 및 우체국보험금 전액에 대하여 지급을 보장하고 있다.

37 풋(Put) 워런트는 기초자산을 권리행사가격으로 발행자에게 인도하거나 그 차액(권리행사가격 − 만기결제가격)을 수령할 수 있는 권리가 부여된 워런트로서, 기초자산의 가격 하락에 따라 이익이 발생한다.

38 발행총액은 10억원 이상이다.

39 양도성정기예금증서(CD)의 예치기간은 30일 이상이다.

40 집합투자기구, 즉 펀드의 이해관계자는 펀드재산의 운용을 담당하는 집합투자업자, 판매업무를 맡는 투자중개업자, 자산의 보관을 담당하는 신탁업자 등이 있다.

41 집합투자기구 관계자 중 위탁자(집합투자업자)에 대한 내용이다.

42 n개의 자산 각각에 대하여 기대수익률 E(R)와 분산 σ^2을 추정하고, 각 자산들 간의 공분산 σ를 $\frac{n(n-1)}{2}$만큼 추정하면 된다. 따라서 기대수익률과 분산은 50개, 공분산은 $\frac{50(50-1)}{2} = 1,225$개가 필요하다.

43 포뮬러 플랜(Formula Plan)은 역투자전략방식으로, 고가매도−저가매입전략을 활용한다.

44 벤치마크를 투자자가 미리 결정한 경우에도 운용자는 투자자와 협의하여 투자목적에 맞는 적합한 벤치마크를 선정하는 것은 물론 새롭게 만들 수도 있다.

45 변동성이 낮고 인플레이션에 취약한 자산은 이자지급형자산이다.

46 적절한 분산투자를 권장한다.

47 투자관리의 일차적 과제는 분산투자(자산배분)의 방법, 개별종목 선택, 투자시점 선택이다.

48 전략적 자산배분은 자산집단에 대한 장기적인 투자비중과 중기적인 변동한도를 결정하는, 즉 자산집단을 중요시하는 의사결정이다.

49 양적인 계수중심의 영업전략에서 질적인 수익중심의 경영전략으로 금융기관의 조직 및 문화가 전환되었다.

50 혼합방식은 일반적인 투자성향정보에 대하여는 점수화방식을 활용하고, 현재 투자자금성향정보에 대하여는 추출방식을 활용한다.

51 고객상담 프로세스는 '고객과의 관계형성 ⇨ 고객의 니즈 파악 ⇨ 설득 및 해법제시 ⇨ 고객의 동의 확보 ⇨ 클로징' 순으로 진행된다.

52 고객의 니즈 파악을 위한 질문에는 확대형, 개방형, 폐쇄형 질문 등이 있다.

53 어떤 서비스를 제공할 것인가와 같은 서비스의 종류에 대한 문제가 중요한 것이 아니라 어떻게 서비스를 제공할 것인가와 같은 운용측면이 중요하다.

54 윤리경영의 필요성은 사회적 분위기나 압박에 의한 소극적 자세에서 탈피하여 경영전략과 생존전략상 필요하다는 적극적인 자세로 변화하고 있다.

55 금융상품판매·중개업자는 금융소비자의 금융상품 매매를 대신할 수 없다.

56 준법감시인의 사전승인을 받아 직무수행에 필요한 최소한의 범위 내에서 제공하여야 한다.

57 약관규제는 금융투자업자 전체에 공통으로 적용되는 공통영업행위 규칙이다. 금융투자업별로 달리 적용되는 것으로 투자매매업자에게 적용되는 것은 자기계약금지 규제, 투자중개업자에게 적용되는 임의매매금지, 집합투자업자에게 적용되는 집합투자재산운용제한, 자문·일임업자에게 적용되는 금전대여금지, 신탁업자에게 적용되는 고유재산과 신탁재산의 구분의무 등이 있다.

58 위탁매매는 그 자체로는 이해상충 관계에 있다고 보기 어렵다.

59 금융소비자 내부통제위원회는 설치가 의무화 되어 있고, 대표이사를 의장으로 한다.

60 파생상품은 위험이 크므로 적성성의 원칙, 적합성의 원칙, 설명의무, Know-Your-Customer-Rule 등이 다른 금융투자상품에 비하여 더 중요하다.

61 사전·사후 불문하고 투자자의 손실 전부(또는 일부) 보전·투자자에 대한 이익 보장약속이 금지되며, 그 권유에 의한 위탁이 없어도 금지규정 위반으로 간주한다. 다만, 사전에 준법감시인에게 보고한 행위로서 회사가 자신의 위법행위 여부가 불분명한 경우 사적 화해의 수단으로 손실을 보상한 경우, 회사의 위법행위로 인하여 회사가 손해를 배상하는 행위, 분쟁조정 또는 재판상 화해절차에 의해 손실보상 또는 손해배상하는 경우 등은 허용된다.

62 내부통제기준은 감독기관이나 주주에 의하여 피동적으로 움직이는 것보다는 준법감시체계를 뒷받침할 수 있는 회사의 분위기 조성이 중요하다. 특히 효율적인 준법감시체계의 구축·운영은 경영진의 경영방침에 의해 크게 좌우될 수 있으므로 경영진의 인식제고가 필요하다.

63 직무윤리 위반 시 형사제재로 3년 이하의 징역 또는 1억원 이하의 벌금(부당권유 금지조항 위반, 등록 전 투자권유행위, 투자권유대행인 외의 자에게 투자권유를 대행하게 한 경우, 손실보전 금지조항 위반), 1년 이하의 징역 또는 3천만원 이하의 벌금(투자광고규정 위반, 투자매매업(중개업)자 여부를 밝히지 않고 주문한 경우)에 처해질 수 있다.

64 ① 개인정보보호법은 특별법(신용정보법, 금융실명법, 전자금융거래법 등)에 정함이 없는 경우에 적용되는 일반법이다.
③ 개인정보보호법은 피해액의 5배까지 배상액을 중과할 수 있는 징벌적 배상제도를 도입하였다.
④ 개인정보보호법은 개인에 대하여도 부정한 방법으로 개인정보를 취득하여 타인에게 제공하는 자에게 징역 5년 이하 또는 5천만원 이하의 벌금에 처하도록 하고 있다.

65 자금세탁의 단계는 '예치단계 ⇨ 은폐단계 ⇨ 합법화단계' 순으로 이루어진다. 1단계 예치단계는 불법재산을 덜 의심스런 형태로 변형하여 경찰 등에 적발되지 않도록 금융회사에 유입시키거나 국외로 이송하는 단계다. 2단계 은폐단계는 여러 가지 복잡한 금융거래를 하여 자금추적을 불가능하게 만드는 단계다. 3단계 합법화 단계는 자금출처의 추적이 불가능하게 된 불법자금을 정상적인 경제활동에 재투입하는 단계이다.

66 금융투자업자의 임직원은 자기의 계산으로 금융투자상품의 매매가 가능하다. 자본시장법상 금융투자업자의 임직원에 대한 직접투자를 원칙적으로 허용하되 내부통제 장치를 강화하여 불공정 행위 및 이해상충 행위를 규제하는 방식을 택하고 있다.

67 미공개 중요정보 이용행위 금지규정의 적용대상이 되는 증권에는 상장법인 발행증권(일반채권, 수익증권, 파생결합증권 제외), 증권예탁증권(DR), 교환사채권 및 이를 기초자산으로 한 금융투자상품 등이 있다.

68 금융상품판매업자는 금융소비자로부터 분쟁조정 또는 소송수행을 위하여 자료 열람을 요구받은 날로부터 6영업일 이내에 금융소비자가 열람할 수 있도록 해야 하되, 실비를 기준으로 수수료 또는 우송료를 금융소비자에게 청구할 수 있다.

69 ② 주권상장법인 등이 장외파생상품거래를 하는 경우에는 별도의 의사표시를 하지 않는 한 일반투자자로 대우한다.
③ 장외파생상품거래를 위해 전문투자자로 대우받기를 원할 경우에는 그 내용을 서면으로 금융투자업자에게 통지해야 한다.
④ 상대적 전문투자자가 일반투자자로 대우받기를 원할 경우에는 그 내용을 서면으로 금융투자업자에게 통지해야 한다.

70 대주주 출자능력(자기자본이 출자금액의 4배일 것), 재무건전성, 부채비율(300%) 요건은 출자 이후인 점을 감안하여 인가요건 유지의무에서 배제되었다.

71 순자본비율이 100%(영업용순자본비율의 경우 150%) 미만이 된 경우에는 지체 없이 금융감독원장에게 보고해야 한다.

72 고유재산운용업무와 신탁업 간에는 내부정보교류 차단장치를 설치해야 한다.

73 공공적 법인의 종목별 외국인 전체 취득한도는 해당 종목 지분의 40%까지 가능하다.

74 특정 증권 등을 매수하여 6개월 경과 후 매도하는 경우 단기매매차익 반환의 예외에 해당한다.

75 투자매매업의 계약체결업무는 핵심업무에 해당한다.

76 보호예수증권을 보유한 주주 전원이 동의한다 해도 보호예수기간이 지나기 전에는 인출할 수 없다.

77 자기가 증권을 발행하는 경우에 투자매매업의 적용이 배제된다. 다만, 투자신탁의 수익증권, 투자성 있는 예금·보험, 파생결합증권을 발행하는 경우에는 적용된다.

78 종합매입(매도)초과포지션은 각 외국통화별 초과포지션의 합계액을 기준으로 전월 말 자기자본의 50% 상당하는 금액을 한도로 한다.

79 대주주 및 그 특수관계인에 대하여 예외적으로 신용공여를 하려면 재적이사 전원 찬성에 의한 이사회 결의를 거쳐야 한다.

80 금융투자업자의 경영실태평가결과와 영업용순자본비율 등을 다른 금융투자업자의 그것과 비교하는 방법 등으로 광고하지 않아야 한다.

81 청약하여 취득하는 주식의 담보증권 평가는 취득가액으로 한다.

82 소매채권매매란 개인 및 일반법인을 상대로 한 액면가액 50억원 미만의 채권거래이다.

83 해당거래로 손해를 입은 경우 손해배상청구권은 청구권자가 그 위반한 행위가 있었던 사실을 안 날부터 2년 또는 그 행위가 있었던 날로부터 5년간 이를 행사하지 않으면 시효로 인하여 소멸한다.

84 신용위험액에 대한 설명이다. 운영위험액이란 부적절하거나 잘못된 내부의 절차, 인력 및 시스템의 관리부실 또는 외부의 사건 등으로 인하여 발생할 수 있는 잠재적인 손실액을 말한다.

85 회수의문 분류자산의 대손충당금 적립기준은 100분의 75이다.

86 5만원 → 3만원

87 대출성 상품에 대하여 일반소비자는 계약서류제공일 또는 계약체결일로부터 14일 이내에 청약을 철회할 수 있다.

88 유가증권시장 상장을 위한 기업공개의 경우 우리사주조합원에게 공모주식의 20%를 배정하여야 하나, 코스닥시장 상장을 위한 기업공개의 경우 우리사주조합원에 공모주식 배정의무는 없다.

89 주권상장법인, 지방자치단체 등은 일반투자자로 전환이 가능하다.

90 주주총회의 특별결의사항은 발행주식 총수의 1/3 이상에 해당하는 주식 및 출석주식의 2/3 이상의 다수로 한다.

91 이사회의 소집은 각 이사가 하는 것이 원칙이다. 다만, 이사회의 결의로 소집이사를 따로 정한 때에는 다른 이사의 소집권은 배제된다.

92 액면주식을 무액면주식으로 전환하거나 무액면주식을 액면주식으로 전환하더라도 자본금을 변경할 수는 없다.

93 ② 주식에 의한 배당은 이익배당총액의 1/2에 상당하는 금액을 초과하지 못한다.
③ 회사가 주식배당을 하려면 주주총회의 결의가 있어야 한다.
④ 주식으로 배당받은 주주는 주식배당의 결의가 있는 주주총회가 종결한 때부터 신주의 주주가 된다. (462조2의4항)

94 전환사채의 전환권은 일종의 형성권(권리자의 일방적 의사표시에 의하여 법률관계를 발생·변경·소멸시킬 수 있는 권리)으로 전환의 청구가 있는 때에 효력이 발생한다.

95 자본감소는 담보액의 감소를 초래하여 채권자에게 중대한 영향을 미치므로 채권자보호절차가 필요하다. 따라서 회사는 자본감소 결의일부터 2주일 내에 이의제출할 것을 공고하고, 알고 있는 채권자에 최고해야 한다. 사채권자가 이의를 제기하려면 사채권자집회의 결의가 있어야 하며, 이의를 제출하지 않으면 자본감소를 승인할 것으로 간주한다. 채권자보호절차를 이행하지 않으면 이의제출 채권자는 자본감소 무효의 소를 제기할 수 있다. 감자무효의 소는 대세적인 효력이 있으며, 소급효를 가진다.

96 ①②③은 국세에 해당한다.

97 납세의무의 소멸사유에는 납부, 충당, 부과의 취소, 국세부과의 제척기간(除斥期間) 만료, 국세징수권의 소멸시효 완성 등이 있다. (국세기본법 26조)

98 양도·양수한 사업과 관련하여 양도일 이전에 확정된 국세 등은 사업양수인이 제2차 납세의무를 진다. (국세기본법 40조)

99 납세의무자들은 상속세를 연대하여 납부할 의무를 지닌다.

100 상속세 과세표준 계산 시 과세가액에서 공제되는 항목에는 기초공제, 인적공제, 물적공제, 감정평가 수수료 등이 있다.

제1과목 · 증권분석

01 ④	02 ①	03 ①	04 ②	05 ①
06 ④	07 ③	08 ②	09 ①	10 ①
11 ④	12 ①	13 ①	14 ③	15 ①

제2과목 · 증권시장

16 ③	17 ④	18 ③	19 ③	20 ②
21 ①	22 ②	23 ③	24 ③	25 ②
26 ②	27 ③	28 ①	29 ③	30 ④
31 ①	32 ①	33 ④	34 ②	35 ④

제3과목 · 금융상품 및 직무윤리

36 ①	37 ②	38 ③	39 ③	40 ①
41 ④	42 ①	43 ①	44 ①	45 ②
46 ④	47 ④	48 ③	49 ③	50 ①
51 ④	52 ③	53 ①	54 ③	55 ④
56 ②	57 ②	58 ②	59 ①	60 ④
61 ④	62 ④	63 ③	64 ④	65 ④

제4과목 · 법규 및 세제

66 ①	67 ③	68 ③	69 ②	70 ③
71 ④	72 ②	73 ④	74 ④	75 ③
76 ①	77 ①	78 ②	79 ③	80 ②
81 ④	82 ④	83 ③	84 ④	85 ②
86 ②	87 ④	88 ④	89 ③	90 ①
91 ②	92 ①	93 ④	94 ①	95 ③
96 ③	97 ①	98 ④	99 ③	100 ④

제1과목 · 증권분석

01 국내 통화유통속도는 장기적으로 하락하는 추세이다.

02 루카스의 경우 불완전 정보로 인하여 물가변화 같은 주요 경제변수들의 움직임을 정확히 예측할 수 없다고 전제하였다.

03 케인즈학파에서 경기순환의 원인으로 생각한 내용이다.

04 케인즈학파는 내부시차와 외부시차로 인하여 총수요관리정책은 부정확하고 부적절할 수 있다고 한다.

05 경기변동의 방향, 전환점은 물론 진폭(속도)까지도 파악할 수 있다.

06 지수가 90이라는 것은 경기를 긍정적으로 보는 소비자가 부정적으로 보는 소비자보다 적다는 것을 의미한다.

07 자산·부채 인식기준의 차이는 PBR이 1이 아닌 이유 중 하나이다.

08 A. 수익성 지표 : 총자본이익률, 자기자본이익률, 매출액영업이익률
   B. 안정성 지표 : 유동비율, 부채비율, 고정비율, 이자보상비율
   C. 활동성 지표 : 총자산회전율, 고정자산회전율, 재고자산회전율
   D. 성장성 지표 : 매출액증가율, 총자산증가율, 영업이익증가율

09 이자보상비율(7.0) = $\dfrac{\text{영업 이익(1억 4,000만원)}}{\text{이자비용}}$

이므로, 이자비용은 최대 2,000만원까지 부담할 수 있다. 현재 1억원 부채에 1,000만원(이자비용 10%)을 이자비용으로 부담하고 있으므로 다음 기에 최대 1억원의 추가 부채(1,000만원 이자비용)를 부담할 수 있다.

10 PER = $\dfrac{(1 - f)(1 + g)}{k - g}$이며, f는 유보율, $(1 - f)$는 배당성향, g는 이익성장률, k는 자본비용이다. 즉, 배당성향과 이익성장률이 클수록 PER은 커진다.

11 성장률 = 유보율 × 자기자본이익률

$$= (1 - 0.4) \times \frac{1백만원}{5백만원}$$

$$= 0.6 \times 0.2 = 0.12$$

∴ 성장률은 12%이다.

12 ② 추세반대방향 파동을 조정파라고 한다.

③ 일반적으로 3번 파동은 가장 짧은 파동이 될 수 없다.

④ a파동은 하락 시에 나타나는 파동으로 충격파이다.

13 ② 저점을 중심으로 평균거래량은 증가한다.

③ 깃대형은 지속형 패턴이다.

④ 상승쐐기형은 주가의 하락반전 가능성을 시사한다.

14 중·장기이동평균선의 상승이 계속된 후 단기이동평균선이 하락세로 돌아서면 천장권으로 본다.

15 ①②③은 주가 상승을 예고한다.

제2과목 · 증권시장

16 직접발행은 발행주체가 자기의 책임과 계산으로 발행위험과 발행사무를 모두 부담하는 방법이고, 간접발행은 발행주체가 중개인인 발행기관을 거쳐 발행하는 방법이다.

17 종류주식을 이익배당 및 잔여재산에 따라 구분하면 보통주, 우선주, 후배주, 혼합주 등으로 구분한다.

18 상장폐지는 거래소시장에서 상장된 증권에 대하여 유가증권시장에서 매매거래대상이 될 수 있는 적격성을 상실시키는 조치이고, 관리종목지정은 상장폐지의 우려가 있다고 판단되는 경우 사전예고 단계라고 할 수 있다.

19 주권상장법인은 공시의무사항이 아닌 경우에도 투자자의 투자판단에 중대한 영향을 미칠 수 있는 사항에 대하여 자율공시할 수 있다.

20 대용증권을 현금에 갈음하여 위탁증거금으로 활용할 수 있다.

21 주가지수가 전일종가지수에 대비하여 각각 8%, 15%, 20% 이상 하락하여 1분간 지속되면 Circuit Breakers를 발동한다.

22 프로그램매매 관리제도에는 프로그램매매호가 구분 표시, 지수차익잔고 공시, 선물·옵션 최종거래일의 사전신고, Side Car(프로그램매매호가의 효력 일시정지제도) 등이 있다.

23 우리나라는 실물결제방식, 차감결제방식, 집중결제방식을 채택하고 있다.

24 주주명부에 등록되기 위해서는 12월 28일까지 주식을 매수해야 한다.

25 공정공시대상 정보에는 장래사업계획 또는 경영계획, 매출액, 영업손익 등에 대한 전망 또는 예측, 정기(사업·반기·분기)보고서 제출 이전의 영업실적, 수시공시사항 관련 중요정보 중 공시의무 시한이 미경과한 사항 등이 있다.

26 거래소는 코스닥 불성실공시법인에 대하여 1억원 (유가증권시장의 불성실공시법인 경우 2억원) 한도 내에서 공시의무 위반제재금을 부과할 수 있다.

27 신종자본증권과 함께 후순위채로 분류된다.

28 이표채의 듀레이션은 다른 조건이 일정할 경우 표면이율이 커질수록 감소한다. 따라서 이 문제의 채권의 표면이율이 8%이고 채권의 듀레이션이 2.78년인데, 알고자 하는 채권의 표면이율은 10% 이므로 2.78보다 작아야 한다.

29 상승형에 대한 설명이다.

30 수익률곡선타기전략은 유동성선호가설과 관련이 깊다.

31 · 전환가격 = $\frac{액면가액}{전환주 수}$ = $\frac{10,000원}{5}$ = 2,000원

· 패리티 = $\frac{주식의 시장가격}{전환가격} \times 100\%$

$$= \frac{1,500원}{2,000원} \times 100\% = 75\%$$

∴ 패리티 = 75%이다.

32 패리티 = $\frac{주식의 시장가격}{전환가격} \times 100\%$

$$= \frac{7,000원}{전환가격} \times 100\% = 140\%$$

∴ 전환가격은 5,000원이다.

33 새로 발행된 회사채를 기초자산으로 하는 ABS는 Primary CBO라고 하고, 기존에 발행된 채권을 기초자산으로 하는 ABS는 Secondary CBO라고 한다.

34 코넥스시장에서 기본예탁금 면제대상자는 전문투자자, 집합투자기구, 중소기업창업투자회사, 개인투자조합, 전문엔젤투자자, 고위험·고수익투자신탁에 해당하는 투자일임재산, 맞춤식자산관리계좌(랩어카운트)를 통하여 위탁하는 자 등이다.

35 조회공시 요구 시점이 오전인 경우 당일 오후까지, 요구 시점이 오후인 경우 다음 날 오전까지 답변해야 한다. 단, 매매거래정지가 수반된 경우에는 요구 시점과 관계없이 다음 날 오후 6시까지 답변할 수 있다.

제3과목 금융상품 및 직무윤리

36 증권펀드(집합투자기구)에 대한 설명이다.

37 주식워런트증권(ELW : Equity Linked Warrant)에 대한 설명이다.

38 랩어카운트는 자산운용방식과 투자대상이 다양하다.

39 CD는 예금자보호대상이 아니므로 외화예금과 정기예금의 원금 및 소정이율, 가계당좌예금의 원금 및 소정이율만 수령할 수 있다.

40 주식형 펀드는 약관상 주식·주가지수선물·옵션에 투자한 비율이 신탁재산의 60% 이상인 펀드이다.

41 수익증권은 실적배당상품으로 예금자보호대상이 아니다.

42 ⓒ 전술적 자산배분은 기본적으로 자본시장의 과잉반응을 이용한 전략이다.
ⓔ 합리적인 평가방법을 세우지 않고 절대수익률과 같은 시장상황에 좌우되는 평가방법을 제시할 경우 자금운용자들은 자연스럽게 시장수익률을 시장변화와 같은 방향으로 추적하게 되므로 역투자전략이 기본인 전술적 자산배분은 불가능하게 된다.

43 주가가 상승하는 시기에는 투자자의 위험선호도가 낮아지게 된다.

44 시장공통예측치 사용법에 대한 설명이다.

45 업그레이딩에 대한 설명이다.

46 기하평균수익률(GRR)에 대한 설명이다.

47 블랙리터만의 자산배분 모델에 대한 설명이다.

48 투자자의 시장전망을 반영하는 방법으로는 절대적 시장전망을 반영하는 방법, 상대적 시장전망을 반영하는 방법, 그룹 간 시장전망을 반영하는 방법이 있다.

49 투자자에게 투자권유를 하는 경우 금융투자상품의 내용, 투자에 따르는 위험, 투자상품의 투자성에 관한 구조와 성격, 수수료, 조기상환에 관한 사항, 계약 해제 또는 해지에 관한 사항 등을 투자자가 이해할 수 있도록 설명하고, 이를 서명 등의 방법으로 확인받아야 한다.

50 해외 집합투자기구에 투자하는 경우가 아니라 조건부자본증권에 투자하는 경우에 추가로 설명해야 할 사항이다.

51 ④는 금지되는 행위이다.

52 확대형질문에 대한 설명이다.

53 반감은 또 하나의 관심의 표현이라고 할 수 있다.

54 금리 및 변동여부는 대출성 상품을 일반금융소비자에게 권유하는 경우에 설명해야 할 사항에 해당한다.

55 투자상담업무종사자가 이해관계자의 대리인이 되는 것은 금지된다.

56 설명했음에도 불구하고 투자자가 주요 손익 및 위험을 이해하지 못하면 투자권유를 중지해야 한다.

57 보고는 단순히 위임업무를 처리했다는 사실의 통지만으로는 부족하고, 그 보고에 의하여 고객이 업무처리내용을 구체적으로 알 수 있도록 해야 하고, 그에 따라 고객이 적절한 지시를 함에 있어서 필요한 구체적인 사항을 포함해야 한다. 예를 들어 주식 위탁매매를 위임받았다면 매매시기, 종목, 수량, 가격 등을 보고해야 한다.

58 금융투자업종사자는 회사, 주주 또는 고객과 이해상충이 발생할 수 있는 대외활동을 하고자 하는 경우 활동의 성격, 이해상충의 정도 등에 따라 소속 부점장, 준법감시인 또는 대표이사의 사전승인을 받아야 한다.

59 금융투자업자는 내부통제기준을 제정하거나 변경할 때 이사회의 결의를 거쳐야 하며, 이사회는 내부통제체제의 구축 및 운영에 관한 기준을 정해야 한다.

60 이해상충 가능성이 인정되는 경우 투자자보호에 문제가 없는 수준으로 낮춘 후에 거래해야 하고, 그것이 곤란한 경우에는 거래를 하지 말아야 한다.

61 개인정보의 처리정지, 정정, 삭제 및 파기를 요구할 수 있는 자는 개인정보처리자가 아니라 정보주체이다.

62 금융투자업자가 취급하는 대표적인 대출성 상품에는 신용거래융자, 신용대주, 증권담보대출, 청약자금대출 등이 있다.

63 금융소비자보호에 관한 내부통제조직은 이사회, 대표이사, 금융소비자보호 내부통제위원회, 금융소비자보호 총괄기관 등으로 구성된다.

64 자금세탁 위험이 낮은 고객은 고객확인 절차와 방법을 간소화하여 확인할 수 있으나 그 경우에도 고객신원확인은 해야 한다.

65 특정금융거래보고법상 자금세탁방지제도에는 고객확인제도, 의심스런 거래보고제도, 고액현금거래보고제도 등이 있다.

제4과목 ● 법규 및 세제

66 자본시장법은 신용공여를 원칙적으로 인정하되 인수업무와 관련된 일정한 경우에만 금지하고 있다.

67 증권은 원본을 초과한 손실 가능성이 없는 금융투자상품으로 채무증권, 지분증권, 수익증권, 투자계약증권, 증권예탁증권, 파생결합증권 등을 의미한다.

68 일반 회사채 증권을 취득하는 경우는 예외적으로 허용하는 경우에 해당하지 않는다.

참고 대주주 발행증권 소유금지의 예외

> * 대주주가 변경됨에 따라 이미 소유하고 있는 증권이 대주주가 발행한 증권으로 되는 경우
> * 인수와 관련하여 해당 증권을 취득하는 경우
> * 관련 법령에 따라 사채보증 업무를 할 수 있는 금융기관 등이 원리금의 지급을 보증하는 사채권을 취득하는 경우
> * 특수채 증권을 취득하는 경우
> * 그 밖에 금융투자업자의 경영건전성을 해치지 않는 경우로서 금융위원회가 정하여 고시하는 경우

69 투자매매업자 또는 투자중개업자만이 취급하는 증권에 대한 대차거래와 그 중개·주선·대리업무를 겸영할 수 있다.

70 단순히 당해 법인의 주식을 10년 보유했다고 하여 내부자가 되는 것은 아니다.

71 단기매매차익을 반환해야 하는 경우이다.

72 위험도가 높은 투자성 상품 또는 대출성 상품은 계약체결의 권유가 없는 경우에도 적정성 여부를 금융소비자에게 알려야 한다. 적합성 원칙은 금융상품판매업자의 계약체결의 권유가 있는 경우에만 적용되지만, 적정성 원칙은 소비자가 자발적으로 계약체결의사를 밝힌 경우에도 적용된다.

73 등록업무 단위는 인가업무 단위와 동일하나 인가제보다 진입규제가 완화되어 사업계획의 타당성, 건전성과 같은 적합성 기준이 적용되지 않는다.

74 수익증권은 공개매수규정이 적용되지 않는다. 일반적으로 공개매수규정이 적용되는 증권은 주권 및 주식으로 바뀔 수 있는 증권(신주인수권이 표시된 것, 전환사채권, 신주인수권부사채권, 교환사채권, 증권예탁증권 등)이다.

75 본인이 아닌 대리인에게 설명하는 경우, 설명의무 이행여부는 대리인 기준으로 판단한다.

76 흡수합병인 경우에는 합병한 날, 신설합병인 경우에는 상장일이 보고기준일이 된다.

77 매매주문 처리가 체결된 경우 지체 없이 투자자에게 통지하고 그 증빙을 3년 이상 보관·유지해야 한다.

78 금융투자업자는 영업용순자본을 총위험액 이상으로 유지해야 한다.

79 투자광고 포함사항(제4-11조①)에는 타 기관 등으로부터 수상, 선정, 인증, 특허 등을 받은 내용을 표기하는 경우 당해 기관의 명칭, 수상 등의 시기 및 내용, 과거의 재무상태 또는 영업실적을 표기하는 경우 투자광고 시점(또는 기간) 및 미래에는 이와 다를 수 있다는 내용, 최소비용을 표기하는 경우 그 최대비용(최대수익을 표기하는 경우 그 최소수익), 관련 법령·약관 등의 시행일 또는 관계 기관의 인·허가 전에 실시하는 광고의 경우 투자자가 당해 거래 또는 계약 등의 시기 및 조건 등을 이해하는 데에 필요한 내용, 통계수치나 도표 등을 인용하는 경우 해당 자료의 출처, 그 밖에 투자자보

호를 위하여 필요한 사항으로서 협회가 정하는 사항 등이 있다.

80 집합투자재산, 투자일임재산 및 신탁재산의 구성내역과 운용에 관한 정보 중 2개월이 지난 정보에 대한 사내정보교류도 허용된다.

81 투자매매(중개)업자는 분쟁조정에 따라 손실을 배상하는 경우 손실을 보전하는 행위를 할 수 있다.

82 ETF는 파생결합증권이 아니라 수익증권이다.

83 정상인 경우에도 0.5%의 충당금을 적립해야 한다.

84 순자본비율이 0% 미만인 경우 경영개선명령 조치가 내려진다.

85 부과대상은 금융상품직접판매업자와 금융상품자문업자이다. 금융상품판매대리·중개업자의 위반행위는 판매를 대리·중개하게 한 금융상품직접판매업자에게 과징금을 부과한다.

86 펀드투자권유대행인은 파생상품펀드에 대한 투자권유를 하지 못한다.

87 청약하여 취득한 주식은 취득가액(단, 당해 주식이 상장된 후에는 당일 종가)으로 평가한다.

88 일반투자자가 시스템매매프로그램에 의하여 매매거래를 신청하는 경우 프로그램에 내재된 가격예측이론 및 사용방법 등에 대한 사전교육 이수 여부를 확인해야 하며, 별도의 신청서에 의하여 처리해야 한다.

89 고객 또는 그 대리인으로부터 매매주문을 수탁하는 행위는 허용되지 않는다.

90 회사는 실체구성 절차가 종료된 후 2주일 내에 설립등기를 해야 한다. 회사의 성립은 본점소재지에서 설립등기를 함으로써 성립한다. 즉, 설립등기는 실체가 완성된 회사가 법인격을 취득하기 위한 회사성립 요건이라고 할 수 있다. 설립등기는 회사가 성립된 사실과 그 조직의 중요한 내용을 공시함으로써 다수 이해관계인의 이익을 보호하고 거래의 안전을 도모하는 데 그 취지가 있다.

91 ①③④는 보통결의사항이다.

92 ② 1인 또는 2인도 가능하다.
   ③ 신탁관계 → 위임관계
   ④ 정관에서 달리 정하는 경우를 제외하고 이사회는 이사의 전부 또는 일부가 직접 회의에 출석

하지 않고 모든 이사가 음성을 동시에 송수신하는 원격통신수단에 의하여 결의에 참가하는 것을 허용할 수 있다. 이 경우 당해 이사는 이사회에 직접 출석한 것으로 본다.

93 대표이사의 임기는 이사의 임기를 초과하지 못한다. 따라서 이사의 자격을 상실하면 대표이사의 지위도 종임하게 된다. 그러나 대표이사의 지위를 상실하였다고 하여 당연히 이사의 자격도 상실하는 것은 아니다.

94 현물배당도 가능하다.

95 사채권자집회는 사채를 발행한 회사 또는 사채관리회사가 소집한다.

96 보험금은 상속재산에 포함되므로 과세가액 산정 시 공제되지 않는다.

97 양도소득은 분류과세되는 소득으로 종합소득과 구분하여 각 소득별로 별도의 절차와 방법에 따라 소득세를 신고·납부한다.

98 사업소득이 있는 자는 매년 5월에 반드시 신고를 해야 한다.

99 국내사업장이나 부동산소득이 없는 비거주자는 국내원천소득을 분리과세한다.

100 비실명자산에 대한 소득으로 지급자가 금융기관인 경우 원천징수세율은 90%이다.

2024 최신개정판

해커스
증권투자
권유자문인력
최종핵심정리문제집

개정 10판 2쇄 발행 2024년 9월 23일

개정 10판 1쇄 발행 2024년 3월 20일

지은이	민영기, 송영욱 공편저
펴낸곳	해커스패스
펴낸이	해커스금융 출판팀

주소	서울특별시 강남구 강남대로 428 해커스금융
고객센터	02-537-5000
교재 관련 문의	publishing@hackers.com
	해커스금융 사이트(fn.Hackers.com) 교재 Q&A 게시판
동영상강의	fn.Hackers.com

ISBN	979-11-6999-873-4 (13320)
Serial Number	10-02-01

금융자격증 1위,
해커스금융(fn.Hackers.com)

ㅐ 해커스금융

• 계산문제 완벽 대비를 위한 시험장 필수 자료! 필수계산문제집
• 금융자격증 무료 강의, 1:1 질문/답변 서비스, 시험후기/합격수기 등 다양한 금융 학습 콘텐츠
• 금융 전문 교수님의 본 교재 인강(교재 내 할인쿠폰 수록)
• 내 점수와 석차를 확인하는 무료 바로 채점 및 성적 분석 서비스

해커스금융 단기 합격생이 말하는
투자권유자문인력 합격의 비밀!

해커스금융과 함께라면
다음 합격의 주인공은 바로 여러분입니다.

4일 단기 합격!

**익*명
합격생**

꼭 봐야하는 내용을 짚어주는 강의!

인강만 보고 합격했습니다.
'핵심포인트 해설'만 놓고 봐도 양이 방대한데 교수님께서
꼭 봐야되는 걸 짚어주셔서 그 부분만 봐도 합격 가능했습니다.
인강 없이는 중요도 높은 부분을 추려내기가 어려울 것 같아요.

3주 만에 합격!

**김*민
합격생**

문제집과 인강만으로 시험 준비!

굳이 기본서 없이도 최종핵심정리문제집만 가지고 공부하고
강의 들으면서 교수님이 알려주시는 것만 정독해도
합격할 수 있습니다. 교수님이 강의해주신 부분만 딱 공부하니,
정말 3주도 안 되어서 합격했습니다.

취준생 단기 합격!

**박*민
합격생**

반복 학습을 통한 효율적인 공부!

문제집 1권 1회독하고, 별표 3개인 것들을 계속 외웠습니다.
바로 채점 서비스가 정말 좋았는데 합격/불합격 여부랑
석차도 나오고 과목별로 부족한 부분까지 분석해서 피드백도 해줘서
도움이 되었어요.